"十三五"国家重点出版物出版规划项目

南水北调中线一期工程文物保护项目
湖北省考古发掘报告
第10号

郧县大寺遗址

（上）

湖 北 省 文 物 局
湖 北 省 移 民 局
南水北调中线水源有限责任公司
编 著

科学出版社
北 京

内 容 简 介

本书是南水北调中线一期工程湖北丹江口库区文物保护项目——郧县大寺遗址的考古发掘报告。本书系统地介绍了大寺遗址2006年和2009年两次发掘所获的不同时期历史文化遗存，其中包括仰韶文化下王岗二期类型、屈家岭文化青龙泉二期类型、龙山文化乱石滩类型、西周遗存、战国时期楚文化、秦文化、宋文化及明清文化。在详细地介绍发掘资料的基础上，本书也对各不同时期遗存进行了分期与年代方面的讨论，并重点探索了大寺遗址及丹江口库区一带仰韶文化下王岗二期类型、屈家岭文化青龙泉二期类型、龙山文化乱石滩类型与西周遗存的文化谱系，以及与周边地区文化的交流与融合。

本书可供考古学、历史学研究者，以及高等院校相关专业师生和广大文物考古爱好者阅读、参考。

图书在版编目（CIP）数据

郧县大寺遗址：全2册 / 湖北省文物局，湖北省移民局，南水北调中线水源有限责任公司编著.—北京：科学出版社，2020.8

（南水北调中线一期工程文物保护项目.湖北省考古发掘报告；第10号）

"十三五"国家重点出版物出版规划项目

ISBN 978-7-03-065679-7

Ⅰ.①郧… Ⅱ.①湖… ②湖… ③南… Ⅲ.①文化遗址–考古发掘–发掘报告–郧县 Ⅳ.①K878

中国版本图书馆CIP数据核字（2020）第126313号

责任编辑：王光明 / 责任校对：王晓茜
责任印制：肖 兴 / 封面设计：陈 敬

科学出版社 出版
北京东黄城根北街16号
邮政编码：100717
http://www.sciencep.com

中国科学院印刷厂 印刷
科学出版社发行 各地新华书店经销

*

2020年8月第 一 版 开本：889×1194 1/16
2020年8月第一次印刷 印张：41 插页：150
字数：1 721 000

定价：768.00元（全二册）

（如有印装质量问题，我社负责调换）

"13th Five-Year Plan" National Key Publications Publishing and Planning Project

Reports on the Cultural Relics Conservation
in the South-to-North Water Diversion Project
Hubei Vol.10

The Dasi Site in Yunxian County, Hubei Province

I

Cultural Heritage Bureau of Hubei Province
Resettlement Bureau of Hubei Province
Mid-route Source of South-to-North Water Transfer Corp. Ltd

Science Press
Beijing

南水北调中线一期工程文物保护项目

湖北省编辑委员会

主　　任　郭生练

副主任　雷文洁

编　　委　黎朝斌　王风竹　赵令珍　张晓云

　　　　　陈树林　荣以红　王文杰

　　　　　齐耀华　湛若云

总　　编　黎朝斌

副总编　王风竹

南水北调中线一期工程文物保护项目

湖北省考古发掘报告第10号

《郧县大寺遗址》

主 编

黄文新　袁飞勇

副主编

杨海莉　郭长江　史德勇

项目承担单位

湖北省文物考古研究所

目　录

插图目录

第一章 绪 论

第一节 地理位置与环境

大寺遗址隶属十堰市郧县[1]城关镇后殿村二组。地处城关镇西侧汉江左岸与埝河交汇处的二级台地上。遗址东距郧县城区5.2千米，北距伍子胥渠500米，东距青龙泉遗址约9.6千米，西南距辽瓦店子遗址约9.5千米。地理坐标为北纬32°51′8.8″，东经110°45′26.3″，海拔146.66米（图一；彩版一；图版一，1）。

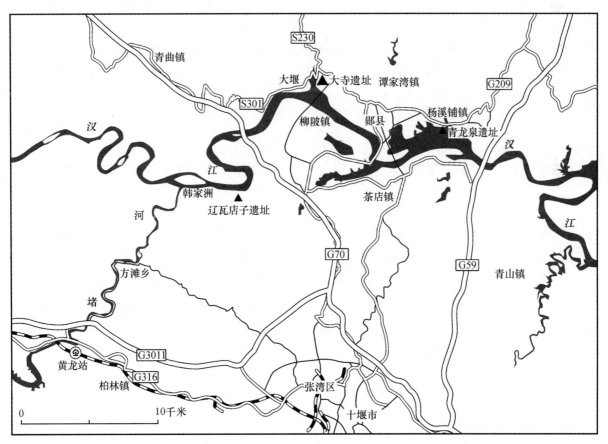

图一 大寺遗址位置示意图

---

① 郧县，即今十堰市郧阳区。因本书内容主要发生在撤县设区之前，故仍用"郧县"地名。

　　大寺遗址南为汉江，北为高山前缘的低丘，汉江自西向东经遗址南侧流过，埝河由遗址北部向西流后注入汉江。该遗址位于汉江北岸的一处小台地上，台地高出东边洼地约3米（图版二）。丹江大坝建成前，台地北高南低呈缓坡状，四周为河滩地，遗址面积约5000平方米。丹江大坝建成后，遗址被汉江河水冲刷成窄三角形，仅存一小块，面积约2000平方米（图二；彩版二，1、2；图版三，1、2；图版四，1~3；图版五，1~3）。

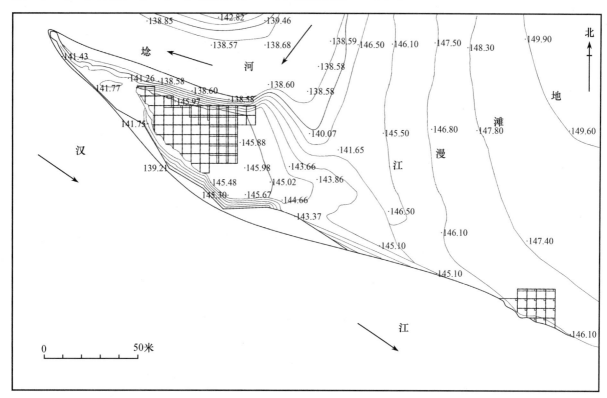

图二　大寺遗址地形与探方分布示意图

　　郧县位于湖北省西北部，地处秦岭南坡与大巴山东延余脉之间、汉江上游的下段。该县东部与河南省淅川县、湖北省丹江口市接壤，西部与陕西省白河县、湖北省郧西县毗邻，南部与房县、竹山县、十堰市茅箭区、张湾区接壤，北部与陕西省商南县、河南省淅川县交界。该县纵贯北纬32°25′~33°15′，横跨东经110°7′~111°16′，东西长108、南北宽92千米，两头宽，中间窄，最窄处仅6千米，形若金鱼，汉江将该县切割成南北两部分，版图面积3863平方千米。郧县人民政府所在地城关镇距湖北省省会武汉市535千米，距十堰市政府所在地34千米。该县地处中国北亚热带季风气候分区的北端。地势由南、北、西三面向中部汉江河谷倾斜。最高海拔为沧浪山主峰、1824.7米，最低点为丹江口库区水平面、157米。境域内盆地、岗地、丘陵、低山、中山、高山并存，水稻土、潮土、石灰（岩）土、紫色土、黄棕壤兼有，大小河流766条，水资源充沛丰富，汉江水质符合国家规定的Ⅱ类标准限值，有矿产资源48种。该县植被保存完好，有动植物资源200多种，其中保护动物99种，国家级、省级保护树种13种。该县海拔400米以下之处，光照充足，冬长夏短，春秋相近，雨热同季，冬干夏潮，春温秋凉；海拔1500米以上之处，长冬无夏，春秋相连。环境监测数据显示，县境内环境质量优良，支持经济社会持续发展的自然环境基础良好。郧县区位特色明显，自然环境优异，是国家南水北调中线工程核心水源区。

第二节　郧县历史沿革

郧县历史悠久。据史料记载，郧，古麇国也，为《禹贡》梁州之域。春秋时代，郧县为麇国之锡穴地。战国时期，周赧王三年（公元前312年），秦攻楚汉中，置汉中郡，县域属秦汉中郡。秦王政（始皇帝）二十六年（公元前221年）统一六国，县域属益州汉中郡。秦在锡穴置锡县，县治在今五峰乡肖家河村一带。汉因秦制，汉武帝元封五年（公元前106年），汉中郡有锡县、长利县。长利县有郧关。东汉建武六年（30年），长利县并入锡县，仍属益州汉中郡。建安十三年（208年），县域属新城郡。三国时，属魏兴郡。景初元年（237年）分魏兴郡之魏阳县与锡郡之安富、上庸两县并为上庸郡，遂省郡存县。之后，魏析锡县之部分另立堵阳县（今郧县西25千米处韩家洲），且省长利县入锡县。西晋太康四年（283年），改锡县为长利县。太康五年（284年），改长利县为郧乡县，属梁州魏兴郡。东晋时，郧乡县仍属梁州魏兴郡。南朝刘宋时，析郧乡县置锡县。郧乡县、锡县皆属梁州魏兴郡。梁武帝萧衍天监二年（504年），析魏兴郡郧乡县置广福县、洵阳县。广福县、洵阳县在今郧县境内。梁元帝（萧绎）承圣元年（552年），梁州入西魏。西魏改上洛郡为丰利郡。西魏恭帝元年（554年），改梁兴州为丰州，领武当郡、齐兴郡、广福郡。齐兴郡领齐兴县、郧乡县、锡县、安昌县，广福郡领广福县、洵阳县。齐兴县、郧乡县、安昌县、广福县在今郧县境内。同年，改南洛州为上州。上州治长利郡（郡治长利谷，在郧乡县西60千米处），长利郡统丰利、洵阳、上津三郡。丰利县在今竹溪县及郧县境内。北周时期（557～581年），郧乡县属丰州齐兴郡。隋仁寿元年（601年）避太子杨广讳改广福县为安福县（在今郧县境东安阳镇汉江沿岸）。大业五年（609年），丰利县属梁州西城郡，郧乡县、安福县属豫州淅阳郡。唐武德元年（618年），将隋淅阳郡改为均州。以郧乡县、安福县置南丰州。郧乡县、安福县、堵阳县（县治在堵河口韩家洲一带）属南丰州。武德八年（625年），废南丰州，郧乡县、安福县、堵阳县属淅州（河南）。贞观元年（627年），郧乡县属淅州，又省安福县、堵阳县入郧乡县。堵阳县在今郧县西南。贞观二年（628年），废均州。贞观八年（634年），复置均州，郧乡县、丰利县属均州。开元二十一年（733年），郧乡县、丰利县隶山南东道属均州。天宝元年（742年），改均州为武当郡，郧乡县、丰利县隶山南东道属武当郡。乾元元年（758年），复均州，郧乡县、丰利县隶山南东道。五代十国时期，郧县属均州。宋代，郧乡县隶京西南路属均州武当郡。北宋乾德五年（967年），省平利县入郧乡县。丰利县在宋代并入郧乡县（或说丰利县至明代省）。宋代时又省上津县入郧乡县。宣和元年（1119年），郧乡县属京西南路均州。宋与元混战兵乱时，郧乡县侨治无常。元至元十四年（1277年），改郧乡县为郧县，从商州分上津县入郧县。郧县为河南江北等处行中书省襄阳路均州、房州所辖。明洪武元年（1368年），复置上津县，郧县属襄阳府，八年（1376年）郧县属均州，十年（1378年）省上津县入郧县。

成化十二年五月（1476年6月）设郧阳巡抚，置湖广行都指挥使司于郧县城。郧阳巡抚初设时管辖8府9州65县。成化十二年十二月（1477年1月），在郧县设郧阳府，府县同城。正德二年（1507年），罢郧阳巡抚，五年复置。万历九年（1581年），裁革郧阳巡抚，十一年（1583年）复置。清康熙三年（1664年），分湖广布政使司为湖北布政使司等，郧县隶湖北布政使司安襄郧荆道属郧阳府。同年，裁革郧阳巡抚。康熙十五年（1676年），复置郧阳巡抚，至十九年（1680年），裁撤郧阳巡抚。宣统三年（1911年）九月，郧县响应武昌首义，县域的清政权覆灭。

中华民国元年（1912年）2月，郧阳府废，郧县直隶于省。民国二年，郧县隶湖北省鄂西道。民国三年，鄂西道改名襄阳道。民国十六年（1927年），襄阳道撤，郧县直隶于省。民国二十一年，郧县属湖北第十一行政督察区（区署设在郧县城）。民国二十五年，郧县属湖北省第八行政督察区（区署仍设在郧县城）。民国三十六年（1947年）12月30日，中国人民解放军解放郧县城，中华民国政府在郧县施政结束。

1948年1月，在中国共产党领导下，建立郧县人民民主政府，隶属豫陕鄂第四专员公署；6月，陕南行政主任公署在郧县城成立，郧县属陕南行政主任公署第四专署；10月，陕南行政主任公署改称陕南人民行政公署，郧县属陕南人民行政公署第四专署。1949年1月，第四专署更名为两郧专员公署，郧县属陕南两郧专署；11月，陕南人民行政公署移驻汉中南郑市。1950年2月，两郧专署更名为郧阳专员公署，郧县属郧阳专员公署。1952年12月，郧阳专员公署与襄阳专员公署合并为襄阳行政专员公署，郧县属襄阳行政专员公署。1965年7月，恢复郧阳专员公署，郧县属郧阳专员公署。1966年5月至1978年10月，郧县属郧阳地区革命委员会、郧阳地区行政公署。1994年10月，郧阳地区行政公署与十堰市合并为十堰市，郧县属十堰市。2014年9月9日，中华人民共和国国务院国函〔2014〕118号文件正式批复撤销郧县，设立十堰市郧阳区，以原郧县的行政区域为郧阳区的行政区域。

第三节　文物保护工作概况

郧县位于秦岭南坡、汉水中上游的丹江口库区，其独特的地理位置与环境，特别适宜古代人们的生产生活与繁衍生息。历年文物普查已发现仅丹江口库区淹没区涉及的文物点就多达885处，几乎囊括了从人类起源至以后各历史时期的各个阶段。郧县各级政府十分重视文物保护工作，1961年就建立有专门机构负责文物调查、保护、收藏、展览等工作，1982年建成的郧阳博物馆是鄂西北最早建成的县级博物馆。

郧县的考古调查与发掘从20世纪50年代开始逐渐走上正轨。1958～1989年，湖北省文物管理委员会、中国科学院考古研究所、长江流域规划办公室文物考古队等先后在郧县进行过4次大规模文物调查和发掘。1958年发现青龙泉遗址、大寺遗址。1983年文物普查时发现安城先秦古铜矿遗址。1989年在文物普查中发现郧县人遗址等。1958～1964年，由中国科学院考古研究所、文化部文物局等单位专业人员组成的长江流域规划办公室文物考古队直属队湖北分队，中国科学院考古研究所长江工作队，湖北省襄阳、黄冈专署文教局，以及郧县文教局等单位，在郧县进行了一系列的考古调查和发掘工作，先后发掘了青龙泉遗址、大寺遗址、徐家坪墓地、郧阳中学墓地。1975年，中国科学院古脊椎动物与古人类研究所对郧县梅铺猿人洞进行过发掘，发现了3颗猿人牙齿、1件人工打击痕迹清楚的石核及20余种伴生动物化石。1973~1975年，湖北省博物馆在郧县砖瓦厂分别清理了唐濮王李泰墓和濮王李泰之子李欣墓。1985年，对唐濮王李泰之妃阎婉墓和李泰次子李徽墓进行了发掘。同年，湖北省博物馆在郧县砖瓦厂还发掘了2座东汉时期的小型砖室墓。1990年，郧阳地区博物馆在郧县五峰乡肖家河村抢救发掘了一座因淘金而被破坏的春秋墓，出土一批青铜器。1990~2000年，湖北省文物考古研究所对学堂梁子遗址进行过6次发掘，发现2具古人类颅骨化石、499件石器及20余种第四纪哺乳动物化石。1995年，中国科学院古脊椎动物与古人类研究所、中国地质大学等，对青龙山恐龙化石和恐龙蛋产地进行过发掘。最大规模的文物保护工程是围绕南水北调中线工程展开的，1994年10月，长江水利委员会准备续建南水北调中线工程，安排对丹江口水库库区进行考古与历史地理调查。其中，历史地理方面的调查工作委托武汉大学历史地理研究所实施，湖北省文物考古研究所和十堰市博物馆、郧阳博物馆联合组队负责郧县和丹江口市淹没区考古调查。2004年5~7月，湖北省南水北调中线工程文物保护规划涉及郧县地下文物点72处，勘探面积17万平方米，发掘面积13.8万平方米。至2008年底，先后有高等院校和科研单位的约70支考古队，分别承担南水北调中线工程郧县境内的考古发掘项目。

第四节 发掘经过

为了配合南水北调中线工程文物保护工作，在湖北省文物局南水北调办公室的统一部署下，2006年10月中旬至2007年2月上旬，湖北省文物考古研究所承担了大寺遗址的抢救性发掘工作。

此次工作，我们对大寺遗址及周边进行了勘探（图版六，1~3），确定遗址分布范围，邀请荆州博物馆肖玉军先生用全站仪对大寺遗址地形进行测绘和布探方（图版七，1）。由于大寺遗址地层堆积较丰富，遗迹分布密集，打破关系复杂，故发掘过程中，严格按照《田野考古操作规程》执行，认真发掘清理地层与遗迹单位（图版七，2、3；图版八，1~3），并对地层与灰坑进行了土样采集（图版九，1），每隔数天便集中探方负责人讲解各自探方的发掘情况及其与邻方的地层关系，让大家更熟悉遗址地层堆积情况与遗迹相互间的关系（图版九，2）。发掘过程中对具有代表性的仰韶文化墓葬进行了整体搬迁（图版一〇，1、2），为研究大寺遗址仰韶文化时期体质人类学与博物馆陈列提供了重要的实物资料（图版一〇，3）。发掘中做好拍照、绘图、文字三大记录资料（图版九，3）。

本次发掘面积1400平方米，共揭露出298个遗迹单位，其中房址14座、窖穴3座，灶坑1个、窑址2座、灰坑232个、灰沟6条、土坑墓28座、瓮棺12座。

2009年，受湖北省文物局南水北调办公室的委托，湖北省文物考古研究所再次对大寺遗址进行发掘（图版一一，1~3）。由于汉江涨水，先后曾两度停工，直到2011年3月才得以完成

（图版一二，1～3）。此次发掘面积400平方米，共揭露出8个遗迹单位，其中灰坑6个、土坑墓2座。

大寺遗址在发掘期间，湖北省文物局组织专家组到现场检查工地发掘与资料记录情况（彩版三，1、2；图版一三，1～3；图版一四，1～3）。2006年，大寺遗址被湖北省文物局评为"湖北省南水北调中线工程2006年度优秀考古工地"，实际主持发掘工作的黄文新研究员获评"湖北省南水北调中线工程2006年度优秀考古领队"。

2006年的发掘由湖北省文物考古研究所张昌平领队，黄文新为执行领队，参加发掘的人员有西北大学本科生郭长江、湖北省文物考古研究所顾圣明、十堰市博物馆李洪柱、荆州市荆州区博物馆罗中武，石首市博物馆彭涛、曾洪，广水市博物馆王文平，谷城县博物馆李广安，赤壁市博物馆李治明，以及荆州市荆州区技工郑以龙、张清荣、杨磊等（彩版四）。2009年的发掘由湖北省文物考古研究所黄文新领队，参加发掘的人员有万贤才、张清荣、周文银、杨磊、黄文娟、曾桂莲等。2006年与2009年的两次发掘，考古队员均住在老百姓闲置多年的旧房子里，条件非常简陋（图版一五，1、2）。

2006年与2009年两次发掘共清理出遗迹单位306个，其中房址14座、窖穴3座、灶坑1个、窑址2座、灰坑238个、灰沟6条、土坑墓30座、瓮棺12座。

在发掘过程中，我们对典型灰坑采取了筛选法和浮选法采样，并对典型地层土样进行了采样（图版九，1），为植物与孢子花粉的研究提供了实物样本，同时还将M18排葬墓进行了整体搬迁，为下一步的研究与展示提供了珍贵的标本（图版一〇，3）。

两次对大寺遗址的发掘，分别位于不相连的不同区域，因此，我们将大寺遗址2006年的发掘区称为西区，2009年的发掘区称为东区。两区的地理环境与地层堆积也有明显的区别。东区位于台地以东的平地上，地层仅3层，文化内涵单一，主要为两周时期文化遗存。西区主要位于台地上，又可分东、西两部分，两部分的地层堆积也迥然不同，东部主要为历史时期堆积，一般为5层；西部主要为新石器时代堆积，一般有5至6层。大寺遗址文化内涵较为丰富，包括新石器时代的仰韶文化、屈家岭文化、龙山文化，历史时期的西周、楚、秦、宋及明清等时期遗存。

第五节　考古报告的整理与编写

一、资料整理

大寺遗址资料整理工作由黄文新负责。整理工作大致可分两个阶段。

第一阶段始于2007年4月，为了配合湖北省文物局南水北调办公室的文物保护工作，我们对大寺遗址部分单位进行了初步整理。参加的人员有谷城县博物馆李广安，荆州市荆州区技工陈蓉、曾桂莲等。此次整理，我们完成《湖北郧县大寺遗址2006年发掘简报》的编写，刊登在《考古》2008年第4期。

不久，随着湖北省南水北调中线工程文物保护工作与大遗址保护工作的全面展开，大寺遗址的整理工作一直被搁置。在此期间，我们先后承担了鹤峰容美土司遗址，丹江口观音坪遗址，郧县中台子遗址、上庄遗址，竹山小府坪遗址，宜昌万福垴遗址，武当山柳树沟墓群，以及沙洋塌冢楚墓等文物保护项目的发掘与整理工作，同时还完成了黄陂盘龙城遗址、沙洋纪山楚墓群大薛家洼墓地、枝江青山墓群谢家冢墓地等项目的勘探工作，另外，还配合了荆门严仓墓群，枣阳郭家庙、曹门湾墓地车马坑清理等项目的工作。因此，大寺遗址的整理工作一直被搁置而无法进行。

第二阶段始于2014年春，在湖北省文物考古研究所领导的安排下，我们对大寺遗址的整理工作才得以重新进行。但由于其他文物保护项目的工作仍在进行中，故整理工作仍是处于间断式开展中。为了加快大寺遗址的整理工作，2016年，我们将全部工作进行了调整，将上半年的工作重点放在大寺遗址整理上，至9月底完成大寺遗址基础资料的整理工作。

第二阶段的整理工作，主要是陶片拼对、陶片统计、陶器修复、器物绘图、制卡，以及体质人类学、动物骨骼、植物标本鉴定。陶器修复工作结束后，我们对陶器、动物骨骼等标本进行了拍照。基本完成大寺遗址基础资料的整理工作：挑选各类标本4064件（其中修复器物465件），制作卡片4064张，拍摄器物照片1081张；同时，绘制器物标本图4064张，遗迹平、剖面图306张，遗址地层堆积剖面图18张，各时期遗迹分布图7张。

此次整理中，鉴于西周时期遗存对探索早期楚文化的重要意义，虽然其材料并不特别丰富，但我们还是对其予以了关注，并且完成了《湖北郧县大寺遗址西周遗存发掘简报》一文，刊于《江汉考古》2018年第1期。

在科技考古运用方面，我们对大寺遗址人骨架进行了DNA信息采集。在体质人类学方面，我们对不同时期墓葬的人骨架进行了观察与测量。在动物考古学方面，我们对地层与遗迹单位出土的动物骨骼标本进行了观察与测量。在环境考古学方面，我们对植物标本进行了浮选，同时对典型地层和灰坑进行了土样采集，为孢子花粉分析提供了科学的实物资料。

参加整理的人员有（以姓氏笔画为序）：万贤才、刘一婷、李冰、李广安、李潇枭、杨力、杨海莉、张清云、陈蓉、周蜜、周文银、郝勤建、胡春雨、袁飞勇、唐丽雅、陶洋、黄文娟、崔银秋、符德明、曾桂莲、瞿磊等。

整理过程中，为实现多学科合作研究，我们邀请不同领域的专家对相关文物标本进行了检测：M18、M19人骨架DNA检测，由吉林大学生命科学学院崔银秋女士完成；植物样本鉴定，由中国社会科学院考古研究所赵志军先生、博士生唐丽雅女士完成；土样孢子花粉分析，由中国地质科学院水文地质环境地质研究所杨振京先生完成；人骨架，由湖北省文物考古研究所周蜜女士鉴定（图版一六，2）；动物骨骼，由武汉大学历史学院刘一婷女士、湖北省文物考古研究所陶洋先生鉴定。本报告中的所有插图，由老河口市博物馆符德明先生、十堰市博物馆胡春雨先生完成。陶器修复与纹饰拓片由黄文娟、曾桂莲女士完成（图版一六，1）。器物摄影由湖北省文物考古研究所郝勤建先生、襄阳市文物考古研究所杨力先生完成（图版一六，3）。制卡由湖北省文物考古研究所黄文新、瞿磊先生与武汉大学历史学院袁飞勇、李冰、李潇枭先生等完成。十堰市博物馆杨海莉女士负责资料的核对工作，宜昌市博物馆黄帆、余朝婷女士对全部资料进行了校对。湖北省文物考古研究所郭长江、史德勇先生对大寺遗址报告的编写也付出了大量心血。

二、考古报告编写

本报告由黄文新、袁飞勇、杨海莉、郭长江、史德勇共同执笔完成。2016年10月，进入报告编写的后期阶段，但由于宜昌万福垴遗址发掘、鹤峰容美土司遗址资料整理与报告编写等工作的进行，大寺遗址报告的编写工作再度基本处于停滞状态。2017年2月，湖北省文物局发布鄂文物综〔2017〕46号文，确定了南水北调各项目考古报告的具体交稿时间，大寺遗址考古报告的交稿时间确定在2017年12月31日，时间非常紧迫。无奈之下，我们只能利用工地闲暇时间、晚上和节假日休息时间来编写报告。本报告的完成，是参加整理与编写工作的所有同仁的共同成果。附录中的《大寺遗址出土人骨古DNA研究》由吉林大学边疆考古研究中心崔银秋女士完成，《大寺遗址出土植物遗存分析——兼谈鄂西北豫西南山区史前农业特点》由西北大学文化遗产学院唐丽雅女士、湖北省文物考古研究所黄文新、郭长江、瞿磊先生完成，《大寺遗址出土孢粉分析报告》由中国地质科学院水文地质环境地质研究所杨振京先生完成，《大寺遗址出土人骨鉴定报告》由湖北省文物考古研究所周蜜女士、黄玉洪先生完成，《大寺遗址出土动物骨骼研究报告》由武汉大学历史学院刘一婷女士、湖北省文物考古研究所陶洋先生完成。全部文稿由黄文新统一修改、审稿。

需要说明的是，2014年整理时，发现在发掘期间我们将探方坐标搞反了，即横坐标被当成纵坐标，2007年整理时也未注意，造成刊于《考古》2008年第4期的《湖北郧县大寺遗址2006年发掘简报》一文中探方编号坐标错误。2014年整理期间，我们将大寺遗址探方编号全部重新进行了调整，改成了横向坐标体系。此后，刊于《江汉考古》2018年第1期的《湖北郧县大寺遗址西周遗存发掘简报》一文，遂采用了正确的探方和器物编号。而《湖北郧县大寺遗址2006年发掘简报》一文中所发表的器物，至本报告中，其器物编号也有了相应调整。至此，大寺遗址的探方编号、器物编号等所有资料，均以本报告为准。

由于大寺遗址在一个象限，探方编号没有按象限（ⅠT0101）或方位（TN01E01）的方式进行编号，而是直接全部以探方坐标依次编号，如T0101、T0608……

本报告将全面系统地发表大寺遗址2006年和2009年两次发掘的考古资料。由于大寺遗址文化内涵丰富，包含仰韶文化、屈家岭文化、龙山文化、西周遗存、楚文化、秦文化、宋文化及明清文化等不同时期的遗存，为了更好地反映大寺遗址的文化面貌，我们按不同时期文化分别介绍，让读者更多地了解大寺遗址不同时期人类的生产和生活。

此外，在大寺遗址的考古发掘、资料整理和报告编写过程中，我们得到湖北省文物局、湖北省文物局南水北调办公室、湖北省文物考古研究所、湖北省博物馆、武汉大学历史学院、十堰市文物局、郧阳博物馆等单位的领导、专家学者的关心和支持。参与发掘、整理、编写和研究工作的同仁亦付出了辛勤的劳动。科学出版社王光明先生为本报告的出版倾注了大量心血。在此，谨表示诚挚的感谢。

第二章 地层堆积

第一节 文化堆积

大寺遗址分为东、西两个区。东区为平地，属于汉江边的第一级台地（图版一，1）。东区地层堆积较单一，耕土与近代扰土层下仅见战国时期楚文化层，该层下除了有楚文化灰坑外，还有西周时期灰坑。东区距西区较远，两者地层堆积不相连属。西区为台地，高出东边洼地约3米（图版一，2）。西区台地地层堆积较复杂。从发掘的情况看，西区台地的文化堆积大致区分为截然不同的东、西两部分（图三）。东部属于台地的斜坡地带，遗存堆积较深，文化内涵主要是西周时期文化及以后的历史时期遗存，只在最东北部位置有少量仰韶文化层分布。大体情况是，第1层为现代地表层，第2、3层为明清文化层，第4层为宋代文化层，第5层为西周文化层，东北部存在第6层，为仰韶文化层。其第6层，从出土遗物看，相当于台地西部也即西区西部的第6层。从汉江断壁上观察，坡地的文化层之下为淤积堆积，应为北部埝河早期的入汉江河口（图版三，2）。西部属于主台地，遗存堆积较浅（图版一七，1、2；图版一八，1、2），除了第1、2层属晚期堆积以外，其他主要为新石器时代文化层，第3层为屈家岭文化层，第4、5层为仰韶文化层，极少数探方有第6层，也为仰韶文化层，其下为生土。

大寺遗址西区台地的发掘分两批探方。第一批探方主要布在台地的西部，是为西区西部，其遗存堆积较浅，文化内涵基本一致。待第一批探方发掘完毕后，直接连续向东部布第二批探方，是为西区东部，其遗存堆积较深，文化内涵与西部差异巨大。由于先发掘的西部地层统一编号已经确定，不易更改，因此，大寺遗址西区台地上的地层编号形成东、西编号相同、内涵却不对应的现象。为了真实地反映出地层堆积情况，我们将大寺遗址西区台地上西、东部的地层堆积列表对应（表一）。

表一　大寺遗址西区台地地层对应表

西部地层	东部地层	年代	备注
1	1	现代	东西统一
2	2	明清	东西统一
/	3	明清	仅东部有分布
/	4	宋代	仅东部有分布
/	5	西周	仅东部有分布
3	/	屈家岭文化	仅西部有分布

续表

西部地层	东部地层	年代	备注
4	/	仰韶文化	仅西部有分布
5	/	仰韶文化	仅西部有分布
6	6	仰韶文化	该层主要分布在西部，东部仅最东北位置有零星分布
生土	生土		

为了更好地反映大寺遗址地层堆积情况与文化内涵，我们将遗址西区台地上的探方，以"井"字形（即二纵二横）的方式选取剖面分别进行介绍；东区平地地层堆积较为简单，则以"十"字形（即一纵一横）的方式选取剖面进行介绍。这样的方式，虽介绍得稍嫌多，但却因此能将分别贯穿大寺遗址西区和东区的地层堆积，从纵、横两方面介绍得更加详细，让读者更充分地了解大寺遗址的地层堆积过程。

一、西区台地

现按二纵二横的方式分别介绍。

（一）纵剖面

1. 纵一

以以"03"为结尾的一列探方的东壁为例，分别是T0203与T0303、T0403与T0503这4个探方的东壁。

T0203与T0303东壁（图四；图版一七，1），分4层。

第1层：耕土层。厚25～35厘米。分布于全方。青灰色泥沙土，含现代青砖、布纹瓦残片等。

第2层：明清文化层。厚25～55厘米。浅灰色土，土质较软。出土近代建筑砖瓦片。

第3层：屈家岭文化层。厚25～47厘米。黄褐色土，土质较硬，结构紧密，黏性差。出土遗物以灰陶居多，有少量红陶，多为素面，有少量弦纹与方格纹。器形有陶折沿罐、高领罐、红顶钵、杯、纺轮，石吊坠、镞等。H27、H61、H218开口于此层下。

第4层：仰韶文化层。厚23～27厘米。红褐色土，土质硬，较松散，夹较多大颗粒状的红烧土。出土较多陶片，以素面为主，绳纹、弦纹与附加堆纹次之，还有少量彩陶。器形有陶鼎、瓮、罐、盆、杯、锉、器座、彩陶钵，石斧、锛、凿、刀等。H96、H108、H112开口于此层下。

此层下为生土。

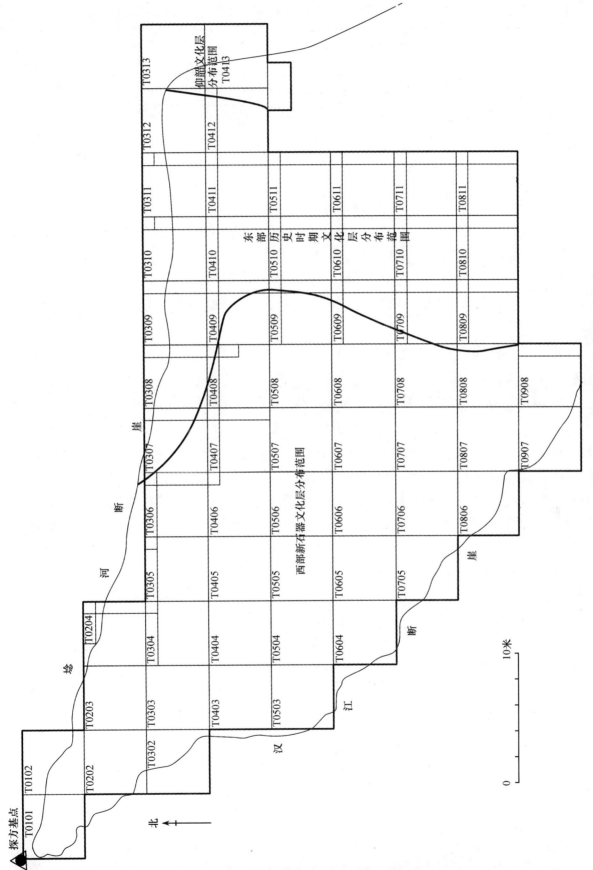

图三 大寺遗址西区台地新石器时代与历史时期文化层分布图

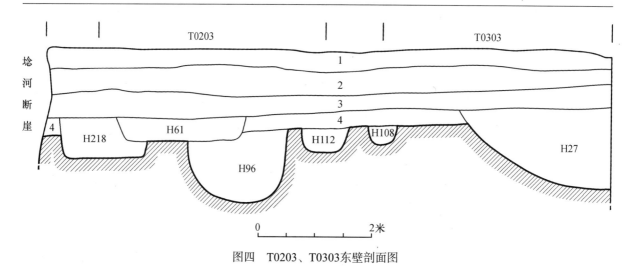

图四　T0203、T0303东壁剖面图

T0403与T0503东壁（图五；图版一七，2），分4层。

第1层：耕土层。厚20～50厘米。青灰色泥沙土，含现代砖、瓦残片等。H3开口于此层下。

第2层：明清文化层。厚25～45厘米。灰褐色土，土质松软。出土较多青砖、瓦片等。H9、H78开口于此层下。

第3层：屈家岭文化层。厚27～37厘米。褐色沙质土，土质较硬，夹有草木灰、红烧土粒与石块。出土陶片以夹砂陶为主，纹饰有绳纹、篮纹、弦纹等，以素面为主。器形有陶鼎、罐、红顶钵、盆等。H27、H67开口于此层下。

第4层：仰韶文化层。厚15～27厘米。黄褐色土，土质较硬，包含大量红烧土块、石块、骨头与草木灰等。出土遗物多为陶片，以夹砂红陶为主，有少量黑皮陶，纹饰主要有绳纹、弦纹等，还有少量彩陶。器形主要有陶鼎、罐、盆、红顶钵、锉和彩陶钵等。H64、H69开口于此层下。

此层下为生土。

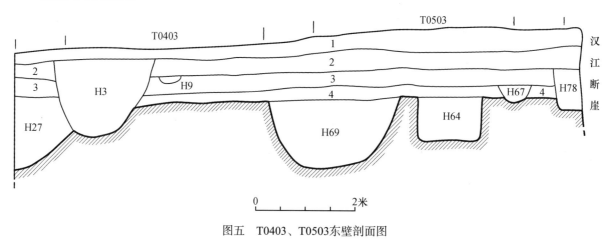

图五　T0403、T0503东壁剖面图

2. 纵二

以以"07"为结尾的一列探方的东壁为例，分别是T0307与T0407、T0507与T0607、T0707与T0807、T0907这7个探方的东壁。

T0307与T0407东壁（图六），分4层。

第1层：耕土层。厚45～75厘米。灰褐色沙土，较松软，含现代砖、瓦残片等。H139开口于此层下。

第2层：明清文化层。厚26～75厘米。灰土，土质较松软。出土近、现代残砖瓦与瓷片等。

* T0307第3层：明清文化层。厚0～50厘米。仅分布于本方西南角。灰色沙质土，土质结构较紧密。遗物极少。G4、G5开口于此层下。

第3层：屈家岭文化层。厚0～45厘米。灰褐色土，土质结构较紧密。出土遗物很少，以夹砂灰陶为主，红陶次之，纹饰以素面为主，有少量弦纹和划纹。可辨器形有陶鼎、罐、盆和石斧等。H155、H171开口于此层下。

第4层：仰韶文化层。厚0～33厘米。红褐色土，含较多红烧土颗粒。出土遗物以夹砂红陶为主，褐陶次之，有少量黑皮陶，纹饰有绳纹、弦纹等。器形有陶鼎、瓮、罐、盆、锉、器盖和彩陶钵等。M23开口于此层下。

此层下为生土。

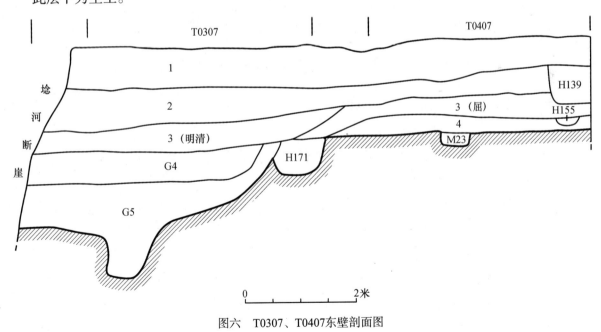

图六　T0307、T0407东壁剖面图

T0507与T0607东壁（图七），分5层。

第1层：耕土层。厚15～50厘米。灰土，较疏松，含现代砖、瓦残片等。F14、H137与H139开口于此层下。

第2层：明清文化层。厚20～47厘米。分布于全方。灰色沙质土，土质较松软。出土遗物以青花瓷片为主。H86与M21开口于此层下。

第3层：屈家岭文化层。厚20～45厘米。灰褐色沙质土，土质较软并夹有少量红烧土颗粒。出土少量陶片，以泥质灰陶居多，主要为素面，少量饰弦纹和附加堆纹。可辨器形有陶宽扁足鼎、折沿罐、高领罐、盆、红顶钵、花边器盖。H154、H159、H192开口于此层下。

第4层：仰韶文化层。厚20～33厘米。红褐色土，土质较硬，夹较多红烧土颗粒，包含少量石块与河蚌。出土较多陶片，以夹砂红褐陶为主，有少量褐胎黑皮陶。器形有陶鼎、瓮、罐、尖底瓶、锉和彩陶钵等。F13开口于此层下。

第5层：仰韶文化层。厚0～47厘米。黄褐色沙土，土质硬，夹杂少量红烧土颗粒。出土遗物较少，可辨器形有陶瓮、彩陶钵等。

此层下为生土。

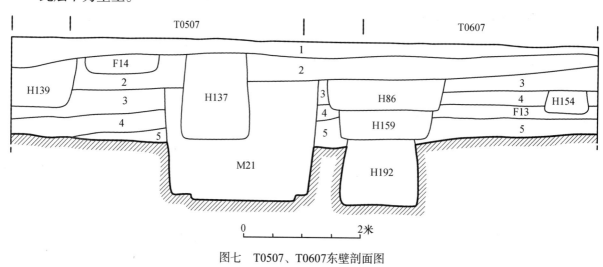

图七　T0507、T0607东壁剖面图

T0707与T0807东壁（图八），分5层。

第1层：耕土层。厚10～23厘米。灰色土，较疏松。含现代砖、瓦残片等。

第2层：明清文化层。厚21～30厘米。灰色土，土质较松软，含石块与蚌壳等。出土较多青花瓷片。H111开口于此层下。

第3层：屈家岭文化层。厚17～40厘米。褐灰色土，夹细小烧土颗粒。出土较多陶片，以夹砂灰陶为主，泥质红陶次之，纹饰以素面为主，少量饰凸弦纹。可辨器形有陶宽扁足鼎、罐、盆、钵、碗、器盖、纺轮等。H76、H79开口于此层下。

第4层：仰韶文化层。厚23～35厘米。红褐色土，夹较多的红烧土颗粒。出土较多陶片，以夹砂红褐陶为主，泥质红陶次之。器形有陶鼎、瓮、钵、罐、彩陶盆、彩陶钵、饼、锉等。F12、F13开口于此层下。

第5层：仰韶文化层。厚0～38厘米。黄褐色土，泛青，含沙较重。出土较多陶片，以夹砂红褐陶为主，泥质红陶次之，纹饰以绳纹为主，素面次之，还有较多彩陶。器形有陶鼎、瓮、钵、尖底瓶、罐、彩陶盆、彩陶钵、红顶钵等。

此层下为生土。

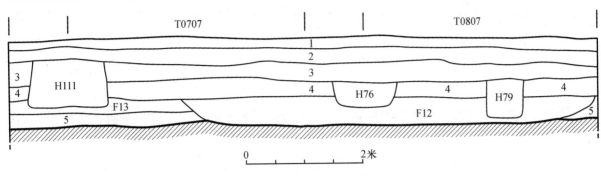

图八　T0707、T0807东壁剖面图

T0907东壁（图九），分5层。

第1层：耕土层。厚15～25厘米。灰褐色沙土，含较多植物根茎。出土较多砖瓦片。

第2层：明清文化层。厚15～30厘米。灰色土，土质较松软，包含少量红烧土颗粒。出土较多青花瓷片、布纹瓦片等。

第3层：屈家岭文化层。厚18～25厘米。褐色土，夹少量红烧土颗粒。出土少量陶片。可辨器形有陶宽扁足鼎、折沿罐、花边器盖等。H103开口于此层下。

第4层：仰韶文化层。厚25～30厘米。红褐色土，土质较软且夹有较多的红烧土颗粒。出土少量陶片，以夹砂红褐陶为主，泥质红陶次之，纹饰以绳纹为主，素面次之。可辨器形有陶鼎、罐、彩陶钵等。H114开口于此层下。

第5层：仰韶文化层。厚32～38厘米。黄褐色土，泛青，含沙较多，土质结构较松，很纯净，夹有零星红烧土颗粒。出土少量陶片。可辨器形有陶鼎、尖底瓶、罐、彩陶钵等。H203开口于此层下。

此层下为生土。

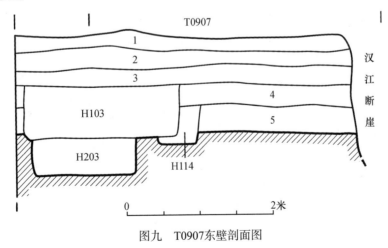

图九　T0907东壁剖面图

（二）横剖面

1. 横一

以以"04"起头的一排探方的北壁为例，分别是T0403与T0404、T0405与T0406、T0407与

T0408、T0409与T0410、T0411与T0412、T0413这11个探方的北壁。

T0403与T0404北壁（图一〇），分4层。

第1层：耕土层。厚17～23厘米。灰褐色沙土，含较多植物根茎。出土较多砖瓦片。H3开口于此层下。

第2层：明清文化层。厚20～35厘米。灰褐色土，土质松软。出土较多青砖、瓦片等。H39开口于此层下。

第3层：屈家岭文化层。厚25～43厘米。褐色土，土质较硬，夹有草木灰、红烧土颗粒与石块等。出土较多陶片，以夹砂灰陶居多，泥质红陶次之，多为素面陶，纹饰有少量弦纹、附加堆纹等。器形有陶宽扁足鼎、折沿罐、高领罐、红顶碗、器盖、纺轮，石斧、凿、锛、镞、刀，骨镞等。H27开口于此层下。

第4层：仰韶文化层。厚25～40厘米。黄褐色土，土质较硬，包含石块、红烧土颗粒、骨头与草木灰等。出土少量陶片，以夹砂褐陶为主，有少量泥质红陶和彩陶。纹饰以绳纹为主，有少量弦纹与附加堆纹，还有少量素面陶。器形有陶鼎、瓮、彩陶盆、彩陶钵、器盖等。H32、H102开口于此层下。

此层下为生土。

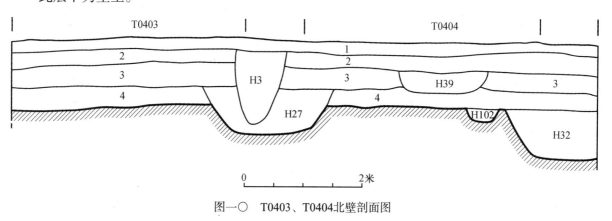

图一〇　T0403、T0404北壁剖面图

T0405与T0406北壁（图一一），分4层。

第1层：耕土层。厚20～70厘米。灰色沙土，含较多植物根茎。出土较多砖瓦片。F1开口于此层下。

第2层：明清文化层。厚25～50厘米。灰白色沙质土，土质较松软，夹较多河蚌。出土遗物有近代砖瓦片、陶瓷片等。器形有陶灯、釉陶缸、石砚等。

第3层：屈家岭文化层。厚20～35厘米。浅黄色沙质土，土质较软，含少量红烧土和兽骨。出土遗物多为陶片，以夹砂灰陶居多，泥质红陶次之，纹饰以素面为主，有少量弦纹和附加堆纹。器形有陶折沿罐、高领罐、纺轮等。

第4层：仰韶文化层。厚25～30厘米。黄褐色沙质土，土质较软。包含少量红烧土颗粒、石块、兽骨、河蚌等。出土陶片较少。器形有陶鼎、瓮、罐、器座、锉、彩陶盆、彩陶钵，石刀等。H21、H32、H59、H173、H175、H216、H217开口于此层下。

此层下为生土。

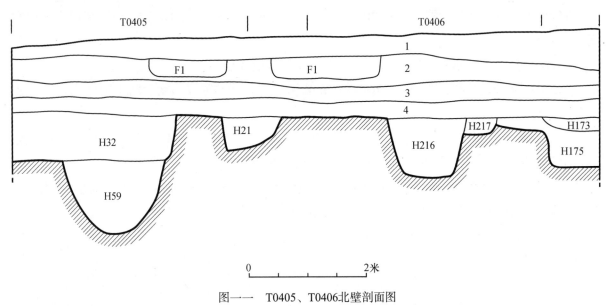

图一一 T0405、T0406北壁剖面图

T0407与T0408北壁（图一二；图版一八，1）。这两个探方是西区台地的西部和东部的分界线所在。T0407地层堆积属于台地的西部，第3层为屈家岭文化层，第4层为仰韶文化层；而T0408地层堆积属于台地的东部，第3层为明清文化层。地层堆积共分4层。

第1层：耕土层。厚37～67厘米。灰色土，含较多植物根茎。出土较多砖瓦片。

第2层：明清文化层。厚25～55厘米。分布于全方。浅褐色土。出土较多青砖、瓦片等。

* T0408第3层：明清文化层。厚0～52厘米。灰褐色土，土质松软。出土遗物极少。G5开口于此层下。

* T0407第3层：屈家岭文化层。厚15～30厘米。褐色土，包含较多红烧土颗粒。出土遗物较少。器形有陶宽扁足鼎、罐、盆、红顶钵、花边器盖等。

第4层：仰韶文化层。厚15～35厘米。褐灰色土，夹较多的红烧土颗粒、石块与动物骨骼。出土较多陶片。器形有陶鼎、瓮、罐、盆、红顶钵、器座、锉、彩陶钵，石斧等。H173、H175开口于此层下。

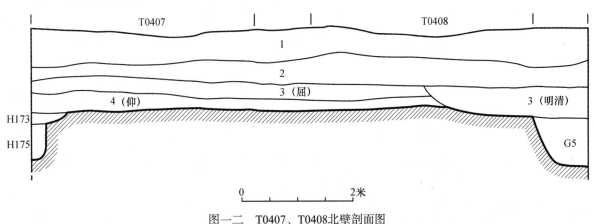

图一二 T0407、T0408北壁剖面图

此层下为生土。

T0409与T0410北壁（图一三；图版一八，2）。属于西区台地的东部，地层堆积为历史时期，分4层。

第1层：耕土层。厚30～70厘米。灰色土，含较多植物根茎。

第2层：明清文化层。厚45～70厘米。灰褐色泥沙土，土质较松软。出土近现代残砖瓦、青花瓷片等。

第3层：明清文化层。厚45～75厘米。褐色泥沙土，土质结构较紧密。含有少量红烧土颗粒。出土遗物主要为青花瓷片。G4、G5开口于此层下。

第4层：宋代文化层。厚25～40厘米。灰褐色沙土，土质结构较松散。出土遗物以釉瓷片为主，器形有瓷碗、碟、器盖等。G6开口于此层下。

此层下为生土。

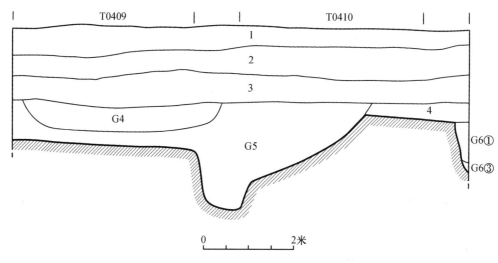

图一三　T0409、T0410北壁剖面图

T0411与T0412北壁（图一四）。属于西区台地的东部，地层堆积为历史时期，分5层。

第1层：耕土层。厚27～55厘米。灰色土，含较多植物根茎。

第2层：明清文化层。厚17～42厘米。分布于全方。灰色土，土质较松软。包含大量石块、砖瓦片及少量瓷片。出土遗物有青花瓷碗、碟，陶盆、矮领瓮、釉陶盆等。

第3层：明清文化层。厚30～72厘米。灰褐色土，土质较软，夹杂大量草木灰。出土遗物有青花瓷碗、盘，石网坠等。

第4层：宋代文化层。厚27～60厘米。褐灰色土，土质较软，夹有少量红烧土颗粒，包含少量石块、贝壳与动物骨头等。出土遗物极少，有釉陶碗、瓮等。

第5层：西周时期文化层。厚0～35厘米。深褐色土，土质较软，夹有烧土颗粒，包含少量石块与贝壳等。出土陶片较少，陶质以夹砂褐陶居多，灰陶较少，纹饰以绳纹最多见。可辨器形有陶鬲、豆、瓮、盆和卜骨等。G6开口于此层下。

此层下为生土。

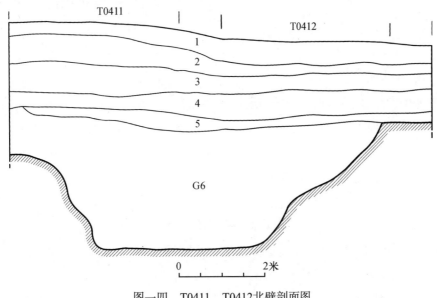

图一四 T0411、T0412北壁剖面图

T0413北壁（图一五）。属于西区台地的东部，地层堆积为历史时期，分5层。

第1层：表土层。厚7～50厘米。灰色沙土，土质松软，内含较多草木根茎和近代瓷片、石块等。

第2层：明清文化层。厚15～23厘米。灰褐色土，质松散。出土较多近代建筑垃圾。

第3层：明清文化层。厚30～37厘米。浅灰色土，质松散。出土砖、瓦、瓷片等。

第4层：宋代文化层。厚27～50厘米。灰色土，质松散，含少量草木灰。出土少量碎瓷片。

第5层：西周文化层。厚25～33厘米。灰褐色土，质紧密，含少量烧土粒。出土少量陶片，以夹砂褐陶为主，纹饰主要为绳纹。器形有陶鬲足、豆盘等。

此层下为生土。

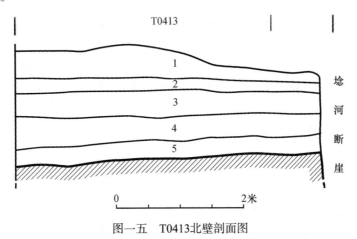

图一五 T0413北壁剖面图

2. 横二

以以 "07" 起头的一排探方的北壁为例，分别是T0705与T0706、T0707与T0708、T0709与T0710、T0711这7个探方的北壁。

T0705与T0706北壁（图一六），分5层。

第1层：耕土层。厚7~25厘米。灰色沙土，土质松软，内含较多草木根茎和近代砖瓦片、石块等。

第2层：明清文化层。厚24~42厘米。浅黄色沙质土，土质疏松，夹杂少量红烧土颗粒。出土较多青花瓷片。H20、H62开口于此层下。

第3层：屈家岭文化层。厚15~40厘米。褐黄色粉沙土，土质疏松，夹杂大量红烧土块。出土较多陶片，以夹砂灰陶为主，有少量泥质红陶，多为素面，纹饰有少量弦纹与附加堆纹。器形有陶鼎、红顶钵和石镰等。H52、H53开口于此层下。

第4层：仰韶文化层。厚15~27厘米。浅黄色沙质土，土质松散，夹杂少量红烧土颗粒。出土遗物较少，器形有陶瓮、彩陶钵等。F10、H74开口于此层下。

第5层：仰韶文化层。厚7~50厘米。灰色土，土质结构较紧密，夹杂零星红烧土颗粒。未见包含物。

此层下为生土。

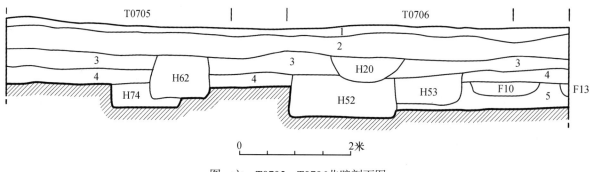

图一六　T0705、T0706北壁剖面图

T0707与T0708北壁（图一七）。T0708是西区台地的西部和东部的分界线所在。东部的第3层（明清文化层）从T0708开始出现并向东延伸，其下叠压着自台地西部延伸而来的第3层（屈家岭文化层）和第4、5层（仰韶文化层），除第4层继续东延至T0709外，第3、5层皆在本方内结束。地层分5层。

第1层：耕土层。厚8~25厘米。灰色沙土，土质松软，内含较多草木根茎和近代砖瓦片、石块等。

第2层：明清文化层。厚20~42厘米。灰褐色土，土质较松软，含石块、蚌壳等。出土较多青花瓷片。H111开口于此层下。

* T0708第3层：明清文化层。厚0~45厘米。分布于除东南角外的大部分位置。深褐色土，土质较软，并夹有细小烧土颗粒，包含石块、兽骨、蚌壳等。出土较多青花瓷片。G3开口于此层下。

第3层：屈家岭文化层。厚30～40厘米。深褐色土，土质较软，夹有细小烧土颗粒。出土遗物有陶宽扁足鼎、折沿罐、高领罐、红顶钵、盆、花边器盖、纺轮和石凿等。H124、M15开口于此层下。

第4层：仰韶文化层。T0708东部无此层。厚30～40厘米。红褐色土，夹较多的红烧土颗粒。出土遗物有陶鼎、瓮、深腹罐、器盖、纺轮、彩陶盆、彩陶钵，石凿等。F13、H205开口于此层下。

第5层：仰韶文化层。T0708东部无此层。厚20～25厘米。灰色土，土质结构较紧密，较纯净，夹有零星红烧土颗粒。出土遗物极少，有陶鼎、器盖、彩陶盆、彩陶钵等。

此层下为生土。

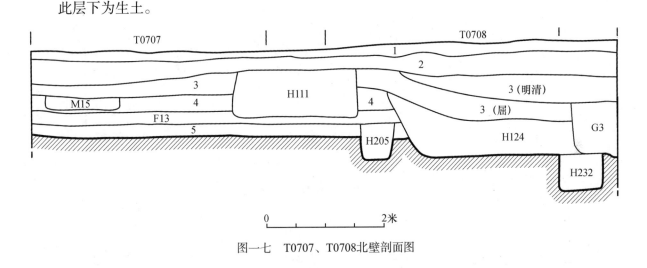

图一七 T0707、T0708北壁剖面图

T0709与T0710北壁（图一八）。T0709第4层属于自台地西部延伸而来的仰韶文化层，而T0710第4层为新出现于台地东部的宋代文化层。T0710的地层堆积皆属于台地东部的范畴，为历史时期。地层共有5层。

第1层：耕土层。厚15～40厘米。灰色沙土，土质松软，内含较多草木根茎和近代砖瓦片、石块等。

第2层：明清文化层。厚40～100厘米。黄灰色沙质土，土质松散。出土遗物有青瓷碗、盘，釉陶瓮、罐，布纹瓦及灰砖等。

第3层：明清文化层。厚55～90厘米。黄灰色土，土质松散并夹有少量红烧土颗粒。出土遗物有青花瓷碗、蓝釉盏、酱釉碗、酱釉罐等。G3～G5开口于此层下。

* T0710第4层：宋代文化层。厚40～74厘米。主要分布在探方东部。黄灰色沙土，土质松散，夹杂少量红烧土颗粒。出土遗物较少，有白瓷盘、碗，酱釉碗、罐等。

* T0710第5层：西周文化层。厚30～55厘米。黄灰色沙土，土质疏松，夹杂少量红烧土颗粒与草木灰。出土遗物较少，有陶扁柱状鬲足、豆盘、杯等。G6开口于此层下。

* T0709第4层：仰韶文化层。厚0～73厘米。主要分布在探方西部。灰色沙土，土质松散，夹杂少量红烧土颗粒。出土少量陶片。器形主要有陶鼎、瓮、罐、器盖、彩陶盆、彩陶钵等。

此层下为生土。

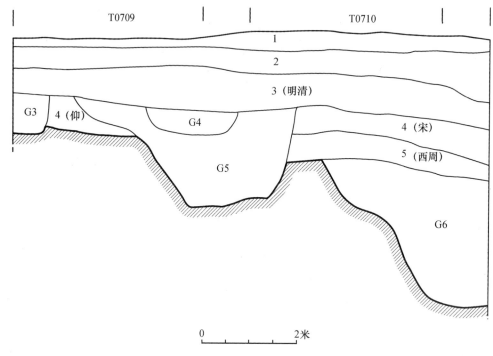

图一八　T0709、T0710北壁剖面图

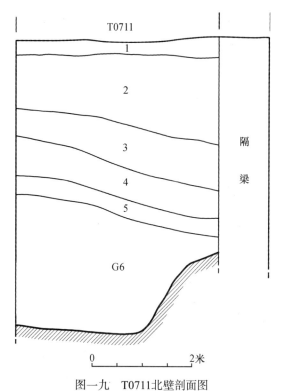

图一九　T0711北壁剖面图

T0711北壁（图一九）。属于西区台地的东部，地层堆积为历史时期，共有5层。

第1层：耕土层。厚20～40厘米。灰色土，土质松散，夹大量淤沙，包含砖瓦块、瓷片等。

第2层：明清文化层。厚105～165厘米。黄灰色土，土质较松软，包含青砖、瓦片与石块等。

第3层：明清文化层。厚55～90厘米。灰黑色土，土质松软，包含草木灰、红烧土粒与石块等。出土青砖、瓦片与青花瓷片等。

第4层：宋代文化层。厚50～73厘米。褐灰色土，土质较硬，含有石头、兽骨及蚌壳等。出土遗物较少，有白瓷盘、碗，酱釉碗、罐等。

第5层：西周文化层。厚32～38厘米。黄褐色土，土质较硬，夹少量烧土颗粒、细沙、石块、骨头与蚌壳等。出土遗物较少。器形有陶扁柱状鬲足、豆盘、杯等。G6开口于此层下。

此层下为生土。

二、东区平地

东区平地为大寺遗址西区台地下的一处较偏远且不与西区台地相连的遗址点。1964年修建丹江口水库大坝之后，由于汉江水位上涨，地表有一层厚93～250厘米的淤沙层，我们发掘时未对其进行编号。现按一纵一横的方式分别进行介绍。

（一）纵剖面

以以"43"为结尾的一排探方东壁为例，分别是T2343、T2443、T2543、T2643这4个探方的东壁。分3层（图二〇）。

第1层：近现代耕土层。厚13～38厘米。灰色土，土质松软，含少量细沙。

第2层：近代扰乱层。厚26～48厘米。黄褐色土，土质松软，夹少量细沙和红烧土颗粒、草木灰。出土布纹瓦、青花瓷片等。

第3层：楚文化层。厚26～45厘米。褐色土，土质较硬，夹较多红烧土块及少量草木灰、石块、蚌壳、兽骨等。出土遗物主要有陶鬲、盂、盆、罐、豆等。H235开口于此层下。

此层下为生土。

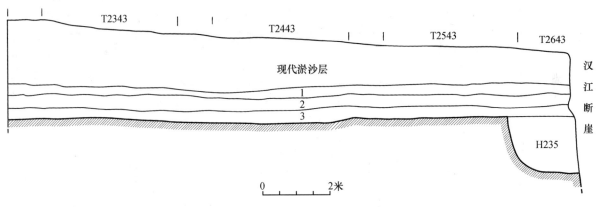

图二〇　T2343、T2443、T2543、T2643东壁剖面图

（二）横剖面

以以"25"为起头的一排探方北壁为例，分别是T2541、T2542、T2543、T2544这4个探方的北壁。分3层（图二一）。

第1层：近现代耕土层。厚24～38厘米。灰色土，土质松软，夹较多细沙。

第2层：近代扰乱层。厚24～41厘米。灰褐色土，土质较紧密，含少量红烧土颗粒、石块等。出土布纹瓦、青花瓷片等。

第3层：楚文化层。厚28~48厘米。褐色土，土质较硬，含较多红烧土颗粒及草木灰、蚌壳、石块等。出土遗物主要有陶鬲、盂、盆、罐、豆等。H237、H238开口于此层下。

此层下为生土。

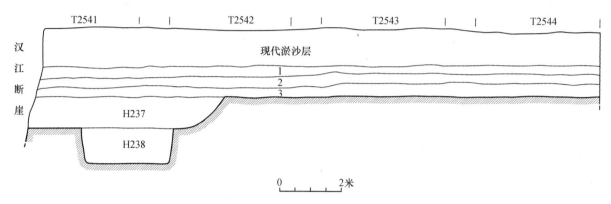

图二一 T2541、T2542、T2543、T2544北壁剖面图

第二节 层位关系

大寺遗址地层堆积较为复杂，各时期遗迹现象特别丰富（图二二）。尤其是仰韶文化遗迹，打破关系十分复杂。为了更好地全面地反映大寺遗址的文化堆积情况，我们将西区台地和东区平地各层位下开口的遗迹单位，分别罗列如下。

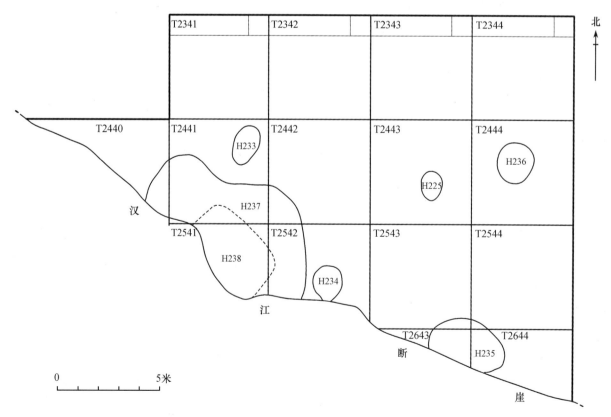

图二二 大寺遗址东区周代遗迹分布图

一、西区台地

（一）西区台地西部和东部统一的地层

西区台地西部和东部的第1、2层是相连的。

第1层下开口的遗迹单位如下：属于明清的有F1、F2、F14，J3，H1～H4、H137～H139、H209这12个单位。

第2层下开口的遗迹单位如下：属于明清的有J1、M30这2个单位；属于秦文化的有M2、M6、M9、M11、M22这5个单位；属于楚文化的有M3、M8、M10、M12、M21、M25，W1这7个单位；属于龙山文化的有Z1，H5～H15、H17～H19、H23、H25、H31、H35、H39、H42、H44、H45、H48、H51、H57、H62、H63、H72、H78、H86、H88、H99、H109、H158、H160、H164，M5、M7这39个单位；属于屈家岭文化的有H20、H24、H30、H41、H60、H91、H111、H113、H179、H208、H224，M13这12个单位。

（二）西区台地西部和东部不统一的地层

西区台地西部和东部的第3～6层是不相同的。

1. 东部遗迹开口情况

东部第3层（明清）下开口的遗迹单位如下：属于宋代的有Y2，H178、H187、H213，G3～G5这7个单位；属于秦文化的有M24这1个单位；属于屈家岭文化的有H215这1个单位。

东部第4层（宋代）下开口的遗迹单位如下：皆属于楚文化，有M1、M20、M26～M29这6个单位。

东部第5层（西周）下开口的遗迹单位如下：属于西周遗存的有G6这1个单位；属于仰韶文化的有H144这1个单位。

东部第6层（仰韶）下无遗迹单位。

2. 西部遗迹开口情况

西部第3层（屈家岭文化）下开口的遗迹单位如下：属于屈家岭文化的有H22、H26～H28、H37、H46、H52、H55、H61、H65、H67、H70、H71、H76、H77、H79、H81、H82、H101、H103、H134、H152、H154、H155、H157、H159、H171、H189、H192、H196、H218、H226、G2，M4、M14、W4、W6这37个单位；属于仰韶文化的有F3、F7、F9、J2，H16、H43、H47、H53、H58、H75、H80、H83、H84、H97、H100、H104、H107、H116～H118、H120、H123～H126、H136、H141、H143、H150、H151、H153、H161、

H165、H167、H168、H170、H176、H177、H183、H191、H194、H195、H197、H204、H223，M15、M18、M19，W2、W3、W10、W12这52个单位。

西部第4层（仰韶文化）下开口的遗迹单位如下：皆属于仰韶文化，有F5、F6、F8、F10～F13，Y1，H21、H29、H32～H34、H36、H38、H40、H49、H50、H54、H56、H59、H64、H66、H68、H69、H73、H74、H85、H87、H89、H90、H92～H96、H98、H102、H105、H106、H108、H110、H112、H114、H121、H131、H133、H135、H140、H142、H145、H147～H149、H156、H162、H163、H166、H169、H172～H175、H180～H182、H184～H186、H188、H190、H198～H202、H205、H207、H210～H212、H214、H216、H217、H221、H222、H228、H229，G1，M17、M23，W5、W7、W9、W11这95个单位。

西部第5层（仰韶文化）下开口的遗迹单位如下；皆属于仰韶文化，有F4，H115、H119、H127～H130、H132、H146、H193、H203、H206、H219、H220、H227、H230～H232，M16这19个单位。

西部第6层（仰韶文化）下开口的遗迹单位如下：皆属于仰韶文化，有H122和W8这2个单位。

二、东 区 平 地

第1、2层下皆无遗迹单位开口。

第3层下开口的遗迹单位如下：属于楚文化的有H225、H233、H235～H237这5个单位；属于西周遗存的有H234、H238这2个单位。

各不同时期及同时期的遗迹单位之间还存在着较多的打破关系（图二二、图二三；附表一～附表一三），加上以上所列的开口层位关系，这些层位与打破关系是我们对各时期文化遗存进行分期的依据。

第三章　仰韶文化

大寺遗址仰韶文化遗存共发现169个遗迹单位，其中，房址11座、窑址1座、窖穴1座、灰坑140个、灰沟1条、土坑墓6座、瓮棺9座（图二四）。此外，还有丰富的文化层，包括西区西部众多探方的第4层，部分探方的第5、6层，以及西区东部东北位置的第6层。

第一节　房　　址

11座（F3～F13）。

F3　位于T0908中部。开口于第3层下，打破第4层。为半地穴式，平面呈长方形，方向9°。坑壁不规整，底不甚平。长3.6、宽1.2、深0.22～0.54米（图二五；图版一九，1～3）。房基垫土中有较多纵向石块，呈长条形，共计22块。垫土堆积可分为2层：第1层，红土，厚0.22～0.34米，土质较疏松，出土少量陶片，以夹砂褐陶为主，泥质红陶次之，有少量泥质黑陶和夹砂灰胎黑皮陶，多为素面，少量表饰绳纹，器形有陶罐形鼎、卷沿瓮、钵、鼎足等；第2层，灰土，厚0～0.2米，土质疏松，出土陶片极少，有夹砂褐陶和泥质红陶，无可辨器形。

室内堆积出土少量陶片。

F3①　器形有陶罐形鼎、卷沿瓮、钵、鼎足等。

陶罐形鼎　1件。F3①：3，夹细砂夹云母红褐胎黑皮陶，局部黑皮已脱落。手制，口经慢轮修整，上腹打磨光滑，下腹未经打磨。敛口，小卷沿，圆唇，圆肩，圆鼓腹，腹以下残。素面。复原口径13.3、腹径16.2、残高8.9厘米（图二六，1）。

陶卷沿瓮　1件。F3①：6，夹细砂夹云母红褐胎黑皮陶，局部黑皮已脱落。手制，口经慢轮修整。敛口，卷沿较平，方圆唇，溜肩，下腹残。素面。复原口径22、残高6.1厘米（图二六，3）。

陶钵　2件。轮制，器表磨光。微敛口，尖圆唇，弧腹内收。素面。F3①：1，细泥灰胎红衣陶。小平底微凹。复原口径24、底径9.6、高13.1厘米（图二六，5；彩版一三，1）。F3①：2，泥质黑陶。下腹残。复原口径24、残高5.9厘米（图二六，4）。

陶鼎足　1件。F3①：8，夹细砂夹蚌粉红褐陶。足尖部呈锥形，足尖以上截面呈圆形。足根饰两个竖向深按窝纹。残高16.1厘米（图二六，2）。

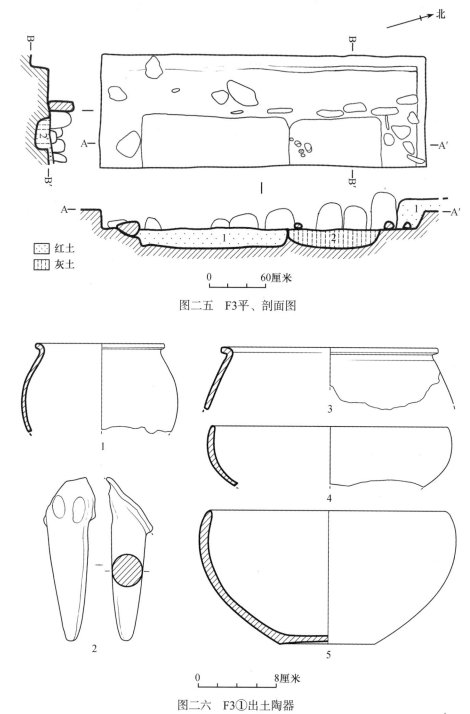

图二五　F3平、剖面图

图二六　F3①出土陶器

1.罐形鼎（F3①：3）　2.鼎足（F3①：8）　3.卷沿瓮（F3①：6）　4、5.钵（F3①：2、F3①：1）

　　F4　位于T0304北部。开口于第5层下，打破第6层，部分伸入北隔梁故未发掘。保存极差，只残存一段基槽和8个不成规律的柱洞，房屋整体形状不明。基槽呈长条形，弧壁，平底。残长5、宽约0.25、深约0.48米。基槽北部有7个柱洞，南部有1个柱洞（图二七；图版二○，1）。基槽内填土可分为4层：第1层，厚0～0.2米，灰褐色土，土质较硬，包含少量石块和蚌壳，出土极少量陶片，较碎，未采集标本；第2层，厚0～0.2米，浅灰色土，土质较硬，包含少量石块，出土少量陶片，以夹砂红陶居多，夹砂褐陶和泥质红陶次之，有少量泥质灰陶，多为素面，有少量饰绳纹，可辨器形有陶卷沿瓮、彩陶钵、钵等，另还有蚌刀和石斧各1件；第3层，厚0~0.18米，灰色土，土质较硬，包含少量红烧土颗粒与石块，出土少量陶片，以夹砂褐陶为主，泥质红陶次之，纹饰主要为绳纹，素面次之，可辨器形有陶尖底瓶、器盖等；第4层，厚0.1~0.16米，深灰色土，土质较硬，包含较多红烧土颗粒、石块和蚌壳，出土少量陶片，有夹砂褐陶和泥质红陶，多见素面，少量饰绳纹，可辨器形仅见陶罐形鼎。

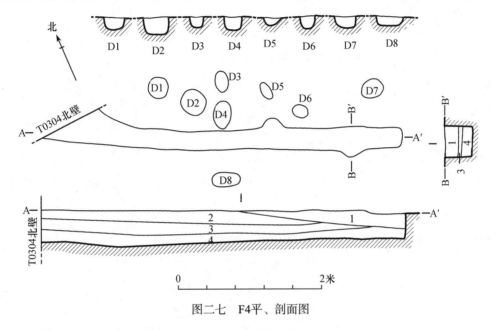

图二七　F4平、剖面图

房屋居住面上出土少量陶片。

F4② 器形有陶卷沿瓮、钵、彩陶钵，石斧，蚌刀等。

陶卷沿瓮　1件。F4②：5，夹细砂褐陶。手制，口、肩经慢轮修整、有旋痕。敛口，卷沿，圆唇，鼓肩，鼓腹，以下残。腹饰左斜向粗绳纹。复原口径32、残高11.6厘米（图二八，6）。

陶钵　1件。F4②：1，泥质红陶。厚胎，胎壁由口至腹渐薄。轮制。直口，圆唇，弧腹内收，腹以下残。内外壁皆磨光，素面。复原口径26、残高7.6厘米（图二八，4）。

彩陶钵　1件。F4②：2，泥质红陶。轮制。直口，圆唇，弧腹内收，腹以下残。内外壁皆磨光。唇面有一周黑彩带，口外有半圆形黑彩图案。残高6.1厘米（图二八，2）。

石斧　1件。F4②：9，硅质岩，黑色。打制，有打击疤痕，未经修磨。梯形，弧顶，两边斜直，单面打出弧形刃。长12.7、宽7.4、厚2.3厘米（图二八，8）。

蚌刀　1件。F4②：11，由蚌壳磨制而成。不规则形，表面光滑，背部平直，一边斜直内收，一边微外弧，刃部残。残长6.1、宽3.4、厚0.7厘米（图二八，7）。

F4③ 器形有陶尖底瓶、器盖等。

陶尖底瓶　1件。F4③：2，夹细砂红陶。手制。葫芦形口，口内有一道凹槽，方唇，内外两边唇缘皆鼓凸，束颈，以下残。素面。复原口径6、残高5厘米（图二八，3）。

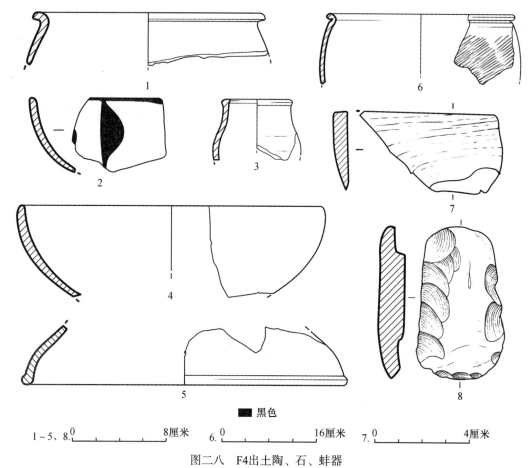

■ 黑色

1~5、8. 0 ———— 8厘米　　6. 0 ———— 16厘米　　7. 0 ———— 4厘米

图二八　F4出土陶、石、蚌器

1.陶罐形鼎（F4④：2）　2.彩陶钵（F4②：2）　3.陶尖底瓶（F4③：2）　4.陶钵（F4②：1）　5.陶器盖（F4③：4）
6.陶卷沿瓮（F4②：5）　7.蚌刀（F4②：11）　8.石斧（F4②：9）

陶器盖　1件。F4③：4，夹粗砂夹蚌褐陶。手制。覆碗状，顶残，弧壁，侈口，小卷沿，圆唇。器表有刮抹痕迹。复原口径28、残高4.8厘米（图二八，5）。

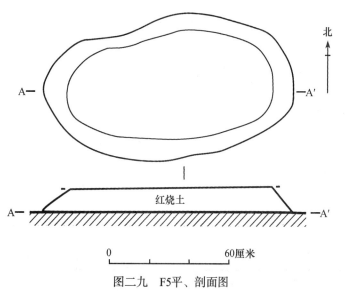

图二九　F5平、剖面图

F4④　器形仅见陶罐形鼎。

陶罐形鼎　1件。F4④：2，夹细砂褐胎黑衣陶。手制，口经慢轮修整。敛口，卷沿，圆唇，束颈，微鼓肩，肩以下残。素面。复原口径20、残高4.4厘米（图二八，1）。

F5　位于T0404西北部。开口于第4层下，打破生土。甚残，仅剩1块红烧土面。红烧土面较硬，平面形状呈椭圆形。烧土面残长1.04、宽0.44米，底长1.28、宽0.7米，烧土面厚0.3米（图二九；图版二〇，2）。出土少量极破碎的陶片，有夹砂红褐陶和泥质红陶，多为素面，少量饰绳纹。无可辨器形。

F6　位于T0707西南部和T0807西北部。开口于第4层下，打破H105、H106和生土，被H19、H99、H101和M2打破。本身保存极差，又被严重打破，原始完整形状已不明。南北最大长度为6.07、东西最大宽度为1.6、深约0.38米。垫土层表面有2块不规则的红烧土硬面（图三〇；图版二〇，3；图版二一，1、2）。垫土层主要为红烧土块堆积，土质疏松，出土极少量陶片。陶片有夹砂红陶、夹砂褐陶和泥质红陶，多为素面，极少数饰有绳纹。无可辨器形。

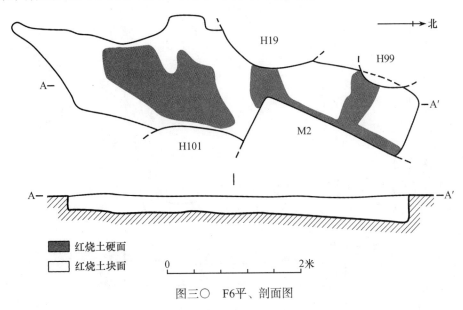

图三〇　F6平、剖面图

F7　位于T0606中部。开口于第3层下，打破第4层，被M9、M12和H91打破。平面呈长方形，房屋坐西北朝东南。其建筑方法应是先挖坑，坑长3.64、宽2.82、深0.5米，后垫土，垫土较硬，可能经过夯实，再于周边挖墙基槽，墙基宽16~28厘米。在墙上发现3个圆形柱洞，其中，后墙上2个，东北角上1个。D1位于东北角基槽内，洞壁较直，深0.3米，底没有发现柱础石；D2位于后墙左侧，深0.24米，底有柱础石；D3位于后墙右侧，部分被M9破坏，深0.26米，底有柱础石。前墙正中有一处缺口，宽48厘米，推测应为门道，且表面特意铺垫一层沙土。西北部垫土层表面有一块较大的红烧土面（图三一）。垫土堆积分2层：第1层，褐色土，厚20厘米，土质较硬，包含红烧土颗粒；第2层，灰色沙土，厚20厘米，土质致密，包含卵石、动物骨骼、蚌壳等，出土2件石斧和少量陶片，陶片包括泥质红陶和夹砂褐陶，多为素面，少量饰绳纹，器形有陶卷沿瓮、卷沿盆、钵等。

F7②　器形有陶卷沿瓮、卷沿盆、钵，石斧等。

陶卷沿瓮　1件。F7②：5，夹细砂夹云母红褐陶。手制，口沿有经慢轮修整的旋痕。敛口，卷沿，圆唇，圆肩，腹残。腹饰左斜粗线纹。复原口径40、残高7厘米（图三二，1）。

陶卷沿盆　1件。F7②：4，泥质红褐陶。轮制，器表经打磨。敛口，卷沿，方唇，束颈，弧腹残。素面。复原口径20、残高4.1厘米（图三二，2）。

陶钵　1件。F7②：3，泥质灰胎红褐陶。轮制，器表经打磨。敛口，圆尖唇，弧肩，腹

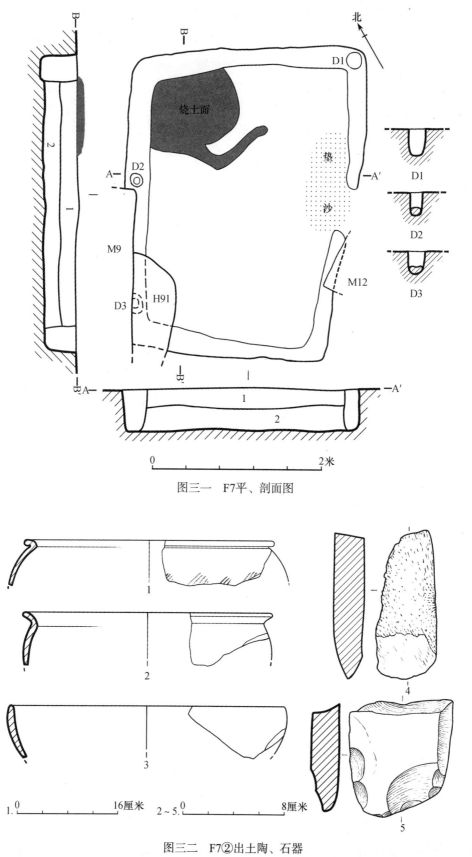

图三一　F7平、剖面图

图三二　F7②出土陶、石器

1.陶卷沿瓮（F7②：5）　2.陶卷沿盆（F7②：4）　3.陶钵（F7②：3）　4、5.石斧（F7②：1、F7②：2）

残。素面。复原口径22、残高4厘米（图三二，3）。

　　石斧　2件。F7②：1，灰色砂岩。琢制，刃部磨制。梯形，斜顶，斜边，斜弧刃，正锋。长11.4、宽4.8、厚2.4厘米（图三二，4；图版五二，1）。F7②：2，灰色砂岩。打制，整体粗糙，应为半成品。上部残，呈不规则梯形，斜边近直，刃部呈斜弧形。残长9、宽8.3、厚2.3厘米（图三二，5）。

　　F8　位于T0503南部。开口于第4层下，打破生土。残存"L"形基槽。基槽东西长1.6、南北长1.1、宽0.2、深0.25米（图三三；图版二一，3）。基槽内的垫土堆积主要为红烧土块，包含少量极碎的夹砂红褐色绳纹陶片。

　　F9　分布在T0504、T0505、T0506、T0604、T0605、T0606这6个探方内。开口于第3层下，打破第4层，被H100打破。平面呈圆角长方形。房基挖有基坑，长9、宽7.9米（图三四；图版二二，1～3）。坑内铺有2层垫土：第1层，灰色沙土，厚10～12厘米，土质较纯，分布在基坑中部、墙基之内，应是屋内地面的垫土；第2层，红烧土块堆积，厚18～20厘米，分布在整个房基坑之内，是整个房屋的底铺垫层。从建筑过程来看，首先挖房基坑，在坑底铺含红烧土的垫土，即第2层；再在垫土层上挖墙基槽，基槽宽14～17、深30～32厘米，墙基槽内填红烧土块。墙基内挖间距不等的柱洞24个，其中D13～D15位于房屋内中部，其余位于墙基槽内或屋内紧靠墙基槽的位置，以南段基槽内分布最多。D14、D15这2个柱洞较典型（彩版七，3、4；图版二三，4、5），洞内有木柱痕迹，直径20厘米，木柱痕迹外围用红烧土块填筑，便于更好地固定柱子。D1～D6、D8、D9、D12、D13及D23柱洞下均有柱础石（彩版七，1；图版二二，4、5；图版二三，1～3）。D23南部有一块面积约0.5平方米的红烧土面。东南部墙基外另有一小段墙基槽，其用途可能是作为门前挡风的围墙。墙基槽内D11与D12之间的间距相对较大，可能为门道。这种现象在F13的东南部也有发现。第2层垫土中出土少量陶片，有夹砂红褐陶、夹砂灰胎黑皮陶、泥质红陶等，多为素面，少量器表饰绳纹，器形有陶卷沿瓮、卷沿盆、器盖等。

　　F9②　器形有陶卷沿瓮、卷沿盆、器盖等。

　　陶卷沿瓮　1件。F9②：3，夹粗砂红褐陶。手制，口经慢轮修整。敛口，卷沿，圆唇，弧腹残。腹饰左斜线纹和一道划纹。残高8.9厘米（图三五，2）。

　　陶卷沿盆　2件。夹细砂红褐陶。轮制。侈口，卷沿，圆唇，弧腹残。F9②：5，残高5.4厘米（图三五，3）。F9②：1，复原口径40、残高6.6厘米（图三五，1）。

　　陶器盖　1件。F9②：4，夹细砂红褐陶，有黑斑块。覆碗状，侈口，圆唇外侈，腹斜直，内壁呈双腹状，顶残。素面。复原口径16、残高5厘米（图三五，4）。

　　柱础石　4件。青色砂岩，表面光滑，无人工加工痕迹。利用不规则形的自然河卵石制成。F9-D1，长18、宽14.8、厚3.2厘米（图三六，1）。F9-D2，直径12.8、厚2.4厘米（图三六，4）。F9-D13，直径18.8、厚3.6厘米（图三六，2）。F9-D23，直径18、厚5.2厘米（图

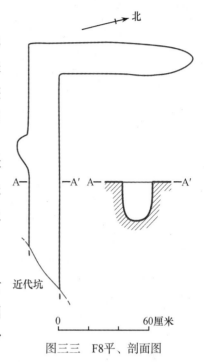

图三三　F8平、剖面图

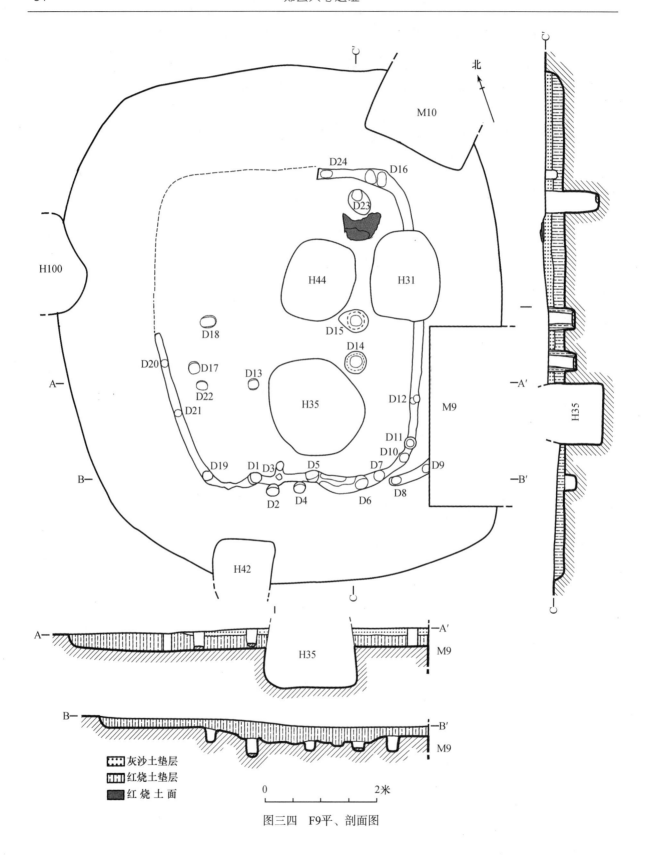

北

灰沙土垫层
红烧土垫层
红烧土面

0   2米

图三四 F9平、剖面图

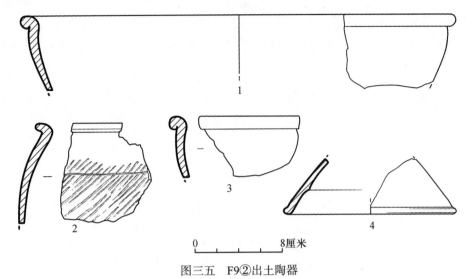

图三五 F9②出土陶器

1、3.卷沿盆（F9②：1、F9②：5） 2.卷沿瓮（F9②：3） 4.器盖（F9②：4）

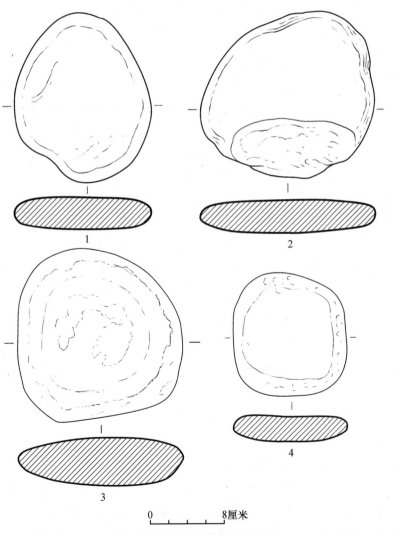

图三六 F9柱洞出土柱础石

1.F9-D1 2.F9-D13 3.F9-D23 4.F9-D2

三六，3；图版五二，3）。

F10　主体部分位于T0606南部和T0706北部。开口于第4层下，打破第5层，被M9、M17和H52、H53打破。平面呈长方形，房屋挖有基槽，长5.38、宽2.11、深0.28米。垫土层为黄褐色土，土质较坚硬。居住面较平，北侧发现3个柱洞，其中D1直径25、深40厘米，D2直径20、深35厘米，D3直径20、深37厘米。柱洞底均有柱础石（图三七；图版二四，1）。垫土层中出土极少量的夹砂褐陶、夹砂灰胎黑皮陶和泥质红褐色陶片，多为素面，少量饰绳纹。无可辨器形。

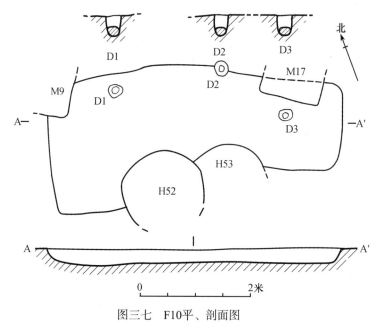

图三七　F10平、剖面图

F11　位于T0505、T0506、T0507、T0605、T0606内。开口于第4层下，打破第5层，被H31、H85、H92～H94、H98、H104、H110、H190、H207、H210及M9、M10打破。平面呈圆角方形，残长6.7、宽6.23、深0.45～0.68米。房基挖有基坑，基坑内垫土可分5层，每层厚约20厘米，土质致密坚硬：第1层，烧土居住面仅存一小块，基本满是红烧土粒；第2层，黄褐色土，夹少量草木灰和小石块；第3层，灰黄色土，夹少量草木灰与红烧土粒；第4层，黄褐色土，夹少量红烧土粒；第5层，黄灰色土，土质较纯。居住面四周未发现墙基，但发现10个柱洞，分别编号为D1～D10，大致上有一定的分布规律，能连成长方形。其中D2～D6分布在西部，D7在北部，D8在东部，D1、D9与D10在南部。D10里没有柱础石，D5内有2层柱础石，其余柱洞内各有1个柱础石。在南部的表面发现一块红烧土硬面，火候较高，应是因此处长期生火受烤而成。该房址未发现门道等其他设施（图三八）。

F11居住面与垫土中没有发现遗物。

F12　位于T0707、T0708、T0807、T0808这4个探方内。开口于第4层下，打破F13和第5层，被H79、H101、H157、H211、J2、G3、M2打破。F12由基坑垫土、墙基、柱洞、火塘等组成。基坑与垫土的平面形状相同，平面呈圆角长方形。基坑长8、残宽5.3、深0～0.55米（图三九；彩版五，1；图版二六，1、2）。基坑内铺有垫土，共有4层，逐层铺垫，每层土质均

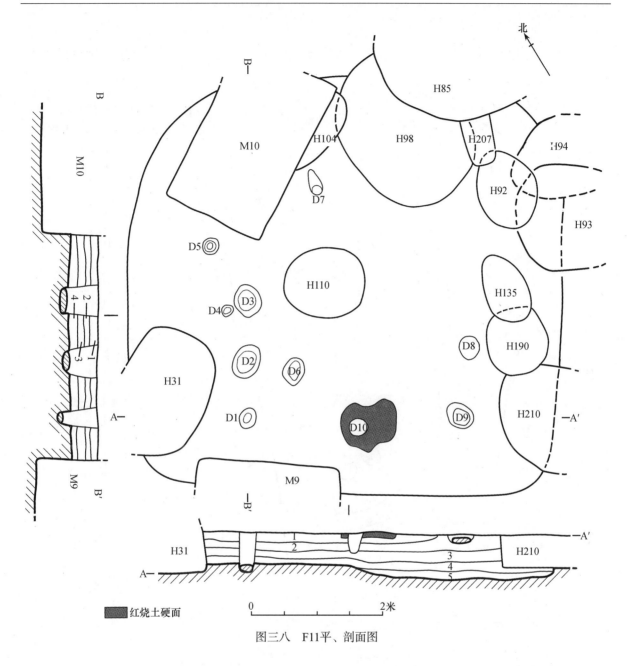

图三八　F11平、剖面图

红烧土硬面

0　　　　　　　　　2米

致密坚硬：第1层，红褐色土，厚0～20厘米，纯净，屋内部分表面尤其坚硬，应为踩踏面；第2层，褐色土，厚0～13厘米，较纯净；第3层，灰褐色土，厚0～24厘米；第4层，黄褐色土，厚0～16厘米，土质较纯。墙基槽，在垫土上按照房屋的形状与布局挖好墙基槽，横截面呈"U"字形，长5.5、残宽0.24～0.4、深0.2～0.24米。柱洞，部分在基槽的底挖掘而成，不在基槽内的则是从垫土表面下挖而成。在北部基槽内，还发现小柱洞一排4个，推测为墙内夹骨筋柱。除去这4个小柱洞外，在基槽内外共发现20个柱洞，平面形状有圆形和方形两种，底一般放有柱础石，少数柱础则用碎石和红烧土块做成（彩版七，2）。柱洞一般为直径20～80、深14～60厘米（图版二四，2）。火塘，位于屋内中部，平面为近圆形，呈凹形，塘内堆积分6层，每层均有烧结硬面，每层硬面之间由浅红褐色粉面土将之隔开。在火塘西北部地面发现1

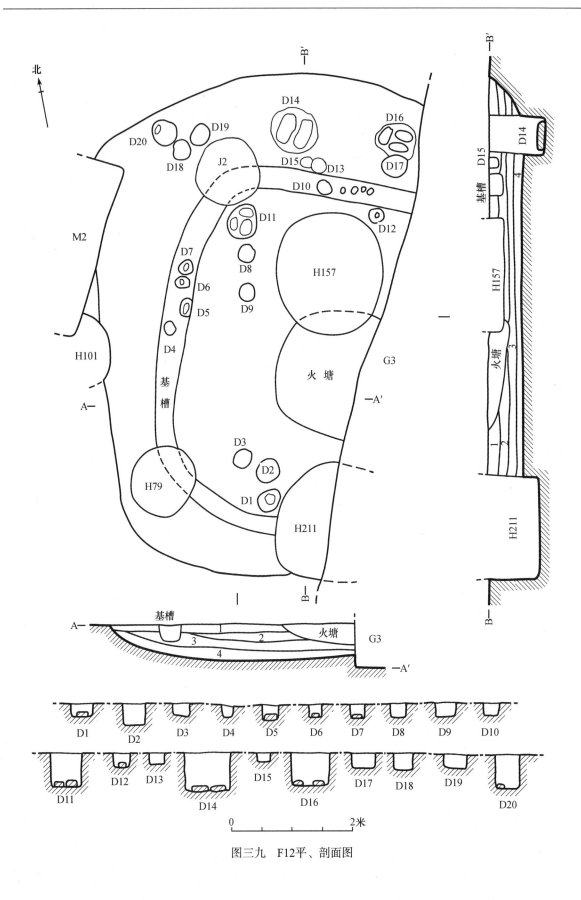

图三九　F12平、剖面图

件碎陶瓮（彩版五，2；图版二四，3、4；图版二五，1、2），疑为储火用。由于房基的东部已完全遭破坏，因此难以确定门道。

F12　仅在火塘边发现1件陶折沿瓮残片。

陶折沿瓮　1件。F12:1，夹细砂红褐陶。手制，口经慢轮修整。敛口，仰折沿较窄，圆唇，圆肩，鼓腹，中腹残，平底，底厚胎。器表饰左斜细线纹。复原口径32、底径18、复原高36.4厘米（图四〇）。

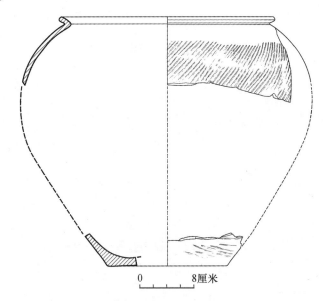

0　　　　8厘米

图四〇　F12出土陶折沿瓮（F12:1）

F13　位于T0607、T0608、T0707、T0708这4个探方内。开口于第4层下，打破第5层，被F12、H81、H111、H124、H159、H192、H198、M17打破。房址由基坑、垫土、墙基槽、柱洞、门道、挡风墙等组成。基坑与垫土的平面形状相同，呈圆角方形。基坑长7.29、宽6.74、深0~0.25米（图四一；彩版六，1；图版二七，1；图版二八，1、2）。垫土在基坑内逐层铺垫，共分2层，均致密坚硬：第1层，灰色土，厚10厘米，夹蚌壳和少量陶片，其表面尤其坚硬，应为踩踏面；第2层，红褐色土，厚0~20厘米，较纯净。墙基槽挖在垫土层上，垫土层平面呈方形，横截面呈"U"字形，长4.6~5.4、宽4.8、深0.3米。挡风墙位于房屋东南角外侧，基槽平面呈弧形，长度超出门道。在基槽内外共发现27个柱洞，柱洞挖在墙基槽内或居住面的垫土层上。柱洞分别编号为D01~D05和D1~D22，北半部有10个柱洞，南半部分布17个柱洞，均呈圆形或椭圆形，直径20~40、深14~30厘米。其中D04、D05和D2、D3、D4、D11、D15、D18、D21、D22这10个柱洞底填有柱础石，柱础石均为扁圆的卵石，D7、D8、D16底则以红烧土块作为柱础，其余柱洞则无柱础。门道设在东南部，朝东南，宽70厘米。在门道东南部外侧，有一小段弧形基槽，应为门道挡风墙之类的附属设施（彩版六，2；图版二七，2）。房顶及其他结构不详。

F13堆积中未发现遗物。

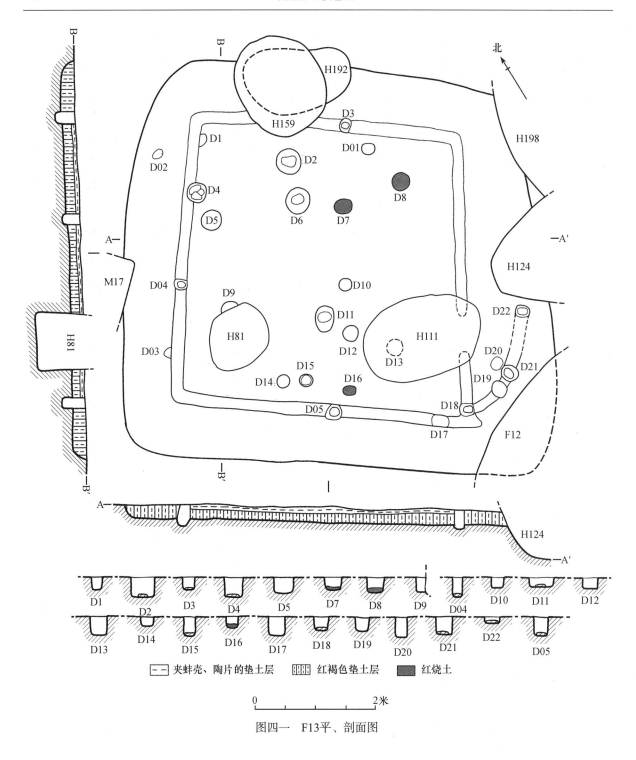

图四一　F13平、剖面图

第二节　窑　　址

1座（Y1）。

Y1　位于T0608东南部。开口于H198下，打破生土。遭破坏严重，平面形状呈不规则"L"形，东西最长2.2、南北宽0.7～1.4米。Y1由火门、火膛、窑床组成。火门位于东北部，近"八"字形。火门横截面呈沟槽状,两侧为红烧土壁,残长76.4、宽30~47厘米。火门与火膛连接处有一堵红烧土墙相隔。火膛位于中部,呈椭圆形,斜直壁,平底。坑口长1.4、宽1米,坑底长1.24、宽0.8米,深0.45米。火膛周边残存烧土壁较厚,东北角有一缺口与火门相连。窑床位于西部,呈长条形袋状,平底。长1.2、宽0.7~0.92米,残深0.14米。窑床两侧均为较厚的烧土壁。窑床后部有一缺口,应为烟道口,烟囱结构不详。窑顶已残缺,从窑床的袋状结构来看,推测应为弧顶。窑壁表面大部分残留厚4~8厘米的烧土层,应是先挖好坑再在表面涂抹一层搅拌泥,后经长期火烧结实而成。在Y1的西北、东南两侧各有1个方形柱洞。D1长32.3、宽29.4、深30厘米,D2长36.8、宽35.3、深40厘米。洞内填红烧土块,底铺有柱础石(图四二;图版二九,1~3;图版三〇,1~3;图版三一)。

窑内堆积为黄褐色土,夹有大量红烧土块,土质较松软,包含少量兽骨和石块,石块被火烧过、表面呈红色。出土2件石器和大量陶片。陶片以夹砂褐陶和红褐陶居多,泥质红陶次之,有少量夹砂灰陶和灰胎黑皮陶,多为素面,纹饰以绳纹为主,有少量附加堆纹和指甲纹,器形有陶卷沿瓮、钵、锉、器盖等。

Y1 器形有陶卷沿瓮、红顶钵、钵、器盖、锉,石刀、斧等。

陶卷沿瓮 3件。敛口,卷沿,圆唇,上腹外鼓,下腹残。Y1:20,夹细砂灰胎黑皮陶。轮制,器表打磨光滑。宽弧肩。素面。复原口径32、残高12.3厘米(图四三,1)。Y1:22,

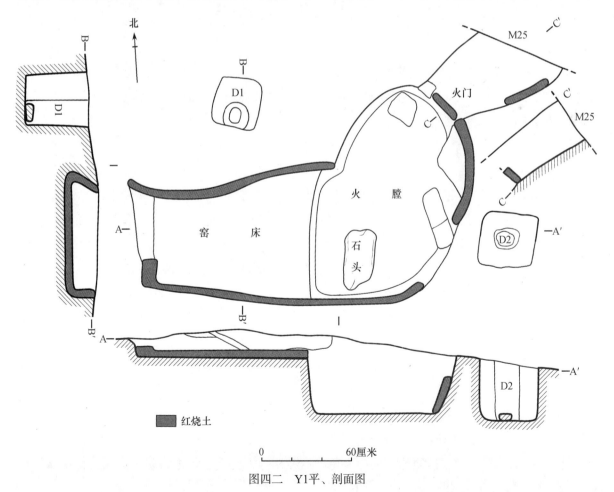

图四二 Y1平、剖面图

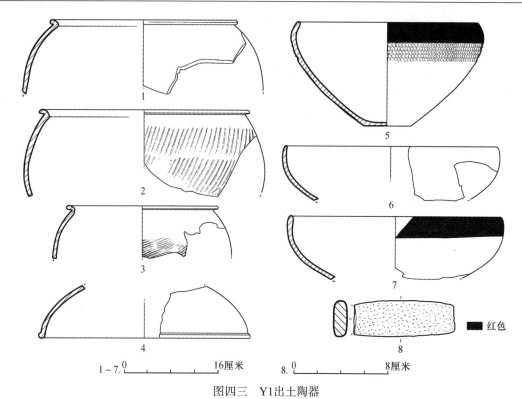

图四三　Y1出土陶器

1～3.卷沿瓮（Y1∶20、Y1∶22、Y1∶24）　4.器盖（Y1∶14）　5、7.红顶钵（Y1∶1、Y1∶26）　6.钵（Y1∶27）
8.锉（Y1∶16）

夹细砂褐陶。手制，口经慢轮修整。沿面隆起。腹饰左斜线纹。复原口径36、残高14.4厘米（图四三，2）。Y1∶24，夹细砂褐陶。手制，口经慢轮修整。溜肩。腹饰左斜线纹。复原口径26、残高8.6厘米（图四三，3）。

陶红顶钵　2件。Y1∶1，夹细砂红褐陶。手制，口经慢轮修整，器身内外局部涂抹黄泥以加厚。敛口，圆唇，鼓肩，斜腹下收，小平底。肩饰五周按窝纹。口施一周暗红色陶衣但大部分脱落。复原口径62、底径16、高34厘米（图四三，5；彩版一四，1）。Y1∶26，泥质红陶。轮制，器表打磨较光滑。圆尖唇，弧腹下收，底残。口有一周带状红彩。复原口径36、残高10.4厘米（图四三，7）。

陶钵　1件。Y1∶27，泥质红陶。轮制，器表打磨较光滑。圆唇，弧腹下收，底残。素面。复原口径36、残高8.8厘米（图四三，6）。

陶器盖　1件。Y1∶14，夹细砂褐胎黑皮陶。轮制，器表经打磨。覆碗状，圆唇外凸，弧腹，顶残。素面。复原口径36、残高8.5厘米（图四三，4）。

陶锉　1件。Y1∶16，泥质红陶，火候较高。两端皆残，呈柳叶状，表面粗糙，布满小圆窝。残长8.7、宽3、厚1.2厘米（图四三，8；图版五二，2）。

石刀　1件。Y1∶3，硅质岩，灰色。打制。梯形，顶残，斜边，双刃较直，偏锋。长7.2、宽5、厚1.1厘米（图四四，1）。

石斧　1件。Y1∶2，硅质岩，灰色。琢、磨兼制。上部残，梯形，斜边，弧刃，正锋。长9.4、宽8.9、厚3.2厘米（图四四，2；图版五二，4）。

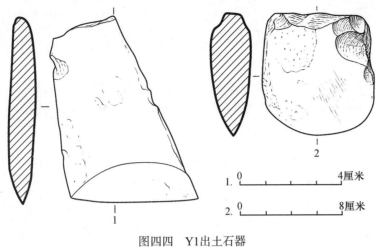

图四四　Y1出土石器

1. 刀（Y1∶3）　2. 斧（Y1∶2）

第三节　窖　穴

1座（J2）。

J2　位于T0708西南部。开口于第3层下，打破第4层。平面呈圆形，壁较直、微外撇、呈袋状，底略有起伏。直径1、深0.6～0.7米（图四五；图版三二，1）。坑内填灰褐色土，土质较软，包含少量河蚌和兽骨。出土极少量陶片，有夹砂褐陶、泥质红陶和泥质灰陶等，多为素面，个别饰绳纹，无可辨器形。另出土1件石斧。

J2　器形仅有石斧。

石斧　1件。J2∶1，细砂岩，青灰色。琢、磨兼制。近梯形，平顶，斜直边，单面刃微弧。长10、宽5.1、厚2厘米（图四六）。

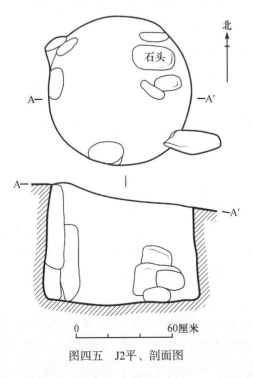

图四五　J2平、剖面图

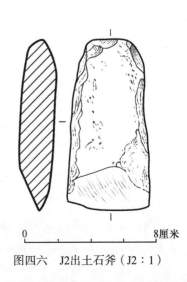

图四六　J2出土石斧（J2∶1）

第四节　灰　　坑

140个（H16、H21、H29、H32～H34、H36、H38、H40、H43、H47、H49、H50、H53、
H54、H56、H58、H59、H64、H66、H68、H69、H73～H75、H80、H83～H85、H87、H89、
H90、H92～H98、H100、H102、H104～H108、H110、H112、H114～H133、H135、H136、
H140～H151、H153、H156、H161～H163、H165～H170、H172～H177、H180～H186、
H188、H190、H191、H193～H195、H197～H207、H210～H212、H214、H216、H217、
H219～H223、H227～H232）。

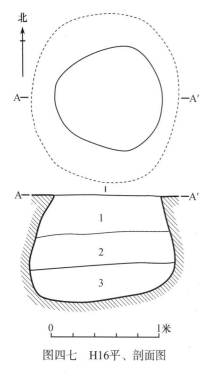

图四七　H16平、剖面图

H16　位于T0405中部。开口于第3层下，打破第4层、H32、H59和生土。坑口平面呈近圆形，坑口长1.02、宽0.94米。坑斜壁呈袋状，底不平。坑底长1.4、宽1.52米，最深0.96米（图四七；图版三二，2）。坑内堆积分3层：第1层，浅灰色土，厚34厘米，土质疏松，出土1件石杵和较多陶片，陶片以夹砂红陶和红褐陶为主，有少量夹砂红褐胎黑皮陶，泥质陶以细泥红陶为主，纹饰主要为绳纹，凹弦纹和彩陶有少量，器形有陶釜形鼎、罐形鼎、卷沿瓮、矮领瓮、尖底瓶、卷沿盆、红顶钵、锉、彩陶饼、彩陶罐等；第2层，灰色土，厚24～36厘米，包含较多河卵石和石片，出土遗物以陶片为主，器形有陶矮领瓮、深腹罐、尖底瓶、钵、盖钮、鼎足、彩陶盆、彩陶钵等；第3层，灰褐色土，厚30厘米，包含较多红烧土颗粒，出土较多陶片，器形有陶釜形鼎、折沿瓮、卷沿瓮、尖底瓶、红顶钵、器盖等。

H16①　器形有陶釜形鼎、罐形鼎、卷沿瓮、矮领瓮、尖底瓶、卷沿盆、黑顶钵、锉、彩陶饼、彩陶罐，石杵等（图版五三，1）。

陶釜形鼎　1件。H16①：8，夹细砂夹蚌褐陶。手制，口经慢轮修整、有旋痕。仰折沿较宽，沿面内凹，方唇，唇面有一道凹槽，内外两边唇缘皆鼓凸，形成铁轨式口沿，斜直肩，以下残。肩饰十三道凹弦纹。复原口径34、残高11厘米（图四八，3）。

陶罐形鼎　1件。H16①：9，夹细砂夹云母褐胎黑皮陶。手制，器表磨光。敛口，卷沿，圆方唇，溜肩，鼓腹，以下残。素面。复原口径22、残高9厘米（图四八，2）。

陶卷沿瓮　1件。H16①：3，夹细砂红陶。手制，口经慢轮修整、有旋痕。敛口，卷沿外翻，圆唇，鼓腹，下腹弧内收，小平底。腹饰左斜线纹。复原口径30.5、腹径36、底径14.5、高29.6厘米（图四八，1；彩版一四，2）。

陶矮领瓮　1件。H16①：5，夹粗砂红陶。手制，口经慢轮修整。敞口，口断面呈铁轨形，方唇，唇面有一道浅凹槽，内外两边唇缘皆鼓凸，矮领，领面内凹，微鼓肩，鼓腹，以下

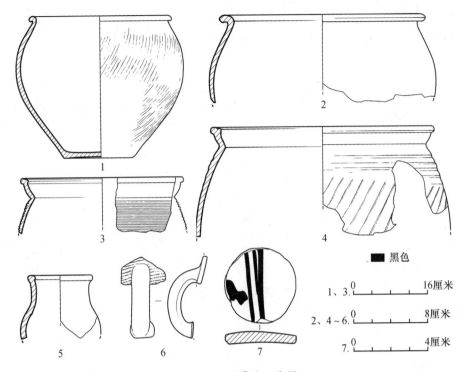

图四八　H16①出土陶器

1. 卷沿瓮（H16①∶3）　2. 罐形鼎（H16①∶9）　3. 釜形鼎（H16①∶8）　4. 矮领瓮（H16①∶5）

5、6. 尖底瓶（H16①∶17、H16①∶20）　7. 彩陶饼（H16①∶1）

残。肩饰三道凹弦纹，腹饰左斜线纹。复原口径24、残高11.3厘米（图四八，4）。

　　陶尖底瓶　2件。H16①∶17，夹细砂夹云母褐陶。手制。仅存葫芦形口，方唇，内外两边唇缘皆鼓凸，束颈，下部微鼓，以下残。复原口径7、残高6.6厘米（图四八，5）。H16①∶20，夹细砂夹云母红陶。手制。仅存环耳，为尖底瓶腹耳。一端黏着的残存腹片上饰左斜线纹。残高8.5厘米（图四八，6）。

　　彩陶饼　1件。H16①∶1，泥质灰胎红衣陶。手制，利用彩陶片制成。圆形，饼状。器表有黑彩绘线条纹。直径3.9、厚0.6厘米（图四八，7；图版五三，2）。

　　彩陶罐　1件。H16①∶15，细泥灰胎红衣陶。轮制，器表打磨光滑。敛口，卷沿，圆唇，溜肩，扁鼓腹，以下残。器表有弧边三角形、弧线与圆点纹黑彩图案。复原口径22、残高10.6厘米（图四九，2）。

　　陶卷沿盆　1件。H16①∶4，夹细砂红陶。手制，口经慢轮修整、可见旋痕。直口，卷沿，圆唇，弧腹内收，小平底。腹饰左斜线纹。复原口径29.5、底径12、高12.6厘米（图四九，1；彩版一三，2）。

　　陶黑顶钵　1件。H16①∶14，细泥灰胎红衣陶，口外在红衣上再施一周黑彩宽带。轮制，器表磨光。敛口，弧腹内收，底残。复原口径30、残高5.4厘米（图四九，3）。

　　陶锉　1件。H16①∶19，夹粗砂夹蚌灰胎红衣陶。手制。两端皆残，柳叶形。器表布满针孔状小圆窝。残长13.2、宽3.2、厚1.6厘米（图四九，5）。

　　石杵　1件。H16①∶2，粉砂岩，青色。长条形，弧顶，斜直边，平底。长29.8、宽7.6、

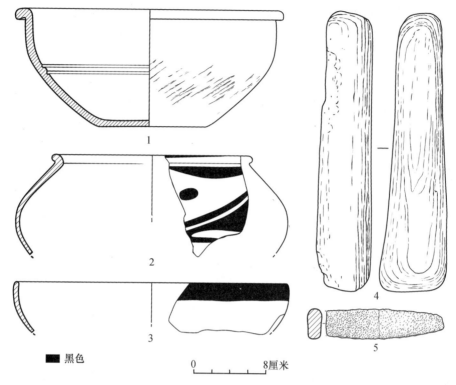

图四九　H16①出土陶、石器

1.陶卷沿盆（H16①：4）　2.彩陶罐（H16①：15）　3.陶黑顶钵（H16①：14）　4.石杵（H16①：2）　5.陶锉（H16①：19）

厚6.1厘米（图四九，4）。

H16②　器形有陶矮领瓮、深腹罐、尖底瓶、钵、盖纽、鼎足、彩陶盆、彩陶钵等。

陶矮领瓮　3件。手制，口经慢轮修整。敞口，口断面呈铁轨形，圆唇，唇内外缘皆鼓凸，矮领，领面内凹，鼓肩，鼓腹，以下残。H16②：2，夹细砂夹蚌红陶。肩饰七道凹弦纹，腹素面。复原口径34、残高10厘米（图五〇，1）。H16②：1，夹细砂红褐陶。腹饰左斜线纹。复原口径32、残高8.2厘米（图五〇，2）。H16②：8，夹细砂夹蚌红陶。器表满饰凹弦纹。复原口径14、残高10厘米（图五〇，3）。

陶深腹罐　1件。H16②：7，夹细砂夹蚌灰胎黑皮陶。轮制，器表打磨光滑。敛口，卷沿，圆唇，弧腹较鼓，底残。素面。复原口径10、残高8.8厘米（图五〇，6）。

陶尖底瓶　1件。H16②：14，夹细砂夹蚌红陶。手制。重唇口，上唇较平，略残，下唇外凸较甚，束颈，以下残。颈饰右斜线纹。残高5.2厘米（图五〇，7）。

彩陶盆　2件。H16②：10，细泥红陶，上腹施橙黄陶衣。轮制，器表磨光。侈口，小卷沿，圆唇，弧腹内收，以下残。唇面有一周黑彩带，腹有细直线与宽带纹黑彩图案。复原口径34、残高9.4厘米（图五〇，8）。H16②：12，泥质灰胎红陶。轮制，器表磨光。侈口，卷沿，圆唇，弧腹，以下残。唇面有一周黑彩带。复原口径34、残高5.3厘米（图五〇，9）。

陶钵　1件。H16②：13，细泥红陶。轮制，器表磨光。直口，圆唇，弧腹内收，以下残。素面。复原口径30、残高5.6厘米（图五〇，4）。

彩陶钵　1件。H16②：9，细泥暗红陶。轮制，器表磨光。直口，圆唇，弧腹微鼓，下腹

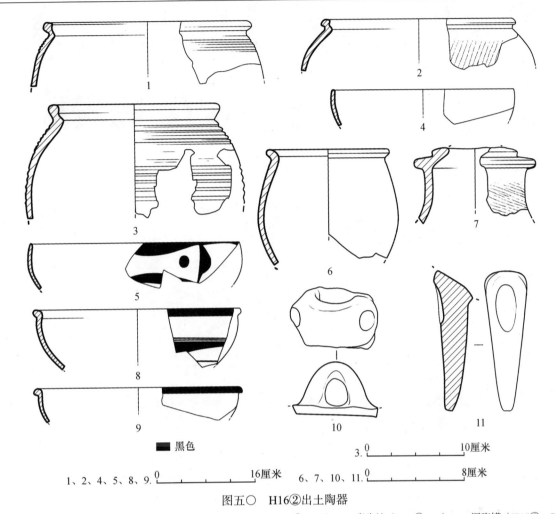

■ 黑色

3.｜0　　　　　　10厘米

1、2、4、5、8、9.｜0　　　　　　16厘米　　6、7、10、11.｜0　　　　　　8厘米

图五〇　H16②出土陶器

1~3.矮领瓮（H16②：2、H16②：1、H16②：8）　4.钵（H16②：13）　5.彩陶钵（H16②：9）　6.深腹罐（H16②：7）
7.尖底瓶（H16②：14）　8、9.彩陶盆（H16②：10、H16②：12）　10.盖纽（H16②：16）　11.鼎足（H16②：15）

残。口外有圆点和弧边三角纹黑彩图案。复原口径34、残高7.3厘米（图五〇，5）。

陶盖纽　1件。H16②：16，夹细砂夹蚌红褐陶。手制。桥形纽。两端各有一个按窝纹。纽宽2.8、残高7.2厘米（图五〇，10）。

陶鼎足　1件。H16②：15，夹粗砂红褐陶。手制。锥形足，较细长，尖部略外撇。根饰一个较深的大按窝纹。残高11.2厘米（图五〇，11）。

H16③　器形有陶釜形鼎、折沿瓮、卷沿瓮、尖底瓶、红顶钵、器盖等。

陶釜形鼎　2件。斜肩，折腹，圜底残。H16③：6，夹细砂夹蚌红褐陶。泥条盘筑，口经慢轮修整。口呈铁轨形，高仰折沿，沿面内凹，圆唇，唇内外缘皆鼓凸。上腹饰七道凹弦纹。器内壁有一层黄白色沉淀物。复原口径14、腹径11.6、残高8.6厘米（图五一，1）。H16③：13，夹粗砂褐陶。手制。口、足已残。肩饰数道凹弦纹，折腹处起一道凸棱，残足根有一按窝纹。器内壁有一层黄白色沉淀物。复原腹径30、残高8.2厘米（图五一，2）。

陶折沿瓮　1件。H16③：2，夹细砂夹蚌红褐陶。手制，口经慢轮修整。敞口，圆唇，唇内外缘皆鼓凸，口断面呈铁轨形，矮领，领面内凹，鼓肩，鼓腹，以下残。肩饰三道凹弦纹，

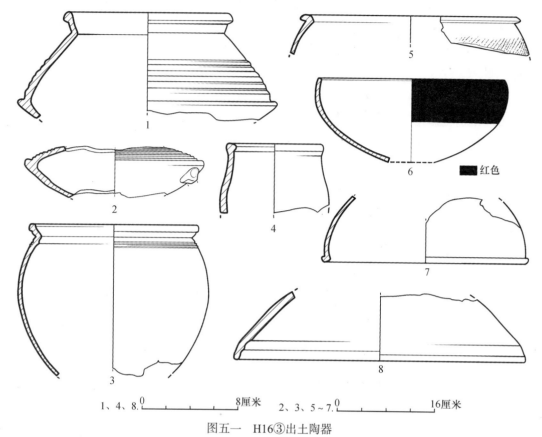

图五一　H16③出土陶器

1、2. 釜形鼎（H16③：6、H16③：13）　3. 折沿瓮（H16③：2）　4. 尖底瓶（H16③：13）　5. 卷沿瓮（H16③：3）

6. 红顶钵（H16③：1）　7、8. 器盖（H16③：8、H16③：9）

腹素面。复原口径28.4、腹径32、残高24.5厘米（图五一，3）。

陶卷沿瓮　1件。H16③：3，夹细砂夹蚌红陶。手制，口经慢轮修整。敛口，卷沿外翻，尖圆唇，鼓肩，鼓腹，以下残。腹饰左斜细线纹。复原口径36、残高6.2厘米（图五一，5）。

陶尖底瓶　1件。H16③：13，夹细砂夹云母红陶。手制。葫芦形口，方唇，唇内外缘皆鼓凸，口呈铁轨形，束颈，下部微鼓，以下残。素面。复原口径8、残高5.6厘米（图五一，4）。

陶红顶钵　1件。H16③：1，细泥灰陶。轮制，器表磨光。微敛口，方唇，弧腹内收，底残。口外有一周红彩带，形成红顶灰腹。复原口径30、残高13.1厘米（图五一，6；彩版一三，3）。

陶器盖　2件。手制，口经慢轮修整。素面。H16③：8，夹粗砂夹蚌褐陶。微敛口，卷沿，圆唇，弧壁，顶残。复原口径34、残高9厘米（图五一，7）。H16③：9，夹粗砂夹蚌红褐陶。敞口，方唇，弧壁，顶残。复原口径24、残高5.4厘米（图五一，8）。

H21　位于T0405东北部。开口于第4层下，打破生土。坑口呈近圆形，斜壁，斜底。坑口长1.1、宽1米，深0.56米（图五二）。坑内堆积为黄黑色土，土质较硬。出土少量碎陶片，以泥质红陶为主，夹砂红褐陶和红陶次之，纹饰主要为绳纹和凹弦纹，器形有陶叠唇瓮、钵、彩陶盆等。

陶叠唇瓮　2件。手制，口经慢轮修整。敛口，叠唇，鼓肩，以下残。H21：1，夹粗砂夹蚌红褐陶。肩饰七道凹弦纹。复原口径24、残高5.8厘米（图五三，1）。H21：2，细泥暗红陶。器表磨光。素面。复原口径26、残高5.8厘米（图五三，2）。

彩陶盆　1件。H21：5，细泥橙黄陶。轮制，器表磨光。仰折沿，方唇，上腹斜直，以下残。唇面有一周黑彩带，腹有细直线和宽带纹黑彩图案。复原口径34、残高4.2厘米（图五三，3）。

陶钵　1件。H21：3，细泥灰胎红衣陶。轮制，器表磨光。直口，圆唇，弧腹内收，底残。素面。复原口径34、残高6.6厘米（图五三，4）。

H29　位于T0405东中部。开口于第4层下，打破H40、H50和生土，被H16和H38打

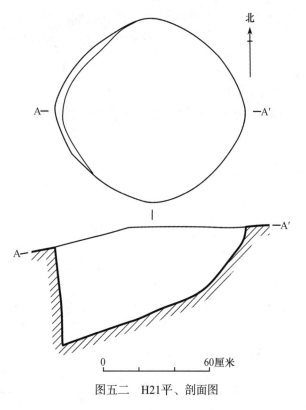

图五二　H21平、剖面图

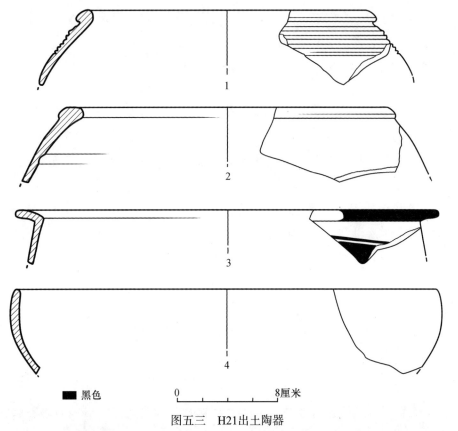

■黑色

图五三　H21出土陶器

1、2. 叠唇瓮（H21：1、H21：2）　3. 彩陶盆（H21：5）　4. 钵（H21：3）

破。坑口呈不规则椭圆形，直壁，底稍有不平，长2.53、宽1.58、深0.97米（图五四）。坑内堆积分为2层：第1层，黄灰土，厚40～50厘米，土质较松软，出土少量碎陶片；第2层，灰白土，厚44～60厘米，土质松软，含少量兽骨和蚌壳，出土石斧、璧形器各1件和较多陶片，陶片以夹砂褐陶为主，泥质红陶次之，有少量夹砂褐胎黑皮陶，纹饰以绳纹和凹弦纹为主，有少量彩陶，器形有陶釜形鼎、卷沿瓮、深腹罐、彩陶钵等。

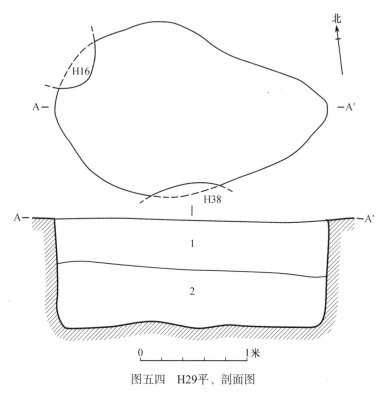

图五四　H29平、剖面图

H29②　器形有陶釜形鼎、卷沿瓮、深腹罐、彩陶钵，石斧、璧形器等。

陶釜形鼎　1件。H29②：8，夹细砂夹蚌红陶。手制，口经慢轮修整。敞口，圆唇，内外两边唇缘鼓凸，矮领，口断面呈铁轨形，溜肩，鼓腹，以下残。器表先饰左斜绳纹，然后在绳纹上压印凹弦纹。复原口径20、残高8.7厘米（图五五，6）。

陶卷沿瓮　2件。手制，口经慢轮修整。敛口，卷沿，圆唇，鼓肩，鼓腹，以下残。H29②：6，夹细砂夹云母灰胎黑皮陶。器表磨光。素面。复原口径26、残高10.6厘米（图五五，1）。H29②：9，夹细砂夹云母灰胎红褐衣陶。腹饰左斜粗绳纹。复原口径24、残高7.1厘米（图五五，2）。

陶深腹罐　1件。H29②：5，夹细砂夹云母灰胎黑皮陶。手制，器表打磨光滑。口微敛，卷沿，圆唇，深弧腹，以下残。素面。复原口径16、残高6.6厘米（图五五，7）。

彩陶钵　2件。轮制，器表打磨光滑。敞口，圆唇，弧腹内收。口外有弧边三角形、圆点与细线组成的黑彩图案。H29②：4，泥质褐胎红衣陶。圜底。唇面有一周黑彩带。复原口径36、高13.1厘米（图五五，4；彩版二三，1）。H29②：10，细泥红陶。腹以下残。复原口径36、残高5.4厘米（图五五，3）。

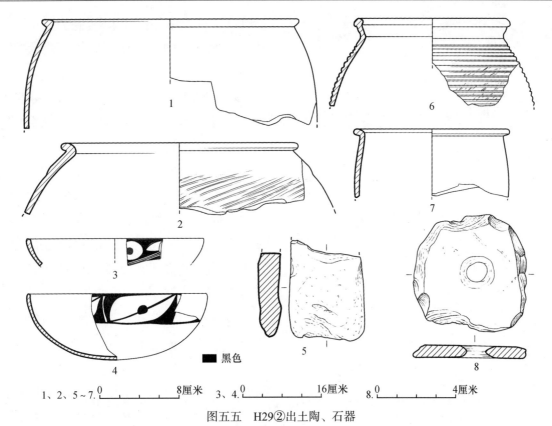

1、2、5~7. 0————8厘米   3、4. 0————16厘米   8. 0———4厘米

图五五   H29②出土陶、石器

1、2.陶卷沿瓮（H29②：6、H29②：9）   3、4.彩陶钵（H29②：10、H29②：4）   5.石斧（H29②：1）

6.陶釜形鼎（H29②：8）   7.陶深腹罐（H29②：5）   8.石璧形器（H29②：2）

石斧　1件。H29②：1，砂岩，青黑色。琢、磨兼制。顶残，直边，斜刃较平，钝锋。残长10、宽7.7、厚2.3厘米（图五五，5；图版五三，4）。

石璧形器　1件。H29②：2，片岩，青灰色。打制，边缘粗糙。圆角方形，扁平片状，中间有一小圆孔。长5.7、宽5.6、厚0.6厘米（图五五，8；图版五三，3）。

H32　位于T0304、T0305、T0404、T0405。开口于第4层下，打破H59、H66、H230和生土，叠压H89，被H16和H34打破。坑口为圆角长方形，长4.74、宽2.76米，斜壁不规整，平底，坑底长3.86、宽1.9米，深0.8米（图五六）。坑内堆积分3层：第1层，黄土，厚10~20厘米，含草木灰，土质较松软，出土少量陶片，以夹砂红褐陶为主，其余较少，器形有陶矮领瓮、器盖等；第2层，灰黑土，厚18~30厘米，土质松软，含较多兽骨和河卵石，出土较多陶片，以泥质红陶为主，有少量夹砂红陶和褐陶，纹饰以绳纹为主，有较多彩陶，器形有陶尖底瓶、彩陶盆等；第3层，黄灰色土，厚30~40厘米，土质松软，出土少量石器和碎陶片，石器包括斧、网坠等。

H32①　器形有陶矮领瓮、器盖等。

陶矮领瓮　1件。H32①：1，夹细砂夹蚌红陶。手制，口经慢轮修整。敞口，厚圆唇，矮斜领，斜肩，以下残。肩饰三道凹弦纹。复原口径32、残高7.3厘米（图五七，1）。

陶器盖　1件。H32①：2，夹细砂夹蚌红褐陶。手制。敞口，圆唇，弧壁，顶残。素面。

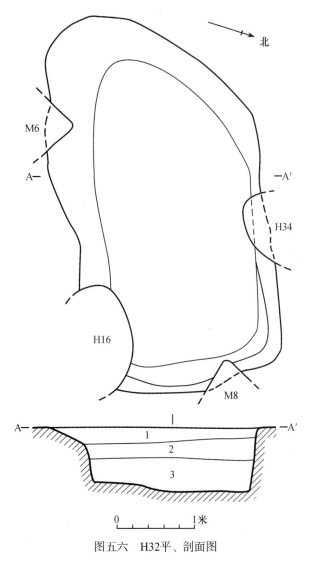

图五六　H32平、剖面图

复原口径30、残高6.4厘米（图五七，2）。

H32②　器形有陶尖底瓶、彩陶盆等（图版五四，1）。

陶尖底瓶　1件。H32②：1，夹细砂夹少量云母红陶。手制，器内壁有泥条盘筑痕迹，泥条痕迹间距宽3～5厘米，口与肩经慢轮修整。葫芦形口，平方唇，内外两边唇缘皆鼓凸，唇内缘下有一道沟槽，领中部微鼓，溜肩，弧腹微鼓，腹极修长，腹中间略残，下斜收成尖底。上腹饰左斜细线纹，下腹饰右斜细线纹。口径7.4、腹径22.2、复原高74.5厘米（图五八，4；图版五四，2）。

彩陶盆　3件。侈口，卷沿，圆唇，弧腹内收，以下残。H32②：2，细泥灰胎暗红衣陶。手制。口略有变形。侈口，卷沿，圆唇，弧腹内收，以下残。唇面有黑彩带，上腹有弧线、细长尖叶纹、对扣相连弧边三角纹与平行斜线组成的黑彩图案。复原口径40、残高11厘米（图五八，1；图版五四，1左前）。H32②：3，细泥橙黄陶。轮制。唇面有黑彩带，上腹有弧线与弧边宽带组成的抽象变形鱼纹黑彩图案。复原口径46、残高10.5厘米（图五八，2；图版五四，1右中）。

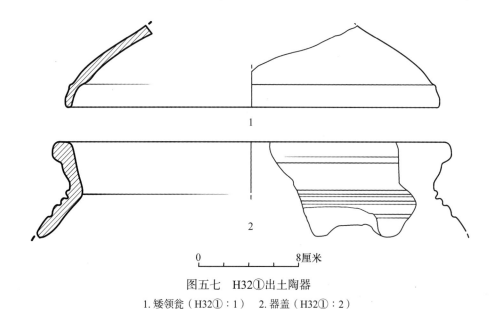

图五七　H32①出土陶器

1. 矮领瓮（H32①：1）　2. 器盖（H32①：2）

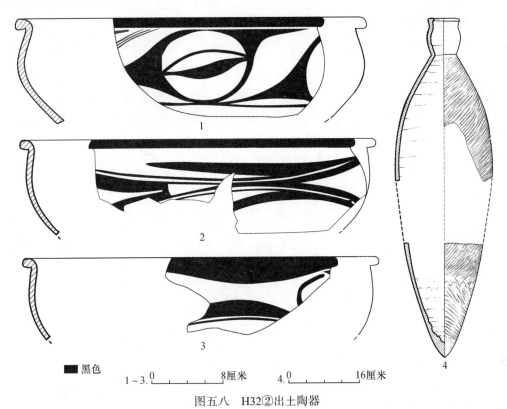

图五八 H32②出土陶器

1~3. 彩陶盆（H32②：2、H32②：3、H32②：4）4. 尖底瓶（H32②：1）

H32②：4，细泥橙黄陶。轮制。唇面有黑彩带，上腹有抽象变形鱼纹黑彩图案，只残存弧线与弧边宽带纹。复原口径40、残高8.7厘米（图五八，3；图版五四，1右前）。

　H32③　器形有石斧、网坠等。

　石斧　1件。H32③：1，粉砂岩，青灰色。琢、磨兼制，留有打击痕迹。梯形，弧顶，弧边，刃残。残长16.1、宽8.2、厚2.9厘米（图五九，1；图版五五，1）。

　石网坠　1件。H32③：2，砂岩，黄白色。两端稍加磨平。亚腰形。宽6、高8.2厘米（图五九，2；图版五五，2）。

　H33　位于T0403西南部。开口于第4层下，打破生土，被H12打破。坑口残存部分呈半椭圆形，弧壁，底较平，长0.83、宽1.4、深0.3米（图六〇）。坑内堆积主要为红烧土颗粒，夹有较多草木灰，土质较硬，出土少量陶片，以饰绳纹的夹砂褐陶为主，其余较少，无可辨器形。

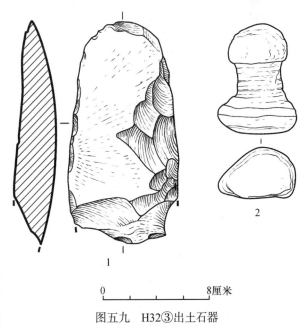

图五九 H32③出土石器

1. 斧（H32③：1）　2. 网坠（H32③：2）

　　H34　位于T0304东南部和T0305西南部。开口于第4层下，打破H32、H230和第5层。坑口呈椭圆形，弧壁，平底，长1.25、宽1、深0.28米（图六一）。坑内堆积为灰土，黏性大，较纯净。出土少量陶片，多为泥质红陶，有少量夹砂褐胎黑皮陶，以素面为主，有少量彩陶，器形有陶深腹罐、彩陶片等。

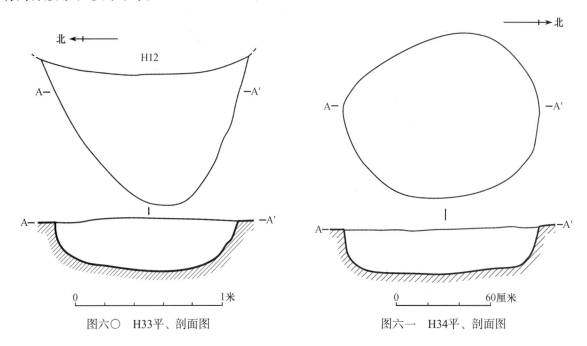

图六〇　H33平、剖面图　　　　　　　图六一　H34平、剖面图

　　陶深腹罐　1件。H34：1，夹细砂夹蚌褐胎黑皮陶。手制，口经慢轮修整，器表经打磨。敛口，卷沿，尖圆唇，溜肩，以下残。素面。复原口径18、残高4.5厘米（图六二，1）。
　　彩陶片　1件。H34：2，泥质红陶。器表磨光。饰圆点与直边三角纹黑彩图案。残高5.4厘米（图六二，2）。

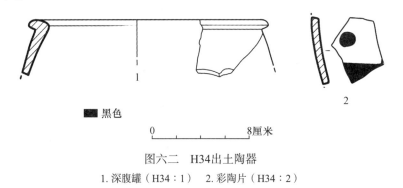

■黑色

图六二　H34出土陶器
1. 深腹罐（H34：1）　2. 彩陶片（H34：2）

　　H36　位于T0406中部，开口于第4层下，打破H217和生土。坑口呈椭圆形，弧壁，圜底，长1.82、宽1.81米，深1.25米（图六三）。坑内堆积分3层：第1层，黄灰土，厚40~70厘米，土质较松软，含兽骨和蚌壳，出土1件石矛和少量陶片，陶片以夹砂褐陶和褐胎黑皮陶为主，有少量泥质褐陶，纹饰以绳纹为主，少量素面陶器器表磨光，器形有陶卷沿瓮、深腹罐、尖底瓶腹耳、器盖等；第2层，灰黑土，厚10~36厘米，土质松软，出土少量石器，包括斧、网坠

等；第3层，浅灰土，厚0～50厘米，含较多兽骨，出土少量陶片，器形有陶卷沿瓮、器盖等。

H36① 器形有陶卷沿瓮、深腹罐、尖底瓶腹耳、器盖，石矛等。

陶卷沿瓮 1件。H36①：3，夹细砂夹蚌褐陶。手制，口经慢轮修整。敛口，卷沿，圆唇，鼓肩，鼓腹，以下残。腹饰左斜绳纹。复原口径32、残高9.1厘米（图六四，1）。

陶深腹罐 1件。H36①：4，夹细砂夹云母灰褐胎黑皮陶。手制，器表磨光。敛口，卷沿，圆唇，弧腹微鼓，以下残。素面。复原口径13.8、残高4.7厘米（图六四，2）。

陶尖底瓶腹耳 1件。H36①：6，夹细砂褐陶。手制。扁平环形耳，横截面略呈长方形，正面中央有一道凹槽。宽2、残高3.9厘米（图六四，4）。

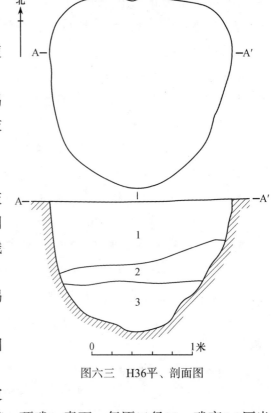

图六三 H36平、剖面图

陶器盖 1件。H36①：2，夹细砂灰胎黑皮陶。手制，器表磨光。侈口，外卷沿，圆唇，弧壁，顶残。素面。复原口径20、残高5.2厘米（图六四，3）。

石矛 1件。H36①：1，砂岩，灰色。打制，稍加打磨，表面凹凸不平。倒三角形，顶部平直，两侧边内收，聚成尖锋。长8.7、宽5.9、厚1.3厘米（图六四，5）。

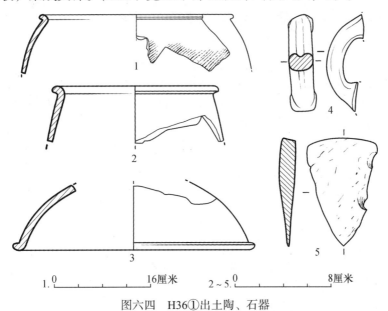

图六四 H36①出土陶、石器

1.陶卷沿瓮（H36①：3） 2.陶深腹罐（H36①：4） 3.陶器盖（H36①：2） 4.陶尖底瓶腹耳（H36①：6）
5.石矛（H36①：1）

H36② 　器形有石斧、网坠等。

石斧 　1件。H36②：2，细砂岩，黄色。琢、磨兼制。近梯形，弧顶，斜弧边，单弧刃，偏锋。长7.6、宽5、厚1.3厘米（图六五，1；图版五五，3）。

石网坠 　1件。H36②：1，砂岩，青色。琢制。器体较大、呈水滴状，腰部琢有一周凹槽，顶端琢有"十"字形凹槽。底径8.6、高11.9厘米（图六五，2；图版五五，4）。

H36③ 　器形有陶卷沿瓮、器盖等。

陶卷沿瓮 　1件。H36③：1，夹细砂红陶。手制，口经慢轮修整。敛口，小卷沿，圆唇，鼓肩，鼓腹，以下残。腹饰左斜绳纹。复原口径36、残高16.5厘米（图六六，1）。

陶器盖 　1件。H36③：3，夹细砂褐陶，器表局部泛黑。手制。侈口，卷沿，圆唇，弧壁，顶残。素面。复原口径20、残高4.5厘米（图六六，2）。

H38 　位于T0405东南部。开口于第4层下，打破H29、H40、H50和生土。坑口为圆形，斜壁，底不平、呈斜坡状。坑口直径1.72、坑底直径1.48、深0.6～0.8米（图六七）。坑内堆积分2层：第1层，浅灰土，厚30～40厘米，土质较软，出土极少量陶片，有的饰绳纹，无可辨器形；第2层，黄灰土，厚20～50厘米，土质松软，出土少量石器和陶片，陶片无可辨器形，石器有斧、凿等。

H38② 　器形有石斧、凿等。

石斧 　1件。H38②：2，砂岩，青灰色。琢、磨兼制，留有打击疤痕。近梯形，弧顶，直边，刃微弧。长14.1、宽8.5、厚2.4厘米（图六八，1；图版五六，1）。

石凿 　1件。H38②：1，粉砂岩，青黑色。琢、磨兼制。长条圭形，顶残，两边较直，下端聚成刃。残长12.4、宽3.1、厚1厘米（图六八，2；图版五六，2）。

H40 　位于T0405中部，开口于第4层下，打破H50和生土，被H29和H38打破。坑口为椭圆形，斜壁，平底。坑口长1.98、宽1.3米，坑底长1.57、宽0.92、深0.72米（图六九）。坑内

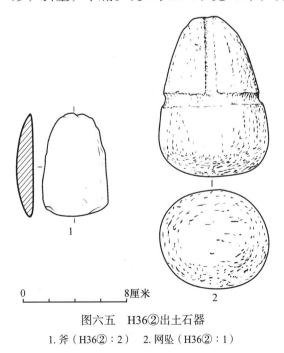

0　　　　　　8厘米

图六五　H36②出土石器
1. 斧（H36②：2）　2. 网坠（H36②：1）

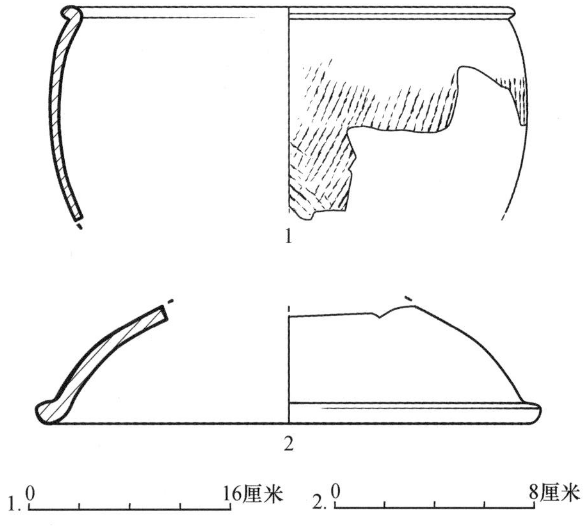

1.0　　　16厘米　2.0　　8厘米

图六六　H36③出土陶器
1. 卷沿瓮（H36③：1）　2. 器盖（H36③：3）

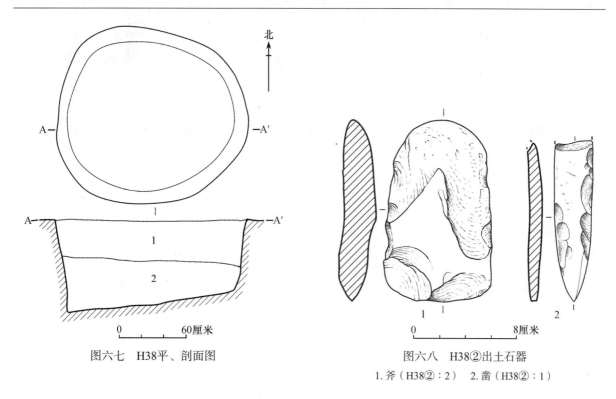

图六七 H38平、剖面图

图六八 H38②出土石器
1.斧（H38②:2） 2.凿（H38②:1）

堆积分2层：第1层，黑土，厚20厘米，土质较松软，含有草木灰，出土少量陶片，以饰绳纹的夹砂红褐陶为主，其余皆较少，器形有陶卷沿瓮、深腹罐等；第2层，黄灰土，厚50厘米，土质较硬，含兽骨，出土少量石器和陶片，石器有凿，陶片无可辨器形。

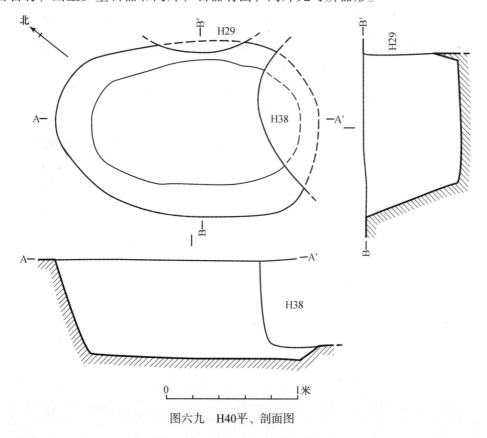

图六九 H40平、剖面图

H40① 器形有陶卷沿瓮、深腹罐等。

陶卷沿瓮 1件。H40①：2，夹细砂夹蚌褐陶。手制，口、肩经慢轮修整。敛口，小卷沿，圆唇，鼓肩，鼓腹，以下残。腹饰左斜细绳纹。复原口径36、残高10.8厘米（图七〇，1）。

陶深腹罐 1件。H40①：3，夹细砂灰胎红衣陶。手制，器表磨光。敛口，卷沿，尖圆唇，溜肩，弧腹微鼓，以下残。素面。复原口径10、残高7.6厘米（图七〇，2）。

H40② 器形仅见石凿。

石凿 1件。H40②：1，粉砂岩，青灰色。琢、磨兼制。长条形，弧顶，斜直边，下端残。残长7.5、宽3.3、厚1.6厘米（图七〇，3）。

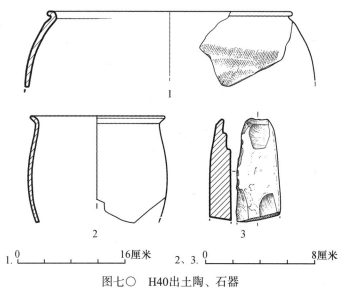

0 16厘米   2、3. 0 8厘米

图七〇 H40出土陶、石器

1. 陶卷沿瓮（H40①：2） 2. 陶深腹罐（H40①：3） 3. 石凿（H40②：1）

H43 位于T0908东南部，部分压于东隔梁下。开口于第3层下，打破第4层，南部遭现代坑破坏。坑口为长圆形，弧壁，平底。长3.5、宽1.18、深0.65米（图七一）。坑内堆积为灰黄色土，土质致密。出土少量陶片和石器，陶片可辨器形有铃、饼，石器有斧、锄等。

陶铃 1件。H43：7，泥质红陶。手制。器体小巧，分上、下两部分，上部直口，圆唇，束颈，颈有一隔箅，箅上有两个小孔，沿两侧有左右对称双孔，下部为喇叭状，横截面呈扁圆形。口长3.8、宽2.3厘米，底长4.6、宽2.6厘米，高5.7厘米（图七二，1；彩版一五，1）。

陶饼 1件。H43：6，夹细砂褐陶。手制，利用陶片制成。圆饼形。直径3.5、厚1.4厘米（图七二，2）。

石斧 3件。H43：4，泥质岩，黑色。磨制。梯形，圆弧顶，斜直边，双面弧刃，偏锋。长11.9、宽8.9、厚2.1厘米（图七二，3；图版五六，3）。H43：5，泥粉岩，青灰色。琢、磨兼制。梯形，斜直边，单面弧刃，正锋。锋刃有使用所致的残缺痕迹。长9.2、宽7.1、厚1.8厘米（图七二，6；图版五七，1）。H43：1，粉砂岩，青黑色。磨制，左右边留有打击痕迹。长方形，弧顶，弧边，单面弧刃，正锋。长7.5、宽3.5、厚0.9厘米（图七二，5；图版

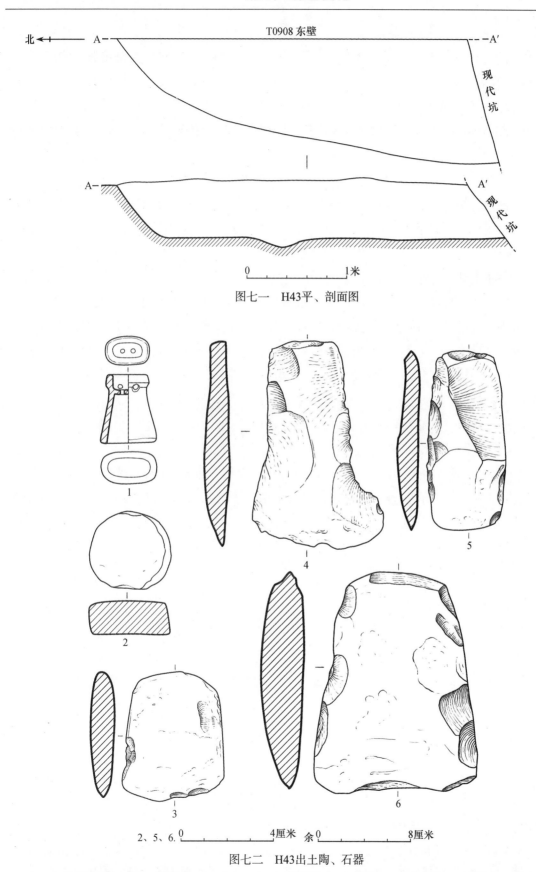

图七一 H43平、剖面图

图七二 H43出土陶、石器

1.陶铃（H43：7） 2.陶饼（H43：6） 3、5、6.石斧（H43：4、H43：1、H43：5） 4.石锄（H43：2）

五七，2）。

石锄　1件。H43：2，砂岩，黑色。打制，两面均有较多片疤，刃部磨制。靴形，弧顶，长直柄，下端外斜，单面弧刃。刃上有使用的凹缺疤痕。长17.3、宽11.3、厚2.3厘米（图七二，4；图版五七，3）。

H47　位于T0507西南部。开口于第3层下，打破第4层，被H46和H134打破。坑口为近圆形，斜壁，平底。坑口长2.02、宽2.01米，坑底长1.79、宽1.69米，深0.41米（图七三）。坑内堆积分2层：第1层，黄灰色土，厚10～25厘米，土质较软，包含物很少，出土少量陶片，主要为夹砂红陶和褐陶，有少量泥质红陶，纹饰以绳纹为主，素面陶居多，器形有陶卷沿瓮、卷沿盆等；第2层，灰色土，厚10～40厘米，土质疏松，包含红烧土块和草木灰，出土极少量碎陶片，无可辨器形。

H47①　器形有陶卷沿瓮、卷沿盆等。

陶卷沿瓮　1件。H47①：2，夹粗砂夹蚌红褐陶。手制，口经慢轮修整。敛口，卷沿，圆唇，鼓肩，鼓腹，以下残。腹饰细浅绳纹。复原口径36、残高5.8厘米（图七四，1）。

陶卷沿盆　1件。H47①：1，夹粗砂夹蚌红陶。手制，口经慢轮修整、有旋痕。侈口，卷沿，厚圆唇，筒形腹微收束，平底微凹。素面。复原口径19、底径17、高10厘米（图七四，2；彩版一五，2）。

H49　位于T0203西南部和T0303西北部，部分延伸至T0202东南部和T0302东北部。开口于第4层下，打破第5层，被H23打破。坑口呈近圆形，斜壁，底较平。坑口长1.97、宽1.56米，坑底长1.5、宽1.24米，深0.84米（图七五）。坑内堆积为黑土，土质较硬，含较多红烧土颗粒和蚌壳。出土遗物极少，只有少量陶片，以夹砂红陶和褐陶为主，泥质红陶次之，少量陶片饰绳纹，无可辨器形。

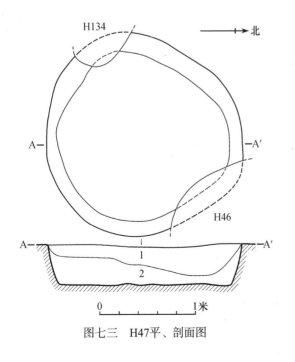

图七三　H47平、剖面图

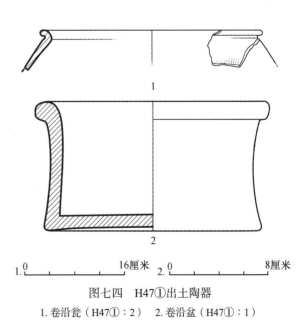

图七四　H47①出土陶器
1.卷沿瓮（H47①：2）　2.卷沿盆（H47①：1）

H50　位于T0405中部。开口于第4层下，打破生土，被H29、H38和H40打破。坑口呈不规则椭圆形，直壁，平底。长1.75、宽1.09、深1.22米（图七六）。坑内堆积为灰白土，土质松软，内含少量草木灰。出土1件石斧和少量陶片，陶片器形有陶罐形鼎、深腹罐等。

陶罐形鼎　1件。H50:3，夹细砂褐胎黑皮陶。手制，口经慢轮修整，上腹磨光，下腹较粗糙。敛口，卷沿，圆唇，鼓肩，鼓腹，圜底已残。素面。复原口径17.4、腹径20.8、残高11.9厘米（图七七，1）。

陶深腹罐　1件。H50:2，夹粗砂夹蚌褐陶。手制。敛口，卷沿，圆唇，溜肩，以下残。素面。复原口径22、残高5厘米（图七七，2）。

石斧　1件。H50:1，砂岩，青灰色。打制，留有打击疤痕，未见磨痕。长弧形，弧顶，一边直，一边外弧，刃端已残断。残长19.2、宽8.2、厚3.4厘米（图七七，3）。

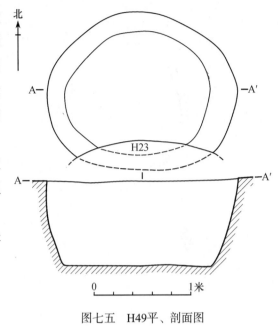

图七五　H49平、剖面图

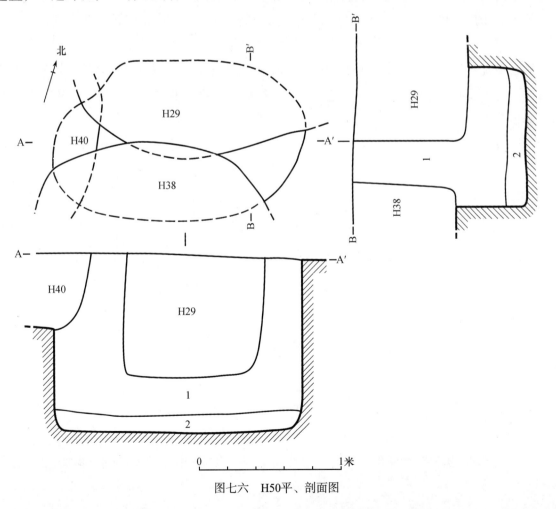

图七六　H50平、剖面图

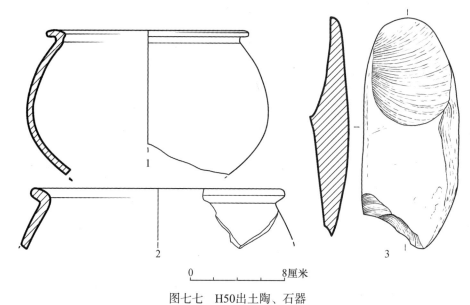

图七七　H50出土陶、石器

1. 陶罐形鼎（H50：3）　　2. 陶深腹罐（H50：2）　　3. 石斧（H50：1）

H53　位于T0706北部。开口于第3层下，打破第4层，被H52打破。坑口为圆形，弧壁，底呈两级台阶状。坑口直径1.88米，底小坑长1.08、宽0.6米，深0.72米（图七八）。坑内堆积为灰褐色土，土质疏松，含红烧土颗粒和草木灰。出土1件石斧和少量陶片，陶片器形有陶卷沿瓮、器盖等。

陶卷沿瓮　1件。H53：2，夹细砂褐胎黑皮陶。手制，口、肩经慢轮修整，器表磨光。敛口，卷沿，圆唇，鼓肩，以下残。素面。复原口径20、残高4.1厘米（图七九，1）。

陶器盖　1件。H53：4，夹细砂夹云母褐陶，有黑斑。手制，器表稍经打磨。敞口，小卷沿，圆唇，弧壁，平顶，桥形纽。素面。口径12、通高10厘米（图七九，2；彩版一五，3）。

石斧　1件。H53：1，硅质岩，青色。琢、磨兼制。顶残，直边，双面弧刃，偏锋。残长13.8、宽7.1、厚4厘米（图七九，3）。

H54　位于T0303南部。开口于第4层下，打破第5层和H122，被H27打破。坑口为近圆形，弧壁，底较平。直径2.26、深0.58米（图八〇；图版三三，1）。坑内堆积分4层：第1层，灰黑色土，厚0～18厘米，土质松软，包含较多骨头、石块和少量蚌壳，出土1件石斧、1件骨锥和较多陶片，陶片以夹砂红陶和褐陶居多，泥质红陶次之，有少量

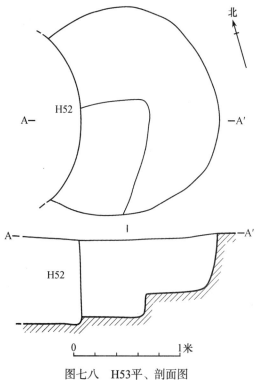

图七八　H53平、剖面图

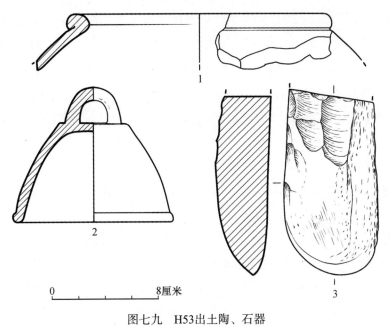

图七九　H53出土陶、石器

1. 陶卷沿瓮（H53：2）　2. 陶器盖（H53：4）　3. 石斧（H53：1）

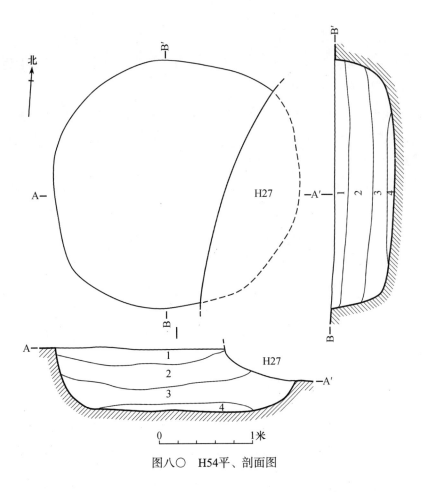

图八〇　H54平、剖面图

夹砂褐胎黑皮陶，纹饰以绳纹为主，有少量彩陶片，器形有陶罐形鼎、卷沿瓮、曲沿瓮、矮领瓮、器盖等；第2层，黄灰土，厚18～28厘米，土质松软，包含骨头、蚌壳和较多河卵石，出土1件石斧和较多陶片，陶片以泥质红陶为主，夹砂红陶与褐陶次之，素面陶居多，有少量绳纹和凹弦纹，器形有陶釜形鼎、卷沿盆、圈足碗、红顶钵、器盖等（图版五八，1）；第3层，灰黑色土，厚14～34厘米，土质松软，包含较多骨头和蚌壳，出土1件骨锥和较多陶片，陶片以泥质红陶为主，夹砂褐陶次之，有少量夹砂褐胎黑皮陶，以素面陶居多，有少量凹弦纹和彩陶，器形有陶罐形鼎、卷沿瓮、深腹罐、折沿盆、器盖、彩陶钵等；第4层，灰黑色土，厚0～10厘米，土质松软，包含少量骨头、石块和蚌壳，出土1件石斧和少量陶片，陶片器形有陶锉、彩陶钵等。

H54①　器形有陶罐形鼎、卷沿瓮、曲沿瓮、矮领瓮、器盖，石斧，骨锥等。

陶罐形鼎　1件。H54①：4，夹细砂褐胎黑皮陶。手制，口经慢轮修整，上腹磨光，下腹与底较粗糙。敛口，卷沿，方圆唇，溜肩，扁垂腹，圜底近平，安三个锥形足，足尖残断。器表素面，足根饰一大按窝纹。复原口径15.6、腹径18.7、残高14厘米（图八一，1；彩版一六，1）。

陶卷沿瓮　2件。手制，口经慢轮修整。H54①：10，夹细砂褐陶。敛口，卷沿外翻，尖圆唇，溜肩，弧腹微鼓，以下残。肩饰八道凹弦纹。复原口径32、残高7.3厘米（图八一，4）。H54①：7，夹粗砂红褐陶。敛口，卷沿，圆唇，鼓肩，鼓腹，以下残。肩饰七道凹弦纹，腹饰左斜粗绳纹。复原口径26、残高10.5厘米（图八一，3）。

陶曲沿瓮　1件。H54①：3，夹粗砂夹蚌红褐陶，局部有黑斑。手制。直口，曲沿，内沿面有一道较深的凹槽，方唇，唇面亦有一道浅凹槽，微鼓肩，鼓腹，以下残。肩抹平，腹饰竖向粗绳纹。复原口径26、残高13.5厘米（图八一，6）。

陶矮领瓮　1件。H54①：11，夹细砂夹少量云母褐陶，有黑斑。手制，器表磨光。直口，卷沿，圆唇，高领，溜肩，鼓腹，以下残。素面。复原口径20、残高7.8厘米（图八一，2）。

陶器盖　1件。H54①：9，泥质红褐陶。手制，口经慢轮修整。顶残，侈口，卷沿，圆唇，弧壁。素面。复原口径32、残高5厘米（图八一，5）。

石斧　1件。H54①：12，硅质岩，青黑色。琢、磨兼制。顶残，长方形，直边微弧，双面弧刃，正锋。残长9.4、宽7.3、厚2.9厘米（图八一，7）。

骨锥　1件。H54①：1，乳黄色。磨制，表面光滑。圆锥形，两端聚成尖。长7.2厘米（图八一，8）。

H54②　器形有陶釜形鼎、卷沿盆、圈足碗、红顶钵、器盖，石斧等。

陶釜形鼎　1件。H54②：6，夹粗砂夹蚌红褐陶。手制，口经慢轮修整。敞口，仰折沿，沿面内凹，方唇，唇面有两道凹槽，斜肩，折腹，圜底残。肩饰八道凹弦纹，折腹处饰一周波浪形附加堆纹。器内腹壁黏附有一层灰白色沉淀物。复原口径18、残高8.8厘米（图八二，1）。

陶卷沿盆　1件。H54②：4，泥质红陶。轮制，器表磨光。侈口，卷沿，沿面隆起，圆唇，深弧腹内收，以下残。素面。复原口径28、残高8.7厘米（图八二，2）。

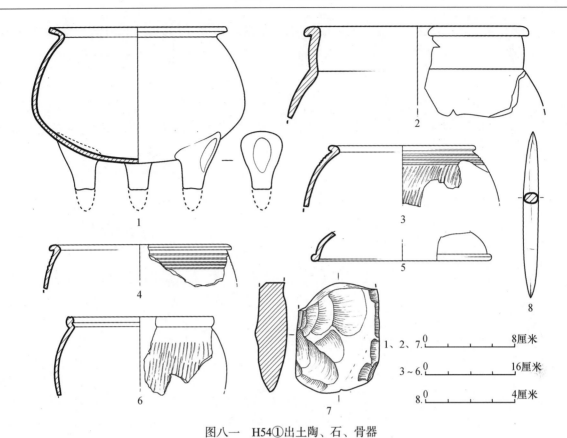

图八一　H54①出土陶、石、骨器

1.陶罐形鼎（H54①：4）　　2.陶矮领瓮（H54①：11）　　3、4.陶卷沿瓮（H54①：7、H54①：10）　　5.陶器盖（H54①：9）

6.陶曲沿瓮（H54①：3）　　7.石斧（H54①：12）　　8.骨锥（H54①：1）

陶圈足碗　1件。H54②：1，细泥红陶。轮制，器表磨光。敛口，圆唇，微束颈，鼓肩极窄，深弧腹内收，圜底，矮圈足。素面。复原口径20.6、圈足径12.9、高11.8厘米（图八二，3；图版五八，2）。

陶红顶钵　2件。细泥灰陶，口外施红彩带，形成红顶灰腹。轮制，器表磨光。直口，方圆唇，弧腹内收，底残。素面。H54②：2，复原口径36、残高8.1厘米（图八二，4）。H54②：3，复原口径36、残高7.1厘米（图八二，5）。

陶器盖　1件。H54②：7，夹粗砂褐陶。手制。侈口，卷沿，圆唇，弧壁，顶残。近口有一单面钻小圆窝，未钻透。复原口径28、残高4.3厘米（图八二，6）。

石斧　1件。H54②：8，硅质岩，青灰色。磨制，留有打击疤痕。顶残，直边，双弧刃，偏锋。残长11.2、宽9.3、厚3.3厘米（图八二，7）。

H54③　器形有陶罐形鼎、卷沿瓮、深腹罐、折沿盆、器盖、彩陶钵，骨锥等。

陶罐形鼎　2件。均残。H54③：5，仅存口沿。夹细砂夹少量云母红褐陶，局部有黑斑。手制，器表磨光。敛口，小卷沿外翻，圆唇，鼓肩，鼓腹以下残。素面。复原口径16、残高7.8厘米（图八三，1）。H54③：7，仅存腹以下部分。夹细砂褐胎黑皮陶。手制，上腹磨光，下腹与底较粗糙。口残，溜肩，扁垂腹，最大径靠下，圜底，安锥形足，足内聚，足根有一竖条状深按窝纹。素面。复原腹径23、残高14.3厘米（图八三，2）。

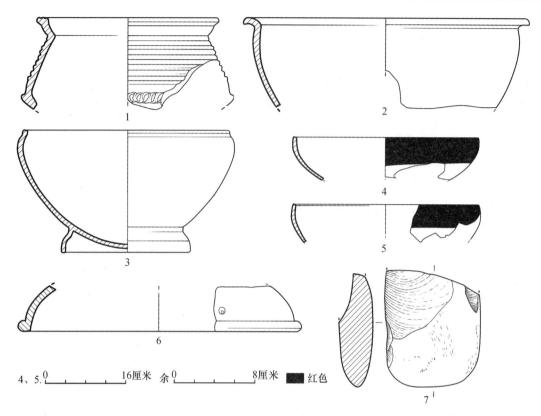

4、5. 0　　　　　16厘米　余 0　　　　　8厘米 ■ 红色

图八二　H54②出土陶、石器

1. 陶釜形鼎（H54②：6）　2. 陶卷沿盆（H54②：4）　3. 陶圈足碗（H54②：1）　4、5. 陶红顶钵（H54②：2、H54②：3）

6. 陶器盖（H54②：7）　7. 石斧（H54②：8）

陶卷沿瓮　1件。H54③：2，夹细砂夹少量云母褐胎黑皮陶。手制，上腹磨光，下腹未打磨。敛口，卷沿外翻，圆唇，溜肩，鼓腹，下腹较斜直，平底微凹。素面。复原口径15、腹径18.6、底径8.5、高16.2厘米（图八三，3；彩版一六，2）。

陶深腹罐　1件。H54③：4，夹细砂褐胎黑皮陶。上腹磨光，下腹未经打磨、较粗糙。敛口，卷沿，圆唇，深弧腹微鼓，底残。中腹饰三道凹弦纹。器内壁黏附一层白色沉淀物。复原口径14、残高11.4厘米（图八三，5）。

陶折沿盆　1件。H54③：3，泥质灰胎黑皮陶，局部有褐斑。手制，口经慢轮修整，器表磨光。敞口，仰折沿，圆唇，溜肩，扁鼓腹，底残。素面。复原口径28、残高12.3厘米（图八三，4）。

彩陶钵　1件。H54③：6，细泥灰陶，外口施一周红彩带，下腹素胎。轮制，器表磨光。敛口，圆方唇，弧腹内收，以下残。口外在红衣上有黑彩弧边三角形与竖向半圆纹图案。复原口径38、残高9.3厘米（图八三，6）。

陶器盖　1件。H54③：9，夹粗砂夹少量云母褐陶。手制，口经慢轮修整。顶残，敞口，圆唇，深弧壁。素面。复原口径22、残高6.2厘米（图八三，7）。

骨锥　1件。H54③：1，乳黄色。利用骨骼磨制而成，留有骨腔壁。锥形，横截面为扁形。长10.3厘米（图八三，8）。

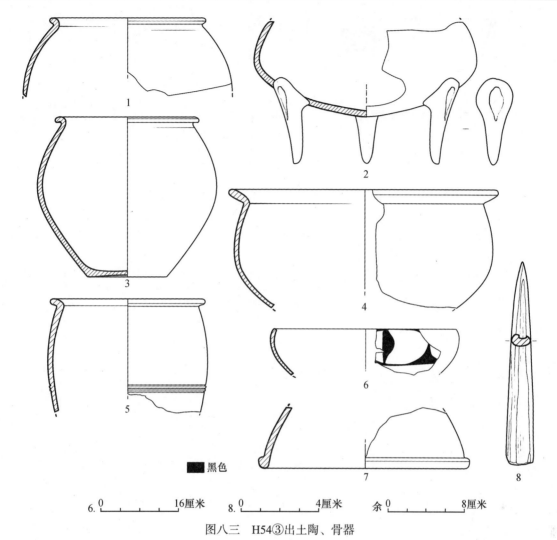

■黑色

6. 0 ———————16厘米 　 8. 0 ————4厘米 　 余 0 ————8厘米

图八三　H54③出土陶、骨器

1、2.陶罐形鼎（H54③：5、H54③：7）　3.陶卷沿瓮（H54③：2）　4.陶折沿盆（H54③：3）　5.陶深腹罐（H54③：4）
6.彩陶钵（H54③：6）　7.陶器盖（H54③：9）　8.骨锥（H54③：1）

H54④　器形有彩陶钵、陶锉，石斧等。

彩陶钵　1件。H54④：3，细泥灰胎橙红衣陶。轮制。直口，尖圆唇，弧腹内收，以下残。外口有弧边三角、平行斜线与直宽带组成的黑彩图案。复原口径36、残高7.7厘米（图八四，1）。

陶锉　1件。H54④：4，泥质灰胎褐衣陶。手制。柳叶形，一端已残。器表布满孔状小圆窝。残长11.3、宽3.5、厚1.2厘米（图八四，2）。

石斧　1件。H54④：1，硅质岩，青黑色。琢、磨兼制。器体厚重，顶残，长方形，直边，双面弧刃，正锋。残长15.2、宽9.3、厚4厘米（图八四，3）。

H56　位于T0202中部。开口于第4层下，打破H87、H90和第5层。坑口呈不规则长方形，弧壁不规整，底起伏不平。长3.5、宽1.86、最深0.72米（图八五）。坑内堆积为灰色土，土质松软，含较多草木灰。出土少量陶片，以夹砂红陶和褐陶居多，泥质红陶次之，有少量夹砂褐胎黑皮陶，少量陶片饰绳纹，另有少量彩陶，无可辨器形。

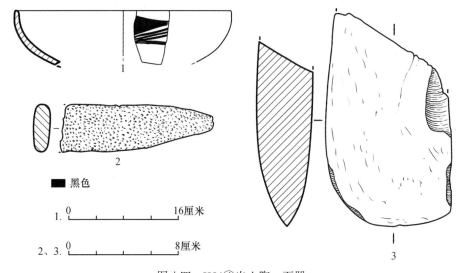

图八四　H54④出土陶、石器

1. 彩陶钵（H54④：3）　2. 陶锉（H54④：4）　3. 石斧（H54④：1）

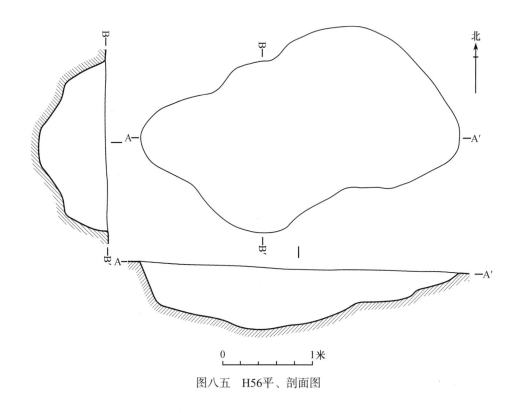

图八五　H56平、剖面图

　　H58　位于T0507西北角。开口于第3层下，打破H117和第4层。坑口呈圆形，弧壁不规整，底较平。直径1.4、深0.6米（图八六）。坑内堆积为灰土，土质松软，包含较多石头。出土少量石器和较多陶片，陶片以夹砂褐陶和泥质红陶为主，有少量夹砂红陶和灰陶，大多为素面陶，少量饰凹弦纹。器形有陶矮领瓮、深腹罐、卷沿盆、钵、器盖、锉、鼎足和石斧等。

　　陶矮领瓮　1件。H58：2，夹粗砂红褐陶。手制，口、肩经慢轮修整。直口，圆唇，唇内外缘皆鼓凸，矮领，口断面呈铁轨形，鼓肩，以下残。肩饰多道凹弦纹。复原口径34、残高

5.9厘米（图八七，7）。

陶深腹罐　1件。H58∶5，夹细砂褐胎黑皮陶。手制，器表磨光。敛口，卷沿，圆唇，溜肩，弧腹，以下残。素面。复原口径18、残高5.2厘米（图八七，2）。

陶卷沿盆　1件。H58∶6，泥质红陶。手制，器表磨光。侈口，卷沿，圆唇，上腹微鼓，下腹弧内收，底残。素面。复原口径24、残高6.3厘米（图八七，1）。

陶钵　1件。H58∶7，泥质灰胎红衣陶。手制，器表磨光。直口，圆唇，弧腹内收，腹以下残。素面。复原口径36、残高6.3厘米（图八七，6）。

陶器盖　1件。H58∶4，夹细砂夹少量云母褐陶。手制，器表磨光。直口，圆唇，深弧壁，顶残。素面。复原口径30、残高10厘米（图八七，8）。

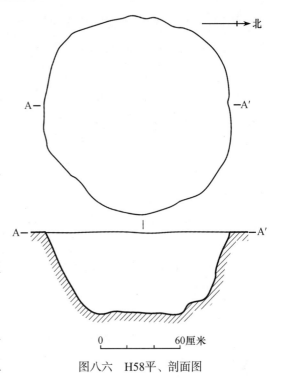

图八六　H58平、剖面图

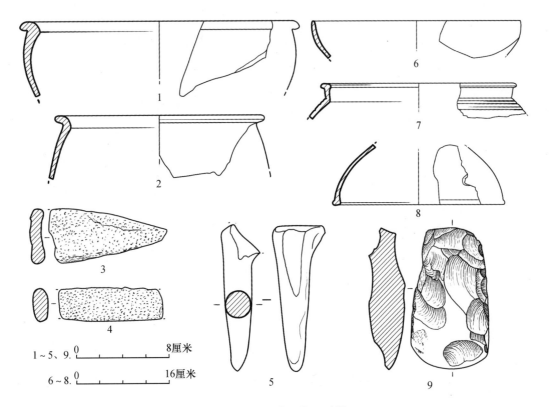

图八七　H58出土陶、石器

1.陶卷沿盆（H58∶6）　2.陶深腹罐（H58∶5）　3、4.陶锉（H58∶8、H58∶9）　5.陶鼎足（H58∶10）　6.陶钵（H58∶7）
7.陶矮领瓮（H58∶2）　8.陶器盖（H58∶4）　9.石斧（H58∶1）

陶锉　2件。夹细砂褐陶。手制，表面极其粗糙，布满密集的孔状小圆窝。H58：8，三角形，一端残断，两面皆有凹槽。残长10.2、宽4.6、厚1.1厘米（图八七，3）。H58：9，长条状，两端残断。残长9、宽2.8、厚1.4厘米（图八七，4）。

陶鼎足　1件。H58：10，夹细砂夹蚌褐陶。手制。锥形足，足尖略外撇。足根有一竖长按窝纹。残高12.3厘米（图八七，5）。

石斧　1件。H58：1，粉砂岩，青黑色。打、磨兼制，留有打击痕迹。梯形，顶微弧，斜边，双面弧刃，正锋。长11.9、宽6.8、厚3.2厘米（图八七，9；图版五八，3）。

H59　位于T0305南部和T0405北部。开口于第4层下的H32下，打破G1和生土，被M8和H16打破。坑口为椭圆形，弧壁，圜底。长1.76、宽1.5、深1.2米（图八八）。坑内堆积分3层：第1层，灰白土，厚30厘米，土质较松软，包含兽骨，出土陶片极少；第2层，红灰土，厚约38厘米，土质较硬，含较多烧土颗粒和兽骨，出土少量陶片，可辨器形有陶器盖、锉等；第3层，灰黑土，厚0～50厘米，土质松软，包含少量草木灰、兽骨和较多河卵石，出土较多陶片，以夹砂褐陶居多，泥质红陶次之，有少量夹砂褐胎黑皮陶，素面陶占多数，纹饰主要为绳纹，另有少量附加堆纹和彩陶，器形有陶罐形鼎、卷沿瓮、深腹罐、尖底瓶底、卷沿盆、钵、红顶钵、锉、饼等（图版五九，1）。

H59②　器形有陶器盖、锉等。

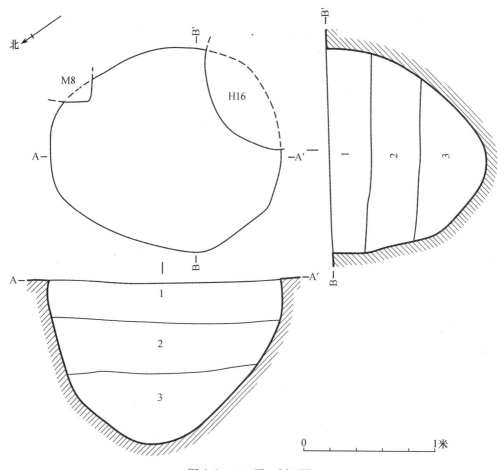

图八八　H59平、剖面图

陶器盖　1件。H59②：1，夹细砂褐陶。手制，器表有捏压痕迹。口变形，直口，圆唇，浅弧壁，弧顶，尖凸形纽。素面。复原口径4.7、残高3.3厘米（图八九，1；彩版一六，3）。

陶锉　1件。H59②：2，夹细砂褐陶。手制。梭形，中间宽平，两端尖锥。器表布满针孔状小圆窝。长9.6、宽3.3、厚1厘米（图八九，2；彩版二八，1）。

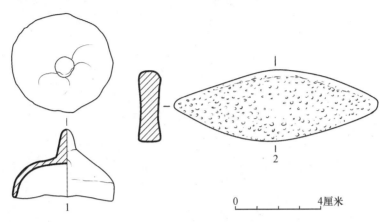

图八九　H59②出土陶器
1. 器盖（H59②：1）　2. 锉（H59②：2）

H59③　器形有陶罐形鼎、卷沿瓮、深腹罐、钵、红顶钵、卷沿盆、尖底瓶底、锉、饼等。

陶罐形鼎　1件。H59③：12，夹细砂夹云母黑陶。手制，腹磨光，底粗糙。口残，垂腹，圜底残，安圆锥形足，足尖残。足根饰一深按窝纹。复原后最大腹径18、残高10.7厘米（图九〇，4）。

陶卷沿瓮　3件。手制，口经慢轮修整。敛口，卷沿，圆唇，微鼓肩，鼓腹，下腹弧内收。H59③：4，夹细砂夹蚌红陶，局部有黑斑。小平底。上腹饰交错绳纹，下腹抹平、有刮痕。复原口径28.5、腹径30.6、底径13、高28厘米（图九〇，1；彩版一七，1）。H59③：5，夹细砂灰陶。肩内壁有三道浅凹槽，底残。腹饰左斜粗绳纹。复原口径23、腹径27.3、残高20厘米（图九〇，2）。H59③：1，夹细砂夹蚌红褐陶，局部有黑斑。器表磨光。底残。素面。复原口径28.4、腹径33.2、复原高30厘米（图九〇，3；图版五九，2）。

陶深腹罐　2件。手制，口经慢轮修整，器表磨光。敛口，卷沿，圆唇，深弧腹。素面。H59③：3，夹细砂夹少量云母褐陶，局部有黑斑。小平底微凹。口径17、腹径18.1、底径7.9、高19.1厘米（图九一，1；彩版一七，2）。H59③：10，夹细砂褐胎黑皮陶。底残。复原口径18、残高11厘米（图九一，5）。

陶尖底瓶底　1件。H59③：11，夹细砂红陶。泥条盘筑，内壁可见泥圈筑接的凹痕。口、腹残，仅存底，空锥形，乳状尖底。腹饰横向细绳纹。残高18.2厘米（图九一，8）。

陶卷沿盆　1件。H59③：9，夹粗砂夹蚌红陶。手制。侈口，小卷沿，圆唇，上腹较直，下腹弧内收，底残。近口处饰两道极细的凹弦纹，上腹饰左斜粗绳纹，被一周压印按窝纹的附加堆纹打断。复原口径34、残高10厘米（图九一，2）。

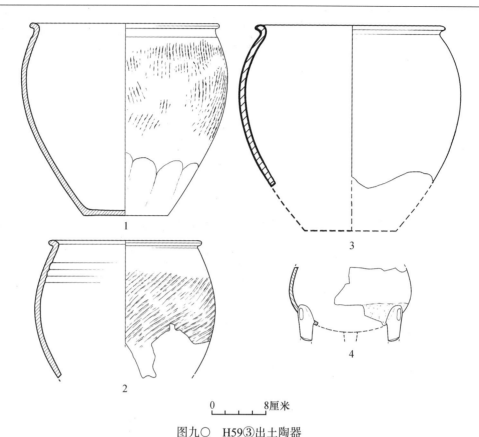

0 ⊢———⊣ 8厘米

图九〇　H59③出土陶器

1~3.卷沿瓮（H59③：4、H59③：5、H59③：1）　4.罐形鼎（H59③：12）

陶钵　2件。轮制，器表磨光。H59③：6，细泥灰胎暗红衣陶。微敛口，方圆唇，弧腹内收，底残。素面。复原口径34、残高11.2厘米（图九一，3）。H59③：8，细泥橙红陶。直口，口有一小圆孔，圆唇，深弧腹，底残。素面。复原口径30、残高13.1厘米（图九一，4）。

陶红顶钵　1件。H59③：7，轮制，器表磨光。细泥灰陶，口外施一周橙红彩带，形成红顶灰腹。直口，尖圆唇，弧腹内收，底残。复原口径37、残高13.9厘米（图九一，6）。

陶锉　1件。H59③：2，夹细砂红陶。手制。残存部分呈三角形。器表布满孔状小圆窝。残长7.5、宽3.8、厚1厘米（图九一，9）。

陶饼　2件。手制，利用陶片制成，边缘未经修磨。近圆形，两面皆较平坦。素面。H59③：15，细泥红陶。直径3.9、厚0.8厘米（图九一，7）。H59③：16，夹细砂夹蚌褐陶。直径3.6、厚0.5厘米（图九一，10）。

H64　位于T0503东南部、T0504西南部。开口于第4层下，打破H68和生土，被M3打破。坑口不完整，原应呈椭圆形，直壁，平底。残长1.58、宽1.75、深0.86米（图九二）。坑内堆积分3层：第1层，黑色土，厚18厘米，土质松软，含大量草木灰和动物骨头，出土遗物主要为陶片，以夹砂褐陶为主，有少量泥质红陶，纹饰主要有绳纹，器形有陶罐形鼎、卷沿瓮、卷沿盆、红顶钵、锉等；第2层，灰黑色土，厚18厘米，土质较紧密，含少量草木灰和红烧土颗粒，出土陶片的陶质陶色与第1层接近，器形有陶罐形鼎、卷沿盆、红顶钵等；第3层，深褐

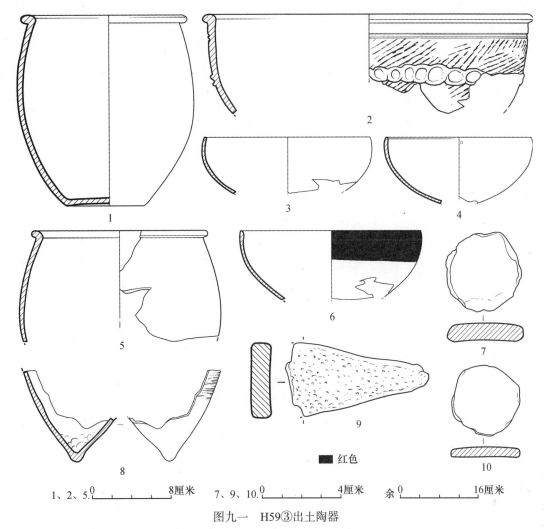

图九一 H59③出土陶器

1、5.深腹罐（H59③：3、H59③：10） 2.卷沿盆（H59③：9） 3、4.钵（H59③：6、H59③：8） 6.红顶钵（H59③：7）
7、10.饼（H59③：15、H59③：16） 8.尖底瓶底（H59③：11） 9.锉（H59③：2）

色土，厚0.16米，土质松软，包含大量草木灰、兽骨和鱼骨等，出土陶片极少，器形仅见陶红顶钵。

H64① 器形有陶罐形鼎、卷沿瓮、卷沿盆、红顶钵、锉等。

陶罐形鼎 1件。H64①：2，夹细砂褐陶，有黑斑。手制，口经慢轮修整，器表磨光。敛口，卷沿，圆唇，鼓肩，鼓腹，以下残。素面。复原口径15、残高6.9厘米（图九三，1）。

陶卷沿瓮 1件。H64①：3，夹细砂夹蚌褐陶。手制，口经慢轮修整。敛口，卷沿，圆唇，溜肩，鼓腹，以下残。腹饰左斜细绳纹。复原口径24、残高5.6厘米（图九三，2）。

陶卷沿盆 1件。H64①：1，夹细砂褐陶。手制，口经慢轮修整。侈口，小卷沿，圆唇，弧腹内收，平底。素面。复原口径26.8、底径10、高13.2厘米（图九三，4；彩版一七，3）。

陶红顶钵 1件。H64①：4，细泥灰陶，口外施一周橙红彩带，形成红顶灰腹。轮制，器表磨光。直口，圆唇，弧腹，以下残。复原口径32、残高5.8厘米（图九三，5）。

陶锉 1件。H64①：5，夹粗砂褐陶。手制。柳叶形，一端残，一面中间有一条凹槽。器

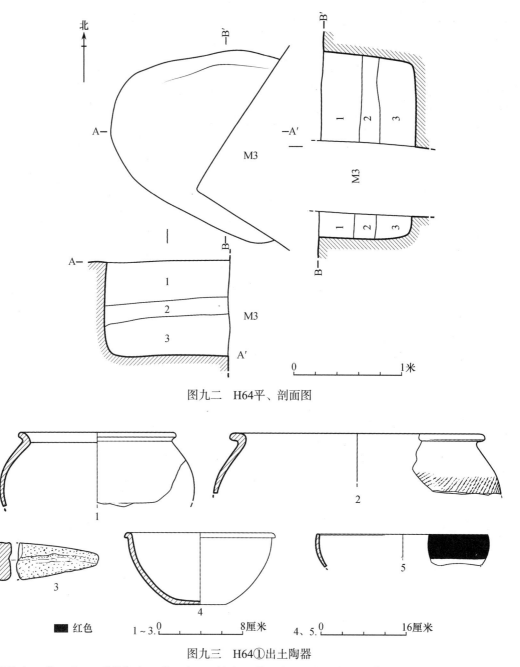

图九二　H64平、剖面图

■ 红色　　　1~3. 0　　　　　　8厘米　　　4、5. 0　　　　　　16厘米

图九三　H64①出土陶器

1. 罐形鼎（H64①：2）　2. 卷沿瓮（H64①：3）　3. 锉（H64①：5）　4. 卷沿盆（H64①：1）　5. 红顶钵（H64①：4）

表布满孔状小圆窝。残长8、宽3.4、厚0.7厘米（图九三，3）。

H64②　器形有陶罐形鼎、卷沿盆、红顶钵等。

陶罐形鼎　1件。H64②：1，夹细砂夹蚌褐陶。手制，口经慢轮修整。敛口，卷沿，圆唇，溜肩，扁鼓腹，以下残。腹有两道划痕，下腹有烟熏痕迹。复原口径22、残高9.1厘米（图九四，3）。

陶卷沿盆　1件。H64②：2，夹细砂褐陶，局部有黑斑。手制，口经慢轮修整。口微敛，卷沿外垂，圆唇，弧腹内收，以下残。腹饰一周波浪形附加堆纹。复原口径34、残高7.5厘米

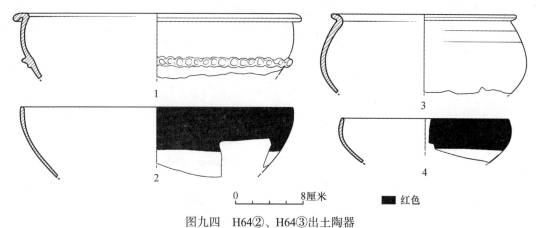

图九四 H64②、H64③出土陶器

1.卷沿盆（H64②：2） 2、4.红顶钵（H64②：3、H64③：2） 3.罐形鼎（H64②：1）

（图九四，1）。

陶红顶钵 1件。H64②：3，泥质灰陶，口外施红彩带，形成红顶灰腹。轮制，器表磨光。直口，圆方唇，弧腹内收，底残。复原口径32、残高8.1厘米（图九四，2）。

H64③ 器形仅见陶红顶钵。

陶红顶钵 1件。H64③：2，泥质红陶。轮制，器表磨光。微敛口，圆唇，弧腹内收，底残。素面。复原口径20、残高5.2厘米（图九四，4）。

H66 位于T0404中部。开口于第4层下，打破生土，被H32打破。坑口为不规则椭圆形，弧壁，圜底。长2.12、残宽1.57、深0.38米（图九五）。坑内堆积为灰黑土，土质松软，含少量红烧土颗粒和较多河卵石、石块、骨头。出土少量陶片，以泥质红陶为主，有少量夹砂红陶和褐陶，器形有陶钵、锉和彩陶盆等。

彩陶盆 1件。H66：2，泥质灰陶，沿面和外口施橙红色陶衣，形成红顶灰腹。手制，器表磨光。侈口，卷沿，沿面微隆，圆唇，弧腹，以下残。唇面与腹皆有宽带纹黑彩图案。复原口径26、残高4.8厘米（图九六，2）。

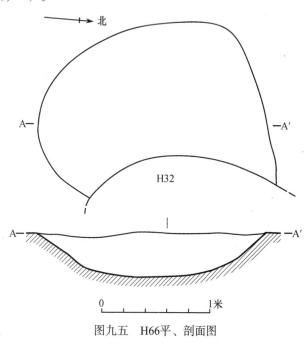

图九五 H66平、剖面图

陶钵 1件。H66：1，泥质红陶。轮制，器表磨光。敞口，圆唇，弧腹，以下残。口有一小圆孔，孔由外向内单面钻。素面。复原口径30、残高6.1厘米（图九六，1）。

陶锉 1件。H66：4，夹细砂褐陶。手制。柳叶形，两端残。表面满布孔状小圆窝。残长6.7、宽3、厚1.2厘米（图九六，3）。

H68 位于T0503东南部、T0504西南部和T0604西北部。开口于第4层下，打破生土，被

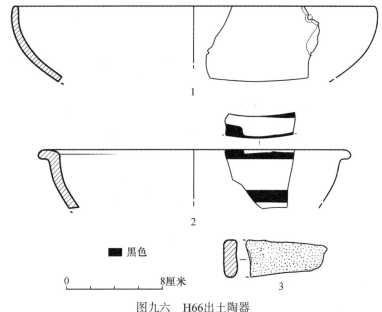

黑色

0 _____ 8厘米

图九六 H66出土陶器

1.钵（H66：1） 2.彩陶盆（H66：2） 3.锉（H66：4）

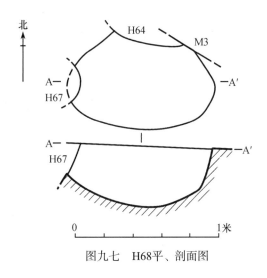

北

图九七 H68平、剖面图

H64、H67、M3打破。坑口为椭圆形，弧壁，圜底。长1.04、残宽0.68、深0.41米（图九七）。坑内堆积为深褐色土，土质松软，含草木灰。出土陶片较少，以夹砂红陶、夹砂褐陶与泥质红褐色绳纹陶片为主，无可辨器形。

H69 位于T0503东北部和T0504西北部。开口于第4层下，打破生土，被H4、H10和H28打破。坑口为不规则椭圆形，弧壁不规整，圜底。残长3.7、宽3.6、深1.66米（图九八）。坑内堆积分5层：第1层，黄褐色沙土，厚0～50厘米，土质较硬，含大量红烧土块，出土石斧、锛各1件和较多陶片，陶片以夹砂红、褐陶为主，泥质红陶次之，纹饰以绳纹为主，有少量彩陶，器形有陶卷沿瓮、矮领瓮、卷沿盆、灶和彩陶钵等；第2层，灰褐色沙土，厚0～40厘米，土质较紧密，含少量红烧土颗粒，出土少量陶片，陶质、陶色与第1层接近，器形有陶卷沿瓮、深腹罐、红顶钵、小杯和彩陶盆等；第3层，深褐色泥沙土，厚0～34厘米，土质较紧密，出土陶片极少，无可辨器形；第4层，黑褐色泥沙土，厚18～64厘米，土质松散，含大量的草木灰，出土少量陶片，主要为夹砂褐陶，有少量夹砂褐胎黑皮陶和泥质红陶，器形有陶卷沿瓮、卷沿盆、钵、锉、鼎足等；第5层，灰黄色泥沙土，厚0～19厘米，土质较紧密，出土1件骨锥和较多陶片，陶片中夹砂红、褐陶较多，有少量泥质红陶，纹饰以绳纹为主，有少量凹弦纹，器形有陶罐形鼎、卷沿瓮、尖底瓶底、红顶钵、锉等。

H69① 器形有陶卷沿瓮、矮领瓮、卷沿盆、灶、彩陶钵，石斧、锛等。

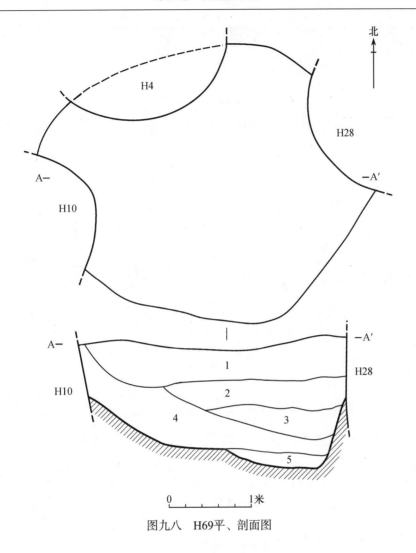

图九八　H69平、剖面图

陶卷沿瓮　1件。H69①：3，夹细砂夹蚌灰胎红陶。手制，口、肩经慢轮修整。敛口，卷沿，圆唇，鼓肩，鼓腹，以下残。腹饰左斜粗绳纹。复原口径34、残高9.4厘米（图九九，1）。

陶矮领瓮　1件。H69①：4，夹粗砂红褐陶。手制，口经慢轮修整。直口，小卷沿，圆唇，矮领，溜肩，弧腹，以下残。腹饰左斜粗绳纹。复原口径32、残高14.2厘米（图九九，3）。

陶卷沿盆　1件。H69①：6，泥质红陶。手制，器壁磨光。敛口，卷沿，圆唇，溜肩，扁鼓腹，底残。素面。复原口径34、残高10厘米（图九九，2）。

彩陶钵　1件。H69①：7，细泥灰胎橙红衣陶。轮制，器表磨光。敞口，尖圆唇，弧腹内收，底残。外口有对顶直边三角与平行斜线纹黑彩图案。复原口径28、残高5.8厘米（图九九，4）。

陶灶　1件。H69①：9，夹细砂夹少量云母褐陶，厚胎。手制。残器，仅存一角，直壁，平底，底安倒梯形扁足。素面。残宽12.4、高14厘米（图九九，5）。

石斧　1件。H69①：1，泥质岩，黑色。琢、磨兼制。梯形，斜顶，斜直边，双面弧刃，

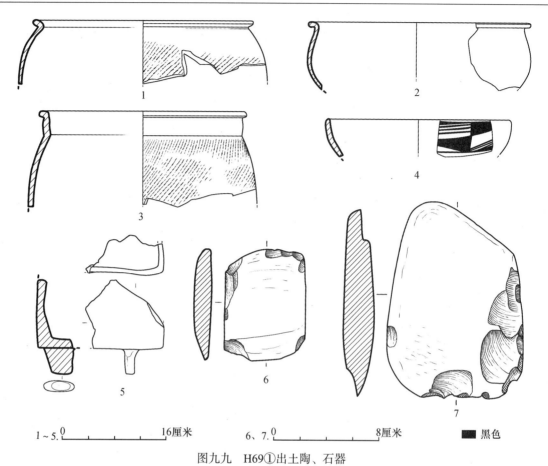

图九九　H69①出土陶、石器

1.陶卷沿瓮（H69①：3）　2.陶卷沿盆（H69①：6）　3.陶矮领瓮（H69①：4）　4.彩陶钵（H69①：7）
5.陶灶（H69①：9）　6.石锛（H69①：2）　7.石斧（H69①：1）

中间残缺，正锋。长14.6、宽10.4、厚2.4厘米（图九九，7）。

　　石锛　1件。H69①：2，泥质岩，黑色。磨制。近方形，弧顶，直边，单面弧刃，偏锋。长8.3、宽6.2、厚 1.4 厘米（图九九，6）。

　　H69②　器形有陶卷沿瓮、深腹罐、红顶钵、小杯、彩陶盆等。

　　陶卷沿瓮　1件。H69②：3，夹细砂褐陶。手制，口经慢轮修整。敛口，卷沿，圆唇，鼓肩，以下残。肩饰左斜细线纹。复原口径34、残高6.4厘米（图一〇〇，3）。

　　陶深腹罐　1件。H69②：4，夹细砂褐胎黑皮陶。手制，器表磨光。敛口，卷沿，圆唇，鼓肩，鼓腹，下腹弧内收，底残。中腹饰两道凹弦纹。复原口径13、残高9.2厘米（图一〇〇，5）。

　　彩陶盆　1件。H69②：5，细泥灰胎橙黄衣陶。手制，器表磨光。侈口，小卷沿，圆唇，弧腹内收，底残。沿面有一周黑彩带，腹饰双细线夹双宽带的鱼尾纹黑彩图案。复原口径30、残高8.4厘米（图一〇〇，1）。

　　陶红顶钵　1件。H69②：6，细泥灰陶，口外施一周较宽红彩带，形成红顶灰腹。轮制，器表磨光。直口，尖圆唇，上腹较直，下腹弧内收，底残。内壁有一层白灰色沉淀物。复原口径24、残高8.1厘米（图一〇〇，2）。

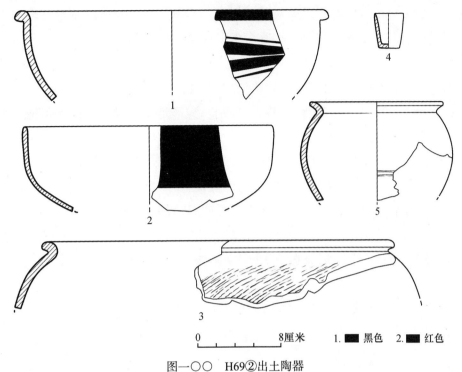

图一〇〇　H69②出土陶器

1.彩陶盆（H69②：5）　2.红顶钵（H69②：6）　3.卷沿瓮（H69②：3）　4.小杯（H69②：1）　5.深腹罐（H69②：4）

　　陶小杯　1件。H69②：1，夹细砂夹蚌褐陶。手制。敞口，尖圆唇，斜直腹，平底。素面。复原口径2.7、底径2、高3.2厘米（图一〇〇，4）。

　　H69④　器形有陶卷沿瓮、钵、卷沿盆、锉、鼎足等。

　　陶卷沿瓮　1件。H69④：1，夹粗砂褐陶。手制，口、肩经慢轮修整、有旋痕。敛口，卷沿，圆唇，鼓肩，鼓腹，以下残。腹饰左斜细绳纹。复原口径30、残高12.3厘米（图一〇一，1）。

　　陶钵　1件。H69④：2，细泥红陶。轮制，器表磨光。敞口，圆唇，弧腹内收，以下残。素面。复原口径34、残高6.4厘米（图一〇一，2）。

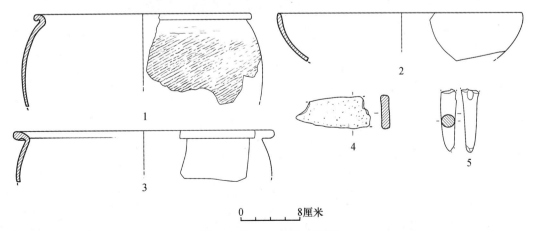

图一〇一　H69④出土陶器

1.卷沿瓮（H69④：1）　2.钵（H69④：2）　3.卷沿盆（H69④：3）　4.锉（H69④：4）　5.鼎足（H69④：5）

陶卷沿盆　1件。H69④：3，泥质灰胎黑皮陶。手制，器表磨光。敛口，卷沿，圆唇，弧腹微鼓，以下残。素面。复原口径36、残高6.9厘米（图一〇一，3）。

陶锉　1件。H69④：4，夹细砂红陶。手制。柳叶形，两端皆残，两面微凹。器表布满孔状小圆窝。残长10.2、宽4.2、厚1.1厘米（图一〇一，4）。

陶鼎足　1件。H69④：5，夹细砂褐陶。手制。锥形足，足尖略外撇。根饰一个按窝纹。残高8.3厘米（图一〇一，5）。

H69⑤　器形有陶罐形鼎、卷沿瓮、尖底瓶底、红顶钵、锉，骨锥等。

陶罐形鼎　1件。H69⑤：4，夹细砂褐胎黑皮陶。手制，口经慢轮修整，器表磨光。敛口，卷沿，圆唇，溜肩，鼓腹，以下残。素面。复原口径20、残高8厘米（图一〇二，1）。

陶卷沿瓮　1件。H69⑤：6，夹粗砂夹蚌灰陶。手制，口、肩经慢轮修整。敛口，卷沿，圆唇，微鼓肩，鼓腹，以下残。腹饰左斜粗绳纹。复原口径32、残高6.3厘米（图一〇二，3）。

陶尖底瓶底　1件。H69⑤：11，夹细砂红褐陶，厚胎。手制，采用泥条盘筑法制成，

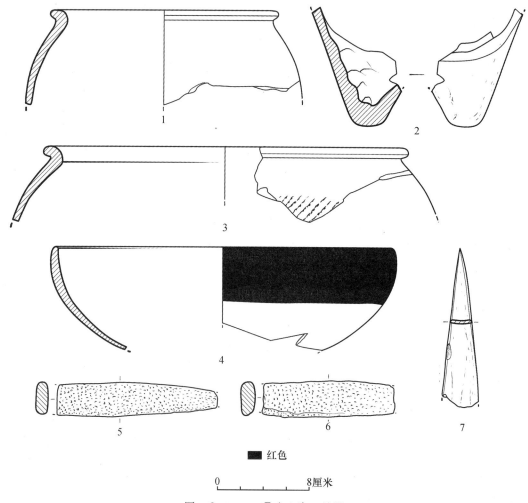

图一〇二　H69⑤出土陶、骨器

1. 陶罐形鼎（H69⑤：4）　2. 陶尖底瓶底（H69⑤：11）　3. 陶卷沿瓮（H69⑤：6）　4. 陶红顶钵（H69⑤：9）

5、6. 陶锉（H69⑤：2、H69⑤：3）　7. 骨锥（H69⑤：1）

内壁底端可见泥条盘筑的泥圈痕迹。下腹斜直，尖底较圆钝。素面。残高10.1厘米（图一〇二，2）。

陶红顶钵 1件。H69⑤：9，细泥灰陶，口外施一周较宽橙红彩带，形成红顶灰腹。轮制，器表磨光。直口，尖圆唇，弧腹内收，底残。复原口径30、残高8.9厘米（图一〇二，4）。

陶锉 2件。夹细砂褐陶。手制。窄长条形，两端皆残。器表布满孔状小圆窝。H69⑤：2，残长14.2、宽3、厚1厘米（图一〇二，5）。H69⑤：3，残长11.5、宽3.1、厚1.2厘米（图一〇二，6；图版五九，3）。

骨锥 1件。H69⑤：1，黑色，利用骨骼磨制而成，器表光滑。扁长三角形，尾部残缺，一面较平，一面中间微凹，前端聚成尖锋。残长6.8、宽0.6、厚0.1厘米（图一〇二，7；图版六〇，3）。

H73 位于T0705中部。开口于第4层下，打破H74和生土，西南部被汉江冲毁。坑口为椭圆形，斜壁，底较平。坑口残长1.79、宽1.43米，坑底残长1.67、宽1.25米，深0.88米（图一〇三）。坑内堆积为灰褐色沙土，土质松散，含较多红烧土。出土少量陶片，以夹砂红陶和褐陶为主，泥质红陶次之，以素面陶居多，有少量绳纹陶和彩陶，器形有陶卷沿瓮、器盖、锉等。

陶卷沿瓮 1件。H73：1，夹粗砂夹蚌灰胎褐衣陶。手制，口经慢轮修整。敛口，卷沿，圆唇，鼓肩，以下残。素面。复原口径32、残高5厘米（图一〇四，1）。

陶器盖 1件。H73：2，夹粗砂夹蚌褐陶。手制。覆碟状，顶残，敞口，平唇，唇面微凹，斜壁。近口处有一道划痕。复原口径24、残高3.5厘米（图一〇四，2）。

陶锉 1件。H73：3，夹细砂夹蚌褐陶。手制。柳叶形，两端残，两面较平。器表布满孔状小圆窝。残长6、宽3.2、厚0.9厘米（图一〇四，3）。

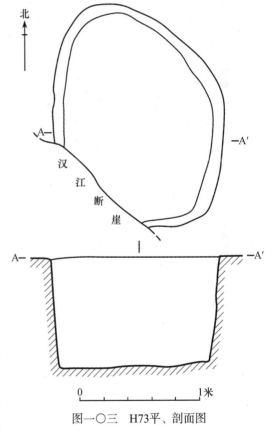

图一〇三 H73平、剖面图

H74 位于T0705西北部。开口于第4层下，打破H142和生土，被H62、H73打破。坑口为长方形，斜壁，底略有不平。坑口残长2.07、宽1.25米，坑底残长1.95、宽1.13米，深0.41米（图一〇五）。坑内堆积为黑灰土，土质松散，含大量红烧土块。出土少量陶片，以泥质红陶为主，夹砂褐陶次之，有少量夹砂灰陶，以素面陶为主，少量陶片饰绳纹，器形有陶卷沿瓮、钵、锉等。

陶卷沿瓮 2件。手制，口、肩经慢轮修整。敛口，卷沿，圆唇。H74：1，夹细砂夹云母

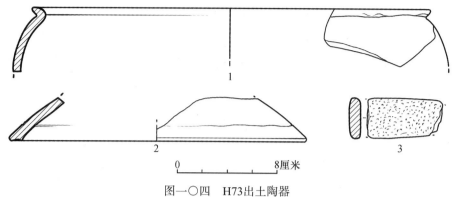

图一〇四　H73出土陶器

1.卷沿瓮（H73∶1）　2.器盖（H73∶2）　3.锉（H73∶3）

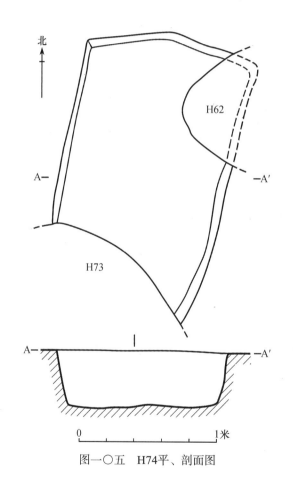

图一〇五　H74平、剖面图

褐陶。鼓肩，鼓腹，以下残。腹饰右斜粗绳纹。复原口径24、残高7.3厘米（图一〇六，1）。H74∶2，泥质红陶。器表磨光。溜肩，鼓腹，以下残。素面。复原口径28、残高6.6厘米（图一〇六，2）。

陶钵　1件。H74∶3，细泥灰胎橙黄衣陶。轮制，器表磨光。口微敛，圆唇，弧腹，以下残。素面。复原口径34、残高3.2厘米（图一〇六，3）。

陶锉　1件。H74∶4，夹粗砂灰陶。手制。柳叶形，一端残，两面皆向中间内凹。器表布满孔状小圆窝。残长7.8、宽2.7、厚1.4厘米（图一〇六，4）。

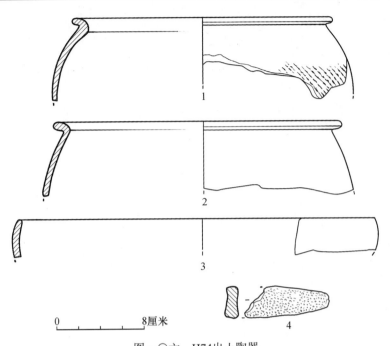

0　　　　　8厘米

图一〇六　H74出土陶器

1、2.卷沿瓮（H74：1、H74：2）　3.钵（H74：3）　4.锉（H74：4）

　　H75　位于T0202西北部，并伸入西壁。开口于第3层下，打破第4层，被H125、H194打破。坑口为椭圆形，弧壁，圜底。长1.63、宽1.25、深1.02米（图一〇七）。坑内堆积分3层：第1层，黄灰色土，厚70厘米，土质较松散，含少量红烧土颗粒、草木灰、兽骨和蚌壳，出土石斧、凿各1件和较多陶片，陶片以夹砂褐陶为主，泥质红陶和夹砂红陶次之，有少量夹砂褐胎黑皮陶，多为素面陶，纹饰主要为绳纹，器形有陶罐形鼎、卷沿瓮、深腹罐、尖底瓶底、钵、黑顶钵等；第2层，灰白色土，厚20厘米，土质松软，较纯净，无出土遗物；第3层，黑灰色土，厚0～20厘米，土质较软，出土的少量陶片较细碎，无可辨器形。

　　H75①　器形有陶罐形鼎、卷沿瓮、深腹罐、尖底瓶底、钵、黑顶钵，石斧、凿等。

　　陶罐形鼎　1件。H75①：5，夹细砂磨光黑陶。手制，口经慢轮修整。敛口，卷沿，圆唇，溜肩，鼓腹，以下残。素面。复原口径18、残高5.5厘米（图一〇八，5）。

　　陶卷沿瓮　1件。H75①：9，夹粗砂夹蚌褐陶。手制，口经慢轮修整。敛口，卷沿，圆唇，鼓肩，鼓腹，以下残。腹饰左斜粗绳纹。复原口径29、残高9.1厘米（图一〇八，1）。

　　陶深腹罐　1件。H75①：6，夹细砂夹云母褐胎黑皮陶。手制，口、肩经慢轮修整，上腹磨光，下腹粗糙。敛口，卷沿，圆唇，溜肩，上腹微鼓，下腹弧内收，底残。素面。复原口径22、腹径23.3、残高18.3厘米（图一〇八，6）。

　　陶尖底瓶底　1件。仅存底。H75①：12，夹细砂红褐陶。手制，内壁可见泥条盘筑法的泥条接痕。弧腹内收，尖底已残。素面。残高9.2厘米（图一〇八，7）。

　　陶钵　2件。轮制，器表磨光。H75①：8，细泥橙红陶。微敛口，尖圆唇，口内有两道极浅的凹槽，其下有数条竖划痕，弧腹内收，底残。口由外向内钻有一小圆孔。素面。残高10.5厘米（图一〇八，3）。H75①：7，细泥橙黄陶。直口，尖圆唇，弧腹内收，底残。素面。复

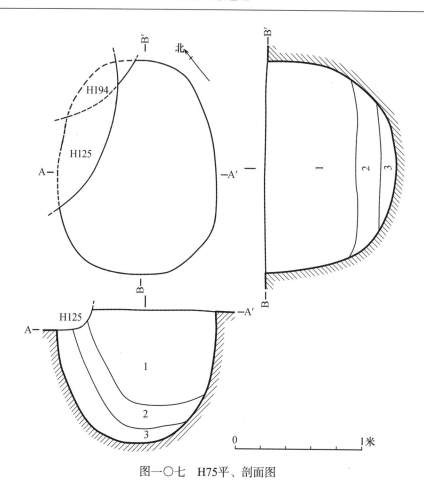

图一〇七　H75平、剖面图

原口径28、残高6.6厘米（图一〇八，4）。

陶黑顶钵　1件。轮制，器表磨光。H75①：1，细泥黄褐陶，有黑斑，口外有一周黑色彩带，但黑彩稀疏不匀。微敛口，圆唇，上腹微鼓，下腹弧内收，底残。复原口径36、高13.5厘米（图一〇八，2；彩版一八，1）。

石斧　1件。H75①：15，石英岩，白色。磨制。长条状，横截面呈圆角长方形，弧顶，刃残。残长5、宽1.3、厚0.8厘米（图一〇八，9）。

石凿　1件。H75①：16，砂岩，青灰色。打制，留有大量打击疤痕。顶残，直边，单面斜刃，偏锋。长6.9、宽3.4、厚1.5厘米（图一〇八，8）。

H80　位于T0604西南部，并伸入南壁。开口于第3层下的G2下，打破第4层，西部和南部被汉江冲毁。坑口原应为椭圆形，弧壁，平底。残长1.3、宽1.15、深0.52米（图一〇九）。坑内堆积为灰褐色土，土质疏松，含有少量草木灰。出土少量陶片，以夹砂红陶和褐陶为主，泥质红陶次之，纹饰主要为绳纹，有少量凹弦纹和彩陶，器形有陶矮领瓮、器盖、彩陶盆等。

陶矮领瓮　1件。H80：2，夹细砂红褐陶。手制，口经慢轮修整。口微敛，圆唇，唇内外缘皆鼓凸，矮领，口断面呈铁轨形，鼓肩，以下残。肩饰三周凹弦纹。复原口径34、残高5.7厘米（图一一〇，1）。

彩陶盆　1件。H80：1，泥质橙红陶。手制，口经慢轮修整，器表磨光。直口，卷沿，圆

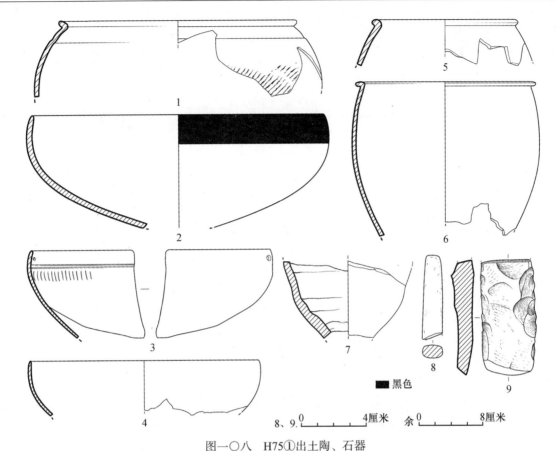

图一○八 H75①出土陶、石器

1.陶卷沿瓮（H75①：9） 2.陶黑顶钵（H75①：1） 3、4.陶钵（H75①：8、H75①：7） 5.陶罐形鼎（H75①：5）
6.陶深腹罐（H75①：6） 7.陶尖底瓶底（H75①：12） 8.石凿（H75①：16） 9.石斧（H75①：15）

唇，弧腹内收，以下残。唇面有一周黑彩带，腹饰细直线与弧边三角纹黑彩图案。复原口径36、残高4.4厘米（图一一○，2）。

陶器盖 1件。H80：3，夹细砂夹蚌橙黄陶。手制，口经慢轮修整。侈口，卷沿，圆唇，斜壁，以上残。素面。复原口径32、残高3.2厘米（图一一○，3）。

H83 位于T0405西南部。开口于第3层下，打破第4层，被M6打破。坑口原应为圆形，袋形坑，平底。残长1.9、宽0.7、深0.3米（图一一一）。坑内堆积分3层：第1层，黄灰土，厚10厘米，土质松软，含少量石块，无出土遗物；第2层，灰白土，厚10厘米，土质松软，含少量兽骨，出土的少量陶片较细碎，有夹砂褐陶、泥质红陶和泥质灰陶，大多为素面，应为陶卷沿瓮、红顶钵等的残片；第3

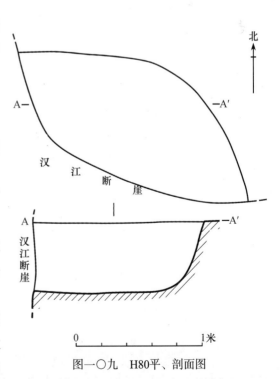

图一○九 H80平、剖面图

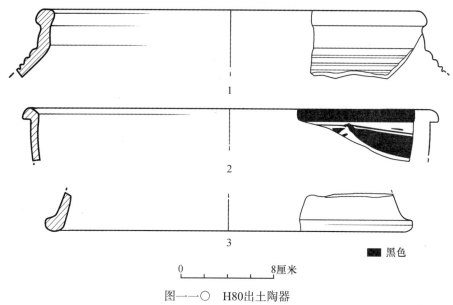

图一一○　H80出土陶器

1. 矮领瓮（H80∶2）　2. 彩陶盆（H80∶1）　3. 器盖（H80∶3）

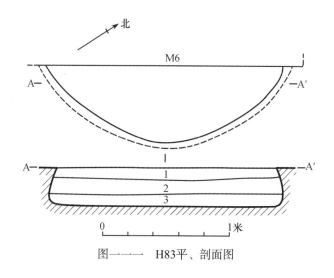

图一一一　H83平、剖面图

层，浅黄土，厚10厘米，土质较硬，含红烧土颗粒、兽骨和石块，出土少量陶片，陶质、陶色等与第2层的接近，无可辨器形。

　　H84　位于T0202西南部和T0302西北部。开口于第3层下，打破第4层，西南部被汉江冲毁。坑口原应为近圆形，袋状坑，底较平。坑口残长2.72、宽0.8米，坑底残长3.16、宽1.14米，深1.53米（图一一二）。坑内堆积为灰色土，土质较硬，包含物较少，较纯净。出土遗物极少，仅有少量陶片，主要为夹砂褐陶，有少量泥质红陶，纹饰仅有少量绳纹，素面陶居多，可能为陶卷沿瓮、钵等的残片。

　　H85　位于T0406东南部、T0407西南部、T0506东北部和T0507西北部。开口于第4层下，打破H95、H98、H214和生土，被H201和H212打破。坑口为椭圆形，弧壁，圜底近平。长2.35、宽1.8、深0.67米（图一一三）。坑内出土遗物丰富（图版六○，1），堆积分3层：第1层，灰褐土，厚20～36厘米，土质松软，包含较多骨头、河卵石，出土1件骨锥和较多陶片，

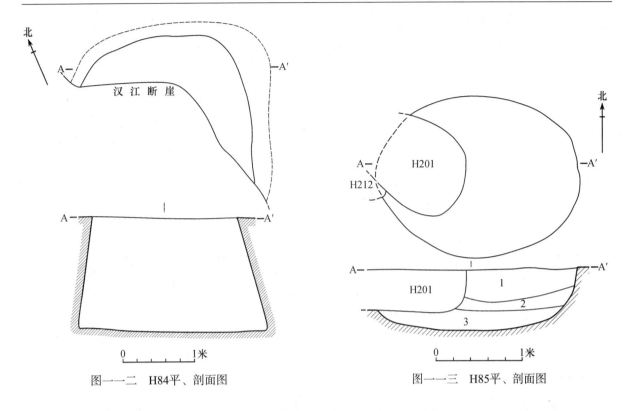

图一一二 H84平、剖面图　　　　图一一三 H85平、剖面图

陶片中夹砂红褐陶较多，泥质红陶次之，有少量夹砂褐胎黑皮陶，纹饰以绳纹为主，有少量凹弦纹和指甲纹，另有少量彩陶，器形有陶罐形鼎、卷沿瓮、曲沿瓮、矮领瓮、卷沿盆、敛口盆、红顶钵等；第2层，黄褐土，厚0～20厘米，土质松软，包含较多骨头、河卵石和少量螺蛳、蚌壳等，出土2件石斧和较多陶片，陶片的陶质、陶色、纹饰情况与第1层的接近，器形有陶釜形鼎、鼓腹罐、折沿盆、尖底瓶口、钵、敛口瓮、器盖和彩陶钵等；第3层，浅灰色土，厚0～23厘米，土质松软，包含较多骨头、河卵石和蚌壳，出土1件石饼和较多陶片，陶片的陶质、陶色、纹饰情况与上两层的接近，器形有陶卷沿瓮、矮领瓮、矮领罐、卷沿盆、钵、器盖等。

H85① 器形有陶罐形鼎、矮领瓮、曲沿瓮、卷沿瓮、卷沿盆、敛口盆、红顶钵，骨锥等。

陶罐形鼎 1件。H85①：3，夹细砂夹少量云母褐胎黑皮陶。手制，上腹磨光，下腹与底粗糙。敛口，卷沿，圆唇，溜肩，鼓腹微扁，下腹弧收，圜底，锥形足，足尖残。器表为素面，足根饰一个椭圆形按窝纹。复原口径20、最大腹径23.6、复原高18.7厘米（图一一四，1；彩版一八，2）。

陶卷沿瓮 1件。H85①：8，夹细砂夹少量云母红陶。手制，口经慢轮修整。敛口，卷沿，圆唇，溜肩，深弧腹，底残。肩饰九道凹弦纹，以下素面。复原口径34、残高13厘米（图一一四，8）。

陶矮领瓮 2件。手制，口、肩经慢轮修整。敞口，圆唇，唇内外缘皆鼓凸，矮领，领面内凹，鼓肩，鼓腹，下腹斜直内收，平底内凹。腹饰左斜绳纹。H85①：1，夹粗砂夹蚌红褐

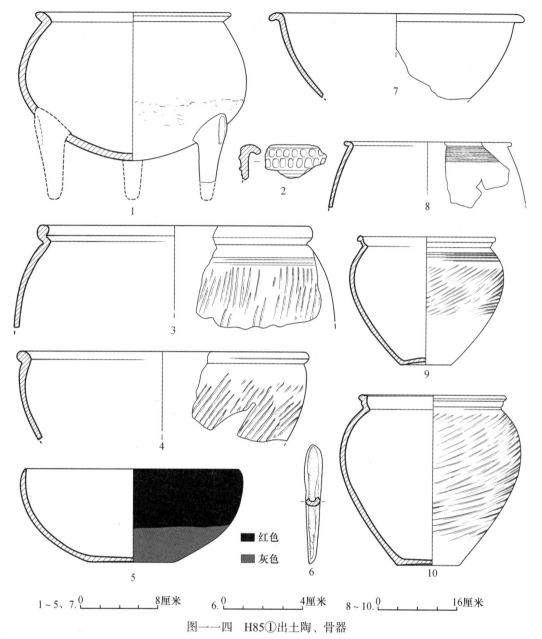

图一一四　H85①出土陶、骨器

1. 陶罐形鼎（H85①：3）　2. 陶敛口盆（H85①：11）　3. 陶曲沿瓮（H85①：5）　4、7. 陶卷沿盆（H85①：10、H85①：7）
5. 陶红顶钵（H85①：4）　6. 骨锥（H85①：12）　8. 陶卷沿瓮（H85①：8）　9、10. 陶矮领瓮（H85①：2、H85①：1）

陶。唇面有一道凹槽。底有划纹。复原口径29.8、腹径37、底径13.5、高33厘米（图一一四，10；彩版一八，3）。H85①：2，夹粗砂夹蚌褐陶。肩饰四道凹弦纹。复原口径28、腹径31.4、底径11、高25.5厘米（图一一四，9；彩版一九，1）。

陶曲沿瓮　1件。H85①：5，夹粗砂夹蚌褐陶。手制。直口，曲沿，内沿面有一道凹槽，圆唇，鼓肩，鼓腹，以下残。肩饰两道细浅凹弦纹，腹饰竖向粗绳纹。复原口径28、残高10.4厘米（图一一四，3）。

陶卷沿盆　2件。手制。卷沿，圆唇，弧腹内收，底残。H85①：7，夹细砂夹少量云母褐陶。器表较光滑。侈口。素面。复原口径26、残高8.6厘米（图一一四，7）。H85①：10，夹粗砂夹蚌红褐陶。敛口。腹饰左斜粗绳纹。复原口径30、残高9厘米（图一一四，4）。

陶敛口盆　1件。H85①：11，夹细砂夹少量云母褐陶。手制。敛口，内折沿，圆唇，上腹较直、微斜内收，以下残。口外饰两周按窝纹。残高3.4厘米（图一一四，2）。

陶红顶钵　1件。H85①：4，细泥灰陶，外口施一周橙红陶衣，形成红顶灰腹。轮制，器表磨光。微敛口，尖唇，弧腹内收，平底。复原口径22.5、底径9、高9.4厘米（图一一四，5；彩版一九，2）。

骨锥　1件。H85①：12，利用骨骼磨制而成，留有骨腔，器表打磨光滑。长柳叶形，前端细尖，后端呈宽弧形。长6、宽0.9、厚0.3厘米（图一一四，6）。

H85②　器形有陶釜形鼎、鼓腹罐、折沿盆、尖底瓶口、钵、敛口瓮、器盖、彩陶钵，石斧等。

陶釜形鼎　2件。H85②：11，夹细砂夹少量云母红陶。手制，口经慢轮修整。敛口，卷沿，圆唇，斜肩，折腹，圜底残。腹折处饰一周波浪形附加堆纹。复原口径18、残高7.3厘米（图一一五，1）。H85②：17，夹细砂夹蚌红褐陶。口残，折腹，腹折处起一道凸棱，圜底残，锥形足。肩满饰凹弦纹，足根饰一个椭圆形按窝纹。复原腹径23、残高15厘米（图一一五，2）。

陶敛口瓮　1件。H85②：9，夹细砂夹蚌红褐陶，有黑斑。手制，口经慢轮修整，器表磨光。敛口，叠唇，圆广肩，鼓腹，以下残。素面。复原口径24、残高13.6厘米（图一一五，4）。

陶鼓腹罐　1件。H85②：1，夹粗砂夹蚌褐陶。手制，口经慢轮修整。仰折沿，沿面内凹，尖圆唇，鼓肩，鼓腹，下腹弧收，底残。素面。复原口径16、腹径19.7、残高14.7厘米（图一一五，5；彩版一九，3）。

陶尖底瓶口　1件。H85②：4，夹细砂红褐陶。泥条盘筑，内壁可见泥圈痕迹，颈添贴泥片以加厚。葫芦形口，侈口，圆唇，以下收束，中部外鼓，束颈，溜肩，以下残。肩饰左斜绳纹。复原口径6、残高16.1厘米（图一一五，3）。

陶折沿盆　1件。H85②：8，泥质橙黄陶。手制，器表打磨光滑。口变形严重，微仰折沿，圆唇，溜肩，鼓腹，平底微凹。素面。复原口径22、腹径24.9、底径10.5、高17厘米（图一一五，8；图版六〇，2）。

陶钵　1件。H85②：2，细泥质红陶。手制，器表磨光。口微敛，圆唇，深直腹，近底弧内收，底残。素面。复原口径13.5、底径5、高10.8厘米（图一一五，7；彩版二〇，1）。

彩陶钵　1件。H85②：3，泥质红陶。手制。直口，圆唇，弧腹，以下残。口外有黑彩勾叶纹、弧边宽带纹与圆点纹组成的二方连续图案。复原口径40、残高7.4厘米（图一一五，6）。

陶器盖　2件。手制，器表经打磨、较光滑。素面。H85②：7，夹砂褐陶，局部有黑斑。微敛口，窄平折沿，沿面有一道凹槽，圆唇，深弧壁，小弧顶，环形纽。复原口径18.5、通高15厘米（图一一五，10；彩版二〇，2）。H85②：13，夹细砂红陶。侈口，小卷沿，圆唇，弧

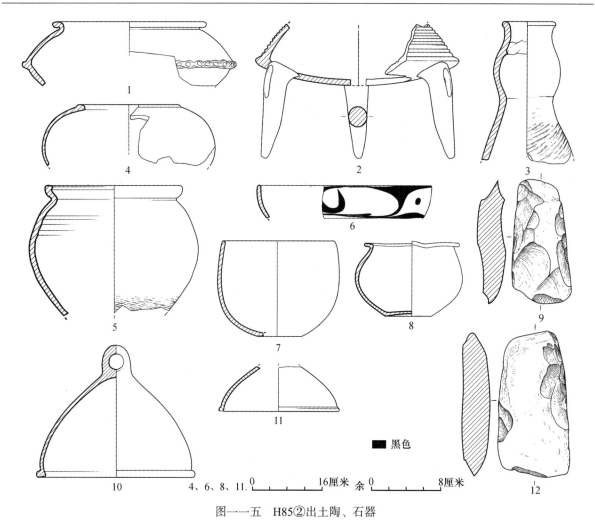

图一一五　H85②出土陶、石器

1、2.陶釜形鼎（H85②：11、H85②：17）　3.陶尖底瓶口（H85②：4）　4.陶敛口瓮（H85②：9）　5.陶鼓腹罐（H85②：1）

6.彩陶钵（H85②：3）　7.陶钵（H85②：2）　8.陶折沿盆（H85②：8）　9、12.石斧（H85②：5、H85②：6）

10、11.陶器盖（H85②：7、H85②：13）

壁，顶残。复原口径28、残高10.2厘米（图一一五，11）。

石斧　2件。长梯形。H85②：6，砂岩，青灰色。打、琢兼制。斜顶，斜边，双面斜弧刃，偏锋。长16.6、宽8.3、厚3.2厘米（图一一五，12；图版六二，1）。H85②：5，砂岩，青黑色。利用自然卵石打制，斧坯料，表面有较多打击片疤，未见磨痕。斜弧顶，斜边，刃部弧形。长14.1、宽6.7、厚3厘米（图一一五，9）。

H85③　器形有陶卷沿瓮、矮领瓮、矮领罐、卷沿盆、钵、器盖，石饼等。

陶卷沿瓮　1件。H85③：1，夹砂褐陶。手制，口经慢轮修整。敛口，卷沿，圆唇，圆鼓肩，鼓腹，下腹斜直内收，平底。素面。复原口径31.8、腹径44、底径14、高36厘米（图一一六，1；彩版二〇，3）。

陶矮领瓮　1件。H85③：2，夹细砂夹蚌褐陶。手制，口经慢轮修整。直口，方唇，唇内外缘皆鼓凸，矮领，口断面呈铁轨形，鼓肩，鼓腹，以下残。腹饰左斜细绳纹。复原口径28、腹径32.8、残高21厘米（图一一六，2）。

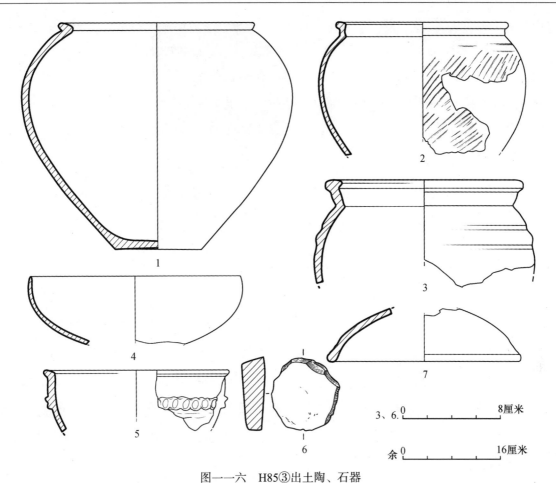

图一一六 H85③出土陶、石器

1.陶卷沿瓮（H85③：1） 2.陶矮领瓮（H85③：2） 3.陶矮领罐（H85③：5） 4.陶钵（H85③：3）
5.陶卷沿盆（H85③：7） 6.石饼（H85③：13） 7.陶器盖（H85③：4）

陶矮领罐 1件。H85③：5，夹粗砂夹蚌橙红陶。手制，口经慢轮修整。敞口，方唇，唇内外缘皆鼓凸，矮领，口断面呈铁轨形，鼓肩，鼓腹，以下残。肩饰两道凹弦纹。复原口径16、残高8.6厘米（图一一六，3）。

陶卷沿盆 1件。H85③：7，夹粗砂褐陶。手制。侈口，小卷沿，圆唇，弧腹内收，底残。腹饰一周波浪形附加堆纹。复原口径30、残高9.6厘米（图一一六，5）。

陶钵 1件。H85③：3，泥质灰胎红衣陶。轮制，器表磨光。直口，尖圆唇，弧腹内收，底残。素面。复原口径34、残高10.8厘米（图一一六，4）。

陶器盖 1件。H85③：4，夹细砂夹蚌红陶。手制，口经慢轮修整。顶残，敞口，圆唇，浅弧壁。素面。复原口径32、残高8.3厘米（图一一六，7）。

石饼 1件。H85③：13，砂岩，青灰色。打制而成。椭圆饼状，较厚，边缘粗糙。直径5.5～5.8、厚1.8厘米（图一一六，6）。

H87 位于T0202东部和T0203西部。开口于第4层下，打破H90、H131、H148、H149和第5层，被H56打破。坑口为椭圆形，弧壁，底略有不平。长4.4、宽3.5、深0.62米（图一一七）。坑内堆积分3层：第1层，红烧土，厚0～16厘米，土质松散，较纯净，仅出土极少

量陶片，器形仅见陶锉；第2层，黄灰土，厚0～23厘米，土质坚硬，较纯净，无出土遗物；第
3层，灰黑色土，厚0～16厘米，土质松软，含草木灰，出土少量碎陶片，无可辨器形。

　　陶锉　1件。H87①：1，泥质褐陶。手制。扁平长条形，两端皆残。器表布满孔状小圆
窝。残长9.3、宽2.3、厚1厘米（图一一八；图版五九，4）。

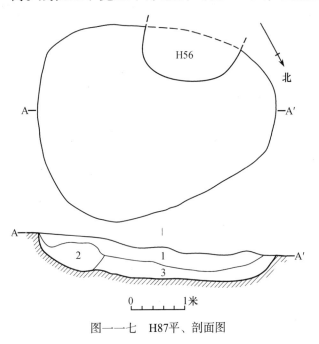

图一一七　H87平、剖面图

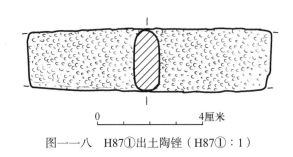

图一一八　H87①出土陶锉（H87①：1）

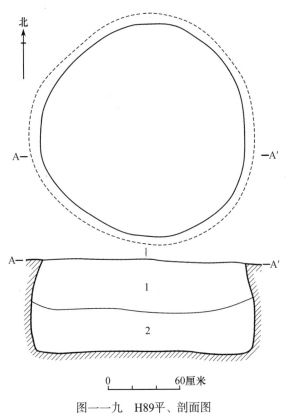

图一一九　H89平、剖面图

　　H89　位于T0404东北部。开口于第4层下
的H32之下，打破生土。坑口为圆形，袋状坑，
底较平。坑口直径1.7、坑底直径1.9、深0.78米
（图一一九；彩版七，5；图版三三，2）。坑
内堆积分2层：第1层，灰褐色土，厚40厘米，土
质松软，含少量草木灰、红烧土颗粒、石头和骨
头，出土少量陶片，以夹砂褐、红陶居多，泥质
红陶次之，有少量夹砂褐胎黑皮陶，多为素面
陶，少量饰绳纹和凹弦纹，器形有陶矮领瓮、器
盖等；第2层，黄灰色土，厚32～44厘米，土质
松软，含草木灰、红烧土颗粒、蚌壳、石头和
骨头，出土1件石环和少量碎陶片，陶片无可辨
器形。

　　H89①　器形有陶矮领瓮、器盖等。

　　陶矮领瓮　1件。H89①：2，夹粗砂褐陶。
手制，口经慢轮修整，有密集的旋痕。直口，圆
唇，唇内外缘皆鼓凸，矮领，领面内凹，口断

面呈铁轨形，斜肩，鼓腹，以下残。肩饰四道凹弦纹，以下素面。复原口径28、残高7.5厘米（图一二〇，1）。

陶器盖　1件。H89①：1，泥质灰陶。轮制，器表磨光。侈口，卷沿，沿面微隆，圆唇，深弧壁，底残。素面。复原口径32、残高5.6厘米（图一二〇，2）。

H89②　器形仅见石环。

石环　1件。H89②：1，粉砂岩，青灰色。磨制，器表打磨光滑。圆环状，两端皆残。残长2.9厘米（图一二〇，3）。

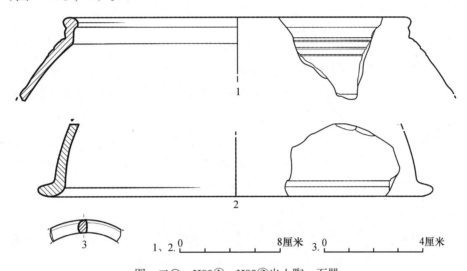

图一二〇　H89①、H89②出土陶、石器

1.陶矮瓮（H89①：2）　2.陶器盖（H89①：1）　3.石环（H89②：1）

H90　位于T0202北部。开口于第4层下，打破H148和第5层，被H87打破。坑口为椭圆形，弧壁，圜底。长2、宽1.21、深1.12米（图一二一）。坑内堆积为黑灰色土，土质松散，含大量草木灰。出土少量陶片，以泥质红陶为主，夹砂红陶和褐陶次之，有少量夹砂褐胎黑皮陶，纹饰以绳纹为主，大多为素面陶，应为陶瓮、钵等的残片。

H92　位于T0506东部和T0507西部。开口于第4层下，打破F11、H93、H94和第5层，被H207打破。坑口为椭圆形，弧壁，圜底近平。长1.4、宽1.09、深1米（图一二二）。坑内堆积分2层：第1层，黄灰色土，厚40～46厘米，土质松软，出土1件骨镞和少量夹砂红褐陶、泥质红陶片，以素面为主，器形有陶卷沿瓮等；第2层，灰色土，厚

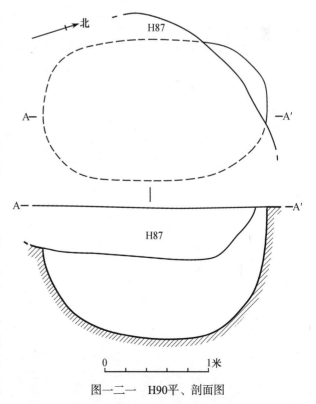

图一二一　H90平、剖面图

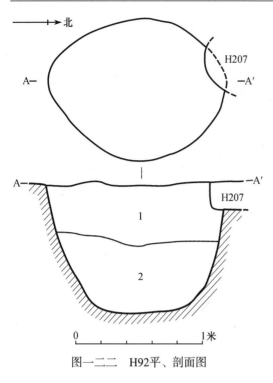

图一二二　H92平、剖面图

44～60厘米，土质疏松，出土少量陶片，以夹砂褐陶为主，有少量泥质红陶和夹砂灰陶，多为素面，少量饰绳纹，器形有陶卷沿瓮、锉等。

H92① 器形有陶卷沿瓮、骨镞等。

陶卷沿瓮 1件。H92①：2，夹细砂夹蚌橙黄陶。手制，口经慢轮修整。敛口，卷沿，圆唇，鼓肩，以下残。素面。复原口径36、残高5.2厘米（图一二三，1）。

骨镞 1件。H92①：1，利用骨骼磨制而成。截面呈圆形，两端尖锐，锋端圆钝，铤呈圆锥形。长6.9厘米（图一二三，4；图版六〇，4）。

H92② 器形有陶卷沿瓮、锉等。

陶卷沿瓮 1件。H92②：2，夹细砂红褐陶，局部有黑斑。手制，口经慢轮修整。敛口，卷沿，圆唇，鼓肩，鼓腹，以下残。腹饰左斜细绳纹。复原口径26、残高9.8厘米（图一二三，2）。

陶锉 1件。H92②：1，夹粗砂褐陶。手制。呈柳叶形，一端残。器表布满孔状小圆窝。残长9.9、宽3.7、厚1.4厘米（图一二三，3）。

H93 位于T0507西部。开口于第4层下，打破H94和生土层，被H92打破。坑口为椭圆形，弧壁，底略有不平。长2.46、宽1.98、深0.43米（图一二四）。坑内堆积分4层：第1层，黄灰色土，厚0～12厘米，土质松软，出土少量陶片，以夹砂褐陶为主，泥质红陶次之，大多为素面，少量饰绳纹和凹弦纹，器形有陶矮领瓮、器盖等；第2层，灰土，厚0～14厘米，较纯

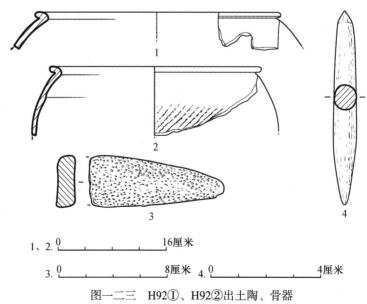

图一二三　H92①、H92②出土陶、骨器

1、2.陶卷沿瓮（H92①：2、H92②：2） 3.陶锉（H92②：1） 4.骨镞（H92①：1）

净，无出土遗物；第3层，红烧土，厚10~18厘米，出土1件石斧和少量陶片，陶片的质地、色泽、纹饰情况与第1层的接近，器形仅见陶卷沿瓮；第4层，灰白土，厚16~22厘米，含少量红烧土颗粒、河蚌、石头和骨头，出土1件石斧和少量陶片，陶片以夹砂红褐陶为主，夹砂褐陶和泥质红陶次之，纹饰主要为绳纹，有少量彩陶，器形有陶卷沿瓮、彩陶钵等。

H93① 器形有陶矮领瓮、器盖等。

陶矮领瓮 1件。H93①：2，夹粗砂褐陶。手制，口经慢轮修整。直口，圆唇，唇内、外缘皆鼓凸，矮领，领面内凹，口断面呈铁轨形，鼓肩，以下残。肩饰六道凹弦纹。复原口径34、残高5.4厘米（图一二五，1）。

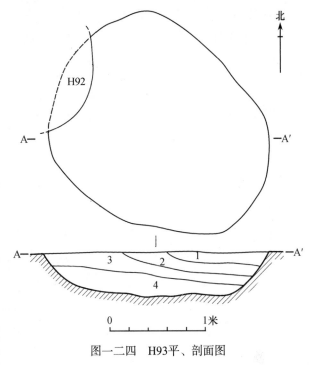

图一二四 H93平、剖面图

陶器盖 1件。H93①：1，夹粗砂夹蚌红陶。手制。顶残，敞口，尖圆唇，浅弧壁，顶残。素面。复原口径36、残高7.2厘米（图一二五，2）。

H93③ 器形有陶卷沿瓮、石斧等。

陶卷沿瓮 1件。H93③：2，夹细砂夹少量云母红褐陶。手制，口经慢轮修整。敛口，卷沿，圆唇，圆肩，鼓腹，以下残。腹饰左斜细绳纹。复原口径28、残高13.5厘米（图一二五，3）。

石斧 1件。H93③：1，硅质岩，青灰色。琢、磨兼制。梯形，斜弧顶，斜边，双面刃微弧，正锋。长13.8、宽14.3、厚2厘米（图一二五，4）。

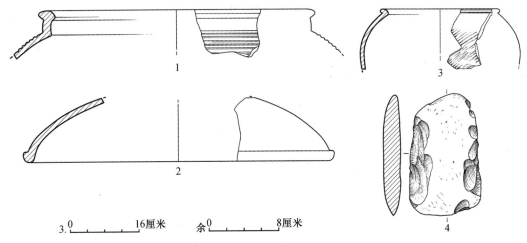

3. 0 ⸺ 16厘米　　余 0 ⸺ 8厘米

图一二五 H93①、H93③出土陶、石器

1.陶矮领瓮（H93①：2）　2.陶器盖（H93①：1）　3.陶卷沿瓮（H93③：2）　4.石斧（H93③：1）

H93④　器形有陶卷沿瓮、彩陶钵、石斧等。

陶卷沿瓮　1件。H93④：2，夹粗砂夹蚌红陶。手制，口经慢轮修整、有旋痕。敛口，卷沿，圆唇，鼓肩，鼓腹，以下残。腹饰左斜细绳纹。复原口径30、残高7.7厘米（图一二六，1）。

彩陶钵　1件。H93④：4，泥质红陶。轮制，器表磨光。直口，圆唇，弧腹内收，腹有一个圆形穿孔，由外向内琢钻，底残。器表有细长弧边三角、宽带与细弧线组成的黑彩图案。复原口径32、残高6.8厘米（图一二六，2）。

石斧　1件。H93④：1，硅质岩，青色。琢、磨兼制。长方形，弧顶，两边斜直，刃端外弧，双面弧刃，极钝。长17.7、宽6.9、厚2.7厘米（图一二六，3）。

H94　位于T0507西北部，开口于第4层下，打破生土，被H92和H93打破。坑口为椭圆形，弧壁不规整，圜底近平。长2.7、宽2.11、深1.42米。坑口发现3个柱洞，底皆有柱础石（图一二七；彩版八，1）。坑内出土遗物较丰富（图版六一，1），堆积分4层：第1层，灰白色土，厚12～30厘米，出土少量陶片，以夹砂褐陶为主，有少量泥质红陶，多为素面，少量饰绳纹，器形有陶卷沿瓮、钵、锉等；第2层，灰土，厚20～44厘米，含较多石块和动物骨头，出土陶片极少，无可辨器形；第3层，灰黑色土，厚22～60厘米，出土石斧坯1件、骨铲1件和少量陶片，陶片以夹砂褐陶为主，有少量泥质红陶，纹饰以绳纹为主，器形有陶卷沿瓮、鼎足等；第4层，灰白土，厚0～20厘米，含石头、动物骨头和大量河蚌，出土3件石斧和较多陶片，陶片以夹砂褐陶为主，泥质红陶次之，有少量夹砂褐胎黑皮陶，器表大多饰绳纹，有少量凹弦纹和附加堆纹，器形有陶罐形鼎、卷沿瓮、深腹罐、尖底瓶口、卷沿盆、钵、红顶钵等。

H94①　器形有陶卷沿瓮、钵、锉等。

陶卷沿瓮　1件。H94①：1，夹细砂褐陶。手制，口经慢轮修整。敛口，卷沿，圆唇，溜肩，以下残。素面。复原口径24、残高3.8厘米（图一二八，2）。

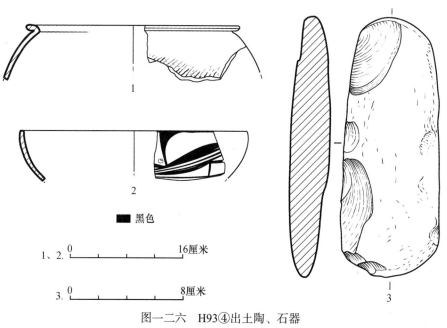

■ 黑色

1、2.　0 ＿＿＿＿＿＿ 16厘米

3.　0 ＿＿＿＿ 8厘米

图一二六　H93④出土陶、石器

1.陶卷沿瓮（H93④：2）　2.彩陶钵（H93④：4）　3.石斧（H93④：1）

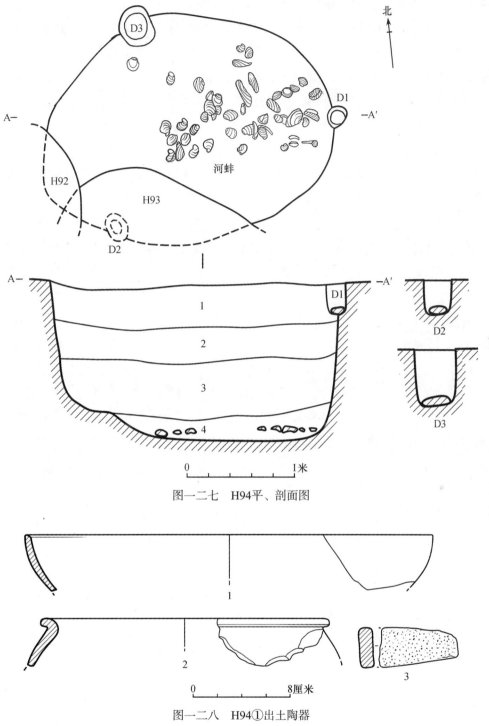

图一二七 H94平、剖面图

图一二八 H94①出土陶器
1.钵（H94①：2） 2.卷沿瓮（H94①：1） 3.锉（H94①：3）

　　陶钵　1件。H94①：2，细泥红陶。轮制，器表磨光。敞口，方圆唇，弧腹内收，以下残。素面。复原口径34、残高4.5厘米（图一二八，1）。

　　陶锉　1件。H94①：3，夹细砂红陶。手制。梯形，两端皆残。器表布满孔状小圆窝。残长6.6、宽3.2、厚1.1厘米（图一二八，3）。

H94③　器形有陶卷沿瓮、鼎足，石斧坯，骨铲等。

陶卷沿瓮　1件。H94③：4，夹细砂红褐陶。手制，口经慢轮修整。敛口，卷沿，圆唇，溜肩，鼓腹，以下残。腹饰左斜粗绳纹。复原口径32、残高13.4厘米（图一二九，1）。

陶鼎足　1件。H94③：6，夹细砂夹蚌褐陶。手制。锥形足，足尖有捏压痕迹，足根饰一椭圆形按窝纹。残高11.4厘米（图一二九，2）。

石斧坯　1件。H94③：2，硅质岩，青灰色。打制，留有打击疤痕，不见磨痕。长条形，弧顶，弧边，弧刃，极钝。长18.3、宽7.8、厚2.6厘米（图一二九，4）。

骨铲　1件。H94③：1，利用肋骨壁磨制而成，骨壁面打磨光滑，骨腔面较粗糙。倒梯形，横截面微弧，顶残，斜边，弧刃。长6.8、宽3、厚0.3厘米（图一二九，3）。

H94④　器形有陶罐形鼎、卷沿瓮、深腹罐、尖底瓶口、卷沿盆、钵、红顶钵，石斧等。

陶罐形鼎　1件。H94④：8，夹细砂灰黑陶。手制，上腹磨光，下腹粗糙。敛口，卷沿，圆唇，溜肩，鼓腹，以下残。素面。器内壁有一层白色沉淀物。复原口径13、残高7.4厘米（图一三○，5）。

陶卷沿瓮　4件。手制，口、肩经慢轮修整。敛口，卷沿，圆唇，鼓腹，以下残。H94④：12，夹细砂夹蚌褐陶。溜肩。腹饰交错细绳纹。复原口径32、残高10.2厘米（图一三○，1）。H94④：16，夹细砂褐陶。鼓肩。腹饰左斜粗绳纹。复原口径30、残高10.2厘米（图一三○，2）。H94④：5，夹细砂红褐胎黑皮陶。上腹打磨光滑，下腹较粗糙。圆肩。下腹饰左斜细绳纹。复原口径24、残高20厘米（图一三○，3）。H94④：14，夹细砂夹蚌褐陶。微鼓肩。腹饰左斜细绳纹。复原口径24、残高7.8厘米（图一三○，4）。

陶深腹罐　1件。H94④：1，夹细砂黑陶。手制，上腹磨光，下腹较粗糙。口微敛，卷

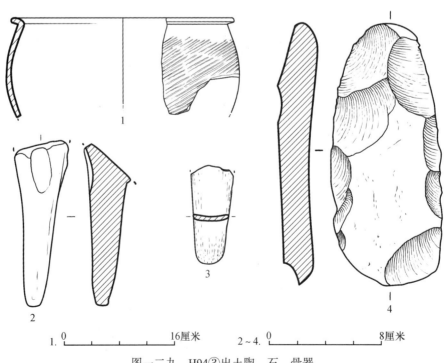

1. |____0_____16厘米____|　　2 ~ 4. |__0_____8厘米__|

图一二九　H94③出土陶、石、骨器

1. 陶卷沿瓮（H94③：4）　2. 陶鼎足（H94③：6）　3. 骨铲（H94③：1）　4. 石斧坯（H94③：2）

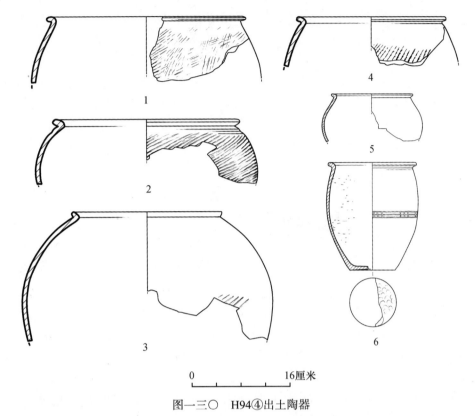

图一三〇 H94④出土陶器

1~4.卷沿瓮（H94④：12、H94④：16、H94④：5、H94④：14） 5.罐形鼎（H94④：8） 6.深腹罐（H94④：1）

沿，圆唇，溜肩，深弧腹，小平底微凹。中腹饰三道凹弦纹，在凹弦纹上等距戳印竖条纹，每组三道，共有十组；底饰席纹。口径14.4、腹径15.2、底径7.5、高16.9厘米（图一三〇，6；彩版二一，3）。

陶尖底瓶口 2件。手制，泥条盘筑法制成，颈和肩有多道泥条筑接的痕迹，口与器身分别制成，然后拼接而成。H94④：4，夹细砂褐陶。内敛杯形口，圆唇，束颈，溜肩，以下残。肩饰左斜细绳纹。口径5.5、残高16.7厘米（图一三一，5）。H94④：19，夹细砂红褐陶。口残，束颈稍长，溜肩，以下残。肩饰左斜细绳纹。残高15.5厘米（图一三一，6）。

陶卷沿盆 1件。H94④：13，夹粗砂夹蚌红陶。手制，口经慢轮修整。口微敛，卷沿，圆唇，深弧腹，底残。上腹饰一道波浪形附加堆纹。复原口径36、残高13.8厘米（图一三一，1）。

陶钵 2件。轮制，器表磨光。H94④：2，泥质灰胎橙黄衣陶。敛口，圆唇，上腹微鼓，下腹弧内收，平底微凹。素面。口径19、底径7.3、高10.7厘米（图一三一，3；彩版二一，1）。H94④：3，泥质橙黄陶。口微敛，圆唇，弧腹内收，底残。素面。复原口径31、残高11.5厘米（图一三一，2；彩版二一，2）。

陶红顶钵 1件。轮制，器表磨光。H94④：20，细泥灰陶，口外施一周橙红彩带，形成红顶灰腹。直口，圆唇，弧腹内收，底残。复原口径26、残高7.2厘米（图一三一，4）。

石斧 3件。H94④：28，变质岩，青灰色。琢、磨兼制。斜顶，斜直微弧边，双面弧

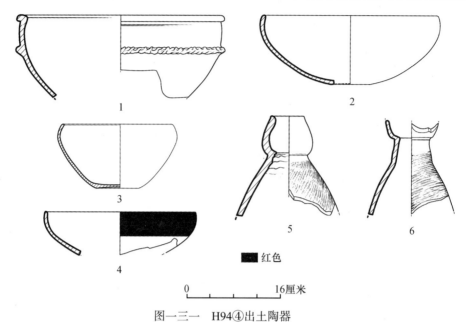

图一三一　H94④出土陶器

1. 卷沿盆（H94④：13）　2、3. 钵（H94④：3、H94④：2）　4. 红顶钵（H94④：20）

5、6. 尖底瓶口（H94④：4、H94④：19）

刃，极钝。长17.9、宽8.6、厚2.1厘米（图一三二，1）。H94④：27，硅质岩，青黑色。琢、磨兼制。弧顶，弧边略内收，刃部极钝。长16.5、宽6.2、厚1.8厘米（图一三二，2）。H94④：26，硅质岩，青灰色。琢、磨兼制。长方形，弧顶，直边，双面弧刃，正锋。长15.7、宽6.3、厚2.2厘米（图一三二，3）。

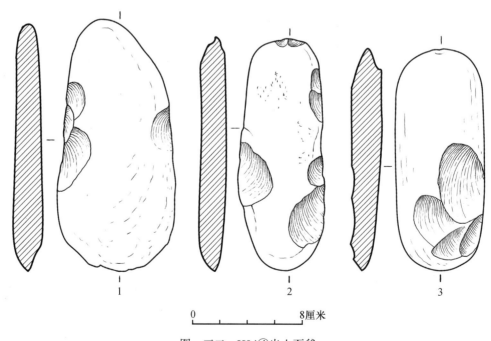

图一三二　H94④出土石斧

1. H94④：28　2. H94④：27　3. H94④：26

H95 位于T0407西南部和T0406东南部。开口于第4层下，打破H172和生土，被H85、H214打破。坑口为椭圆形，弧壁，平底。长2.18、宽1.64、深1米（图一三三；图版三四，1）。坑内堆积为灰褐色土，土质松软，包含较多石块和少量动物骨骼、蚌壳等。出土较多陶片，以夹砂褐陶为主，夹砂褐胎黑皮陶次之，有少量泥质红陶，多为素面，少量饰绳纹，器形有陶卷沿瓮、深腹罐、锉等。

陶卷沿瓮 2件。手制，口、肩经慢轮修整。敛口，卷沿，圆唇。H95：1，夹细砂夹少量云母褐胎黑皮陶。鼓肩，鼓腹，下腹弧内收，小平底微凹。腹为素面。复原口径24.5、腹径30、底径11.8、高30.7厘米（图一三四，1；彩版二二，1）。

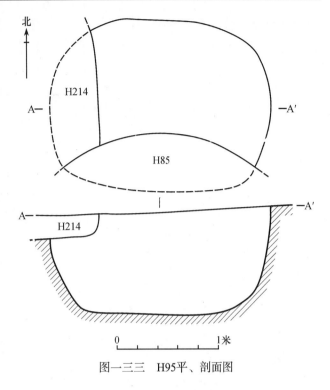

图一三三 H95平、剖面图

H95：2，夹细砂夹少量云母灰胎褐衣陶。斜肩，鼓腹，以下残。腹饰左斜细绳纹。复原口径34、残高5.6厘米（图一三四，2）。

陶深腹罐 1件。H95：3，夹细砂夹少量云母褐胎黑皮陶。手制，器表磨光。敛口，小卷沿，圆唇，溜肩，深弧腹，以下残。素面。复原口径13.1、残高8厘米（图一三四，3）。

陶锉 1件。H95：5，夹细砂红褐陶。手制。呈三角形，一端残。器表布满孔状小圆窝。残长9.8、宽4.6、厚1.6厘米（图一三四，4）。

H96 位于T0203东南部。开口于第4层下，打破生土，被H61打破。坑口为椭圆形，弧壁，圜底。长2.02、宽1.8、深1.2米（图一三五；彩版八，2）。坑内堆积为灰黑色土，土质较

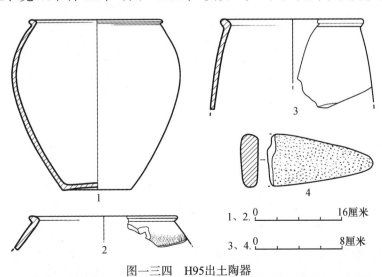

图一三四 H95出土陶器

1、2.卷沿瓮（H95：1、H95：2） 3.深腹罐（H95：3） 4.锉（H95：5）

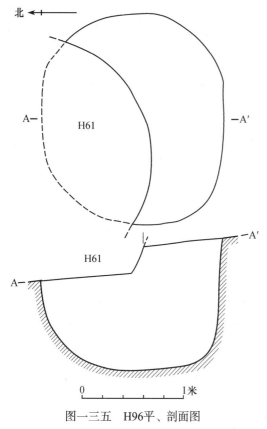

图一三五　H96平、剖面图

疏松，含少量红烧土颗粒和较多蚌壳、兽骨。出土 1件石凿和少量陶片，陶片以夹砂褐陶为主，夹砂褐胎黑皮陶次之，有少量泥质红陶，多为素面，纹饰以绳纹为主，器形有陶罐形鼎等。

陶罐形鼎　2件。夹细砂夹蚌灰胎黑皮陶。手制，口经慢轮修整。上腹磨光，下腹粗糙。敛口，卷沿，圆唇。H96：2，鼓肩，圆鼓腹，圜底，锥形足，足尖残。底饰交错绳纹，足根饰一个椭圆形按窝纹。口径19.5、腹径22.6、残高15.4厘米（图一三六，2；彩版二二，2）。H96：3，溜肩，鼓腹，最大径偏下腹，平底，锥足残。素面。口径14.8、腹径18.7、底径6、复原高16.6厘米（图一三六，1；图版六一，2）。

石凿　1件。H96：1，细砂岩，灰绿色。琢、磨兼制。扁平长条形，斜弧顶，直边，单面斜刃，偏锋。长14.1、宽2.6、厚1.2厘米（图一三六，3）。

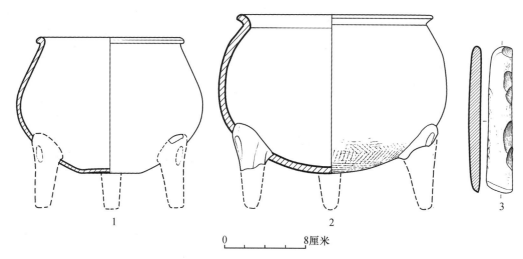

图一三六　H96出土陶、石器
1、2.陶罐形鼎（H96：3、H96：2）　3.石凿（H96：1）

H97　位于T0506西北部。开口于第3层下，打破H104、第4层，被M10打破。坑口原应为椭圆形，坑壁和底均不规整，底起伏不平。残长1.09、残宽0.37、最深0.5米（图一三七）。坑内堆积为灰褐色土，土质较疏松，含红烧土颗粒和少量石块。出土少量陶片，以泥质红陶为主，有少量夹砂红褐色绳纹碎陶片，无可辨器形。

H98　位于T0506东北部。开口于第4层下，打破生土，被H85、H104、H201、H207和

H212打破。坑口呈圆形，弧壁，圜底近平。直径1.92、深0.68米（图一三八）。坑内堆积为灰褐色土，土质松散，含草木灰、红烧土粒、动物骨头和较多的石块、蚌壳。出土麂角、龟甲、石斧和较多陶片。陶片以夹砂红褐陶为主，泥质红陶和夹砂褐胎黑皮陶次之，素面陶居多，纹饰有少量绳纹，另有少量彩陶，器形有陶罐形鼎、卷沿瓮、矮领瓮、钵、器盖、锉、饼、彩陶钵等。

陶罐形鼎 3件。夹细砂夹少量云母褐陶。手制，口经慢轮修整，上腹磨光，下腹粗糙。敛口，卷沿，尖圆唇，溜肩，扁鼓腹，圜底，三锥形足。H98：7，足尖外撇。器表为素面，足根饰一个椭圆形按窝纹。复原口径22.5、腹径27.6、通高22.5厘米（图一三九，1；彩版二二，3）。H98：6，三足内聚，足尖残。器表为素面，足根饰一个长条形按窝纹。复原口径22.4、腹径26.5、复原高20厘米（图一三九，2；图版六一，3）。

陶卷沿瓮 2件。手制，口、肩经慢轮修整。敛口，卷沿，圆唇，鼓肩，鼓腹，以下残。H98：8，夹粗砂褐胎黑皮陶。器表磨光。腹较深。素面。复原口径21.7、残高15.2厘米（图一三九，3）。H98：10，夹粗砂褐陶。腹饰左斜细绳纹。复原口径26、残高7.2厘米（图一三九，4）。

陶矮领瓮 1件。H98：9，夹粗砂红陶。手制，口经慢轮修整。敞口，方唇，唇面有一道凹槽，唇内、外缘皆鼓凸，矮领，领面内凹，口断面呈铁轨形，鼓肩，鼓腹，以下残。腹饰左斜细绳纹。复原口径34、残高22.8厘米（图一三九，5）。

陶钵 1件。H98：13，细泥红陶。轮制，器表磨光。直口，尖圆唇，弧腹内收，底残。素面。复原口径24、残高5.4厘米（图一三九，8）。

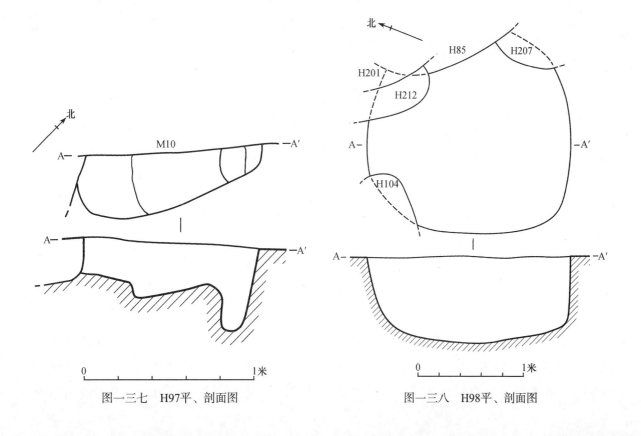

图一三七 H97平、剖面图　　图一三八 H98平、剖面图

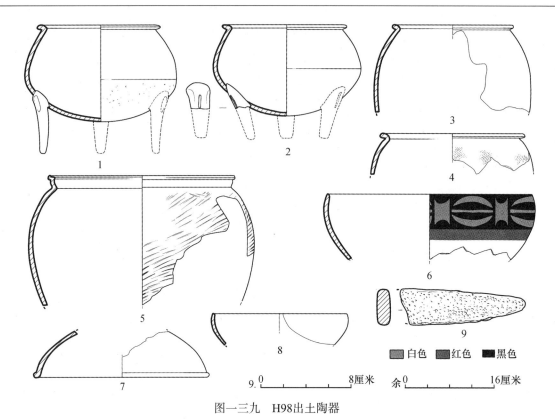

图一三九　H98出土陶器

1、2.罐形鼎（H98：7、H98：6）　3、4.卷沿瓮（H98：8、H98：10）　5.矮领瓮（H98：9）　6.彩陶钵（H98：4）

7.器盖（H98：12）　8.钵（H98：13）　9.锉（H98：17）

彩陶钵　1件。H98：4，细泥橙红陶，口外壁施白陶衣。轮制。微敛口，尖圆唇，弧腹内收，底残。上腹以白衣为地，再用黑彩绘上下对称的柳叶纹与相连的弧边三角纹，形成一目纹，目纹之间饰上下对称的半圆纹，图案一周共八组。复原口径37、残高11.4厘米（图一三九，6；彩版二三，3）。

陶器盖　1件。H98：12，夹细砂夹少量云母褐陶。手制，口经慢轮修整，器表磨光。侈口，外卷沿，圆唇，浅弧壁，顶残。素面。复原口径32、残高8厘米（图一三九，7）。

陶锉　1件。H98：17，夹细砂夹云母红褐陶。手制。长柳叶形，一端残。器表布满孔状小圆窝。残长11.2、宽3.2、厚1.2厘米（图一三九，9）。

陶饼　1件。H98：16，夹细砂褐陶。手制，利用陶片制成，周边未经打磨。圆形。器表饰细绳纹。直径3.8、厚0.6厘米（图一四〇，4）。

石斧　1件。H98：2，闪长岩，青灰色。磨制，留有打击疤痕。梯形，顶残，直边，双弧刃，正锋。残长9、宽6.8、厚1.8厘米（图一四〇，3；图版六一，4）。

鹿角　1件。H98：1，分两节，尾部残断，前端呈弯钩状，分节处长出小岔角。表面十分光滑。长15.8厘米（图一四〇，2）。

龟甲　1件。H98：3，龟腹甲。一端呈三角形外弧，另一端平直、有锯齿状切割痕迹。两边各有一段向上伸出，形似挂钩状。腹底里面凹凸不平，背面平整光滑，有一条裂痕纵贯中央，左右两边也有弧线状裂痕，均似自然形成，无灼烧痕迹。残长9.8、宽9.3厘米（图

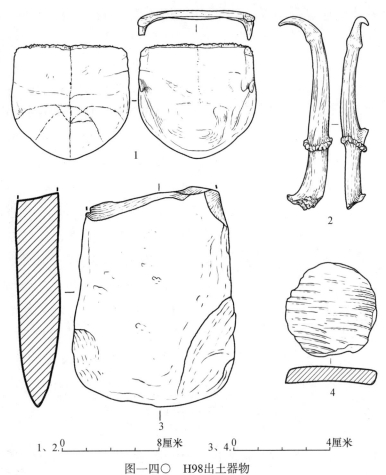

图一四〇 H98出土器物

1.龟甲（H98：3） 2.鹿角（H98：1） 3.石斧（H98：2） 4.陶饼（H98：16）

一四〇，1）。

H100 位于T0504东北部和T0505西北部。开口于第3层下，打破F9和第4层，被H25打破。坑口为不规则椭圆形，弧壁，圜底。长1.92、宽1.66、深0.37米（图一四一）。坑内堆积为深褐色土，土质松散，含大量草木灰和少量红烧土颗粒。出土陶片较多，以夹砂褐陶和红褐陶为主，泥质红陶次之，有少量夹砂褐胎黑皮陶，多见素面陶，纹饰主要有绳纹和按窝纹。器形有陶罐形鼎、卷沿瓮、深腹罐、尖底瓶口、钵，石斧、斧坯、凿、饼等。

陶罐形鼎 3件。夹细砂夹云母褐胎黑皮陶。手制，口经慢轮修整，上腹打磨光滑，下腹及底较粗糙。敛口，卷沿，圆唇，溜肩，垂腹，安三锥形足，足已残断。器表为素面。H100：7，底残。足根饰一周按窝纹。复原口径18、残高12.5厘米（图一四二，1）。H100：6，底残。足根饰一个椭圆形按窝纹。复原口径14、残高10.2厘米（图一四二，3）。H100：5，圜底。足根饰一周按窝纹。复原口径16、腹径20.5、残高14.8厘米（图一四二，4；彩版二四，1）。

陶卷沿瓮 1件。H100：10，夹细砂夹蚌褐陶。手制，口、肩经慢轮修整。敛口，卷沿，圆唇，鼓肩，鼓腹，下腹弧内收，平底。腹饰左斜粗绳纹。复原口径30、底径14、复原高32.3厘米（图一四二，7）。

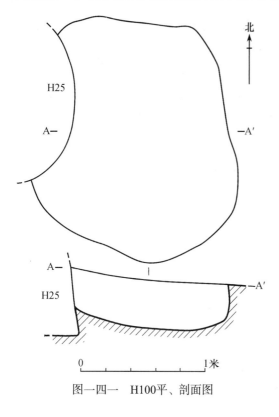

图一四一　H100平、剖面图

陶深腹罐　1件。H100：12，夹细砂褐胎黑皮陶。手制，上腹磨光，下腹未经打磨、较粗糙。敛口，卷沿，圆唇，溜肩，弧腹较深，底残。素面。复原口径14、残高11厘米（图一四二，2）。

陶尖底瓶口　1件。H100：9，夹细砂褐陶。手制，器内壁有泥圈筑接形成的凹痕。内敛杯形口，圆唇，束颈，颈以下残。素面。复原口径6、残高9.6厘米（图一四二，6）。

陶钵　1件。H100：15，泥质红陶。轮制，器表磨光。微敛口，圆唇，弧腹内收，底残。素面。复原口径28、残高8.1厘米（图一四二，5）。

石斧　1件。H100：3，粉砂岩，青黑色。打制，留有打击片疤痕，未见磨痕。近梯形，顶残，弧边，弧刃，偏锋。残长11.3、宽6.1、厚1.9厘米（图一四三，1；图版六二，4）。

石斧坯　1件。H100：4，砂岩，灰色。打制，留有打击片疤，未经修磨。长方形，弧顶，弧边，弧刃。长11.1、宽8、厚3.6厘米（图一四三，2；图版六二，2）。

石凿　1件。H100：2，砂岩，青黑色。琢、磨兼制。长条形，弧顶，斜直边，单面斜刃，偏锋。长10、宽3、厚1.5厘米（图一四三，3；图版六二，3）。

石饼　1件。H100：1，砂岩，灰褐色。圆形，两面略鼓，边缘较光滑。直径9.6~9.8、厚3.6厘米（图一四三，4）。

H102　位于T0404北部。开口于第4层下，打破生土。坑口为椭圆形，弧壁，圜底。长0.82、宽0.56、深0.3米（图一四四）。坑内堆积为灰褐色土，土质松软，含有少量草木灰、红烧土颗粒、石头和骨头。出土少量陶片，以夹砂褐陶为主，夹砂褐胎黑皮陶次之，有少量泥质红陶，大多为素面陶，少量饰绳纹，器形有陶卷沿瓮、深腹罐、钵等。

陶卷沿瓮　1件。H102：1，夹细砂灰胎橙黄衣陶。手制，口经慢轮修整，器表稍加打磨。敛口，卷沿，圆唇，鼓肩，鼓腹，以下残。素面。复原口径32、残高7厘米（图一四五，1）。

陶深腹罐　1件。H102：3，夹细砂夹蚌褐陶，局部有黑斑。手制，口经慢轮修整，器表磨光。敛口，卷沿，圆唇，微鼓肩，深弧腹，底残。素面。复原口径13、残高8.3厘米（图一四五，2）。

陶钵　1件。H102：5，细泥红陶。轮制，器表磨光。敞口，尖圆唇，弧腹内收，底残。素面。复原口径26、残高7.2厘米（图一四五，3）。

H104　位于T0506北部。开口于第3层下，打破第4层，被M10、H97打破。坑口原应为

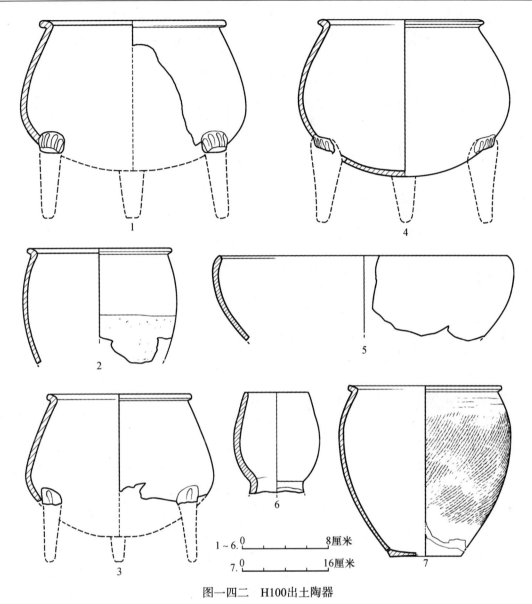

图一四二　H100出土陶器

1、3、4.罐形鼎（H100：7、H100：6、H100：5）　2.深腹罐（H100：12）　5.钵（H100：15）　6.尖底瓶口（H100：9）

7.卷沿瓮（H100：10）

椭圆形，袋状坑，平底。坑口残长1.13、宽0.34米，坑底残长1.34、宽0.43米，深1.15米（图一四六；图版三四，2）。坑内堆积分3层：第1层，灰黄色土，厚40～60厘米，土质疏松，含少量蚌壳和石块，出土陶片极少，无可辨器形；第2层，灰白色土，厚20～30厘米，土质松软，含少量草木灰、动物骨头、小石块和蚌壳，出土少量陶片，主要为夹砂褐陶和泥质红陶，有少量碎陶片；第3层，黑褐色土，厚40厘米，土质松软，含少量红烧土粒和小石块，出土少量陶片，主要为夹砂褐陶和泥质红陶，有少量夹砂灰褐陶，绝大多数为素面陶，器形有陶折沿盆等。

陶折沿盆　1件。H104③：1，夹粗砂灰褐陶。手制，口经慢轮修整，上腹内壁有一周略凹凸不平的黏结痕迹，器表稍加打磨。敞口，微仰折沿，沿面内凹，圆唇，弧腹内收，平底。素

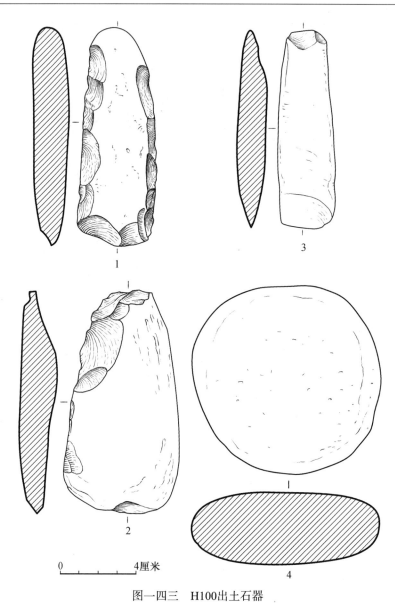

0　　　　4厘米

图一四三　H100出土石器

1.斧（H100：3）　2.斧坯（H100：4）　3.凿（H100：2）　4.饼（H100：1）

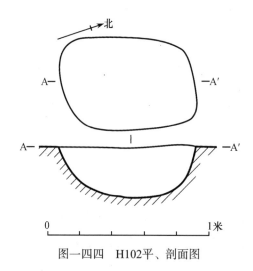

北

0　　　　1米

图一四四　H102平、剖面图

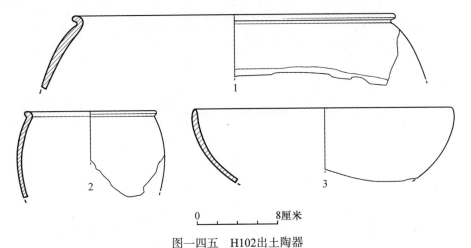

图一四五　H102出土陶器

1. 卷沿瓮（H102∶1）　2. 深腹罐（H102∶3）　3. 钵（H102∶5）

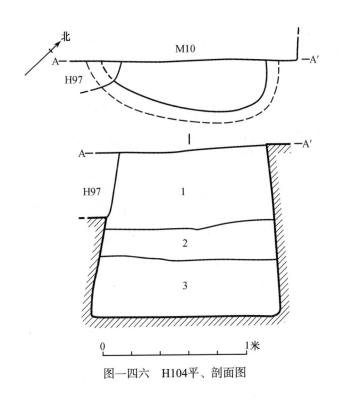

图一四六　H104平、剖面图

面。口径30.7、底径17、高10.2厘米（图一四七；图版六三，1）。

H105　位于T0707西南部。开口于第4层下，打破第5层，被M2、H19和F6打破。坑口原应为圆角长方形，袋状坑，平底。坑口长2.09、残宽1.35米，坑底长2.24、残宽1.43米，深0.93米（图一四八；图版三五，1）。坑内堆积分2层：第1层，褐色土，厚60～68厘米，土质疏松，含少量红烧土粒，出土石斧1件、石锄2件、石球1件和较多陶片，陶片以泥质红陶为主，夹砂褐陶次之，纹饰有少量绳纹和指甲纹，器形有陶卷沿瓮、钵、器盖等；第2层，灰黑土，厚约30厘米，含少量草木灰，出土较多陶片，以夹砂褐陶为主，泥质红陶次之，器表多为素面，少量饰绳纹，器形有陶罐形鼎、卷沿瓮、钵、器座等。

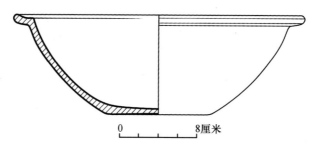

图一四七　H104③出土陶折沿盆（H104③：1）

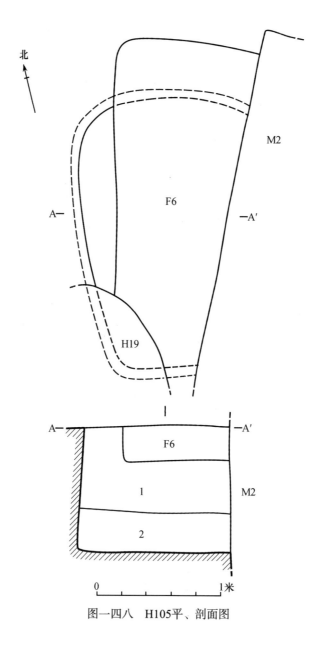

图一四八　H105平、剖面图

H105①　器形有陶卷沿瓮、钵、器盖，石斧、锄、球等。

陶卷沿瓮　2件。手制，口、肩经慢轮修整。H105①：6，夹细砂夹少量云母红陶。敛口，卷沿，尖圆唇，鼓肩，以下残。口沿外侧饰两周指压按窝纹，内侧饰一周波折纹，形成花边口。复原口径34、残高5.6厘米（图一四九，1）。H105①：8，夹细砂夹少量云母褐陶。敛口，卷沿，圆唇，鼓肩，以下残。肩下端饰左斜细绳纹。复原口径30、残高5.6厘米（图一四九，2）。

陶钵　1件。H105①：7，细泥红陶。轮制，器表磨光。直口，尖圆唇，弧腹，以下残。素面。复原口径34、残高6.7厘米（图一四九，3）。

陶器盖　1件。H105①：5，夹细砂褐陶。手制。侈口，圆唇，深弧壁，顶残。素面。复原口径10、残高5.6厘米（图一四九，4）。

石斧　1件。H105①：2，硅质岩，青黑色。琢、磨兼制。长方形，顶残，斜直边，双面尖弧刃，正锋。残长7.2、宽8.1、厚1.7厘米（图一四九，5）。

石锄　2件。H105①：1，硅质岩，青黑色。打、磨兼制，留有打击疤痕。近靴形，顶微弧，有柄，两边较直，一边为凹弧形，尖弧刃，正锋。长10.8、宽7.3、厚1.6厘米（图

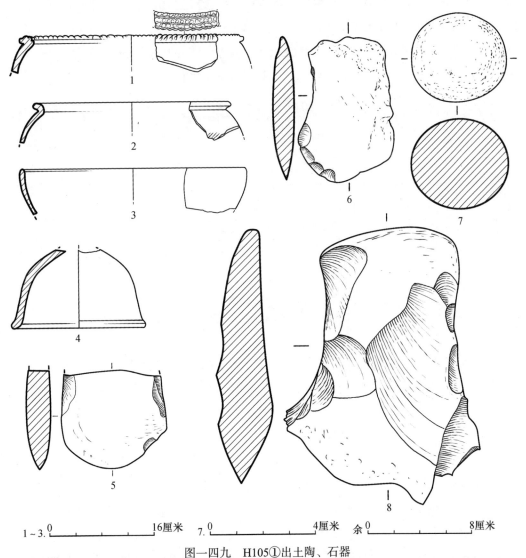

图一四九　H105①出土陶、石器

1、2.陶卷沿瓮（H105①：6、H105①：8）　3.陶钵（H105①：7）　4.陶器盖（H105①：5）　5.石斧（H105①：2）
6、8.石锄（H105①：1、H105①：3）　7.石球（H105①：4）

一四九，6）。H105①：3，打制，留有打击疤痕。近"凸"字形，斜弧顶，柄上部较直，中部微凹，下部弧上翻，尖弧刃不规则，有较多凹口。长20.5、宽15.1、厚4.3厘米（图一四九，8）。

石球　1件。H105①：4，硅质岩，白色。利用自然卵石制成。圆球形。球径3.2～3.6厘米（图一四九，7）。

H105②　器形有陶罐形鼎、卷沿瓮、钵、器座等。

陶罐形鼎　1件。H105②：2，夹细砂褐陶，局部有黑斑。手制，器表磨光。敛口，卷沿，尖圆唇，溜肩，鼓腹，以下残。素面。复原口径20、残高6.8厘米（图一五〇，1）。

陶卷沿瓮　1件。H105②：3，夹细砂夹少量云母褐陶。手制，口经慢轮修整。敛口，卷沿，圆唇，鼓肩，鼓腹，以下残。腹饰左斜细绳纹。复原口径26、残高5.2厘米（图一五〇，2）。

陶钵　1件。H105②：4，细泥红褐陶。轮制，器表磨光。口微敛，尖圆唇，弧腹内收，底残。素面。复原口径24、残高6厘米（图一五〇，3）。

陶器座　1件。H105②：6，细泥灰胎红衣陶，厚胎。轮制，器表打磨光滑。仅存喇叭形底座，底叠边加厚一周。素面。复原底径22、残高6.2厘米（图一五〇，4）。

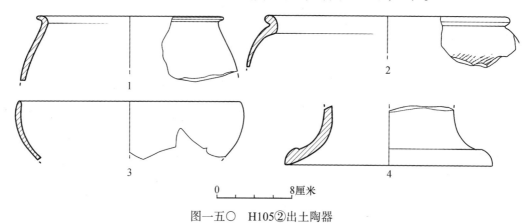

图一五〇　H105②出土陶器

1.罐形鼎（H105②：2）　2.卷沿瓮（H105②：3）　3.钵（H105②：4）　4.器座（H105②：6）

H106　位于T0807西北部。开口于第4层下的F6之下，打破第5层，被H101和M2打破。坑口原应为圆形，直壁，平底。残长1.03、宽0.74、深0.58米（图一五一；图版三五，2）。坑内堆积为灰土，土质松软，含红烧土颗粒。出土少量陶片，以夹砂褐陶为主，泥质红陶次之，素面陶居多，纹饰主要为绳纹，器形仅见陶器盖。

陶器盖　1件。H106：1，夹细砂夹蚌褐陶。手制，口经慢轮修整。器表磨光。侈口，卷沿，圆唇，浅弧壁，顶残。素面。复原口径28、残高5.2厘米（图一五二）。

H107　位于T0605西南部。开口于第3层下，打破第4层。坑口为圆形，袋状坑，平底。坑口直径0.6、坑底直径1.2、深1.3米（图一五三；图版三六，1）。坑内堆积为黑灰色土，土质疏松，含红烧土颗粒。出土少量陶片，以夹砂红陶为主，夹砂褐陶与泥质红陶次之，素面稍多，纹饰以绳纹为主，器形有陶卷沿瓮、钵、器盖、饼等。

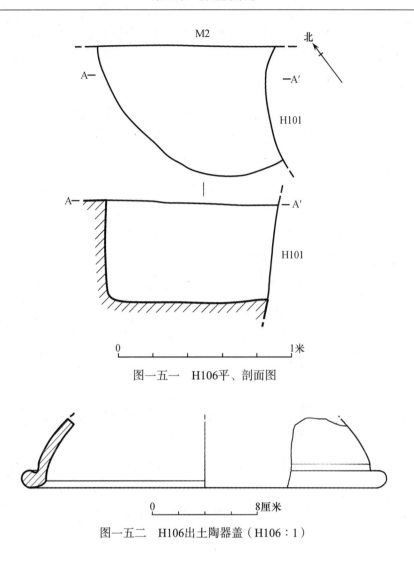

图一五一　H106平、剖面图

图一五二　H106出土陶器盖（H106∶1）

陶卷沿瓮　1件。H107∶4，夹细砂夹少量云母褐陶。手制，口经慢轮修整。敛口，卷沿，圆唇，溜肩，鼓腹，以下残。器表饰左斜粗绳纹。复原口径34、残高8.3厘米（图一五四，1）。

陶钵　1件。H107∶1，泥质橙黄陶。手制，器表磨光。直口，圆唇，弧腹内收，底残。素面。复原口径34、残高8.8厘米（图一五四，2）。

陶器盖　1件。H107∶6，夹细砂夹蚌褐陶。手制，口经慢轮修整，器表稍经打磨。侈口，卷沿，圆唇，微束颈，深弧壁，顶残。素面。复原口径24、残高7厘米（图一五四，3）。

陶饼　1件。H107∶7，夹细砂夹蚌红陶。手制，利用陶片制成，周缘未经修整。近圆形。器表饰绳纹。复原口径4.2、厚0.7厘米（图一五四，4）。

H108　位于T0303东北部。开口于第4层下，打破H112和生土。坑口为椭圆形，弧壁，平底。长1.2、宽0.9、深0.3米（图一五五；图版三六，2）。坑内堆积为灰褐色土，土质疏松，含少量红烧土块、石头和动物骨头。出土遗物较少，仅有少量陶片，以夹砂红褐陶为主，有少量泥质红陶和夹砂褐胎黑皮陶，素面陶占多数，纹饰以细绳纹和按窝纹为主，器形有陶卷沿

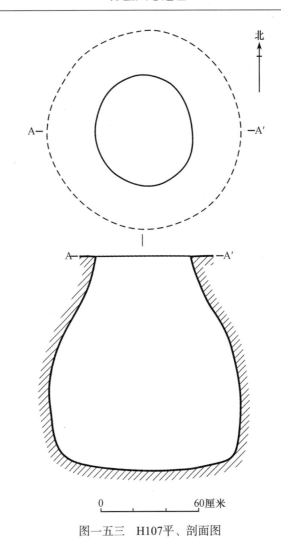

图一五三　H107平、剖面图

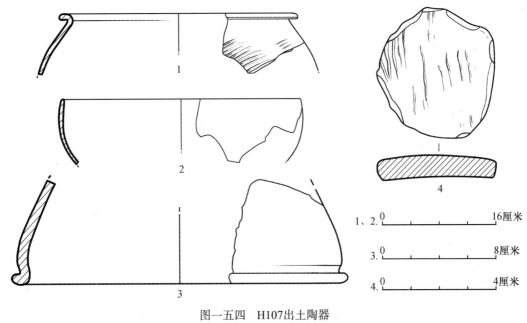

图一五四　H107出土陶器

1. 卷沿瓮（H107：4）　　2. 钵（H107：1）　　3. 器盖（H107：6）　　4. 饼（H107：7）

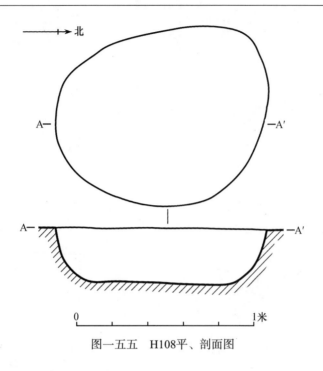

图一五五　H108平、剖面图

瓮、器盖、鼎足等。

陶卷沿瓮　1件。H108：3，夹细砂夹少量云母褐陶。手制，口经慢轮修整。敛口，卷沿，圆唇，鼓肩，以下残。素面。复原口径34、残高3.7厘米（图一五六，1）。

陶器盖　1件。H108：2，夹细砂褐胎黑皮陶。手制，器表磨光。覆盆状，侈口，小卷沿，圆唇，浅弧壁，顶残。素面。复原口径26、残高6厘米（图一五六，2）。

陶鼎足　2件。手制。H108：4，夹细砂夹蚌红陶。扁锥状足，足尖残断。足根饰三个竖向小按窝纹。残高9.3厘米（图一五六，3）。H108：5，夹细砂夹少量云母褐陶。圆锥足，足尖较圆钝。足根饰一个椭圆形按窝纹。残高9.6厘米（图一五六，4）。

H110　位于T0506西南部。开口于第4层下，打破第5层。坑口为椭圆形，弧壁，圜底，不规整。残长1.14、宽1、最深0.71米（图一五七；图版三七，1）。坑内填土为深褐色土，土质疏松，含红烧土颗粒、灰白色炭灰、石块、蚌壳和骨头等。出土1件石斧和较多陶片，陶片以夹砂褐陶为主，夹砂红陶和泥质红陶次之，有少量泥质灰陶和夹砂褐胎黑皮陶，多为素面陶，纹饰以绳纹为主，器形有陶卷沿瓮、红顶钵、器盖、锉等。

陶卷沿瓮　1件。H110：6，夹细砂夹蚌红褐陶。手制，口经慢轮修整。敛口，卷沿，尖圆唇，溜肩，鼓腹，以下残。腹饰竖向细绳纹。复原口径24、残高6.6厘米（图一五八，1）。

陶红顶钵　1件。H110：2，泥质灰陶，口外施一周较宽的橙红彩带，形成红顶灰腹。轮制，器表磨光。微敛口，尖圆唇，弧腹内收，底残。复原口径30、残高8.3厘米（图一五八，2）。

陶器盖　1件。H110：4，夹粗砂灰胎黑皮陶。手制，器表磨光。覆盆形，侈口，外卷沿，圆唇，浅弧壁，顶残。素面。复原口径21、残高6.4厘米（图一五八，3）。

陶锉　1件。H110：8，夹细砂红陶。手制。呈长方形，两端皆残。器表布满圆孔状小圆

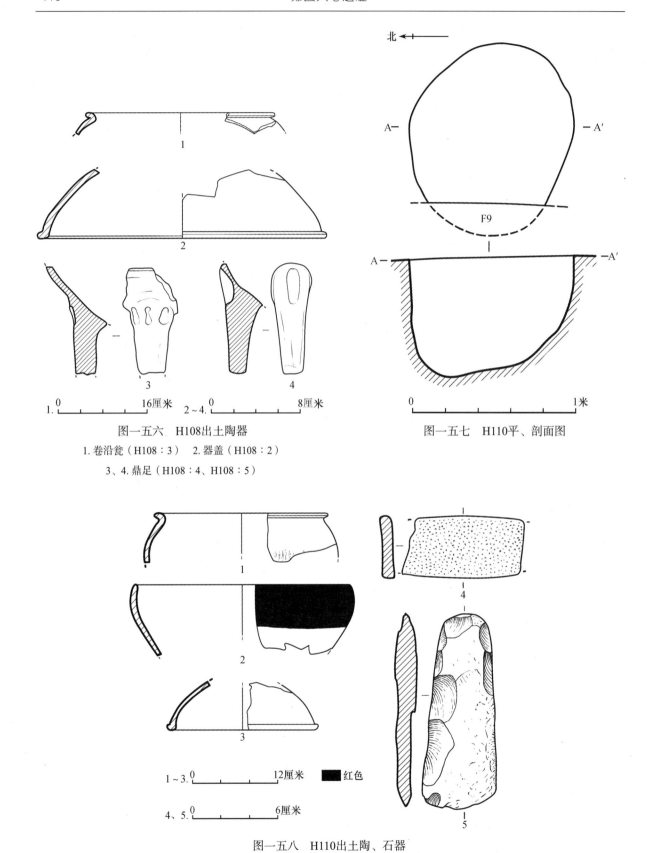

图一五六　H108出土陶器

1. 卷沿瓮（H108：3）　2. 器盖（H108：2）

3、4. 鼎足（H108：4、H108：5）

图一五七　H110平、剖面图

图一五八　H110出土陶、石器

1. 陶卷沿瓮（H110：6）　2. 陶红顶钵（H110：2）　3. 陶器盖（H110：4）　4. 陶锉（H110：8）　5. 石斧（H110：1）

窝。残长8.3、宽4.1、厚0.9厘米（图一五八，4）。

石斧　1件。H110：1，硅质岩，青黑色。打、磨兼制，留有打击疤痕。长条形，弧顶，斜直边，单面弧刃，偏锋。长13.2、宽5.1、厚1.5厘米（图一五八，5）。

H112　位于T0203东南部和T0303东北部，开口于第4层下，打破生土，被H108打破。坑口为椭圆形，弧壁，平底。长1.18、宽0.8、深0.38米（图一五九；图版三七，2）。坑内堆积为灰土，夹杂少量红烧土、草木灰、石块和鱼骨。出土陶片较少，多为夹砂红陶，夹砂褐陶和泥质红陶次之，有少量夹砂灰色绳纹陶片，无可辨器形。

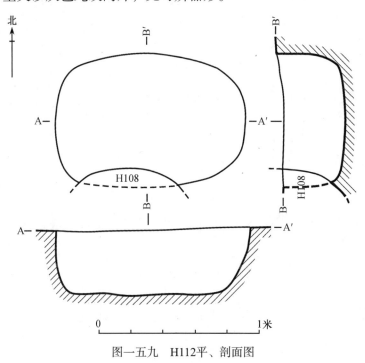

图一五九　H112平、剖面图

H114　位于T0907东中部。开口于第4层下，打破第5层，被H103打破。坑口为椭圆形，弧壁，平底。长1.41、宽1.12、深0.52米（图一六〇；彩版八，3）。坑内堆积为深红色土，土质较紧密，含少量草木灰，坑底有少量大石块。出土少量陶片，以夹砂红陶和泥质红陶为主，夹砂红褐陶次之，器表多饰细绳纹，有少量彩陶片，器形有陶卷沿瓮、尖底瓶腹耳、卷沿盆、钵、彩陶钵等。

陶卷沿瓮　1件。H114：3，夹细砂夹蚌褐陶。手制，口经慢轮修整，器表磨光。敛口，卷沿，圆唇，鼓肩，以下残。素面。复原口径28、残高6厘米（图一六一，1）。

陶尖底瓶腹耳　1件。H114：2，夹细砂褐陶。手制，腹内壁有安耳时的捏压痕迹。弧腹，附一个环形耳。腹饰左斜细绳纹。残高9厘米（图一六一，5）。

陶卷沿盆　1件。H114：4，夹粗砂红褐陶。手制。口微侈，卷沿，圆唇，束颈，斜直腹略内收，以下残。腹饰左斜细绳纹。复原口径20、残高8.2厘米（图一六一，3）。

陶钵　1件。H114：6，泥质橙黄陶。轮制，器表磨光。微敛口，圆唇，弧腹内收，以下残。素面。复原口径28、残高6.2厘米（图一六一，2）。

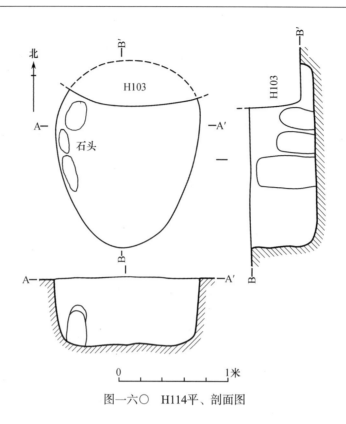

图一六〇　H114平、剖面图

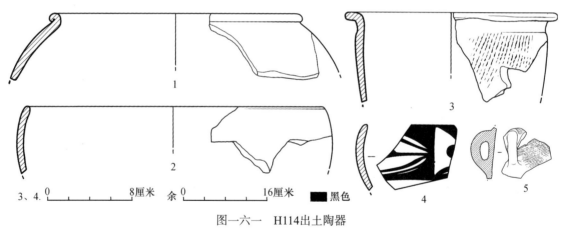

图一六一　H114出土陶器

1. 卷沿瓮（H114：3）　2. 钵（H114：6）　3. 卷沿盆（H114：4）　4. 彩陶钵（H114：1）　5. 尖底瓶腹耳（H114：2）

彩陶钵　1件。H114：1，泥质灰胎橙红衣陶。轮制，器表磨光。敛口，尖圆唇，弧腹，以下残。外口有弧线、圆点和弧边三角组成的黑彩图案。残高6厘米（图一六一，4）。

H115　位于T0303北部。开口于第5层下，打破第6层。坑口为椭圆形，斜壁，平底。坑口长1.4、宽1米，坑底长1.08、宽0.74米，深0.4米（图一六二；图版三八，1）。坑内填土为灰黑色土，土质较软，含炭化竹子、石块和骨头。出土少量陶片，其中夹砂红褐陶居多，泥质红陶次之，有少量夹砂灰陶，器表多为素面，少量饰绳纹，器形有陶卷沿瓮、钵等。

陶卷沿瓮　2件。手制，口经慢轮修整。敛口，卷沿，圆唇，鼓腹，以下残。素面。H115：3，夹细砂灰陶。鼓肩。复原口径24、残高4.4厘米（图一六三，1）。H115：4，夹粗砂

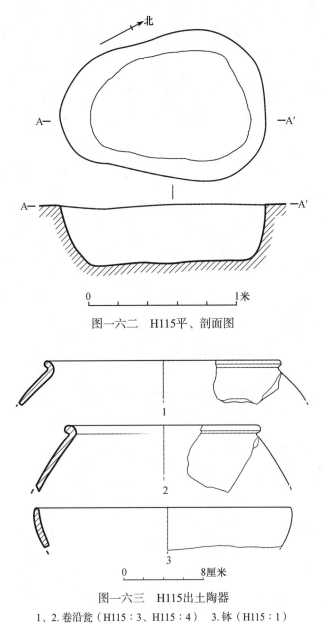

图一六二　H115平、剖面图

图一六三　H115出土陶器

1、2. 卷沿瓮（H115：3、H115：4）　3. 钵（H115：1）

夹蚌灰黑陶。溜肩。复原口径20、残高6.7厘米（图一六三，2）。

陶钵　1件。H115：1，泥质褐胎橙红陶。轮制，器表磨光。敞口，尖圆唇，弧腹内收，以下残。素面。复原口径26、残高4.3厘米（图一六三，3）。

H116　位于T0101南部。开口于第3层下，打破H120和第4层，南部部分遭汉江冲毁。坑口为圆形，直壁，平底。直径0.9、深0.51米（图一六四）。坑内堆积为浅灰色土，土质较疏松，含少量草木灰和红烧土颗粒。出土较多陶片，以夹砂褐陶为主，夹砂红陶和泥质红陶次之，有少量夹砂灰陶和褐胎黑皮陶，器表多为素面，少量饰绳纹。器形有陶卷沿瓮、深腹罐、钵、红顶钵、锉、饼，骨镞等。

陶卷沿瓮　3件。手制，口经慢轮修整。敛口，卷沿，圆唇。H116：13，夹细砂夹云母灰

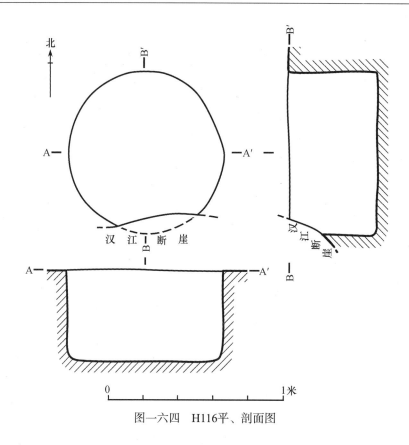

图一六四　H116平、剖面图

陶。溜肩，鼓腹，以下残。腹饰左斜粗绳纹。复原口径24、残高9.5厘米（图一六五，1）。H116：4，夹细砂夹云母褐胎黑皮陶。器表磨光。鼓肩，鼓腹，以下残。素面。复原口径36、残高16.2厘米（图一六五，2）。H116：7，夹粗砂夹蚌褐陶。溜肩，弧腹微鼓，以下残。素面。复原口径32、残高15.7厘米（图一六五，3）。

　　陶深腹罐　2件。手制，口经慢轮修整，上腹磨光。敛口，卷沿，尖圆唇，溜肩，深弧腹，以下残。H116：6，夹细砂夹云母黑陶。下腹未经打磨，较粗糙。中腹饰四周凹弦纹，遭三条短斜线打断。复原口径16、残高11.1厘米（图一六五，6）。H116：14，夹细砂夹蚌褐陶，局部有黑斑。素面。复原口径10、残高5.1厘米（图一六五，7）。

　　陶钵　1件。轮制，器表磨光。直口，尖圆唇，弧腹内收，底残。H116：11，泥质橙红陶。素面。复原口径24、残高7.5厘米（图一六五，4）。

　　陶红顶钵　1件。轮制，器表磨光。H116：9，泥质橙黄陶，口外施一周橙红彩带，形成红顶橙黄腹。复原口径32、残高8.6厘米（图一六五，8）。

　　陶锉　2件。夹细砂夹蚌褐陶。手制。一端已残，近三角形。器表布满孔状小圆窝。H116：2，残长7.9、宽3.4、厚1.2厘米（图一六五，5；图版六三，2）。H116：3，残长6.6、宽3.4、厚1.1厘米（图一六五，11；图版六三，3）。

　　陶饼　1件。H116：25，夹细砂灰黑陶。手制，利用陶片制成，周缘未经修磨。圆形。素面。直径4.1、厚0.9厘米（图一六五，9；图版六三，4）。

　　骨镞　1件。H116：1，黑褐色，利用骨骼磨制。尖锥状，横截面呈椭圆形，短锋圆钝，铤

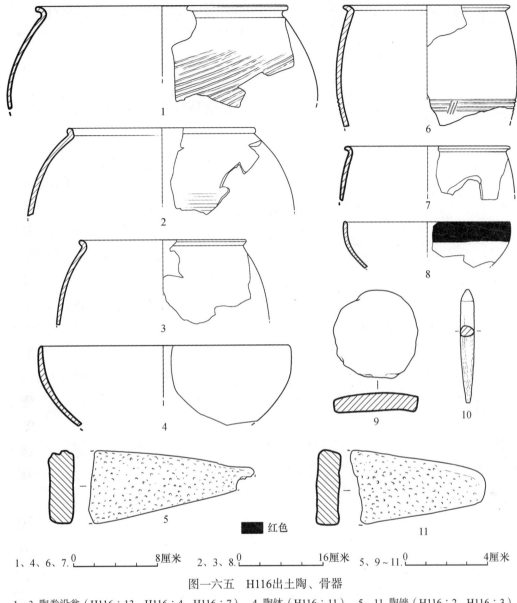

1、4、6、7. $\underset{0}{\vdash\!}$ 8厘米   2、3、8. $\underset{0}{\vdash\!}$ 16厘米   5、9~11. $\underset{0}{\vdash\!}$ 4厘米

图一六五　H116出土陶、骨器

1~3. 陶卷沿瓮（H116：13、H116：4、H116：7）　4. 陶钵（H116：11）　5、11. 陶锉（H116：2、H116：3）

6、7. 陶深腹罐（H116：6、H116：14）　8. 陶红顶钵（H116：9）　9. 陶饼（H116：25）　10. 骨镞（H116：1）

呈锥形，较长。长5.3厘米（图一六五，10；图版六三，5）。

　　H117　位于T0406东南部、T0407西南部、T0506东北部和T0507西北部。开口于第3层下，打破H118和第4层，被H58打破。坑口为椭圆形，弧壁，底较平。长3.4、宽2.5、深0.6米（图一六六）。坑内填土为灰黑色土，土质松软，含少量骨头和较多的蚌壳、石块。出土少量石器和较多陶片。陶片以夹砂褐陶居多，夹砂红陶和泥质红陶次之，有少量夹砂褐胎黑皮陶，器表多饰绳纹和凹弦纹，素面陶亦较多，另有少量彩陶片。器形有陶釜形鼎、矮领瓮、深腹罐、卷沿盆、红顶钵、器盖、饼、锉、印戳、彩陶盆，石刀、凿等。

　　陶釜形鼎　1件。H117：2，夹细砂夹蚌红褐陶。手制，口、肩经慢轮修整。敞口，仰折沿，圆唇，唇面有一道浅宽凹槽，唇内外缘皆鼓凸，口断面呈铁轨形，斜弧肩，折腹，圜底，

北

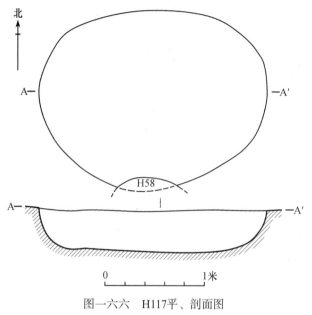

0　　　　　1米

图一六六　H117平、剖面图

安三锥足，足均已脱落，仅存足、腹连接痕迹。肩饰五道凹弦纹。口径15.8、腹径21.5、残高18.8厘米（图一六七，1；彩版二四，2）。

陶矮领瓮　2件。手制，口、肩经慢轮修整。H117：7，夹细砂红褐陶，有黑斑。微敛口，尖圆唇，矮斜领，溜肩，鼓腹，下腹弧内收，底残。肩饰两道凹弦纹，腹饰交错细绳纹。复原口径21.7、腹径26.3、残高26.1厘米（图一六七，2；图版六四，1）。H117：8，夹粗砂夹蚌红褐陶。直口，方唇，唇内外缘皆鼓凸，矮领，领面内凹，口断面呈铁轨形，鼓肩，鼓腹，以下残。肩有三道折棱，腹饰竖向模糊绳纹。复原口径30、残高11.6厘米（图一六七，3）。

陶深腹罐　1件。H117：11，夹细砂夹少量云母褐胎黑皮陶。手制，上腹磨光，下腹较粗糙。敛口，卷沿，圆唇，溜肩，深弧腹，以下残。腹饰三周凹弦纹，间以短竖条纹，每三道为

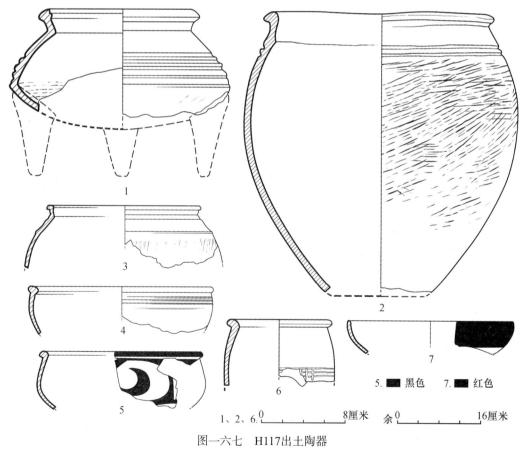

5.　■ 黑色　7.　■ 红色

1、2、6　0　　　　　8厘米　　余　0　　　　　16厘米

图一六七　H117出土陶器

1. 釜形鼎（H117：2）　2、3. 矮领瓮（H117：7、H117：8）　4. 卷沿盆（H117：9）　5. 彩陶盆（H117：3）
6. 深腹罐（H117：11）　7. 红顶钵（H117：12）

一组。复原口径10、残高6.2厘米（图一六七，6）。

陶卷沿盆 1件。H117：9，夹细砂夹蚌红陶。手制，口经慢轮修整。敛口，叠唇，弧腹内收，底残。肩饰四道细浅凹弦纹。复原口径36、残高8.7厘米（图一六七，4）。

彩陶盆 1件。H117：3，泥质灰胎橙红衣陶。轮制，器表磨光。敛口，卷沿，圆唇，溜肩，扁圆腹，底残。唇面有一周黑彩带，腹饰弧边三角与勾叶纹黑彩图案。复原口径32、残高10.7厘米（图一六七，5）。

陶红顶钵 1件。H117：12，细泥灰陶，外口施一周红彩带，形成红顶灰腹。轮制，器表磨光。直口，圆唇，弧腹内收，底残。复原口径32、残高6.2厘米（图一六七，7）。

陶器盖 3件。夹粗砂灰胎黑皮陶。手制，器表磨光。素面。H117：13，覆碗状，直口，叠唇，浅弧壁，顶残。复原口径26、残高4厘米（图一六八，1）。H117：17，覆盆状，侈口，圆唇，深弧壁，顶残。复原口径32、残高6.9厘米（图一六八，3）。H117：1，夹细砂夹蚌灰褐陶。手制。仅存纽部，略呈塔状，顶隆起较高，捉手为直筒形、内中空。顶部边缘饰一周齿轮状附加堆纹。残高8.5厘米（图一六八，2）。

陶饼 1件。H117：6，夹细砂夹少量云母褐陶。手制，利用陶片磨制而成，边缘打磨光滑。圆形。素面。直径6.3、厚0.8厘米（图一六八，6）。

陶锉 1件。H117：16，夹细砂红陶。手制。柳叶形，两端残。器表布满孔状小圆窝。残长8.5、宽4.1、厚1.2厘米（图一六八，4）。

陶印戳 1件。H117：14，夹细砂夹云母褐陶。手工捏制而成。泥坨形，略向一侧倾斜，

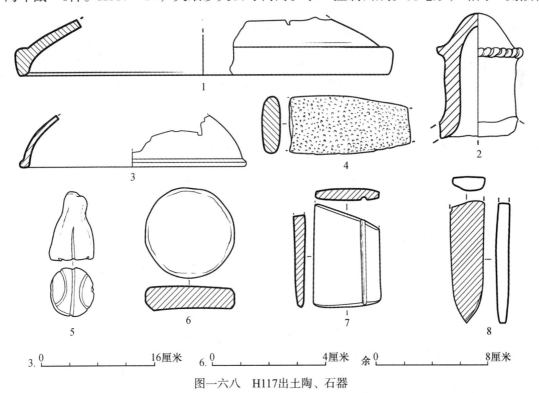

图一六八 H117出土陶、石器

1~3.陶器盖（H117：13、H117：1、H117：17） 4.陶锉（H117：16） 5.陶印戳（H117：14） 6.陶饼（H117：6）

7.石刀（H117：4） 8.石凿（H117：5）

顶呈斜面，束颈，实心座。两侧各有一道竖凹槽，与底正中凹槽相连，底两边各有一道弧形凹槽相对称。底径3.2、高4.6厘米（图一六八，5）。

石刀　1件。H117：4，砂岩，青黑色。磨制，通体磨光。长方形，顶端残，直边，平刃微弧，双面刃，正锋。一面有一道竖向凹槽。长7、宽4.8、厚0.8厘米（图一六八，7）。

石凿　1件。H117：5，砂岩，青灰色。磨制，通体磨光。长条形，顶残，直边，三角形锋，双面窄刃，正锋。残长8.3、宽0.8、厚2.4厘米（图一六八，8）。

H118　位于T0406东部和T0407西部。开口于第3层下，打破H168和第4层，被H117打破。坑口为椭圆形，弧壁，圜底近平。长1.85、宽1.36、深0.48米（图一六九）。坑内堆积为黄色黏土，土质较致密，含较多动物骨骼和蚌壳。出土较多陶片，以夹砂红褐陶为主，泥质红陶和夹砂红陶次之，有少量夹砂褐胎黑皮陶，大多为素面，有少量饰绳纹、凹弦纹和按窝纹，另有少量彩陶，器形有陶矮领瓮、深腹罐、红顶钵、鼎足、彩陶盆、彩陶钵等。

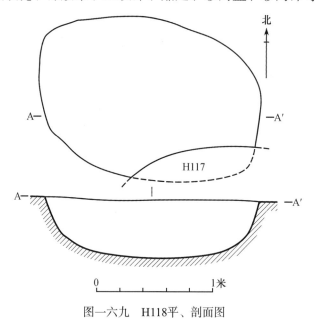

图一六九　H118平、剖面图

陶矮领瓮　2件。手制，口经慢轮修整。H118：7，泥质灰胎黑皮陶。器表磨光。敛口，叠唇，矮斜领，圆肩，以下残。素面。复原口径14、残高4厘米（图一七〇，2）。H118：8，夹细砂红陶。敞口，圆唇，唇内外缘皆鼓凸，矮领，口断面呈铁轨形，鼓肩，鼓腹，以下残。肩饰五道凹弦纹，腹饰左斜细绳纹。复原口径30、残高7.6厘米（图一七〇，1）。

陶深腹罐　1件。H118：6，夹细砂灰褐胎黑皮陶。手制，口经慢轮修整，器表磨光。敛口，卷沿，圆唇，溜肩，深弧腹，以下残。素面。复原口径24、残高7.7厘米（图一七〇，7）。

彩陶盆　2件。H118：11，细泥红陶。手制，口经慢轮修整。微敛口，卷沿，圆唇，直腹，以下残。唇面有一周黑彩带，腹有宽带纹黑彩图案。复原口径32、残高4厘米（图一七〇，5）。H118：1，泥质红陶。手制，器表磨光。敞口，仰折沿，圆唇，浅弧腹内收，底残。沿面有斜线与直边三角纹组成的黑彩图案。复原口径28、残高6.3厘米（图一七〇，6）。

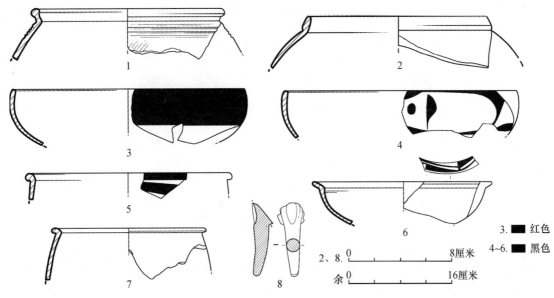

图一七〇　H118出土陶器

1、2.矮领瓮（H118：8、H118：7）　3.红顶钵（H118：3）　4.彩陶钵（H118：2）　5、6.彩陶盆（H118：11、H118：1）

7.深腹罐（H118：6）　8.鼎足（H118：9）

陶红顶钵　1件。H118：3，泥质灰陶，外口施一周较宽的橙红彩带，形成红顶灰腹。轮制，器表磨光。直口，圆唇，弧腹内收，底残。复原口径36、残高8.4厘米（图一七〇，3）。

彩陶钵　1件。H118：2，泥质红陶。轮制，器表磨光。直口，圆唇，弧腹内收，底残。外口有弧线、弧边三角与圆点组成的黑彩图案。复原口径36、残高7.2厘米（图一七〇，4）。

陶鼎足　1件。H118：9，夹砂细褐陶。手制。锥形足，足尖外撇。足根饰一个椭圆形按窝纹。残高11.1厘米（图一七〇，8）。

H119　位于T0303的西南部。开口于第5层下，打破生土。坑口为椭圆形，弧壁，底略有不平。长1.06、宽0.74、深0.53米（图一七一）。坑内堆积为黄褐色土，土质较硬，含较多红烧土、骨头和石块。出土的少量陶片较细碎，以夹砂红褐陶为主，泥质红陶次之，有少量夹砂褐胎黑皮陶，以素面陶居多，少量饰绳纹，器形有陶卷沿瓮、鼎足等。

陶卷沿瓮　1件。H119：1，夹粗砂夹蚌红褐陶。手制，口经慢轮修整。敛口，卷沿，圆唇，鼓肩，鼓腹，以下残。腹饰右斜细绳纹。残高7厘米（图一七二，1）。

陶鼎足　1件。H119：2，夹细砂褐陶。手制。长方形扁状足，足尖残断。素面。残高7.4厘米（图一七二，2）。

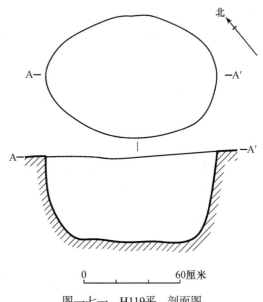

图一七一　H119平、剖面图

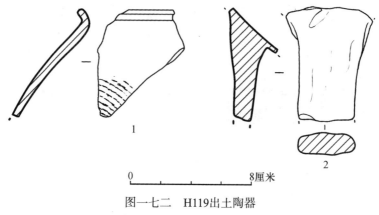

图一七二　H119出土陶器

1. 卷沿瓮（H119：1）　　2. 鼎足（H119：2）

H120　位于T0101东南部，并伸出探方外。开口于第3层下，打破H125和第4层，被H116打破，西部被汉江冲毁。坑口为椭圆形，斜壁，平底。坑口长1.71、残宽1.3米，坑底长1.07、残宽0.96米，深1.07米（图一七三）。坑内堆积为浅灰色土，土质疏松，含少量大块兽骨。出土少量陶片，以夹砂红褐陶居多，泥质红陶次之，有少量夹砂灰陶，器表多为素面，有少量绳纹和按窝纹，器形有陶深腹罐、鼎足、锉等。

陶深腹罐　1件。H120：3，夹细砂夹云母灰胎黑皮陶。手制，口经慢轮修整，器表磨

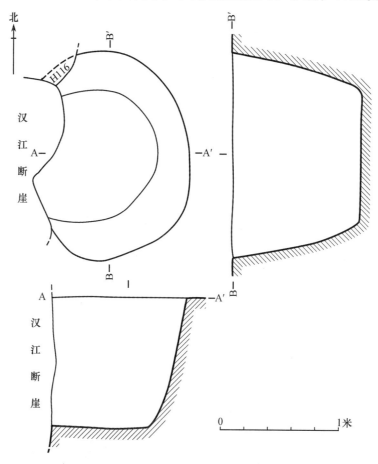

图一七三　H120平、剖面图

光。敛口，卷沿，圆唇，溜肩，弧腹微鼓，以下残。素面。复原口径20、残高5.8厘米（图一七四，1）。

　　陶鼎足　2件。手制。H120：6，夹细砂褐陶。截锥状圆柱足。足根饰一周指甲纹和一个椭圆形按窝纹。高8.3厘米（图一七四，4）。H120：7，夹砂褐陶。锥状足，足尖微外撇。素面。残高9.4厘米（图一七四，3）。

　　陶锉　1件。H120：1，夹粗砂褐陶。手制。柳叶形，截面呈长方形，两端残断。器表布满孔状小圆窝。长6.5、宽3.6、厚1厘米（图一七四，2）。

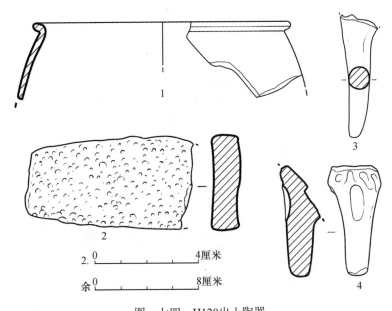

2.　0 ————————— 4厘米

余　0 ————————— 8厘米

图一七四　H120出土陶器

1.深腹罐（H120：3）　2.锉（H120：1）　3、4.鼎足（H120：7、H120：6）

　　H121　位于T0204西部。开口于第4层下，打破H162和第5层，被H152打破。坑口为椭圆形，弧壁，锅状底。残长2.1、宽1.32、深0.42米（图一七五）。坑内堆积为深灰色土，土质松软，含草木灰。出土少量陶片，以夹砂褐陶居多，夹砂红褐陶和泥质红陶次之，有少量夹砂褐胎黑皮陶，器表多为素面，少量饰绳纹和凹弦纹，器形有陶深腹罐、卷沿盆等。

　　陶深腹罐　1件。H121：1，夹细砂夹云母灰黑陶。手制，口经慢轮修整。器体歪斜，上腹磨光，下腹未经打磨、较粗糙。敛口，卷沿，圆唇，溜肩，弧腹微鼓，小平底微凹。中腹饰四道凹弦纹。口径12.7、腹径

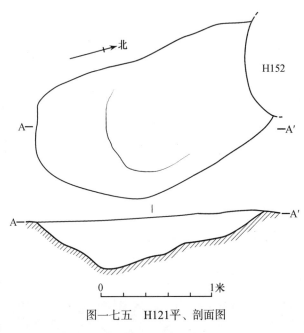

图一七五　H121平、剖面图

13.9、底径6.8、高14.8厘米（图一七六，1；彩版二四，3）。

　　陶卷沿盆　1件。H121：2，夹细砂红褐陶。手制，口经慢轮修整。侈口，卷沿，方唇，上腹微鼓，下腹弧内收，平底内凹。素面。复原口径28、底径12.4、高11.3厘米（图一七六，2；彩版二五，1）。

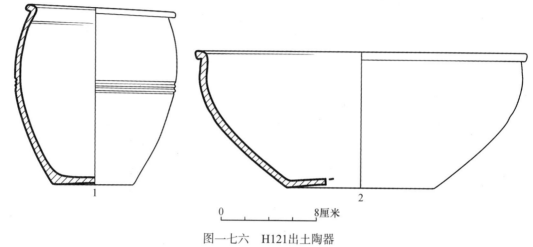

0　　　　　　　8厘米

图一七六　H121出土陶器
1. 深腹罐（H121：1）　2. 卷沿盆（H121：2）

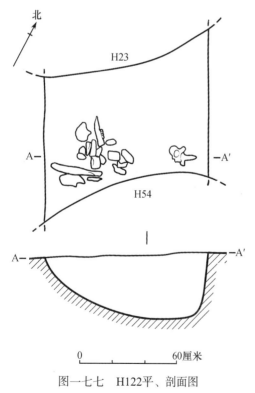

北

H23

A—　　　　　—A′

H54

A—　　　　　　　—A′

0　　　　　　60厘米

图一七七　H122平、剖面图

　　H122　位于T0303西部。开口于第6层下，打破生土，被H23和H54打破。坑口原应为长方形，弧壁，锅状底。残长1.04、宽0.9、深0～0.4米（图一七七；图版三八，2）。坑内填灰色土，土质较硬，含较多的红烧土和兽骨。出土陶片中有极少的夹砂褐色绳纹陶片，无可辨器形。

　　H123　位于T0608东部。开口于第3层下，打破H177和第4层，被M25和H167打破。坑口为椭圆形，斜壁，底不平、呈斜坡状。坑口长2.65、宽1.76米，坑底长2.35、宽1.4米，深1～1.53米（图一七八）。坑内堆积为黑灰色土，土质松软，含少量动物骨头。出土少量骨、石器和较多陶片。陶片以夹砂褐陶居多，泥质红陶次之，有少量夹砂灰陶和褐胎黑皮陶，多数为素面陶，纹饰以绳纹居多，凹弦纹次之，有较多彩陶。器形有陶卷沿瓮、矮领瓮、深腹罐、卷沿盆、钵、锉、饼、彩陶盆、黑顶钵，石斧、凿、锛、钻芯、镞，骨锥等。

　　陶卷沿瓮　1件。H123：18，夹粗砂灰黑陶。手制，口经慢轮修整。敛口，卷沿，圆唇，鼓肩，以下残。肩饰左斜粗绳纹。复原口径30、残高7.5厘米（图一七九，1）。

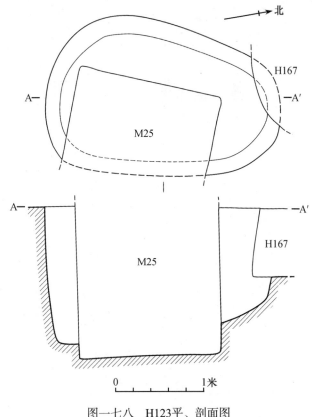

图一七八 H123平、剖面图

陶矮领瓮 1件。H123：15，夹粗砂褐陶。手制，口经慢轮修整。敞口，圆唇，唇内外缘皆鼓凸，矮领，口断面呈铁轨形，鼓肩，以下残。素面。复原口径26、残高6.6厘米（图一七九，2）。

陶深腹罐 2件。夹细砂褐胎黑皮陶。手制，口经慢轮修整。敛口，小卷沿，圆唇，溜肩，腹以下残。素面。H123：13，器表磨光。弧腹微鼓。复原口径20、残高10.8厘米（图一七九，6）。H123：10，上腹打磨光滑，下腹粗糙。深弧腹。复原口径24、残高19.3厘米（图一七九，7）。

陶卷沿盆 1件。H123：9，夹砂褐陶。手制，口经慢轮修整。侈口，小卷沿，圆唇，弧腹内收，平底。素面。复原口径28.4、底径11.5、高13.7厘米（图一七九，5；彩版二五，2）。

彩陶盆 1件。H123：21，泥质灰胎橙黄衣陶。手制，口经慢轮修整，器表磨光。敛口，卷沿，圆唇，弧腹微鼓，以下残。沿面有一周黑彩带，上腹有细线与宽带纹黑彩图案。残高9.2厘米（图一七九，8）。

陶钵 1件。轮制，器表磨光。H123：28，泥质灰胎红衣陶。直口，圆唇，弧腹内收，底残。素面。复原口径28、残高5.7厘米（图一七九，4）。

黑顶钵 1件。轮制，器表磨光。H123：26，泥质橙红陶，胎壁厚实。口外施一周黑色彩带，形成黑顶红腹。直口，尖圆唇，弧腹内收，底残。复原口径36、残高8厘米（图一七九，3）。

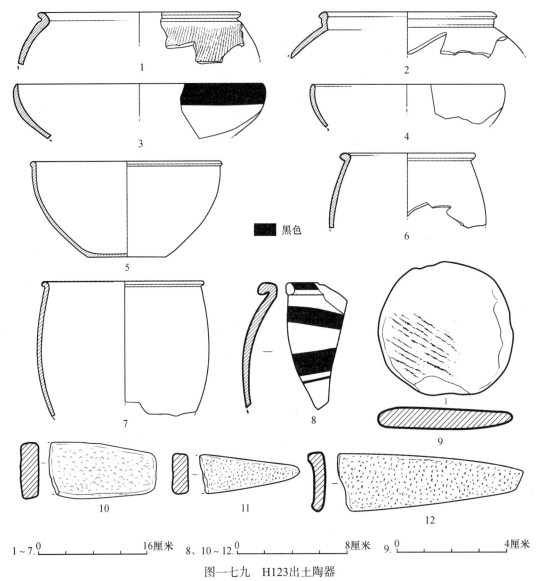

图一七九　H123出土陶器

1. 卷沿瓮（H123：18）　2. 矮领瓮（H123：15）　3. 黑顶钵（H123：26）　4. 钵（H123：28）
5. 卷沿盆（H123：9）　6、7. 深腹罐（H123：13、H123：10）　8. 彩陶盆（H123：21）
9. 饼（H123：14）　10～12.（H123：1、H123：32、H123：30）

　　陶锉　3件。手制。一端已残断。器表布满孔状小圆窝。H123：1，夹粗砂夹蚌灰陶。呈梯形。长8、宽4、厚1.4厘米（图一七九，10；图版六五，1）。H123：32，夹细砂褐陶。呈三角形。残长7.3、宽2.8、厚1.2厘米（图一七九，11）。H123：30，夹细砂褐陶。呈三角形。残长13.7、宽4.1、厚1.4厘米（图一七九，12）。

　　陶饼　1件。H123：14，夹砂褐陶。手制，利用废陶片制成。圆形。器表留有绳纹。直径4.9、厚0.8厘米（图一七九，9）。

　　石斧　2件。H123：2，粉泥岩，青黑色。琢、磨兼制。梯形，弧顶，斜弧边，双面弧刃，偏锋。长8.9、宽5.6、厚1.8厘米（图一八〇，1；图版六五，3）。H123：6，斜直边，双面弧刃，偏锋。残高7.4、宽4.2、厚1厘米（图一八〇，2）。

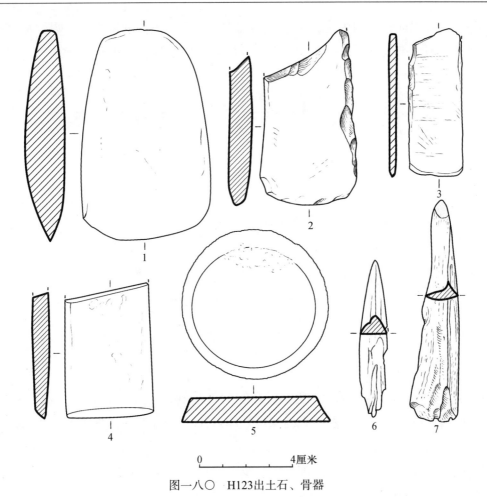

图一八〇 H123出土石、骨器

1、2.石斧（H123∶2、H123∶6） 3.石凿（H123∶3） 4.石锛（H123∶7） 5.石钻芯（H123∶5） 6.石镞（H123∶4）

7.骨锥（H123∶8）

石锛 2件。硅质岩，青灰色。琢、磨兼制。长方形，顶端残。H123∶7，直边，单面直刃。残高5.7、宽3.7、厚0.8厘米（图一八〇，4）。

石凿 1件。H123∶3，硅质岩，青黑色，较薄。琢、磨兼制，制作较粗糙。近长方形，顶残，直边，单面斜刃，刃端平直。残长6.2、宽2.4、厚0.4厘米（图一八〇，3）。

石钻芯 1件。H123∶5，粉砂岩，青灰色。磨制。为石器钻孔形成的芯，圆形，凹弧边。直径6.3、厚1.1厘米（图一八〇，5；图版六五，2）。

石镞 1件。H123∶4，硅质岩，黑色。琢、磨兼制，表面极光滑。三棱形，锋部锐尖，铤部残断。残长6.7厘米（图一八〇，6；图版六五，4）。

骨锥 1件。H123∶8，乳黄色，利用骨骼磨制而成，尖部磨光，其他地方有削痕。尖部呈扁三角形，后端残断。残长9.4、宽2.2厘米（图一八〇，7；图版六五，5）。

H124 位于T0708北部和T0608南部。开口于第3层（屈家岭文化）下，打破第4层，被G3打破。坑口为椭圆形，斜壁，平底。坑口残长3.66、宽2.09米，坑底残长3.01、宽1.32米，深0.65～1.02米（图一八一）。坑内堆积为灰黑色土，土质松软，含少量草木灰。出土少量石器和较多陶片。陶片以泥质红陶为主，夹砂红褐陶次之，有少量夹砂灰褐陶，以素面陶居多，纹饰有少量绳纹和附加堆纹。器形有陶卷沿瓮、卷沿盆、红顶钵，石锄、凿坯等。

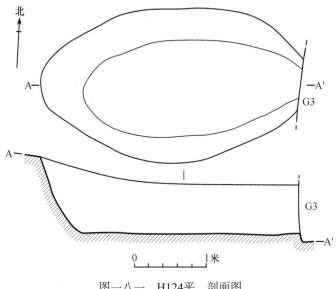

图一八一　H124平、剖面图

陶卷沿瓮　1件。H124：9，夹细砂夹蚌红陶。手制，口经慢轮修整。敛口，卷沿，圆唇，鼓肩，鼓腹，以下残。腹饰左斜细绳纹。复原口径30、残高6.9厘米（图一八二，1）。

陶卷沿盆　1件。H124：8，夹细砂夹蚌红褐陶。手制，口经慢轮修整。侈口，卷沿，圆唇，弧腹，底残。腹饰一周链条式附加堆纹。复原口径34、残高8.4厘米（图一八二，2）。

陶红顶钵　1件。H124：7，泥质灰陶，外口施一周红彩带，形成红顶灰腹。轮制，器表磨光。直口，尖圆唇，弧腹内收，底残。复原口径34、残高7.2厘米（图一八二，3）。

石锄　1件。H124：1，砂岩，黑色。打制，留有片疤痕。平面呈"凸"字形，平顶，长柄，两边内弧，下端外凸呈宽弧刃，单面刃，刃部有使用痕迹、呈锯齿状。残长15.7、宽12.7、厚2.5厘米（图一八二，6；图版六五，6）。

石凿坯　2件。H124：4，硅质岩，青黑色。打制。不规则倒梯形，顶残，斜边较直，双弧形刃，偏锋。残长7.8、宽3.9、厚1.1厘米（图一八二，4）。H124：5，粉砂岩，青灰色。磨制。长方形，顶残，直边，斜弧刃，极钝，偏锋。残长7、宽4.2、厚1.4厘米（图一八二，5）。

H125　位于T0101东南部，T0102西南部和T0202西北部，并伸出探方外。开口于第3层下，打破H75、H194和第4层，被H120和H197打破。坑口呈圆形，斜壁，平底。坑口直径2.32、坑底直径1.95、深0.83米（图一八三）。坑内堆积为灰褐色土，土质较硬，含较多兽骨和蚌壳。出土陶片多为夹砂褐陶，泥质红陶次之，有少量夹砂灰陶与褐胎黑皮陶，器表多为素面，少量饰绳纹和按窝纹。器形有陶罐形鼎、卷沿瓮、深腹罐、黑顶钵、红顶钵、石锄等。

陶罐形鼎　2件。手制。H125：2，夹细砂褐陶。上腹磨光，下腹较粗糙。敛口，卷沿，圆唇，溜肩，垂腹，底与足皆残。素面。复原口径12、腹径16.2、残高12.7厘米（图一八四，1）。H125：20，夹细砂夹蚌灰陶。口残，鼓腹，平底，三锥形足，足尖残。器表为素面，足

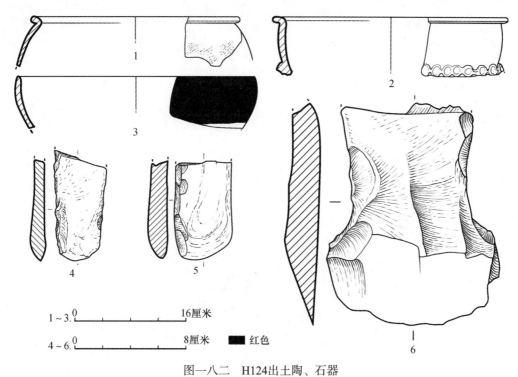

图一八二　H124出土陶、石器

1. 陶卷沿瓮（H124：9）　2. 陶卷沿盆（H124：8）　3. 陶红顶钵（H124：7）　4、5. 石斧坯（H124：4、H124：5）

6. 石锄（H124：1）

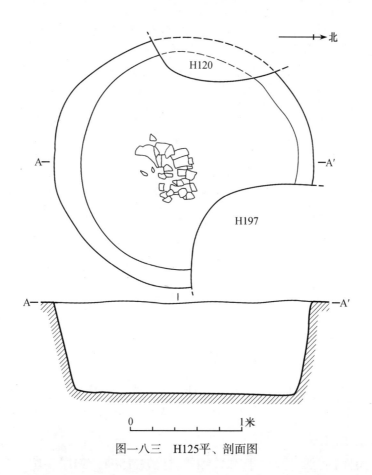

图一八三　H125平、剖面图

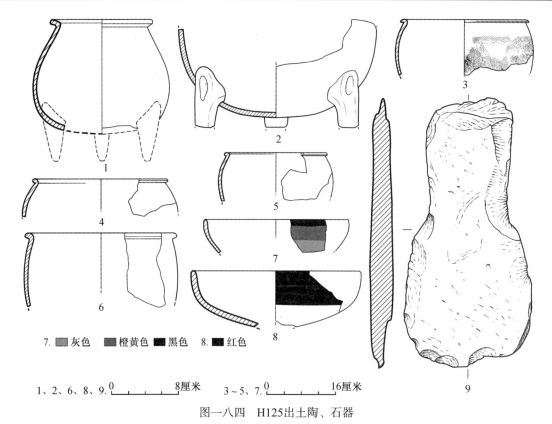

7. ▨ 灰色　■ 橙黄色　■ 黑色　8. ■ 红色

1、2、6、8、9. 0 ——————— 8厘米　　3~5、7. 0 ——————— 16厘米

图一八四　H125出土陶、石器

1、2.陶罐形鼎（H125：2、H125：20）　3~5.陶卷沿瓮（H125：21、H125：25、H125：9）　6.陶深腹罐（H125：10）

7.陶黑顶钵（H125：19）　8.陶红顶钵（H125：3）　9.石锄（H125：1）

根饰一个按窝纹。复原口径22.5、残高8.9厘米（图一八四，2）。

　　陶卷沿瓮　3件。手制，口经慢轮修整。敛口，卷沿，圆唇，微鼓肩，鼓腹，以下残。H125：21，夹细砂夹蚌褐陶。腹饰交错细绳纹。复原口径30、残高12.6厘米（图一八四，3）。H125：25，夹粗砂夹蚌灰胎黑皮陶。素面。复原口径32、残高8.5厘米（图一八四，4）。H125：9，夹细砂夹蚌红褐陶。素面。复原口径24、残高11厘米（图一八四，5）。

　　陶深腹罐　1件。H125：10，夹细砂褐胎黑皮陶。手制，口经慢轮修整，器表磨光。敛口，卷沿，圆唇，溜肩，弧腹微鼓，以下残。素面。复原口径18、残高8.5厘米（图一八四，6）。

　　陶黑顶钵　1件。轮制，器表磨光。H125：19，泥质灰陶，外口上下分别施一周黑色与橙黄色彩带，形成黑顶橙黄腰灰腹状。直口，尖圆唇，弧腹内收，底残。复原口径34、残高7.5厘米（图一八四，7）。

　　陶红顶钵　1件。H125：3，泥质灰陶，外口施一周较宽红彩带，形成红顶灰腹。直口，圆唇，浅弧腹急收，底残。复原口径20、残高6.5厘米（图一八四，8）。

　　石锄　1件。H125：1，闪长岩，灰色。打制，表面有较多疤痕。"凸"字形，弧顶，长柄束腰，两边起肩，长铲，大弧刃，刃部有使用凹缺口，正锋。长31、宽15.1、厚2.7厘米（图一八四，9；图版六六，1）。

　　H126　位于T0101西部。开口于第3层下，打破H150和第4层。坑口为圆形，直壁，底稍有不平，略呈斜坡状。直径1.62、深0.6米（图一八五）。坑内堆积为灰褐色土，土质坚硬，含少量石块、蚌壳和动物骨头。出土少量石器和陶片。陶片以夹砂红褐陶为主，夹砂褐陶和泥质红陶次之，有少量夹砂褐胎黑皮陶，以素面陶居多，纹饰主要有绳纹和凹弦纹。器形有陶罐形鼎、卷沿瓮、尖底瓶腹耳、器座，石斧、凿等。

陶罐形鼎　1件。H126：16，夹细砂褐胎黑皮陶。手制，口经慢轮修整，器表磨光。敛口，卷沿，圆唇，微束颈，溜肩，鼓腹，以下残。素面。复原口径18、残高7.5厘米（图一八六，2）。

陶卷沿瓮　1件。H126：10，夹细砂夹蚌红陶。手制，口经慢轮修整。敛口，卷沿，圆唇，鼓肩，以下残。素面。复原口径36、残高5.2厘米（图一八六，1）。

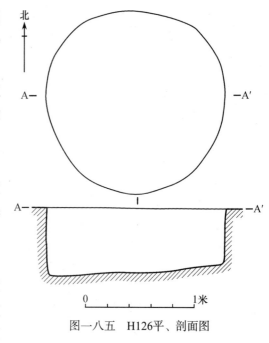

图一八五　H126平、剖面图

陶尖底瓶腹耳　1件。H126：4，夹细砂红陶。腹内壁有多圈泥条盘筑相接形成的凹痕。仅存耳部。环形耳。残存腹饰横向细线纹。残高11.1厘米（图一八六，4）。

陶器座　1件。H126：3，夹粗砂褐胎红皮陶，胎壁极厚。手制。大喇叭形座，上部残，束腰，座外撇。近底端饰七道凹弦纹。复原口径26、残高6.3厘米（图一八六，3）。

石斧　1件。H126：2，硅质岩，黑色。磨制。长方形，顶残，一边弧，一边内凹，双面弧刃，正锋。残高4.9、宽4.7厘米（图一八六，5）。

石凿　1件。H126：1，砂岩，青色。磨制。长方形，弧顶，直边，单面弧刃，刃极钝，偏

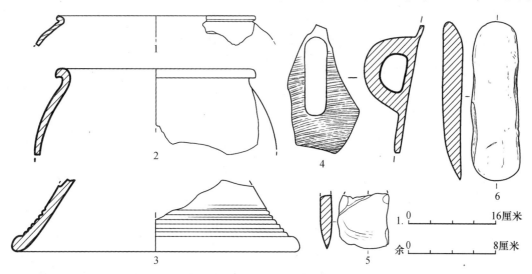

图一八六　H126出土陶、石器

1. 陶卷沿瓮（H126：10）　2. 陶罐形鼎（H126：16）　3. 陶器座（H126：3）　4. 陶尖底瓶腹耳（H126：4）
5. 石斧（H126：2）　6. 石凿（H126：1）

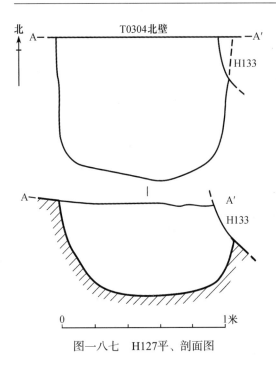

图一八七　H127平、剖面图

锋。长14、宽4.4、厚1.8厘米（图一八六，6）。

H127　位于T0304东北部，部分压于北隔梁下未发掘。开口于第5层下，打破H132、H128和第6层，被H133打破。坑口为近圆角长方形，弧壁，圜底近平。残长1.1、宽0.86、深0.55米（图一八七；图版三九，1）。坑内填灰褐色土，土质疏松，含少量兽骨和石头。出土陶片较少，多为夹砂红陶，有少量夹砂褐陶和泥质红陶，以素面为主，少量器表饰绳纹，器形有陶卷沿瓮、饼等。

陶卷沿瓮　1件。H127：1，夹粗砂夹蚌褐陶。手制，口经慢轮修整。敛口，小卷沿，圆唇，鼓肩，以下残。素面。复原口径26、残高3.1厘米（图一八八，1）。

陶饼　1件。H127：3，夹细砂夹云母褐陶。手制，利用陶片制成。圆形。素面。直径5、厚1.2厘米（图一八八，2）。

H128　位于T0304东北部和T0305西北部。开口于第5层下，打破H129和第6层，被H127和H133打破。坑口为椭圆形，弧壁，平底。长1.68、残宽1.05、深0.33米（图一八九；图版三九，2）。坑内填土为灰褐色土，土质松软，含少量灰白斑点。出土少量陶片，以夹砂红陶居多，夹砂褐陶与泥质红陶次之，有少量夹砂黑陶，几乎皆为素面，只有少量绳纹，器形有陶卷沿瓮、尖底瓶底、器盖等。

陶卷沿瓮　1件。H128：4，夹细砂夹蚌灰胎褐衣陶。手制，口经慢轮修整。敛口，小卷沿，圆唇，斜肩，以下残。素面。复原口径34、残高4.7厘米（图一九○，1）。

陶尖底瓶底　1件。H128：5，夹细砂夹少量云母红陶。仅存底。内壁凹凸不平，为泥条筑接痕迹，内底心有一个凸起的乳头状泥团。斜腹，尖底。素面。残高5.2厘米（图一九○，3）。

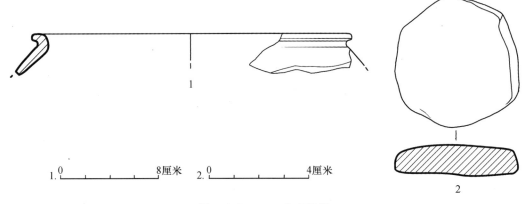

图一八八　H127出土陶器

1. 卷沿瓮（H127：1）　2. 饼（H127：3）

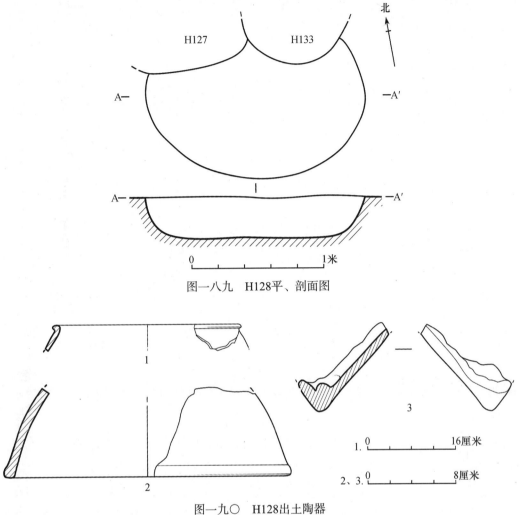

图一八九 H128平、剖面图

图一九〇 H128出土陶器

1. 卷沿瓮（H128∶4） 2. 器盖（H128∶2） 3. 尖底瓶底（H128∶5）

陶器盖 1件。H128∶2，夹细砂夹蚌红陶。手制。覆碗状，敞口，圆唇，深弧壁，顶残。素面。复原口径26、残高7.9厘米（图一九〇，2）。

H129 位于T0304东部和T0305西部。开口于第5层下，打破H130和第6层，被H128打破。坑口为近椭圆形，弧壁，圜底近平。长1.28、宽1.1、深0.75米（图一九一）。坑内堆积可分为2层：第1层，灰白色土，厚0.24~0.4米，含少量红烧土颗粒和较多骨头、石块，出土陶片较少，无可辨器形；第2层，灰白色土，厚0.36~0.43米，土质松软，含少量石头和骨头，出土陶片较少，有少量夹砂红褐色绳纹陶片，无可辨器形。

H130 位于T0304东南部和T0305西南部。开口于第5层下，打破第6层，被H129和H230打破。坑口为椭圆形，弧壁，圜底。残长0.86、宽0.56、深0.66米（图一九二）。坑内堆积为黄灰色土，土质较软，含少量骨头。出土少量陶片，以夹砂红陶居多，夹砂褐陶和泥质红陶次之，有少量夹砂褐色绳纹陶片，器形有陶卷沿瓮等。

陶卷沿瓮 2件。手制，口经慢轮修整。敛口，卷沿，圆唇，鼓肩，鼓腹，以下残。H130∶3，夹细砂夹云母红陶。腹饰左斜粗绳纹。复原口径30、残高7.8厘米（图一九三，

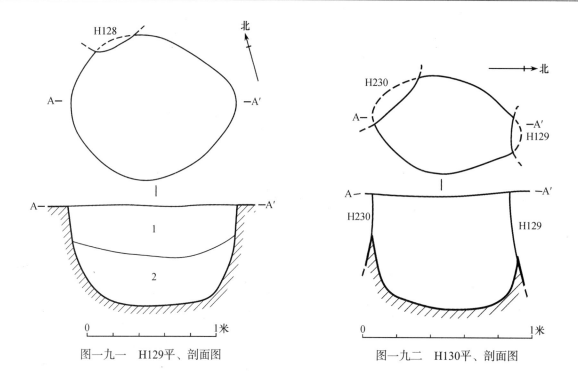

图一九一　H129平、剖面图　　　　　　　　图一九二　H130平、剖面图

1）。H130：2，夹细砂夹云母黑陶。器表磨光。素面。复原口径26厘米、残高6.7厘米（图一九三，2）。

H131　位于T0203西部。开口于第4层下，打破H149和第5层，被H87打破。坑口为椭圆形，弧壁，圜底。长1.32、残宽1.16、深1.23米（图一九四）。坑内堆积为灰褐色土，土质较硬，含少量红烧土颗粒。出土的少量陶片较为细碎，以夹砂红褐陶为主，夹砂红陶和泥质红陶次之，有少量夹砂灰陶，素面陶较多，纹饰主要为绳纹，应为陶卷沿瓮、尖底瓶、钵等的残片。

H132　位于T0304东北部和T0305西北部。开口于第5层下，打破H128和第6层，被H133和

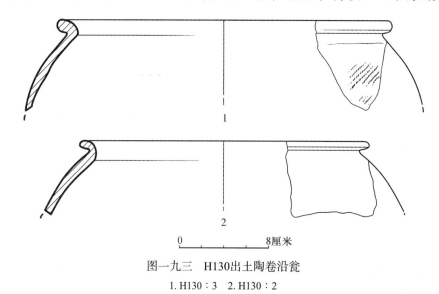

图一九三　H130出土陶卷沿瓮
1. H130：3　2. H130：2

H127打破。坑口为椭圆形，直壁，平底。长0.81、宽0.75、深0.4米（图一九五）。坑内堆积为灰土，土质较硬，含少量骨头。出土少量陶片，以泥质红陶为主，夹砂褐陶和红陶次之，多为素面陶，少量饰绳纹，器形仅见陶钵。

陶钵 1件。H132：1，泥质红陶。轮制，器表磨光。敞口，圆唇，弧腹内收，以下残。素面。复原口径30、残高5.8厘米（图一九六）。

H133 位于T0305西北部和T0304东北部，部分压于北隔梁下未发掘。开口于第4层下，打破第5层。坑口原应为椭圆形，弧壁，圜底。长1.8、宽0.7、深0.8米（图一九七）。坑内堆积分2层：第1层，黄灰色土，厚6～36厘米，土质松软，出土少量陶片，主要为夹砂红褐陶，泥质红陶次之，有少量夹砂褐陶和褐胎黑皮陶，纹饰以绳纹为主，素面陶稍少，应为尖底瓶、瓮、钵类陶器残片；第2层，灰色土，厚0～52厘米，土质疏松，出土极少量陶片，无可辨器形。

H135 位于T0506东南部和T0507西南部。开口于第4层下，打破H190、F11和生土。坑口为椭圆形，弧壁，平底。长1.22、宽0.84、深0.12米（图一九八）。坑内堆积为黑褐色土，土质疏松，含红烧土颗粒。出土少量陶片，以夹砂褐陶为主，泥质红陶次之，有少量夹砂褐胎黑皮陶，器表大多为素面，器形仅见陶卷沿瓮。

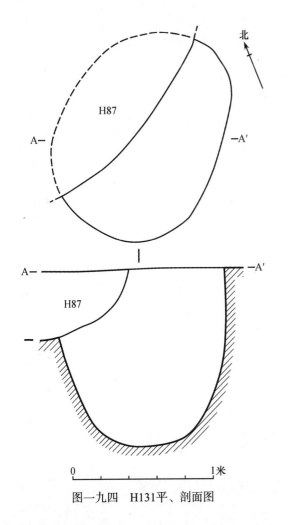

图一九四 H131平、剖面图

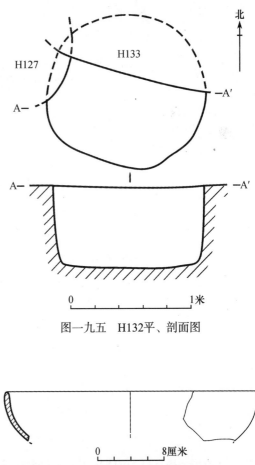

图一九五 H132平、剖面图

图一九六 H132出土陶钵（H132：1）

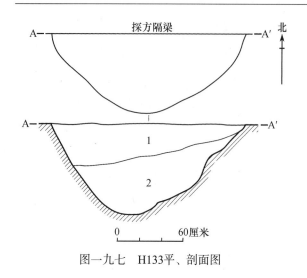

图一九七　H133平、剖面图

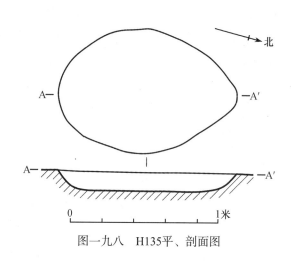

图一九八　H135平、剖面图

陶卷沿瓮　1件。H135:1，夹细砂夹蚌褐胎黑皮陶。手制，口经慢轮修整，器表磨光。敛口，卷沿，圆唇，鼓肩，鼓腹，以下残。素面。复原口径30、残高8.5厘米（图一九九）。

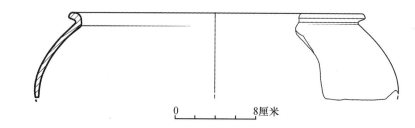

图一九九　H135出土陶卷沿瓮（H135:1）

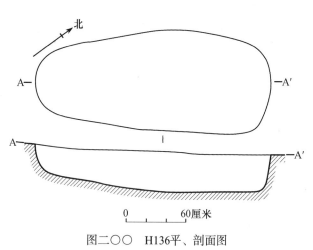

图二〇〇　H136平、剖面图

H136　位于T0608西北部。开口于第3层下，打破H177和第4层。坑口为椭圆形，弧壁，底略呈斜坡状。长2.4、宽1、深0.26～0.4米（图二〇〇）。坑内堆积为灰黑色土，土质松软，含草木灰。出土少量陶片，以夹砂红褐陶为主，夹砂褐陶和泥质红陶次之，纹饰以绳纹为主，凹弦纹次之，有少量彩陶，器形有陶釜形鼎、卷沿瓮、矮领瓮、钵、彩陶钵等。

陶釜形鼎　1件。H136:1，夹细砂夹蚌褐陶。手制，口经慢轮修整。敞口，高仰折沿，沿面内凹，圆唇，唇内外缘皆鼓凸，口断面呈铁轨形，斜肩，折腹，圜底残。肩满饰凹弦纹，最大腹径处起一周较宽的凸棱。复原口径14、最大腹径21.8、复原高15.4厘米（图二〇一，1）。

陶卷沿瓮　1件。H136:3，夹细砂夹云母褐陶。手制，口经慢轮修整。敛口，卷沿，圆

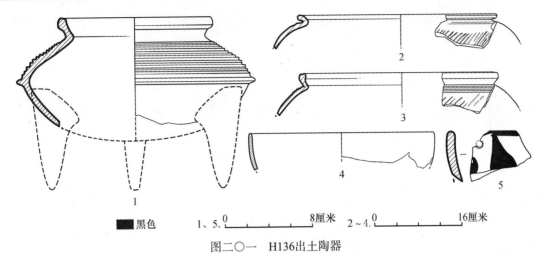

图二〇一 H136出土陶器

1.釜形鼎（H136：1） 2.卷沿瓮（H136：3） 3.矮领瓮（H136：2） 4.钵（H136：7） 5.彩陶钵（H136：6）

唇，圆广肩，以下残。肩饰左斜粗绳纹。复原口径36、残高6.2厘米（图二〇一，2）。

陶矮领瓮 1件。H136：2，夹细砂夹云母红陶。手制，口经慢轮修整。敞口，方唇，唇面有一道凹槽，唇内外缘皆鼓凸，矮斜领，口断面呈铁轨形，圆肩，以下残。肩饰五道凹弦纹，以下饰左斜细绳纹。复原口径36、残高7.4厘米（图二〇一，3）。

陶钵 1件。H136：7，泥质橙红陶。轮制，器表磨光。直口，尖圆唇，弧腹，以下残。素面。复原口径34、残高6.5厘米（图二〇一，4）。

彩陶钵 1件。H136：6，泥质灰胎红衣陶。轮制，器表磨光。直口，圆唇，口有一个圆形小穿孔，弧腹，以下残。外口有圆点与弧边三角纹黑彩图案。残高4.5厘米（图二〇一，5）。

H140 位于T0305东南部、T0306西南部、T0405东北部和T0406西北部。开口于第4层下，打破G1和生土，被M8打破。坑口为椭圆形，弧壁，圜底。长1.72、宽1.46、深0.7米（图二〇二）。坑内堆积为灰土，土质松软，含少量红烧土颗粒。出土较多陶片，以夹砂褐陶为主，泥质红陶和夹砂褐胎黑皮陶次之，器表多为素面，少量饰有绳纹，器形有陶罐形鼎、矮领瓮、深腹罐、钵、器盖、锉等。

陶罐形鼎 2件。手制，口经慢轮修整，上腹磨光，底粗糙、未打磨。敛口，卷沿，圆唇，溜肩，鼓腹下垂，安三个矮圆柱形足。器表为素面。H140：2，夹细砂夹云母褐胎黑皮陶。圜底残。足根饰一周五个小指窝和一个大按窝纹。复原口径24、腹径28、高18.4厘米（图二〇三，1）。H140：1，夹细砂灰胎黑皮陶。圜底。足根饰一个椭圆形按窝纹。复原口径20.4、腹径25.4、

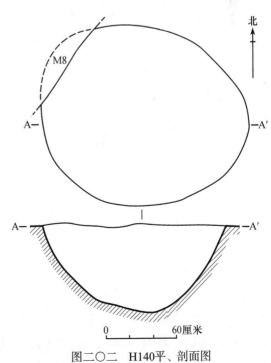

图二〇二 H140平、剖面图

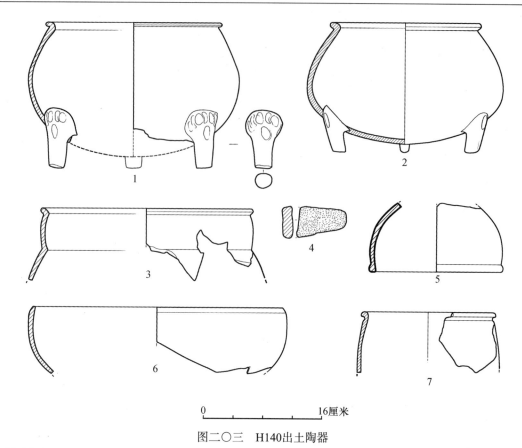

图二〇三　H140出土陶器

1、2.罐形鼎（H140：2、H140：1）　3.高领瓮（H140：4）　4.锉（H140：12）　5.器盖（H140：8）　6.钵（H140：10）

7.深腹罐（H140：3）

高17厘米（图二〇三，2；图版六四，2）。

　　高领瓮　1件。H140：4，夹细砂褐胎黑皮陶。手制，口经慢轮修整，器表磨光。敛口，仰折沿，圆唇，高弧领，溜肩，以下残。素面。复原口径29、残高9.6厘米（图二〇三，3）。

　　深腹罐　1件。H140：3，夹细砂褐胎黑皮陶。手制，器表磨光。敛口，小卷沿，圆唇，深弧腹，底残。素面。复原口径18、残高8厘米（图二〇三，7）。

　　钵　1件。H140：10，泥质橙红陶。轮制，器表磨光。直口，尖圆唇，弧腹内收，以下残。素面。复原口径34、残高8.8厘米（图二〇三，6）。

　　器盖　1件。H140：8，夹细砂褐陶。手制。微敛口，叠唇，深弧壁，顶残。素面。复原口径18、残高8.9厘米（图二〇三，5）。

　　锉　1件。H140：12，夹细砂灰褐陶。手制。梯形，一端残断。器表布满孔状小圆窝。残长6.8、宽4.1、厚0.7厘米（图二〇三，4）。

　　H141　位于T0508西南部。开口于第3层下，打破第4层，被H143和M21打破。坑口为圆形，弧壁，圜底。长1.8、宽1.68、深0.29米（图二〇四）。坑内堆积为灰黑色土，土质较软，含少量动物骨头。出土少量陶片，以夹砂褐陶为主，泥质红陶次之，有少量夹砂褐胎黑皮陶，多为素面陶，纹饰有少量绳纹、凹弦纹和附加堆纹，另有少量彩陶，器形有陶矮领瓮、深腹罐、卷沿盆、彩陶盆、钵和彩陶钵等。

陶矮领瓮　1件。H141：9，夹粗砂夹蚌褐陶。手制，口经慢轮修整。直口，方唇，唇面有一道凹槽，唇内外缘皆鼓凸，矮领，口断面呈铁轨形，溜肩，鼓腹，以下残。素面。复原口径24、残高10.5厘米（图二〇五，1）。

陶深腹罐　1件。H141：6，夹细砂夹云母黑陶。手制，口经慢轮修整，器表磨光。敛口，卷沿，圆唇，溜肩，弧腹微鼓，底残。腹饰三道凹弦纹。复原口径15、残高6.5厘米（图二〇五，2）。

陶卷沿盆　1件。H141：7，夹细砂红陶。手制，口经慢轮修整。微敛口，卷沿，圆唇，上腹微鼓，下腹弧内收，底残。腹饰一周波浪形附加堆纹。复原口径40、残高9.8厘米（图二〇五，4）。

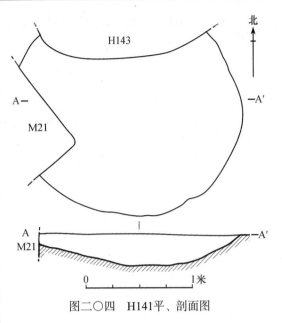

图二〇四　H141平、剖面图

彩陶盆　2件。泥质红陶。轮制，器表磨光。敛口，卷沿，圆唇，弧腹微鼓，以下残。H141：2，沿面较窄。沿面有一周黑彩带，腹有弧线与直边三角纹黑彩图案。复原口径36、残高6厘米（图二〇五，5）。H141：1，沿面较宽。沿面有黑彩弧边三角纹图案，腹有黑彩弧宽带。复原口径36、残高5.1厘米（图二〇五，6）。

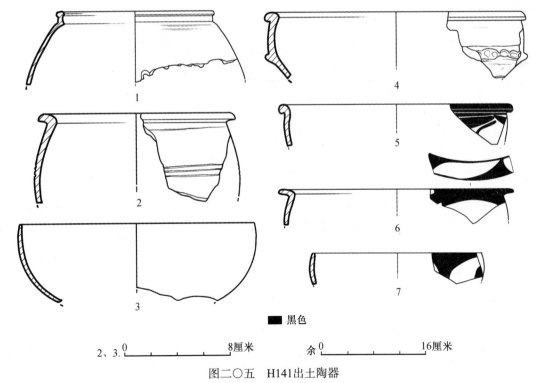

■ 黑色

图二〇五　H141出土陶器

1.矮领瓮（H141：9）　2.深腹罐（H141：6）　3.钵（H141：4）　4.卷沿盆（H141：7）

5、6.彩陶盆（H141：2、H141：1）　7.彩陶钵（H141：3）

陶钵　1件。H141：4，泥质红陶。轮制，器表磨光。直口，尖唇，弧腹内收，底残。素面。复原口径18、残高5.8厘米（图二〇五，3）。

彩陶钵　1件。H141：3，泥质红陶。轮制，器表磨光。微敛口，圆唇，弧腹，以下残。外口有弧边三角纹黑彩图案。复原口径26、残高4.3厘米（图二〇五，7）。

H142　位于T0604东南部、T0605西南部和T0705西北部。开口于第4层下，打破生土，被H74、H107打破。坑口为不规则椭圆形，斜壁，平底。坑口长4.64、宽2.68米，坑底长3.56、宽2.26米，深0.6~0.9米（图二〇六）。坑内堆积为灰褐色土，土质松散，含少量红烧土颗粒和炭灰。出土少量陶片，以泥质红陶居多，有少量夹砂红陶和褐陶，多为素面，纹饰仅见少量绳纹，应为陶瓮、钵等的残片。

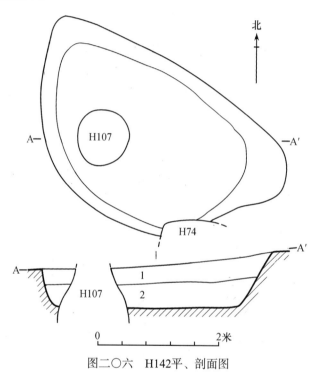

图二〇六　H142平、剖面图

H143　位于T0508中部。开口于第3层下，打破H141和第4层。坑口为圆形，弧壁，平底略有起伏。长2.64、宽2.46、深0.7米（图二〇七）。坑内堆积分5层：第1层，灰褐色土，厚4~24厘米，含较多石头，出土极少量陶片，以泥质红陶居多，有少量夹砂红褐色绳纹陶片，器形仅见陶钵（图二〇八；彩版九，1）；第2层，黄灰色土，厚0~12厘米，含少量红烧土颗粒和大量石头、河蚌，出土遗物极少，无可辨器形（图二〇九）；第3层，灰黑色土，厚4~12厘米，含少量红烧土颗粒和大量石头、河蚌，出土极少碎陶片，无可辨器形（图二一〇；图版四〇，1）；第4层，灰褐色土，厚4~26厘米，含较多动物骨头、石头和河蚌，陶片出土极少，器形难辨（图二一一；图版四〇，2）；第5层，浅灰色土，厚2~26厘米，含较多动物骨头和河蚌，出土极少碎陶片。

H143①　器形仅见陶钵。

陶钵　1件。H143①：1，泥质灰胎橙红衣陶。轮制，器表磨光。直口，圆唇，弧腹内

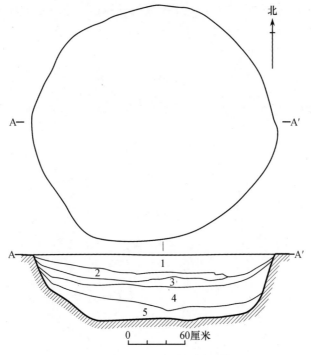

图二〇七 H143平、剖面图

图二〇八 H143①石头分布图

北

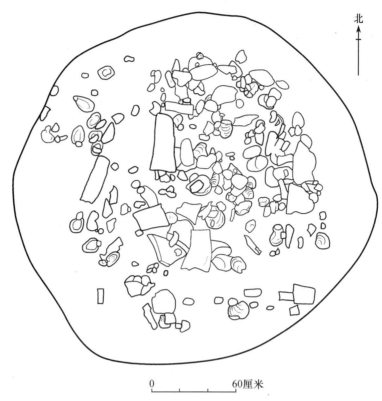

0　　　　　　60厘米

图二〇九　　H143②石头分布图

北

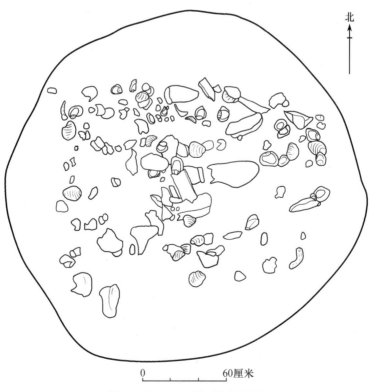

0　　　　　　60厘米

图二一〇　　H143③石头分布图

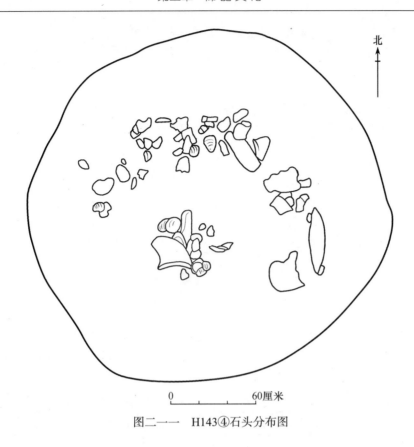

图二一一 H143④石头分布图

收，以下残。素面。内壁有一层白灰色沉淀物痕迹，复原口径18、残高5.4厘米（图二一二）。

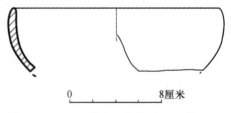

图二一二 H143①出土陶钵（H143①：1）

H144 位于T0710西南部和T0810西北部。开口于第5层（西周）的G6之下，打破生土。坑口呈不规则椭圆形，弧壁，底较平。长3.12、宽1.05、深0.6～0.78米（图二一三）。坑内填黑灰色土，土质松散，含草木灰。出土陶片较多，以夹砂褐陶居多，泥质红陶和夹砂褐胎黑皮陶次之，有少量夹砂灰陶，素面陶占大多数，纹饰以绳纹较多，凹弦纹和按窝纹仅有少量，另有少量彩陶，器形有陶罐形鼎、壶形鼎、卷沿瓮、钵、红顶钵、锉和彩陶盆等。

陶罐形鼎 2件。手制，口经慢轮修整。敛口，卷沿，圆唇，溜肩，腹以下残。素面。H144：9，夹粗砂夹蚌褐陶。鼓腹。复原口径24、残高9.5厘米（图二一四，1）。H144：32，夹细砂褐胎黑皮陶。器表磨光。弧腹微鼓。复原口径22、残高12.3厘米（图二一四，2）。

陶壶形鼎 1件。H144：28，夹细砂夹蚌褐胎黑皮陶。手制，口经慢轮修整，器表磨光。敛口，卷沿，圆唇，高领外弧，溜肩，以下残。素面。复原口径16、残高8.9厘米（图二一四，3）。

陶卷沿瓮 3件。手制，口经慢轮修整。敛口，卷沿，圆唇，腹以下残。H144：19，夹细砂夹蚌褐陶。微束颈，鼓肩，鼓腹。腹饰左斜细绳纹。复原口径28、残高6.5厘米（图二一四，5）。H144：31，夹细砂褐胎黑皮陶。圆鼓肩，鼓腹。素面。复原口径24、残高10.6

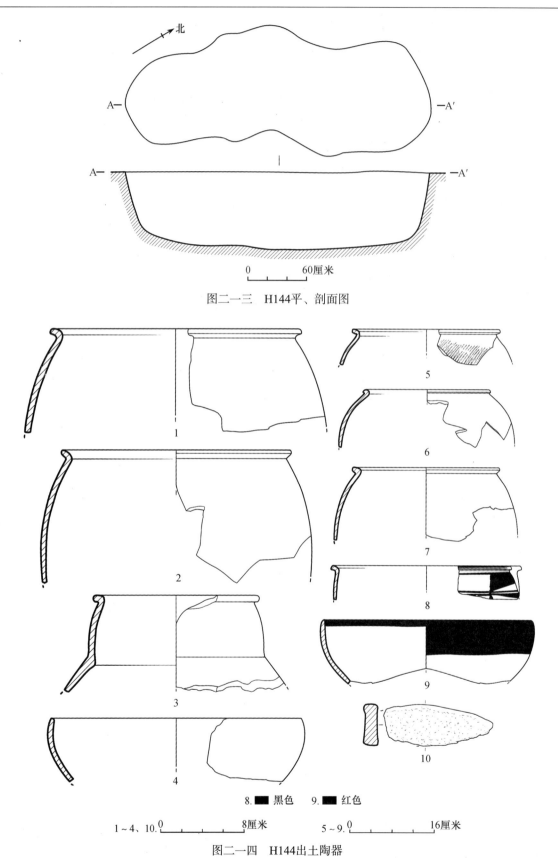

图二一三　H144平、剖面图

8.■ 黑色　9.■ 红色

图二一四　H144出土陶器

1、2.罐形鼎（H144∶9、H144∶32）　3.壶形鼎（H144∶28）　4.钵（H144∶6）　5～7.卷沿瓮（H144∶19、H144∶31、
H144∶23）　8.彩陶盆（H144∶1）　9.红顶钵（H144∶2）　10.锉（H144∶26）

厘米（图二一四，6）。H144：23，夹细砂夹蚌褐陶。微鼓肩，鼓腹。素面。复原口径28、残高13.6厘米（图二一四，7）。

彩陶盆　1件。H144：1，泥质红陶。手制，器表磨光。侈口，卷沿，圆方唇，弧腹微鼓，以下残。沿面有一周黑彩带，上腹有直线与直边三角纹黑彩图案。复原口径36、残高6.1厘米（图二一四，8）。

陶钵　1件。轮制，器表磨光。H144：6，泥质橙红陶。微敛口，圆唇，弧腹内收，下腹残。素面。复原口径24、残高5.8厘米（图二一四，4）。

陶红顶钵　1件。轮制，器表磨光。H144：2，泥质灰陶，口内外皆施一周红彩带，形成红顶灰腹。直口，尖圆唇，弧腹内收，下腹残。复原口径40、残高11.8厘米（图二一四，9）。

陶锉　1件。H144：26，夹粗砂夹蚌红陶。手制。柳叶状，一端已残。器表布满孔状小圆窝。残长10.4、宽3.8、厚1.4厘米（图二一四，10）。

H145　位于T0608西北部。开口于第4层下，打破第5层，被H180、H192和M21打破。坑口为不规则椭圆形，弧壁，平底。残长2.24、宽1.42、深0.52米（图二一五；图版四〇，3）。坑内堆积分2层：第1层，褐色土，厚18～30厘米，土质松散，含较多红烧土颗粒，出土少量陶片，以泥质陶为主，夹砂褐陶次之，有少量彩陶，器形有陶矮领瓮、红顶钵、器盖和彩陶盆等；第2层，褐灰色土，厚20～30厘米，土质疏松，含少量草木灰和兽骨，出土少量陶片，陶质、陶色、纹饰与第1层接近，器形有陶卷沿瓮、深腹罐、钵和彩陶盆等。

H145①　器形有陶矮领瓮、红顶钵、器盖和彩陶盆等。

陶矮领瓮　1件。H145①：2，夹粗砂灰陶。手制，口经慢轮修整。直口，方唇，唇较厚，矮领，圆鼓肩，以下残。肩饰六道凹弦纹。复原口径36、残高5.5厘米（图二一六，1）。

彩陶盆　1件。H145①：5，泥质红陶。手制，器表磨光。敛口，卷沿，圆唇，弧

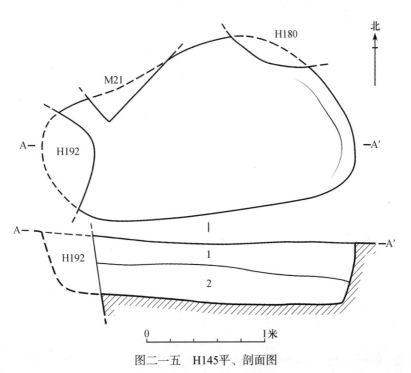

图二一五　H145平、剖面图

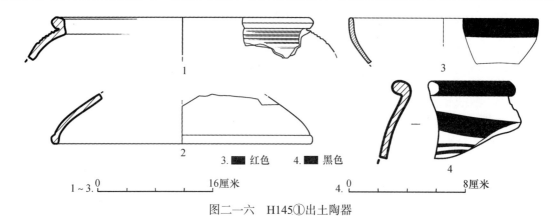

图二一六　H145①出土陶器

1. 矮领瓮（H145①：2）　2. 器盖（H145①：7）　3. 红顶钵（H145①：6）　4. 彩陶盆（H145①：5）

腹微鼓，下腹残。唇面有一周黑彩带，腹有弧线与宽带纹黑彩图案。残高5.2厘米（图二一六，4）。

　　陶红顶钵　1件。H145①：6，泥质灰陶，外口施一周红彩带，形成红顶灰腹。轮制，器表磨光。直口，圆唇，弧腹内收，下腹残。复原口径26、残高6.1厘米（图二一六，3）。

　　陶器盖　1件。H145①：7，泥质褐陶。手制，口经慢轮修整，器表稍加打磨。覆盆状，敞口，圆唇，浅弧壁，顶残。素面。复原口径36、残高6.7厘米（图二一六，2）。

　　H145②　器形有陶卷沿瓮、深腹罐、钵和彩陶盆等。

　　陶卷沿瓮　1件。H145②：4，夹细砂灰陶。手制，口、肩经慢轮修整。敛口，卷沿，圆唇，鼓肩，鼓腹，以下残。腹饰左斜细密绳纹。内壁黏附一层白灰色沉淀物。复原口径26、残高3.7厘米（图二一七，1）。

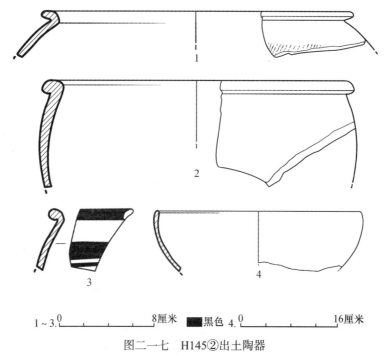

图二一七　H145②出土陶器

1. 卷沿瓮（H145②：4）　2. 深腹罐（H145②：3）　3. 彩陶盆（H145②：5）　4. 钵（H145②：7）

陶深腹罐 1件。H145②：3，夹细砂褐陶，局部有黑斑。手制，口、肩经慢轮修整，器表打磨光滑。敛口，卷沿，圆唇，弧腹微鼓，以下残。素面。内壁黏附一层白灰色沉淀物。复原口径26、残高8.6厘米（图二一七，2）。

彩陶盆 1件。H145②：5，泥质灰胎橙黄陶。手制，器表磨光。敛口，卷沿，圆唇，弧腹微鼓，以下残。唇面有一周黑彩带，腹有弧线与宽带纹黑彩图案。残高5厘米（图二一七，3）。

陶钵 H145②：7，泥质灰胎红衣陶。轮制，器表磨光。直口，圆唇，弧腹内收，底残。素面。复原口径34、残高9.6厘米（图二一七，4）。

H146 位于T0506东南部。开口于第5层下，打破生土。坑口为近圆形，弧壁，底近平。长1.67、宽1.35、深0.58米（图二一八；彩版九，2）。坑内填灰白色土，土质疏松，含草木灰、红烧土粒、小石块、骨头、蚌壳和螺蛳壳等。出土少量陶片，多为夹砂褐陶，夹砂灰胎黑皮陶次之，有少量泥质红陶，以素面为主，少量饰绳纹、凹弦纹和按窝纹，器形有陶卷沿瓮、高领瓮、深腹罐、饼、鼎足等。

陶卷沿瓮 1件。H146：3，夹细砂夹云母褐陶。手制，口、肩经慢轮修整。敛口，卷沿，圆唇，溜肩，弧腹微鼓，以下残。腹饰左斜细绳纹。复原口径26、残高5.5厘米（图二一九，2）。

陶高领瓮 1件。H146：1，夹细砂夹蚌红褐陶。手制，口经慢轮修整。侈口，仰折沿，沿面极窄，圆唇，高领微外弧，斜肩，以下残。肩饰指甲纹与竖向细绳纹各一道。复原口径38、残高9.4厘米（图二一九，1）。

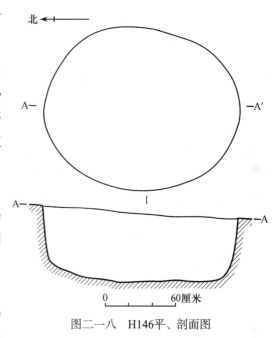

图二一八 H146平、剖面图

陶深腹罐 1件。H146：5，夹细砂灰胎黑皮陶。手制，器表磨光。敛口，卷沿，圆唇，溜肩，弧腹微鼓，以下残。复原口径13、残高5.1厘米（图二一九，3）。

陶饼 1件。H146：2，夹细砂夹蚌灰胎褐陶。手制，周缘未经打磨。圆形。器表有细绳纹。直径5.2～5.6、厚0.8厘米（图二一九，5）。

陶鼎足 1件。H146：6，夹细砂夹云母红陶。手制。扁平足，足尖残。足根顶部有一排戳印条纹，其下有两个左右并列的小指窝纹。残高4.7厘米（图二一九，4）。

H147 位于T0303东北部和T0304西北部。开口于第4层下，打破第5层，被H11打破。坑口为椭圆形，直壁，平底。长1.23、宽0.86、深0.57米（图二二〇）。坑内填土为灰褐色土，土质松软，包含少量红烧土颗粒和石头。出土少量陶片，以夹砂红陶居多，泥质红陶和夹砂褐陶次之，器表多饰绳纹，素面陶稍少，器形有陶卷沿瓮、矮领瓮、卷沿盆等。

陶卷沿瓮 1件。H147：1，夹细砂夹蚌红褐陶。手制，口经慢轮修整。敛口，卷沿，圆唇，鼓肩，鼓腹，以下残。腹饰左斜细绳纹。复原口径40、残高7.8厘米（图二二一，1）。

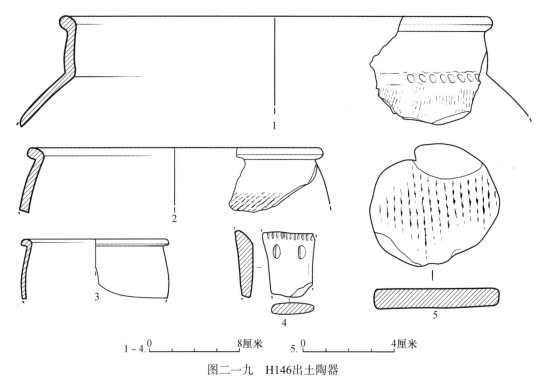

图二一九　H146出土陶器

1. 高领瓮（H146：1）　2. 卷沿瓮（H146：3）　3. 深腹罐（H146：5）　4. 鼎足（H146：6）　5. 饼（H146：2）

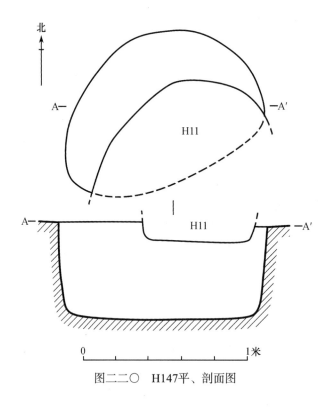

图二二〇　H147平、剖面图

陶矮领瓮　1件。H147：4，夹细砂夹蚌灰胎红褐衣陶。手制，口经慢轮修整。敞口，方唇，唇内外缘皆鼓凸，矮斜领，领面有一道凹槽，口断面呈铁轨形，鼓肩，以下残。素面。复原口径32、残高6.4厘米（图二二一，2）。

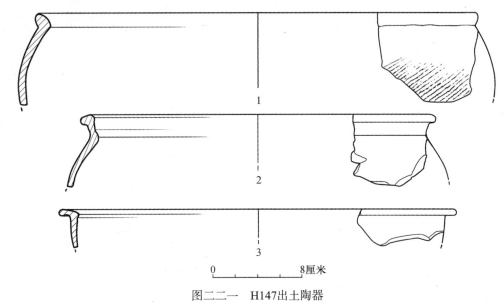

图二二一　H147出土陶器

1. 卷沿瓮（H147：1）　2. 矮领瓮（H147：4）　3. 卷沿盆（H147：5）

陶卷沿盆　1件。H147：5，泥质红陶。手制，口经慢轮修整，器表磨光。敞口，微仰折沿，圆唇，弧腹内收，以下残。素面。复原口径36、残高3.2厘米（图二二一，3）。

H148　位于T0202东北部。开口于第4层下的H87之下，打破H149和第5层，被H90打破。坑口为圆形，弧壁，平底略有起伏。直径1.2、深0.51米（图二二二）。坑内堆积分2层：第1层，青灰色土，厚14～28厘米，土质较硬，较纯净，无出土遗物；第2层，灰黑色土，厚10～32厘米，土质较硬，出土少量夹砂褐色碎陶片，无可辨器形。

H149　位于T0202东北部和T0203西北部。开口于第4层下，打破第5层，被H131和H148打破。坑口为近圆形，斜壁不规整，平底。坑口长2.24、宽2.3米，坑底长1.2、宽0.8米，深1.6米（图二二三）。坑内堆积为黑褐色土，土质松软，含草木灰、动物骨头和蚌壳。出土少量陶片，以泥质红陶居多，有少量夹砂褐陶和红褐色碎陶片，无可辨器形。

H150　位于T0101西南部。开口于第3层下，打破第4层，被H126打破，西南部被汉江冲毁。坑口原应为椭圆形，斜壁，平底。坑口残长1.83、宽1.26米，坑底残长1.46、宽0.82米，深0.8米（图二二四）。坑内堆积为灰褐色土，土质较疏松。出土少量陶片，以夹砂褐陶为主，夹砂红陶和泥质红陶次之，有少量夹砂褐胎黑皮陶，多为素面，少量饰绳纹，器形有陶矮领瓮、器盖等。

陶矮领瓮　1件。H150：2，夹粗砂夹蚌红陶。手制，口经慢轮修整。敛口，小卷沿，圆唇，矮领，斜肩，以下残。素面。残高6厘米（图二二五，2）。

陶器盖　1件。H150：1，夹细砂黑陶。手制，器表磨光。侈口，圆唇，深弧壁，顶残。素面。复原口径20、残高4.6厘米（图二二五，1）。

H151　位于T0101西北部。开口于第3层下，打破第4层，西部被汉江冲毁。坑口原应为圆形，斜壁，平底。坑口残长1.3、宽1.34米，坑底长0.8、宽0.84米，深1.5米（图二二六）。坑内堆积为灰褐色土，土质较硬，含较多蚌壳、石块和粗大的兽骨。出土1件石镞和较多陶片。

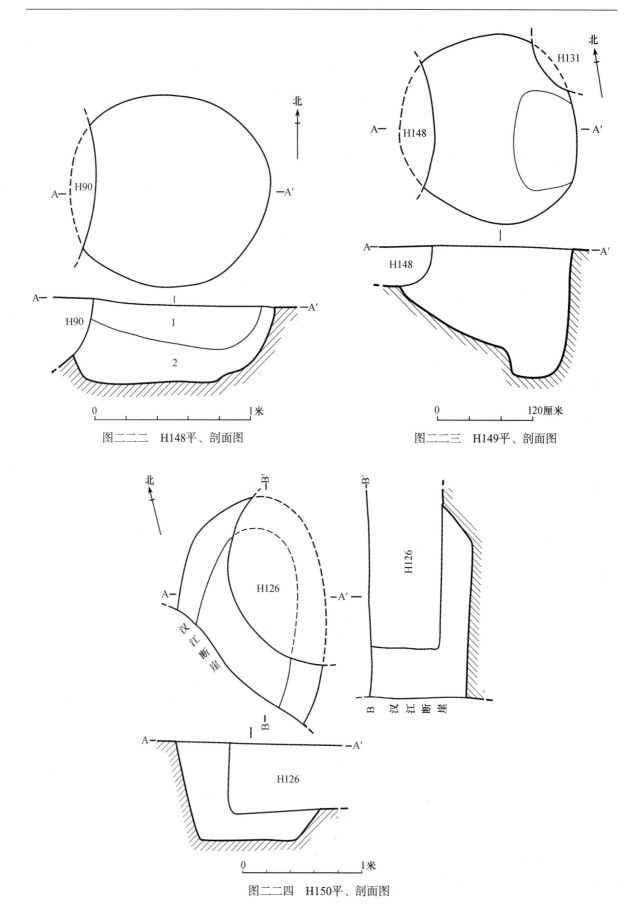

图二二二　H148平、剖面图

图二二三　H149平、剖面图

图二二四　H150平、剖面图

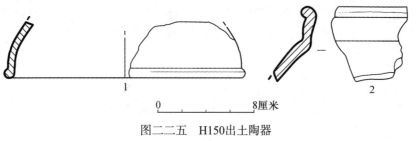

图二二五 H150出土陶器
1. 器盖（H150∶1） 2. 矮领瓮（H150∶2）

陶片以夹砂褐陶居多，泥质红陶次之，有少量夹砂灰陶和褐胎黑皮陶，多为素面，有少量饰绳纹和按窝纹，器形有陶卷沿瓮、深腹罐、钵、器盖等。

陶卷沿瓮 1件。H151∶10，夹细砂夹蚌褐胎黑皮陶。手制，口经慢轮修整，器表磨光。敛口，卷沿，圆唇，鼓肩，以下残。素面。复原口径17、残高3.9厘米（图二二七，1）。

陶深腹罐 1件。H151∶13，夹细砂夹蚌黑陶。手制，器表稍经打磨。敛口，小卷沿，尖圆唇，溜肩，弧腹微鼓，以下残。素面。复原口径16、残高5.5厘米（图二二七，3）。

陶钵 1件。H151∶2，泥质橙红陶。轮制，器表磨光。直口，圆唇，弧腹内收，底残。素面。复原口径36、残高9.5厘米（图二二七，2）。

陶器盖 1件。H151∶8，夹粗砂夹蚌黑陶。手制，器表磨光。覆盆状，侈口，卷沿，圆唇，浅弧壁，顶残。素面。复原口径30、残高8.4厘米（图二二七，4）。

石镞 1件。H151∶1，泥质岩，黑色。磨制，通体磨光。呈三角形，锋锐尖，另一端钝圆，无铤。长4.7、宽1.5、厚0.2厘米（图二二七，5）。

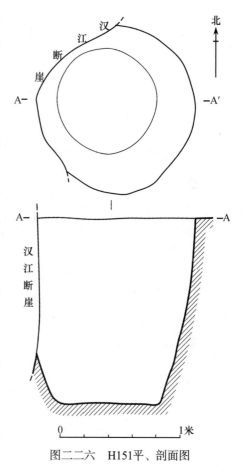

图二二六 H151平、剖面图

H153 位于T0407南部和T0507北部。开口于第3层下，打破第4层，被H155和M11打破。坑口为近圆形，斜壁，底不规整，最深处形成一个椭圆形小坑。坑口长0.92、宽0.88、深0.44~0.61米，底部小坑长0.18、宽0.08、深0.08米（图二二八）。坑内堆积为黄灰色土，土质较软。出土1件骨锥和较多陶片。陶片以夹砂褐陶居多，夹砂红陶和泥质红陶次之，有少量夹砂灰陶，纹饰以绳纹为主，素面陶稍少，另有少量彩陶，器形有陶卷沿瓮、彩陶钵等。

陶卷沿瓮 1件。H153∶2，夹细砂红陶。手制，口经慢轮修整。敛口，卷沿，圆唇，微鼓肩，鼓腹，以下残。腹饰左斜粗绳纹。复原口径26、残高13.5厘米（图二二九，1）。

彩陶钵 1件。H153∶5，泥质橙红陶。轮制，器表磨光。微敛口，尖圆唇，弧腹内收，以下残。器表有细线与弧边三角纹黑彩图案。残高8.2厘米（图二二九，2）。

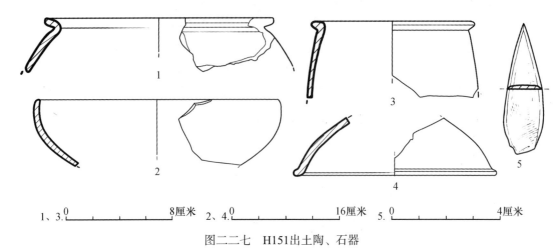

1、3. 0 ———————— 8厘米　　2、4. 0 ———————— 16厘米　　5. 0 ———— 4厘米

图二二七　H151出土陶、石器

1.陶卷沿瓮（H151：10）　2.陶钵（H151：2）　3.陶深腹罐（H151：13）　4.陶器盖（H151：8）　5.石镞（H151：1）

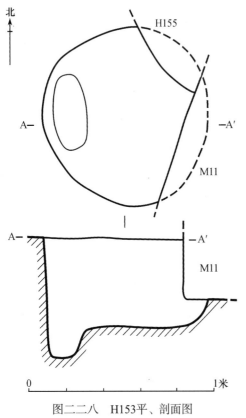

图二二八　H153平、剖面图

骨镞　1件。H153：1，利用骨骼磨制而成。锥形，锋部钝圆，铤呈细锥状。残长7.8厘米（图二二九，3）。

H156　位于T0806东南部和T0807西南部，开口于第4层下，打破生土，被H60和F6打破。坑口原应为椭圆形，直壁，平底。长1.88、残宽1.6、深0.46米（图二三〇）。坑内堆积为黄褐色土，土质致密，含较多红烧土粒。出土少量陶片，以夹砂红褐陶为主，夹砂褐陶与泥质红陶次之，有少量夹砂褐胎黑皮陶，器表大多饰绳纹，素面稍少，器形有陶卷沿瓮、深腹罐、尖底瓶口、折沿盆等。

陶卷沿瓮　1件。H156：2，夹细砂夹云母红褐陶。手制，口、肩经慢轮修整。敛口，卷沿，圆唇，斜肩，鼓腹，以下残。肩饰细浅左斜线纹，模糊不清。复原口径30、残高6厘米（图二三一，1）。

陶深腹罐　1件。H156：4，夹细砂褐胎黑皮陶。手制，上腹磨光，下腹未经打磨。敛口，卷沿，圆唇，溜肩，弧腹微鼓，下腹残。素面。复原口径18、残高9.2厘米（图二三一，3）。

陶尖底瓶口　1件。H156：7，夹细砂红褐陶。泥条盘筑，内壁有泥圈相接痕迹。口残，束颈，颈以下残。颈上端饰一道凹弦纹，以下饰右斜线纹。残高6.2厘米（图二三一，4）。

陶折沿盆　1件。H156：3，夹细砂夹蚌褐陶。手制，口经慢轮修整。敞口，折沿外垂，圆唇，斜直腹内收，底残。素面。复原口径30、残高8厘米（图二三一，2）。

H161　位于T0102南部和T0202北部。开口于第3层下，打破第4层。坑口为圆形，弧壁，

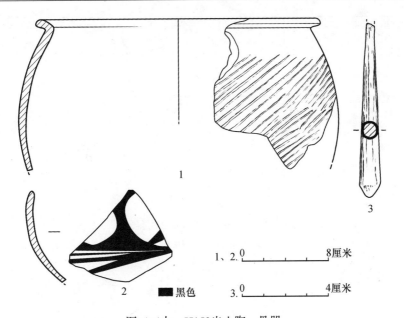

图二二九　H153出土陶、骨器

1. 陶卷沿瓮（H153：2）　2. 彩陶钵（H153：5）　3. 骨镞（H153：1）

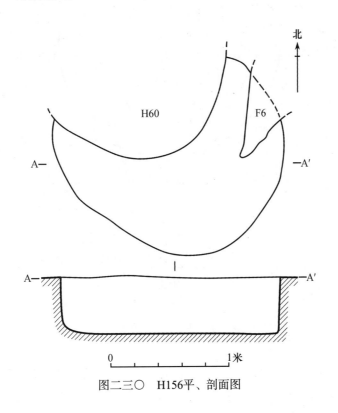

图二三〇　H156平、剖面图

圜底。直径1.6、深0.4米（图二三二）。坑内堆积为灰色土，土质疏松，含草木灰。出土1件石斧和少量陶片。陶片以夹砂褐陶为主，夹砂红褐陶和泥质红陶次之，多为素面，少量饰细绳纹，器形有陶罐形鼎、钵等。

　　陶罐形鼎　1件。H161：4，夹细砂夹蚌褐陶。手制，口经慢轮修整。敛口，卷沿，尖圆唇，溜肩，鼓腹，以下残。素面。复原口径24、残高7厘米（图二三三，1）。

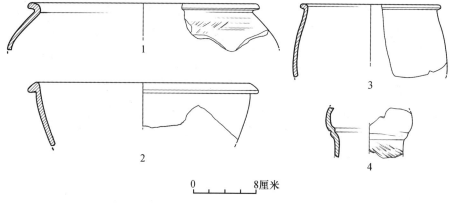

图二三一　H156出土陶器

1. 卷沿瓮（H156∶2）　2. 折沿盆（H156∶3）　3. 深腹罐（H156∶4）　4. 尖底瓶口（H156∶7）

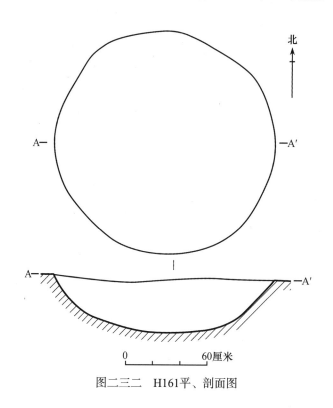

图二三二　H161平、剖面图

陶钵　1件。H161∶6，泥质红陶。轮制，器表磨光。敞口，尖圆唇，弧腹内收，底残。素面。残高5厘米（图二三三，2）。

石斧　1件。H161∶1，砂质岩，青灰色。打制，一面保留较多打击疤痕。梯形，斜弧顶，斜边微凹，单面弧刃，偏锋。长15.3、宽8.9、厚2.3厘米（图二三三，3；图版六六，2）。

H162　位于T0204南部。开口于第4层下，打破第5层，被H121和H228打破。坑口为不规则椭圆形，弧壁，圜底。长2.12、残宽1.96、深0.8米（图二三四）。坑内堆积为黄灰色土，土质松散，含动物骨头、蚌壳和螺蛳等。出土陶片极少，以夹砂褐陶为主，泥质红陶次之，有少量夹砂褐胎黑皮陶，多为素面，少量饰绳纹，应为陶瓮、钵等的残片。

H163 位于T0505西南部。开口于第4层下，打破第5层。坑口为圆形，弧壁，圜底。直径0.7、深0.39米（图二三五）。坑内堆积为黑灰色土，土质松散，含较多红烧土粒和小石块。出土少量石器和陶片。石器有斧、斧坯、凿等。陶片以夹砂红陶为主，泥质红陶次之，有少量夹砂褐胎黑皮陶，多为素面陶，仅少量有纹饰，有绳纹和凹弦纹等，另有少量彩陶，器形有陶卷沿瓮、折沿罐、彩陶钵等。

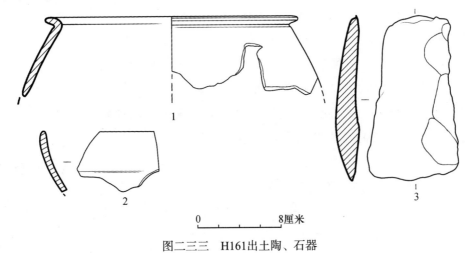

图二三三 H161出土陶、石器

1. 陶罐形鼎（H161：4） 2. 陶钵（H161：6） 3. 石斧（H161：1）

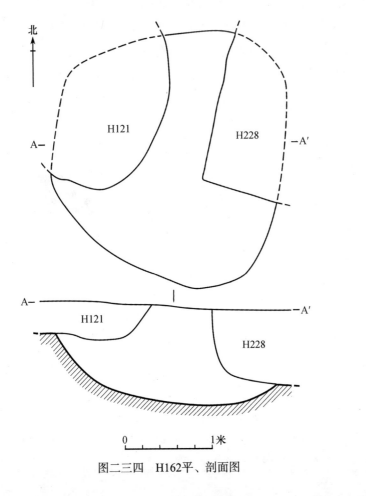

图二三四 H162平、剖面图

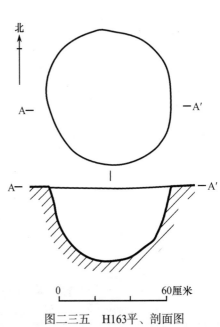

图二三五 H163平、剖面图

陶卷沿瓮　1件。H163：5，夹粗砂夹蚌红褐陶。手制，口经慢轮修整。敛口，卷沿，圆唇，鼓肩，鼓腹，以下残。腹饰左斜细绳纹。复原口径42、残高7.9厘米（图二三六，1）。

陶折沿罐　1件。H163：6，夹粗砂夹蚌褐陶。手制，口经慢轮修整。敞口，仰折沿，圆唇，溜肩，弧腹微鼓，以下残。器表饰左斜细绳纹，且肩间以四周凹弦纹。复原口径42、残高14.3厘米（图二三六，2）。

彩陶钵　1件。H163：4，泥质红陶。轮制，器表磨光。直口，圆唇，弧腹内收，下腹残。器表有圆点、斜线与弧边三角纹黑彩图案。复原口径30、残高8厘米（图二三六，3）。

石斧　1件。H163：1，青黑色，硅质岩。打、磨兼制，留有打击疤痕。梯形，弧顶残，斜边，双面弧刃。长16.2、宽9、厚3.5厘米（图二三六，4）。

石斧坯　1件。H163：2，粉砂岩，灰黄色。打制，未见打磨痕迹。长方形，直边，刃部呈斜弧形。长9.2、宽10.3、厚2.7厘米（图二三六，5）。

石凿　1件。H163：3，硅质岩，青灰色。磨制，通体磨光。倒梯形，平顶，内斜边，下部残断。长8.2、宽3.4、厚1.2厘米（图二三六，6）。

H165　位于T0102中部。开口于第3层下，打破第4层，东北部被埝河冲毁。坑口为圆形，弧壁，圜底。长1.9、残宽1.8、深0.8米（图二三七；彩版九，3）。坑内堆积为灰褐色土，土质较硬，含少量红烧土粒。出土较多陶片，以夹砂褐陶居多，泥质红陶次之，有少量夹砂灰陶，多为素面，少量饰绳纹和凹弦纹，器形有陶卷沿瓮、矮领瓮、钵、器座、锉等。

陶卷沿瓮　1件。H165：17，夹细砂夹蚌红陶。手制，口经慢轮修整。敛口，卷沿，圆唇，斜肩，以下残。素面。复原口径26、残高4厘米（图二三八，1）。

陶矮领瓮　1件。H165：11，夹细砂红陶。手制，口经慢轮修整。直口，圆方唇，唇内外缘皆鼓凸，矮直领，口断面呈铁轨形，斜肩，以下残。肩饰两周凹弦纹。复原口径24、残高3.4厘米（图二三八，2）。

陶钵　1件。H165：7，泥质红陶。轮制，器表磨光。直口，尖圆唇，弧腹内收，底残。素

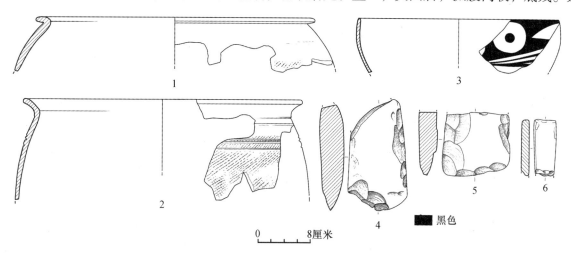

图二三六　H163出土陶、石器

1. 陶卷沿瓮（H163：5）　2. 陶折沿罐（H163：6）　3. 彩陶钵（H163：4）　4. 石斧（H163：1）　5. 石斧坯（H163：2）

6. 石凿（H163：3）

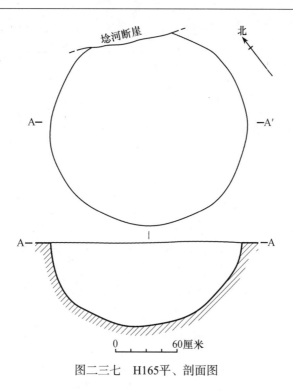

图二三七 H165平、剖面图

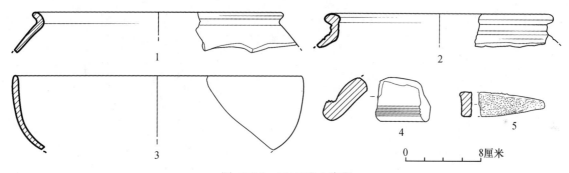

图二三八 H165出土陶器

1.卷沿瓮（H165：17） 2.矮领瓮（H165：11） 3.钵（H165：7） 4.器座（H165：1） 5.锉（H165：18）

面。复原口径30、残高7.5厘米（图二三八，3）。

陶器座 1件。H165：1，夹砂褐胎红衣陶。手制，经慢轮修整，器表磨光。仅存底，大喇叭座，近底端有一道较深的凹槽。座缘饰三周凹弦纹。残高4.5厘米（图二三八，4）。

陶锉 1件。H165：18，夹细砂灰陶。手制。柳叶形，一端残缺。器表布满孔状小圆窝。残长6.9厘米（图二三八，5）。

H166 位于T0407东南部。开口于第4层下，打破生土，被H155和M23打破。坑口为椭圆形，弧壁，平底。残长1.3、宽0.96、深0.3米（图二三九）。坑内堆积为灰褐色土，土质松软，含少量骨头和石头。出土1件石斧和少量陶片。陶片以夹砂褐陶居多，夹砂灰陶与泥质红陶次之，基本为素面，器形有陶卷沿瓮、锉等。

陶卷沿瓮 1件。H166：2，夹细砂夹云母褐陶。手制，口经慢轮修整。敛口，卷沿，圆唇，鼓肩，以下残。素面。复原口径22、残高3.9厘米（图二四〇，1）。

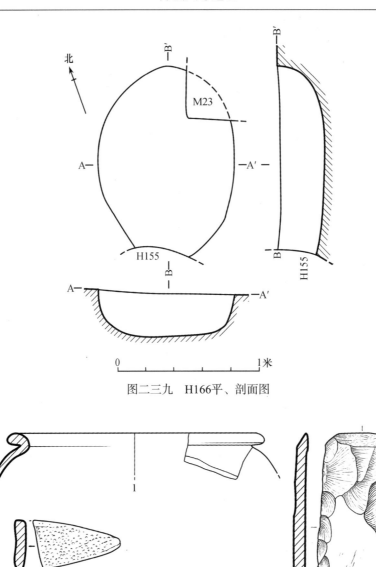

图二三九　H166平、剖面图

图二四〇　H166出土陶、石器

1.陶卷沿瓮（H166∶2）　2.陶锉（H166∶3）　3.石斧（H166∶1）

　　陶锉　1件。H166∶3，夹细砂褐陶。手制。三角形，一端残断。表面布满孔状小圆窝。残长7.5、宽4.1、厚1厘米（图二四〇，2）。

　　石斧　1件。H166∶1，粉砂岩，灰色。磨制。梯形，平顶微弧，斜直边，单面弧刃，偏锋。长7.5、宽4、厚0.4厘米（图二四〇，3；图版六六，3）。

　　H167　位于T0508东南部和T0608东北部。开口于第3层下，打破H123、H177和第4层。坑口为椭圆形，袋状坑，平底。坑口长1.9、宽1.5米，坑底长2.1、宽1.68米，深0.76米（图二四一）。坑内堆积为黄土，土质疏松，较纯净。出土少量陶片，以夹砂红褐陶为主，夹砂褐陶与泥质红陶次之，素面占绝大多数，少量饰绳纹和凹弦纹，另有少量彩陶，器形有陶矮领瓮、尖底瓶口、钵、器座和彩陶盆等。

陶矮领瓮　1件。H167：1，夹粗砂夹蚌灰胎褐衣陶。手制，口经慢轮修整。敞口，方唇，唇面有一道浅凹槽，唇内外缘皆鼓凸，矮斜领，领面内凹，溜肩，以下残。素面。复原口径20、残高6厘米（图二四二，1）。

陶尖底瓶口　1件。H167：6，夹细砂红陶。手制，口经慢轮修整。葫芦形口，方唇，唇内外缘皆鼓凸，口断面呈铁轨形，上端较直，下端外弧微鼓，以下残。素面。复原口径6、残高6.5厘米（图二四二，3）。

彩陶盆　1件。H167：8，泥质橙红陶。手制。敛口，卷沿，圆唇，弧腹微鼓，以下残。唇面有一周黑彩带，腹有直线与宽带纹黑彩图案。残高4.2厘米（图二四二，4）。

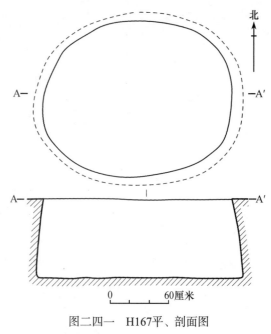

图二四一　H167平、剖面图

陶钵　1件。H167：7，泥质灰胎橙黄衣陶。轮制，器表磨光。直口，尖圆唇，弧腹内收，以下残。素面。复原口径30、残高5.9厘米（图二四二，2）。

陶器座　1件。H167：3，夹粗砂褐胎橙红衣陶，胎体极厚。手制。大喇叭座，上部残，底端外撇。底座饰三道凹弦纹。残高3.2厘米（图二四二，5）。

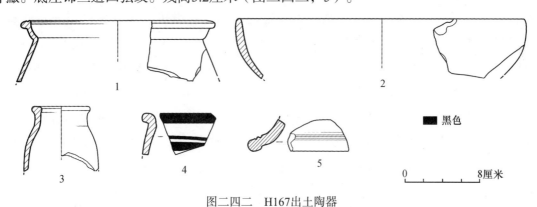

图二四二　H167出土陶器
1.矮领瓮（H167：1）　2.钵（H167：7）　3.尖底瓶口（H167：6）　4.彩陶盆（H167：8）　5.器座（H167：3）

H168　位于T0406东部和T0407西部。开口于第3层下，打破第4层，被H118打破。坑口原应为圆形，直壁，底较平、略呈斜坡状。长0.87、残宽0.73、深0.49米（图二四三）。坑内堆积为黄土，土质紧密，较纯净。出土少量陶片，以夹砂红褐陶为主，有少量夹砂红陶和泥质红陶，器表多为素面，器形仅见陶卷沿瓮。

陶卷沿瓮　1件。H168：1，夹细砂夹少量云母红陶。手制，口、肩经慢轮修整。敛口，卷沿，圆唇，鼓肩，以下残。素面。复原口径32、残高4.2厘米（图二四四）。

H169　位于T0407西部。开口于第4层下，打破H221和第5层。坑口为近圆形，弧壁，底较

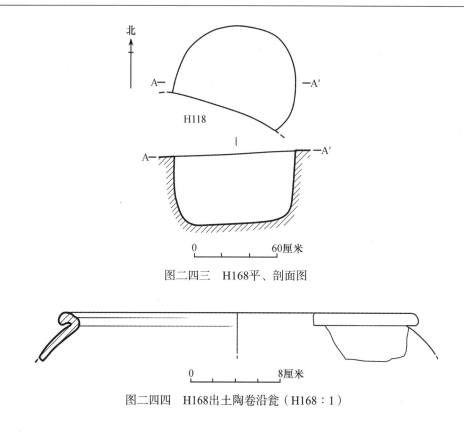

图二四三　H168平、剖面图

0　　　　　　　　8厘米

图二四四　H168出土陶卷沿瓮（H168：1）

平。直径0.76、深0.21米（图二四五）。坑内堆积为褐色土，土质松软，出土少量蚌壳和动物骨头。出土极少量夹砂红褐陶片，器形仅见陶深腹罐。

陶深腹罐　1件。H169：1，夹细砂夹蚌褐陶，局部有黑斑。手制，口经慢轮修整。敛口，小卷沿，圆唇，溜肩，以下残。素面。复原口径26、残高4厘米（图二四六）。

H170　位于T0102东南部。开口于第3层下，打破第4层，被H204打破，东北部被埝河冲毁。坑口原应为椭圆形，弧壁，圜底。残长1.66、宽0.96、深0.7米（图二四七）。坑内堆积为灰褐色土，土质较硬，含草木灰和红烧土颗粒。出土较多陶片，多为夹砂红褐陶，泥质红陶与夹砂褐陶次之，有少量夹砂灰陶和褐胎黑皮陶，以饰纹陶稍多，主要为绳纹和凹弦纹，有少量按窝纹，素面陶次之，另有少量彩陶，器形有陶釜形鼎、卷沿瓮、矮领瓮、尖底瓶底、鼎足、红顶钵和彩陶盆、彩陶钵等。

陶釜形鼎　2件。夹细砂红褐陶。手制，口经慢轮修整。H170：1，直口，方唇，唇面有一道凹槽，矮直领，斜直肩，折腹，圜底，三足皆残，只留有足、腹相接痕。肩满饰密集的凹弦纹。复原口径13.5、腹径23.8、残高9.6、复原高13.5厘米（图二四八，1；彩版二五，3）。H170：5，敞口，方唇，矮斜领，鼓肩，以下残。肩饰六道凹弦纹。复原口径13.5、残高5.3厘米（图二四八，2）。

陶卷沿瓮　2件。手制，口经慢轮修整。敛口，卷沿，圆唇，溜肩，鼓腹，以下残。H170：19，夹细砂夹蚌红陶。器表饰左斜细绳纹。复原口径24、残高6.8厘米（图二四八，3）。H170：28，夹细砂褐陶。素面。复原口径30、残高5.1厘米（图二四八，4）。

陶矮领瓮　1件。H170：10，夹细砂夹蚌红陶。手制，口经慢轮修整。口微敛，卷沿，

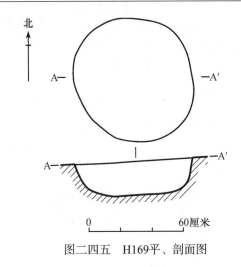

图二四五　H169平、剖面图

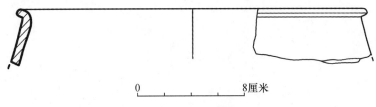

图二四六　H169出土陶深腹罐（H169∶1）

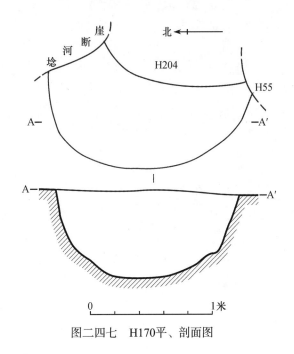

图二四七　H170平、剖面图

圆唇，高领外弧微鼓，溜肩，以下残。肩饰右斜细绳纹。复原口径28、残高9.2厘米（图二四八，5）。

陶尖底瓶底　1件。H170∶3，夹细砂红陶，胎壁厚实。仅存底。泥条盘筑，内壁留有泥圈痕迹与捏压指印。仅残存底，斜直腹内收，底尖残。器表饰左斜线纹。残高7.7厘米（图二四八，9）。

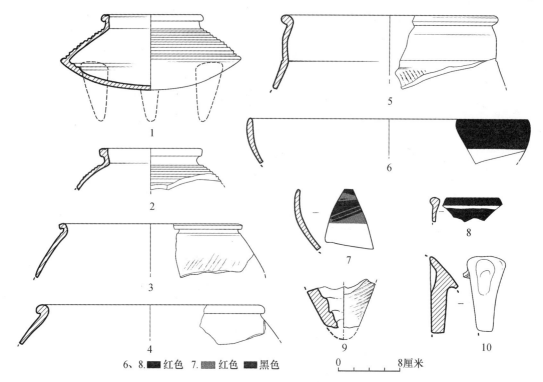

6、8.■红色　7.■红色　■黑色

0　　　　　　8厘米

图二四八　H170出土陶器

1、2.釜形鼎（H170∶1、H170∶5）　3、4.卷沿瓮（H170∶19、H170∶28）　5.矮领瓮（H170∶10）　6.红顶钵（H170∶7）

7.彩陶钵（H170∶32）　8.彩陶盆（H170∶4）　9.尖底瓶底（H170∶3）　10.鼎足（H170∶30）

彩陶盆　1件。轮制，器表磨光。H170∶4，泥质褐陶，口沿与上腹有暗红彩带。敛口，卷沿，圆唇，弧腹以下残（图二四八，8）。

陶红顶钵　1件。轮制，器表磨光。H170∶7，泥质灰陶，外口施一周暗红彩带，形成红顶灰腹。直口，尖圆唇，弧腹内收，以下残。复原口径36、残高5.6厘米（图二四八，6）。

彩陶钵　1件。轮制，器表磨光。H170∶32，泥质灰陶，外口施一周红彩带，用黑彩饰三角形纹。直口，圆唇，弧腹以下残（图二四八，7）。

陶鼎足　1件。H170∶30，夹细砂红陶。手制。圆锥形足，足尖残。足根有一个椭圆形按窝纹。残高7.2厘米（图二四八，10）。

H172　位于T0407中部。开口于第4层下，打破H186和生土，被H95打破。坑口为椭圆形，弧壁，平底。残长1.18、宽0.95、深0.4米（图二四九）。坑内堆积为灰黑色土，土质松散，含较多动物骨头和少量石头。出土少量陶片，多为泥质红陶，夹砂褐陶次之，绝大多数为素面，器形有陶罐形鼎、红顶钵等。

陶罐形鼎　1件。H172∶1，手制，口经慢轮修整。夹细砂夹云母灰红褐陶。敛口，卷沿，圆唇，溜肩，鼓腹，以下残。素面。复原口径24、残高12.8厘米（图二五〇，2）。

陶红顶钵　1件。H172∶2，轮制，器表磨光。泥质灰陶，外口施一周红彩带，形成红顶灰腹。敞口，尖圆唇，弧腹，以下残。素面。复原口径36、残高5.7厘米（图二五〇，1）。

H173　位于T0406东北部和T0407西北部，北部被压于北隔梁下未发掘。开口于第4层下，

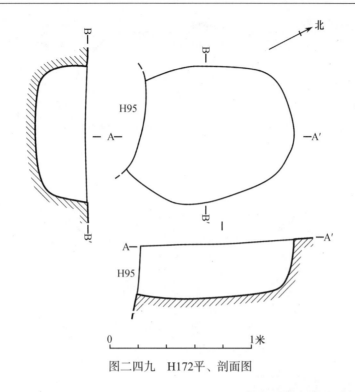

图二四九　H172平、剖面图

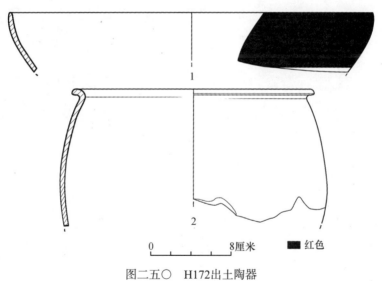

图二五〇　H172出土陶器
1.红顶钵（H172∶2）　2.罐形鼎（H172∶1）

打破H174、H175和生土。坑口原应为椭圆形，弧壁，底较平。长2.04、残宽1.4、深0.2米（图二五一）。坑内堆积为红褐色土，土质松软，含少量红烧土颗粒和骨头。出土2件石斧和少量陶片。陶片多为夹砂褐陶，泥质红陶次之，有少量夹砂褐胎黑皮陶，多为素面，少量饰绳纹和附加堆纹，器形有陶卷沿瓮、钵等。

陶卷沿瓮　2件。手制，口经慢轮修整。H173∶5，夹细砂褐胎黑皮陶。器表磨光。敛口，卷沿，尖圆唇，溜肩，鼓腹，以下残。素面。复原口径20、残高6.8厘米（图二五二，1）。H173∶3，夹粗砂夹蚌褐陶。敛口，卷沿，圆唇，微鼓肩，鼓腹，以下残。肩饰一周波浪

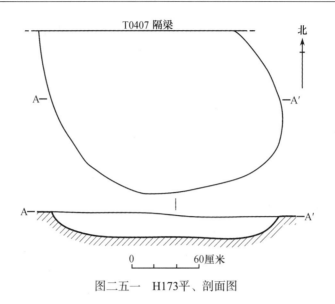

图二五一　H173平、剖面图

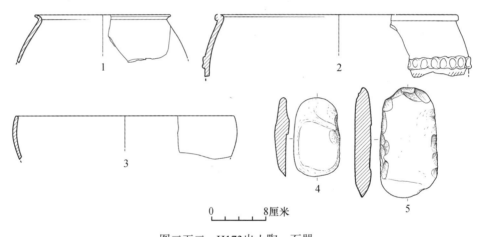

图二五二　H173出土陶、石器

1、2.陶卷沿瓮（H173：5、H173：3）　3.陶钵（H173：7）　4、5.石斧（H173：2、H173：1）

形附加堆纹，腹饰左斜细绳纹。复原口径36、残高8.8厘米（图二五二，2）。

陶钵　1件。H173：7，泥质红陶。轮制，器表磨光。微敛口，圆唇，弧腹内收，下腹残。素面。复原口径32、残高6.1厘米（图二五二，3）。

石斧　2件。H173：2，砂岩，青灰色。磨制，留有打击片疤。圆角长方形，弧顶，斜边微弧，单面弧刃，偏锋。长11.2、宽6.7、厚2厘米（图二五二，4）。H173：1，硅质岩，灰色。磨制，留有打击片疤。近梯形，弧顶，斜边较直，单面弧刃，正锋。长15.7、宽8.4、厚2.4厘米（图二五二，5；图版六六，4）。

H174　位于T0407西北部。开口于第4层下，打破生土，被H173和H175打破。坑口原应为椭圆形，斜壁，平底。坑口残长1.45、宽1.74米，坑底残长1.08、宽1.12米，深0.65米（图二五三；图版四一，1）。坑内堆积分2层：第1层，褐色土，厚20～42厘米，土质疏松，含较多骨头、石头和蚌壳等，出土3件石斧和较多陶片，陶片以夹砂褐陶为主，夹砂红褐陶与泥质红陶次之，有少量夹砂灰陶和泥质灰陶，以饰纹陶稍多，主要为绳纹，附加堆纹和凹弦纹有少量，器形有陶卷沿瓮、折沿盆、钵、红顶钵、器盖等；第2层，黑灰色土，厚0～26厘米，土质松散，包含较多石块和少量动物骨骼、蚌壳、鹿角，出土少量陶片，以夹砂褐陶为主，泥质红陶有少量，多为素面陶，少量饰绳纹和凹弦纹，器形有陶卷沿瓮、鼎足、锉等。

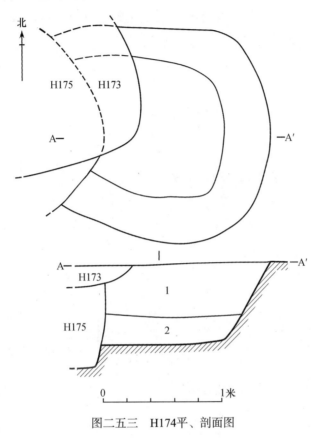

图二五三　H174平、剖面图

H174①　器形有陶卷沿瓮、折沿盆、钵、红顶钵、器盖，石斧等。

陶卷沿瓮　2件。手制，口经慢轮修整。敛口，卷沿，圆唇，鼓肩，鼓腹。H174①：9，夹细砂夹蚌红褐陶。下腹斜直内收，底残。肩饰一周波浪形附加堆纹，腹饰左斜细绳纹，下腹遭刮抹。复原口径42、腹径45.2、复原高34厘米（图二五四，1）。H174①：14，夹细砂灰胎红褐陶。下腹及底残。腹饰左斜细绳纹。复原口径32、残高7.6厘米（图二五四，2）。

陶折沿盆　1件。H174①：5，泥质橙红陶。手制，口经慢轮修整，器表磨光。敞口，仰折沿，圆唇，上腹微鼓，下腹弧内收，底残。素面。复原口径32、残高8厘米（图二五四，5）。

陶钵　2件。轮制，器表磨光。H174①：6，泥质灰胎橙红衣陶。敛口，口有一个由外向内钻的小圆孔，圆唇，上腹较鼓，下腹内收，底残。素面。复原口径38、残高9厘米（图二五四，3）。

陶红顶钵　1件。轮制，器表磨光。H174①：7，泥质灰陶，外口施一周橙红彩带，形成红顶灰腹。敞口，圆唇，弧腹内收，以下残。复原口径32、残高6.1厘米（图二五四，4）。

陶器盖　1件。H174①：15，夹粗砂灰黑陶。手制，口经慢轮修整。覆盆状，侈口，外卷沿，圆唇，浅弧壁，顶残。素面。复原口径32、残高5.4厘米（图二五四，6）。

石斧　3件。H174①：4，硅质岩，灰色。梯形，弧顶，斜直边，斜刃微弧，双面斜刃，偏锋。长12.2、宽8.1、厚2厘米（图二五四，7）。H174①：1，砂岩，黑色。磨制，有打击片疤。梯形，弧顶，斜边，单面尖弧刃，偏锋。长12.3、宽6.6、厚2.3厘米（图二五四，8）。H174①：2，硅质岩，灰色。磨制，有打击片疤。梯形，斜顶，斜边微弧，双面弧刃，偏锋较钝。长14.9、宽9.9、厚2.4厘米（图二五四，9）。

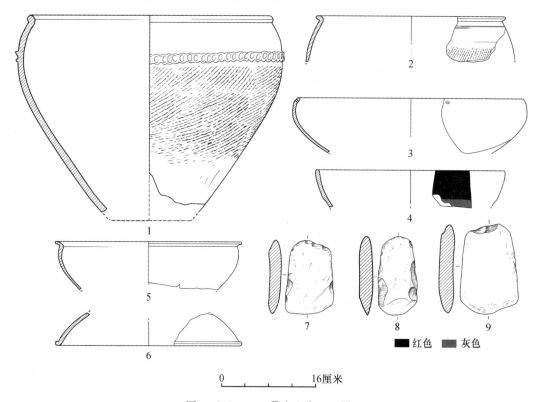

0 ————————— 16厘米

图二五四　H174①出土陶、石器

1、2.陶卷沿瓮（H174①：9、H174①：14）　3.陶钵（H174①：6）　4.陶红顶钵（H174①：7）　5.陶折沿盆（H174①：5）
6.陶器盖（H174①：15）　7~9.石斧（H173①：4、H173①：1、H173①：2）

H174②　器形有陶卷沿瓮、鼎足、锉等。

陶卷沿瓮　2件。夹细砂褐陶。手制，口经慢轮修整。H174②：1，敛口，卷沿，圆唇，鼓肩，鼓腹，以下残。肩饰一道凹弦纹，腹饰左斜细绳纹。复原口径34、残高7.2厘米（图二五五，1）。H174②：2，敛口，卷沿，尖圆唇，溜肩，鼓腹，以下残。素面。复原口径30、残高5.8厘米（图二五五，2）。

陶鼎足　1件。H174②：4，夹粗砂夹蚌褐陶。手制。圆锥形足，足尖残断。残高10.2厘米（图二五五，4）。

陶锉　1件。H174②：3，夹粗砂夹蚌褐陶。手制。柳叶形，两端残断。器表布满孔状小圆窝。残长8.1、宽4.2、厚1厘米（图二五五，3）。

H175　位于T0406东北部和T0407西北部。开口于第4层下，打破H174、H221和生土，被H173和H217打破。坑口为椭圆形，弧壁呈两级台阶状，底较平，最深处形成一个椭圆形坑。

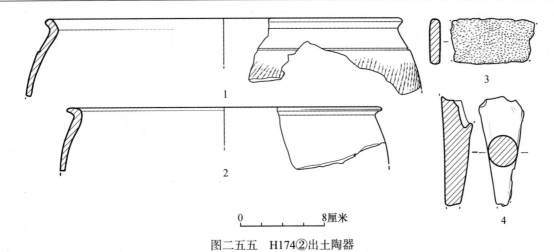

图二五五 H174②出土陶器

1、2.卷沿瓮（H174②：1、H174②：2） 3.锉（H174②：3） 4.鼎足（H174②：4）

坑口长3.12、宽1.64、深0.87米，底小坑长2.31、宽0.89、深0.48米（图二五六）。坑内堆积分2层：第1层，黄灰色土，厚0～50厘米，土质松软，含少量红烧土颗粒和较多动物骨头、石块，出土1件骨镞和少量陶片，陶片以夹砂褐陶为主，泥质红陶次之，多为素面，少量饰绳纹，器形有陶罐形鼎、钵、器盖、锉、鼎足等；第2层，灰黑色土，厚0～70厘米，土质较松软，含较多骨头和河卵石，出土骨针、刮削器各1件和较多陶片，陶片以夹砂褐陶居多，泥质红陶和夹砂褐胎黑皮陶次之，有少量泥质灰陶，多为素面，少量饰绳纹，器形有陶罐形鼎、卷沿瓮、钵、红顶钵、锉、鼎足等。

H175① 器形有陶罐形鼎、钵、器盖、锉、鼎足、骨镞等。

陶罐形鼎 1件。H175①：3，夹细砂夹云母褐陶。手制，口经慢轮修整。器表稍经打磨。敛口，卷沿，圆方唇，溜肩，鼓腹，以下残。素面。复原口径24、残高10.5厘米（图二五七，1）。

陶钵 1件。H175①：8，泥质橙红陶。轮制，器表磨光。微敛口，圆唇，弧腹内收，底残。素面。复原口径32、残高9.8厘米（图二五七，2）。

陶器盖 1件。H175①：4，夹细砂夹蚌褐陶，局部有黑斑。手制，口经慢轮修整。器表稍加打磨。侈口，卷沿，圆唇，深弧壁，顶残。素面。内壁黏附一层白灰色沉淀物。复原口径26、残高8.6厘米（图二五七，3）。

陶锉 1件。H175①：6，夹细砂褐陶。手制。柳叶形，一端稍残。器表布满孔状小圆窝。残长12.9、宽2.6、厚1.4厘米（图二五七，6）。

陶鼎足 1件。H175①：7，夹细砂夹蚌褐陶。手制。锥形足，足尖略外撇。素面。残高9.2厘米（图二五七，4）。

骨镞 1件。H175①：1，暗黄色，利用骨骼磨制而成，留有骨腔壁，通体磨光。锥状扁体，前段三角形为锋，双翼锋利，铤呈锥状，骨腔壁似血槽。长11.9、宽1.8厘米（图二五七，5；图版六七，3）。

H175② 器形有陶罐形鼎、卷沿瓮、钵、红顶钵、锉、鼎足、骨刮削器、针等。

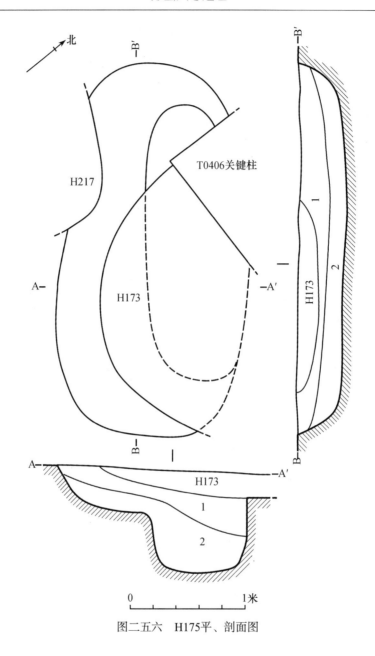

图二五六　H175平、剖面图

陶罐形鼎　2件。夹细砂夹蚌褐胎黑皮陶。手制，器表打磨光滑。敛口，卷沿，圆唇，微鼓肩，鼓腹，底、足皆残，留有足、腹相接痕迹。素面。H175②：4，器体较小。复原口径9、腹径10.2、残高6、复原高9.3厘米（图二五八，3；图版六七，1）。H175②：15，器体稍大。复原口径18、残高9.5、复原高16厘米（图二五八，2；图版六七，2）。

陶卷沿瓮　1件。H175②：8，夹细砂褐陶，局部有黑斑。手制，口经慢轮修整。敛口，卷沿，圆唇，溜肩，鼓腹，以下残。器表饰左斜细绳纹。复原口径28、残高13.2厘米（图二五八，1）。

陶红顶钵　1件。轮制，器表磨光。直口微敛，圆唇，弧腹内收，底残。H175②：6，泥质灰陶，外口施一周红彩带，形成红顶灰腹。复原口径27、残高10.5厘米（图二五八，5）。

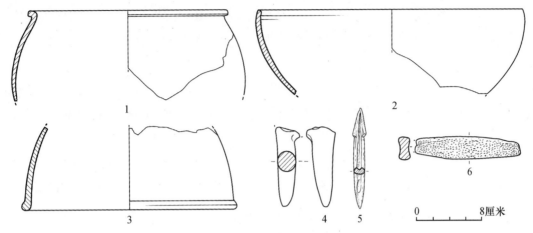

图二五七　H175①出土陶、骨器

1.陶罐形鼎（H175①：3）　2.陶钵（H175①：8）　3.陶器盖（H175①：4）　4.陶鼎足（H175①：7）　5.骨镞（H175①：1）

6.陶锉（H175①：6）

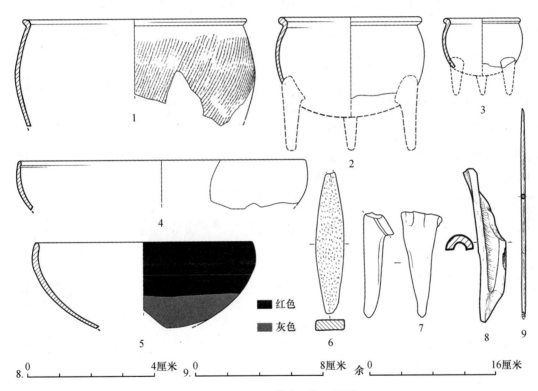

图二五八　H175②出土陶、骨器

1.陶卷沿瓮（H175②：8）　2、3.陶罐形鼎（H175②：15、H175②：4）　4.陶钵（H175②：7）　5.陶红顶钵（H175②：6）

6.陶锉（H175②：13）　7.陶鼎足（H175②：14）　8.骨刮削器（H175②：2）　9.骨针（H175②：1）

　　陶钵　1件。轮制，器表磨光。直口微敛，圆唇，弧腹内收，底残。H175②：7，泥质灰胎橙红衣陶。素面。复原口径32、残高6厘米（图二五八，4）。

　　陶锉　1件。H175②：13，夹细砂褐陶。手制。柳叶形，一端略残。器表布满孔状小圆窝。残长17.3、宽3.5、厚1.2厘米（图二五八，6）。

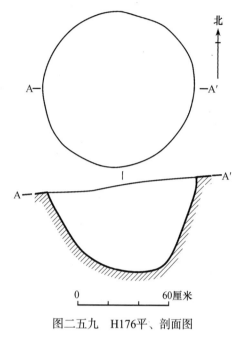

图二五九　H176平、剖面图

陶鼎足　1件。H175②：14，夹粗砂夹蚌褐陶。手制。扁锥形足，足尖略外撇。足根饰两个小按窝纹。残高13厘米（图二五八，7）。

骨刮削器　1件。H175②：2，利用碎骨磨制而成，仅对刃部进行了加工。不规则形，刃部磨成三角形，极锋利。长4.7厘米（图二五八，8；图版六七，4）。

骨针　1件。H175②：1，卵黄色，利用骨骼磨制而成，磨制精细，莹润有光泽。细长条形，前端尖锐，尾端残断，有线孔痕迹。长12.5厘米（图二五八，9；图版六七，5）。

H176　位于T0509西南部和T0609西北部。开口于第3层下，打破H177和第4层。坑口为圆形，弧壁，圜底。直径1、深0.56米（图二五九）。坑内堆积为褐色土，土质较硬，含少量草木灰、红烧土颗粒和较多石块、蚌壳、动物骨头。出土较多陶片，以夹砂褐陶居多，泥质红陶次之，有少量夹砂灰陶和褐胎黑皮陶，器表多为素面，少量饰绳纹和按窝纹，另有少量彩陶，器形有陶釜形鼎、卷沿瓮、卷沿盆、钵、红顶钵、小杯和彩陶盆、彩陶钵等。

陶釜形鼎　1件。H176：9，夹粗砂褐陶，局部有黑斑。手制。口、底、足皆残，斜直肩，折腹，圜底残。肩饰九道凹弦纹，折腹处起一周凸棱。内壁黏附一层灰白色沉淀物痕迹。复原腹径24、残高5.4厘米（图二六○，8）。

陶卷沿瓮　1件。H176：3，夹粗砂夹蚌褐陶。手制，口经慢轮修整。敛口，小卷沿外翻，尖唇，鼓肩，鼓腹，以下残。上腹饰交错细绳纹，下腹饰横向绳纹。复原口径19、残高12.5厘米（图二六○，2）。

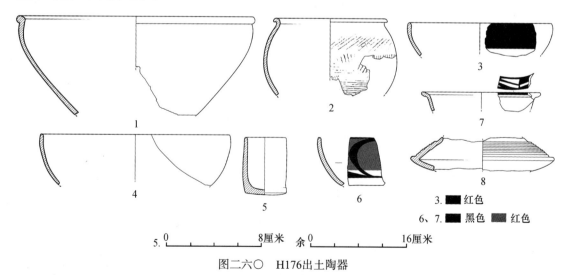

图二六○　H176出土陶器

1.卷沿盆（H176：2）　2.卷沿瓮（H176：3）　3.红顶钵（H176：7）　4.钵（H176：6）　5.小杯（H176：1）
6.彩陶钵（H176：8）　7.彩陶盆（H176：12）　8.釜形鼎（H176：9）

陶卷沿盆 1件。H176：2，夹细砂夹蚌红陶。手制，口经慢轮修整。侈口，小卷沿，圆唇，上腹微鼓，下腹斜内收，底残。素面。复原口径40、残高16厘米（图二六〇，1）。

彩陶盆 1件。H176：12，细泥灰胎橙黄衣陶。手制，口经慢轮修整。敞口，仰折沿，圆唇，弧腹内收，下腹残。唇面饰一周黑彩带，沿面有细线与直边三角纹黑彩图案。复原口径20、残高3.2厘米（图二六〇，7）。

陶钵 1件。轮制，器表磨光。直口，圆唇，弧腹内收，下腹残。H176：6，泥质灰胎橙红衣陶。素面。复原口径32、残高8.2厘米（图二六〇，4）。

陶红顶钵 1件。轮制，器表磨光。直口，圆唇，弧腹内收，下腹残。H176：7，泥质灰陶，外口施一周红彩带，形成红顶灰腹。复原口径24、残高5.4厘米（图二六〇，3）。

彩陶钵 1件。H176：8，泥质橙黄陶，外口施一周红彩带，形成红顶橙黄腹彩陶。轮制，器表磨光。直口，圆唇，弧腹内收，下腹残。唇面有一周黑彩带，上腹有弧线纹黑彩图案。残高7.8厘米（图二六〇，6）。

陶小杯 1件。H176：1，夹细砂夹石英黑陶。手制。直口，方唇，直腹，平底微凸。素面。口径3.5、底径3.5、高4.6厘米（图二六〇，5；彩版二六，1）。

H177 位于T0508东南部、T0509西南部、T0608东北部和T0609西北部。开口于第3层下，打破第4层，被H123、H136、H167、H176打破。坑口为不规则椭圆形，斜直壁，平底。坑口长3.12、宽2.4米，坑底长2.82、宽2.15米，深0.93米（图二六一；图版四一，2）。坑内堆积为灰褐色土，土质较软，包含较多河卵石和少量动物骨骼。出土1件骨刻刀和较多陶片。陶片以夹砂褐陶居多，泥质红陶次之，有少量夹砂褐胎黑皮陶，素面陶占绝大多数，纹饰有少量绳纹、凹弦纹和按窝纹，另有少量彩陶，器形有陶矮领瓮、曲沿罐、尖底瓶口、钵、器盖、饼、彩陶钵等。

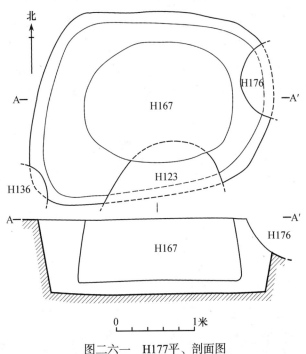

图二六一 H177平、剖面图

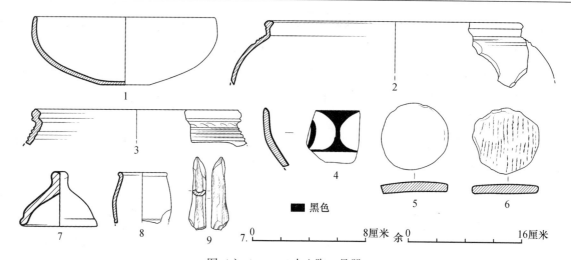

图二六二　H177出土陶、骨器

1. 陶钵（H177：12）　2. 陶矮领瓮（H177：3）　3. 陶曲沿罐（H177：2）　4. 彩陶钵（H177：9）
5、6. 陶饼（H177：17、H177：18）　7. 陶器盖（H177：1）　8. 陶尖底瓶口（H177：7）　9. 骨刻刀（H177：19）

陶矮领瓮　1件。H177：3，夹细砂夹蚌褐陶，局部有黑斑。手制，口经慢轮修整。敛口，圆唇，唇内外缘皆鼓凸，矮直领，口断面呈铁轨形，鼓肩，鼓腹，以下残。肩饰四道凹弦纹。复原口径36、残高9厘米（图二六二，2）。

陶曲沿罐　1件。H177：2，夹细砂夹云母褐陶。手制，口经慢轮修整。敛口，曲沿，内沿面有一道深凹槽，外沿面有一道凸棱，方唇，斜肩，以下残。颈戳印一周右斜短条纹，肩饰多道凹弦纹。复原口径30、残高5厘米（图二六二，3）。

陶尖底瓶口　1件。H177：7，夹细砂红陶。手制。葫芦形口，小卷沿，圆唇，中部微鼓，口以下残。素面。复原口径7、残高7.1厘米（图二六二，8）。

陶钵　1件。H177：12，泥质红陶。轮制，器表磨光。直口，圆唇，弧腹内收，平底。素面。口径26、底径8.5、高9厘米（图二六二，1；图版六八，3）。

彩陶钵　1件。H177：9，泥质灰陶，外口施一周橙红彩带，形成红顶灰腹。轮制，器表磨光。直口，尖圆唇，弧腹内收，底残。外口饰弧线和上下相对弧边三角纹黑彩图案。残高7.3厘米（图二六二，4）。

陶器盖　1件。H177：1，夹细砂褐陶。手制。覆碗状，侈口，圆唇，浅弧壁，弧顶，柱状纽。素面。口径5.5、通高3.8厘米（图二六二，7；彩版二六，2）。

陶饼　2件。利用陶片制成，周缘打磨光滑。近圆形。H177：17，夹细砂褐陶。素面。直径4.8、厚0.7厘米（图二六二，5）。H177：18，夹细砂灰陶。饰细绳纹。直径4.6～4.7、厚0.7厘米（图二六二，6）。

骨刻刀　1件。H177：19，利用骨骼制成，保留有骨腔。应为肱骨的一半，前端削尖，尾端削成斜边。长10.1厘米（图二六二，9）。

H180　位于T0508南部和T0608北部。开口于第4层下，打破H145和第5层，被M21打破。坑口为椭圆形，斜壁，平底。坑口长1.5、宽1.11米，坑底长1.2、宽0.8米，深0.44米（图二六三；图版四二，1）。坑内堆积为灰白色土，土质较软，含少量动物骨头。出土少量陶片，以夹砂褐陶为主，泥质红陶次之，多为素面陶，少量器表饰绳纹，器形有陶卷沿瓮、深腹罐、钵、饼等。

陶卷沿瓮　1件。H180：3，夹细砂红陶。手制，口经慢轮修整。敛口，卷沿，圆唇，微鼓肩，以下残。素面。复原口径34、残高4.9厘米（图二六四，2）。

陶深腹罐　1件。H180：1，夹细砂夹云母红褐陶。手制，器表磨光。敛口，卷沿，圆唇，溜肩，弧腹微鼓，下腹弧内收，平底内凹。素面。内底黏附一层白灰色沉淀物痕迹。复原口径24、底径14、复原高24.5厘米（图二六四，1）。

陶钵　1件。H180：2，泥质褐胎红衣陶。轮制，器表磨光。直口，圆唇；弧腹内收，底残。素面。复原口径22、残高7.1厘米（图二六四，3）。

陶饼　1件。H180：4，利用陶片制成，边缘未经加工。不规则圆形。表面有绳纹。直径3.8、厚0.6厘米（图二六四，4）。

H181　位于T0508东部和T0509西部。开口于第4层下，打破H182、H188、H200、H184和生土，被H177打破。坑口为椭圆形，斜壁，平底。坑口残长1.8、宽1.49米，坑底长1.18、宽0.84米，深0.7米（图二六五）。坑内堆积为灰褐色土，土质较软，含少量动物骨头。出土1件石刀和少量陶片。陶片以夹砂褐陶为主，泥质红陶次之，有极少量夹砂灰陶，饰纹陶较多，素面陶较少，纹饰大多为绳纹，另有较多彩陶。器形有陶卷沿瓮、矮领瓮、彩陶盆、彩陶钵等。

陶卷沿瓮　1件。H181：3，夹粗砂红褐陶。手制，口、肩经慢轮修整。敛口，卷沿，圆唇，鼓肩，鼓腹，以下残。腹饰左斜粗绳纹。复原口径32、残高7厘米（图二六六，2）。

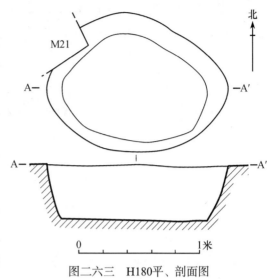

图二六三　H180平、剖面图

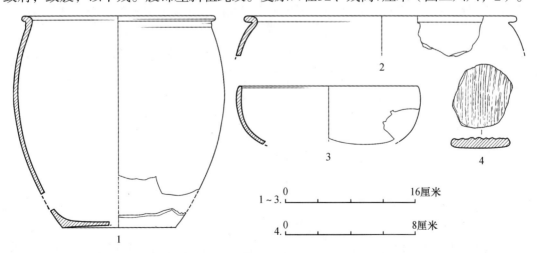

图二六四　H180出土陶器

1.深腹罐（H180：1）　2.卷沿瓮（H180：3）　3.钵（H180：2）　4.饼（H180：4）

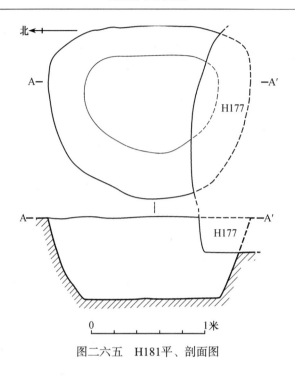

图二六五　H181平、剖面图

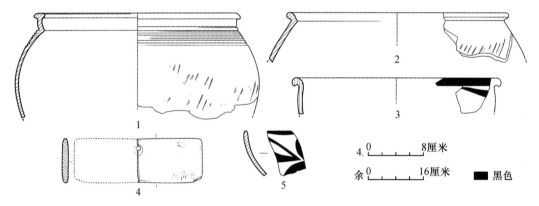

图二六六　H181出土陶、石器

1.陶矮领瓮（H181：2）　2.陶卷沿瓮（H181：3）　3.彩陶盆（H181：8）　4.石刀（H181：1）　5.彩陶钵（H181：7）

陶矮领瓮　1件。H181：2，夹粗砂夹蚌红褐陶。手制，口经慢轮修整。直口，方唇，唇内外缘皆鼓凸，矮领微外弧，口断面呈铁轨形，鼓肩，鼓腹，以下残。肩饰八道凹弦纹，腹饰左斜线纹，较模糊。复原口径30、残高15厘米（图二六六，1）。

彩陶盆　1件。H181：8，泥质橙红陶。手制，器表磨光。侈口，卷沿，圆唇，弧腹，以下残。唇面有一周黑彩带，上腹有宽带纹黑彩图案。复原口径30、残高4.6厘米（图二六六，3）。

彩陶钵　1件。H181：7，泥质灰胎橙红衣陶。轮制，器表磨光。直口，圆唇，弧腹内收，下腹残。外口有斜线与弧边形黑彩图案。残高6.1厘米（图二六六，5）。

石刀　1件。H181：1，硅质岩，灰黑色。磨制，打磨较精细。横长方形，残存一半，直背，近背部有一个双面钻圆孔，直边，双面直刃较圆钝。残长18.8、宽6.2、厚0.4厘米（图二六六，4）。

H182 位于T0508东部和T0509西部。开口于第4层下，打破H184、H200和生土，被H181打破。坑口为椭圆形，斜壁，平底。坑口残长1.3、宽1.22米，坑底残长1.23、宽1.14米，深0.4米（图二六七）。坑内堆积为灰黑色土，土质较软，包含较多河卵石、动物骨头和少量河蚌。出土2件石斧和较多陶片。陶片以泥质红陶居多，夹砂褐陶次之，有少量泥质灰陶，夹砂陶半数以上饰绳纹，泥质陶多以红衣为地施黑彩，器形有陶卷沿瓮、卷沿盆、钵、饼、彩陶钵等。

陶卷沿瓮 1件。H182：4，夹细砂褐陶。手制，口经慢轮修整。敛口，卷沿，圆唇，鼓肩，鼓腹，底残。腹饰左斜线纹。复原口径32、残高19厘米（图二六八，4）。

陶卷沿盆 1件。H182：5，夹粗砂红陶。手制，口经慢轮修整。直口，小卷沿，叠唇，弧腹内收，底残。素面。复原口径32、残高9.8厘米（图二六八，3）。

陶钵 1件。H182：7，泥质灰胎橙红衣陶。轮制，器表磨光。微敛口，圆唇，弧腹内收，底残。素面。复原口径30、残高7.3厘米（图二六八，2）。

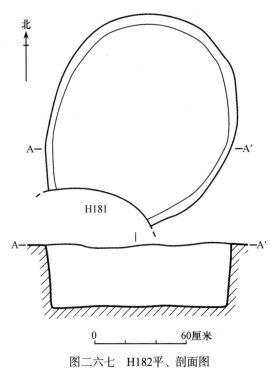

图二六七 H182平、剖面图

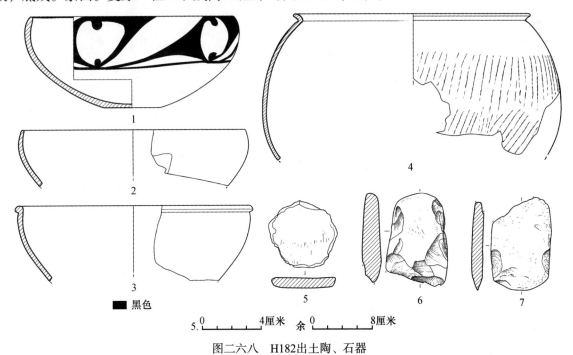

图二六八 H182出土陶、石器

1.彩陶钵（H182：1） 2.陶钵（H182：7） 3.陶卷沿盆（H182：5） 4.陶卷沿瓮（H182：4） 5.陶饼（H182：10）

6、7.石斧（H182：2、H182：3）

彩陶钵　　1件。H182：1，泥质灰陶，外口施一周橙红彩带，形成红顶灰腹。轮制，器表磨光。微敛口，圆唇，弧腹内收，小平底。唇面有一周黑彩带，外口有圆点和弧边三角黑彩图案。复原口径27.5、底径7.5、高12厘米（图二六八，1；彩版二三，2）。

陶饼　　1件。H182：10，夹粗砂褐陶。利用陶片制成，边缘未经加工。圆形。器表有模糊绳纹。直径4.4～4.6、厚0.6厘米（图二六八，5）。

石斧　　2件。硅质岩，青黑色。琢、磨兼制，留有打击片疤。H182：2，梯形，弧顶，斜边微弧，刃部残缺。长12.2、宽8.5、厚2.6厘米（图二六八，6）。H182：3，长方形，顶部呈弧形，刃部残缺，单面磨制，另一面粗糙不平。长12.1、宽8.1、厚1.6厘米（图二六八，7）。

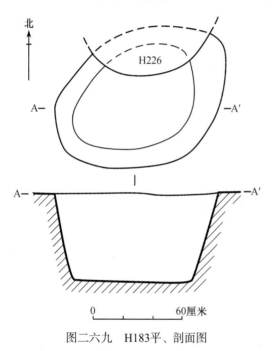

图二六九　H183平、剖面图

H183　位于T0508东北部。开口于第3层下，打破H184和第4层。坑口为椭圆形，斜壁，平底。坑口长1.24、宽0.89米，坑底长0.9、宽0.6米，深0.57米（图二六九）。坑内堆积为灰褐色土，土质松软，含较多红烧土粒。出土少量陶片，以夹砂褐陶为主，泥质红陶次之，有少量夹砂褐胎黑皮陶，多为素面，少量器表饰绳纹，器形有陶卷沿瓮、钵、鼎足等。

陶卷沿瓮　　2件。手制，口经慢轮修整。H183：2，夹粗砂褐陶。敛口，卷沿，尖圆唇，鼓肩，以下残。肩饰左斜粗绳纹。复原口径34、残高4.6厘米（图二七〇，1）。H183：1，夹细砂夹云母褐陶。敛口，卷沿，圆唇，鼓肩，以下残。素面。复原口径26、残高3.6厘米（图二七〇，2）。

陶钵　　1件。H183：3，泥质褐胎红衣陶。轮制，器表磨光。直口，尖圆唇，弧腹内收，底残。素面。复原口径24、残高4.7厘米（图二七〇，3）。

陶鼎足　　1件。H183：5，夹细砂褐陶。手制。圆锥形足，足尖残断。足根有一个椭圆形按窝纹。残高6.6厘米（图二七〇，4）。

H184　位于T0508东部。开口于第4层下，打破生土，被H143、H181、H182、H183和H200打破。坑口为椭圆形，斜壁，平底。坑口残长2.64、宽2.4米，坑底残长2.43、宽2.12米，

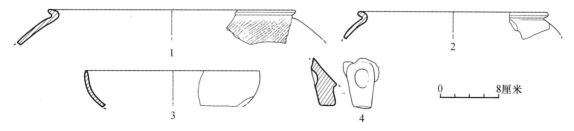

图二七〇　H183出土陶器

1、2.卷沿瓮（H183：2、H183：1）　3.钵（H183：3）　4.鼎足（H183：5）

深0.5米（图二七一）。坑内堆积为灰褐色土，土质较软，含少量红烧土颗粒和动物骨骼。出土1件骨镞、1件石斧和少量陶片。陶片以泥质红陶为主，夹砂褐陶次之，多为素面陶，泥质陶中则有较多彩陶，器形有陶卷沿瓮、锉、彩陶盆、彩陶钵等。

陶卷沿瓮　1件。H184：9，夹粗砂夹蚌褐陶。手制，口经慢轮修整。敛口，卷沿，圆唇，溜肩，鼓腹，以下残。素面。复原口径32、残高6.1厘米（图二七二，1）。

彩陶盆　2件。轮制，器表磨光。H184：4，泥质暗红陶。敛口，仰折沿，斜方唇，溜肩，以下残。唇面有一周黑彩带，腹有弧线和弧边三角黑彩图案。复原口径28、残高3.8厘米（图二七二，3）。H184：5，泥质灰胎橙红衣陶。敛口，仰折沿，沿面内凹，斜方唇，唇面较宽，溜肩，以下残。唇面有直边三角黑彩图案，肩有圆点和弧边三角黑彩图案。复原口径28、残高4.8厘米（图二七二，4）。

彩陶钵　1件。H184：6，泥质灰陶，外口施一周橙红彩带，形成红顶灰腹。轮制，器表磨光。敞口，尖圆唇，弧腹内收，底残。外口有弧边三角纹黑彩图案。复原口径30、残高7.6厘米（图二七二，2）。

陶锉　1件。H184：3，夹细砂夹蚌褐陶。手制。长梯形，一端残断。器表布满孔状小圆窝。残长5.3、宽2.9、厚1.1厘米（图二七二，7）。

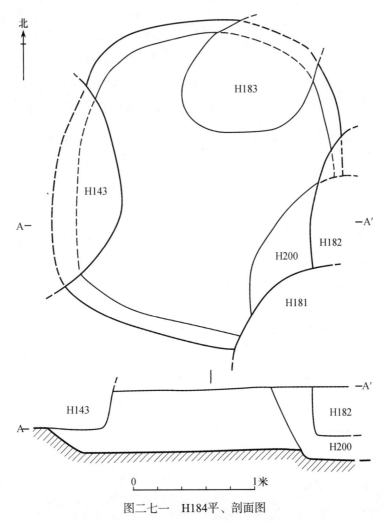

图二七一　H184平、剖面图

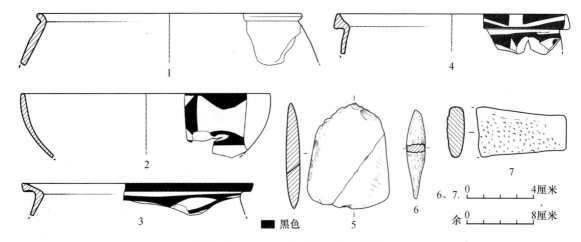

图二七二　H184出土陶、石、骨器

1. 陶卷沿瓮（H184∶9）　2. 彩陶钵（H184∶6）　3、4. 彩陶盆（H184∶4、H184∶5）　5. 石斧（H184∶1）

6. 骨镞（H184∶10）　7. 陶锉（H184∶3）

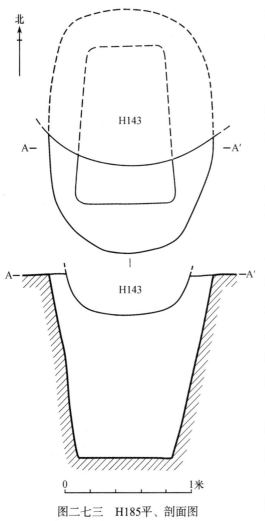

图二七三　H185平、剖面图

石斧　1件。H184∶1，硅质岩，黑色。磨制。梯形，尖弧顶，斜直边，双面弧刃，正锋，刃部有使用的残缺豁口。长12.3、宽9.7、厚1.6厘米（图二七二，5）。

骨镞　1件。H184∶10，利用骨骼磨制而成。整体呈扁平三角形，尖锋较钝，铤呈锥形。残长5.2、宽1.1、厚0.5厘米（图二七二，6）。

H185　位于T0508西部。开口于第4层下，打破生土，被H143打破。坑口为椭圆形，坑底形状为长方形，斜壁，平底。坑口长1.87、宽1.3米，坑底长1.2、宽0.61～0.79米，深1.38米（图二七三；彩版一〇，1）。坑内堆积为灰黑色土，土质较软，含较多动物骨头。出土1件骨铲和较多陶片。陶片以夹砂褐陶为主，泥质红陶次之，有少量夹砂褐胎黑皮陶和泥质灰陶，素面陶占绝大多数，有少量饰绳纹，器形有陶罐形鼎、卷沿瓮、深腹罐、卷沿盆、红顶钵、器盖、饼等（图版六八，1）。

陶罐形鼎　2件。手制，口经慢轮修整，器表稍加打磨。敛口，卷沿，圆唇，溜肩，鼓腹，下腹弧内收，平底。下腹安三个锥形足。器表为素面，足根饰两个椭圆形按窝纹。H185∶3，夹细砂夹少量云母褐陶。器体稍小。复原口径19.8、腹径20.6、底径8.5、通高19.1厘米（图二七四，2；图版六八，2）。H185：7，夹细砂夹蚌褐陶。器体稍大。复原口径25.5、腹径28.5、底径9、通高29厘米（图二七四，1；彩版二六，3）。

陶卷沿瓮　2件。夹粗砂夹蚌褐陶。手制，口经慢轮修整。敛口，卷沿，圆唇，微鼓肩，鼓腹，下腹弧内收，小平底。H185：5，肩与下腹稍经抹平，腹饰左斜粗绳纹。复原口径40、腹径44.6、底径14、高42厘米（图二七五，1；彩版二七，1）。H185：6，器表稍加打磨。素面。复原口径30、腹径34.2、底径12.5、高33厘米（图二七五，2；彩版二七，2）。

陶深腹罐　1件。H185：2，夹细砂灰胎黑皮陶。手制，口经慢轮修整，上腹磨光，下腹未经打磨。敛口，卷沿，圆唇，溜肩，弧腹微鼓，下腹内收，平底微凹。颈有两个由外向内钻的小圆孔。素面。复原口径13.8、腹径14.6、底径8、高15.4厘米（图二七四，3；彩版二六，4）。

陶卷沿盆　1件。H185：10，夹细砂夹蚌褐陶。手制，口经慢轮修整，器表稍经打磨。侈口，小卷沿，圆唇，微束颈，弧腹内收，底残。素面。内壁黏附一层白色沉淀物。复原口径24、残高7.8厘米（图二七五，3）。

陶红顶钵　1件。H185：11，泥质灰陶，外口施一周橙红彩带，形成红顶灰腹。轮制，器表磨光。直口，尖圆唇，弧腹内收，底残。复原口径26、残高9厘米（图二七四，4）。

陶器盖　1件。H185：4，夹细砂夹蚌褐陶。手制，器表稍加打磨。覆盆状，直口，叠唇，深弧壁，平顶，大桥形纽。素面。复原口径25、通高18.8厘米（图二七四，7；彩版二七，3）。

陶饼　1件。H185：13，夹细砂夹云母红胎黑皮陶。利用陶片制成，周缘未经磨制。圆

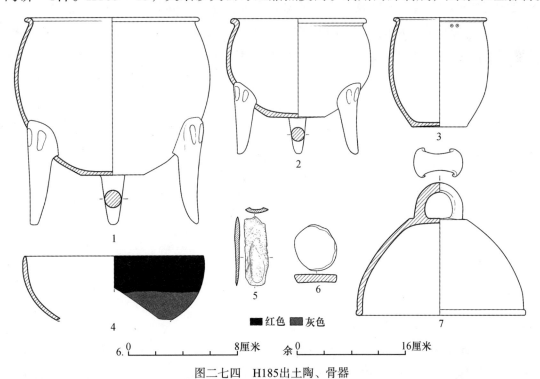

图二七四　H185出土陶、骨器

1、2.陶罐形鼎（H185：7、H185：3）　3.陶深腹罐（H185：2）　4.陶红顶钵（H185：11）　5.骨铲（H185：1）

6.陶饼（H185：13）　7.陶器盖（H185：4）

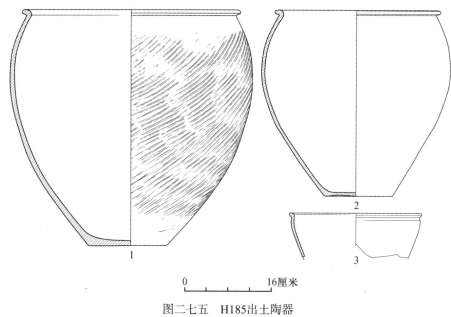

图二七五　H185出土陶器

1、2.卷沿瓮（H185：5、H185：6）　3.卷沿盆（H185：10）

形。素面。直径3～3.3、厚0.5厘米（图二七四，6）。

　　骨铲　1件。H185：1，利用骨骼磨制而成，留有骨腔，刃部磨制。仅存一端，单面弧刃。残长9.8、宽3.4厘米（图二七四，5；图版六九，1）。

　　H186　位于T0407南部和T0507北部。开口于第4层下，打破生土，被H85、H95、H153、H155、H172和M11打破。坑口原应为椭圆形，直壁，平底。残长2.2、宽1.41、深0.52米（图二七六）。坑内堆积为黑灰色土，土质松软，含较多骨头、蚌壳和少量石块。出土较多陶片，以夹砂褐陶为主，泥质红陶次之，有少量夹砂褐胎黑皮陶，饰纹陶稍多，素面陶略少，纹饰以绳纹为主，器形有陶卷沿瓮、深腹罐、器盖、锉等。

　　陶卷沿瓮　1件。H186：1，夹细砂夹云母灰陶。手制，口、肩经慢轮修整。敛口，卷沿，圆唇，鼓肩，鼓腹，以下残。腹饰右斜粗绳纹。复原口径26、残高12.5厘米（图二七七，1）。

　　陶深腹罐　1件。H186：3，夹细砂褐胎黑皮陶。手制，口经慢轮修整，器表磨光。敛口，卷沿，圆唇，溜肩，弧腹微鼓，以下残。素面。复原口径20、残高12.5厘米（图二七七，2）。

　　陶器盖　1件。H186：6，夹粗砂夹蚌灰陶。手制，口经慢轮修整。侈口，外卷沿，圆唇，深弧壁，顶残。素面。复原口径16、残高5.1厘米（图二七七，3）。

　　陶锉　1件。H186：7，夹细砂褐陶。手制。三角形，一端残，扁平状。器表密布孔状小圆窝。残长9.5、宽3.9、厚1.6厘米（图二七七，4）。

　　H188　位于T0508东南部、T0509西南部、T0608东北部和T0609西北部。开口于第4层下，打破H200和生土，被H123、H177和H181打破。坑口为椭圆形，斜壁，平底。坑口残长3.16、宽2.59米，坑底残长2.86、宽2.22米，深0.45米（图二七八）。坑内堆积为黑灰色土，土质松

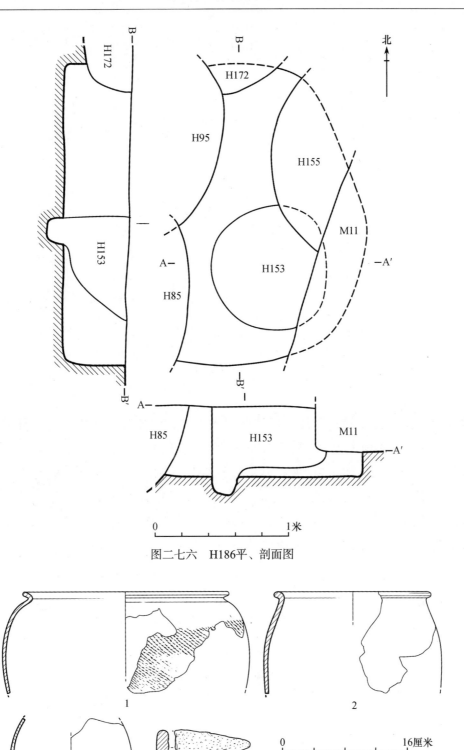

图二七六 H186平、剖面图

图二七七 H186出土陶器

1.卷沿瓮（H186∶1） 2.深腹罐（H186∶3） 3.器盖（H186∶6） 4.锉（H186∶7）

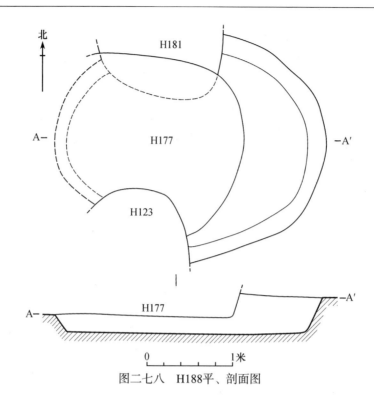

图二七八　H188平、剖面图

软，含少量草木灰。出土较多陶片，以夹砂褐陶居多，泥质红陶次之，有少量夹砂灰胎黑皮陶，器表多饰绳纹，素面陶较少。器形有陶卷沿瓮、尖底瓶口、钵、饼和石斧等。

陶卷沿瓮　2件。H188：7，夹粗砂夹蚌红陶。手制，口经慢轮修整。敛口，卷沿，圆唇，鼓肩，以下残。肩饰相交划纹。复原口径32、残高6.5厘米（图二七九，1）。H188：6，夹细砂红陶。手制，口经慢轮修整。敞口，仰折沿，斜方唇，唇面有一道凹槽，束颈，溜肩，鼓腹，以下残。器表饰左斜绳纹。复原口径30、残高8.4厘米（图二七九，2）。

陶尖底瓶口　1件。H188：1，夹细砂红陶。内壁可见泥条盘筑留下的凹痕。葫芦形口，平

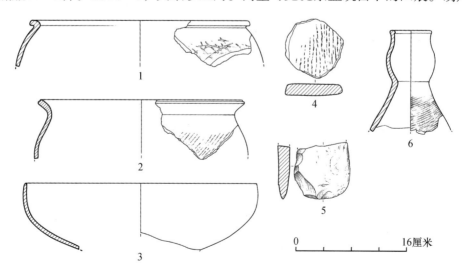

图二七九　H188出土陶、石器

1、2.陶卷沿瓮（H188：7、H188：6）　3.陶钵（H188：5）　4.陶饼（H188：3）　5.石斧（H188：2）

6.陶尖底瓶口（H188：1）

方唇，唇内外缘皆鼓凸，上端较直，中部微鼓，束颈，溜肩，以下残。肩饰左斜细线纹。口径6、残高14.5厘米（图二七九，6）。

陶钵 1件。H188：5，细泥灰胎暗红衣陶。轮制，器表磨光。直口，尖圆唇，上腹较直，下腹急收，底残。素面。复原口径34、残高9.3厘米（图二七九，3）。

陶饼 1件。H188：3，夹细砂夹蚌红陶。利用陶片制成，边缘未经修整。圆形饼状。器表保留有细绳纹。直径4.2、厚0.8厘米（图二七九，4）。

石斧 1件。H188：2，硅质岩，灰色。打制。梯形，顶残，斜边微弧，双面弧刃，正锋。残长4、宽4、厚0.9厘米（图二七九，5）。

H190 位于T0506东南部。开口于第4层下，打破F11、H210和第5层，被H135打破。坑口平面为圆形，袋状坑，平底。坑口直径1.06、坑底直径1.65、深1.37米（图二八〇；彩版一〇，2）。坑内堆积为黑褐色土，土质松散，含少量白色炭灰、红烧土颗粒、小石块、蚌壳和动物骨头。出土少量陶片，以夹砂红褐陶为主，夹砂褐陶与泥质红陶次之，多为素面陶，少量饰绳纹，器形有陶卷沿瓮、钵等。

陶卷沿瓮 1件。H190：1，夹细砂夹蚌红陶。手制，口经慢轮修整。敛口，卷沿，圆唇，溜肩，鼓腹，以下残。腹饰左斜粗绳纹。复原口径32、残高6.2厘米（图二八一，1）。

陶钵 1件。H190：2，泥质灰胎橙红衣陶。轮制，器表磨光。微敛口，圆唇，弧腹，以下残。素面。复原口径36、残高5.6厘米（图二八一，2）。

H191 位于T0307南部和T0407北部。开口于第3层（屈家岭文化）下，打破第4层，被H171打破。坑口平面为椭圆形，袋状坑，平底。坑口残长2.08、宽1.65米，坑底残长2.19、宽1.66米，深1.61米（图二八二；图版四二，2）。坑内堆积分3层：第1层，灰黑色土，厚0～64厘米，土质疏松，含较多石块和少量动物骨头，出土少量陶片，以夹砂褐陶为主，泥质红陶次之，有少量夹砂褐胎黑皮陶，饰纹陶稍多，主要为绳纹，素面陶次之，器形有陶卷沿瓮、折沿瓮、尖底瓶耳、钵、器盖等；第2层，黄褐色土，厚5～46厘米，土质较硬，包含较多石块和少量动物骨头，出土1件石斧和极少量陶片，陶器器形有陶卷沿瓮、卷沿盆等；第3层，灰褐色土，厚74～88厘米，土质松软，含较多石块和少量动物骨头，出土1件石斧和少量陶片，陶片以夹砂褐陶为主，泥质红陶次之，有少量夹砂褐胎黑皮陶和泥质灰陶，以素面陶居多，纹饰主要为绳纹，另有少量彩陶，器形有陶罐形鼎、卷沿瓮、红

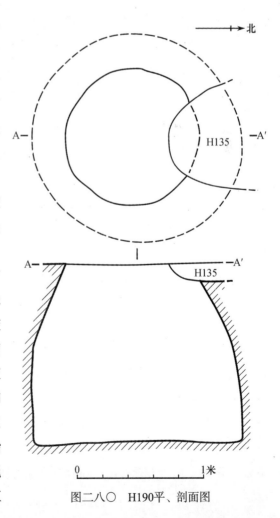

图二八〇 H190平、剖面图

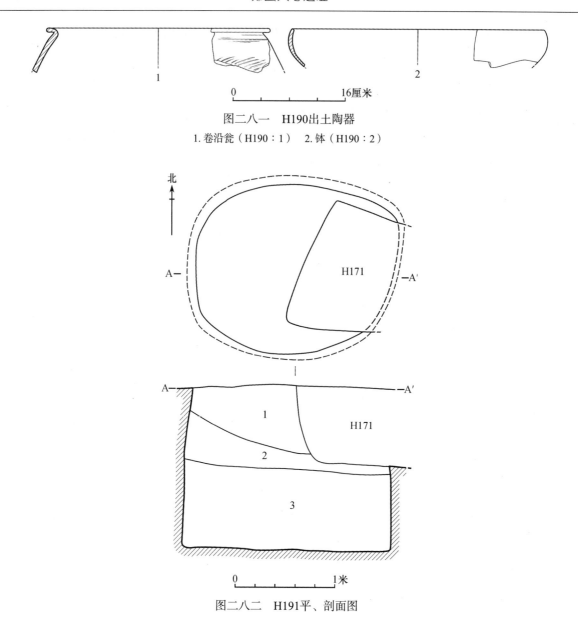

图二八一　H190出土陶器

1. 卷沿瓮（H190：1）　2. 钵（H190：2）

图二八二　H191平、剖面图

顶钵和彩陶钵等。

H191① 器形有陶卷沿瓮、折沿瓮、尖底瓶耳、钵、器盖等。

陶卷沿瓮　1件。H191①：2，夹细砂夹少量云母褐陶，局部有黑斑。敛口，卷沿，圆唇，鼓肩，鼓腹，以下残。腹饰左斜粗绳纹。复原口径34、残高9.6厘米（图二八三，2）。

陶折沿瓮　1件。H191①：1，夹细砂夹蚌红陶。手制，口经慢轮修整。敞口，仰折沿，圆唇，鼓肩，鼓腹，以下残。腹饰左斜细绳纹。复原口径24、残高21厘米（图二八三，1）。

陶尖底瓶耳　1件。H191①：5，夹细砂夹蚌红陶。手制。小口尖底瓶的腹耳，半环状，较粗，截面呈圆形。素面。直径2、残长8.1厘米（图二八三，4）。

陶钵　1件。H191①：4，泥质灰胎红衣陶。轮制，器表磨光。微敛口，圆方唇，弧腹，以下残。素面。复原口径24、残高4.6厘米（图二八三，5）。

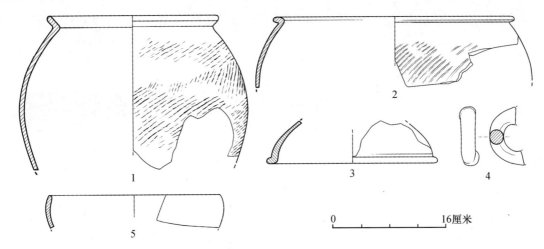

图二八三 H191①出土陶器

1.折沿瓮（H191①：1） 2.卷沿瓮（H191①：2） 3.器盖（H191①：3） 4.尖底瓶耳（H191①：5） 5.钵（H191①：4）

陶器盖 1件。H191①：3，夹细砂夹少量云母褐胎黑皮陶。手制，口经慢轮修整。器表打磨光滑。覆盆状，侈口，外卷沿，圆唇，浅弧壁，顶残。素面。复原口径24、残高5.8厘米（图二八三，3）。

H191② 器形有陶卷沿瓮、卷沿盆，石斧等。

陶卷沿瓮 1件。H191②：3，夹细砂夹少量云母灰陶。敛口，卷沿，尖唇，束颈，溜肩，以下残。肩下端饰左斜细绳纹。复原口径34、残高5.9厘米（图二八四，1）。

陶卷沿盆 1件。H191②：2，夹细砂红陶。手制，口经慢轮修整。敛口，小卷沿，圆唇，弧腹内收，以下残。唇面饰一周按窝纹、形成花边，腹饰一道波浪形附加堆纹。复原口径36、残高7.3厘米（图二八四，2）。

石斧 1件。H191②：1，硅质岩，青色。琢、磨兼制，留有打击片疤。长方形，弧顶，直边微弧，双弧刃，偏锋。刃部有使用的片疤痕。长13.8、宽6.9、厚2.6厘米（图二八四，3）。

H191③ 器形有陶罐形鼎、卷沿瓮、彩陶钵、红顶钵、石斧等。

陶罐形鼎 1件。H191③：4，夹粗砂夹少量云母灰胎黑皮陶。手制。器表磨光。敛口，卷

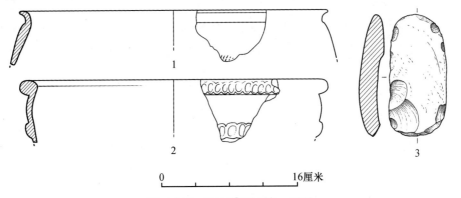

图二八四 H191②出土陶、石器

1.陶卷沿瓮（H191②：3） 2.陶卷沿盆（H191②：2） 3.石斧（H191②：1）

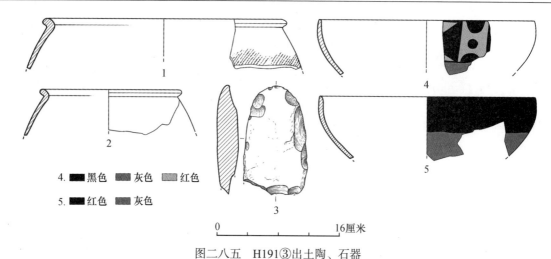

图二八五　H191③出土陶、石器

1.陶卷沿瓮（H191③：3）　2.陶罐形鼎（H191③：4）　3.石斧（H191③：1）　4.彩陶钵（H191③：5）

5.陶红顶钵（H191③：6）

沿，圆唇，斜溜肩，鼓腹，以下残。素面。复原口径18、残高5.8厘米（图二八五，2）。

　　陶卷沿瓮　1件。H191③：3，夹粗砂红陶。手制，口经慢轮修整。敛口，卷沿，圆唇，斜溜肩，鼓腹，以下残。腹饰左斜细绳纹。复原口径32、残高6.4厘米（图二八五，1）。

　　彩陶钵　1件。H191③：5，泥质灰陶，口施一周较宽橙红彩带，形成红顶灰腹。轮制，器表磨光。直口，尖圆唇，弧腹内收，底残。外口有对称直边三角纹、半圆纹、圆点与细直线组成的黑彩图案。复原口径28、残高5.6厘米（图二八五，4）。

　　陶红顶钵　1件。H191③：6，泥质灰陶，外口施一周较宽橙红彩带，形成红顶灰腹。轮制，器表磨光。直口，尖圆唇，弧腹内收，以下残。复原口径28、残高8.1厘米（图二八五，5）。

　　石斧　1件。H191③：1，硅质岩，青色。打制，未加修磨。半成品，近梯形，弧顶，两斜边，钝刃，偏锋。残长13.9、宽8.3、厚2.7厘米（图二八五，3）。

　　H193　位于T0509东北部。开口于第5层下，打破第6层，被G3打破。坑口原应呈圆形，弧壁，圜底。长1.57、残宽1.06、深0.31米（图二八六）。坑内堆积为灰褐色土，土质松软，含少量草木灰、红烧土颗粒、石头和骨头。出土较多陶片，以夹砂褐陶居多，夹砂褐胎黑皮陶次之，有少量泥质红陶，多为素面，少量饰有绳纹，器形有陶罐形鼎、卷沿瓮、深腹罐、尖底瓶腹耳等。

　　陶罐形鼎　1件。H193：1，夹细砂夹蚌褐胎黑皮陶。手制，口经慢轮修整。上腹经打磨。敛口，卷沿，尖圆唇，溜肩，鼓腹，下腹弧内收，底残，安三锥形足，足尖残。器表素面，足根饰一个小按窝纹。复原口径20、腹径22.2、复原高18.5厘米（图二八七，1；图版六九，4）。

　　陶卷沿瓮　1件。H193：4，夹细砂灰褐陶。手制，口经慢轮修整，器表磨光。敛口，叠唇，广肩，腹残。素面。复原口径22、残高4.1厘米（图二八七，2）。

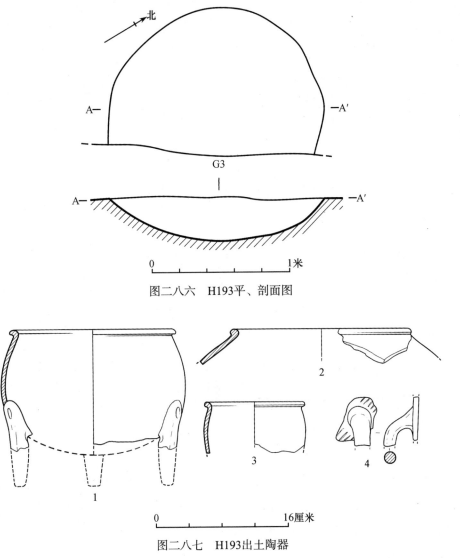

图二八六　H193平、剖面图

图二八七　H193出土陶器

1. 罐形鼎（H193：1）　2. 卷沿瓮（H193：4）　3. 深腹罐（H193：2）　4. 尖底瓶腹耳（H193：5）

陶深腹罐　1件。H193：2，夹细砂夹蚌褐胎黑皮陶。手制，口经慢轮修整。敛口，小卷沿，方圆唇，溜肩，弧腹微鼓，以下残。素面。复原口径12、残高6厘米（图二八七，3）。

陶尖底瓶腹耳　1件。H193：5，夹细砂红陶。手制。环形耳，截面呈椭圆形。腹饰左斜线纹。残高5.8厘米（图二八七，4）。

H194　位于T0101东南部、T0102西南部和T0202西北部。开口于第3层下，打破第4层，被H125、H196和H197打破。坑口原应呈圆形，袋状坑，底较平，微呈圜底状。坑口直径1.53、坑底直径1.74、深1.3米（图二八八）。坑内堆积为灰黑色土，土质较硬，包含杂质较少。出土较多陶片，以夹砂褐陶为主，夹砂红褐陶和泥质红陶次之，有少量夹砂褐胎黑皮陶，素面陶稍多，纹饰以绳纹为主，有少量凹弦纹，还有少量彩陶，器形有陶卷沿瓮、矮领瓮、深腹罐、尖底瓶口、钵、彩陶钵、盖纽、器座、锉等。

陶卷沿瓮　3件。手制，口经慢轮修整。敛口，卷沿，圆唇，腹以下残，腹饰左斜细绳

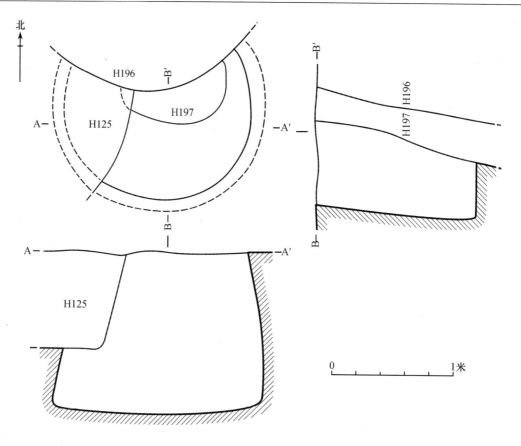

图二八八　H194平、剖面图

纹。H194：10，夹细砂夹云母灰陶。鼓肩，鼓腹。器表有黑色烟炱痕。复原口径24、残高6.7
厘米（图二八九，1）。H194：12，夹粗砂红褐陶。微鼓肩，鼓腹。复原口径28、残高5.8厘米
（图二八九，2）。H194：13，夹粗砂红褐陶。斜溜肩，鼓腹。复原口径30、残高7.3厘米（图
二八九，4）。

　　陶矮领瓮　1件。H194：8，夹细砂夹蚌红褐陶。手制，口经慢轮修整。直口，圆唇，矮直
领，内领面微凹，圆肩，鼓腹，下腹残。肩饰四道凹弦纹，腹饰左斜粗绳纹。复原口径26、残
高18.6厘米（图二八九，3）。

　　陶深腹罐　1件。H194：22，夹粗砂黑陶。手制，口经慢轮修整，器表磨光。微敛口，小
卷沿，圆唇，弧腹较直，下腹残。素面。复原口径20、残高9.4厘米（图二八九，6）。

　　陶尖底瓶口　2件。夹细砂红褐陶。手制，口经慢轮修整。素面。H194：20，葫芦形口，
圆唇，上端收束，下端外弧微鼓，颈残。复原口径6、残高7.9厘米（图二八九，7）。H194：
19，杯形口内敛，尖圆唇，中部外鼓，颈残。复原口径6、残高5.4厘米（图二八九，8）。

　　陶钵　1件。H194：5，泥质橙红陶。轮制，器表磨光。敛口，方圆唇，弧腹内收，底
残。素面。复原口径34、残高8.7厘米（图二八九，5）。

　　彩陶钵　1件。H194：17，泥质灰胎橙红衣陶。轮制，器表磨光。直口，尖圆唇，弧腹内
收，腹有一由外向内钻的小圆孔，底残。腹有直线与对顶直边三角形黑彩图案。残高6.1厘米

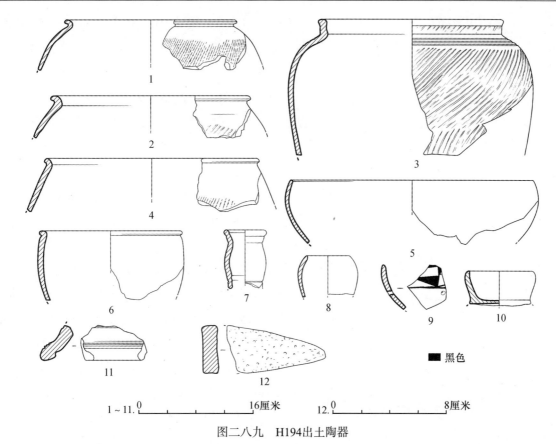

1 ～ 11. 0 _____ 16厘米   12. 0 _____ 8厘米

图二八九　H194出土陶器

1、2、4. 卷沿瓮（H194：10、H194：12、H194：13）　3. 矮领瓮（H194：8）　5. 钵（H194：5）　6. 深腹罐（H194：22）

7、8. 尖底瓶口（H194：20、H194：19）　9. 彩陶钵（H194：17）　10. 盖纽（H194：1）　11. 器座（H194：23）

12. 锉（H194：2）

（图二八九，9）。

陶盖纽　1件。H194：1，夹细砂红褐陶。手制。杯状圈足捉手。素面。纽径10、残高4.8厘米（图二八九，10）。

陶器座　1件。H194：23，夹粗砂褐胎橙红衣陶。手制，器表磨光。胎壁极厚。喇叭形座外撇，底端内壁有一道沟槽。座缘饰四道凹弦纹。残高4.8厘米（图二八九，11）。

陶锉　1件。H194：2，夹粗砂灰褐陶。手制。三角形，一端残。器表布满孔状小圆窝。残长6.9、宽3.3、厚1.1厘米（图二八九，12）。

H195　位于T0102东南部、T0202东北部和T0203西北部。开口于第3层下，打破H204和第4层，被M22和H55打破，北部被埝河冲毁。坑口原应呈椭圆形，坑壁不规整，局部呈弧壁，局部呈袋状，圜底。长1.82、残宽1.8、深1.3米（图二九〇）。坑内堆积为灰褐色土，土质松软，含有较多草木灰。出土较多陶片，以夹砂褐陶为主，泥质红陶次之，有少量夹砂褐胎黑皮陶和夹砂红陶，多为素面，少量饰绳纹、凹弦纹和按窝纹，另有少量彩陶，器形有陶矮领瓮、折沿瓮、叠唇瓮、深腹罐、彩陶盆、钵、红顶钵、鼎足等。

陶折沿瓮　1件。H195：1，夹粗砂红褐陶。手制，口经慢轮修整。敞口，高仰折沿，沿

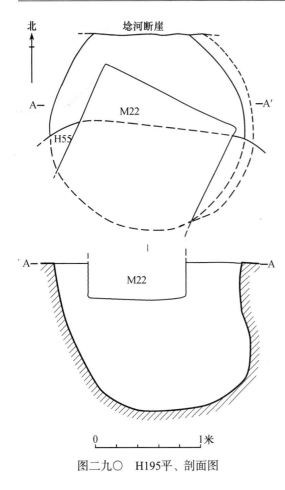

图二九〇　H195平、剖面图

面内凹，圆唇，微束颈，鼓肩，鼓腹，下腹弧内收，底残。腹饰左斜细绳纹。复原口径28.3、腹径31.2、残高28.3厘米（图二九一，1）。

陶叠唇瓮　1件。H195：2，夹细砂红陶。手制，口经慢轮修整。敛口，叠唇，溜肩，鼓腹，以下残。肩饰八道凹弦纹。复原口径36、残高10.3厘米（图二九一，2）。

陶矮领瓮　1件。H195：3，夹粗砂红陶。手制，口经慢轮修整。直口，方唇，唇内外缘皆鼓凸，矮领，鼓肩，以下残。肩饰十道凹弦纹。复原口径28、残高6.4厘米（图二九一，5）。

陶深腹罐　2件。夹细砂灰胎黑皮陶。手制，口经慢轮修整，器表磨光。敛口，卷沿，圆唇，溜肩，腹残。素面。H195：17，复原口径20、残高5.4厘米（图二九一，3）。H195：22，复原口径18、残高5.2厘米（图二九一，4）。

彩陶盆　1件。H195：14，泥质褐胎橙红衣陶。轮制，器表磨光。敛口，卷沿外翻，圆唇，微鼓腹，以下残。唇面有一周黑彩带，腹有斜细线与宽带黑彩图案。残高4.8厘米（图二九一，9）。

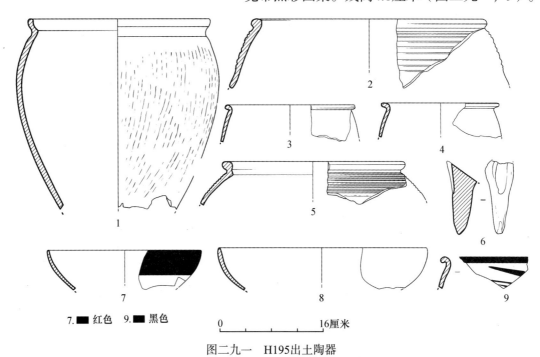

7.■红色　9.■黑色

图二九一　H195出土陶器

1. 折沿瓮（H195：1）　2. 叠唇瓮（H195：2）　3、4. 深腹罐（H195：17、H195：22）　5. 矮领瓮（H195：3）

6. 鼎足（H195：21）　7. 红顶钵（H195：12）　8. 钵（H195：11）　9. 彩陶盆（H195：14）

陶钵　1件。轮制，器表磨光。敞口，尖圆唇，弧腹内收，底残。H195∶11，泥质橙红陶。素面。复原口径32、残高6.2厘米（图二九一，8）。

陶红顶钵　1件。轮制，器表磨光。敞口，尖圆唇，弧腹内收，底残。H195∶12，泥质灰黑陶，外口施一周较宽红彩带，形成红顶灰腹。复原口径24、残高5.8厘米（图二九一，7）。

陶鼎足　1件。H195∶21，夹粗砂红褐陶。手制。锥形足。足根饰一较深的椭圆形按窝纹。残高10.9厘米（图二九一，6）。

H197　位于T0102西南部。开口于第3层下，打破H194和第4层，被H125和H196打破。坑口呈椭圆形，袋状坑，平底。坑口长0.91、宽0.69米，坑底长1.5、宽1.16米，深1.94米（图二九二）。坑内堆积为灰黑色土，土质较软，含较多动物骨头。出土少量陶片，以夹砂褐陶为主，夹砂红褐陶次之，有少量泥质红陶和红褐陶，多为素面，少量饰绳纹和凹弦纹，另有少量彩陶，器形有陶釜形鼎、卷沿瓮、彩陶盆、钵、锉等。

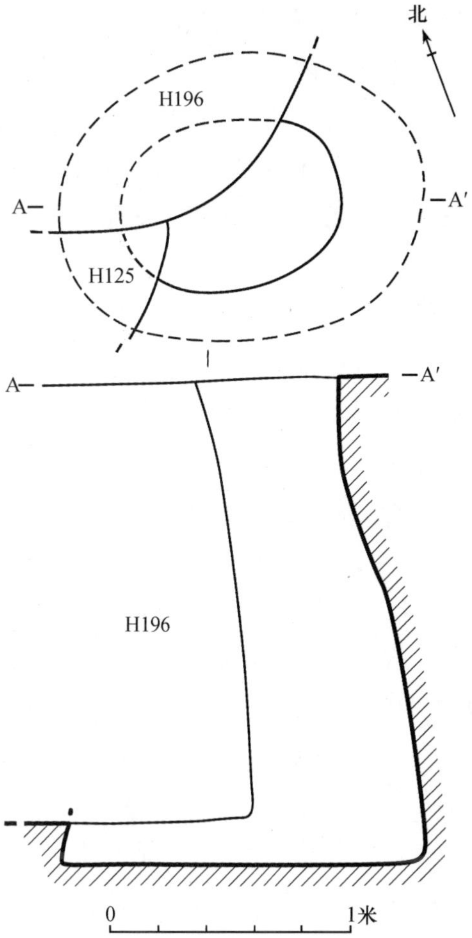

陶釜形鼎　1件。H197∶6，夹粗砂夹蚌褐陶。手制。仅存肩，斜肩，折腹，转折处有一周凸棱，圜底残，底有足根残断痕迹。肩饰多道凹弦纹。残高8.9厘米（图二九三，5）。

陶卷沿瓮　1件。H197∶13，夹粗砂红陶。手制，口经慢轮修整。敛口，卷沿，尖圆唇，斜溜肩，鼓腹，以下残。素面。复原口径24、残高6.4厘米（图二九三，1）。

彩陶盆　1件。H197∶10，泥质褐胎橙红衣陶。手制，口经慢轮修整。器表磨光。敛口，卷沿，圆唇，斜溜肩，弧腹，以下残。唇面有一周黑彩带，腹有弧边三角黑彩图案。复原口径

图二九二　H197平、剖面图

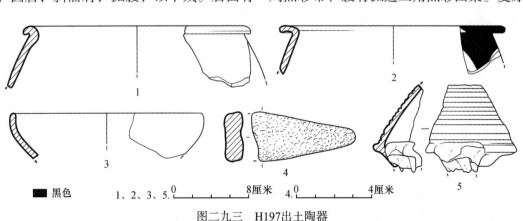

■黑色　　1、2、3、5.[0___8厘米]　4.[0___4厘米]

图二九三　H197出土陶器

1. 卷沿瓮（H197∶13）　2. 彩陶盆（H197∶10）　3. 钵（H197∶5）　4. 锉（H197∶2）　5. 釜形鼎（H197∶6）

24、残高5厘米（图二九三，2）。

陶钵　1件。H197：5，夹细砂褐胎黑皮陶。轮制，器表磨光。直口，圆唇，弧腹内收，以下残。素面。复原口径20、残高4.6厘米（图二九三，3）。

陶锉　1件。H197：2，夹细砂灰陶。手制。柳叶形，一端残断。器表布满孔状小圆窝。残长5.5、宽2.6、厚1厘米（图二九三，4）。

H198　位于T0608东南部、T0708东北部、T0709西北部、T0609西南部。开口于第4层下，打破F13、H199和第5层，被M25、G3、H123、H124和H229打破。坑口原应呈椭圆形，弧壁，平底。坑口残长3.1、宽2.8、深0.6米（图二九四）。坑内堆积分2层：第1层，灰黑色土，厚18～36厘米，土质松软，含少量草木灰，出土2件骨镞和大量陶片，陶片以夹砂褐陶为主，夹砂褐胎黑皮陶次之，有少量泥质红陶，器表多为素面，少量饰绳纹，器形有陶卷沿瓮、深腹罐、卷沿盆、器盖、盖纽、锉、饼等；第2层，黄灰色土，厚20～35厘米，土质较硬，纯净，无包含物。

H198①　器形有陶卷沿瓮、深腹罐、卷沿盆、器盖、盖纽、锉、饼，骨镞等。

陶卷沿瓮　2件。手制，口经慢轮修整。敛口，卷沿，圆唇，鼓肩，鼓腹，以下残。H198①：3，夹细砂灰胎黑皮陶。器表磨光。素面。复原口径26、残高11.7厘米（图二九五，1）。H198①：9，夹细砂夹蚌褐陶。腹饰左斜细绳纹。复原口径20、残高4.8厘米（图二九五，5）。

陶深腹罐　2件。夹细砂夹云母褐胎黑皮陶。手制，口经慢轮修整。上腹磨光，下腹较

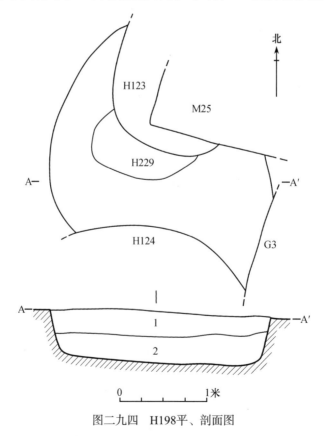

图二九四　H198平、剖面图

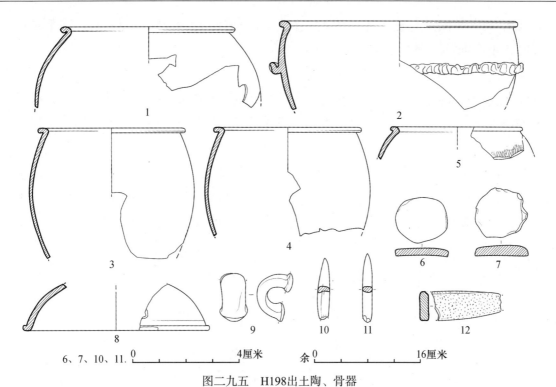

6、7、10、11. ├─0────────────4厘米┤　余 ├─0────────────16厘米┤

图二九五　H198出土陶、骨器

1、5.陶卷沿瓮（H198①：3、H198①：9）　2.陶卷沿盆（H198①：10）　3、4.陶深腹罐（H198①：5、H198①：6）
6、7.陶饼（H198①：17、H198①：16）　8.陶器盖（H198①：11）　9.陶盖纽（H198①：14）
10、11.骨镞（H198①：1、H198①：2）　12.陶锉（H198①：15）

粗糙。敛口，卷沿，圆唇，溜肩，弧腹微鼓，下腹弧内收，底残。素面。H198①：5，复原口径22、残高19.2厘米（图二九五，3）。H198①：6，复原口径22、残高15.8厘米（图二九五，4）。

陶卷沿盆　1件。H198①：10，夹细砂夹蚌褐陶。手制，口经慢轮修整。敛口，卷沿，圆唇，弧腹内收，底残。腹贴塑一周波浪形附加堆纹。复原口径36、残高12.9厘米（图二九五，2）。

陶器盖　1件。H198①：11，夹细砂灰胎黑皮陶。手制，口经慢轮修整。器表磨光。覆盆状，侈口，外卷沿，圆唇，浅弧壁，顶残。素面。复原口径28、残高6.8厘米（图二九五，8）。

陶盖纽　1件。H198①：14，夹粗砂夹蚌褐陶。手制。拱形纽，纽面宽扁。素面。残高7厘米（图二九五，9）。

陶锉　1件。H198①：15，夹细砂灰陶。手制。柳叶形，两端残。器表布满孔状小圆窝。残长10.5、宽4.3、厚10.3厘米（图二九五，12）。

陶饼　2件。利用陶片制成，周缘未打磨。近圆形。素面。H198①：17，泥质灰胎暗红衣陶。直径3.3～4、厚0.5厘米（图二九五，6）。H198①：16，夹细砂夹云母灰陶。直径3.7～4、厚0.8厘米（图二九五，7）。

骨镞　2件。乳黄色，利用骨骼磨制而成。H198①：1，留有骨腔。扁菱形，尖锋，铤端残。残长4.5厘米（图二九五，10；图版六九，2）。H198①：2，表面光滑。扁平锥形，尖锋，铤残。残长5厘米（图二九四，11；图版六九，3）。

H199　位于T0608西南部和T0708西北部。开口于第4层下，打破第5层，被H124、H198和F13打破。坑口原应呈椭圆形，斜壁，平底。坑口残长2.02、宽1.2米，坑底残长1.9、宽1.08米，深0.6米（图二九六）。坑内堆积分2层：第1层，灰黑色土，厚25～32厘米，土质松软，含较多草木灰，出土1件石斧和较多陶片，陶片以夹砂褐陶为主，泥质红陶和夹砂褐胎黑皮陶次之，有少量夹砂灰陶和泥质灰陶，素面稍多，纹饰以绳纹为主，有少量按窝纹，器形有陶罐形鼎、卷沿瓮、红顶钵、鼎足、锉等；第2层，灰土，厚22～28厘米，土质松软，出土陶片较少，以泥质红陶稍多，有少量夹砂褐陶和褐胎黑皮陶，器形有陶卷沿瓮、钵、甑底、杯底等。

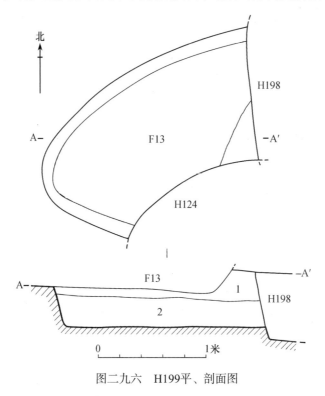

图二九六　H199平、剖面图

H199①　器形有陶罐形鼎、卷沿瓮、红顶钵、鼎足、锉，石斧等。

陶罐形鼎　1件。H199①：4，夹细砂夹云母黑陶。手制，口经慢轮修整。器表磨光。敛口，卷沿，圆唇，斜溜肩，以下残。素面。复原口径24、残高5.6厘米（图二九七，2）。

陶卷沿瓮　1件。H199①：7，夹细砂夹蚌褐陶。手制，口经慢轮修整。圆唇，敛口，卷沿，微鼓肩，鼓腹，以下残。腹饰左斜中粗绳纹。复原口径36、残高7厘米（图二九七，1）。

陶红顶钵　1件。H199①：17，泥质灰陶，外口施一周橙红彩带，形成红顶灰腹。轮制，器表磨光。直口，圆唇，弧腹内收，以下残。复原口径30、残高5.8厘米（图二九七，3）。

陶鼎足　2件。夹粗砂褐陶。手制。圆锥形足。H199①：12，足尖残断。足根有两个小按窝纹。残高8厘米（图二九七，4）。H199①：14，足根有一个小按窝纹。残高7.4厘米（图二九七，5）。

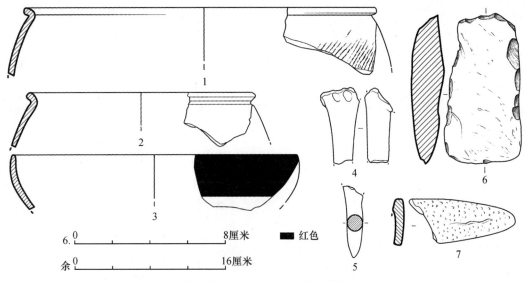

图二九七　H199①出土陶、石器

1. 陶卷沿瓮（H199①：7）　　2. 陶罐形鼎（H199①：4）　　3. 陶红顶钵（H199①：17）

4、5. 陶鼎足（H199①：12、H199①：14）　　6. 石斧（H199①：1）　　7. 陶锉（H199①：11）

陶锉　1件。H199①：11，夹细砂褐陶。手制，器表粗糙，密布孔状小圆窝。柳叶形，一端残。残长11.4、宽4.5、厚1.2厘米（图二九七，7）。

石斧　1件。H199①：1，细砂岩，灰色。琢、磨兼制，留有打击片疤。梯形，平顶，斜边，双面刃微弧，正锋。长7.8、宽4.1、厚1.8厘米（图二九七，6；图版七〇，1）。

H199②　器形有陶卷沿瓮、钵、甑底、杯底等。

陶卷沿瓮　1件。H199②：2，夹粗砂夹蚌褐陶。手制，口经慢轮修整。敛口，卷沿，圆唇，鼓肩，鼓腹，以下残。素面。复原口径30、残高10.5厘米（图二九八，1）。

陶钵　1件。H199②：1，泥质橙红陶。手制，器表磨光。直口，圆唇，弧腹内收，底残。素面。复原口径30、残高8.4厘米（图二九八，2）。

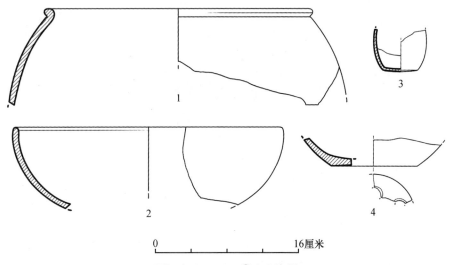

图二九八　H199②出土陶器

1. 卷沿瓮（H199②：2）　　2. 钵（H199②：1）　　3. 杯底（H199②：5）　　4. 甑底（H199②：6）

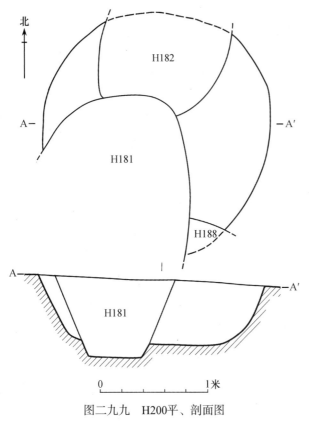

图二九九 H200平、剖面图

陶甑底 1件。H199②：6，夹细砂褐陶。手制。残存底，剩两个小圆孔的半边。素面。复原底径9.8、残高3.1厘米（图二九八，4）。

陶杯底 1件。H199②：5，夹细砂灰黑陶。手制。口残，弧腹内收，平底微凸。素面。底径4、残高4.5厘米（图二九八，3）。

H200 位于T0508东部和T0509西部。开口于第4层下，打破H184和生土，被H181、H182和H188打破。坑口原应呈椭圆形，弧壁，平底。残长2.12、宽2.06、深0.58米（图二九九）。坑内堆积为灰褐色土，土质松软，含少量草木灰、红烧土颗粒、石头和兽骨。出土骨锥、骨铲各1件和少量陶片。陶片以夹砂褐陶居多，泥质红陶次之，以素面陶居多，纹饰只有少量绳纹和凹弦纹，另有少量彩陶，器形有陶深腹罐、彩陶盆等。

陶深腹罐 1件。H200：5，夹细砂夹蚌红陶，口有黑斑。手制，口经慢轮修。敛口，卷沿，沿面有一道凹槽，圆唇，微鼓肩，鼓腹，以下残。中腹饰三道凹弦纹，遭三条压印短竖条纹打断。复原口径12、残高6.9厘米（图三〇〇，2）。

彩陶盆 1件。H200：3，细泥灰胎红衣陶。轮制，器表磨光。敛口，卷沿，圆唇，弧腹微鼓，以下残。沿面有短直线与弧边三角黑彩图案，腹有斜直线、圆点与弧边三角纹黑彩图案。复原口径30、残高5.4厘米（图三〇〇，1）。

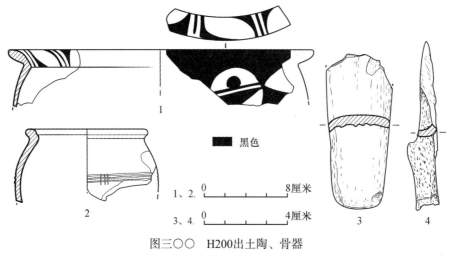

■ 黑色

图三〇〇 H200出土陶、骨器

1.彩陶盆（H200：3） 2.陶深腹罐（H200：5） 3.骨铲（H200：2） 4.骨锥（H200：1）

骨铲 1件。H200：2，利用骨骼磨制而成，一面为骨腔，一面为骨皮。倒梯形，斜边内收，弧刃。残长7.4、宽3.3厘米（图三〇〇，3）。

骨锥 1件。H200：1，利用骨骼磨制而成，保留有骨腔。不规则形，尖部呈三角形。长8、宽1.5厘米（图三〇〇，4；图版七〇，2）。

H201 位于T0506东北部和T0406东南部。开口于第4层下，打破H85、H212和第5层。坑口呈椭圆形，弧壁，平底略有起伏。长1.36、宽0.96、深0.48米（图三〇一）。坑内堆积为灰褐色土，土质松软，含有少量的动物骨头和石块。出土较多陶片，以夹砂褐陶居多，泥质红陶次之，有少量夹砂褐胎黑皮陶，绝大多数为素面，少量饰绳纹和凹弦纹，另有少量彩陶，器形有陶卷沿瓮、矮领瓮、叠唇瓮、鼓腹罐、彩陶罐、钵、器盖、锉等。

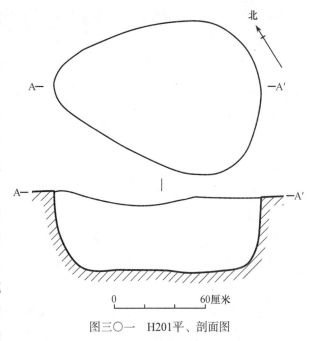

图三〇一 H201平、剖面图

陶卷沿瓮 1件。H201：8，夹细砂夹云母红陶。手制，口经慢轮修整。敛口，卷沿，圆唇，鼓肩，鼓腹，以下残。腹饰左斜细绳纹。复原口径30、残高7.3厘米（图三〇二，3）。

陶矮领瓮 1件。H201：3，夹粗砂夹蚌褐陶。手制，口、肩经慢轮修整。敞口，方唇，唇内外缘皆鼓凸，矮斜领，内领面微凹，口断面呈铁轨形，鼓肩，鼓腹，以下残。肩饰多道凹弦纹。复原口径27、残高13.4厘米（图三〇二，4）。

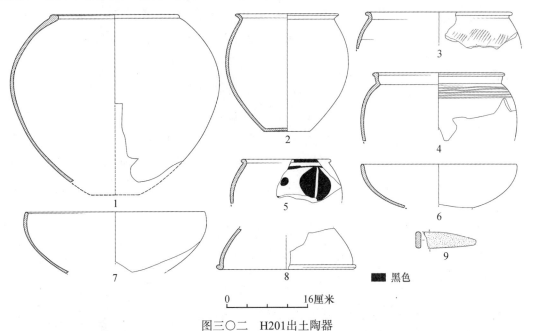

图三〇二 H201出土陶器

1.叠唇瓮（H201：5） 2.鼓腹罐（H201：1） 3.卷沿瓮（H201：8） 4.矮领瓮（H201：3） 5.彩陶罐（H201：2）
6、7.钵（H201：7、H201：6） 8.器盖（H201：9） 9.锉（H201：13）

陶叠唇瓮　1件。H201：5，泥质红陶。手制，口经慢轮修整，器表磨光。敛口，叠唇，圆肩，鼓腹，下腹弧内收，底残。素面。复原口径26、腹径42.3、残高33、复原高35.6厘米（图三〇二，1）。

陶鼓腹罐　1件。H201：1，夹细砂夹蚌褐陶，局部有黑斑。手制，口、肩经慢轮修整。敛口，卷沿，尖圆唇，溜肩，鼓腹，下腹弧内收，平底微凹。素面。复原口径21、腹径24.8、底径9.5、高23.2厘米（图三〇二，2；图版七一，1）。

彩陶罐　1件。H201：2，泥质灰胎橙红衣陶。轮制，器表磨光。敛口，卷沿，圆唇，微鼓肩，鼓腹，以下残。唇面有一周黑彩带，腹有直线、圆点与对称弧边三角黑彩图案。复原口径18、残高8.8厘米（图三〇二，5）。

陶钵　2件。泥质橙红陶。轮制，器表磨光。圆唇，弧腹内收，底残。素面。H201：6，直口。复原口径36、残高11.8厘米（图三〇二，7）。H201：7，敞口。复原口径32、残高8.5厘米（图三〇二，6）。

陶器盖　1件。H201：9，夹细砂灰褐陶。手制，口经慢轮修整。覆盆形，侈口，外卷沿，圆唇，深弧壁，顶残。素面。复原口径28、残高8.1厘米（图三〇二，8）。

陶锉　1件。H201：13，夹细砂褐陶。手制。柳叶形，一端已残。器表布满孔状小圆窝。残长10.7、宽3.2、厚1.1厘米（图三〇二，9）。

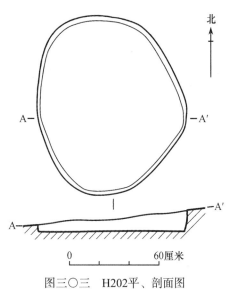

北

图三〇三　H202平、剖面图

H202　位于T0406西南部。开口于第4层下，打破第5层。坑口呈椭圆形，斜壁，平底。坑口长1.16、宽1米，坑底长1.1、宽0.96米，深0.06~0.13米（图三〇三）。坑内堆积为灰黑色土，土质松软，含少量草木灰、石块和动物骨头。出土1件骨凿和极少碎陶片。

骨凿　1件。H202：1，乳黄色。利用骨骼削、磨兼制，保留有骨腔。长条形，前端单面弧刃。长20.5、宽2.6、厚0.6厘米（图三〇四；图版七〇，3）。

H203　位于T0907东北部。开口于第5层下，打破生土。坑口呈椭圆形，直壁，平底，底西北处有一长方形小坑。坑长2.13、宽1.04、深0.51米，小坑长0.72、宽0.46、深0.18米（图三〇五；彩版一〇，3）。坑内堆积为褐色土，土质疏松，夹杂较多红烧土块。出土极少陶器碎片。

H204　位于T0102东南部和T0202东北部。开口于第3层下，打破H170和第4层，被H55和H195打破，北部被堪河冲毁。坑口原应呈圆形，弧壁，圜底。残长1.76、宽1.06、深1.13米（图三〇六）。坑内堆积分3层：第1层，灰褐色土，厚约65厘米，土质松散，出土较多陶片，以夹砂褐陶为主，夹砂红褐陶和泥

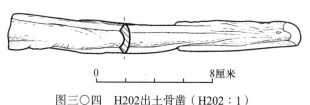

0　　　　　　　　　8厘米

图三〇四　H202出土骨凿（H202：1）

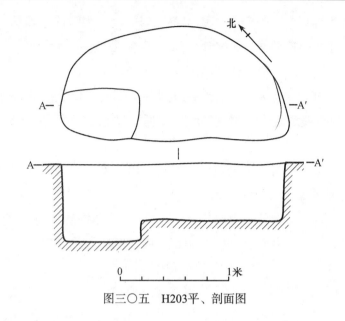

图三〇五　H203平、剖面图

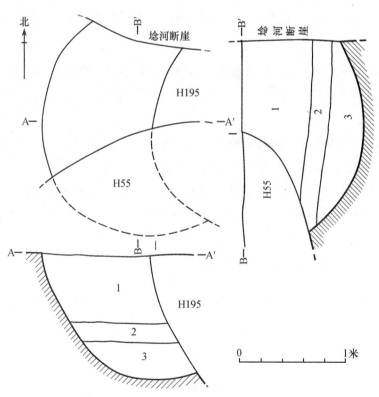

图三〇六　H204平、剖面图

质红陶次之，有少量夹砂灰陶和褐胎黑皮陶，饰纹陶占多数，素面陶次之，纹饰主要有绳纹和凹弦纹，另有少量彩陶，器形有陶罐形鼎、卷沿瓮、矮领瓮、彩陶盆、彩陶钵、锉等；第2层，黄灰色土，厚约20厘米，含少量草木灰，出土极少量碎陶片；第3层，黑灰色土，厚0～32厘米，土质疏松，含较多草木灰和炭粒，出土石斧、凿各1件和少量陶片，陶片的陶质、陶色与第1层的接近，但多为素面，少量饰绳纹，器形有陶深腹罐、锉等。

H204① 器形有陶罐形鼎、卷沿瓮、矮领瓮、彩陶盆、彩陶钵、锉等。

陶罐形鼎 1件。H204①：20，夹细砂褐陶。手制，口经慢轮修整。敛口，卷沿，圆唇，溜肩，以下残。素面。复原口径20、残高4.2厘米（图三〇七，6）。

陶卷沿瓮 1件。H204①：18，夹细砂夹蚌褐陶。手制，口经慢轮修整。敛口，卷沿，圆唇，斜溜肩，鼓腹，以下残。腹饰左斜细绳纹。复原口径32、残高5.7厘米（图三〇七，1）。

陶矮领瓮 1件。H204①：2，夹细砂夹云母红陶。手制，口经慢轮修整。直口，圆唇，唇内外缘皆鼓凸，矮领微弧，口断面呈铁轨形，鼓肩，以下残。肩饰一周按窝纹和左斜细绳纹。复原口径34、残高7.7厘米（图三〇七，2）。

彩陶盆 1件。H204①：8，泥质暗红陶。手制，口经慢轮修整，器表磨光。敛口，卷沿，尖圆唇，溜肩，以下残。沿面有一周黑彩带，腹仅剩小段黑彩斜条带纹。复原口径36、残高3厘米（图三〇七，3）。

彩陶钵 2件。泥质橙红陶。轮制，器表磨光。敞口，尖圆唇，弧腹内收，底残。H204①：9，上腹有圆点、弧线与弧边三角形黑彩图案。复原口径36、残高8.9厘米（图三〇七，4）。H204①：15，上腹饰斜线与对顶直边三角形黑彩图案。复原口径28、残高5.2厘米（图三〇七，5）。

陶锉 1件。H204①：1，夹细砂褐陶。手制。柳叶形，两端残断。器表布满孔状小圆窝。残长3.3、宽2、厚0.7厘米（图三〇七，7）。

H204③ 器形有陶深腹罐、锉、石斧、凿等。

陶深腹罐 1件。H204③：5，夹细砂红褐陶。手制，口经慢轮修整。器表磨光。敛口，卷沿，圆唇，溜肩，弧腹，以下残。素面。复原口径20、残高6厘米（图三〇八，1）。

陶锉 1件。H204③：3，泥质灰胎褐陶，一侧有灰条斑。手制，从断面观察，应是先做好内胎泥坯，在泥坯表面涂抹一层含有植物颗粒的泥浆，经烘烤后颗粒消失，形成小圆

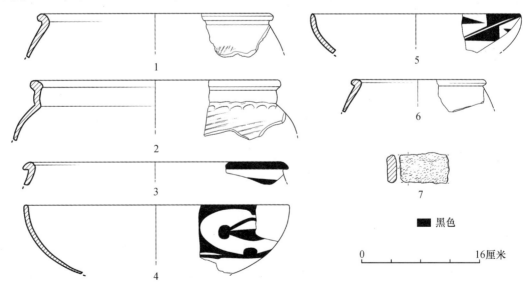

图三〇七 H204①出土陶器

1. 卷沿瓮（H204①：18） 2. 矮领瓮（H204①：2） 3. 彩陶盆（H204①：8） 4、5. 彩陶钵（H204①：9、H204①：15）

6. 罐形鼎（H204①：20） 7. 锉（H204①：1）

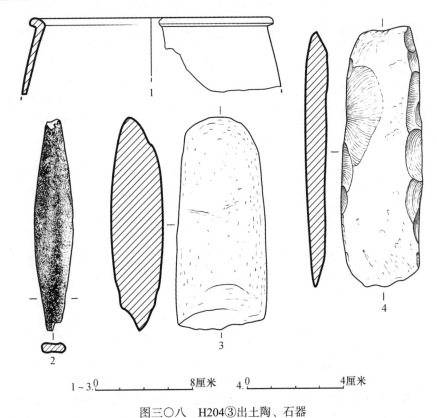

图三〇八　H204③出土陶、石器

1. 陶深腹罐（H204③：5）　2. 陶锉（H204③：3）　3. 石斧（H204③：1）　4. 石凿（H204③：4）

窝。扁长梭形。器表密布针孔状小凹窝。残长16.8、宽1~3.1、厚1厘米（图三〇八，2；彩版二八，2）。

石斧　1件。H204③：1，闪长岩，青灰色。琢、磨制。梯形，弧顶，斜边，双面刃略残，正锋。长17.1、宽7.4、厚4.3厘米（图三〇八，3；图版七二，1）。

石凿　1件。H204③：4，粉砂岩，青黑色。琢、磨兼制，留有打击片疤。长方形，平顶，直边，单面弧刃，偏锋。长10.48、宽3.4、厚1厘米（图三〇八，4；图版七二，2）。

H205　位于T0708西北部。开口于F13下，打破第5层。坑口呈椭圆形，斜直壁，平底。坑口长1.1、宽1.02米，坑底长0.93、宽0.83米，深0.6米（图三〇九）。坑内堆积为褐色土，土质松软，含少量草木灰、红烧土颗粒和动物骨头。出土极少碎陶片，无可辨器形。

H206　位于T0505东北部和T0506西北部。开口于第5层下，打破生土，被M10打破。坑口呈椭圆形，弧壁，圜底。残长1.84、宽1.27、深1.6米（图三一〇）。坑内堆积分2层：第1层，灰褐色土，厚80厘米，土质松散，含大量红烧土、草木灰、石块、蚌壳和骨头，出土少量陶片，以泥质红陶为主，夹砂褐陶次之，有少量泥质红褐陶，以饰纹陶居多，主要为绳纹，另有少量彩陶，器形有陶矮领瓮、叠唇瓮、卷沿罐、彩陶钵等；第2层，黄灰色土，厚0~82厘米，含少量草木灰、黑色炭渣、红烧土粒、石块、蚌壳和骨头，出土较多陶片，以夹砂褐陶居多，泥质红陶次之，有少量泥质灰陶，以饰纹陶为主，素面陶较少，纹饰主要为绳纹，另有少量彩陶，器形有陶卷沿瓮、尖底瓶底、卷沿盆、红顶钵、彩陶钵等。

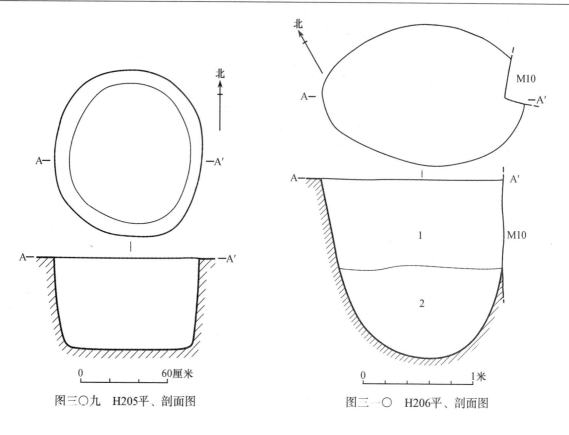

图三〇九　H205平、剖面图　　　　　　图三一〇　H206平、剖面图

H206①　器形有陶矮领瓮、叠唇瓮、卷沿罐、彩陶钵等。

陶矮领瓮　1件。H206①：4，夹细砂褐陶。手制，口经慢轮修整。敞口，方唇，唇外缘鼓凸，矮斜领，内领面微凹，溜肩，鼓腹，底残。器表饰左斜细绳纹。复原口径30、腹径33、残高18厘米（图三一一，3）。

陶叠唇瓮　1件。H206①：2，夹细砂夹蚌橙黄陶，局部有黑斑。手制，唇面经慢轮修整。器表打磨光滑。敛口，叠唇，圆广肩，鼓腹，下腹斜直内收，腹极深，小平底。素面。复原口径29.5、腹径42.2、底径10.5、复原高42.5厘米（图三一一，1；彩版二九，1）。

陶卷沿罐　1件。H206①：3，夹细砂夹蚌红陶。手制，口经慢轮修整。敛口，卷沿，圆唇，微鼓肩，鼓腹，下腹弧内收，底残。腹饰右斜细绳纹。复原口径18、腹径22、残高14厘米（图三一一，2）。

彩陶钵　1件。H206①：1，泥质灰陶，外口施一周橙红彩带，形成红顶灰腹。轮制，器表磨光。敞口，圆唇，弧腹内收，底残。外口在红衣上再施一层白色陶衣为地，以黑彩绘上下对称的半圆点、弧边三角形与柳叶形图案。复原口径36、残高6.1厘米（图三一一，4）。

H206②　器形有陶卷沿瓮、尖底瓶底、卷沿盆、红顶钵、彩陶钵等。

陶卷沿瓮　2件。手制，口经慢轮修整。敛口，卷沿，圆唇，鼓肩，鼓腹，下腹残。H206②：5，夹粗砂夹蚌红陶，局部有黑斑。腹饰左斜细绳纹。复原口径24、残高14.8厘米（图三一二，1）。H206②：6，夹细砂褐陶。腹饰右斜细绳纹，局部交错。复原口径28、残高16.3厘米（图三一二，2）。

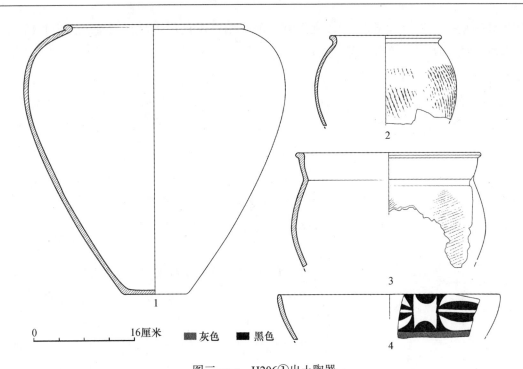

图三一一 H206①出土陶器

1. 叠唇瓮（H206①：2） 2. 卷沿罐（H206①：3） 3. 矮领瓮（H206①：4） 4. 彩陶钵（H206①：1）

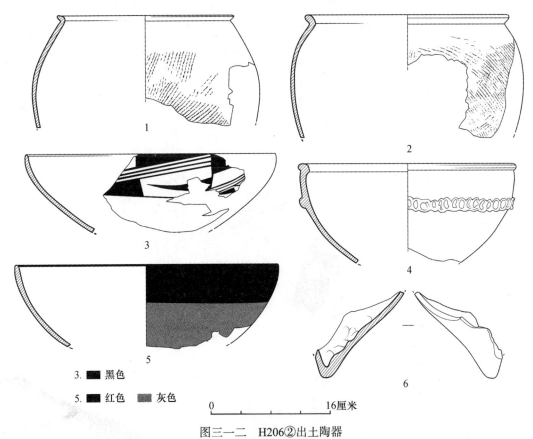

图三一二 H206②出土陶器

1、2. 卷沿瓮（H206②：5、H206②：6） 3. 彩陶钵（H206②：4） 4. 卷沿盆（H206②：8） 5. 红顶钵（H206②：1）

6. 尖底瓶底（H206②：9）

陶尖底瓶底 1件。H206②：9，夹细砂红陶。内壁可见泥条盘筑痕迹。器表打磨光滑。仅存底，弧腹微曲，尖底。素面。残高10.3厘米（图三一二，6）。

陶卷沿盆 1件。H206②：8，夹细砂夹蚌褐陶。手制，口经慢轮修整。敛口，小卷沿，圆唇，弧腹内收，底残。上腹饰一周波浪形附加堆纹。复原口径30、残高13.2厘米（图三一二，4）。

陶红顶钵 1件。H206②：1，泥质灰陶，外口施一周橙红彩带，形成红顶灰腹。轮制，器表磨光。敞口，尖圆唇，弧腹内收，以下残。复原口径36、残高11.2厘米（图三一二，5）。

彩陶钵 1件。H206②：4，泥质灰胎橙红衣陶。轮制，器表磨光。敞口，尖圆唇，弧腹内收，底残。外口有平行斜线与对顶直边三角形黑彩图案。复原口径34、残高10.5厘米（图三一二，3）。

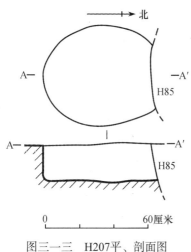

图三一三 H207平、剖面图

H207 位于T0506东北部和T0507西北部。开口于第4层下，打破H98和生土，被H85打破。坑口呈椭圆形，直壁，平底。残长0.63、宽0.57、深0.23米（图三一三）。坑内堆积为黑褐色土，含少量草木灰、红烧土颗粒和石块。出土少量陶片，以夹砂红褐陶为主，有少量泥质红陶，多为素面，少量饰绳纹和按窝纹，器形有陶卷沿瓮、鼎足等。

陶卷沿瓮 1件。H207：1，夹细砂夹少量云母褐陶，局部有黑斑。手制，口经慢轮修整。敛口，卷沿，圆唇，微鼓肩，鼓腹，以下残。腹饰左斜细绳纹。复原口径32、残高6.9厘米（图三一四，1）。

陶鼎足 1件。H207：2，夹细砂褐陶。手制。锥形足，足尖残断。足根饰一椭圆形按窝纹。残高5.1厘米（图三一四，2）。

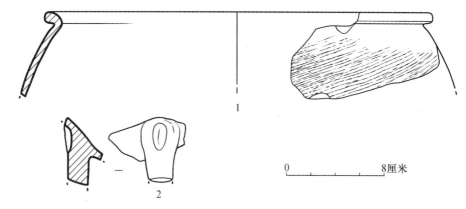

图三一四 H207出土陶器
1. 卷沿瓮（H207：1） 2. 鼎足（H207：2）

H210 位于T0606东北部和T0607西北部。开口于第4层下，打破F11和第5层，被H190打破。坑口呈椭圆形，斜直壁，平底。坑口残长2.07、宽1.74米，坑底长1.99、宽1.54，深0.53

米（图三一五）。坑内堆积为灰褐色土，土质较紧密，含少量烧土颗粒、石块和动物骨头。出土少量陶片，以夹砂褐陶为主，泥质红陶次之，有少量夹砂灰陶，素面陶占绝大多数，器形有陶罐形鼎、折沿瓮、矮领罐、鼎足等。

陶罐形鼎 1件。H210：1，夹细砂夹蚌褐陶。手制，口经慢轮修整。器表磨光。敛口，卷沿，圆唇，鼓肩，以下残。素面。复原口径20、残高5.7厘米（图三一六，2）。

陶折沿瓮 1件。H210：3，夹粗砂夹蚌褐陶。手制，口、肩经慢轮修整。敞口，圆唇，唇内外缘皆鼓凸，矮斜领，口断面呈铁轨形，鼓肩，以下残。肩有刮划痕迹。复原口径34、残高5.3厘米（图三一六，1）。

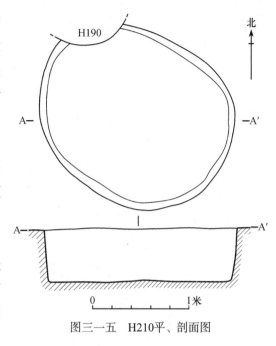

图三一五 H210平、剖面图

陶矮领罐 1件。H210：2，夹粗砂夹蚌褐陶。手制，口经慢轮修整。直口微敞，方唇，唇内外缘微凸，矮直领，溜肩，以下残。素面。复原口径18、残高4.6厘米（图三一六，3）。

陶鼎足 1件。H210：4，夹细砂夹云母褐陶。手制。锥形足。足根有一椭圆形按窝纹。残高6.6厘米（图三一六，4）。

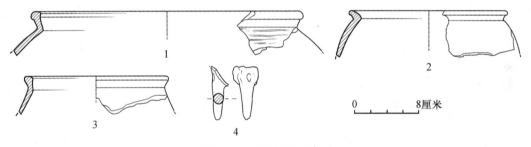

图三一六 H210出土陶器
1.折沿瓮（H210：3） 2.罐形鼎（H210：1） 3.矮领罐（H210：2） 4.鼎足（H210：4）

H211 位于T0808西南部和T0908西北部。开口于第4层下，打破F12和第5层，被G3打破。坑口呈近圆形，直壁，平底。直径1.98～2.18、深0.8米（图三一七）。坑内堆积为灰褐色土，土质疏松，含较多红烧土颗粒。出土少量陶片，以夹砂褐陶居多，泥质红陶次之，有少量夹砂红陶和泥质灰陶，多为素面陶，纹饰只有少量按窝纹，还有少量彩陶，器类有陶深腹罐、钵、彩陶钵、小杯等。

陶深腹罐 1件。H211：3，夹细砂红陶。手制，口经慢轮修整。敛口，卷沿，尖圆唇，溜肩，弧腹微鼓，以下残。素面。复原口径16、残高6厘米（图三一八，1）。

陶钵 1件。H211：2，泥质橙黄陶。轮制，器表磨光。敞口，尖圆唇，弧腹内收，底残。素面。复原口径28、残高6.9厘米（图三一八，2）。

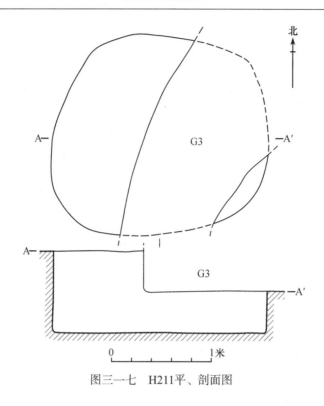

图三一七　H211平、剖面图

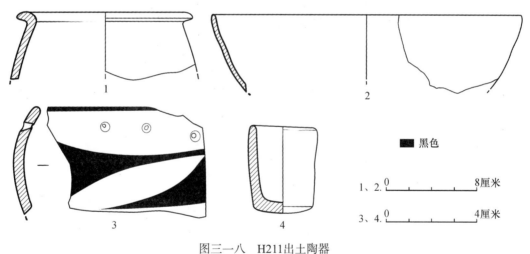

图三一八　H211出土陶器

1.深腹罐（H211∶3）　2.钵（H211∶2）　3.彩陶钵（H211∶7）　4.小杯（H211∶5）

彩陶钵　1件。H211∶7，泥质灰陶。轮制，器表磨光。敛口，圆唇，口有三个由外向内钻的小圆孔，弧腹内收，底残。外口有弧边三角形黑彩图案。残高4.5厘米（图三一八，3）。

陶小杯　1件。H211∶5，泥质红褐陶。手制。直口，直腹，平底微凸。素面。复原口径3、底径2.7、高3.8厘米（图三一八，4；彩版二九，4）。

H212　位于T0406东南部与T0506东北部。开口于第4层下，打破H85、H214和生土，被H201打破。坑口呈椭圆形，袋状坑，平底。坑口长1.16、残宽0.56米，坑底长1.3、残宽0.74米，深0.4米（图三一九）。坑内堆积为黄褐色土，土质松软，含少量红烧土颗粒、骨头和石块。出土极少量陶片，多为泥质红陶，有少量夹砂褐陶，绝大多数为素面，器形仅有陶饼。

陶饼 1件。H212：1，泥质红陶。利用陶片手制而成，周缘稍经修磨。圆形。素面。直径4.1、厚0.7厘米（图三二〇）。

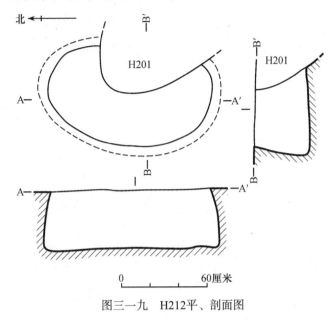

0   60厘米

图三一九 H212平、剖面图

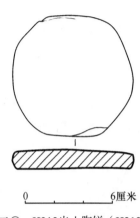

0   6厘米

图三二〇 H212出土陶饼（H212：1）

H214 位于T0406东南部和T0407西南部。开口于第4层下，打破H95和生土，被H85、H201、H212、H221和H222打破。坑口呈椭圆形，弧壁，平底。残长1.7、宽0.84、深0.25米（图三二一）。坑内堆积为灰白色土，土质较松软，含较多的骨头和石块。出土少量陶片，器形仅有陶卷沿瓮。

陶卷沿瓮 1件。H214：1，夹细砂夹云母褐陶，局部有黑斑。手制，口经慢轮修整。敛口，卷沿，圆唇，微鼓肩，鼓腹，下腹弧内收，平底微内凹。底压印席纹。复原口径22、底径14、复原高30厘米（图三二二）。

H216 位于T0406北部。开口于第4层下，打破H217和生土。坑口呈椭圆形，弧壁，底不平、呈斜坡状。长1.4、宽1.1、深1米（图三二三）。坑内堆积为黄褐色土，土质疏松，含少量红烧土颗粒、石头和动物骨头。出土少量陶片，以夹砂褐陶居多，有少量泥质红陶，多为素面，少量饰绳纹，器形有陶卷沿瓮、叠唇瓮、锉、饼等。

陶卷沿瓮 1件。H216：1，夹粗砂夹蚌褐陶。手制，口经慢轮修整。器表稍经打磨。敛口，卷沿，圆唇，鼓肩，以下残。素面。复原口径32、残高4.9厘米（图三二四，1）。

陶叠唇瓮 1件。H216：2，夹细砂灰胎红衣陶。手制，口经慢轮修整。敛口，叠唇，广肩，以下残。素面。复原口径28、残高3.8厘米（图三二四，2）。

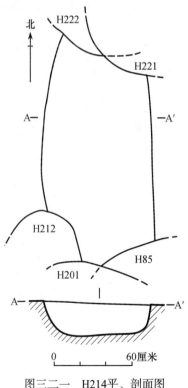

0   60厘米

图三二一 H214平、剖面图

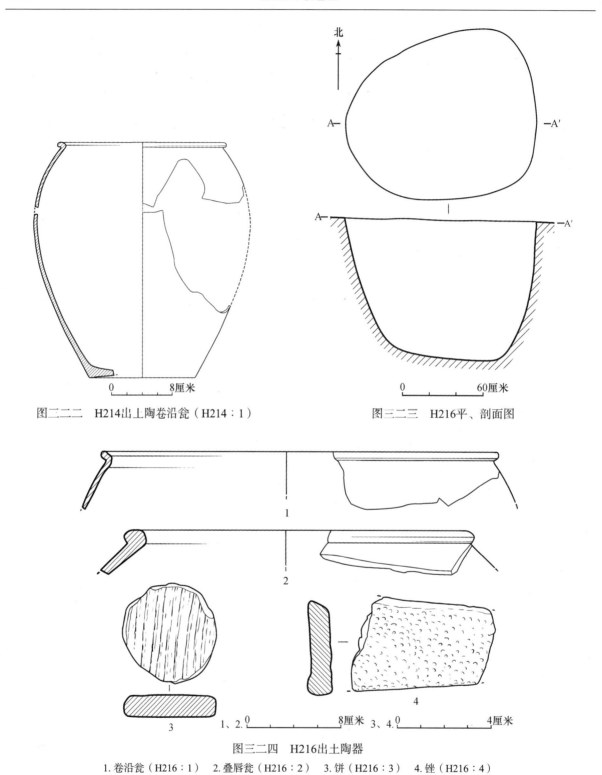

图二二二　H214出土陶卷沿瓮（H214∶1）

图三二三　H216平、剖面图

图三二四　H216出土陶器

1. 卷沿瓮（H216∶1）　　2. 叠唇瓮（H216∶2）　　3. 饼（H216∶3）　　4. 锉（H216∶4）

陶锉　1件。H216∶4，夹细砂夹蚌褐陶。手制。柳叶形，两端残断。器表布满孔状小圆窝。残长6.2、宽3.9、厚1.1厘米（图三二四，4）。

陶饼　1件。H216∶3，夹细砂灰胎红褐衣陶。利用陶片手制而成，周缘未经修磨。圆形。器表留有绳纹。直径4~4.2、厚0.9厘米（图三二四，3）。

H217 位于T0406东北部。开口于第4层下，打破H175和生土，被H36和H216打破。坑口呈椭圆形，斜直壁，底较平。坑口残长1.6、宽1.07米，坑底残长1.56、宽0.9米，深0.24米（图三二五）。坑内堆积为红褐色土，土质较松软，含少量红烧土颗粒。出土1件石璧和少量碎陶片，陶器器形有陶卷沿瓮等。

陶卷沿瓮 1件。H217：2，夹细砂夹蚌褐陶。手制，口经慢轮修整。敛口，卷沿，圆唇，溜肩，以下残。素面。复原口径34、残高4.6厘米（图三二六，1）。

石璧 1件。H217：1，灰白色。磨制，双面磨光。圆形，中央有一单向穿孔，肉宽于好，中间厚，边缘薄。直径11.8、孔径2.6、厚0.8厘米（图三二六，2；彩版二九，3）。

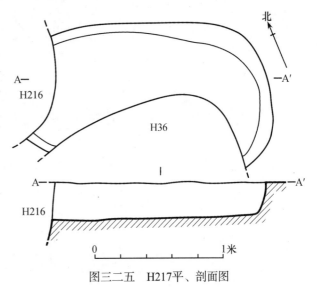

图三二五 H217平、剖面图

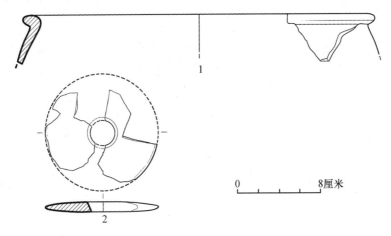

图三二六 H217出土陶、石器
1.陶卷沿瓮（H217：2） 2.石璧（H217：1）

H219 位于T0606东北部、T0607西北部。开口于第5层下，打破生土，被H190打破。坑口呈椭圆形，斜直壁，平底。坑口残长1.56、宽1.36米，坑底残长1.51、宽1.25米，深0.8米（图三二七；图版四三，1）。坑内堆积为红褐色土，土质松散，含少量红烧土块。出土较多陶片，以夹砂红褐陶居多，泥质红陶次之，有少量夹砂褐陶和泥质灰陶，素面陶占绝大多数，纹饰只有少量绳纹，另有少量彩陶，器形有陶卷沿瓮、矮领瓮、彩陶盆、钵、红顶钵、器盖等。

陶卷沿瓮 1件。H219：2，夹细砂夹蚌灰陶。敛口，卷沿，圆唇，圆折肩，以下残。肩饰左斜粗绳纹。复原口径32、残高7.9厘米（图三二八，1）。

陶矮领瓮 1件。H219：1，夹粗砂夹蚌褐陶。手制，口、肩经慢轮修整。敞口，平折沿，圆唇，矮斜领，内领面微凹，鼓肩，鼓腹，以下残。素面。复原口径36、残高8.1厘米（图三二八，2）。

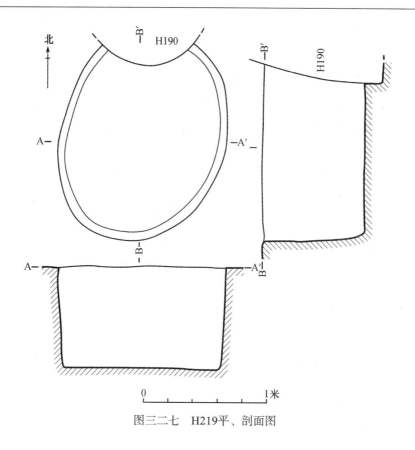

图三二七 H219平、剖面图

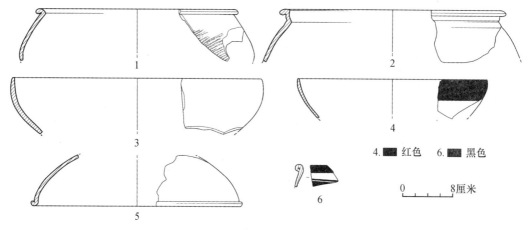

图三二八 H219出土陶器

1. 卷沿瓮（H219：2） 2. 矮领瓮（H219：1） 3. 钵（H219：5） 4. 红顶钵（H219：7） 5. 器盖（H219：4）
6. 彩陶盆（H219：8）

彩陶盆 1件。H219：8，泥质红陶。轮制，器表磨光。敛口，叠唇，唇内有细小中空，弧腹，以下残。唇面有一周黑彩带，腹有直线与宽带黑彩图案。残高3.2厘米（图三二八，6）。

陶钵 1件。轮制，器表磨光。H219：5，泥质灰胎橙红衣陶。直口，圆唇，弧腹内收，下腹残。素面。复原口径40、残高8.6厘米（图三二八，3）。

陶红顶钵 1件。轮制，器表磨光。H219：7，泥质灰陶，口外施一周橙红彩带，形成红顶灰腹。敞口，尖圆唇，弧腹内收，下腹残。复原口径30、残高6.1厘米（图三二八，4）。

陶器盖　1件。H219：4，夹细砂夹云母褐陶。手制，口经慢轮修整。覆盆状，侈口，外卷沿，圆唇，深弧壁，顶残。素面。复原口径34、残高7.9厘米（图三二八，5）。

H220　位于T0609中部。开口于第5层下，打破H227和生土，被G3打破。坑口呈椭圆形，弧壁，底较平。长2.35、宽1.81、深0.52米（图三二九）。坑内堆积为灰褐色土，土质松软，含少量草木灰、红烧土颗粒、石头和动物骨头。出土大量陶片，以夹砂褐陶居多，泥质红陶次之，有少量夹砂褐陶和褐胎黑皮陶，素面陶稍多，饰纹陶次之，纹饰

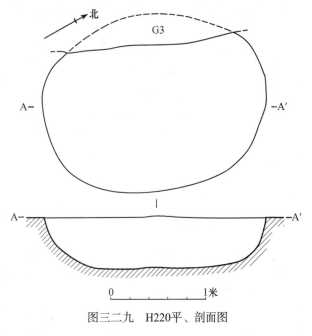

图三二九　H220平、剖面图

主要为绳纹和少量附加堆纹、按窝纹等，器形有陶罐形鼎、卷沿瓮、深腹罐、卷沿盆、钵、锉、饼、鼎足等。

陶罐形鼎　1件。H220：15，夹细砂褐陶。手制，口经慢轮修整，器表磨光。敛口，卷沿，圆唇，溜肩，鼓腹下垂，底、足皆残。素面。复原口径25、残高20厘米（图三三〇，5）。

陶卷沿瓮　3件。手制，口经慢轮修整。敛口，卷沿，尖圆唇。H220：1，夹细砂夹蚌红陶。器表稍经打磨。溜肩，上腹较鼓，下腹弧内收，平底微凹。素面。复原口径27.5、腹径30.5、底径12、高30厘米（图三三〇，1；彩版二八，3）。H220：2，夹细砂褐胎黑皮陶。器表磨光。溜肩，上腹较鼓，下腹弧内收，平底。素面。复原口径21.8、腹径26.1、底径10.5、高27.5厘米（图三三〇，2；图版七一，2）。H220：3，夹细砂灰褐陶，局部有黑斑。鼓肩，鼓腹，下腹残。器表饰左斜细绳纹。复原口径36、残高20厘米（图三三〇，4）。

陶深腹罐　1件。H220：20，夹细砂夹蚌灰胎黑皮陶。手制，口经慢轮修整，器表磨光。敛口，卷沿，圆唇，溜肩，弧腹微鼓，底残。素面。复原口径15、残高12.4厘米（图三三〇，8）。

陶卷沿盆　1件。H220：14，夹粗砂夹蚌褐陶。手制，口经慢轮修整。敛口，卷沿，圆唇，微鼓肩，鼓腹，以下残。腹中部饰一周波浪形附加堆纹。复原口径34、残高9.6厘米（图三三〇，3）。

陶钵　1件。H220：6，泥质灰胎橙红衣陶。轮制，器表磨光。直口，圆唇，弧腹内收，下腹残。素面。复原口径20、残高7厘米（图三三〇，6）。

陶锉　1件。H220：12，夹粗砂褐陶。手制。柳叶形，两端残断。器表布满孔状小圆窝。残长8.9、宽4.5、厚1.2厘米（图三三〇，7）。

陶饼　2件。夹细砂灰褐陶。利用陶片手制而成，周缘未经打磨。圆形。H220：7，器

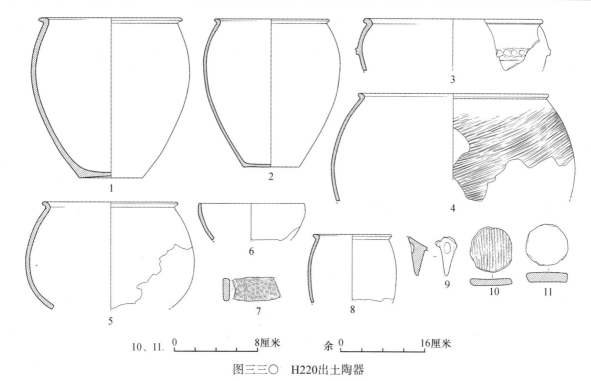

图三三〇　H220出土陶器

1、2、4.卷沿瓮（H220∶1、H220∶2、H220∶3）　3.卷沿盆（H220∶14）　5.罐形鼎（H220∶15）　6.钵（H220∶6）
7.铿（H220∶12）　8.深腹罐（H220∶20）　9.鼎足（H220∶9）　10、11.饼（H220∶7、H220∶8）

表留有绳纹。直径4、厚0.9厘米（图三三〇，10）。H220∶8，素面。直径4、厚0.6厘米（图三三〇，11）。

陶鼎足　1件。H220∶9，夹细砂夹蚌褐陶。手制。锥形足。足根有一较深椭圆形按窝纹。残高7.4厘米（图三三〇，9）。

H221　位于T0406东部和T0407西部。开口于第4层下，打破H222和生土，被H169和H175打破。坑口呈近圆形，斜直壁，平底。坑口残长1.02、宽0.8米，坑底长0.7、残宽0.64米，深0.4米（图三三一）。坑内堆积为灰褐色土，土质较松软，含少量的动物骨头、石块和蚌壳。出土极少量碎陶片，器形仅见陶罐形鼎。

陶罐形鼎　2件。夹细砂夹云母褐陶。手制，口经慢轮修整。器表稍经打磨。敛口，卷沿，圆唇，溜肩，以下残。素面。H221∶1，复原口径24、残高5.6厘米（图三三二，1）。H221∶2，复原口径16、残高3.1厘米（图三三二，2）。

H222　位于T0406东部。开口于第4层下，打破生土，被W11、H175和H221打破。坑口呈椭圆形，坑壁不规整，半边为弧壁，半边为袋状，圜底。坑口残长1.47、宽1.43、深1.14米（图三三三）。坑内堆积为灰黑色土，土质较松软，含较多动物骨头和少量石块。出土骨针、镞和铲各1件，还有较多陶片。

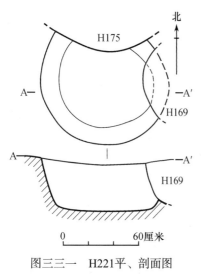

图三三一　H221平、剖面图

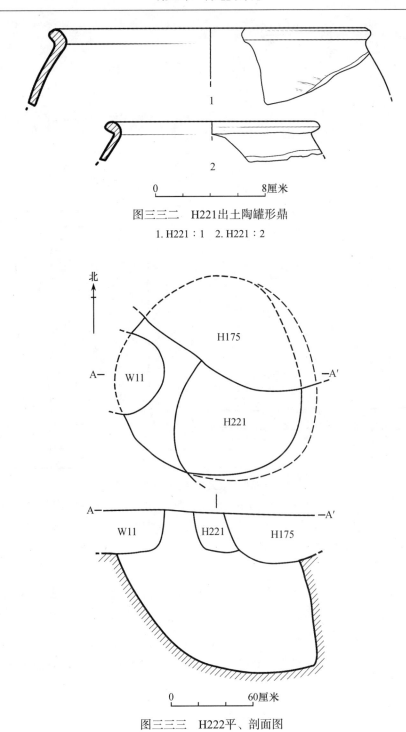

图三三二　H221出土陶罐形鼎
1. H221：1　2. H221：2

图三三三　H222平、剖面图

陶片以夹砂褐陶居多，有少量夹砂红褐陶和泥质红陶，多为素面，少量饰绳纹，器形有陶卷沿瓮、锉、饼等。

陶卷沿瓮　2件。手制，口经慢轮修整。H222：4，夹细砂夹蚌红陶，色泽不均，局部有黑斑。敛口，卷沿，尖圆唇，鼓肩，鼓腹，下腹弧内收，平底微凹。上腹饰右斜绳纹，较杂乱，大多经抹平。复原口径27.5、腹径32.3、底径12.5、高30厘米（图三三四，1）。H222：7，夹细砂夹蚌褐陶。器表磨光。敛口，卷沿，圆唇，溜肩，鼓腹，以下残。素面。复原口径28、残

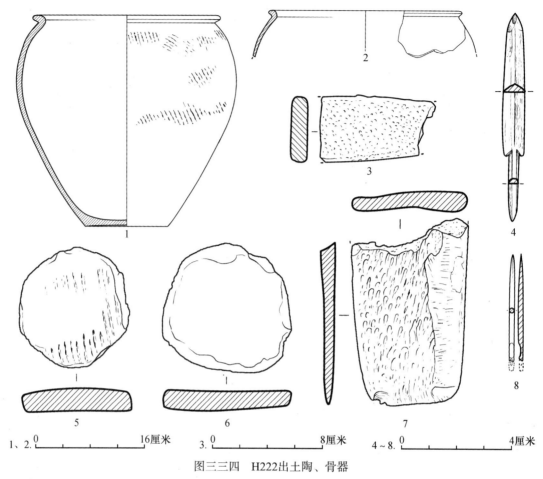

图三三四　H222出土陶、骨器

1、2.陶卷沿瓮（H222：4、H222：7）　3.陶锉（H222：5）　4.骨镞（H222：2）　5、6.陶饼（H222：8、H222：9）
7.骨铲（H222：3）　8.骨针（H222：1）

高6.6厘米（图三三四，2）。

陶锉　1件。H222：5，夹粗砂褐陶。手制。柳叶形，两端残断。器表布满孔状小圆窝。残长8.3、宽4.6、厚0.6厘米（图三三四，3）。

陶饼　2件。利用陶片手制而成，周缘未经修磨。圆形。H222：8，夹细砂夹蚌褐陶。表面留有绳纹。直径4.1～4.3、厚0.8厘米（图三三四，5）。H222：9，夹细砂褐陶。素面。直径4.6～4.8、厚0.7厘米（图三三三，6）。

骨铲　1件。H222：3，利用骨骼磨制而成。倒梯形，顶端残，斜边，直刃微弧。残长6.7、宽4、厚0.7厘米（图三三四，7；图版七二，5）。

骨针　1件。H222：1，卵黄色。利用骨骼磨制而成，磨制精细。表面莹润有光泽。细长圆柱体，前端尖锋，后端削扁，已残，但留有穿线鼻孔。残长3.8厘米（图三三四，8；图版七二，3）。

骨镞　1件。H222：2，利用骨骼磨制而成，器表磨光。扁三角形，双翼窄长，尖锋，长铤。长7.4厘米（图三三四，4；图版七二，4）。

H223　位于T0307西部，部分伸入T0306东隔梁未发掘。开口于第3层（宋代）下，打破第

4层。坑口应呈圆形，袋状坑，平底。坑口残长0.65、宽0.73米，坑底残长0.69、宽0.84米，深0.56米（图三三五）。坑内堆积为灰黑色土，土质松软，含少量红烧土块、石块和较多动物骨头。坑壁发现有炭灰和植物壳。出土1件石斧和少量陶片。陶片以夹砂褐陶居多，有少量夹砂红褐陶和泥质红陶，绝大多数为素面，器形有陶卷沿瓮、鼎足等。

陶卷沿瓮　2件。手制，口经慢轮修整。敛口，卷沿，圆唇，肩以下残。素面。H223：2，夹细砂夹蚌褐陶。器表磨光。斜溜肩。复原口径32、残高7.2厘米（图三三六，1）。H223：3，夹细砂夹蚌红陶。器表稍经打磨。微鼓肩。复原口径22、残高5.8厘米（图三三六，2）。

陶鼎足　1件。H223：5，夹粗砂褐陶。手制。圆锥形足。足根尚留有半截按窝纹。残高5.6厘米（图三三六，3）。

石斧　1件。H223：1，砂岩，灰色。琢、磨兼制。长梯形，弧顶，斜直边，双面斜刃，正锋。长13.7、宽6.4、厚2.7厘米（图三三六，4）。

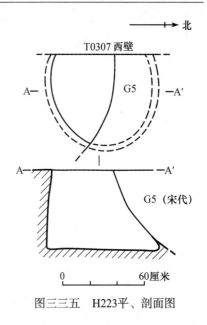

图三三五　H223平、剖面图

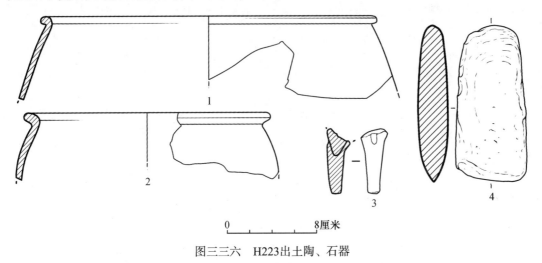

图三三六　H223出土陶、石器

1、2.陶卷沿瓮（H223：2、H223：3）　3.陶鼎足（H223：5）　4.石斧（H223：1）

H227　位于T0609中部。开口于第5层下，打破生土，被H220打破。坑口呈椭圆形，直壁，底较平。长1.61、宽1.18、深0.7米（图三三七）。坑内堆积为褐色土，土质松软，含少量草木灰、红烧土颗粒、石块、蚌壳和动物骨头。出土少量陶片，以夹砂褐陶为主，泥质红陶次之，有少量夹砂褐胎黑皮陶，绝大多数为素面，少量饰绳纹，器形有陶卷沿瓮、叠唇瓮、钵等。

陶卷沿瓮　1件。H227：1，夹细砂夹蚌褐陶。手制，口经慢轮修整。敛口，卷沿，圆唇，微鼓肩，鼓腹，下腹弧内收，底残。上腹饰交错绳纹，局部被抹平，下腹饰左斜绳纹。复原口径38、腹径42.4、残高29.6厘米（图三三八，1）。

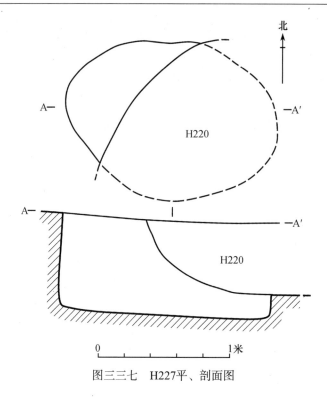

图三三七　H227平、剖面图

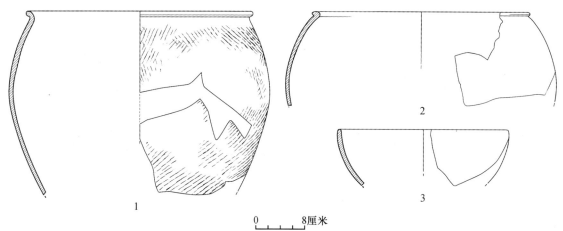

图三三八　H227出土陶器

1. 卷沿瓮（H227：1）　2. 叠唇瓮（H227：3）　3. 钵（H227：5）

陶叠唇瓮　1件。H227：3，夹细砂夹云母褐胎黑皮陶。手制，口经慢轮修整，器表磨光。敛口，叠唇，圆肩，鼓腹，以下残。素面。复原口径36、残高15.2厘米（图三三八，2）。

陶钵　1件。H227：5，泥质红陶。轮制，器表磨光。直口，圆唇，弧腹内收，底残。素面。复原口径28、残高9.1厘米（图三三八，3）。

H228　位于T0204东南部，部分伸入东隔梁未发掘。开口于第4层下，打破H162和第5层，被J3打破。坑口呈长方形，弧壁，平底。发掘部分长2.12、宽1.64、深0.57米（图三三九）。坑内堆积主要为红烧土，土质较坚硬。出土极少量细碎陶片，有夹砂褐陶、泥质红陶和夹砂褐胎

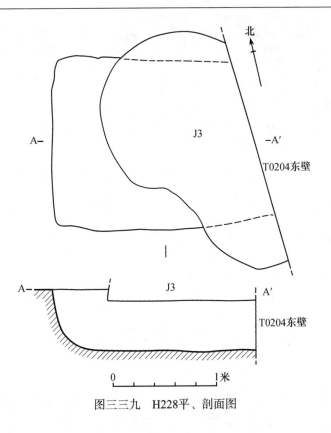

图三三九 H228平、剖面图

黑皮陶，皆为素面，无可辨器形。

H229 位于T0608东南部。开口于第4层下，打破第5层，被H123打破。坑口呈椭圆形，斜直壁，平底。坑口残长1.71、宽1.2米，坑底残长1.52、宽0.98米，深0.41米（图三四〇）。坑内堆积为青灰色土，土质疏松，含少量草木灰和动物骨头。出土极少量陶片，有夹砂褐陶、泥质红陶和夹砂褐胎黑皮陶，绝大多数为素面，少量饰按窝纹，器形有陶罐形鼎、盖纽等。

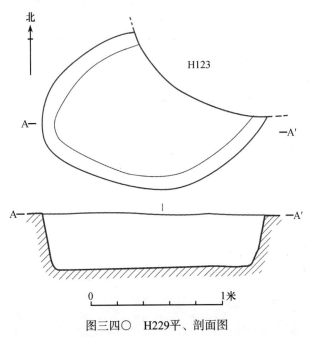

图三四〇 H229平、剖面图

陶罐形鼎　1件。H229：1，夹细砂褐胎黑皮陶。手制，口经慢轮修整。器表磨光。敛口，卷沿，圆唇，斜溜肩，以下残。素面。复原口径20、残高4.2厘米（图三四一，1）。

陶盖纽　1件。H229：2，夹细砂夹蚌褐陶。手制。拱形纽，纽面宽扁，顶端残断。根部饰两个指窝纹。残高4.4厘米（图三四一，2）。

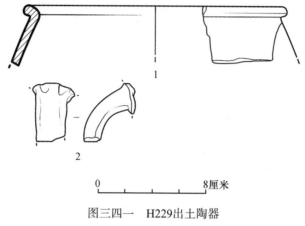

0　　　　　　　　8厘米

图三四一　H229出土陶器
1. 罐形鼎（H229：1）　　2. 盖纽（H229：2）

H230　位于T0304的东南部、T0305西南部、T0404东北部和T0405西北部。开口于第5层下，打破H130和第6层，被H32和H34打破。坑口呈近圆形，弧壁，平底。残长1.62、宽1.2、深0.58米（图三四二）。坑内堆积为灰褐色土，土质松软，含较多卵石和少量红烧土颗粒。出土较多陶片，以夹砂褐陶居多，有少量泥质红陶和夹砂红陶，多为素面，饰纹陶略少，纹饰主要为绳纹和少量凹弦纹，另有少量彩陶，器形有陶卷沿瓮、矮领瓮、深腹罐、卷沿盆、器盖、器釜、饼等。

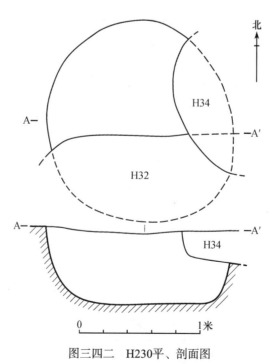

0　　　　　　　　1米

图三四二　H230平、剖面图

陶卷沿瓮　1件。H230：4，夹细砂夹蚌褐陶。敛口，卷沿，圆唇，鼓肩，鼓腹，以下残。器表饰左斜细绳纹，模糊不清。复原口径24、残高6.5厘米（图三四三，3）。

陶矮领瓮　1件。H230：2，夹粗砂夹蚌红陶。手制，口经慢轮修整。敞口，圆唇，唇内缘鼓凸，矮斜领，内领面微凹，鼓肩，鼓腹，以下残。肩饰两道凹弦纹，腹饰左斜疏朗细线纹。复原口径24、残高8.8厘米（图三四三，4）。

陶深腹罐　1件。H230：3，夹细砂夹少量云母褐陶。手制，口经慢轮修整。上腹打磨光滑，下腹未经打磨。敛口，卷沿，圆唇，溜肩，弧腹微鼓，以下残。腹饰六周细深凹弦纹。复原口径16、残高8.5厘米（图三四三，5）。

陶卷沿盆　1件。H230：1，夹细砂夹蚌褐陶。手制，口经慢轮修整。敛口，小卷沿，圆唇，弧腹微鼓，平底微凹。素面。复原口径26.3、底径10.4、高13厘米（图三四三，1；彩版二九，2）。

陶器盖　1件。H230：6，夹粗砂夹蚌褐陶。手制，口经慢轮修整。覆盆状，敞口，叠唇，浅弧壁，顶残。素面。复原口径37、残高6.2厘米（图三四三，2）。

陶器錾　1件。H230：11，夹粗砂夹蚌褐陶。手制。鸡冠状横錾手。錾缘压印波浪形花边。残长11、厚2.8厘米（图三四三，6）。

陶饼　2件。细泥红陶。利用陶片制成，周缘未经打磨。圆形。素面。H230：7，直径3、厚0.4厘米（图三四三，7）。H230：8，直径1.8、厚0.3厘米（图三四三，8）。

H231　位于T0608东部和T0609西部。开口于第5层下，打破生土，被M25和G3打破。坑口呈圆角长方形，斜直壁，平底。坑口残长1.96、宽1.48米，坑底长1.56、宽1.13米，深1.1米

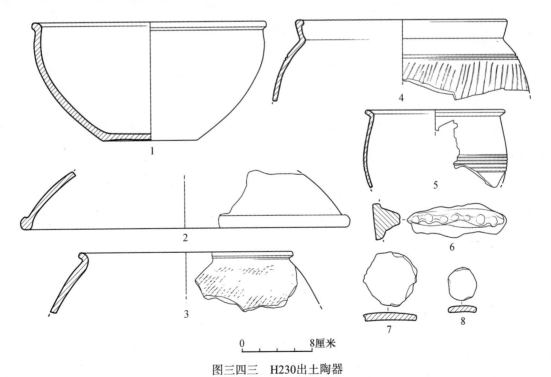

0　　　　　　　8厘米

图三四三　H230出土陶器

1. 卷沿盆（H230：1）　2. 器盖（H230：6）　3. 卷沿瓮（H230：4）　4. 矮领瓮（H230：2）　5. 深腹罐（H230：3）

6. 器錾（H230：11）　7、8. 饼（H230：7、H230：8）

（图三四四；图版四三，2）。坑内堆积为灰黑色土，土质松软，含较多的兽骨、鱼骨和少量的石块、蚌壳。出土1件石斧和较多陶片。陶片多为夹砂褐陶，泥质红陶次之，有少量夹砂褐胎黑皮陶，以饰纹陶居多，纹饰主要为绳纹，另有部分彩陶，素面陶较少，器形有陶卷沿瓮、钵、彩陶钵、铃、器座、锉等。

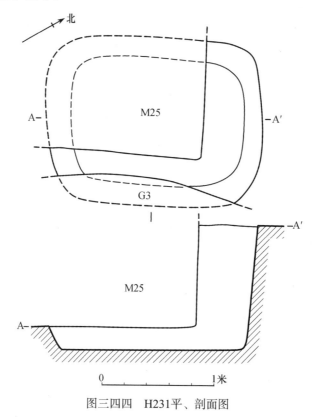

图三四四　H231平、剖面图

陶卷沿瓮　2件。手制，口经慢轮修整。敛口，卷沿，圆唇，腹以下残。H231：3，夹细砂夹蚌褐胎黑皮陶。器表磨光。微鼓肩，鼓腹。素面。复原口径28、残高12厘米（图三四五，2）。H231：6，夹细砂夹蚌褐陶。鼓肩，鼓腹。腹饰左斜细绳纹。复原口径26、残高5.7厘米（图三四五，1）。

陶钵　1件。H231：9，泥质红陶。轮制，器表磨光。敞口，尖圆唇，弧腹内收，底残。素面。复原口径32、残高7.7厘米（图三四五，3）。

彩陶钵　1件。H231：10，泥质灰胎橙红衣陶。轮制，器表磨光。直口，尖圆唇，弧腹内收，底残。器表用黑彩绘直线与上下对顶直边三角形图案。残高7.2厘米（图三四五，4）。

陶铃　1件。H231：2，泥质灰胎红衣陶。手制。截面呈椭圆形，矮直口，平方唇，微束颈，斜直高圈足。颈横隔上由上至下单面穿有两个小孔，颈一边外壁也由外至里单面穿有两个小孔。口长2.7、宽1.9厘米，圈足长3.5、宽2.4厘米，高4.2厘米（图三四五，6）。

陶器座　1件。H231：7，夹粗砂夹蚌褐陶。手制。仅存底座，喇叭形。素面。复原直径16、残高3.6厘米（图三四五，5）。

陶锉　1件。H231：12，夹细砂灰陶。手制。柳叶形，两端残断。器表布满孔状小圆窝。

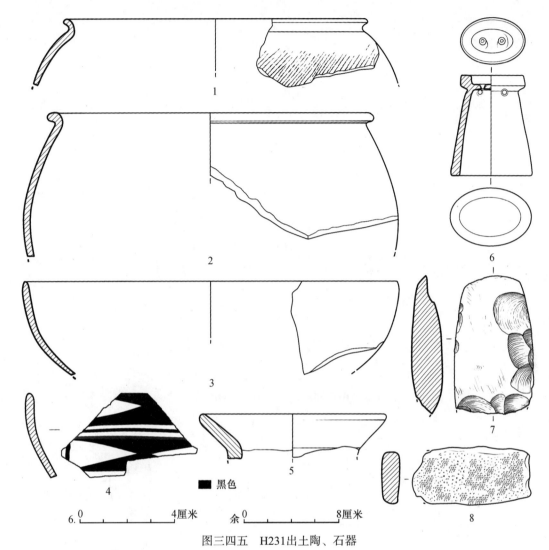

图三四五 H231出土陶、石器

1、2.陶卷沿瓮（H231：6、H231：3） 3.陶钵（H231：9） 4.彩陶钵（H231：10） 5.陶器座（H231：7）
6.陶铃（H231：2） 7.石斧（H231：1） 8.陶锉（H231：12）

残长10.2、宽5、厚1.6厘米（图三四五，8）。

石斧 1件。H231：1，硅质岩，青黑色。磨制，留有打击片疤。近梯形，弧顶，斜弧边，刃部残。残长11.6、宽6.9、厚2.7厘米（图三四五，7）。

H232 位于T0708的东北角。开口于第5层下，打破生土，被G3和H124打破。坑口呈椭圆形，直壁，平底。长1.34、宽1.16、深0.94米（图三四六）。坑内堆积为灰褐色土，土质松软，含少量红烧土颗粒和动物骨头。出土1件石斧和少量陶片。陶片以夹砂褐陶为主，有少量夹砂褐胎黑皮陶和泥质红陶，绝大多数为素面，少量饰绳纹，器形有陶卷沿瓮、钵等。

陶卷沿瓮 2件。手制，口经慢轮修整。敛口，卷沿，圆唇，鼓肩，鼓腹，以下残。H232：4，夹细砂夹蚌褐陶。腹饰左斜粗绳纹。复原口径26、残高6.6厘米（图三四七，1）。H232：5，夹细砂夹云母灰陶。器表稍经打磨。素面。复原口径22、残高5.4厘米（图三四七，2）。

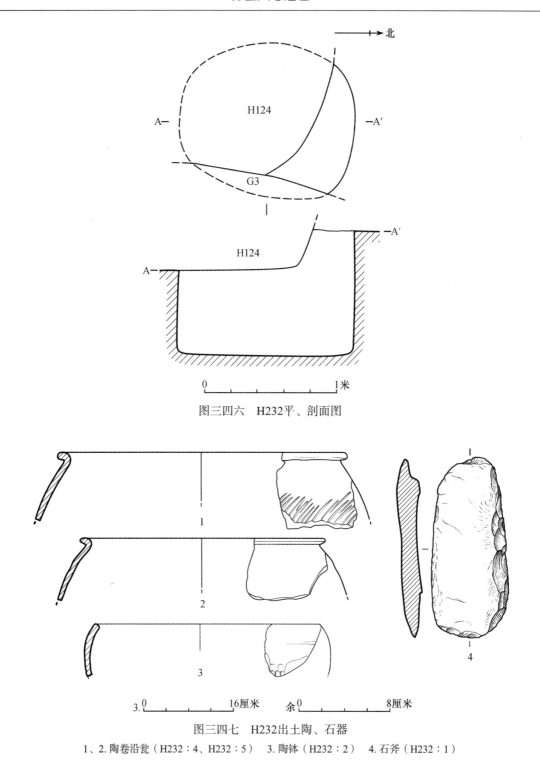

图三四六　H232平、剖面图

图三四七　H232出土陶、石器

1、2.陶卷沿瓮（H232：4、H232：5）　3.陶钵（H232：2）　4.石斧（H232：1）

陶钵　1件。H232：2，夹细砂夹蚌褐陶。胎壁极厚。手制，口经慢轮修整，器表磨光。敛口，圆唇，弧腹内收，下腹残。腹饰两周按窝纹。复原口径38、残高9.2厘米（图三四七，3）。

石斧　1件。H232：1，硅质岩，灰色。打制，留有打击片疤，未经修磨。长方形，斜弧顶，斜边微弧，弧刃。长15.8、宽6.8、厚2.1厘米（图三四七，4）。

第五节 灰 沟

1条（G1）。

G1 位于T0305东南部和T0306中部，东北部伸入隔梁未发掘。开口于第4层下，打破生土，被M8、H32、H59和H140打破。平面形状呈不规则长条形，斜壁，底较平。残长约7、宽约1.5、深1.3米（图三四八）。沟内堆积为灰色土，土质较软，含少量动物骨头和石块。出土陶片较多，以泥质灰陶居多，夹砂红褐陶次之，有少量夹砂灰胎黑皮陶，器表多为素面，有少量彩陶。器形有陶卷沿瓮、彩陶盆、红顶钵、彩陶钵、器盖、饼和骨镞等。

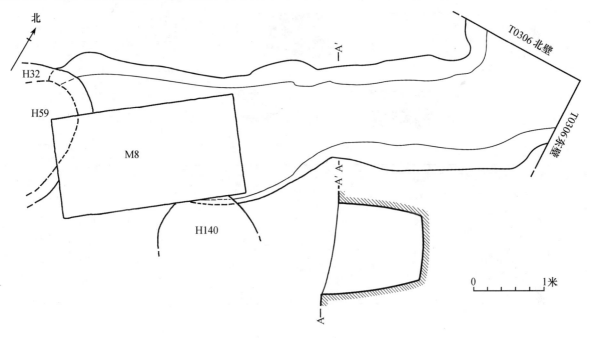

图三四八 G1平、剖面图

陶卷沿瓮 1件。G1：5，夹细砂夹云母褐陶。手制，口经慢轮修整。敛口，卷沿，方唇，鼓肩，以下残。素面。复原口径32、残高5.6厘米（图三四九，5）。

彩陶盆 1件。G1：9，泥质灰胎橙黄衣陶。轮制，器表磨光。敛口，卷沿，圆唇，弧腹，以下残。上腹有黑彩宽带图案。残高3.8厘米（图三四九，4）。

陶红顶钵 1件。G1：8，泥质灰陶，外口施一周橙红彩带，形成红顶灰腹。轮制，器表经打磨。直口，圆唇，弧腹内收，以下残。复原口径32、残高4.7厘米（图三四九，1）。

彩陶钵 2件。轮制。器表经打磨。G1：12，泥质暗红陶。直口，口有一圆形小穿孔，圆唇，弧腹内收，以下残。口外部有细直线与弧边三角形黑彩图案。复原口径32、残高4.9厘米（图三四九，2）。G1：13，泥质灰胎橙红衣陶。敞口，圆唇，斜直腹内收，以下残。外口有直线、圆点与弧边三角形黑彩图案。复原口径18、残高4.2厘米（图三四九，3）。

陶器盖 1件。G1：6，夹粗砂红褐陶。手制。覆盆状，敞口，圆唇，浅弧壁，顶残。素面。复原口径32、残高5.5厘米（图三四九，6）。

　　陶饼　2件。利用陶片打制而成，周缘断面未经修磨。圆形。G1：2，夹细砂夹云母灰胎黑皮陶。素面。直径3.8、厚0.6厘米（图三四九，8）。G1：3，夹细砂夹蚌褐陶。器表留有模糊绳纹。直径4、厚0.5厘米（图三四九，9）。

　　骨镞　1件。G1：1，暗黄色。利用肋骨磨制而成。柳叶形，锋短而圆钝，铤细长，呈锥形。长9.6厘米（图三四九，7；图版七三，2）。

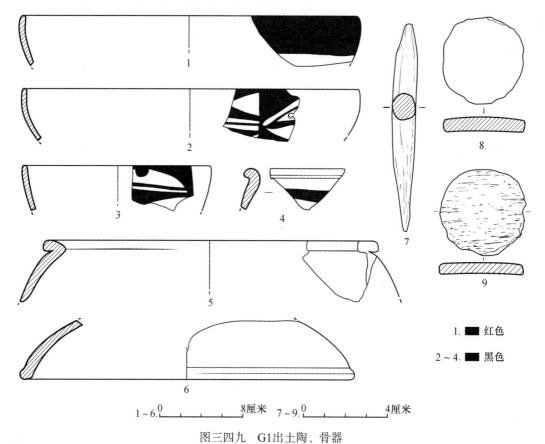

图三四九　G1出土陶、骨器

1. 陶红顶钵（G1：8）　2、3. 彩陶钵（G1：12、G1：13）　4. 彩陶盆（G1：9）　5. 陶卷沿瓮（G1：5）　6. 陶器盖（G1：6）

7. 骨镞（G1：1）　8、9. 陶饼（G1：2、G1：3）

第六节　墓　　葬

墓葬分为土坑墓和瓮棺。

一、土　坑　墓

6座（M15～M19、M23）。

M15　位于T0707西北部。方向300°。墓坑开口于第3层下，打破第4层。墓坑呈长方形，直壁，平底。长2.2、宽0.8、深0.2米。墓坑内填土为褐色土，含少量红烧土颗粒，土质松散。人骨较散乱，保存极差，葬式不详，从趾骨位于东南部推测头向应为西北。无葬具。随葬品仅1件陶卷沿盆（图三五〇；图版四四，1）。

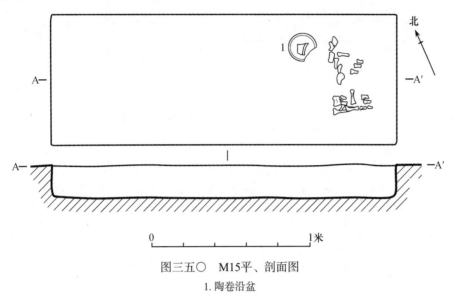

图三五〇　M15平、剖面图
1.陶卷沿盆

陶卷沿盆　1件。M15：1，夹细砂夹蚌褐陶。手制。侈口，圆唇，卷沿，弧腹内收，平底内凹。素面。口径15、底径4.6、高4.5厘米（图三五一；图版七三，1）。

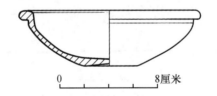

图三五一　M15出土陶卷沿盆（M15：1）

M16　位于T0304中部。方向292°。墓坑开口于第5层下，打破第6层。墓坑呈长方形，直壁，底稍有不平。长1.65、宽0.7、深0.06～0.12米。墓坑内填土为褐色土，夹有少量仰韶文化时期的碎陶片。发现人骨1具，保存很差，仅存部分肋骨和盆骨，推测头向应为西北，葬式为仰身。无葬具（图三五二；图版四四，2）。出土陶小杯1件，置于墓主手心（图版四五，1）。

陶小杯　1件。M16：1，泥质褐陶。手制。直口，圆唇，直腹微外弧，平底内凹。素面。口径3.4、底径3、高3.7厘米（图三五三；图版七三，3）。

M17　位于T0606东南部和T0607西南部。方向35°。墓坑开口于第4层下，打破F10和第5层。墓坑呈长方形，直壁，平底。长2.4、宽1.1、深0.8米。墓坑内填土为灰褐色土，夹有少量红烧土颗粒、石块和骨头等。未发现葬具、人骨和随葬品（图三五四；图版四五，2）。

M18　位于T0705东南部。方向298°。墓坑开口于第3层下，打破第4层，东南角被M19打破（彩版一一，1；图版四八，1）。墓坑呈长方形，略口大底小，斜直壁，平底。墓口长

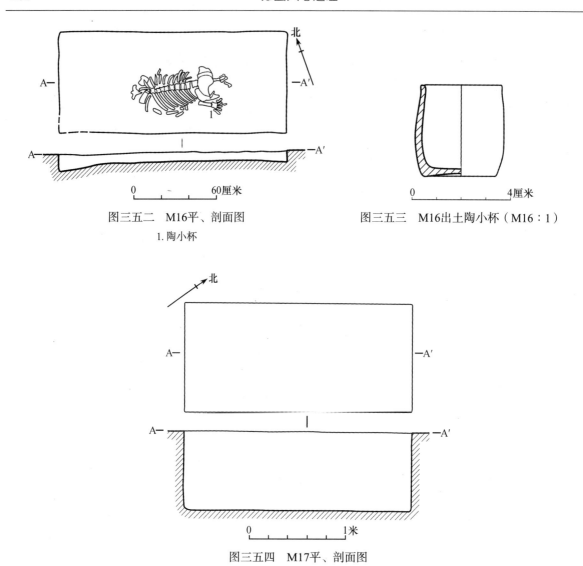

图三五二　M16平、剖面图
1. 陶小杯

图三五三　M16出土陶小杯（M16：1）

图三五四　M17平、剖面图

3.08、宽1.88米，墓底长3、宽1.8米，深0.26～0.3米。墓坑内填土为灰色沙土，土质松散纯净。墓底有人骨7具，头骨和肢骨并列摆放成一排，为二次合葬，未发现葬具和随葬品（图三五五；彩版一一，2；图版四六，1、2；图版四七，1）。

　　M19　位于T0705东南部。方向298°。墓坑开口于第3层下，打破M18和第4层。墓坑呈长方形，口大底小，斜直壁，平底。墓口长2.38、宽1.72米，墓底长2.3、宽1.6米，深0.2米。墓坑内填土为灰色沙土，土质松散纯净。墓底有人骨4具，头骨和肢骨并列摆放成一排，为二次合葬。未发现葬具和随葬品（图三五六；图版四六，3；图版四七，2）。

　　M23　位于T0407东部。方向270°。墓坑开口于第4层下，打破生土，东部被近代扰坑破坏。墓坑呈长方形，直壁，平底。残长0.65、宽0.54、深0.2米。墓坑内填土为黄灰色土，土质松软。人骨保存较差，大部分已遭破坏无存，推测应为单人侧身葬。未发现葬具与随葬品（图三五七；图版四八，2）。

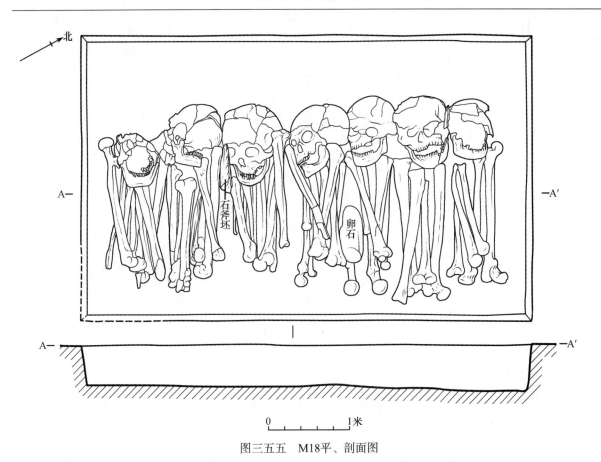

图三五五　M18平、剖面图

图三五六　M19平、剖面图

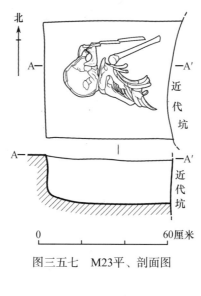

图三五七　M23平、剖面图

二、瓮　棺

9座（W2、W3、W5、W7～W12）。

W2　位于T0203西南部，与W3相邻（图版四九，2）。开口于第3层下，打破第4层。坑口呈圆形，弧壁，平底。坑口直径0.5、底径0.12、深0.36米。坑内填土为灰褐色土，土质较疏松。坑内放置一陶卷沿瓮，瓮内有婴儿骨骼，口用陶瓮和红顶钵的残陶片封住（图三五八；图版四九，1）。

陶卷沿瓮　1件。W2：2，夹细砂夹蚌红褐陶。手制，口经慢轮修整。敛口，圆唇，小卷沿，沿面上端有一道浅凹槽，鼓肩，鼓腹，下腹弧内收，平底。中腹饰左斜细绳纹。口径27.4、腹径32、底径12.6、高38厘米（图三五九，2；彩版三〇，1）。

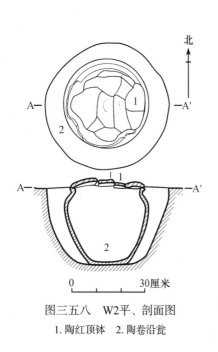

图三五八　W2平、剖面图

1.陶红顶钵　2.陶卷沿瓮

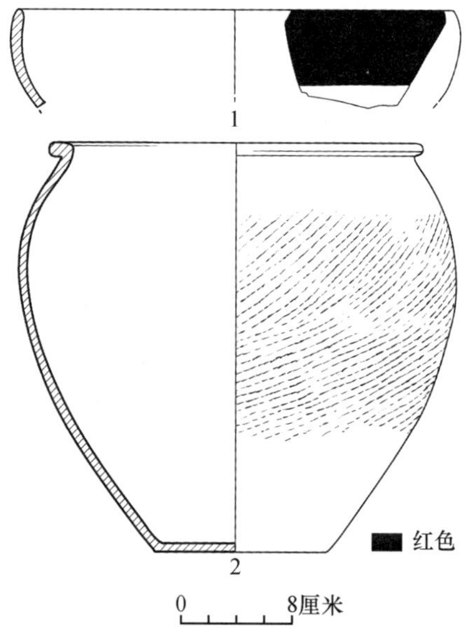

图三五九　W2出土陶器

1.红顶钵（W2：1）　2.卷沿瓮（W2：2）

　　陶红顶钵　1件。W2：1，细泥灰胎黄褐衣陶，外口施一周宽带橙红衣，形成红顶，内壁呈浅灰色。手制，口经慢轮修整。器表内外壁打磨光滑。微敛口，尖圆唇，弧腹内收，以下残。复原口径32、残高7厘米（图三五九，1）。

　　W3　位于T0203中南部。开口于第3层下，打破第4层。坑口呈圆形，弧壁，平底。坑口直径0.5、底径0.18、深0.3米。坑内填土为黄褐色土，土质较疏松，夹有少量红烧土块。坑内放置一陶卷沿瓮，瓮内有婴儿骨骼（图三六〇；图版五〇，1）。

　　陶卷沿瓮　W3：1，夹细砂夹少量云母红褐陶。手制，器壁不平，口经慢轮修整、有细密旋痕。敛口，小卷沿，圆唇，鼓肩，鼓腹，以下残。中腹饰左斜细绳纹。口径30.2、腹径35.5、残高24.1厘米（图三六一；图版七三，4）。

　　W5　位于T0404南部。开口于第4层下，打破生土。坑口呈圆形，弧壁，平底。坑口直径0.5、深0.35米。坑内填土为黄褐色土，土质较硬，含少量草木灰和红烧土粒。坑内放置一陶折沿瓮，瓮内有婴儿骨骼（图三六二；图版五〇，2）。

　　陶折沿瓮　1件。W5：1，夹细砂褐陶，局部有灰黑色斑块。手制。器表经打磨。仰折沿，方唇，肩残，上腹微鼓，下腹弧内收，平底。素面。复原口径11.6、腹径20.3、底径10、复原高24.9厘米（图三六三；图版七三，5）。

　　W7　位于T0304东部。开口于第4层下，打破第5层。坑口呈圆形，弧壁，圜底。坑口直径0.6、深0.26米。坑内填土为灰褐色土，土质较疏松。坑内放置一陶叠唇瓮，瓮内有婴儿骨骼，无随葬品（图三六四；图版五〇，3）。

　　陶叠唇瓮　1件。W7：1，泥质褐胎黑皮陶。手制，口经慢轮修整、内侧有旋痕。器表打磨光滑。敛口，叠唇，圆肩，深腹，下腹弧内收，平底内凹。素面。口径24、腹径34.2、底径10.5、高34.9厘米（图三六五；图版七四，1）。

　　W8　位于T0304中部。开口于第6层下，打破生土。坑口呈圆形，弧壁，圜底。坑口直径0.54、深0.36米。坑内填土为灰黄色土，土质较松软，含有零星红烧土颗粒。坑内放置一陶

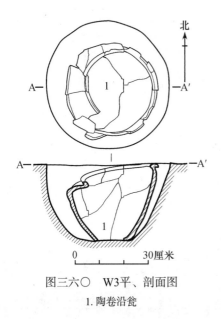

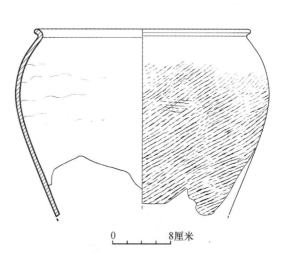

图三六〇　W3平、剖面图
1. 陶卷沿瓮

图三六一　W3出土陶卷沿瓮（W3：1）

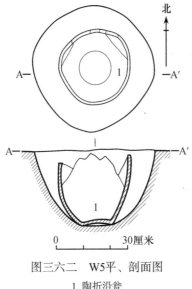

图三六二　W5平、剖面图

1.陶折沿瓮

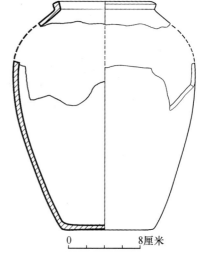

图三六三　W5出土陶折沿瓮（W5：1）

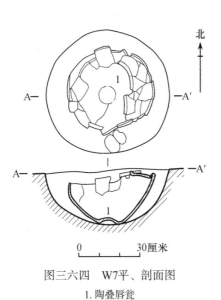

图三六四　W7平、剖面图

1.陶叠唇瓮

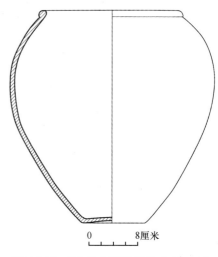

图三六五　W7出土陶叠唇瓮（W7：1）

叠唇瓮，瓮内有婴儿骨骼，瓮口倒扣一陶钵（图三六六；彩版三〇，2；图版五一，1；图版七四，2）。

　　陶叠唇瓮　1件。W8：2，夹细砂褐陶，器表局部有黑色烟炱痕迹。手制，内壁凹凸不平，有捏压指窝痕迹，口经慢轮修整。器表打磨光滑。敛口，叠唇，鼓肩，上腹较鼓，下腹弧内收，平底。素面。口径29、腹径39.2、底径13、高38.8厘米（图三六七，2；图版七五，1）。出土时陶钵扣在陶叠唇瓮口上，陶瓮内残留小孩骨骼碎片。陶叠唇瓮、钵通高48厘米（彩版三〇，2）。

　　陶钵　1件。W8：1，泥质橙红陶。手制。器表打磨光滑。敛口，圆唇，弧腹内收，小平底微内凹。素面。口径36.3、腹径37.8、底径7.1、高15厘米（图三六七，1；彩版三一，1）。

　　W9　位于T0102南部。开口于第4层下，打破第5层。坑口呈圆形，弧壁，圜底近平。坑口

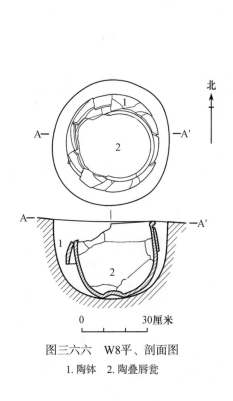

图三六六 W8平、剖面图

1.陶钵 2.陶叠唇瓮

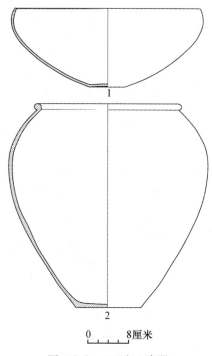

图三六七 W8出土陶器

1.钵（W8：1） 2.叠唇瓮（W8：2）

直径0.56、底径0.18、深0.7米。坑内填土为灰褐色土，土质较硬。坑内放置一陶卷沿瓮，瓮内有婴儿骨骼，瓮口未封（图三六八；彩版一二，1；图版五一，2）。

陶卷沿瓮 1件。W9：1，夹粗砂红褐陶。手制，为泥条盘筑法制成，器内壁有一道道泥条拼接痕迹，外壁凹凸不平，口经慢轮修整。敛口，小卷沿，圆唇，鼓肩，鼓腹，下腹弧内收，小平底。肩饰六道凹弦纹，腹饰左斜细绳纹。口径30.8、腹径34.8、底径13.6、高28.2厘米（图三六九；彩版三一，2）。

W10 位于T0203东部和T0204西部。开口于第3层下，打破第4层。坑口呈圆形，弧壁，平底。坑口直径0.45、底径0.14、深0.7米。坑内填土为灰色土，土质较紧密。坑内放置一陶卷沿瓮，瓮内有婴儿骨骼，瓮口未封（图三七〇；图版五一，3）。

陶卷沿瓮 1件。W10：1，夹细砂夹蚌红陶。手制，内外壁凹凸不平、皆有捏压指窝痕迹，口经慢轮修整。敛口，圆唇，卷沿，鼓肩，深鼓腹，平底微内凹。肩残存抹平绳纹，腹饰左斜细绳纹。口径25.4、腹径30.4、底径10.9、高28.8厘米（图三七一；图版七五，2）。

W11 位于T0406东部。开口于第4层下，打破H222和出土。坑口呈圆形，斜直壁，平底。坑口直径0.6、底径0.5、深0.3米。坑内填土为灰褐色土，土质较软。坑内放置一陶卷沿瓮，瓮内有婴儿骨骼，瓮口倒扣一陶红顶钵（图三七二；彩版一二，2；彩版三二，1；图版七六，1）。

陶红顶钵 1件。W11：1，泥质灰胎橙红陶，口施红陶衣，形成红顶灰腹。手制，口经慢轮修整。器表内外经打磨。口微敛，圆唇，弧腹内收，小平底微凹。素面。口径36、底径7.4、高16.6厘米（图三七三，1；彩版三二，2）。

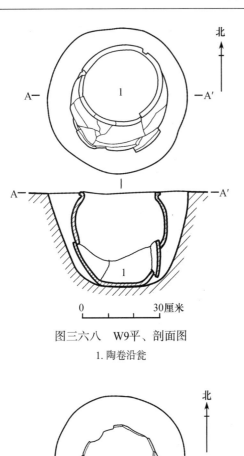

图三六八　W9平、剖面图
1. 陶卷沿瓮

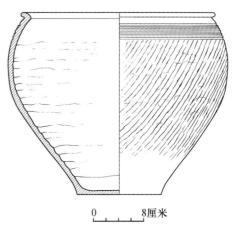

图三六九　W9出土陶卷沿瓮（W9：1）

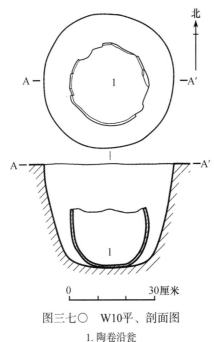

图三七〇　W10平、剖面图
1. 陶卷沿瓮

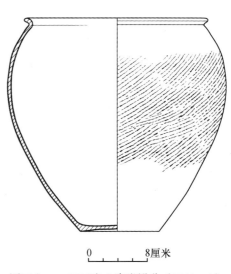

图三七一　W10出土陶卷沿瓮（W10：1）

　　陶卷沿瓮　1件。W11：2，夹细砂褐陶，器表局部有烟炱痕迹。手制，器壁凹凸不平，有捏压指窝痕迹。口残，鼓肩，深鼓腹，下腹弧内收，平底微凹。腹饰左斜细绳纹。腹径33.8、底径12、残高30.4厘米（图三七三，2；图版七六，2）。

　　W12　位于T0202南部。开口于第3层下，打破第4层。坑口呈圆形，斜壁，平底。坑口直径0.28、底径0.11、深0.29米。坑内填褐色土，内置一尖底瓶下半部残片，瓶内未发现人骨（图三七四）。

陶尖底瓶 1件。W12∶1，夹细砂红陶。手制，泥条盘筑法制成，内壁留有多圈凹痕，应为盘筑泥条相接痕迹。口、底皆残，斜弧腹内收。器表饰左斜线纹。残高32.1厘米（图三七五；图版七六，3）。

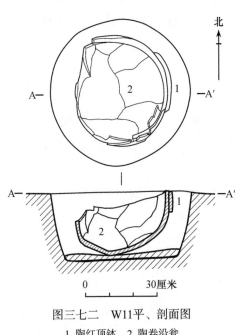

图三七二　W11平、剖面图

1.陶红顶钵　2.陶卷沿瓮

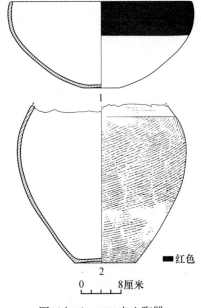

图三七三　W11出土陶器

1.红顶钵（W11∶1）　2.卷沿瓮（W11∶2）

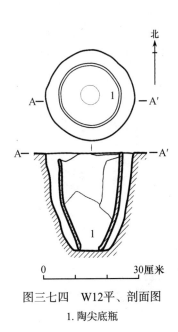

图三七四　W12平、剖面图

1.陶尖底瓶

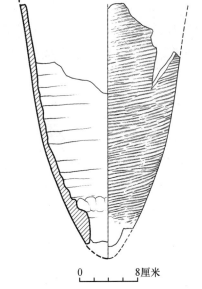

图三七五　W12出土陶尖底瓶（W12∶1）

第七节 文 化 层

大寺遗址内仰韶文化层堆积主要分布在西区的西部，也是大寺遗址的主要堆积。第4～6层这3层出土的遗物丰富，主要出土于T0102、T0202、T0203、T0204、T0304、T0406、T0407、T0503、T0506、T0509、T0606、T0607、T0608、T0609、T0706、T0707、T0708、T0709、T0807等探方。现分别介绍如下。

T0102④

陶卷沿瓮　1件。T0102④:1，夹粗砂夹蚌褐陶。手制，口、肩经慢轮修整、有旋痕。敛口，卷沿，圆唇，鼓肩，鼓腹，以下残。腹满饰左斜细绳纹。复原口径38、腹径43.8、残高12厘米（图三七六，1）。

彩陶盆　1件。T0102④:2，泥质红陶。手制，后经慢轮修整，内壁有旋痕。敛口，卷沿，圆唇，弧腹，以下残。沿面涂抹一周黑彩带，腹黑彩只剩平行直线与宽带，应为变形拉长鱼纹尾部图案。残高7.4、宽11厘米（图三七六，3）。

陶器錾　1件。T0102④:13，夹细砂红褐陶。贴塑而成。两端捏出指窝。器表有细绳纹。残高5.8、宽7.6厘米（图三七六，4）。

陶灶　1件。T0102④:14，夹细砂夹云母红陶。手制，口经慢轮修整、有旋痕。直口，折沿外翻下垂，沿面有两道凹槽，圆唇，内口残留有一个作支垫用的上翘鹰隼状泥突，筒腹，腹以下残。素面。复原口径26、残高5.3厘米（图三七六，2）。

T0202④

陶卷沿瓮　2件。手制，口经慢轮修整、有旋痕。敛口，卷沿，圆唇，鼓肩，鼓腹，以下残。T0202④:31，夹粗砂夹蚌褐陶。腹饰左斜细绳纹。复原口径34、最大腹径41.2、残高14.2厘米（图三七七，1）。T0202④:34，夹细砂褐陶。腹饰竖向细绳纹。复原口径34、残高8.7厘米（图三七七，2）。

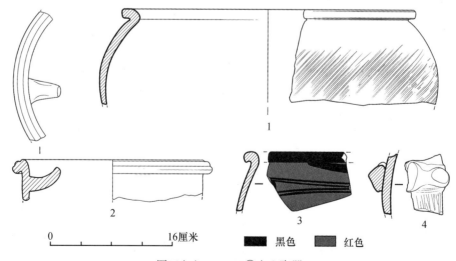

0　　　　　　　　16厘米

■ 黑色　　■ 红色

图三七六　T0102④出土陶器

1. 卷沿瓮（T0102④:1）　2. 灶（T0102④:14）　3. 彩陶盆（T0102④:2）　4. 器錾（T0102④:13）

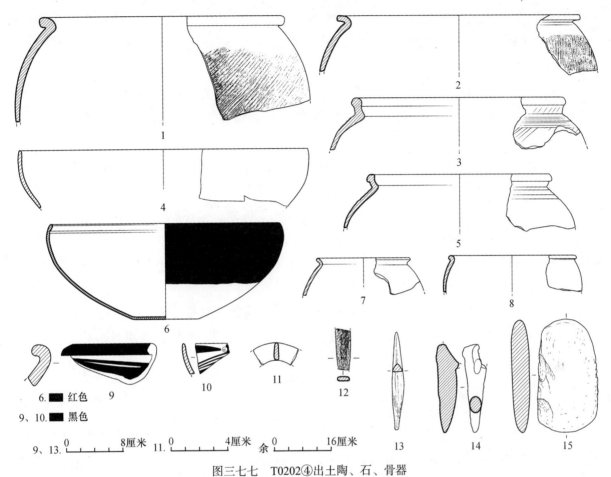

图三七七 T0202④出土陶、石、骨器

1、2. 陶卷沿瓮（T0202④：31、T0202④：34） 3、5. 陶矮领瓮（T0202④：36、T0202④：37） 4. 陶钵（T0202④：22）

6. 陶红顶钵（T0202④：21） 7、8. 陶鼓腹罐（T0202④：49、T0202④：50） 9. 彩陶盆（T0202④：10）

10. 彩陶钵（T0202④：5） 11. 石璜（T0202④：65） 12. 陶锉（T0202④：58） 13. 骨镞（T0202④：1）

14. 陶鼎足（T0202④：55） 15. 石斧（T0202④：4）

陶矮领瓮　2件。手制，口经慢轮修整、有旋痕。敞口，圆唇，内外两边唇缘皆鼓凸，矮领，领面内凹，口断面呈铁轨形，圆肩，鼓腹，以下残。T0202④：36，夹粗砂褐陶。肩饰四道凹弦纹，腹饰左斜细绳纹。复原口径30、残高7厘米（图三七七，3）。T0202④：37，夹细砂夹蚌褐陶。肩饰三道凹弦纹，腹饰左斜细绳纹。复原口径26、残高7.8厘米（图三七七，5）。

陶鼓腹罐　2件。夹粗砂褐陶。手制，口经慢轮修整。敛口，卷沿，圆唇，鼓腹，以下残。器表稍经打磨、较光滑。素面。T0202④：49，复原口径13、残高5厘米（图三七七，7）。T0202④：50，复原口径18.8、残高5厘米（图三七七，8）。

彩陶盆　1件。T0202④：10，泥质红陶。手制，口经慢轮修整。敛口，卷沿，圆唇，口以下残。唇面涂抹一周黑彩，器表黑彩图案已残不可辨。残高2.7厘米（图三七七，9）。

陶钵　2件。T0202④：22，泥质红陶。轮制，器表磨光。直口，圆唇，弧腹内收，腹以下残。素面。复原口径40、残高7.8厘米（图三七七，4）。

陶红顶钵　1件。T0202④：21，泥质褐陶，外口施一周较宽红陶衣，呈红顶。轮制，器表磨光。敛口，圆唇，弧腹内收，腹以下残。复原口径31.8、腹径33、底径9、高13厘米（图三七七，6；图版七七，1）。

彩陶钵　1件。T0202④：5，泥质红陶。轮制。直口，圆唇，弧腹内收，以下残。口从外向内单面钻一圆形小穿孔。器表有平行细直线与宽带黑彩图案。残高4.1厘米（图三七七，10）。

陶鼎足　1件。T0202④：55，夹细砂夹蚌褐陶。手制。圆锥形足。足根处饰一个指窝纹。残高12厘米（图三七七，14）。

陶锉　1件。T0202④：58，泥质褐陶。手制。两端残断，呈梯形。表面密布小圆窝，呈糙面。残长5.6、宽2.2、厚0.6厘米（图三七七，12）。

骨镞　1件。T0202④：1，动物骨头磨制而成。截面呈三棱形，铤和锋磨尖。残长6.7、宽1.1厘米（图三七七，13；图版七七，2）。

石斧　1件。T0202④：4，硅质岩，褐色。琢、磨兼制。近长方形，弧顶，直边，双面弧刃，刃极钝，刃端呈外弧形。长15.3、宽8.2、厚2.5厘米（图三七六，15；图版七七，3）。

石璜　1件。T0202④：65，石英岩，乳白色。磨制。圆形，较宽，横截面呈椭圆形，两端皆残，断面粗糙。残长7.3、宽2.4、厚0.7厘米（图三七七，11）。

T0202⑤

陶卷沿瓮　1件。T0202⑤：4，夹细砂夹云母褐陶。手制，口、肩经慢轮修整，有细密旋痕。敛口，卷沿，圆唇，鼓肩，鼓腹，以下残。腹饰左斜细绳纹。复原口径19、残高6.8厘米（图三七八，3）。

陶矮领瓮　2件。夹细砂夹云母红褐陶。手制，口经慢轮修整。敞口，圆唇，内外两边唇缘皆鼓凸，矮领，领面较宽、微内凹，口断面呈铁轨形，鼓肩，鼓腹，以下残。T0202⑤：1，肩饰左斜细绳纹。复原口径31、残高10.2厘米（图三七八，2）。T0202⑤：2，外领面下端绳纹遭抹平、有少量模糊余痕，以下饰左斜细绳纹。复原口径30、残高13.8厘米（图三七八，1）。

陶钵　1件。T0202⑤：5，泥质红陶。轮制，外壁满见交错细密旋痕。直口，圆唇，弧腹内收，以下残。器表光滑。素面。复原口径36、残高8.5厘米（图三七八，4）。

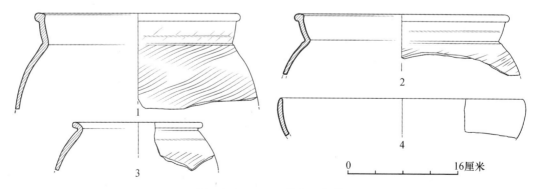

图三七八　T0202⑤出土陶器

1、2.矮领瓮（T0202⑤：2、T0202⑤：1）　3.卷沿瓮（T0202⑤：4）　4.钵（T0202⑤：5）

T0203④

陶罐形鼎　1件。T0203④：7，夹粗砂褐陶，器表因受熏烤而大面积泛黑。手制。敛口，小卷沿，圆唇，鼓肩，鼓腹，圜底，足残，仅见足、腹连接痕迹。素面。口径14.8、腹径18.7、残高13.2厘米（图三七九，1；图版七八，1）。

陶卷沿瓮　2件。夹细砂夹蚌红褐陶。手制，口经慢轮修整、有旋痕。敛口，卷沿，圆唇，鼓肩，以下残。器表满饰微左斜细绳纹。T0203④：22，复原口径26、残高7厘米（图三七九，5）。T0203④：19，复原口径27、残高6厘米（图三七九，6）。

陶深腹罐　1件。T0203④：21，夹细砂夹云母褐胎黑皮陶。手制，口经慢轮修整，器表磨光。敛口，小卷沿，圆唇，溜肩，以下残。素面。复原口径17、残高4.7厘米（图三七九，2）。

陶杯　1件。T0203④：25，泥质褐陶。厚胎。手制。器壁粗糙。敞口，弧壁，圜底。素面。口径7.8、残高3.8厘米（图三七九，7）。

陶锉　1件。T0203④：28，夹细砂褐陶。手制。一端残断，呈三角形。表面密布小圆窝，呈糙面。残长9、宽4、厚1.5厘米（图三七九，8；图版七九，1）。

石斧　2件。T0203④：3，硅质岩，青黑色。琢、磨兼制。近梯形，弧顶，两斜边，双面弧刃，刃端呈外弧形。长12.3、宽8.2、厚2.6厘米（图三七九，3；图版七八，2）。T0203④：1，灰色。琢、磨兼制。长梯形片状，弧顶，两斜直边，单面斜刃，刃端平直。长11.5、宽5.2、厚1.1厘米（图三七九，4；图版七八，3）。

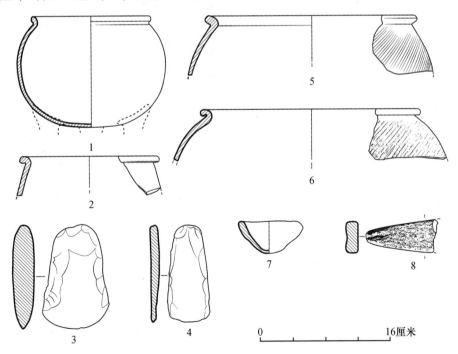

图三七九　T0203④出土陶、石器

1. 陶罐形鼎（T0203④：7）　2. 陶深腹罐（T0203④：21）　3、4. 石斧（T0203④：3、T0203④：1）

5、6. 陶卷沿瓮（T0203④：22、T0203④：19）　7. 陶杯（T0203④：25）　8. 陶锉（T0203④：28）

T0204④

陶小罐　1件。T0204④：1，夹细砂褐胎黑皮陶。手制，器壁凹凸不平，器表磨光。微仰折沿，尖圆唇，微鼓腹，平底。素面。口径6.9、腹径7.5、高7厘米（图三八〇，1；图版七九，2）。

陶锉　1件。T0204④：3，夹细砂褐陶。手制。一端残断，呈三角形，一面较平，另一面有一道凹槽。表面密布小圆窝，呈糙面。残长6.9、宽3.4、厚0.9厘米（图三八〇，2）。

陶器耳　1件。T0204④：4，夹细砂红褐陶。手制。小口尖底瓶腹耳，呈环形，残断。直径2、残高7.2厘米（图三八〇，3）。

T0304④

陶罐形鼎　2件。手制，口经慢轮修整，器表磨光。敛口，卷沿，鼓腹，腹以下残。素面。T0304④：1，夹细砂夹蚌褐陶。尖唇，鼓肩。复原口径22、残高8.6厘米（图三八一，1）。T0304④：2，夹粗砂夹蚌灰胎黑皮陶。圆唇，溜肩。复原口径12、残高4厘米（图三八一，2）。

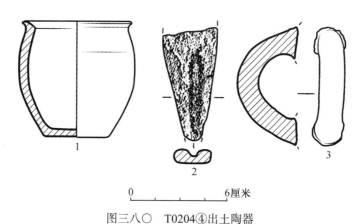

0　　　　　　6厘米

图三八〇　T0204④出土陶器

1.小罐（T0204④：1）　2.锉（T0204④：3）　3.器耳（T0204④：4）

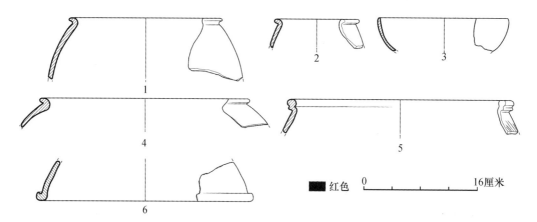

■ 红色　　　0　　　　　16厘米

图三八一　T0304④出土陶器

1、2.罐形鼎（T0304④：1、T0304④：2）　3.钵（T0304④：6）　4.卷沿瓮（T0304④：3）　5.曲沿罐（T0304④：10）
6.器盖（T0304④：9）

陶卷沿瓮　1件。T0304④：3，夹粗砂夹蚌灰胎黑皮陶。手制，器表磨光。敛口，小卷沿，圆唇，圆肩，肩以下残。素面。复原口径30、残高4厘米（图三八一，4）。

陶曲沿罐　1件。T0304④：10，夹细砂夹云母红陶。手制。直口，曲沿，内沿面有一道较深的凹槽，外沿面有一道凸棱，圆唇，口断面呈铁轨形，溜肩，以下残。器表饰右斜细绳纹。复原口径32、残高4.7厘米（图三八一，5）。

陶钵　1件。T0304④：6，泥质红陶。轮制，器表磨光。直口，圆唇，弧腹内收，腹以下残。素面。复原口径18、残高4.4厘米（图三八一，3）。

陶器盖　1件。T0304④：9，夹细砂红陶。手制，经慢轮修整。侈口，卷沿，圆唇，弧壁，顶残。素面。复原口径31、残高5.4厘米（图三八一，6）。

T0304⑤

陶罐形鼎　1件。T0304⑤：1，夹细砂夹蚌褐陶。手制，口经慢轮修整。口微侈，卷沿，圆唇，溜肩，鼓腹，以下弧收，平底，下腹接三足，仅存足根，截面呈扁圆形。器表稍经打磨，较光滑。足根饰一个指窝纹。口径17.3、残高19.3厘米（图三八二，1；图版七九，3）。

陶卷沿瓮　2件。夹细砂褐陶。手制，口有旋痕，经慢轮修整。敛口，卷沿，圆唇，鼓肩，以下残。T0304⑤：13，饰交错细绳纹。复原口径32、残高7.5厘米（图三八二，2）。

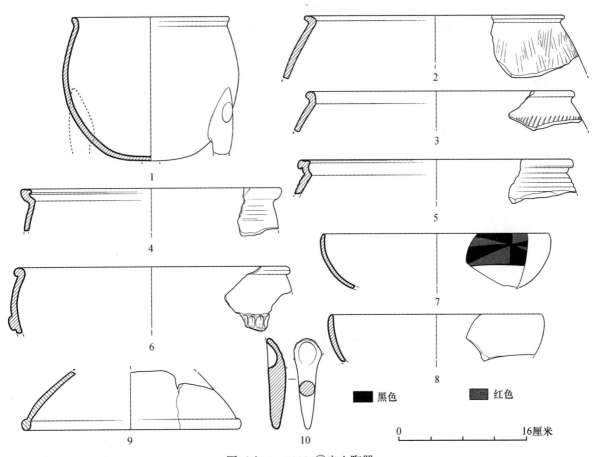

图三八二　T0304⑤出土陶器

1.罐形鼎（T0304⑤：1）　2、3.卷沿瓮（T0304⑤：13、T0304⑤：14）　4、5.矮领瓮（T0304⑤：5、T0304⑤：2）　6.卷沿盆（T0304⑤：3）　7.彩陶钵（T0304⑤：10）　8.钵（T0304⑤：7）　9.器盖（T0304⑤：18）　10.鼎足（T0304⑤：19）

T0304⑤：14，饰左斜粗绳纹。复原口径32、残高4.8厘米（图三八二，3）。

陶矮领瓮　2件。T0304⑤：2，夹粗砂夹蚌褐陶。手制，口有旋痕，经慢轮修整。敞口，圆唇，唇面有一道凹槽，内外两边唇缘皆鼓凸，矮领，领面内凹较甚，口断面呈铁轨形，微鼓肩，以下残。肩饰四周凹弦纹。复原口径34、残高5.3厘米（图三八二，5）。T0304⑤：5，夹粗砂夹蚌红陶。手制，口有旋痕，经慢轮修整。敞口，仰折沿，内沿面有一道较深凹槽，外沿面下端有一道折棱，方唇，内唇缘鼓凸，溜肩，以下残。素面。复原口径32、残高5.8厘米（图三八二，4）。

陶卷沿盆　1件。T0304⑤：3，夹细砂夹蚌褐陶。手制，口有旋痕，经慢轮修整。敛口，卷沿，圆唇，鼓腹，以下残。腹饰一周带按窝纹的附加堆纹。复原口径34、残高7.8厘米（图三八二，6）。

彩陶钵　1件。T0304⑤：10，泥质红陶。轮制。直口微敛，圆唇，弧腹内收，以下残。外口有对顶直边三角形和细直线组成的黑彩图案。复原口径28、残高6.6厘米（图三八二，7）。

陶钵　1件。T0304⑤：7，泥质橙黄陶。厚胎。手制，器表磨光。直口，圆唇，弧腹内收，以下残。素面。复原口径26、残高5.6厘米（图三八二，8）。

陶器盖　1件。T0304⑤：18，夹细砂夹蚌红陶。手制，口有旋痕，经慢轮修整。敞口，圆唇，内外两边唇缘皆鼓凸，弧壁，顶部残。素面。复原口径27、残高7厘米（图三八二，9）。

陶鼎足　1件。T0304⑤：19，夹细砂褐陶。手制。圆锥形足。足根饰一个按窝纹。残高10.8、残宽3.3厘米（图三八二，10）。

T0304⑥

陶罐形鼎　1件。T0304⑥：3，夹细砂灰胎黑皮陶。手制，器表磨光。敛口，卷沿，圆唇，鼓肩，以下残。素面。复原口径20、残高3.7厘米（图三八三，2）。

陶卷沿瓮　1件。T0304⑥：2，夹细砂夹蚌褐陶。手制，口有旋痕，经慢轮修整。敛口，卷沿，圆唇，鼓肩，以下残。腹饰左斜绳纹。复原口径32、残高6厘米（图三八三，1）。

陶红顶钵　1件。T0304⑥：6，泥质灰陶，外口施一周较宽红彩带，形成红顶灰腹。胎壁由口至腹渐薄。轮制，器表磨光。直口微敛，圆唇，弧腹内收，以下残。复原口径36、残高9

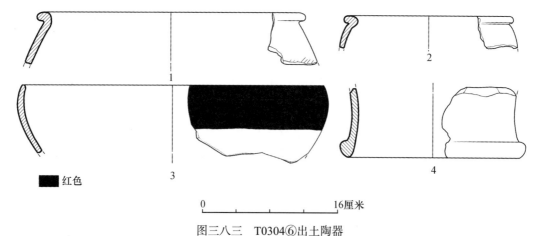

　　　　　■　红色

　　　　　　　0　　　　　　　　　16厘米

图三八三　T0304⑥出土陶器

1. 卷沿瓮（T0304⑥：2）　2. 罐形鼎（T0304⑥：3）　3. 红顶钵（T0304⑥：6）　4. 器座（T0304⑥：1）

厘米（图三八三，3）。

陶器座　1件。T0304⑥：1，夹粗砂夹蚌褐陶。手制，口有旋痕，经慢轮修整。侈口，圆唇，唇外缘加厚，束腰，粗短喇叭形，一端残。素面。复原口径22、残高8.1厘米（图三八三，4）。

T0406④

陶罐形鼎　1件。T0406④：3，夹粗砂黑陶。手制。敛口，卷沿，圆唇，微鼓肩，鼓腹，以下残。内壁黏附有一层白色水垢痕迹。素面。复原口径19、残高9.9厘米（图三八四，6）。

陶卷沿瓮　1件。T0406④：8，夹细砂褐陶。手制，口有旋痕，经慢轮修整。敛口，卷沿，圆唇，鼓肩，以下残。器表饰左斜粗绳纹。复原口径44、残高8厘米（图三八四，3）。

彩陶盆　2件。泥质红陶。手制。T0406④：17，直口，卷沿，圆唇，弧腹内收，底残。唇面饰一周黑彩带，上腹有细弧线夹弧宽带组成的人鱼纹黑彩图案。复原口径38.8、残高14.9厘米（图三八四，1；图版八〇，1）。T0406④：18，侈口，卷沿，圆唇，上腹近直，以下残。唇面有一周黑彩宽带，腹有圆点与弧边三角形黑彩图案。复原口径42、残高5.9厘米（图三八四，2）。

陶钵　1件。T0406④：34，泥质橙红陶。轮制，器表磨光。敛口，内折沿，圆唇，弧腹内收，以下残。素面。复原口径15、残高4.6厘米（图三八四，5）。

陶红顶钵　1件。T0406④：36，泥质灰陶，外口施一周较宽橙红彩带，形成红顶灰腹。轮制，器表磨光。直口微敛，尖圆唇，弧腹内收，以下残。复原口径18、残高3.6厘米（图三八四，4）。

陶器盖　1件。T0406④：9，夹细砂夹云母灰胎黑皮陶。手制，器表磨光。侈口，卷沿，圆唇，弧壁，顶部残。素面。复原口径19、残高4.5厘米（图三八四，8）。

陶器座　1件。T0406④：15，夹粗砂灰胎红衣陶。胎壁极厚。手制。喇叭形，上端残。器

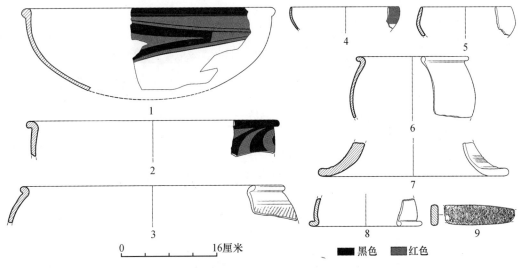

图三八四　T0406④出土陶器

1、2.彩陶盆（T0406④：17、T0406④：18）　3.卷沿瓮（T0406④：8）　4.红顶钵（T0406④：36）　5.钵（T0406④：34）
6.罐形鼎（T0406④：3）　7.器座（T0406④：15）　8.器盖（T0406④：9）　9.锉（T0406④：16）

表饰上下两组凹弦纹，每组两至四道。复原口径32、残高5.4厘米（图三八四，7）。

陶锉　1件。T0406④：16，夹细砂灰胎褐衣陶。手制。两端皆残，柳叶状。表面粗糙，布满小圆窝。残长12、宽3.3、厚1.2厘米（图三八四，9；图版八〇，2）。

T0407④

陶罐形鼎　1件。T0407④：11，夹细砂褐陶。手制。敛口，卷沿，圆唇，鼓肩，鼓腹，腹以下残。素面。复原口径18、残高6厘米（图三八五，3）。

陶鼎足　1件。T0407④：18，夹细砂红陶。手制。锥形足，截面呈椭圆形。足根处饰一竖向按窝纹。残高8.6厘米（图三八五，10）。

陶卷沿瓮　2件。手制，口、肩有旋痕，经慢轮修整。敛口，卷沿，圆唇，鼓肩，鼓腹，腹以下残。T0407④：8，夹粗砂夹蚌红陶。上腹饰一周带按窝纹的附加堆纹，以下饰左斜细绳纹。复原口径32、残高10.1厘米（图三八五，1）。T0407④：9，夹粗砂灰褐陶。腹饰左斜粗绳纹。复原口径26、残高7.8厘米（图三八五，2）。

陶瓮底　1件。T0407④：1，夹细砂褐陶。手制。中腹以上残，鼓腹，下腹斜直内收，平底。腹饰左斜粗绳纹，底饰席纹。复原腹径27.8、底径11.4、残高16.2厘米（图三八五，7）。

陶深腹罐　1件。T0407④：16，夹粗砂夹蚌灰胎黑皮陶。手制，器表磨光。敛口，卷沿，圆唇，口内有一道浅凹槽，溜肩，弧腹微鼓，腹以下残。中腹残存一道凹弦纹。复原口径16、残高7.6厘米（图三八五，9）。

陶红顶钵　1件。T0407④：25，泥质灰陶，外口施一周红衣彩宽带，形成红顶灰腹。轮制，器表磨光。直口，圆唇，弧腹内收，腹以下残。复原口径30、残高7.8厘米（图三八五，5）。

彩陶钵　1件。T0407④：22，泥质红陶。厚胎。轮制。直口微敛，圆唇，弧腹内收，腹

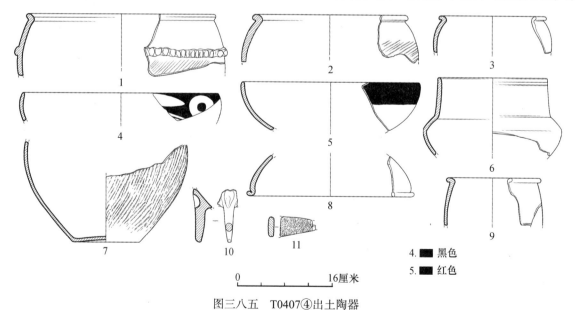

4. ■黑色
5. ■红色

0　　　　　　　16厘米

图三八五　T0407④出土陶器

1、2. 卷沿瓮（T0407④：8、T0407④：9）　3. 罐形鼎（T0407④：11）　4. 彩陶钵（T0407④：22）

5. 红顶钵（T0407④：25）　6. 直颈罐（T0407④：21）　7. 瓮底（T0407④：1）　8. 器盖（T0407④：14）

9. 深腹罐（T0407④：16）　10. 鼎足（T0407④：18）　11. 锉（T0407④：20）

以下残。外口有圆点、细直线与弧边三角形组成的黑彩图案。复原口径33、残高4.6厘米（图三八五，4）。

陶直颈罐　1件。T0407④：21，泥质橙红陶。手制，器表磨光。直口，圆唇，高领，鼓肩，折腹，腹以下残。外口饰两道凹弦纹。复原口径18.4、腹径23.2、残高12.6厘米（图三八五，6）。

陶器盖　1件。T0407④：14，夹细砂灰胎黑皮陶。手制，器表磨光。侈口，卷沿，圆唇，弧壁，顶部残。素面。复原口径28、残高6.6厘米（图三八五，8）。

陶锉　1件。T0407④：20，泥质灰胎红衣陶。手制。两端皆残，呈梯形。表面粗糙，布满针孔状小圆窝。残长6、宽3.2、厚1厘米（图三八五，11）。

T0503④

陶卷沿瓮　1件。T0503④：4，夹细砂夹蚌褐陶。手制，口、肩经慢轮修整，有旋痕。敛口，卷沿，圆唇，鼓肩，鼓腹，以下残。腹饰左斜粗绳纹。复原口径38、残高6.1厘米（图三八六，1）。

陶深腹罐　1件。T0503④：1，夹细砂夹云母红褐陶，外腹上壁施黑衣。手制，器表磨光。敛口，卷沿，尖圆唇，溜肩，弧腹微鼓，下腹斜直内收，平底，整体显瘦高。中腹饰四道凹弦纹。复原口径15.3、腹径16、底径7.6、高19.5厘米（图三八六，2；图版八〇，3）。

陶红顶钵　1件。T0503④：6，泥质橙红陶。厚胎。手制。直口，圆唇，弧腹内收，以下残。素面。复原口径24、残高6.4厘米（图三八六，3）。

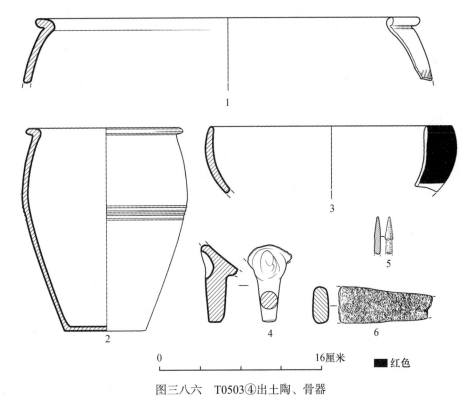

0　　　　　　　　　　　16厘米　　■红色

图三八六　T0503④出土陶、骨器

1.陶卷沿瓮（T0503④：4）　2.陶深腹罐（T0503④：1）　3.陶红顶钵（T0503④：6）　4.陶鼎足（T0503④：8）

5.骨镞（T0503④：2）　6.陶锉（T0503④：3）

陶鼎足　1件。T0503④：8，夹细砂褐陶。手制。细圆柱形足。足根饰一个竖向按窝纹。残高7.4厘米（图三八六，4）。

陶锉　1件。T0503④：3，夹细砂褐陶。手制。两端皆残，梯形。表面粗糙，密布小圆窝。残长9.4、宽3.5、厚1.5厘米（图三八六，6）。

骨镞　1件。T0503④：2，骨头磨制而成。铤部较长，呈圆柱形，锋部呈圆锥形。残长7.2、厚1.2厘米（图三八六，5；图版八〇，4）。

T0503⑤

陶卷沿瓮　1件。T0503⑤：6，夹细砂夹蚌红陶。手制，口、肩经慢轮修整，有旋痕。敛口，卷沿，圆唇，鼓肩，肩以下残。素面。复原口径32、残高4.1厘米（图三八七，1）。

陶折沿盆　1件。T0503⑤：1，夹细砂红陶，器表局部泛黑。手制，口经慢轮修整，沿面有旋痕。微敛口，卷沿，沿面有一道凹槽，圆唇，弧腹内收，以下残。素面。复原口径34、残高10.1厘米（图三八七，2）。

石斧　1件。T0503⑤：3，硅质岩，黑色。磨制。通体磨光。梯形，弧顶，两斜直边，刃部残缺较甚，只存一角，双面弧刃。长15.2、宽6.8、厚3.3厘米（图三八七，3；图版八〇，5）。

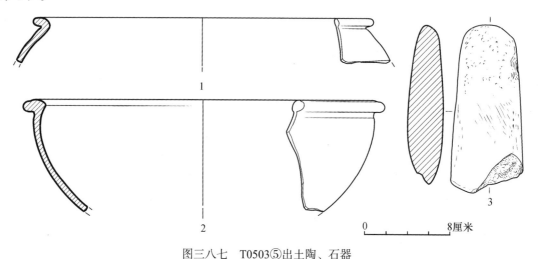

图三八七　T0503⑤出土陶、石器

1. 陶卷沿瓮（T0503⑤：6）　2. 陶折沿盆（T0503⑤：1）　3. 石斧（T0503⑤：3）

T0506④

陶卷沿瓮　1件。T0506④：4，夹细砂夹蚌红褐陶。手制，口、肩经慢轮修整，有旋痕。敛口，卷沿，圆唇，鼓肩，鼓腹，以下残。腹饰左斜粗绳纹。复原口径24、残高11.6厘米（图三八八，1）。

陶深腹罐　2件。夹细砂褐胎黑皮陶。手制，器表磨光。敛口，圆唇，腹以下残。素面。T0506④：7，卷沿，溜肩，弧腹微鼓。复原口径20、残高8厘米（图三三八，2）。T0506④：5，微仰折沿，沿面极窄，微鼓肩，鼓腹。复原口径18、腹径18.8、残高8.5厘米（图三八八，3）。

陶尖底瓶底 1件。T0506④：11，夹细砂红褐陶。泥条盘筑，内壁有旋涡状泥条痕。空心袋状，锥足尖。残高8.8厘米（图三八八，7）。

彩陶钵 1件。T0506④：14，泥质灰陶，外口施一周红彩宽带，形成红顶灰腹。胎壁极厚。轮制。直口，圆唇，弧腹内收，以下残。外口有圆点、相对半圆与弧边三角形组成的黑彩图案。复原口径22、残高7厘米（图三八八，4）。

陶鼎足 1件。T0506④：12，夹细砂褐陶。手制。圆锥形足。足根饰一个按窝纹。残高9.3厘米（图三八八，5）。

陶锉 1件。T0506④：13，夹细砂灰陶。手制。两端残断，梯形。表面粗糙，布满小圆窝。残长9.8、宽3.8、厚1.3厘米（图三八八，6；图版八一，3）。

石斧 2件。T0506④：2，硅质岩，青褐色。琢、磨兼制。平面呈长方形，微弧顶，直边，单面弧刃，刃端微呈外弧形。长14.6、宽7.3、厚2厘米（图三八八，8；图版八一，1）。T0506④：1，黄褐色。琢、磨兼制。不规则形，顶残，两边斜直内收，单面弧刃，刃端呈外弧形。长9、宽6.2、厚1.1厘米（图三八八，9；图版八一，2）。

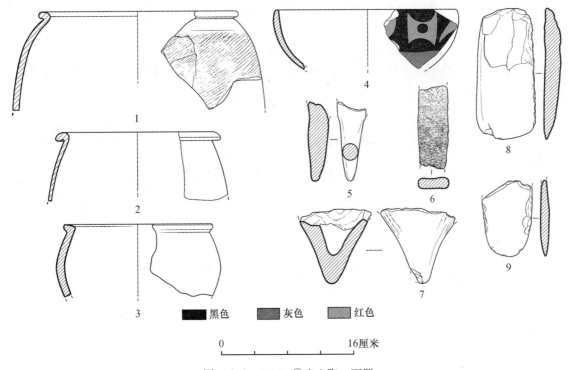

图三八八 T0506④出土陶、石器

1.陶卷沿瓮（T0506④：4） 2、3.陶深腹罐（T0506④：7、T0506④：5） 4.彩陶钵（T0506④：14）
5.陶鼎足（T0506④：12） 6.陶锉（T0506④：13） 7.陶尖底瓶底（T0506④：11） 8、9.石斧（T0506④：2、T0506④：1）

T0506⑤

陶卷沿瓮 2件。手制，口、肩经慢轮修整，有旋痕。敛口，卷沿，圆唇，鼓肩。T0506⑤：4，夹粗砂夹蚌褐陶。鼓腹，以下残。肩的绳纹遭抹平，腹饰左斜粗绳纹。复原口径32、残高12.8厘米（图三八九，1）。T0506⑤：7，夹细砂褐陶。肩以下残。素面。复原口径

32、残高3.2厘米（图三八九，2）。

陶钵　1件。T0506⑤：16，泥质红陶。胎壁较厚。轮制，器表磨光。直口，圆唇，弧腹内收，以下残。素面。复原口径25、残高6厘米（图三八九，3）。

陶鼎足　1件。T0506⑤：12，夹粗砂夹蚌褐陶。手制。圆锥形足。足根饰一个按窝纹。残高9.2厘米（图三八九，5）。

石锄　2件。T0506⑤：14，硅质岩，青灰色。琢、磨兼制。长方形，平顶，直边，双面弧刃，刃端呈外弧形。长8.9、宽4、厚1厘米（图三八九，6）。T0506⑤：2，硅质岩，青黑色。琢、磨兼制。平面呈凸字形，弧顶，两边中部反弧，单面直刃，刃端呈外弧形。长19.2、宽12、厚1.9厘米（图三八九，4；图版八二，1）。

石球　1件。T0506⑤：3，灰褐色，磨制。通体呈椭圆球体。最大直径6.6厘米（图三八九，7；图版八一，4）。

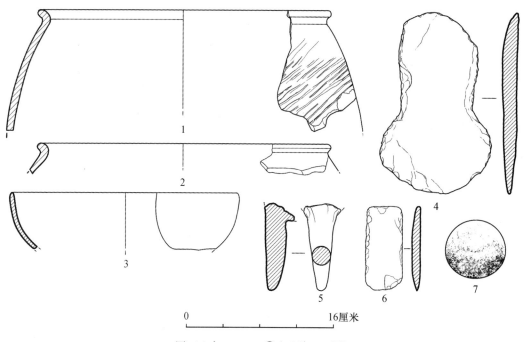

图三八九　T0506⑤出土陶、石器

1、2.陶卷沿瓮（T0506⑤：4、T0506⑤：7）　3.陶钵（T0506⑤：16）　4、6.石锄（T0506⑤：2、T0506⑤：14）

5.陶鼎足（T0506⑤：12）　7.石球（T0506⑤：3）

T0509④

陶罐形鼎　1件。T0509④：5，夹粗砂夹蚌褐陶。手制。敛口，卷沿，圆唇，微鼓肩，鼓腹，以下残。素面。复原口径23、残高8.5厘米（图三九〇，3）。

陶卷沿瓮　1件。T0509④：6，夹粗砂夹蚌褐陶。手制，口经慢轮修整，有旋痕。敛口，卷沿，圆唇，鼓肩，鼓腹，以下残。素面。复原口径31、残高8.5厘米（图三九〇，1）。

陶深腹罐　2件。手制，口经慢轮修整。敛口，卷沿，圆唇，溜肩，腹以下残。器表光滑。素面。T0509④：9，夹细砂褐陶。微鼓腹。复原口径18、残高9.7厘米（图三九〇，4）。

T0509④：7，夹细砂褐胎黑皮陶。直腹。复原口径15、残高6.8厘米（图三九〇，6）。

陶尖底瓶口　1件。T0509④：18，夹细砂褐陶。厚胎。手制，后经慢轮修整，器表有细密旋痕。葫芦形口，圆唇，内外两边唇缘皆鼓凸，口断面呈铁轨形，束颈，弧腹近直，以下残。素面。复原口径8、残高8.6厘米（图三九〇，7）。

陶钵　1件。T0509④：11，泥质橙红陶。厚胎。轮制，器表磨光。直口微敛，尖唇，弧腹内收，以下残。素面。复原口径37、残高5.9厘米（图三九〇，2）。

石斧　1件。T0509④：1，硅质岩，黑色。打制。半成品。近长方形，弧顶，一边较直，一边微外弧，钝刃，偏锋。长15.1、宽8.6、厚3.4厘米（图三四九〇，5；图版八一，5）。

石锛　1件。T0509④：4，硅质岩，黑色。磨制。长方形，平顶，两直边，单面斜刃，刃端平直。长5.2、宽3.2、厚1厘米（图三九〇，9；图版八一，6）。

石饼　1件。T0509④：2，砂岩。琢、磨兼制。圆形饼状，扁平，四周与两面经简单修磨。直径4.5、厚1厘米（图三九〇，8；图版八二，2）。

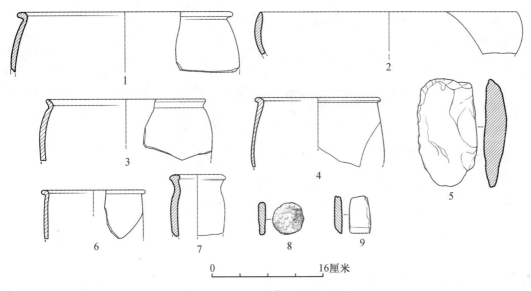

图三九〇　T0509④出土陶、石器

1. 陶卷沿瓮（T0509④：6）　　2. 陶钵（T0509④：11）　　3. 陶罐形鼎（T0509④：5）　　4、6. 陶深腹罐（T0509④：9、
T0509④：7）　　5. 石斧（T0509④：1）　　7. 陶尖底瓶口（T0509④：18）　　8. 石饼（T0509④：2）　　9. 石锛（T0509④：4）

彩陶盆　5件。泥质红陶。手制，口经慢轮修整，下沿面有旋痕。敞口。T0509④：19，仰折沿，沿面较宽，圆唇，溜肩，以下残。沿面有黑彩细直线和宽带纹，肩有弧边三角形黑彩图案。复原口径38、残高4厘米（图三九一，1）。T0509④：17，平折沿，沿面较宽，斜方唇，唇下缘内勾，口以下残。唇面涂抹一周黑彩带，沿面施一层白色陶衣为地，有黑彩直边三角形，腹黑彩已不可辨。复原口径34、残高2.5厘米（图三九一，2）。T0509④：16，仰折沿，圆唇，弧腹内收，以下残。唇面涂抹一周黑彩带，腹仅存一段黑彩宽带纹。复原口径34、残高3.6厘米（图三九一，3）。T0509④：15，微仰折沿，圆唇，弧腹内收，以下残。外口施一周较窄橙红彩带，唇面涂抹一周黑彩带，沿面有细直线与对顶直边三角黑彩图案。复原口径24、

沿宽1.7、残高3.4厘米（图三九一，4）。T0509④：14，卷沿，圆唇，弧腹内收，以下残。沿面涂抹一周黑彩宽带。复原口径28、残高5.8厘米（图三九一，5）。

彩陶钵　2件。泥质橙红陶。厚胎。轮制。直口，圆唇，弧腹内收，以下残。T0509④：12，有上下对顶直边三角形和平行细直线组成的黑彩图案。复原口径36、残高7.8厘米（图三九一，6）。T0509④：13，有圆点、半圆形和弧边宽带组成的黑彩图案。复原口径33、残高5.4厘米（图三九一，7）。

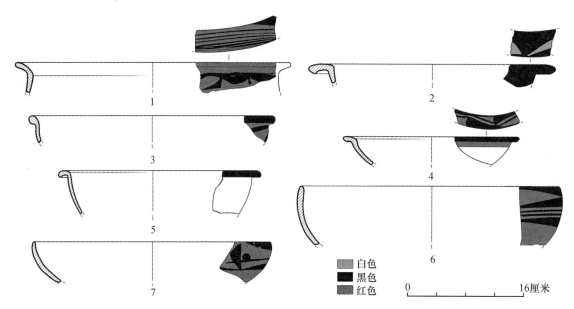

图三九一　T0509④出土陶器

1~5. 彩陶盆（T0509④：19、T0509④：17、T0509④：16、T0509④：15、T0509④：14）

6、7. 彩陶钵（T0509④：12、T0509④：13）

T0509⑥

陶卷沿瓮　2件。夹细砂褐陶。手制，口经慢轮修整。敛口，卷沿，圆唇，鼓肩，鼓腹，以下残。T0509⑥：4，素面。复原口径24、残高5厘米（图三九二，1）。T0509⑥：5，腹饰左斜细绳纹。复原口径22、残高6.1厘米（图三九二，3）。

陶钵　1件。T0509⑥：7，泥质橙红陶。轮制，器表磨光。圆唇，直口，弧腹内收，以下残。素面。复原口径20、腹径20.4、残高5.4厘米（图三九二，4）。

陶器盖　1件。T0509⑥：6，夹细砂灰胎黑皮陶。手制，器表磨光。侈口，外卷沿，圆唇，弧壁，顶部残。素面。复原口径31、残高4.8厘米（图三九二，2）。

陶锉　1件。T0509⑥：8，夹细砂灰胎褐衣陶。手制。两端皆残，长方形。表面密布小圆窝。残长9.2、宽3.2、厚1.4厘米（图三九二，6；图版八三，2）。

石斧　1件。T0509⑥：2，硅质岩，青黑色。琢、磨兼制。梯形，弧顶，两边斜直，刃部残缺较甚，刃端呈外弧形。长15.5、顶端宽5.5、刃端宽7.9、厚2.6厘米（图三九二，7；图版八三，1）。

石锛　1件。T0509⑥：3，硅质岩，黑色。琢、磨兼制。梯形，平顶，一边斜直，一边微外弧，单面直刃，刃端平直。长5.3、宽3、厚1厘米（图三九二，5）。

石饼　1件。T0509⑥：1，琢、磨兼制。圆形饼状，扁平，四周粗糙，上下两面打磨较平。直径7.5厘米（图三九二，8；图版八二，3）。

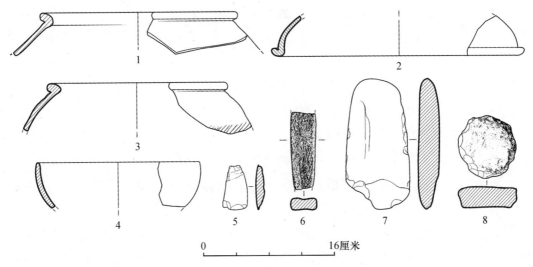

图三九二　T0509⑥出土陶、石器

1、3.陶卷沿瓮（T0509⑥：4、T0509⑥：5）　2.陶器盖（T0509⑥：6）　4.陶钵（T0509⑥：7）　5.石锛（T0509⑥：3）

6.陶锉（T0509⑥：8）　7.石斧（T0509⑥：2）　8.石饼（T0509⑥：1）

T0606④

陶矮领瓮　1件。T0606④：2，夹细砂褐陶。口经慢轮修整，密布旋痕。直口，直立沿，沿面内凹，圆唇，内外两边唇缘皆鼓凸，口断面呈铁轨形，微鼓肩，以下残。肩饰两道凹弦纹。复原口径36、残高5.2厘米（图三九三，1）。

陶尖底瓶底　1件。T0606④：5，夹细砂红褐陶。厚胎。泥条盘筑，内壁有螺旋状泥条筑接痕迹。空心，尖底。器表有刮抹棱痕。残高5.3厘米（图三九三，3）。

陶器盖　1件。T0606④：4，夹细砂夹蚌红褐陶，内壁黑灰色。手制。覆碗形，敞口，圆

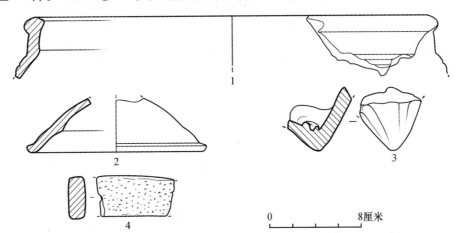

图三九三　T0606④出土陶器

1.矮领瓮（T0606④：2）　2.器盖（T0606④：4）　3.尖底瓶底（T0606④：5）　4.锉（T0606④：7）

唇，外唇缘加厚，外壁斜直，内壁中部有一道折棱，顶残。素面。复原口径16、残高4.5厘米（图三九三，2）。

陶锉　1件。T0606④：7，夹细砂褐陶。手制。两端皆残，呈长方形。表面粗糙，布满针孔状小圆窝。残长6.7、宽3.4、厚1.5厘米（图三九三，4）。

T0607④

陶卷沿瓮　2件。夹细砂夹云母红褐陶。手制，口、肩经慢轮修整，密布旋痕。敛口，卷沿，圆唇。T0607④：1，鼓肩，鼓腹，以下残。腹饰左斜粗绳纹。复原口径40、残高6厘米（图三九四，1）。T0607④：6，溜肩，微鼓腹，以下残。器表经打磨，较光滑。素面。复原口径22、残高4.6厘米（图三九四，2）。

陶矮领瓮　1件。T0607④：4，夹粗砂夹蚌褐陶。口经慢轮修整，有旋痕。直立沿，内沿面微凹，方唇，唇面有一道较宽凹槽，内外两边唇缘皆鼓凸，口断面呈铁轨形，鼓肩，以下残。器表饰左斜细绳纹，遭抹平，有余痕。复原口径22、残高5厘米（图三九四，4）。

陶深腹罐　1件。T0607④：5，夹细砂黑陶。手制。敛口，小卷沿，圆唇，溜肩，弧腹微鼓，腹以下残。内壁黏附一层白色沉淀物痕迹。器表稍经打磨。素面。复原口径18、残高10.4厘米（图三九四，3）。

陶红顶钵　1件。T0607④：8，泥质灰陶，外口施一周较宽橙红陶衣，形成红顶灰腹。厚胎。手制，器表磨光。直口，尖圆唇，弧腹内收，腹以下残。复原口径34、残高7.2厘米（图三九四，6）。

陶钵　1件。T0607④：10，泥质红陶。圆唇，口有一由外向内琢钻的小圆孔。素面。复原口径22、残高4.3厘米（图三九四，5）。

陶锉　1件。T0607④：12，夹细砂灰陶。手制。两端皆残，长方形。表面粗糙，布满针孔状小圆孔。残长9.4、宽3.2、厚1.4厘米（图三九四，7；图版八三，3）。

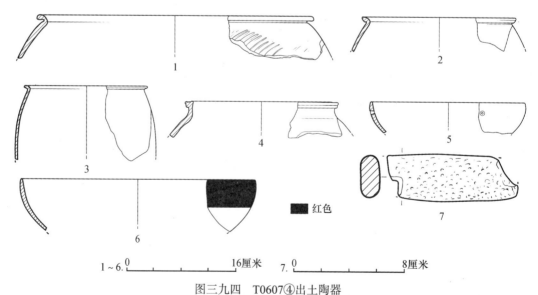

图三九四　T0607④出土陶器

1、2. 卷沿瓮（T0607④：1、T0607④：6）　3. 深腹罐（T0607④：5）　4. 矮领瓮（T0607④：4）　5. 钵（T0607④：10）
6. 红顶钵（T0607④：8）　7. 锉（T0607④：12）

T0608④

陶釜形鼎　1件。T0608④：12，夹粗砂夹蚌褐陶。手制，口经慢轮修整，有旋痕。仰折沿，沿面上端有一道凹槽，斜方唇，斜肩，折腹，以下残。器表满饰凹弦纹。复原口径20、残高9.1厘米（图三九五，4）。

陶卷沿瓮　2件。T0608④：20，夹细砂夹云母红褐陶。手制，口经慢轮修整，有旋痕。敛口，卷沿，圆唇，微鼓肩，鼓腹，以下残。腹饰左斜细绳纹。复原口径37、残高6.3厘米（图三九五，1）。T0608④：25，泥质灰胎黑皮陶。手制，器表磨光。敛口，小卷沿，圆唇，鼓肩，鼓腹，以下残。素面。复原口径16、残高9.2厘米（图三九五，3）。

陶矮领瓮　1件。T0608④：10，夹细砂夹蚌褐陶。手制，口经慢轮修整，密布旋痕。敞口，圆唇，内外两边唇缘皆鼓凸，矮领，领面内凹，口断面呈铁轨形，鼓肩，鼓腹，以下残。肩饰三道凹弦纹，腹饰左斜线纹。复原口径28、残高9厘米（图三九五，2）。

彩陶盆　2件。泥质橙红陶。手制，口经慢轮修整，下沿面有旋痕。侈口，卷沿，圆唇，腹以下残。T0608④：37，鼓腹。沿面有黑彩弧边三角形，腹有黑彩弧边三角形和平行细直线。复原口径37、残6.9厘米（图三九六，1）。T0608④：40，弧腹微鼓。沿面有弧边三角形和弧边宽带黑彩图案。复原口径34、残高4.8厘米（图三九六，2）。

陶盆　1件。T0608④：30，泥质红陶。手制，口经慢轮修整，密布旋痕。敛口，圆唇，上腹微鼓，下腹弧内收，以下残。素面。复原口径34、残高10.9厘米（图三九六，3）。

陶钵　3件。厚胎。轮制，器表磨光。弧腹内收，腹以下残。素面。T0608④：28，泥质灰胎红衣陶，器表局部泛黑。直口，圆唇。复原口径36、残高10.7厘米（图三九六，4）。T0608④：29，泥质红陶，器表局部有黑色烟炱痕。直口，尖圆唇。复原口径35、残高12.2厘

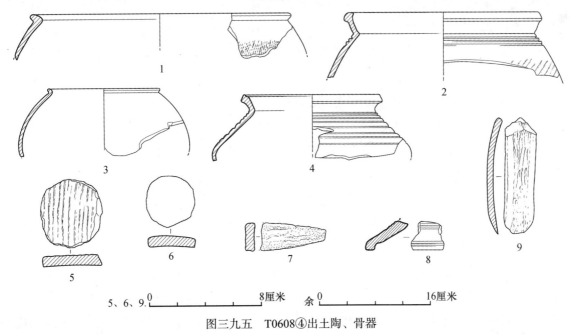

图三九五　T0608④出土陶、骨器

1、3.陶卷沿瓮（T0608④：20、T0608④：25）　2.陶矮领瓮（T0608④：10）　4.陶釜形鼎（T0608④：12）

5、6.陶饼（T0608④：1、T0608④：2）　7.陶锉（T0608④：42）　8.陶器座（T0608④：35）　9.骨铲（T0608④：47）

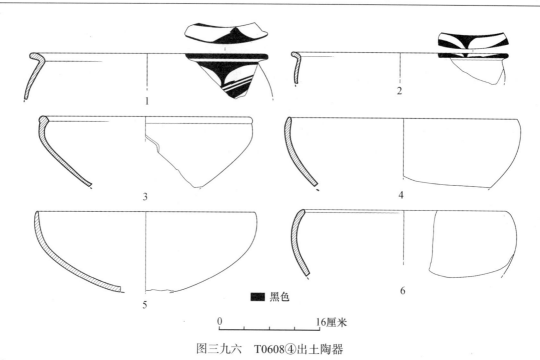

■ 黑色

0 ———————————— 16厘米

图三九六　T0608④出土陶器

1、2. 彩陶盆（T0608④：37、T0608④：40）　3. 盆（T0608④：30）　4～6. 钵（T0608④：28、T0608④：29、T0608④：33）

米（图三九六，5；彩版三二，3）。T0608④：33，泥质橙红陶。敛口，圆唇，上腹微鼓。复原口径32、残高10.3厘米（图三九六，6）。

　　陶锉　1件。T0608④：42，夹细砂灰陶。手制。一端已残，呈三角形。表面粗糙，布满针孔状小圆窝。残长9.3、宽3.8、厚0.7厘米（图三九五，7；图版八四，1）。

　　陶器座　1件。T0608④：35，夹粗砂褐胎红衣陶。手制。上端残，呈大喇叭形，口内有一道凹槽。器表饰两组凹弦纹，每组三至四道。残高4厘米（图三九五，8）。

　　陶饼　2件。手制。圆饼状，周缘粗糙，断面未经修磨。T0608④：1，夹细砂夹蚌褐陶。器表饰绳纹。直径4.7、厚0.7厘米（图三九五，5；图版八四，2）。T0608④：2，夹细砂灰陶。素面。直径3.6、厚0.7厘米（图三九五，6）。

　　骨铲　1件。T0608④：47，系用动物肋骨磨制而成。整体呈桥形，一端磨成钝角三角形，一端磨成圆弧形刃部，单面斜刃。残长8、宽2.2、厚0.4厘米（图三九五，9）。

　　T0608⑤

　　陶卷沿瓮　1件。T0608⑤：3，夹细砂褐陶，器表局部有黑色烟炱痕。手制，口、肩经慢轮修整，有旋痕。敛口，卷沿，圆唇，鼓肩，鼓腹，以下残。腹饰左斜细绳纹。复原口径26、残高5.8厘米（图三九七，1）。

　　陶钵　2件。轮制，器表磨光。弧腹内收，腹以下残。T0608⑤：2，泥质红陶。微敛口，尖圆唇，上腹微鼓。内壁黏附一层白色水垢痕迹。复原口径30、残高7.4厘米（图三九七，2）。T0608⑤：1，夹细砂夹蚌灰胎黑衣陶。直口，圆唇。素面。复原口径26、残高7.6厘米（图三九七，3）。

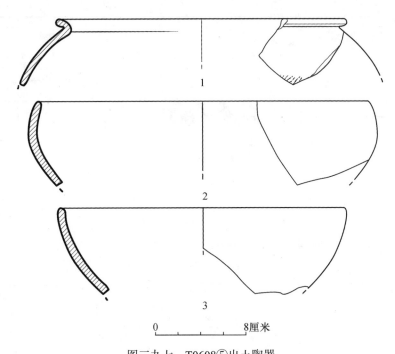

图三九七　T0608⑤出土陶器

1. 卷沿瓮（T0608⑤：3）　2、3. 钵（T0608⑤：2、T0608⑤：1）

T0609④

陶罐形鼎　1件。T0609④：3，夹细砂黑陶。手制。敛口，卷沿，圆唇，微鼓肩，鼓腹，以下残。器表经打磨，较光滑。素面。复原口径13、残高4.9厘米（图三九八，3）。

陶卷沿瓮　1件。T0609④：1，夹细砂褐陶。手制，口经慢轮修整，有旋痕。敛口，卷沿，圆唇，微鼓肩，以下残。器表饰左斜粗绳纹。复原口径34、残高5.1厘米（图三九八，1）。

彩陶盆　1件。T0609④：2，泥质红陶。手制。敛口，卷沿，圆唇，鼓腹，以下残。唇面施一周黑彩带，腹有弧边三角形和勾叶纹组成的黑彩图案。复原口径22、残高5.6厘米（图三九八，2）。

T0609⑤

陶罐形鼎　1件。T0609⑤：7，夹细砂灰陶。手制。侈口，卷沿，圆唇，鼓腹，以下残。素面。复原口径20、残高5.4厘米（图三九九，3）。

陶卷沿瓮　1件。T0609⑤：6，夹细砂夹蚌褐陶。手制，口、肩经慢轮修整，密布旋痕。敛口，卷沿，圆唇，溜肩，鼓腹，以下残。腹饰左斜细绳纹。复原口径26、残高7厘米（图三九九，1）。

陶深腹罐　1件。T0609⑤：5，夹粗砂夹蚌灰胎黑皮陶。手制，器表磨光。敛口，卷沿，圆唇，溜肩，弧腹微鼓，以下残。素面。复原口径13、残高6.5厘米（图三九九，2）。

陶小杯　1件。T0609⑤：4，夹粗砂夹蚌褐陶。手制。敞口，平方唇，斜直腹内收，下腹微收束，平底。素面。复原口径4.9、底径3.2、高5.2厘米（图三九九，4；图版八四，5）。

石斧　2件。硅质岩，青灰色。琢、磨兼制。T0609⑤：3，椭圆形，表面粗糙，有多处片

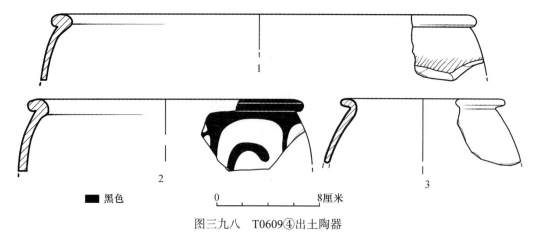

■黑色   0   8厘米

图三九八　T0609④出土陶器

1. 卷沿瓮（T0609④：1）　 2. 彩陶盆（T0609④：2）　 3. 罐形鼎（T0609④：3）

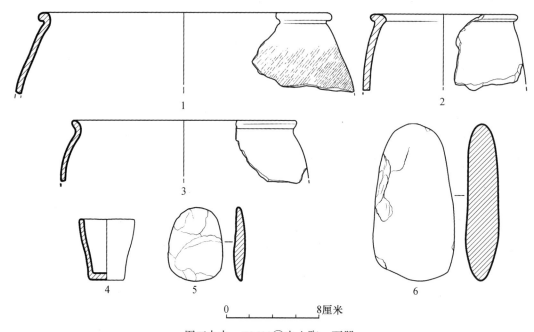

0   8厘米

图三九九　T0609⑤出土陶、石器

1. 陶卷沿瓮（T0609⑤：6）　 2. 陶深腹罐（T0609⑤：5）　 3. 陶罐形鼎（T0609⑤：7）　 4. 陶小杯（T0609⑤：4）

5、6. 石斧（T0609⑤：3、T0609⑤：1）

疤，弧顶，两边斜直，单面斜刃，刃端呈外弧形。长6.3、宽4.9、厚1厘米（图三九九，5）。T0609⑤：1，梯形，弧顶，斜直边，双面弧刃，较钝，刃端呈外弧形。长13.4、宽7.2、厚3.8厘米（图三九九，6）。

T0706④

陶卷沿瓮　1件。T0706④：2，夹细砂夹云母红陶。手制，器表磨光。敛口，卷沿，尖圆唇，鼓肩，鼓腹，以下残。素面。复原口径22、残高5.7厘米（图四〇〇，2）。

陶钵　1件。T0706④：1，泥质红陶，局部有黑色烟炱痕迹。厚胎。轮制，器表磨光。直口，圆方唇，弧腹内收，腹以下残。素面。复原口径30、残高5.4厘米（图四〇〇，1）。

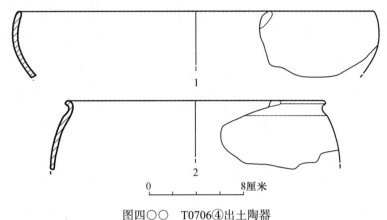

图四〇〇 T0706④出土陶器

1.钵（T0706④：1） 2.卷沿瓮（T0706④：2）

T0707④

陶卷沿瓮 4件。手制，口经慢轮修整，有旋痕。敛口，卷沿，圆唇。T0707④：1，夹细砂夹蚌红褐陶。溜肩，鼓腹，以下残。腹饰左斜粗绳纹。复原口径36、残高9厘米（图四〇一，1）。T0707④：2，夹粗砂夹蚌褐陶。鼓肩，肩以下残。器表饰左斜粗绳纹。复原口径36、残高7.7厘米（图四〇一，2）。T0707④：3，夹细砂褐陶。肩以下残。素面。复原口径36、残高4厘米（图四〇一，3）。T0707④：4，夹粗砂灰胎黑皮陶。器表稍经打磨，较光滑。圆肩，肩以下残。素面。复原口径20、残高3.7厘米（图四〇一，5）。

陶钵 1件。T0707④：5，泥质红陶。手制，口经慢轮修整，有旋痕。直口，圆唇，弧腹内收，以下残。素面。复原口径36、残高4.5厘米（图四〇一，4）。

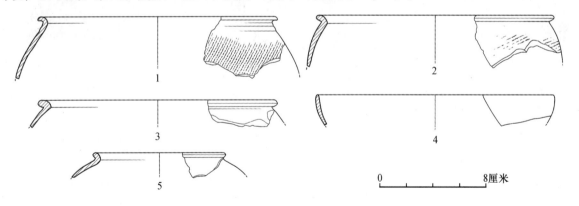

图四〇一 T0707④出土陶器

1～3、5.卷沿瓮（T0707④：1、T0707④：2、T0707④：3、T0707④：4） 4.钵（T0707④：5）

T0708④

陶卷沿瓮 2件。手制，口经慢轮修整，有旋痕。敛口，小卷沿，圆唇，肩以下残。素面。T0708④：1，夹细砂夹蚌红陶。斜肩。复原口径30、残高4.3厘米（图四〇二，1）。T0708④：5，夹粗砂灰胎黑衣陶。溜肩。复原口径30、残高4.3厘米（图四〇二，2）。

陶钵 1件。轮制，器表磨光。圆唇，弧腹内收，以下残。T0708④：3，泥质灰胎暗红衣

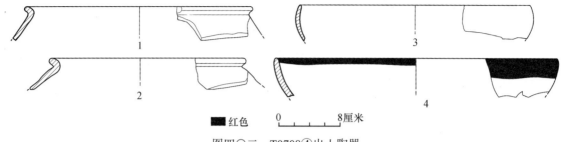

图四〇二　T0708④出土陶器

1、2.卷沿瓮（T0708④：1、T0708④：5）　3.钵（T0708④：3）　4.红顶钵（T0708④：2）

陶。薄胎。敛口。素面。复原口径30、残高4.3厘米（图四〇二，3）。

陶红顶钵　1件。T0708④：2，泥质橙黄陶，口内外均施一周橙红彩带。厚胎。轮制，器表磨光。直口，圆唇，弧腹内收，以下残。复原口径36、残高5厘米（图四〇二，4）。

T0709④

陶卷沿瓮　2件。夹细砂夹蚌红陶。手制，口经慢轮修整，有旋痕。敛口，小卷沿，圆唇，鼓肩，鼓腹，以下残。素面。T0709④：5，复原口径36、残高8.6厘米（图四〇三，1）。T0709④：7，复原口径36、残高5.2厘米（图四〇三，2）。

彩陶钵　2件。轮制。直口，圆唇，弧腹内收，以下残。T0709④：2，泥质橙红陶。口外施一周较宽白陶衣为地，其上绘圆点与弧边三角形组成的黑彩图案。复原口径29、残高7.4厘米（图四〇三，3）。T0709④：3，泥质灰陶，内壁施黄褐色陶衣。外口有四条平行细直线和直边三角形组成的黑彩图案。复原口径28、残高3.2厘米（图四〇三，4）。

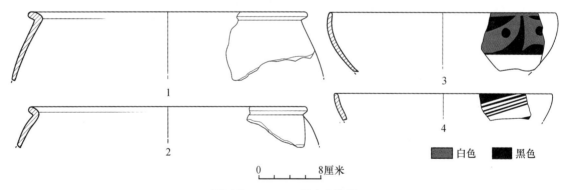

图四〇三　T0709④出土陶器

1、2.卷沿瓮（T0709④：5、T0709④：7）　3、4.彩陶钵（T0709④：2、T0709④：3）

T0709⑤

陶卷沿瓮　2件。手制，口经慢轮修整，有旋痕。敛口，小卷沿，圆唇，鼓肩，鼓腹，以下残。T0709⑤：4，夹粗砂夹蚌红褐陶。肩饰七道凹弦纹，腹饰左斜中粗绳纹。复原口径38、残高9.8厘米（图四〇四，2）。T0709⑤：5，夹细砂红陶。素面。复原口径28、残高5厘米（图四〇四，1）。

陶器盖　1件。T0709⑤：2，夹粗砂夹蚌褐陶。手制。覆钵状，侈口，小卷沿，圆唇，弧壁，顶部残。素面。复原口径34、残高5厘米（图四〇四，3）。

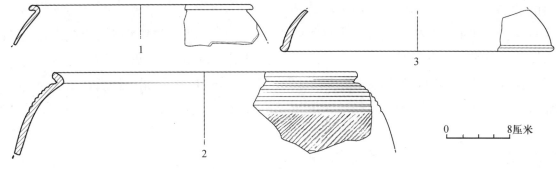

图四〇四 T0709⑤出土陶器

1、2. 卷沿瓮（T0709⑤：5、T0709⑤：4）　3. 器盖（T0709⑤：2）

T0709⑥

陶折沿瓮　1件。T0709⑥：1，夹粗砂夹蚌褐陶。手制，口经慢轮修整，有旋痕。敛口，小卷沿，圆唇，鼓肩，肩以下残。素面。复原口径38、残高4.5厘米（图四〇五，5）。

彩陶盆　1件。T0709⑥：5，泥质红陶。手制。侈口，小卷沿外翻，沿面下端斜直，圆唇，微束颈，溜肩，以下残。沿唇上施一周黑彩带，肩上彩图案已残，仅剩两段呈细长三角形的黑彩带。复原口径36、残高4.4厘米（图四〇五，3）。

陶钵　1件。轮制，器表磨光。直口，圆唇，弧腹内收，以下残。T0709⑥：3，泥质灰胎红衣陶。素面。复原口径20、残高4.7厘米（图四〇五，2）。

陶红顶钵　1件。轮制，器表磨光。直口，圆唇，弧腹内收，以下残。T0709⑥：2，泥质灰陶，口外施一周较宽红彩带，形成红顶灰腹。复原口径26、残高6.4厘米（图四〇五，1）。

陶锉　1件。T0709⑥：4，夹粗砂夹蚌褐陶，器表有大面积黑色烟炱痕。手制。一端残，呈三角形。表面粗糙，布满针孔状小圆窝。残长9.9、宽3、厚1厘米（图四〇五，4；图版八四，3）。

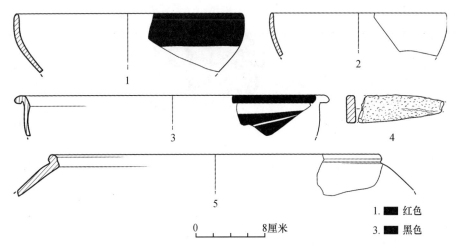

1. 红色
3. 黑色

图四〇五 T0709⑥出土陶器

1. 红顶钵（T0709⑥：2）　2. 钵（T0709⑥：3）　3. 彩陶盆（T0709⑥：5）　4. 锉（T0709⑥：4）　5. 折沿瓮（T0709⑥：1）

T0807④

陶卷沿瓮　1件。T0807④：3，夹细砂褐陶。手制，口、肩经慢轮修整，有旋痕。敛口，卷沿，圆唇，鼓肩，肩以下残。素面。复原口径38、残高4.5厘米（图四〇六，1）。

陶卷沿盆　1件。T0807④：2，夹细砂红陶。手制。侈口，小卷沿，圆唇，上腹较直，下腹弧内收，以下残。素面。复原口径22、残高6.7厘米（图四〇六，3）。

陶锉　1件。T0807④：6，泥质褐陶。手制。两端皆残，近梯形。表面粗糙，布满针孔状小圆窝。残长8.1、宽3.6、厚1.1厘米（图四〇六，4）。

陶饼　1件。T0807④：1，泥质灰胎红衣陶。手制。圆饼状，周缘断面经修磨，较光滑。素面。直径2.1、厚0.4厘米（图四〇六，2；图版八四，4）。

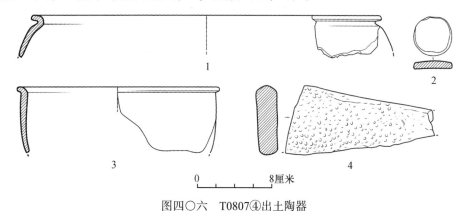

图四〇六　T0807④出土陶器

1. 卷沿瓮（T0807④：3）　2. 饼（T0807④：1）　3. 卷沿盆（T0807④：2）　4. 锉（T0807④：6）

T0807⑤

陶深腹罐　1件。T0807⑤：4，夹细砂黑陶。手制。敛口，卷沿，圆唇，弧腹微鼓，腹以下残。器表经打磨，较光滑。素面。复原口径14、残高5.4厘米（图四〇七，3）。

彩陶罐　1件。T0807⑤：1，泥质红陶。手制，口、肩经慢轮修整，有旋痕。敛口，圆

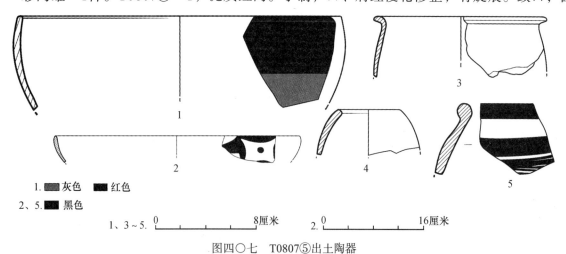

1. ■灰色　■红色
2、5. ■黑色

1、3～5.　0　　　　　8厘米　　　2.　0　　　　　16厘米

图四〇七　T0807⑤出土陶器

1. 红顶钵（T0807⑤：3）　2. 彩陶钵（T0807⑤：2）　3. 深腹罐（T0807⑤：4）　4. 尖底瓶口（T0807⑤：5）

5. 彩陶罐（T0807⑤：1）

唇，微鼓肩，以下残。唇面施黑彩带，肩施黑彩宽带。残高5.5厘米（图四〇七，5）。

陶尖底瓶口　1件。T0807⑤：5，夹细砂夹云母褐陶。手制。小口尖底瓶口，圆唇，内敛杯形口，呈球形。素面。复原口径5、残高3.6厘米（图四〇七，4）。

陶红顶钵　1件。T0807⑤：3，泥质灰陶，口外施一周较宽橙红彩带，形成红顶灰腹。轮制，器表磨光。直口微敛，圆唇，弧腹内收，腹以下残。复原口径26、残高7厘米（图四〇七，1）。

彩陶钵　1件。T0807⑤：2，泥质红陶。轮制。直口，尖圆唇，弧腹内收，腹以下残。口外有圆点和弧边三角形组成的黑彩图案。复原口径40、残高4.2厘米（图四〇七，2）。

第四章 屈家岭文化

　　大寺遗址屈家岭文化遗存共发现50个遗迹单位，其中，灰坑44个、灰沟1条、土坑墓3座、瓮棺2座（图四〇八）。此外，西区西部多数探方的第3层，也为屈家岭文化地层。按类别介绍如下。

第一节 灰 坑

　　44个（H20、H22、H24、H26～H28、H30、H37、H41、H46、H52、H55、H60、H61、H65、H67、H70、H71、H76、H77、H79、H81、H82、H91、H101、H103、H111、H113、H134、H152、H154、H155、H157、H159、H171、H179、H189、H192、H196、H208、H215、H218、H224、H226）。

　　H20　位于T0706西北部。开口于第2层下，打破第3层。坑口呈椭圆形，弧壁，圜底。长1.63、宽1.31、深0.56米（图四〇九）。坑内堆积为灰黑色土，土质疏松，含有少量炭粒。出土少量陶片，以夹砂褐陶为主，有少量夹砂褐胎黑皮陶和泥质红陶，器形有陶敛口瓮、折沿罐等。

　　陶敛口瓮　1件。H20：3，夹细砂灰陶。手制，口经慢轮修整。敛口，叠唇，广肩，肩部以下残。素面。复原口径12、残高3厘米（图四一〇，2）。

　　陶折沿罐　2件。手制，口经慢轮修整。仰折沿，沿面微凹，圆方唇，鼓肩。素面。H20：1，夹细砂灰胎黑陶，有褐斑。鼓腹，下腹弧内收，底残。复原口径24、残高20.7厘米（图四一〇，1）。H20：2，夹粗砂褐陶。以下残。复原口径30、残高5厘米（图四一〇，3）。

　　H22　位于T0406西南部、T0405东南部、T0506西北部和T0505东北部。开口于第3层下，打破第4层，被H37打破。坑口呈不规则圆形，斜壁，平底。坑口长1.37、宽1.23米，坑底长1.1、宽0.95米，深0.46米（图四一一；彩版三三，1）。坑内堆积为灰黑色土，土质松软，含较多兽骨和卵石。出土少量陶片和石器。陶片以泥质红陶为主，泥质灰陶次之，有少量夹砂褐陶，饰纹陶较少。器形有陶碗、红顶碗、纺轮和石斧等。

　　陶碗　1件。轮制，器表磨光。敞口，尖唇，腹以下残。H22：3，细泥红陶。唇内缘加厚，弧腹内收。素面。复原口径22、残高5.1厘米（图四一二，1）。

　　陶红顶碗　2件。轮制，器表磨光。敞口，尖唇，腹以下残。H22：6，细泥灰陶，外口施

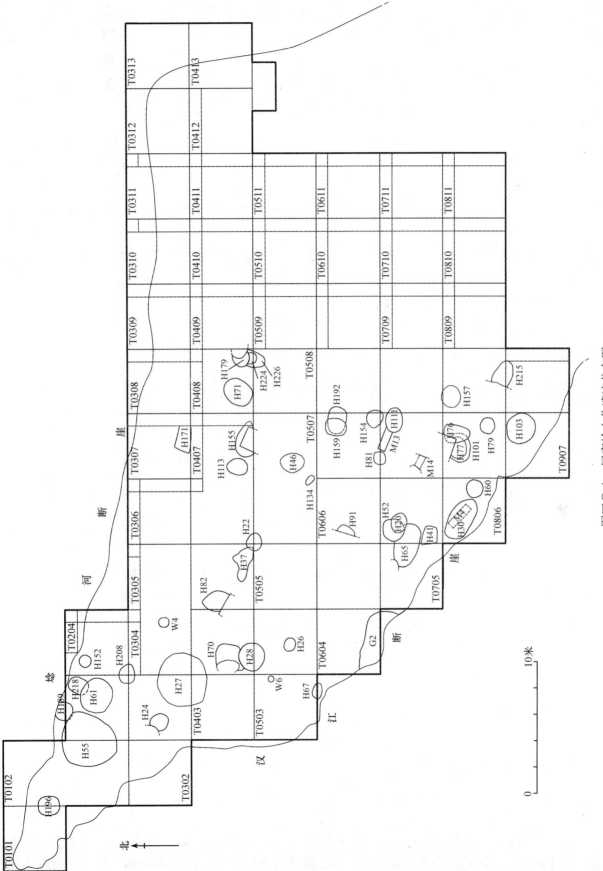

图四○八　屈家岭文化遗迹分布图

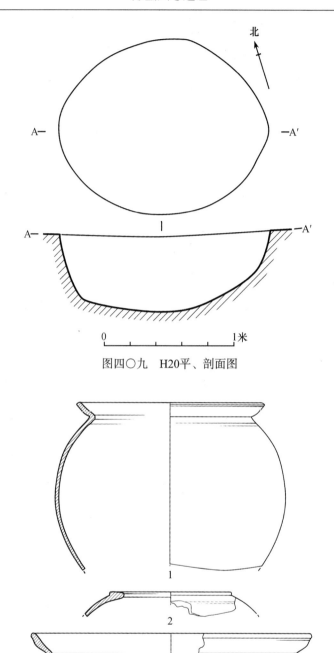

图四〇九　H20平、剖面图

图四一〇　H20出土陶器

1、3.折沿罐（H20：1、H20：2）　2.敛口瓮（H20：3）

一周红彩带，形成红顶灰腹。斜直腹。复原口径18、残高5.2厘米（图四一二，2）。H22：5，细泥灰陶，外口施一周红彩带，形成红顶灰腹。唇内缘加厚，下端有两道浅凹槽，弧腹内收。复原口径26、残高5.7厘米（图四一二，3）。

　　陶纺轮　1件。H22：2，泥质灰陶。手制。圆饼状，弧边，一面内凹，一面隆起，周缘起棱，中间有一小圆孔。素面。直径3.3、厚0.8厘米（图四一二，5；图版九四，1）。

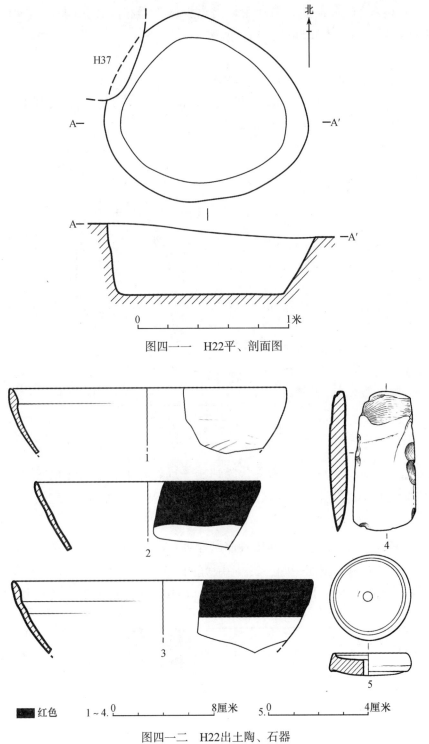

图四一一　H22平、剖面图

图四一二　H22出土陶、石器

1.陶碗（H22：3）　2、3.陶红顶碗（H22：6、H22：5）　4.石斧（H22：1）　5.陶纺轮（H22：2）

石斧　1件。H22：1，灰色，琢、磨兼制。长梯形，顶微弧，斜边微弧，单弧刃，正锋。长10.8、宽5.1、厚1.4厘米（图四一二，4；图版九四，2）。

H24　位于T0303西中部。开口于第2层下，打破第3层，被H23打破。坑口呈椭圆形，弧壁，底部较平。长1.4、宽1.3、深0.21米（图四一三；图版八五，1）。坑内堆积为黄褐色土，土质较致密，包含少量石头、兽骨和蚌壳。出土少量骨器和陶片。陶片以泥质红陶和灰陶为主，有少量夹砂灰陶。器形有陶红顶碗和骨镞等。

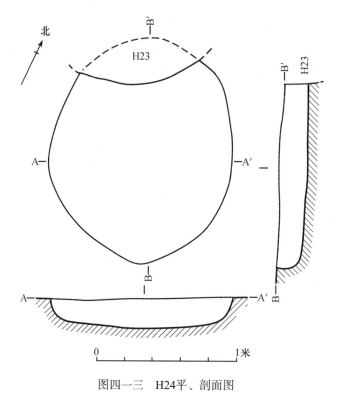

图四一三　H24平、剖面图

陶红顶碗　1件。H24：2，细泥灰陶，外口施一周红彩带，形成红顶灰腹。轮制，器壁有细密旋痕。直口微敛，尖圆唇，唇内缘加厚，弧腹，以下残。复原口径24、残高4.5厘米（图四一四，1）。

骨镞　1件。H24：1，乳黄色。利用骨骼磨制而成，器表光滑。圆锥状，锋钝尖，铤圆锥状，中间稍粗。长6.4厘米（图四一四，2；图版九四，3）。

H26　位于T0504中部。开口于第3层下，打破第4层直至生土，被M3打破。坑口复原

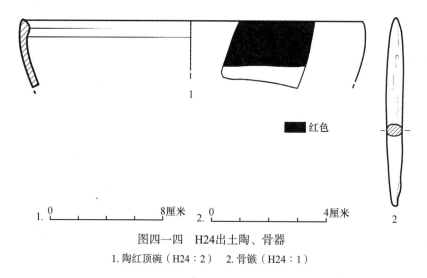

图四一四　H24出土陶、骨器

1.陶红顶碗（H24：2）　2.骨镞（H24：1）

后应呈椭圆形，袋状坑，平底。坑口复原直径0.86～0.99、坑底直径1.76米，深2.01米（图四一五）。坑内填土分2层：第1层，黄褐色沙土，厚101厘米，土质松软，含有大量红烧土和草木灰，出土遗物极少，无可辨器形；第2层，灰褐色沙土，厚100厘米，土质松软，含有较多红烧土粒，出土2件石斧、1件石铲和较多陶片，陶片以泥质红陶为主，夹砂灰陶和褐陶少量，主要为素面陶，器形有陶折沿罐、叠唇盆、碗、红顶碗等。

H26② 器形有陶折沿罐、叠唇盆、碗、红顶碗，石斧、铲等。

陶折沿罐 1件。H26②：4，夹粗砂夹蚌褐陶，有黑斑。手制，口、肩经慢轮修整。仰折沿，沿面较宽，圆唇，溜肩，鼓腹，以下残。素面。复原口径30、残高13.1厘米（图四一六，1）。

陶叠唇盆 2件。泥质灰胎红陶。轮制，器表内外磨光。直口，叠唇，弧腹内收，底残。素面。H26②：5，复原口径24、残高8.4厘米（图四一六，4）。H26②：8，复原口径24、残高8.7厘米（图四一六，3）。

陶碗 1件。H26②：9，泥质橙红陶。轮制，器内壁有旋痕，器表磨光。敛口，尖圆唇，唇内缘加厚，弧腹内收，腹以下残。素面。复原口径20、残高5.1厘米（图四一六，5）。

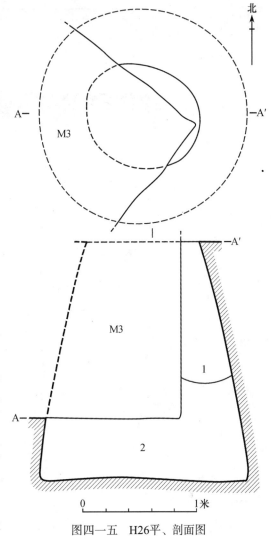

图四一五 H26平、剖面图

陶红顶碗 1件。H26②：6，泥质灰陶，口内外皆施一周红彩带，形成红顶灰腹。轮制，器表磨光。敛口，尖圆唇，唇内缘加厚，弧腹内收，小平底微内凹。复原口径18.8、底径6.8、高8.2厘米（图四一六，2；彩版三五，1）。

石斧 2件。H26②：1，砂岩，青色。打制，留有石皮与打击疤痕。梯形，斜弧顶，一边斜直，一边下端外折，刃部呈尖弧形，单刃。长15.7、宽8.7、厚2.8厘米（图四一六，6；图版九五，1）。H26②：3，硅质岩，青黑色。琢、磨兼制。梯形，弧顶，斜直边，刃残缺。残长11.4、宽7.7、厚2.2厘米（图四一六，7）。

石铲 1件。H26②：2，片岩，青色。磨制。扁平形，平顶，斜直边，双弧刃，一角略残。长4、宽2.5、厚0.3厘米（图四一六，8；图版九五，2）。

H27 位于T0303东南部、T0304西南部、T0403东北角和T0404西北角。开口于第3层下，打破第4层，被H3和H11打破。坑口呈近圆形，弧壁不规整，圜底。长4.38、宽4.18、深1.4米。在其东部略偏北处有一堆石头，大体呈椭圆形分布，残长0.6、宽0.56米。坑底与坑壁有11个柱

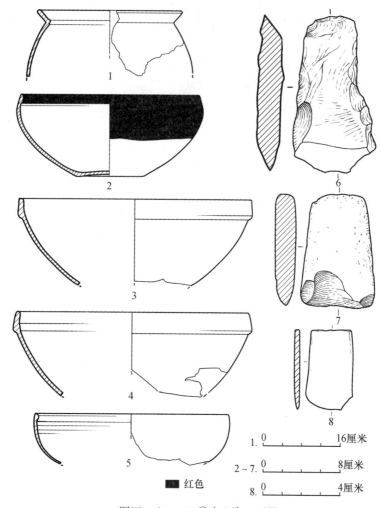

图四一六　H26②出土陶、石器

1. 陶折沿罐（H26②：4）　2. 陶红顶碗（H26②：6）　3、4. 陶叠唇盆（H26②：8、H26②：5）　5. 陶碗（H26②：9）
6、7. 石斧（H26②：1、H26②：3）　8. 石铲（H26②：2）

洞，依次编号为D2～D11、D15。在坑口外围有6个柱洞，分别编号为D1、D12～D14、D16、D17。在D13内发现有柱础石（图四一七；彩版三三，2）。坑内出土遗物丰富（图版九六，1），堆积分3层：第1层，灰褐色土，厚12厘米，土质松散，内含有红烧土、草木灰和较多卵石，出土石钺、璜、刀各1件、骨镞1件和较多陶片，陶片以夹砂灰陶为主，有少量夹砂褐陶和泥质红、灰陶，以素面为主，有少量凸弦纹和附加堆纹，器形有陶敛口瓮、折沿瓮、折沿罐、碗、红顶碗、折沿盆、豆柄等；第2层，灰黑色土，厚12厘米，土质松软，出土石斧1件和较多陶片，陶片以夹砂灰陶为主，有少量泥质红陶和灰陶，以素面为主，器形有陶高领罐、红顶碗、折沿盆、方形杯、器盖等；第3层，为黄灰土，厚1～40厘米，土质较软，出土大量陶片，以泥质灰陶为主，有少量泥质红陶和夹砂灰陶，器形有陶折沿罐、高领罐、红顶碗等。

H27①　器形有陶折沿瓮、敛口瓮、折沿罐、碗、红顶碗、折沿盆、豆柄，石钺、璜、刀，骨镞等。

陶折沿瓮　1件。H27①：19，泥质黑陶。手制，口、肩经慢轮修整。仰折沿，沿面内

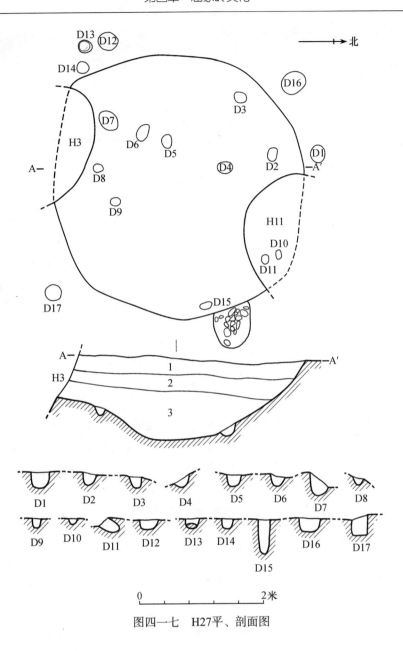

图四一七 H27平、剖面图

凹，方唇，鼓肩，鼓腹，以下残。肩安对称牛鼻形双耳，并饰一道波浪形附加堆纹。复原口径20、残高5.5厘米（图四一八，3）。

陶敛口瓮 1件。H27①：11，泥质褐胎黑皮陶。手制，口经慢轮修整。口微敛，方唇，矮领，凸肩，以下残。肩饰一周波浪形附加堆纹与两道凸弦纹。复原口径36、残高5.8厘米（图四一八，8）。

陶折沿罐 2件。手制，口经慢轮修整。H27①：6，夹细砂夹蚌灰陶，局部呈褐色。宽仰折沿，沿面内凹，圆唇，溜肩，以下残。素面。复原口径20、残高6.7厘米（图四一八，2）。H27①：9，夹细砂夹蚌褐陶。仰折沿，沿面内凹，方唇，唇内缘起棱，微鼓肩，鼓腹，以下残。肩饰一周凸弦纹。复原口径24、残高8.1厘米（图四一八，1）。

陶碗 1件。轮制，器内壁有旋痕，器表磨光。H27①：17，细泥灰胎红衣陶。敞口，

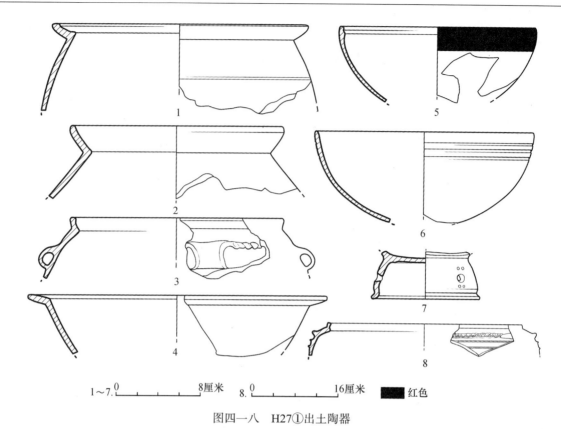

图四一八　H27①出土陶器

1、2.折沿罐（H27①：9、H27①：6）　3.折沿瓮（H27①：19）　4.折沿盆（H27①：10）　5.红顶碗（H27①：15）

6.碗（H27①：17）　7.豆柄（H27①：20）　8.敛口瓮（H27①：11）

尖唇，弧腹内收，腹较深，以下残。口饰三道浅凹弦纹。复原口径20、残高8.3厘米（图四一八，6）。

陶红顶碗　1件。轮制，器内壁有旋痕，器表磨光。H27①：15，细泥灰陶，口外施一周红彩带，形成红顶灰腹。直口，口内有一道凸棱，方圆唇，弧腹内收，以下残。复原口径18、残高7.4厘米（图四一八，5）。

陶折沿盆　1件。H27①：10，夹细砂夹蚌褐陶。手制，口经慢轮修整，器表磨光。敞口，宽仰折沿，圆唇，斜直腹，以下残。素面。复原口径28、残高5.6厘米（图四一八，4）。

陶豆柄　1件。H27①：20，细泥灰陶。轮制。粗矮柄，呈外弧状，底有一道凹槽。柄中部饰对称镂孔，由外向内琢钻，孔上下各有两个浅圆窝。复原圈足径10、残高4.3厘米（图四一八，7）。

石钺　1件。H27①：2，粉砂岩，青黑色。磨制，通体磨光。从残存部分看，应为方形，中央有一大穿孔，双面对钻，双面直刃，正锋。长7.4、宽4.9、厚1.1厘米（图四一九，1；图版九四，4）。

石璜　1件。H27①：1，脉石英，白色，有玉润光泽。磨制，通体磨光。一端残缺，弧形，截面为长方形，一端似鸟首形，上有一小孔，孔双面琢钻。残长6、宽2.8、厚1.2厘米（图四一九，3；图版九四，5）。

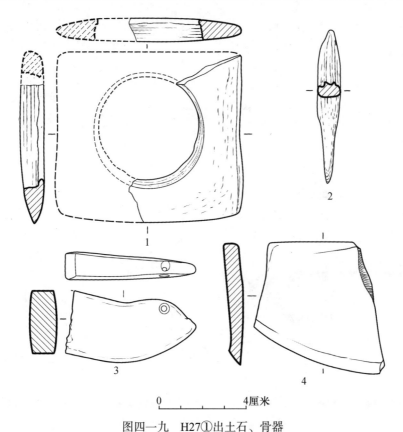

图四一九　H27①出土石、骨器

1.石钺（H27①:2）　2.骨镞（H27①:4）　3.石璜（H27①:1）　4.石刀（H27①:5）

石刀　1件。H27①:5，粉砂岩，青黑色，琢、磨兼制。三角形，平顶，直边，单面长弧刃，偏锋。长6、宽6、厚0.9厘米（图四一九，4）。

骨镞　1件。H27①:4，暗褐色，利用骨骼磨制而成。体呈扁平状，锋较钝圆，铤呈细长尖状。长6.9、宽1.1、厚0.5厘米（图四一九，2；图版九五，3）。

H27②　器形有陶高领罐、红顶碗、折沿盆、方形杯、器盖，石斧等。

陶高领罐　1件。H27②:10，夹细砂夹蚌红褐陶。手制，口经慢轮修整。直口，圆唇，高领，广肩，以下残。领、肩连接处饰一周波浪形附加堆纹。复原口径18、残高6厘米（图四二〇，1）。

陶红顶碗　2件。细泥黑陶，口内外皆施一周红彩带，形成红顶黑腹。轮制，器表磨光。直口，尖唇，唇内缘加厚，弧腹内收，以下残。H27②:6，复原口径18、残高7.8厘米（图四二〇，3）。H27②:7，复原口径22、残高8厘米（图四二〇，4）。

陶折沿盆　1件。H27②:8，细泥红陶。轮制，器表磨光。敞口，平折沿，沿面微凹，圆唇，弧腹内收，以下残。素面。复原口径28、残高4.2厘米（图四二〇，2）。

陶方形杯　2件。夹细砂夹蚌褐陶。手制。圆角长方形，直口，平方唇，直壁，平底。H27②:4，口长9、口宽7.6、高2.5厘米（图四二〇，7）。H27②:5，内底饰旋涡纹。口长9、口宽8、高3.3厘米（图四二〇，8）。

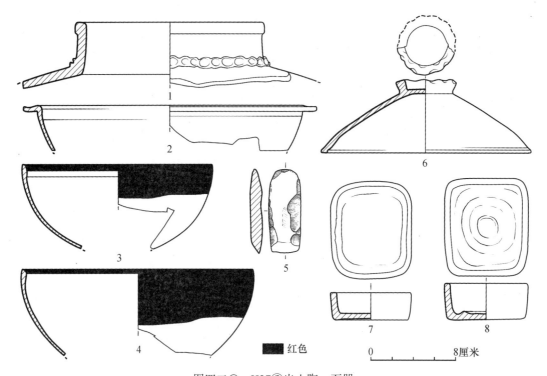

图四二○　H27②出土陶、石器

1.陶高领罐（H27②：10）　2.陶折沿盆（H27②：8）　3、4.陶红顶碗（H27②：6、H27②：7）　5.石斧（H27②：3）
6.陶器盖（H27②：9）　7、8.陶方形杯（H27②：4、H27②：5）

陶器盖　1件。H27②：9，夹细砂夹少量云母褐陶。手制。敞口，平方唇，斜弧壁，平顶，花边形圈足捉手。素面。复原口径19.8、纽径5.6、通高6.7厘米（图四二○，6；图版九六，2）。

石斧　1件。H27②：3，粉砂岩，青色。琢、磨兼制。长方形，弧顶，直边，平直单面刃，偏锋。长7.7、宽3、厚1.2厘米（图四二○，5；图版九五，4）。

H27③　器形有陶折沿罐、高领罐、红顶碗等。

陶折沿罐　1件。H27③：3，夹粗砂夹蚌褐陶，有黑斑。手制，口、肩经慢轮修整。仰折沿，沿面内凹，平方唇，唇内缘起凸棱，鼓肩，鼓腹，底残。肩饰一道带按窝纹的附加堆纹。复原口径17.2、腹径22.4、残高19.8厘米（图四二一，3；彩版三五，2）。

陶高领罐　1件。H27③：1，细泥灰陶。手制，口、领经慢轮修整，器表磨光。微侈口，圆唇，高领，广肩，鼓腹，下腹斜内收，小平底内凹。肩饰三周凸弦纹。复原口径9.8、腹径26.2、底径8.2、高25厘米（图四二一，2；彩版三五，3）。

陶红顶碗　2件。细泥黑陶，口内外皆施一周红彩带，形成红顶黑腹。轮制，内壁有旋痕，器表磨光。直口，尖唇，唇内缘加厚，弧腹内收，内凹小底。H27③：2，复原口径17.5、底径5.5、高8.4厘米（图四二一，1）。H27③：6，复原口径20.5、底径5.5、高9厘米（图四二一，4；彩版三六，1）。

H28　位于T0404西南部和T0504西北部。开口于第3层下，打破H70和第4层。坑口呈圆形，壁较直，平底。坑口直径2.1、坑底直径1.6、深1.5米（图四二二；图版八五，2）。坑内

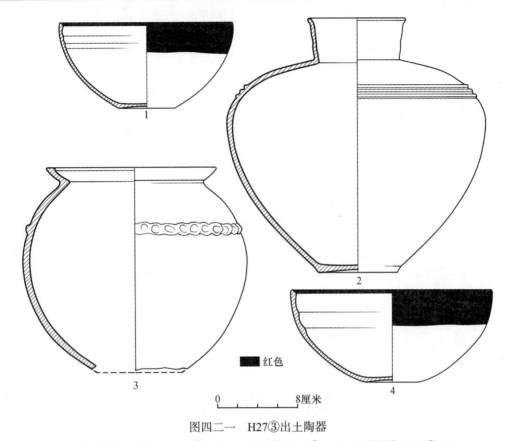

图四二一　H27③出土陶器

1、4.红顶碗（H27③：2、H27③：6）　2.高领罐（H27③：1）　3.折沿罐（H27③：3）

堆积分9层：第1层，灰褐色土，厚0～46厘米，土质松软，内含大量草木灰、红烧土颗粒等，出土少量陶片，以泥质灰陶和夹砂灰陶为主，有少量泥质红陶，器形有陶叠唇盆、红顶碗、器盖、鼎足、纺轮等；第2层，黑灰色土，厚0～20厘米，土质松软，出土石斧2件和少量陶片，陶片以夹砂褐陶为主，有少量夹砂灰陶、泥质红陶和灰陶，器形有陶折沿罐、碗、鼎足、纺轮等；第3层，褐色土，厚10厘米，土质松软，无出土遗物；第4层，灰白色土，厚约10厘米，较纯净，无出土遗物；第5层，黄褐色土，厚0～68厘米，较纯净，无出土遗物；第6层，灰土，厚0～22厘米，土质松软，较纯净，无出土遗物；第7层，黑灰色土，厚10～22厘米，土质松软，含有较多草木灰和红烧土颗粒，仅出土石环；第8层，灰褐色土，厚0～62厘米，土质较硬，无出土遗物；第9层，黄褐色土，厚30～50厘米，包含较多草木灰，出土少量陶片，器形仅见陶折沿罐。

　　H28①　器形有陶红顶碗、叠唇盆、器盖、鼎足、纺轮等。

　　陶红顶碗　1件。H28①：3，细泥灰陶，外口施一周红彩带，形成红顶灰腹。轮制，器表磨光。敞口，尖唇，斜直腹内收，以下残。复原口径26、残高3.9厘米（图四二三，1）。

　　陶叠唇盆　1件。H28①：2，夹细砂褐陶。手制。敛口，叠唇，唇面起一道凸棱，弧腹微鼓，上腹安鸡冠状鋬手，腹以下残。素面。复原口径24、残高4.6厘米（图四二三，2）。

　　陶器盖　1件。H28①：4，夹粗砂褐陶。手制。仅存圈足捉手，呈花边形。纽径6、残高2厘米（图四二三，4）。

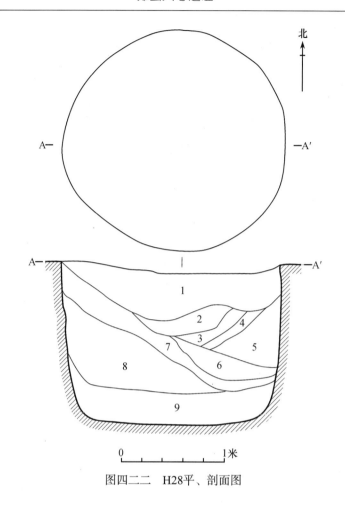

图四二二　H28平、剖面图

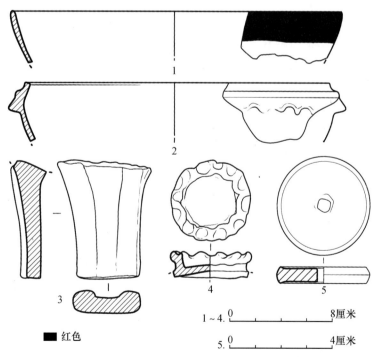

■ 红色

图四二三　H28①出土陶器

1. 红顶碗（H28①：3）　2. 叠唇盆（H28①：2）　3. 鼎足（H28①：5）　4. 器盖（H28①：4）　5. 纺轮（H28①：1）

陶鼎足　　1件。H28①：5，夹粗砂夹蚌红褐陶。手制。倒梯形，足面内凹。残高9.1厘米（图四二三，3）。

陶纺轮　　1件。H28①：1，泥质褐陶。手制。圆形，折边，两面内凹，中间有一小圆孔。直径3.7、厚0.6厘米（图四二三，5；图版九七，1）。

H28②　器形有陶折沿罐、碗、鼎足、纺轮、石斧等。

陶折沿罐　　1件。H28②：4，夹粗砂夹蚌红褐陶。手制，口经慢轮修整。仰折沿，沿面较宽，圆唇，鼓肩，鼓腹，以下残。素面。复原口径18、残高10.1厘米（图四二四，1）。

陶碗　　1件。H28②：7，细泥灰胎陶。轮制，器表磨光。敞口，尖圆唇，弧腹，以下残。素面。复原口径20、残高5.1厘米（图四二四，2）。

陶鼎足　　1件。H28②：8，夹细砂褐陶。手制。倒梯形凹足面，根有一圆形按窝纹。残高7.2厘米（图四二四，3）。

陶纺轮　　1件。H28②：1，泥质褐陶。手制。圆形，折边，两面微内凹，中间有一小圆孔。直径3.8、厚0.6厘米（图四二四，4；图版九七，2）。

石斧　　2件。H28②：3，粉砂泥岩，青灰色。磨制。长方形，斜弧顶，直边，双弧刃，偏锋。长11.5、宽5、厚1.2厘米（图四二四，5）。H28②：2，粉砂岩，青黑色。琢、磨兼制。长梯形，弧顶，弧边，单直刃，偏锋。长7.3、宽3.3、厚1厘米（图四二四，6；图版九七，5）。

H28⑦　器形仅见石环。

石环　　1件。H28⑦：1，粉砂泥岩，青灰色。磨制，器表光滑。圆环形，两端皆残断，截

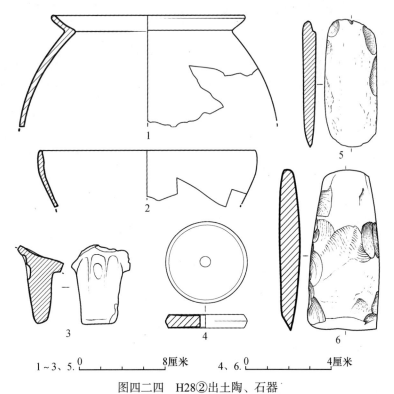

图四二四　H28②出土陶、石器

1.陶折沿罐（H28②：4）　2.陶碗（H28②：7）　3.陶鼎足（H28②：8）　4.陶纺轮（H28②：1）

5、6.石斧（H28②：3、H28②：2）

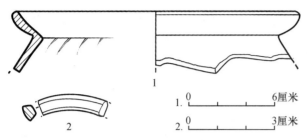

图四二五　H28⑦、H28⑨出土陶、石器
1.陶折沿罐（H28⑨：1）　2.石环（H28⑦：1）

面呈梯形。残长2.4、宽0.3～0.5、厚0.4厘米（图四二五，2；图版九七，3）。

H28⑨　器形仅见陶折沿罐。

陶折沿罐　1件。H28⑨：1，夹细砂夹蚌红陶。手制，器内壁有划痕，口经慢轮修整。侈口，圆唇，仰折沿，溜肩，鼓腹，以下残。素面。复原口径20、残高4.2厘米（图四二五，1）。

H30　位于T0806西北部。开口于第2层下，打破第3层，被H48和H57打破。坑口呈椭圆形，弧壁，底略有不平。长3.48、宽1.83、深0.67米（图四二六）。坑内堆积分3层：第1层，夹白斑灰土，厚40厘米，土质紧密，出土少量石、骨器和陶片，陶片无可辨器形；第2层，较纯净的灰土，厚0～26厘米，土质疏松，出土2件石斧坯、1件骨镞和较多陶片，陶片以夹砂褐胎黑皮陶为主，有少量夹砂灰陶和泥质灰、红陶，以素面为主，纹饰只有少量凸弦纹

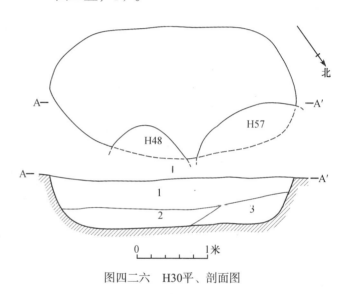

图四二六　H30平、剖面图

与附加堆纹，器形有陶折沿罐、高领罐、带流盆、器盖等；第3层，灰黑色土，厚0～34厘米，土质疏松，出土少量陶片，器形仅见陶叠唇盆。

H30①　器形有石斧和骨锥等。

石斧　1件。H30①：1，砂岩，青黑色。打制，未见加工痕迹。顶残，两边反弧，束腰，刃残。残长9.6、宽7.6、厚2.8厘米（图四二七，1）。

骨锥　1件。H30①：2，利用骨管壁磨制而成。锋细尖，尾残。残长7.3厘米（图四二七，2）。

H30②　器形有陶折沿罐、高领罐、带流盆、器盖，石斧坯，骨镞等。

陶折沿罐　2件。夹细砂夹蚌褐陶。手制，内壁有多处按压痕迹，口经慢轮修整。H30②：5，仰折沿，沿面内凹，平方唇，唇内缘起棱，鼓肩，鼓腹，以下残。腹饰三道凸弦纹。复原口径32、残高20.9厘米（图四二八，1）。H30②：6，仰折沿，

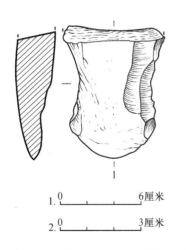

图四二七　H30①出土石、骨器
1.石斧（H30①：1）　2.骨锥（H30①：2）

沿面微凹，方唇，鼓肩，鼓腹，以下残。素面。复原口径22、残高7.6厘米（图四二八，3）。

陶高领罐　1件。H30②：8，夹细砂夹蚌黑陶。手制，内壁有多处按压痕迹，口、领经慢轮修整。侈口，口内有一道浅凹槽，圆唇，高领，广肩，以下残。领、肩相接处饰一周拇指印附加堆纹，肩饰四道凸弦纹。复原口径17、残高8.3厘米（图四二八，2）。

陶带流盆　1件。H30②：7，夹细砂夹蚌黑陶。手制，口经慢轮修整。敛口，口部有一流但已残，叠唇，微鼓肩，鼓腹，以下残。素面。复原口径26、残高10.4厘米（图四二八，4）。

陶器盖　1件。H30②：2，夹细砂褐陶。手制。敞口，平方唇，弧壁，平顶，花边形圈足捉手。口径8.3、通高3.2厘米（图四二八，5；图版九七，4）。

石斧坯　2件。H30②：1，硅质岩，青灰色。打制，留有打击疤痕。长方形，顶残，斜直边，刃部弧形。残长7.7、宽4.8、厚1.6厘米（图四二八，6）。H30②：4，青黑色。打制，留有打击疤痕。长方形，顶残，直边微外斜，刃部外弧。长10.1、宽8.7、厚4.3厘米（图四二八，8）。

骨镞　1件。H30②：3，利用骨管壁磨制而成。锋圆钝，铤细长。长5.7厘米（图四二八，7；图版九七，6）。

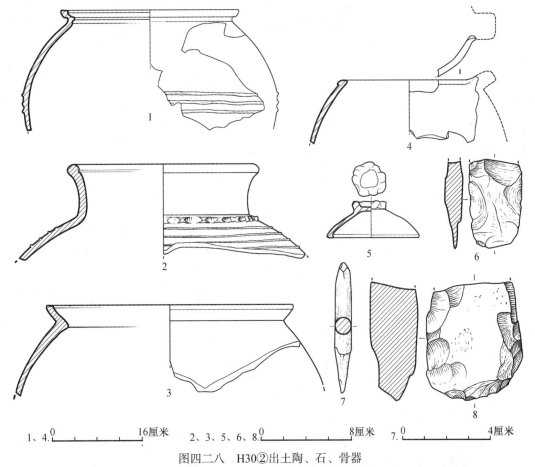

图四二八　H30②出土陶、石、骨器

1、3.陶折沿罐（H30②：5、H30②：6）　2.陶高领罐（H30②：8）　4.陶带流盆（H30②：7）　5.陶器盖（H30②：2）

6、8.石斧坯（H30②：1、H30②：4）　7.骨镞（H30②：3）

H30③　器形仅见陶叠唇盆。

陶叠唇盆　2件。夹细砂夹蚌褐陶。手制，口经慢轮修整。敛口，叠唇，弧腹内收，平底。素面。H30③：1，腹较深。复原口径26.4、底径10.5、高15.6厘米（图四二九，2；彩版三六，2）。H30③：2，上腹安对称鸡冠形錾。复原口径32、底径10、复原高14.5厘米（图四二九，1）。

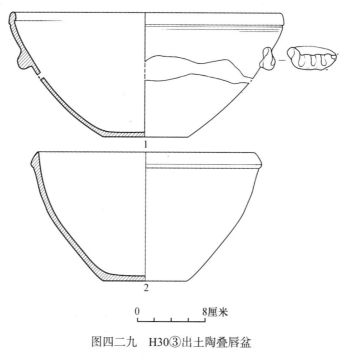

图四二九　H30③出土陶叠唇盆
1. H30③：2　2. H30③：1

　　H37　位于T0405东南部。开口于第3层下，打破H22和第4层。坑口呈不规则三角形，弧壁不规整，底不平。长2.4、宽1.63、深0～0.62米（图四三〇）。坑内堆积为黄灰土，土质较硬，夹杂红烧土颗粒。出土少量陶片，以夹砂褐陶和灰陶为主，有少量泥质红陶和灰陶，以素面陶为主，器形有陶折沿罐、碗、器盖等。

　　陶折沿罐　1件。H37：1，夹细砂夹蚌褐陶。手制，口经慢轮修整。仰折沿，沿面微凹，圆唇，溜肩，以下残。素面。复原口径26、残高5.7厘米（图四三一，1）。

　　陶碗　1件。H37：2，细泥红陶。轮制，内壁有旋痕，器表磨光。敞口，尖唇，弧腹内收，以下残。素面。复原口径22、残高6厘米（图四三一，2）。

　　陶器盖　1件。H37：3，夹细砂夹蚌褐陶。手制。敞口，平方唇，弧壁，顶残。素面。复原口径18、残高4.8厘米（图四三一，3）。

　　H41　位于T0706西南部与T0705东南部。开口于第2层下，打破第3层，被H57打破。坑口呈不规则长方形，弧壁，圜底。长1.51、宽1.28、深0.31米（图四三二；图版八六，1）。坑内堆积为灰黑土，夹少量炭粒，土质疏松。出土少量陶片，以泥质红陶为主，夹砂褐陶和灰陶次之，有少量泥质灰陶和黑陶，以素面陶为主，器形有陶折沿罐、折沿盆、红顶碗、鼎足等。

　　陶折沿罐　1件。H41：4，夹细砂灰褐陶。手制，口经慢轮修整。仰折沿，沿面内

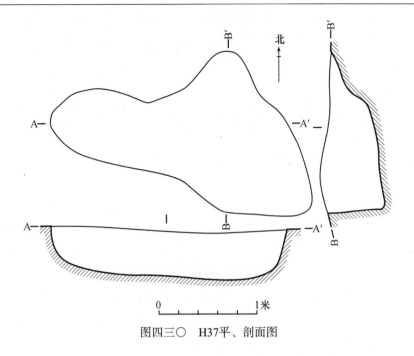

图四三〇　H37平、剖面图

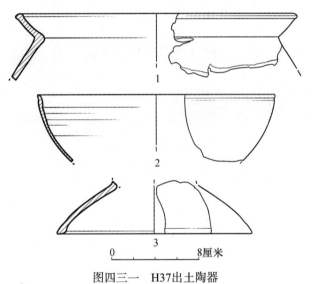

图四三一　H37出土陶器

1.折沿罐（H37∶1）　2.碗（H37∶2）　3.器盖（H37∶3）

凹，圆唇，唇内缘起一道凸棱，微鼓肩，以下残。素面。复原口径20、残高5.3厘米（图四三三，4）。

　　陶折沿盆　1件。H41∶2，细泥橙黄陶。轮制，器表磨光。平折沿，尖圆唇，弧腹内收，以下残。素面。复原口径30、残高4.4厘米（图四三三，1）。

　　陶红顶碗　1件。H41∶1，细泥灰陶，口内外皆施一周红彩带，形成红顶灰腹。轮制，器表磨光。敞口，口有一小圆孔，尖圆唇，唇内缘加厚，弧腹内收，底残。复原口径20、残高8.2厘米（图四三三，2）。

　　陶鼎足　1件。H41∶5，夹粗砂夹蚌红褐陶。手制。倒梯形。足面贴有三条波浪形附加堆纹。残高9.3厘米（图四三三，3）。

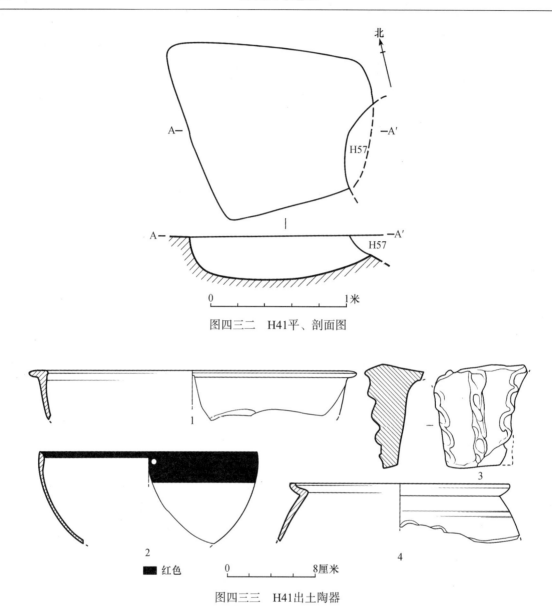

图四三二　H41平、剖面图

图四三三　H41出土陶器

1.折沿盆（H41：2）　2.红顶碗（H41：1）　3.鼎足（H41：5）　4.折沿罐（H41：4）

H46　位于T0507西部。开口于第3层下，打破H47和第4层。坑口呈近圆形，弧壁，圜底近平。长2.1、宽1.58、深0.35米（图四三四）。坑内堆积为灰土，土质较软，包含红烧土块和草木灰。出土少量陶片，以泥质红陶为主，泥质灰陶次之，有少量夹砂灰陶和褐陶，以素面陶为主，器形有陶碗、器盖等。

陶碗　1件。H46：1，细泥灰陶。轮制，器表磨光。敞口，口外有一道凸棱，斜方唇，斜直腹，以下残。素面。复原口径24、残高4.6厘米（图四三五，1）。

陶器盖　1件。H46：2，夹细砂夹云母褐陶。手制。顶残，弧壁，平折沿，方唇。素面。残高4.5厘米（图四三五，2）。

H52　位于T0706西北部。开口于第3层下，打破H53、H65和第4层，被H20打破。坑口呈圆形，袋状坑，平底。坑口直径1.68、坑底直径1.75、深0.82米（图四三六）。坑内堆积为灰

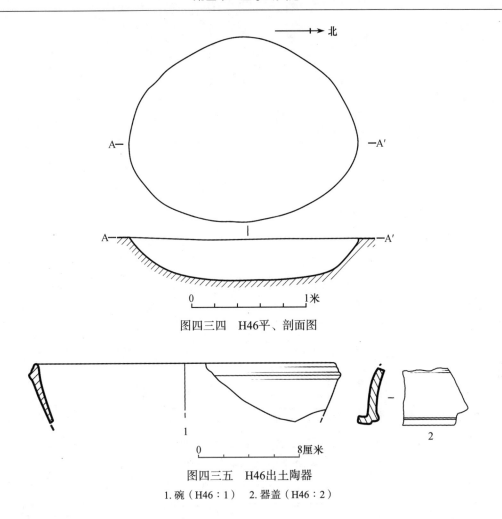

图四三四 H46平、剖面图

图四三五 H46出土陶器
1. 碗（H46：1） 2. 器盖（H46：2）

黑色土，土质较松软，夹有红烧土颗粒和动物骨头。出土少量陶片，以泥质红陶为主，泥质灰陶和夹砂灰黑陶次之，有少量泥质黑陶和夹砂褐陶，主要为素面陶，器形有陶鼎、折沿罐、折沿盆、红顶碗等。

陶鼎 1件。H52：6，夹粗砂夹蚌灰黑陶。手制，口经慢轮修整、有旋痕。仰折沿，沿面内凹，圆唇，直腹微弧，以下残。素面。复原口径32、残高7厘米（图四三七，1）。

陶折沿罐 1件。H52：4，夹粗砂夹蚌褐胎黑皮陶。手制，口经慢轮修整。仰折沿，方圆唇，溜肩，鼓腹，以下残。素面。复原口径12、残高5.4厘米（图四三七，4）。

陶折沿盆 2件。轮制，器表磨光。仰折沿，圆唇，弧腹内收，以下残。素面。H52：1，泥质橙红陶。复原口径32、残高12.1厘米（图四三七，2）。H52：5，细泥黑陶。复原口径20、残高6.7厘米（图四三七，5）。

陶红顶碗 2件。泥质灰陶，口外施一周红彩带，形成红顶灰腹。轮制，器表磨光。H52：3，敞口，尖唇，斜直内收，以下残。复原口径22、残高5厘米（图四三七，3）。H52：2，敞口，尖唇，唇内缘加厚，弧腹内收，以下残。复原口径26、残高7厘米（图四三七，6）。

H55 位于T0203西部和T0202东部，部分延伸至T0102东南部。开口于第3层下，打破H189和第4层，被M22打破。坑口呈椭圆形，坑壁不规整，大体呈弧壁，局部呈袋状，底起伏

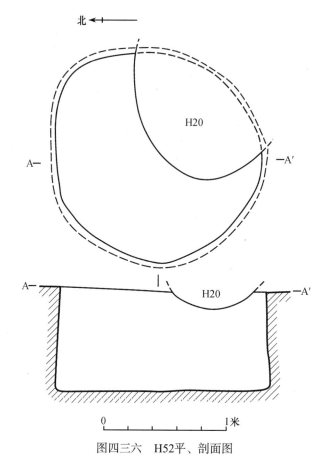

图四三六　H52平、剖面图

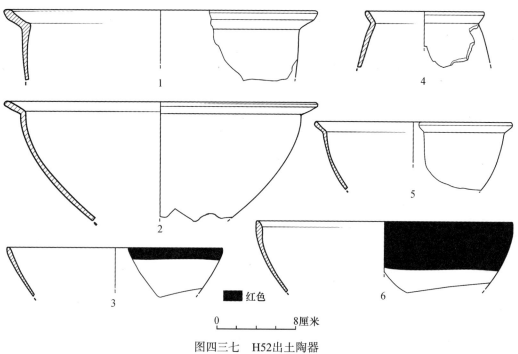

图四三七　H52出土陶器

1.鼎（H52：6）　2、5.折沿盆（H52：1、H52：5）　3、6.红顶碗（H52：3、H52：2）　4.折沿罐（H52：4）

不平。长4.28、宽4.08、深0.7米（图四三八）。坑内堆积为黑灰色土，土质松软，含少量红烧土颗粒和草木灰。出土极少量陶片，多为夹砂灰陶，有少量泥质红陶和黑陶，以素面陶为主，少量饰凸弦纹，无可辨器形。

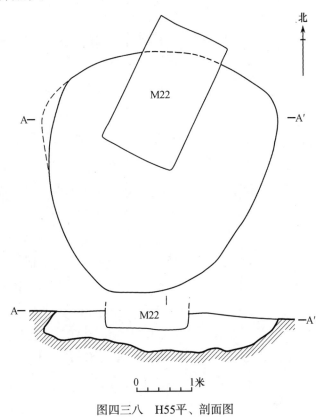

图四三八　H55平、剖面图

H60　位于T0806东部。开口于第2层下，打破第3层。坑口呈圆形，坑壁局部呈直壁，局部呈袋状，坑底中部下凹形成一个圆形小坑，内堆积较多的红烧土和石块（图版八六，2）。坑口直径1.4、坑底直径1.5、深1.75米，坑底小坑直径0.48、深0.1米（图四三九；彩版三三，3）。坑内堆积为灰土，土质松软，含有少量红烧土。出土较多陶片，以夹砂褐陶和褐胎黑皮陶为主，泥质红陶次之，有少量泥质黑陶和灰陶，主要为素面陶，器形有陶折沿罐、折沿盆、带流盆流、碗、红顶碗、鼎足等（图版九六，3）。

陶折沿罐　1件。H60：8，夹细砂夹蚌褐陶，局部有黑斑。手制，口经慢轮修整。仰折沿，沿面内凹，方唇，唇内缘起棱，鼓肩，鼓腹，以下残。素面。复原口径20、残高8厘米（图四四〇，4）。

陶折沿盆　2件。H60：5，夹粗砂灰黑陶。手制。仰折沿，沿面内凹，圆唇，弧腹内收，腹有一錾手，以下残。素面。复原口径18、残高6厘米（图四四〇，6）。H60：3，泥质磨光黑陶。轮制。平折沿，圆唇，弧腹内收，以下残。素面。复原口径36、残高9.5厘米（图四四〇，9）。

陶带流盆流　1件。H60：12，夹细砂夹蚌灰黑陶。手制。"U"形流口，横截面呈凹弧形。残长7.4、宽8厘米（图四四〇，7）。

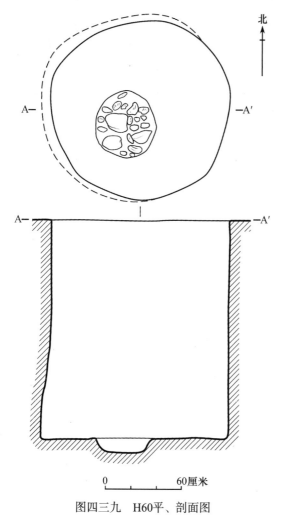

北

A— —A'

A— —A'

0　　　　　60厘米

图四三九　H60平、剖面图

陶碗　1件。H60：1，细泥红陶。直口，尖唇，深弧腹内收，小平底。口贴塑一圆形泥钉。口径22.4、底径6.5、高10.9厘米（图四四〇，3；彩版三六，3）。

陶红顶碗　2件。轮制，内壁有旋痕，器表磨光。H60：2，细泥黑陶，口内外皆施一周红彩带，形成红顶黑腹。敞口，尖唇，弧腹内收，小平底。口径16.1、底径4.6、高7.3厘米（图四四〇，2；彩版三七，1）。H60：14，泥质灰陶，口内外皆施一周红带，形成红顶灰腹。敞口，尖唇，弧腹内收，内凹底。复原口径24、底径5.5、高11.6厘米（图四四〇，1）。

陶鼎足　2件。夹细砂夹蚌红陶。手制。H60：11，扁凿形。足根饰一个按窝纹。残高5.3厘米（图四四〇，5）。H60：10，倒梯形，宽足面内凹。残高8.3厘米（图四四〇，8）。

H61　位于T0203东北部。开口于第3层下，打破H218和第4层。坑口呈圆形，斜壁，底较平。坑口直径3、坑底直径2.6、坑深0.6米（图四四一）。坑内堆积为黑灰色土，土质较松散，含有少量草木灰。出土1件石凿和少量碎陶片。

石凿　1件。H61：1，硅质岩，青黑色。磨制，器表光滑。圭形凿，平顶，弧边微鼓，下端聚成三角形锋，已残断。复原长14.2、宽3.3、厚1.4厘米（图四四二；图版九八，1）。

H65　位于T0705东部和T0706西部。开口于第3层下，打破第4层，被H52和H62打破。坑口呈椭圆形，斜壁，底较平。坑口残长3.32、宽2.12米，坑底残长3.09、宽1.86米，深0.32米（图四四三；图版八七，1）。坑内堆积为红褐土，土质疏松，夹有烧土块、少量草木灰及较多卵石。出土少量陶片，以泥质红陶为主，有少量夹砂褐陶和灰黑陶，大多为素面，器形仅见陶豆盘。

陶豆盘　1件。H65：1，泥质红陶，局部泛黑。轮制，器表磨光。敛口，内折沿，方唇，折腹，以下残。上腹饰三周凹弦纹。复原口径18、残高5.6厘米（图四四四）。

H67　位于T0503东南部，部分伸入南壁及探方外。开口于第3层下，打破第4层。坑口呈椭圆形，弧壁，圜底。长1.2、宽0.75、深0.4米（图四四五；图版八七，2）。坑内堆积分3层：第1层，深褐色土，厚10厘米，土质松软，含有较多草木灰，出土陶片较少，无可辨器形；第2层，灰褐色土，厚14厘米，土质疏松，出土石斧、镞各1件、骨针1件和少量陶片，器形有陶纺轮等；第3层，浅灰色土，厚0～16厘米，土质松软，出土1件骨器和极少碎陶片。

H67②　器形有陶纺轮，石斧、镞，骨针等。

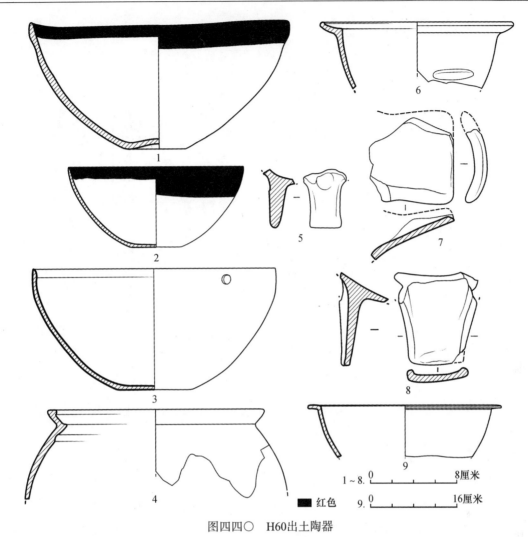

图四四○　H60出土陶器

1、2.红顶碗（H60：14、H60：2）　3.碗（H60：1）　4.折沿罐（H60：8）　5、8.鼎足（H60：11、H60：10）
6、9.折沿盆（H60：5、H60：3）　7.带流盆流（H60：12）

　　陶纺轮　1件。H67②：2，夹细砂黑陶。手制。圆形，折边，两面微凹，周缘起棱，中间穿一小圆孔。直径3.8～4、厚0.5厘米（图四四六，1；图版九八，5）。

　　石斧　1件。H67②：4，砂岩，青黑色。打制，留有打击疤痕。长条形，弧顶，长弧边，单面弧刃，正锋。长16.8、宽6、厚2.9厘米（图四四六，4；图版九八，2）。

　　石镞　1件。H67②：1，片岩，青色。磨制。双翼，扁棱形锋，尖状短铤。长5.7、宽1.4厘米（图四四六，3；图版九八，3）。

　　骨针　1件。H67②：3，利用骨骼磨制而成。细长圆锥形，前端磨成尖锋，尾端残断。残长4厘米（图四四六，2；图版九八，4）。

　　H67③　器形仅见骨器。

　　骨器　1件。H67③：1，长条形，截面大体呈椭圆形，两端系由内而外斜向砍削而成，中间亦砍削出一道较宽深的凹槽，当为系绳之用。长13.5、宽3.3、厚1.8厘米（图四四六，5；图版九八，6）。

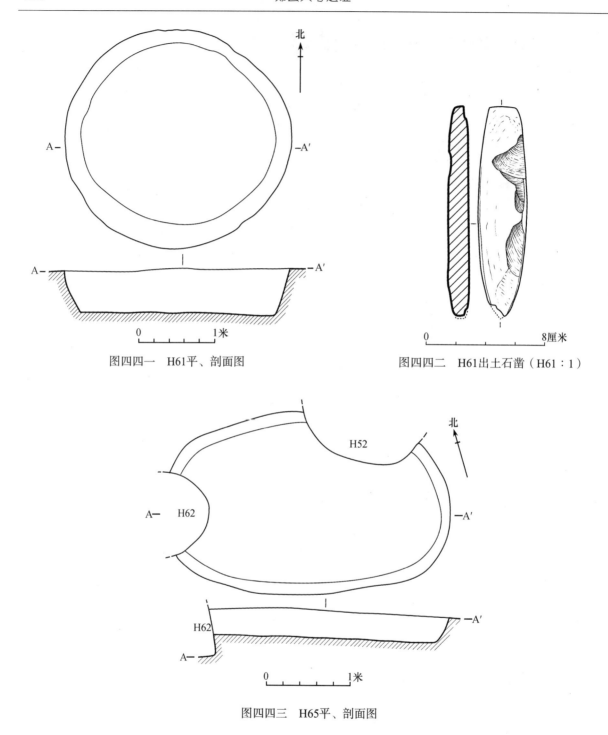

图四四一　H61平、剖面图

图四四二　H61出土石凿（H61∶1）

图四四三　H65平、剖面图

H70　位于T0404西部。开口于第3层下，打破第4层，被H2和H28打破。坑口呈椭圆形，弧壁，底略有不平。残长2.26、宽2.05、深0.73米（图四四七）。坑内堆积为灰褐色土，土质松软，含有草木灰、红烧土颗粒及较多卵石。出土少量石、骨器和陶片。陶片以夹砂灰陶和泥质灰陶为主，有少量泥质红陶，多为素面陶，少量饰按窝纹。器形有陶红顶碗、器盖，石斧、钻芯，骨锥等。

陶红顶碗　1件。H70∶5，细泥灰黑陶，口外施一周红彩带，形成红顶灰腹。轮制，器内

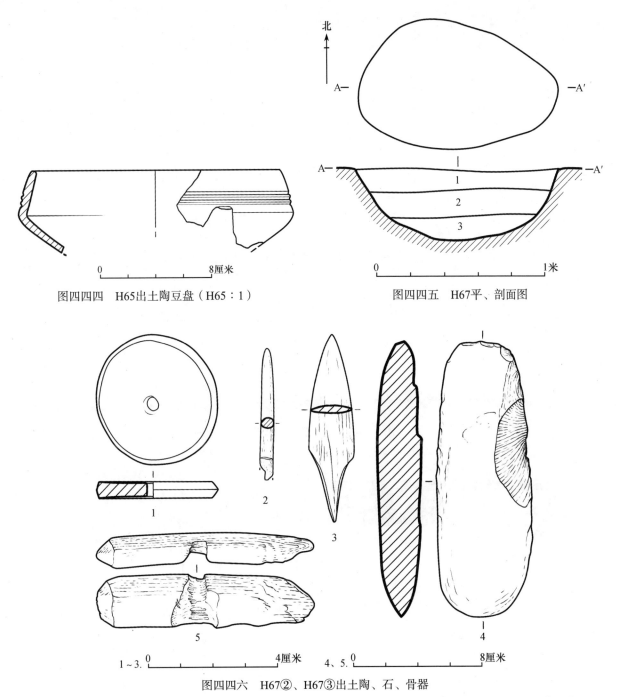

图四四四 H65出土陶豆盘（H65：1）

图四四五 H67平、剖面图

图四四六 H67②、H67③出土陶、石、骨器

1.陶纺轮（H67②：2） 2.骨针（H67②：3） 3.石镞（H67②：1） 4.石斧（H67②：4） 5.骨器（H67③：1）

壁有旋痕，器表磨光。敛口，尖唇，唇内缘加厚，弧腹内收，小平底微凹。复原口径15.6、底径4.5、高7.2厘米（图四四八，1；彩版三七，2）。

陶器盖 1件。H70：6，夹粗砂夹蚌褐陶。手制。花边状捉手，斜壁，口残。素面。纽径5.6、残高4.7厘米（图四四八，2）。

石斧 1件。H70：1，粉砂岩，青色。琢、磨兼制，局部留有打击疤痕。梯形，弧顶，斜边微弧，双面斜刃略残，正锋。长9.2、宽4.6、厚1.9厘米（图四四八，3；图版九九，2）。

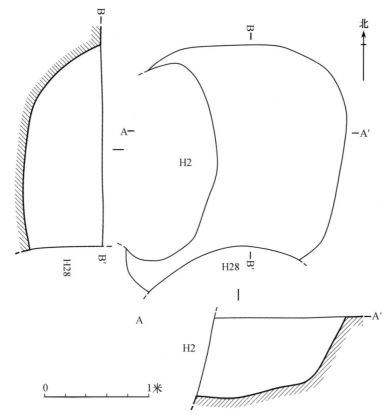

图四四七　H70平、剖面图

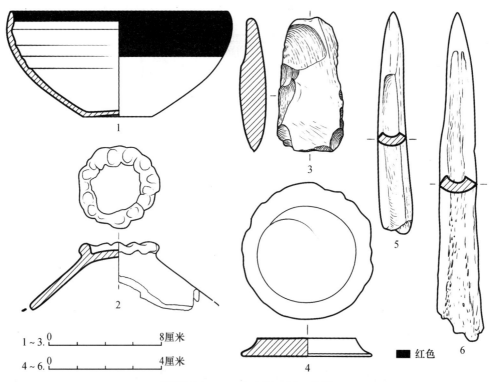

图四四八　H70出土陶、石、骨器

1. 陶红顶碗（H70∶5）　2. 陶器盖（H70∶6）　3. 石斧（H70∶1）　4. 石钻芯（H70∶3）　5、6. 骨锥（H70∶2、H70∶4）

石钻芯 1件。H70：3，绿色，表面磨光，莹润，有玉质感。为石器钻孔孔管芯。饼状，顶端小，底面大，凹弧形边。底径4.6、顶径3.8、厚0.6厘米（图四四八，4；图版九九，1）。

骨锥 2件。利用骨骼磨制而成，一面较光滑，一面留有骨腔。H70：2，前端磨成尖锥状，两侧边锋利，尾端残。长7.6、宽1.1、厚0.3厘米（图四四八，5；图版九九，4）。H70：4，长棱形，前端呈尖锥状，较锋利，两侧边圆滑，尾端残。长11.2、宽1.6、厚0.3厘米（图四四八，6；图版九九，3）。

H71 位于T0408西南部。开口于第3层下，打破第4层。坑口为椭圆形，弧壁，底部不平，有两个下凹的小洞坑。长2.4、宽1.9、深1.65米（图四四九）。坑内堆积分3层：第1层，灰褐土，厚0～52厘米，土质较松散，含有少量红烧土粒、骨头、石头、蚌壳和较多螺蛳壳，出土3件石斧、1件石凿和较多陶片，陶片以夹砂灰黑陶为主，泥质红陶次之，有少量夹砂褐陶和泥质灰陶，素面陶居多，纹饰有少量凸弦纹和篮纹，器形有陶鼎、折沿罐、高领罐、碗、红顶碗、盆底、鼎足等；第2层，灰褐土，厚0～58厘米，土质较松散，含有少量红烧土粒、骨头、石头、蚌壳和较多螺蛳壳，基本分布全坑，出土遗物极少，仅见少量灰陶、红陶、黑陶与彩陶片，应为钵、鼎、罐等碎片；第3层，填土较杂，厚0～70厘米，土质松散，含有红烧土粒与少量草木灰、石头、骨头、蚌壳、螺蛳壳等，基本分布全坑，出土少量夹砂灰陶、泥质红陶片，应为罐、钵等碎片。

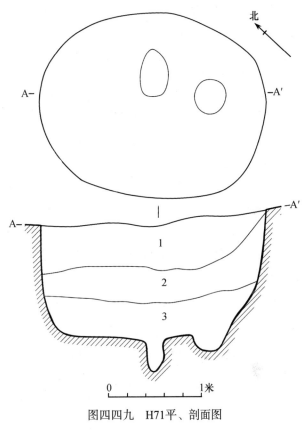

图四四九 H71平、剖面图

H71① 器形有陶鼎、折沿罐、高领罐、碗、红顶碗、盆底、鼎足，石斧、凿等。

陶鼎 1件。H71①：9，夹粗砂灰陶。手制，口经慢轮修整。仰折沿，沿面内凹，方唇，唇内缘起一道凸棱，溜肩，微鼓腹，以下残。腹饰两道凸弦纹。复原口径26、残高7.2厘米（图四五〇，4）。

陶折沿罐 2件。手制，口、肩经慢轮修整。仰折沿，方唇，唇内缘起一道凸棱，鼓肩，鼓腹，以下残。H71①：7，夹细砂夹蚌灰黑陶。肩饰右斜篮纹，腹饰一周波浪形附加堆纹。复原口径14、残高8.1厘米（图四五〇，2）。H71①：8，夹粗砂褐陶。素面。复原口径34、残高8厘米（图四五〇，3）。

陶高领罐 1件。H71①：10，夹粗砂夹蚌灰褐陶，局部有黑斑。手制，口、肩经慢轮修整。仰折沿，圆唇，高领，圆肩，鼓腹，以下残。腹饰三周凸弦纹。复原口径14、残高14厘米（图四五〇，1）。

陶碗　3件。轮制，内壁有细密旋痕，器表磨光。H71①：11，泥质橙红陶。敞口，尖圆唇，内唇缘加厚，弧腹，以下残。素面。复原口径18、残高4.6厘米（图四五〇，9）。H71①：12，泥质红陶。敞口，斜尖唇，唇外缘有一周凹槽，弧腹内收，底残。素面。复原口径26、残高8.4厘米（图四五〇，5）。H71①：14，泥质红陶。敞口，口外有一道凸棱，圆唇，弧腹内收，底残。素面。复原口径26、残高6.8厘米（图四五〇，8）。

陶红顶碗　1件。H71①：13，轮制，内壁有旋痕，器表磨光。泥质灰陶，口外施一周红彩带，形成红顶灰腹。直口，尖圆唇，内唇缘加厚，弧腹内收，底残。复原口径20、残高6厘米（图四五〇，6）。

陶盆底　1件。H71①：15，泥质红陶。轮制，器表磨光。口与底皆残，斜直腹内收。素面。复原底径16、残高4.2厘米（图四五〇，7）。

陶鼎足　2件。手制。H71①：16，夹粗砂夹蚌灰胎褐陶。倒梯形足，足尖残。足面有三道波浪形附加堆纹。残高7.3厘米（图四五〇，10）。H71①：17，夹细砂褐陶。倒梯形凹面足。两边饰浅按窝纹。残高5.3厘米（图四五〇，11）。

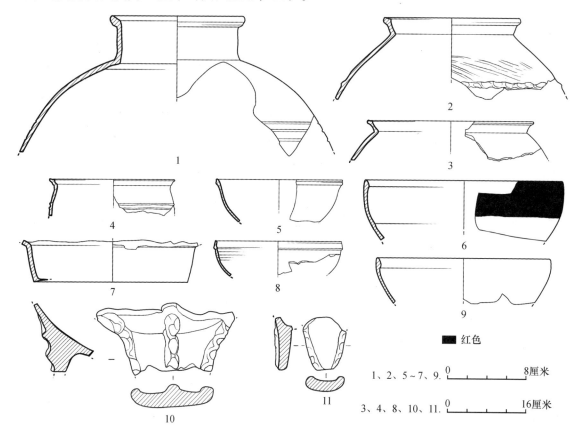

　　　　　　　　　　■红色

1、2、5~7、9. ⊢—————⊣ 8厘米
　　　　　　　　　0

3、4、8、10、11. ⊢—————⊣ 16厘米
　　　　　　　　　　0

图四五〇　H71①出土陶器

1.高领罐（H71①：10）　2、3.折沿罐（H71①：7、H71①：8）　4.鼎（H71①：9）　5、8、9.碗（H71①：12、H71①：14、
　　H71①：11）　6.红顶碗（H71①：13）　7.盆底（H71①：15）　10、11.鼎足（H71①：16、H71①：17）

石斧　3件。H71①：3，硅质岩，青黑色。磨制。近梯形，弧顶，斜直边，双面尖弧刃，偏锋。刃有使用所致的片疤痕迹。长12、宽7.8、厚1.9厘米（图四五一，2）。H71①：2，青

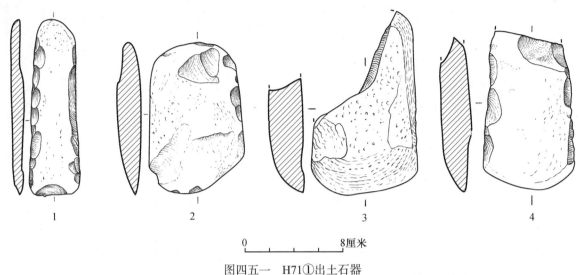

0   8厘米

图四五一 H71①出土石器

1.凿（H71①：6） 2~4.斧（H71①：3、H71①：2、H71①：1）

色。磨制。长方形，顶部半边残，直边，单面弧刃，偏锋。残长14.6、宽8.7、厚2.8厘米（图四五一，3）。H71①：1，硅质岩，青灰色。打制。长方形，顶残，斜边，单面弧刃较钝，偏锋。长12.7、宽7.5、厚2.4厘米（图四五一，4）。

石凿 1件。H71①：6，硅质岩，青色。琢、磨兼制。长条形，斜弧顶，长直边，单面弧刃，偏锋。刃上有使用所致的疤痕。长14.1、宽4.2、厚1厘米（图四五一，1）。

H76 位于T0807东北部。开口于第3层下，打破H77、H101和第4层，被M2打破。坑口呈椭圆形，弧壁，底较平。长2.04、宽1.39、深0.41米（图四五二）。坑内堆积为浅灰色土，含有少量炭末和骨头。出土遗物有极少夹砂灰陶片，无可辨器形。

H77 位于T0807北部。坑口叠压于第3层下，打破H101和第4层，被M2和H76打破。坑口呈不规则圆形，弧壁，圜底。残长1.32、宽1.08、深0.57米（图四五三）。坑内堆积为黄灰色土，土质较紧密，含有红烧土颗粒和少量骨头。出土遗物极少，仅见少量夹砂灰陶、泥质灰陶和泥质红陶片，应为陶折沿罐、红顶钵类器物残片。

H79 位于T0807东南部。开口于第3层下，打破第4层。坑口呈圆形，直壁，底部较平。直径1.26、深0.6米（图四五四）。坑内堆积为深灰色土，土质疏松，含有少量红烧土颗粒、动物骨头和石头。出土少量陶片，以夹砂灰陶居多，泥质红陶和灰陶次之，有少量夹砂褐陶，大多为素面陶，应为陶折沿罐、红顶碗等器物残片。

H81 位于T0607西南部和T0707西北部。开口于第3层下，打破第4层，被H15打破。坑口呈近圆形，袋状坑，底下凹，中心有一长方形小坑。坑口直径0.92、坑底直径1.13、深1.27米，坑底中心小坑长0.5、宽0.42、深0.1米（图四五五；图版八八，1）。坑内堆积为灰褐色土，土质松软，含有少量草木灰。出土少量石器和较多陶片。陶片以夹砂灰黑陶为主，泥质红、灰陶次之，有少量泥质黑陶，绝大多数为素面陶，仅有少量附加堆纹。器形有陶折沿盆、敛口瓮、斜腹杯、鼎足，石斧等。

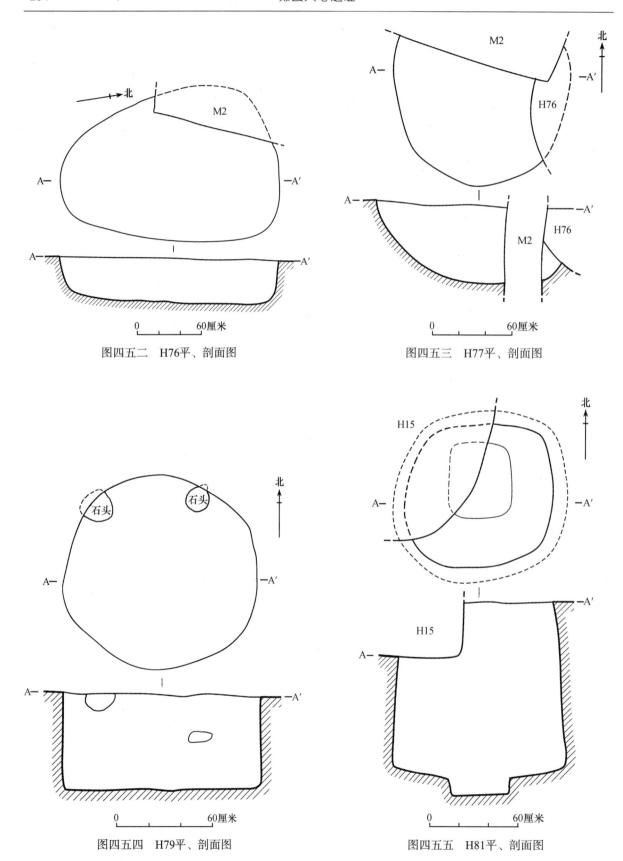

图四五二　H76平、剖面图

图四五三　H77平、剖面图

图四五四　H79平、剖面图

图四五五　H81平、剖面图

陶折沿盆　2件。轮制，器表磨光。素面。H81：2，泥质灰黑陶。平折沿，圆唇，弧腹，以下残。复原口径34、残高5.6厘米（图四五六，2）。H81：5，夹粗砂夹蚌褐陶。平折沿，方唇，斜直腹内收，以下残。复原口径30、残高9.5厘米（图四五六，3）。

陶敛口瓮　1件。H81：3，夹粗砂黑陶。轮制，器表磨光。敛口，斜方唇，微鼓肩，以下残。素面。复原口径34、残高4.4厘米（图四五六，1）。

陶斜腹杯　1件。H81：6，泥质红陶。轮制，外底有线切割留下的偏心涡纹。敞口，尖圆唇，斜直腹，小平底。器表素面，内壁饰瓦棱纹。复原口径8.5、底径3.7、高4.5厘米（图四五六，5；图版一〇〇，2）。

陶鼎足　1件。H81：4，夹粗砂褐陶。手制。倒梯形。足面起三道指压波浪形附加堆纹。残高8.6厘米（图四五六，6）。

石斧　1件。H81：1，砂岩，青灰色。磨制，留有打击疤痕。近方形，顶微弧，短斜边，双面刃较平，一面宽一面窄，偏锋。长6.2、宽5.2、厚1.6厘米（图四五六，4）。

H82　位于T0405西北部和T0404东北部。开口于第3层下，打破第4层，被M6打破。坑口原应呈椭圆形，直壁，平底。残长2.32、宽1.6、深0.11米（图四五七）。坑内堆积为灰黑色土，土质松软，含草木灰、蚌壳和少量兽骨。出土少量陶片，以泥质红陶为主，有少量夹砂灰黑陶和泥质灰陶，绝大多数为素面。器形有陶高领罐、碗，石饼等。

陶高领罐　1件。H82：2，泥质灰陶。轮制，器表磨光。侈口，方唇，高直领，以下残。素面。复原口径14、残高4.7厘米（图四五八，1）。

陶碗　1件。H82：1，泥质灰胎红衣陶。轮制，器表磨光。敞口，斜方唇，斜直腹内收，以下残。素面。残高4.7厘米（图四五八，2）。

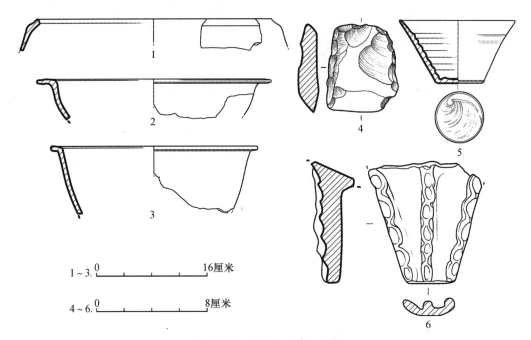

1～3. 0 ———————— 16厘米

4～6. 0 ———————— 8厘米

图四五六　H81出土陶、石器

1.陶敛口瓮（H81：3）　2、3.陶折沿盆（H81：2、H81：5）　4.石斧（H81：1）　5.陶斜腹杯（H81：6）　6.陶鼎足（H81：4）

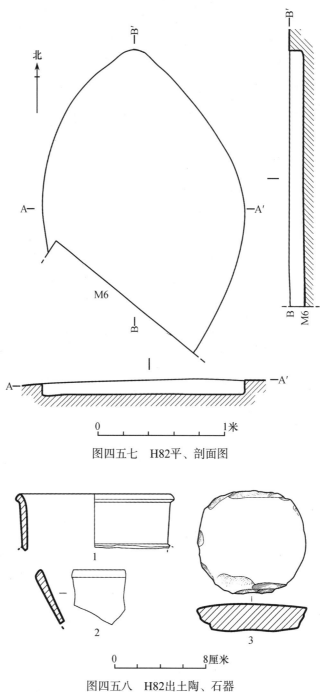

图四五七　H82平、剖面图

图四五八　H82出土陶、石器

1.陶高领罐（H82∶2）　2.陶碗（H82∶1）　3.石饼（H82∶3）

　　石饼　1件。H82∶3，硅质岩，青灰色。打制，留有打击疤痕。圆饼形，较厚。直径9.5、厚2.4厘米（图四五八，3）。

　　H91　位于T0606西部。开口于第2层下，打破第3层，被M9打破。坑口原应呈圆形，袋状坑，底略有不平。坑口残长1.55、宽0.63米，坑底残长1.73、宽0.7米，深0.96米（图四五九；彩版三四，1）。坑内堆积分2层：第1层，黑灰土，厚60～65厘米，土质松软，含草木灰、红烧土颗粒和石头，出土1件骨镞和少量陶片，陶片以夹砂灰黑陶为主，泥质红陶次之，有少量

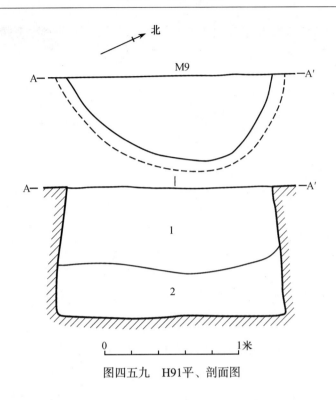

图四五九　H91平、剖面图

泥质灰陶，多为素面陶，仅见少量凸弦纹和附加堆纹，器形有陶折沿罐、红顶碗等；第2层，灰褐色土，厚40～55厘米，土质松软，含较多草木灰，出土陶片极少，无可辨器形。

H91①　器形有陶折沿罐、红顶碗，骨镞等。

陶折沿罐　2件。夹细砂夹蚌褐陶。手制，口经慢轮修整。仰折沿，沿面内凹，鼓肩，鼓腹。H91①：5，方唇，唇内缘与下沿面皆起一道凸棱，平底。腹饰一道带按窝纹的附加堆纹。复原口径16.2、最大腹径19.2、底径9、高18厘米（图四六〇，1；图版一〇〇，1）。H91①：3，圆唇，腹以下残。素面。复原口径24、残高9.6厘米（图四六〇，2）。

陶红顶碗　1件。H91①：2，泥质黑陶，外口施一周红彩带，形成红顶黑腹。轮制，器表磨光。敞口，口内有四道浅凹槽，尖圆唇，弧腹内收，小平底。口径16、底径4.8、高6.8厘米（图四六〇，3；彩版三七，3）。

骨镞　1件。H91①：1，利用骨骼磨制而成，器表打磨光滑。镞、铤分明，镞呈长圆形，锋呈钝圆形，中部截面呈扁圆形，铤呈细尖锥形。长8.4厘米（图四六〇，4；图版九九，5）。

H101　位于T0807北部。开口于第3层下，打破第4层，被M2、H76和H77打破。坑口呈椭圆形，坑壁局部呈袋状、局部斜直，平底。坑口长1.9、残宽1米，坑底长1.9、残宽1米，深1.17米（图四六一；图版八八，2）。坑内堆积分3层：第1层，红烧土，厚34～42厘米，土质紧密，较纯净，无出土遗物；第2层，灰土，厚36厘米，土质松软，出土少量陶片，以夹砂灰黑陶为主，有少量泥质红陶和灰陶，素面陶占绝大多数，无可辨器形；第3层，灰黄土，厚36～80厘米，土质松软，出土较多陶片，以夹砂灰黑陶为主，泥质灰陶次之，有少量泥质红陶和夹砂褐陶，主要为素面，少量饰凸弦纹，器形有陶折沿罐、红顶碗等。

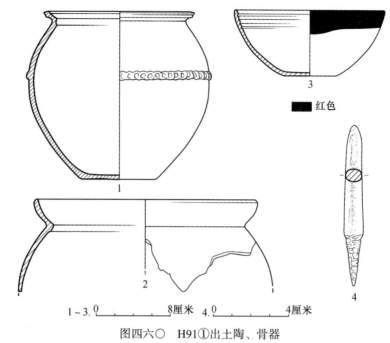

图四六〇　H91①出土陶、骨器

1、2.陶折沿罐（H91①：5、H91①：3）　3.陶红顶碗（H91①：2）　4.骨镞（H91①：1）

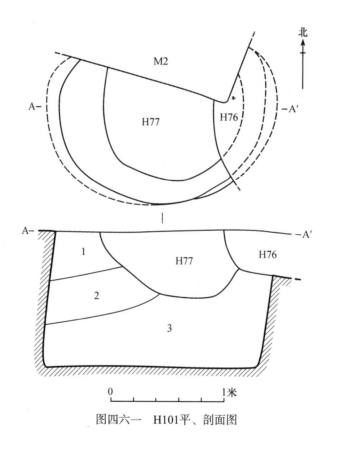

图四六一　H101平、剖面图

H101③　器形有陶折沿罐、红顶碗等。

陶折沿罐　2件。手制，口经慢轮修整。宽仰折沿，沿面内凹，圆唇，溜肩，以下残。素面。H101③：4，夹细砂夹蚌灰褐陶。复原口径24、残高4.7厘米（图四六二，2）。H101③：

1，夹细砂夹蚌褐陶，局部有黑斑。复原口径26、残高5厘米（图四六二，3）。

陶红顶碗　1件。H101③：5，细泥灰陶，口内外皆施一周红彩带，形成红顶灰腹。轮制，器表磨光。直口，尖圆唇，唇内缘加厚，弧腹内收，底残。复原口径24、残高10厘米（图四六二，1）。

H103　位于T0907东北部。开口于第3层下，打破第4层。坑口呈圆形，直壁，平底。直径2.3、深0.7米（图四六三；图版八九，1）。出土遗物丰富（图版一〇一，1），堆积分2层：第1层，褐黄色夹灰斑点土，厚23～36厘米，土质较紧密，出土少量陶片，以泥质灰陶为主，有少量夹砂灰黑陶，大多素面，应为陶折沿罐、碗、杯等器形残片；第2层，灰土，厚34～48厘米，土质松软，含有少量红烧土颗粒，出土1件石锄和大量陶片，陶片以夹砂灰褐陶为主，泥质灰陶次之，有少量泥质红陶，多数为素面陶，纹饰有少量凸弦纹、波浪纹、镂孔等，另有少量网格纹彩陶，器形有陶鼎、高领罐、折沿罐、高圈足杯、敛口瓮、盂形器、壶形器、斜腹杯、小罐、器盖、双腹豆、尊等。

H103②　器形有陶鼎、尊、高领罐、折沿罐、敛口瓮、盂形器、双腹豆、壶形器、高圈足杯、斜腹杯、小罐、器盖，石锄等。

陶鼎　1件。H103②：11，夹细砂灰褐陶，有黑斑块。手制，口经慢轮修整。仰折沿，方唇，弧腹微鼓，圜底，腹与底相接处有一周垂棱，底安三个扁凿形足。素面。口径16.4、腹径14.2、通高11.6厘米（图四六四，1；彩版三八，3）。

陶壶形器　1件。H103②：7，泥质橙黄陶，胎体较薄。轮制，内壁可见细密旋痕，器表磨光。敞口，尖圆唇，高斜颈，广肩，扁圆腹，喇叭形高圈足。颈用黑彩做成网格纹图案，

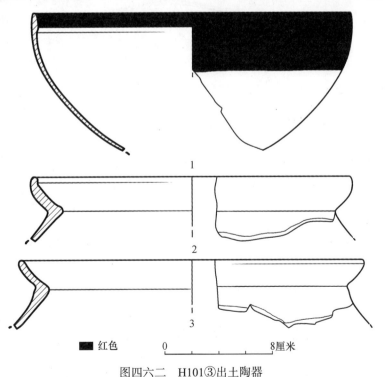

■红色　　　　　　0　　　　　　8厘米

图四六二　H101③出土陶器

1. 红顶碗（H101③：5）　　2、3. 折沿罐（H101③：4、H101③：1）

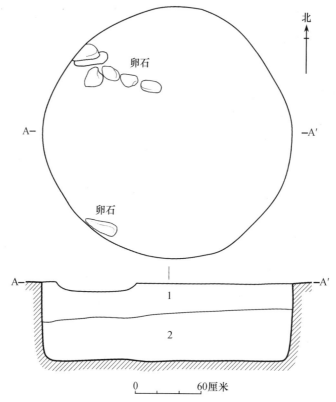

图四六三　H103平、剖面图

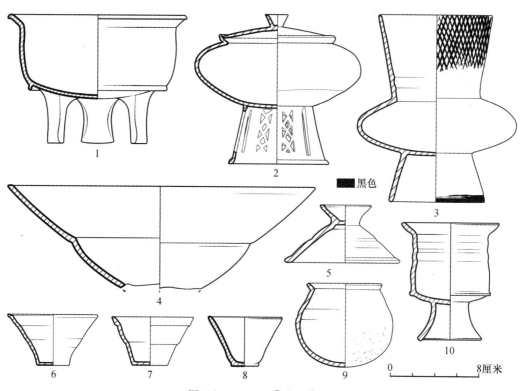

图四六四　H103②出土陶器

1.鼎（H103②：11）　2.盂形器（H103②：4）　3.壶形器（H103②：7）　4.双腹豆（H103②：19）　5.器盖（H103②：9）

6～8.斜腹杯（H103②：2、H103②：1、H103②：3）　9.小罐（H103②：5）　10.高圈足杯（H103②：10）

圈足底有一周黑彩带。口径10.3、腹径14.4、圈足径8.7、通高16.4厘米（图四六四，3；彩版三九，1）。

陶盂形器　1件。H103②：4，泥质浅灰陶，色泽不均，器盖与圈足为灰黑色，腹为灰白色。胎体轻薄，似蛋壳陶。轮制，器表通体磨光。盖呈覆浅碟形，顶中央有一喇叭形杯状捉手；盂敞口，仰折沿，沿面微凹，圆唇，广肩，扁鼓腹，喇叭形高圈足，底端外折起台。盖、腹素面，圈足饰三角形与菱形镂孔组成的竖状镂孔图案，三角形镂孔位于两侧，每侧三个，中间填菱形镂孔三个，每组由九个镂孔组成，菱形镂孔之间用竖条形镂孔相间隔，形成二方连续镂孔图案。盖口径9.5、高2.6厘米，盂口径10.6、腹径15.6、圈足径9.6厘米，通高15.1厘米（图四六四，2；彩版三九，2）。

陶高圈足杯　1件。H103②：10，细泥灰陶。轮制，内壁有细密旋痕，器表磨光。敞口，仰折沿，沿面微凹，圆唇，直腹，圜底，腹与底相接处有一周垂棱，喇叭形高圈足。素面。口径9.6、圈足径5.8、通高10.3厘米（图四六四，10；彩版四〇，1）。

陶斜腹杯　3件。泥质橙黄陶。轮制，内壁满见细密旋痕，外底有线切割留下的偏心涡纹，器表磨光。敞口，尖圆唇，斜腹，平底。素面。H103②：2，斜腹微收束。口径8.2、底径2.9、高4.5厘米（图四六四，6；图版一〇〇，3）。H103②：1，斜直腹。口径7.6、底径3.2、高4.3厘米（图四六四，7；彩版三八，1）。H103②：3，斜直腹。口径6.8、底径3、高4.3厘米（图四六四，8；彩版三八，2）。

陶双腹豆　1件。H103②：19，细泥黑胎红褐衣陶。轮制，器表磨光。敞口，尖圆唇，双腹，柄残缺。素面。口径28、残高8.9厘米（图四六四，4）。

陶小罐　1件。H103②：5，夹粗砂褐胎黑衣陶。手制。仰折沿，方唇，溜肩，鼓腹，圜底。素面。口径6.8、腹径8.8、高7.4厘米（图四六四，9；图版一〇一，3）。

陶器盖　1件。H103②：9，泥质灰陶。轮制，器表磨光。覆碗状，敞口，平方唇，斜直壁，小平顶，喇叭形杯状捉手。素面。口径10.4、通高5.1厘米（图四六四，5；彩版四〇，2）。

陶高领罐　3件。手制，口、领经慢轮修整。H103②：13，夹细砂灰褐陶，有黑斑块。口微侈，圆唇，高领，圆广肩，鼓腹，下腹弧内收，小平底。上腹饰四道凹弦纹。口径12.2、腹径35.7、底径10.4、复原高35厘米（图四六五，1；图版一〇一，2）。H103②：15，夹粗砂灰黑陶。直口，方唇，高领，广肩，以下残。肩饰三组波浪形划纹，每组有三道，其下饰四道浅凹弦纹。口径12.1、残高10.2厘米（图四六五，2）。H103②：14，夹粗砂褐陶。口微侈，圆唇，高斜领，圆肩，鼓腹，以下残。肩、腹饰三组波浪形划纹，第一组有三道，第二、三组有四道，形成垂鳞纹。复原口径10、残高15.6厘米（图四六五，3）。

陶折沿罐　1件。H103②：18，夹细砂灰褐陶。手制，口经慢轮修整。仰折沿，尖圆唇，鼓肩，鼓腹，以下残。素面。复原口径26、残高14.5厘米（图四六五，4）。

陶敛口瓮　1件。H103②：8，夹细砂褐陶，局部有黑斑块。手制，口经慢轮修整。敛口，内折沿，外沿面微凹，方唇，口外安四个对称牛鼻形耳，溜肩，鼓腹，平底。腹饰三道凹弦纹。口径28、腹径48、底径15.4、高33.8厘米（图四六五，5；彩版四〇，3）。

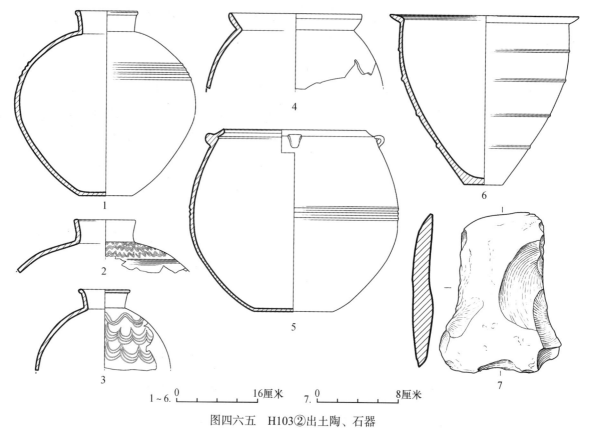

图四六五　H103②出土陶、石器

1～3.陶高领罐（H103②：13、H103②：15、H103②：14）　4.陶折沿罐（H103②：18）　5.陶敛口瓮（H103②：8）

6.陶尊（H103②：12）　7.石锄（H103②：6）

　　陶尊　1件。H103②：12，泥质褐胎黑皮陶，在器内壁自底外围至中腹抹有一层耐温细砂泥。手制，器表打磨光滑。宽仰折沿，沿面有五道浅凹槽，尖圆唇，上腹较直，下腹弧内

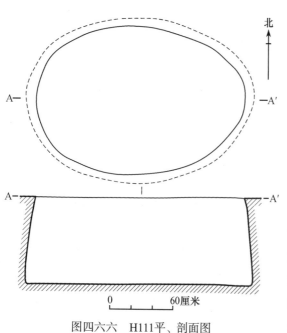

图四六六　H111平、剖面图

收，小平底。腹部贴塑四道凸棱纹。口径37、底径7.4、高32.5厘米（图四六五，6；彩版四一，1）。

　　石锄　1件。H103②：6，硅质岩，灰色。打制，留有打击疤痕。呈"凸"字形，斜弧顶，长柄，上部较直，下部外弧，形成锄肩，宽弧刃，刃有使用损坏痕迹。长15.2、宽12.1、厚2.1厘米（图四六五，7）。

　　H111　位于T0707东北部和T0708西北部。开口于第2层下，打破M13和第3层。坑口呈椭圆形，袋状坑，平底。坑口长2、宽1.36米，坑底2.18、宽1.52米，深0.8米（图四六六）。坑内堆积为灰黑色土，土质松软，含少量草木灰和石块。出土1件骨镞、2件石斧和较多陶片。陶片以

夹砂灰陶为主，泥质红陶和灰陶次之，有少量泥质黑陶，绝大多数为素面陶，少量饰凸弦纹，器形有陶折沿罐、红顶碗、折沿盆等。

陶折沿罐　1件。H111：4，夹粗砂灰褐陶。手制，口经慢轮修整。仰折沿，沿面内凹，圆唇，溜肩，鼓腹，以下残。素面。复原口径26、残高12.3厘米（图四六七，1）。

陶折沿盆　2件。轮制，器表内外磨光。弧腹内收，以下残。素面。H111：7，泥质红陶。平折沿，方唇。复原口径24、残高3.2厘米（图四六七，2）。H111：6，泥质黑陶。仰折沿，沿面较宽，圆唇。复原口径34、残高7厘米（图四六七，7）。

陶红顶碗　1件。H111：8，泥质灰陶，口内外皆施一周红彩带，形成红顶灰腹。轮制，器内外磨光。敞口，斜方唇，弧腹内收，底残。复原口径18、残高6.3厘米（图四六七，3）。

石斧　2件。砂岩，青灰色。磨制，器表光滑。皆呈长方形。H111：2，斜弧顶，斜边较直，单面弧刃，偏锋。长8.2、宽4、厚1厘米（图四六七，6）。H111：3，斜顶，直边，单面弧刃，偏锋，有使用后的缺口。长7、宽3.8、厚1厘米（图四六七，5）。

骨镞　1件。H111：1，利用骨骼磨制而成。尖锥状，铤呈细锥形，尖锋已残。残长6.1厘米（图四六七，4；图版一〇二，1）。

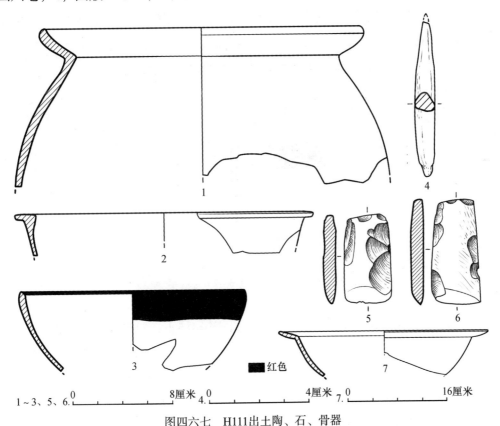

图四六七　H111出土陶、石、骨器

1.陶折沿罐（H111：4）　2、7.陶折沿盆（H111：7、H111：6）　3.陶红顶碗（H111：8）　4.骨镞（H111：1）

5、6.石斧（H111：3、H111：2）

H113　位于T0407西南部。开口于第2层下，打破第3层。坑口呈椭圆形，弧壁，底较平。长1.66、宽1.28、深0.28米（图四六八）。坑内堆积为黑灰色土，土质较硬，含较多石头和蚌

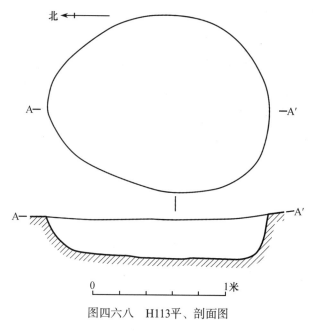

图四六八　H113平、剖面图

壳。出土少量陶片，以夹砂灰陶为主，有少量泥质红陶和灰陶，器表多为素面，少量饰凸弦纹，器形有陶高领罐、敛口盆、红顶碗等。

陶高领罐　1件。H113：3，泥质黑陶。手制，口、领经慢轮修整，器表磨光。口微侈，圆唇，高直领，以下残。素面。复原口径10、残高4.3厘米（图四六九，3）。

陶敛口盆　1件。H113：1，夹粗砂褐陶。手制，口经慢轮修整。敛口，叠唇，外唇面有两道凹槽，弧腹微鼓，下腹及底已残。素面。复原口径20、残高4厘米（图四六九，1）。

陶红顶碗　1件。H113：2，细泥黑陶，外口施一周较窄红彩带，形成红顶黑腹。轮制，器表打磨光滑。敞口，尖唇，弧腹内收，以下残。残高6.3厘米（图四六九，2）。

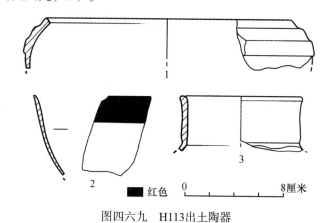

■红色

图四六九　H113出土陶器

1. 敛口盆（H113：1）　2. 红顶碗（H113：2）　3. 高领罐（H113：3）

H134　位于T0506东南部和T0507西南部。开口于第3层下，打破H47和第4层。坑口呈椭圆形，袋状坑，平底。坑口长0.85、宽0.44米，坑底长0.98、宽0.57米，深0.46米（图四七〇）。坑内堆积为黑褐色土，土质疏松，含有红烧土颗粒、灰白色炭灰和小石块。出土少量陶片，以夹砂灰陶为主，泥质红陶和灰陶次之，有少量夹砂褐陶，多为素面，纹饰仅有少量凸弦纹，器形有陶折沿罐、碗、红顶碗、器盖等。

陶折沿罐　1件。H134：4，夹细砂夹蚌灰陶。手制，口经慢轮修整。仰折沿，圆唇，斜肩，以下残。素面。复原口径20、残高3厘米（图四七一，1）。

陶碗　1件。H134：2，泥质灰陶，胎体轻薄。轮制，器表磨光。敞口，尖唇，唇内缘加厚，斜直腹内收，以下残。复原口径18、残高2.7厘米（图四七一，3）。

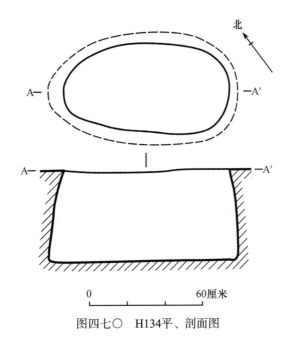

图四七〇　H134平、剖面图

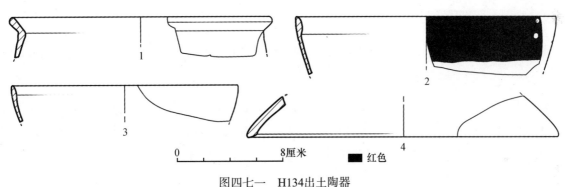

图四七一　H134出土陶器

1. 折沿罐（H134∶4）　2. 红顶碗（H134∶1）　3. 碗（H134∶2）　4. 器盖（H134∶5）

陶红顶碗　1件。H134∶1，泥质灰陶，胎体轻薄，口外施一周红彩带，形成红顶灰腹。轮制，器表磨光。敞口，尖唇，唇内缘加厚，斜直腹内收，以下残。口上下有两个双面对钻小圆孔。复原口径20、残高4.3厘米（图四七一，2）。

陶器盖　1件。H134∶5，夹粗砂夹蚌灰褐陶。手制，口经慢轮修整。敞口，斜方唇，斜弧壁，顶残。素面。复原口径24、残高3厘米（图四七一，4）。

H152　位于T0204西北角。开口于第3层下，打破第4层。坑口呈近圆形，斜壁，底较平。坑口直径0.96、坑底直径0.44、深1.2米（图四七二）。坑内堆积为灰褐色土，土质坚硬，含有少量红烧土颗粒、兽骨、石块和蚌壳。出土少量夹砂灰色和泥质红色碎陶片，无可辨器形。

H154　位于T0607东南部、T0608西南部、T0707东北部。开口于第3层下，打破第4层。坑口呈椭圆形，袋状坑，平底。坑口长1.34、宽1.3米，坑底长1.46、宽1.4米，深0.36米（图四七三）。坑内填灰黑色土，土质松软，含少量草木灰。出土少量陶片，以泥质灰陶居多，有少量夹砂灰褐陶和泥质红陶，基本皆为素面陶，器形有陶红顶碗、壶等。

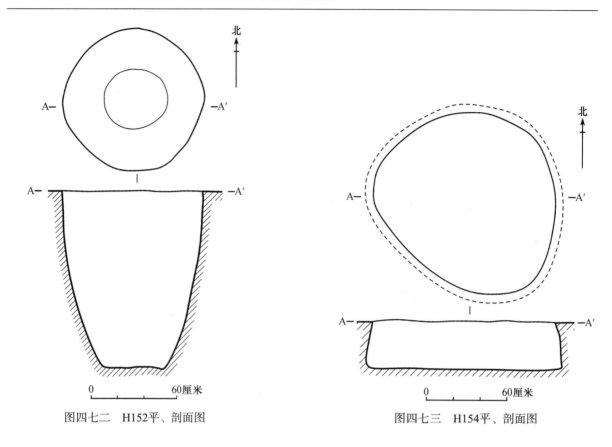

图四七二　H152平、剖面图　　　　　　　　图四七三　H154平、剖面图

　　陶红顶碗　2件。泥质灰陶，薄胎，口外施一周橙红彩带，形成红顶灰腹。轮制，器表磨光。H154：1，敞口，尖唇，唇外缘起一道凸棱，深弧腹内收，内凹底。复原口径19.3、底径6.5、高9.2厘米（图四七四，1；彩版四一，2）。H154：2，直口，尖圆唇，弧腹内收，以下残。复原口径16、残高5.2厘米（图四七四，2）。

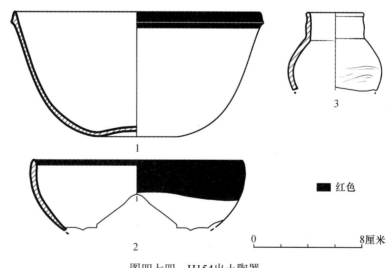

■红色

图四七四　H154出土陶器
1、2.红顶碗（H154：1、H154：2）　3.壶（H154：3）

陶壶　1件。H154：3，泥质红褐陶。轮制，器表磨光。直口，圆唇，高直领，鼓腹，以下残。器表有刮抹痕迹。复原口径4.4、腹径7、残高5.8厘米（图四七四，3）。

H155　位于T0407东南部。开口于第3层下，打破第4层，被M11打破。坑口呈椭圆形，弧壁，平底。长2.42、宽1.56、深0.7米（图四七五）。坑内堆积为褐色土，土质松软，含有少量骨头和较多石块。出土少量陶片，以泥质红陶居多，泥质灰陶和夹砂灰褐陶次之，多为素面，极少有纹饰，器形有陶碗、红顶碗等。

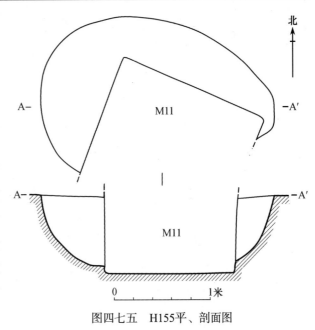

图四七五　H155平、剖面图

陶碗　1件。轮制，器表磨光。敞口，尖圆唇，唇内缘加厚，斜直腹内收，以下残。H155：1，泥质橙黄陶。素面。复原口径18、残高3.8厘米（图四七六，1）。

陶红顶碗　1件。H155：3，泥质灰陶，口施一周红陶衣，形成红顶灰腹。轮制，器表磨光。敞口，尖圆唇，唇内缘加厚，斜直腹内收，以下残。残高4厘米（图四七六，2）。

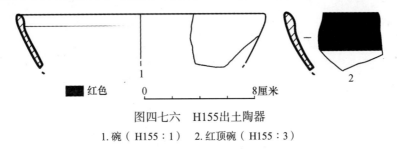

图四七六　H155出土陶器
1.碗（H155：1）　2.红顶碗（H155：3）

H157　位于T0808北部和T0708南部。开口于第3层下，打破第4层。坑口呈近圆形，直壁，平底。长2.26、宽2.04、深0.6～0.7米（图四七七；彩版三四，2）。坑内堆积分2层：第1层，褐色土，厚28～36厘米，土质较软，包含少量螺蛳壳、红烧土粒和卵石，出土1件鹿角和较多陶片，陶片以夹砂灰褐陶居多，泥质红陶和灰陶次之，有少量泥质黑陶，器表除少量凸弦纹外绝大多数为素面，器形有陶折沿罐、高领罐、敛口瓮、碗、红顶碗、器盖等（图版八九，2）；第2层，灰褐色土，厚24～40厘米，土质较软，出土少量陶片，以泥质灰陶为主，有少量泥质红陶和夹砂灰褐陶，应为陶折沿罐、碗、红顶碗等器物残片。

H157①　器形有陶折沿罐、高领罐、敛口瓮、碗、红顶碗、器盖，鹿角等。

陶折沿罐　1件。H157①：7，夹细砂红褐陶。手制，口经慢轮修整。仰折沿，沿面较宽，圆唇，微鼓肩，鼓腹，以下残。素面。复原口径24、残高12.2厘米（图四七八，2）。

陶高领罐　1件。H157①：10，泥质褐陶。手制，领有指压痕迹，口经慢轮修整。侈口，

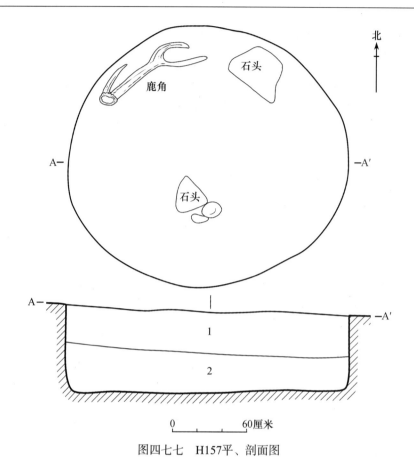

图四七七　H157平、剖面图

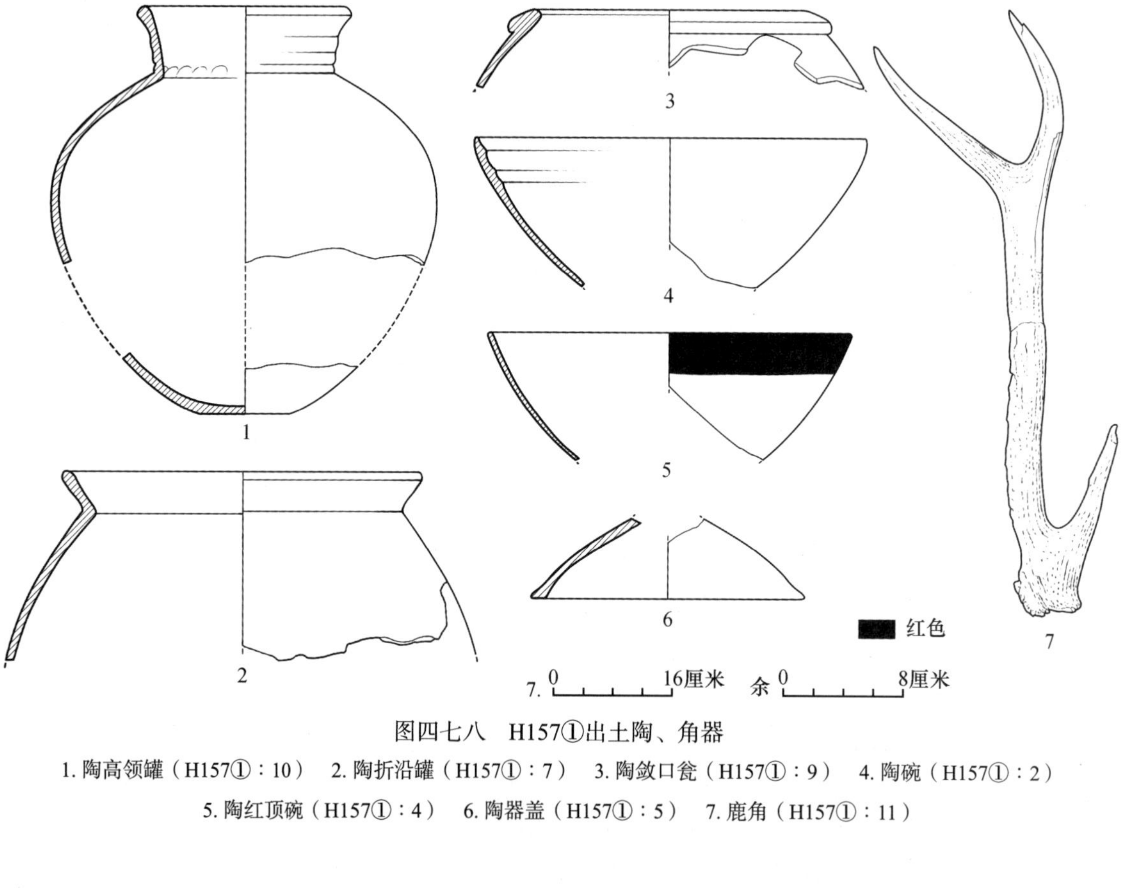

图四七八　H157①出土陶、角器

1. 陶高领罐（H157①：10）　　2. 陶折沿罐（H157①：7）　　3. 陶敛口瓮（H157①：9）　　4. 陶碗（H157①：2）

5. 陶红顶碗（H157①：4）　　6. 陶器盖（H157①：5）　　7. 鹿角（H157①：11）

方唇，高领，圆广肩，鼓腹，下腹弧内收，小平底。饰三道浅凹弦纹。底内壁有一层白色沉淀物。复原口径14.4、腹径25.7、底径6、复原高26.2厘米（图四七八，1）。

陶敛口瓮　1件。157①：9，夹细砂夹云母灰褐陶。手制，口经慢轮修整。敛口，叠唇，鼓肩，以下残。素面。复原口径18、残高5.2厘米（图四七八，3）。

陶碗　1件。H157①：2，泥质灰胎暗红衣陶，胎体轻薄。轮制，器表磨光。敞口，尖圆唇，斜直腹内收，底残。口内饰三道浅凸弦纹。复原口径26、残高9.6厘米（图四七八，4）。

陶红顶碗　1件。H157①：4，泥质灰陶，胎体轻薄，口外施一周红彩带，形成红顶灰腹。器表磨光。敞口，尖圆唇，斜直腹内收，底残。复原口径24、残高8.2厘米（图四七八，5）。

陶器盖　1件。H157①：5，夹细砂夹蚌灰黑陶。手制，口经慢轮修整。覆碗状，敞口，平方唇，弧壁，顶残。素面。复原口径18、残高5.2厘米（图四七八，6）。

鹿角　1件。H157①：11，鹿角石化程度很高。根呈疙瘩状，分杈斜伸出，顶端分杈两支，呈"Y"形，各分杈顶尖皆打磨得较尖锐。长78.5厘米（图四七八，7）。

H159　位于T0607东北部。开口于第3层下，打破H192和第4层，被H86打破。坑口呈椭圆形，斜壁，平底。坑口长1.67、宽1.34米，坑底长1.57、宽1.15米，深0.69米（图四七九）。坑内填土为灰褐色土，土质较松软，含有红烧土颗粒。出土少量陶片，以夹砂灰褐陶为主，泥质红陶和灰陶次之，基本皆为素面陶，器形有陶折沿罐、鼎足等。

陶折沿罐　1件。H159：1，夹细砂夹蚌褐胎黑皮陶。手制，口经慢轮修整。仰折沿，沿面内凹，尖圆唇，束颈，鼓肩，以下残。素面。复原口径24、残高4.7厘米（图四八〇，1）。

陶鼎足　1件。H159：2，夹细砂夹蚌褐陶。手制。凹弧形宽扁足，足尖微外撇。足两侧边饰按窝纹，呈花边状。残高13.8厘米（图四八〇，2）。

H171　位于T0307东南部和T0407东北部，部分被压于东隔梁下未发掘。开口于第3层（屈家岭文化）下，打破H191和第4层，被G5打破。坑口呈近长方形，弧壁，底较平、略有凹凸起伏，长2.09、宽1.24、深0.78米（图四八一；图版九〇，1）。坑内堆积为褐色土，土质较松软，含有较多石块、螺蛳壳、蚌壳和少量骨头。出土少量夹砂和泥质灰陶片，皆为素面，未见纹饰，器形仅见陶敛口瓮。

陶敛口瓮　1件。H171：1，泥质灰陶。轮制，器表磨光。敛口，叠唇，圆肩，以下残。素面。复原口径18、残高3.8厘米（图四八二）。

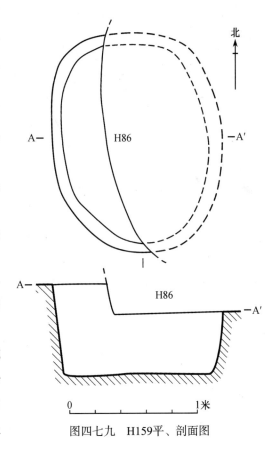

图四七九　H159平、剖面图

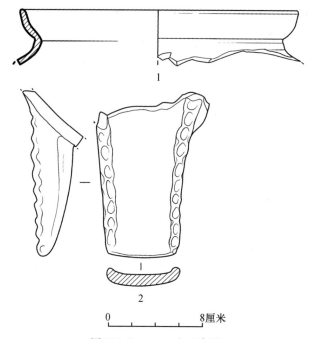

图四八〇　H159出土陶器

1. 折沿罐（H159：1）　2. 鼎足（H159：2）

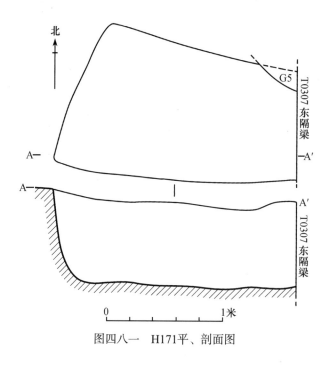

图四八一　H171平、剖面图

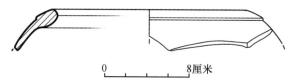

图四八二　H171出土陶敛口瓮（H171：1）

H179　位于T0408东南部。开口于第2层下，打破H224和第3层，被H158打破。坑口原应呈椭圆形，袋状坑，平底。坑口长1.38、残宽0.6米，坑底长1.54、残宽0.6米，深0.84米（图四八三）。坑内堆积为红褐色土，土质疏松，含有较多红烧土颗粒和少量石头、骨头。出土少量陶片，以泥质红陶和灰陶居多，夹砂灰黑陶和褐陶较少，器表多为素面，少量碗的口沿施红彩宽带，器形有陶红顶碗等。

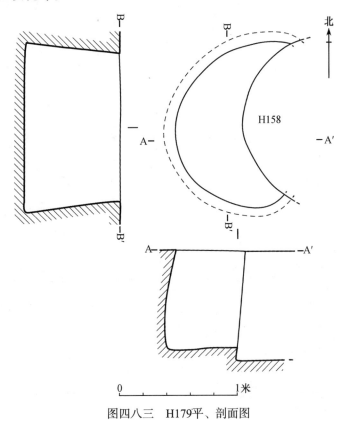

图四八三　H179平、剖面图

陶红顶碗　1件。H179：1，泥质灰陶，口外施一周红彩带，形成红顶灰腹。轮制，器表磨光。敞口，圆唇，斜直腹内收，底残。复原口径22、残高6.1厘米（图四八四）。

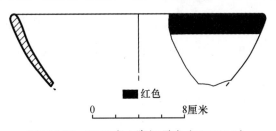

图四八四　H179出土陶红顶碗（H179：1）

H189、位于T0203北部并伸出探方外。开口于第3层下，打破第4层，被H55打破，北部遭捻河冲毁。坑口原应呈圆形，斜壁，平底。坑口直径1.41、坑底直径1.1、深0.26～0.38米（图四八五；图版九〇，2）。坑内堆积为灰褐色土，土质松软，含有较多草木灰。出土陶片极少且细碎，有少量夹砂和泥质红陶碎陶片，无可辨器形。

H192　位于T0607东北部、T0608西北部。开口于第3层下，打破F13和第4层，被H159打破。坑口呈椭圆形，袋状坑，平底。坑口残长1.81、宽1.25米，坑底长2.14、宽1.49米，深1.81米（图四八六）。坑内堆积为黑灰色土，土质松软，含少量红烧土块。出土少量陶片，以夹砂灰褐陶为主，泥质红陶和灰陶次之，有少量泥质黑陶，绝大多数为素面陶，器形有陶折沿罐、折沿盆、红顶碗、器盖等。

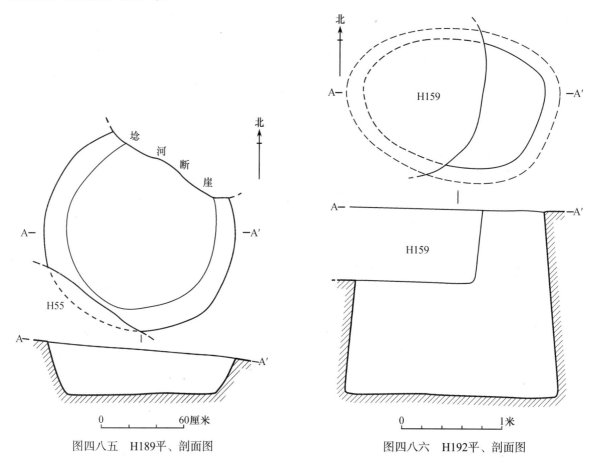

图四八五　H189平、剖面图　　　　　　　　　　　图四八六　H192平、剖面图

陶折沿罐　1件。H192：3，夹粗砂夹蚌褐陶。手制，口经慢轮修整。仰折沿，沿面微凹，圆唇，鼓肩，以下残。素面。复原口径16、残高6.8厘米（图四八七，1）。

陶折沿盆　1件。H192：1，泥质红陶。轮制，器表磨光。仰折沿，沿面上端有一道浅凹槽，尖唇，上腹较直，下腹残。素面。复原口径28、残高4.6厘米（图四八七，2）。

陶红顶碗　1件。H192：2，泥质黑陶，外口施一周红彩带，形成红顶黑腹。轮制，内壁有细密旋痕，器表磨光。敞口，外斜方唇，斜直腹，底残。复原口径28、残高4.9厘米（图四八七，3）。

陶器盖　1件。H192：4，夹细砂夹蚌灰陶。手制，口经慢轮修整。覆碗状，敞口，圆唇，弧壁，顶残。素面。复原口径18、残高4.6厘米（图四八七，4）。

H196　位于T0101东南部和T0102西南部。开口于第3层下，打破H125、H194、H197和第4层。坑口呈椭圆形，袋状坑，平底。坑口长1.74、宽1.49米，坑底长2.11、宽1.84米，深1.82米

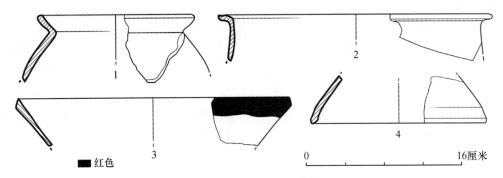

图四八七 H192出土陶器
1.折沿罐（H192：3） 2.折沿盆（H192：1） 3.红顶碗（H192：2） 4.器盖（H192：4）

（图四八八；图版九〇，3）。坑内堆积为深灰色土，土质较软，含有少量红烧土粒和动物骨头。出土1件骨锥、1件石环和较多陶片。陶片以夹砂灰褐陶居多，泥质灰陶和红陶次之，有少量夹砂灰陶和泥质黑陶，素面陶占绝大多数，少量饰凸弦纹，器形有陶折沿罐、碗、红顶碗、曲腹碗、折沿盆、盘等。

陶折沿罐 1件。H196：17，夹粗砂夹蚌灰黑陶。手制，口经慢轮修整。仰折沿，沿面内凹，方唇，溜肩，鼓腹，以下残。腹饰一道凸弦纹。复原口径24、残高10.6厘米（图四八九，4）。

陶折沿盆 2件。H196：15，泥质橙红陶。轮制，器表磨光。敞口，平折沿，沿面外垂，圆唇，斜直腹内收，底残。素面。复原口径28、残高7.1厘米（图四八九，3）。H196：16，夹粗砂夹蚌褐陶。手制，口经慢轮修整。敞口，平折沿，圆唇，深弧腹，底残。唇外缘饰波浪纹，形成花边。复原口径36、残高12.2厘米（图四八九，2）。

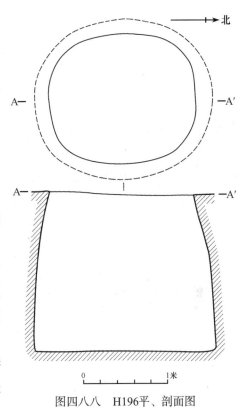

图四八八 H196平、剖面图

陶碗 1件。H196：11，泥质黑陶，薄胎。轮制，器表磨光。敞口，尖唇，弧腹内收，底残。素面。复原口径20、残高6.4厘米（图四八九，7）。

陶红顶碗 2件。泥质黑陶，薄胎。轮制，器表磨光。敞口，尖唇，弧腹内收，底残。H196：8，口外施一周橙红彩带，形成红顶黑腹。复原口径24、残高6.9厘米（图四八九，5）。H196：9，口外施一周橙红彩带，形成红顶黑腹。下腹饰一道凸弦纹。复原口径20、残高5.1厘米（图四八九，6）。

陶曲腹碗 1件。H196：4，泥质灰陶。轮制，器表磨光。敞口，宽仰折沿，弧腹，底残。素面。复原口径20、残高5.7厘米（图四八九，8）。

陶盘 1件。H196：18，泥质灰陶。轮制，器表磨光。敞口，宽仰折沿，沿面微凹，上端

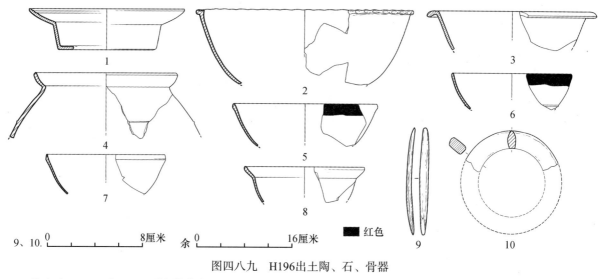

图四八九　H196出土陶、石、骨器

1. 陶盘（H196：18）　2、3. 陶折沿盆（H196：16、H196：15）　4. 陶折沿罐（H196：17）　5、6. 陶红顶碗（H196：8、
H196：9）　7. 陶碗（H196：11）　8. 陶曲腹碗（H196：4）　9. 骨锥（H196：1）　10. 石环（H196：2）

有两道浅凹槽，尖圆唇，斜直腹，平底。素面。复原口径26、残高6.7厘米（图四八九，1）。

　　石环　1件。H196：2，透衣透闪绿帘石，灰白泛青。磨制。环形，横截面呈长方形，残存一段。外径8.5、内径6、宽1.5、厚0.7厘米（图四八九，10）。

　　骨锥　1件。H196：1，乳黄色。磨制。弧形，中间略粗，一端呈圆锥状，一端呈扁锥形。长8.7、宽0.7、厚0.5厘米（图四八九，9；图版一〇二，2）。

　　H208　位于T0203东南部、T0204西南部、T0303东北部与T0304西北部。开口于第2层下，打破第3层。坑口呈圆形，弧壁，圜底。直径1.6、深0.68米（图四九〇）。坑内堆积为灰褐色土，土质较硬，含少量红烧土颗粒。出土1件石锄和极少量陶片。陶片较细碎，以夹砂灰陶居多，有少量泥质红陶和灰陶，无可辨器形。

　　石锄　1件。H208：1，闪长岩，青灰色。琢、磨兼制。略呈"凸"字形，弧顶不平，长柄，束腰，铲部有肩，单面宽弧刃，偏锋。刃有使用痕迹。长21.5、宽13.6、厚2.3厘米（图四九一；图版一〇二，3）。

　　H215　位于T0808东南部和H0908东北部。开口于第3层（明清）下，打破第3层（屈家岭文化），被G3打破。坑口呈椭圆形，斜直壁，平底。坑口残长2、宽1.34米，坑底残长1.86、宽1.12米，深0.8米（图四九二）。坑内堆积为褐色土，土质较松软，含有较多红烧土颗粒。出土极少量夹砂褐陶、泥质红陶和泥质灰陶碎陶片，无可辨器形。

　　H218　位于T0203东北部。开口于第3层下，打破第4层，被H61打破。坑口呈椭圆形，斜直壁，平底。坑口残长1.6、宽1.21米，坑底长1.4、宽1.01米，深0.7米（图四九三）。坑内堆积为黄褐色土，土质较硬，含有较多动物骨头和少量蚌壳。出土极少量陶片，多为夹砂灰陶，有少量泥质红陶和灰陶，皆为素面，应为陶折沿罐、红顶碗等的碎片。

　　H224　位于T0408东南部和T0508东北部。开口于第2层下，打破第3层，被H179打破。坑口应呈椭圆形，直壁，平底。残长1.08、宽0.9、深0.52米（图四九四）。坑内堆积为褐色土，

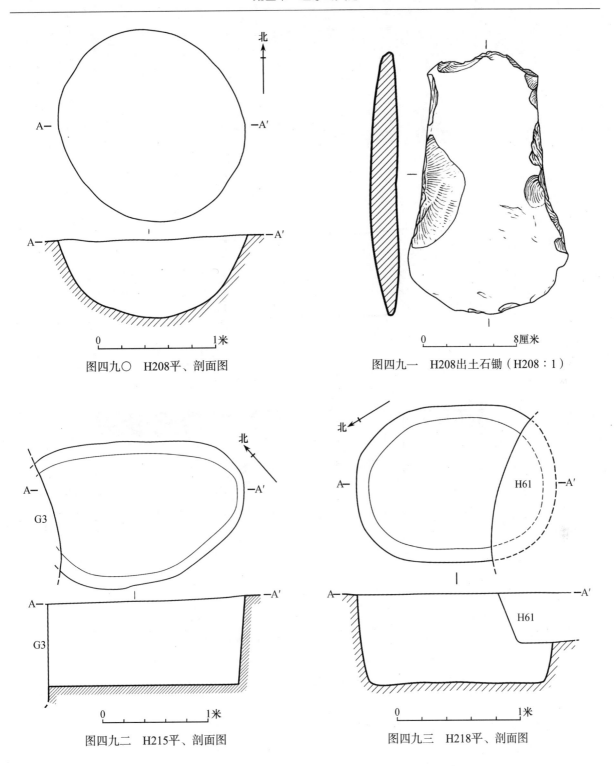

图四九〇　H208平、剖面图

图四九一　H208出土石锄（H208∶1）

图四九二　H215平、剖面图

图四九三　H218平、剖面图

土质松软，含有较多红烧土颗粒。出土1件石锄和少量陶片。陶片以夹砂灰褐陶居多，泥质红陶次之，有少量泥质灰陶，多为素面，少量饰凸弦纹，器形有陶折沿罐、红顶碗等。

陶折沿罐　1件。H224∶3，泥质红陶。手制，口经慢轮修整，器表磨光。仰折沿，沿面微凹，平方唇，微鼓肩，圆鼓腹，下腹弧内收，底残。肩饰两道凸弦纹。复原口径17、腹径27.6、残高21厘米（图四九五，1）。

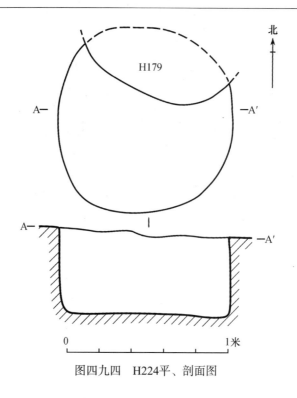

图四九四　H224平、剖面图

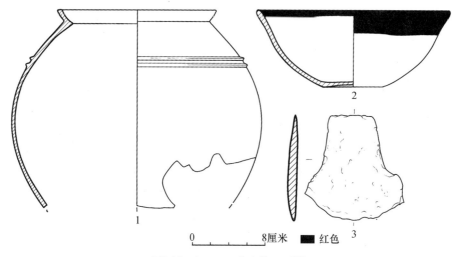

图四九五　H224出土陶、石器
1. 陶折沿罐（H224：3）　2. 陶红顶碗（H224：2）　3. 石锄（H224：1）

　　陶红顶碗　1件。H224：2，泥质灰陶，口内外皆施一周红彩带，形成红顶灰腹。轮制，器表磨光。敞口，圆唇，弧腹内收，内凹底。复原口径21、底径6.5、高8.4厘米（图四九五，2；彩版四一，3）。

　　石锄　1件。H224：1，砂岩，青灰色。打制，留有打击片疤。"凸"字形，平顶，宽长柄，下部外弧，凸肩，宽弧刃，偏锋。长11.2、宽10.6、厚1.1厘米（图四九五，3；图版一○二，4）。

　　H226　位于T0408东南部和T0508东北部。开口于第3层下，打破H183和第4层，被H158

和H179打破。坑口呈椭圆形，弧壁，平底。残长
1.76、宽1.11、深0.46米（图四九六）。坑内堆积为
灰褐色土，土质疏松，含有少量石块和动物骨头。
出土石器和极少量陶片。陶片较细碎，有泥质红
陶、泥质灰陶和夹砂灰褐陶，大多为素面。器形有
陶红顶碗，石斧、锛等。

　　陶红顶碗　1件。H226∶3，泥质灰陶，口外施
一周红彩带，形成红顶灰腹。轮制，器表磨光。敞
口，方唇，斜直腹内收，以下残。残高4.5厘米（图
四九七，3）。

　　石斧　1件。H226∶1，泥粉岩，青黑色。磨
制。梯形，平顶微弧，斜边微弧，双面弧刃，正
锋。长9.8、宽5.6、厚2厘米（图四九七，1）。

　　石锛　1件。H226∶2，粉泥岩，青黑色。磨
制，留有打击片疤。长方形，弧顶，直边微斜，
单面斜刃，偏锋。长8.2、宽4.2、厚1厘米（图
四九七，2）。

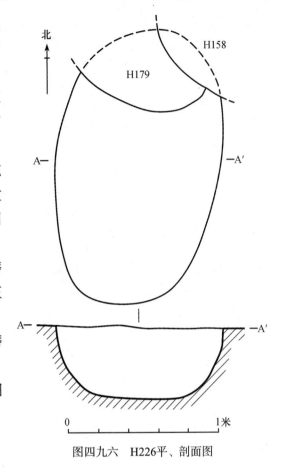

图四九六　H226平、剖面图

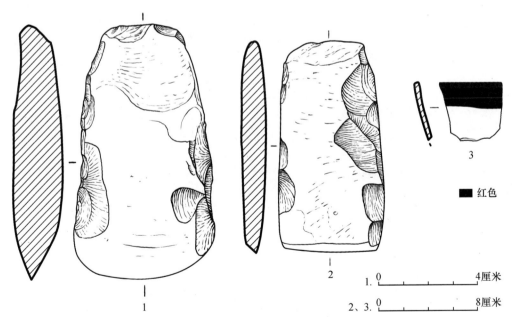

图四九七　H226出土陶、石器
1. 石斧（H226∶1）　2. 石锛（H226∶2）　3. 陶红顶碗（H226∶3）

第二节　灰　沟

1条（G2）。

G2　位于T0604南部并伸出探方外。开口于第3层下，叠压H80，打破第4层，西部和南部被汉江冲毁。平面呈不规则长条形，壁不规整，呈二级台阶状，底部不平、呈斜坡状。残长4.2、宽2.6、深0.8～2.14米（图四九八）。沟内堆积分3层：第1层，褐色土，厚35～45厘米，土质松散，夹杂红烧土颗粒，出土石环、弹、斧各1件和较多陶片，陶片以夹砂灰陶为主，有少量泥质灰陶和泥质红陶，器表大多为素面，纹饰只见少量凸弦纹和附加堆纹，器形有陶折沿罐、高领罐、器盖等；第2层，灰黑色土，厚20～56厘米，土质松软，夹杂较多草木灰，出土1件石斧和较多陶片，陶片以夹砂灰陶和泥质灰陶居多，有少量泥质黑陶和红陶，素面陶占绝大多数，器形有陶折沿罐、叠唇瓮、碗、红顶碗等；第3层，灰褐色土，厚50～90厘米，土质较硬，夹杂少量红烧土颗粒，出土陶片极少。

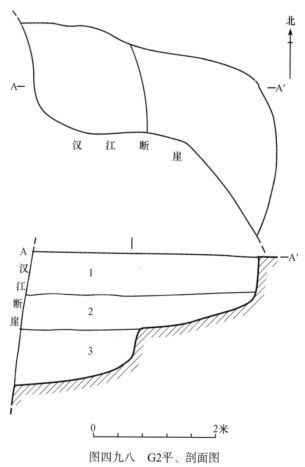

图四九八　G2平、剖面图

G2①　器形有陶折沿罐、高领罐、器盖，石环、斧、弹等。

陶折沿罐　2件。手制，口经慢轮修整。G2①：7，夹细砂夹蚌灰胎黑皮陶。仰折沿，沿面内凹，斜方唇，唇内缘起一道凸棱，鼓肩，以下残。素面。复原口径26、残高5.2厘米（图四九九，2）。G2①：9，夹粗砂夹蚌灰黑陶。仰折沿，沿面内凹，圆唇，鼓肩，鼓腹，以下残。肩饰一周波浪形附加堆纹。复原口径26、残高7.7厘米（图四九九，3）。

陶高领罐 1件。G2①：11，夹粗砂夹蚌灰黑陶。手制，口经慢轮修整。侈口，卷沿，圆唇，高领，广肩，肩以下残。素面。复原口径16、残高6.7厘米（图四九九，1）。

陶器盖 1件。G2①：15，夹细砂黑陶。手制，口经慢轮修整。覆碗状，敞口，平方唇，弧壁，顶残。复原口径10、残高3.4厘米（图四九九，4）。

石环 1件。G2①：1，砂岩，青灰色。磨制。残存半边，圆环状，截面呈扁圆形。复原直径7.4、截面径0.6厘米（图四九九，5；图版一〇二，5）。

石斧 1件。G2①：3，硅质岩，青黑色。打、磨兼制，周边留有打击疤痕。近长方形，顶残，直边，双面弧刃，一面宽，一面窄，偏锋。残长7.8、宽3.7、厚1.4厘米（图四九九，6；图版一〇三，1）。

石弹 1件。G2①：2，砂岩，灰色。磨制。圆球体。直径5厘米（图四九九，7；图版

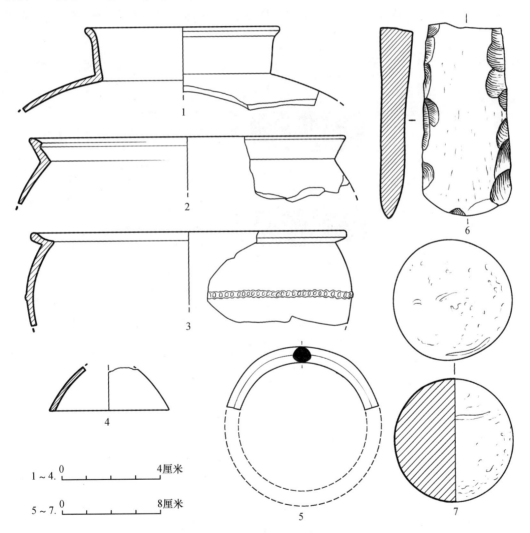

图四九九 G2①出土陶、石器

1. 陶高领罐（G2①：11）   2、3. 陶折沿罐（G2①：7、G2①：9）   4. 陶器盖（G2①：15）   5. 石环（G2①：1）

6. 石斧（G2①：3）   7. 石弹（G2①：2）

一〇二，6）。

G2② 器形有陶折沿罐、叠唇瓮、红顶碗、碗、石斧等。

陶折沿罐 1件。G2②：2，夹细砂褐陶。手制，口经慢轮修整。仰折沿，沿面内凹，斜方唇，斜溜肩，腹残。素面。复原口径32、残高6厘米（图五〇〇，6）。

陶叠唇瓮 1件。G2②：7，泥质红陶。手制，口经慢轮修整。敛口，叠唇，鼓肩，腹残。素面。复原口径18、残高3.4厘米（图五〇〇，4）。

陶红顶碗 2件。轮制，内壁布满细密旋痕。G2②：4，泥质灰陶，口外施一周橙红彩带，形成红顶灰腹。直口，圆唇，唇内缘加厚一周，弧腹内收，底残。复原口径22、残高7.9厘米（图五〇〇，1）。G2②：5，泥质黑陶，口外施一周暗红彩带，形成红顶黑腹。直口，尖圆唇，弧腹内收，底残。复原口径22、残高6.7厘米（图五〇〇，2）。

陶碗 2件。轮制，器内壁有旋痕。G2②：6，泥质灰黑陶。器表磨光。敞口，尖圆唇，弧腹内收，底残。素面。复原口径22、残高4.8厘米（图五〇〇，3）。G2②：8，泥质灰陶。器表磨光。直口，圆唇，唇内缘微加厚，弧腹，以下残。素面。复原口径18、残高2.7厘米（图五〇〇，5）。

石斧 1件。G2②：1，硅质岩，青灰色。琢、磨兼制。梯形，顶微弧，斜弧边，双弧刃，偏锋。长14.5、宽9.1、厚2.7厘米（图五〇〇，7；图版一〇三，2）。

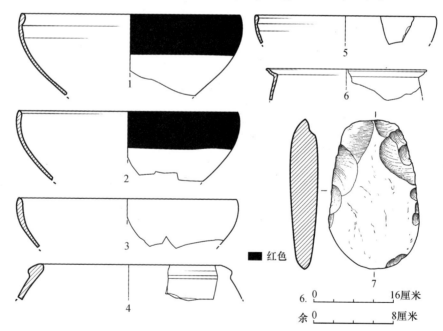

■红色

6. 0 ————— 16厘米

余 0 ————— 8厘米

图五〇〇　G2②出土陶、石器

1、2.陶红顶碗（G2②：4、G2②：5）　3、5.陶碗（G2②：6、G2②：8）　4.陶叠唇瓮（G2②：7）　6.陶折沿罐（G2②：2）

7.石斧（G2②：1）

第三节　墓　葬

5座。分土坑墓和瓮棺两类。

一、土 坑 墓

3座（M4、M13、M14）。

M4 位于T0806北部。方向317°。开口于第3层下，打破第4层。墓口呈长方形，直壁，平底。长2、宽0.6、深0.26米（图五〇一；图版九一，1~3）。坑内填土为灰黄色土，土质紧密。清理人骨1具，保存极差，头骨和四肢骨缺失，根据肋骨的状况判断葬式为仰身直肢。

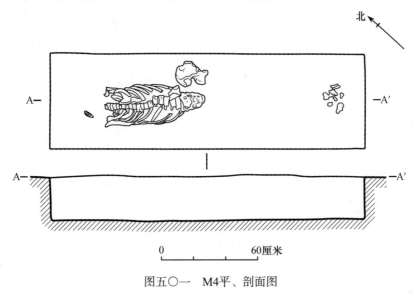

图五〇一 M4平、剖面图

M13 位于T0607南部和T0707北部。方向295°。开口于第2层下，打破第3层，被H111打破。墓口呈长方形，直壁，平底。残长1.73、宽0.6、深0.2米（图五〇二；图版九二，1）。墓坑内填土为褐色斑点土，土质松散，含有少量红烧土颗粒。清理人骨1具，除下肢骨已遭H111破坏无存外，其余保存较好，葬式为仰身直肢。无葬具与随葬品。

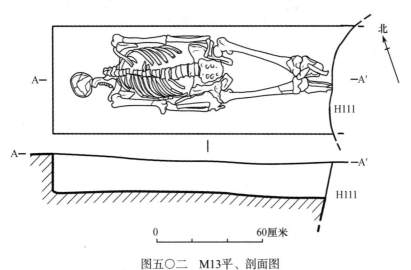

图五〇二 M13平、剖面图

M14　位于T0707西南部。方向110°。开口于第3层下，打破第4层，被H99和M2打破。墓坑呈长方形，直壁，平底。残长0.9、宽0.5、深0.2米（图五〇三；图版九二，2）。墓坑内填土为灰褐色土，含少量红烧土，土质松散。由于被打破严重，人骨不全，仅存的人骨较散乱，可能为二次迁葬，无葬具，随葬1件鹿下颌骨。

鹿下颌骨　1件。M14：1，残长22、宽1.2～9.6厘米（图五〇四；图版一〇三，3）。

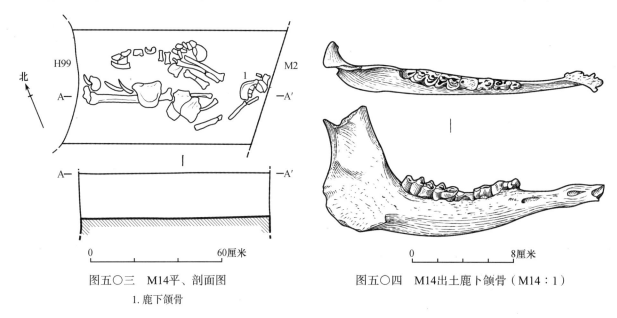

图五〇三　M14平、剖面图
1.鹿下颌骨

图五〇四　M14出土鹿卜颌骨（M14：1）

二、瓮　棺

2座（W4、W6）。

W4　位于T0304东部。开口于第3层下，打破第4层。坑口呈椭圆形，弧壁，圜底。长0.8、宽0.75、深0.28米（图五〇五；图版九三，1）。坑内填土为灰黑色土，土质较硬，含有少量草木灰和红烧土粒。坑内放置一陶高领罐，罐内有婴儿骨骼。陶高领罐出土时侧卧于坑内，口朝西南，用一小石块封口，腹有一缺口，可能是当时有意将罐腹打出一个缺口，尸体从缺口中放入（图版九三，2）。

陶高领罐　1件。W4：1，泥质褐胎黑皮陶。手制，口、领经慢轮修整，器表经打磨。侈口，尖圆唇，高领，广肩，圆鼓腹，下腹弧内收，平底。腹饰五道凸弦纹。口径11.6、腹径33、底径10、高34厘米（图五〇六，1；彩版四二，1）。

封口石　1件。W4：2，砂岩，灰白色。用自然卵石砸掉半边制成，未再加工。扁圆形。直径8.2、厚5.7厘米（图五〇六，2）。

W6　位于T0503东北部。开口于第3层下，打破第4层。坑口呈圆形，直壁，平底。直径0.45、深0.54米（图五〇七；彩版三四，3）。坑内填土为灰褐色土，土质较疏松。坑内放置一陶折沿罐，罐内有婴儿骨骼，头顶朝上。

陶折沿罐　1件。W6：1，夹粗砂夹蚌褐陶，器表局部有黑色烟炱痕。手制，口经慢轮修整、有细密旋痕。敛口，方唇，唇内缘起一道凸棱，宽仰折沿，沿面内凹，鼓肩，鼓腹，下腹弧内收，平底。肩和腹各饰三周凹弦纹。口径27.7、腹径37.1、底径15.2、高33.3厘米（图五〇八；彩版四二，2）。

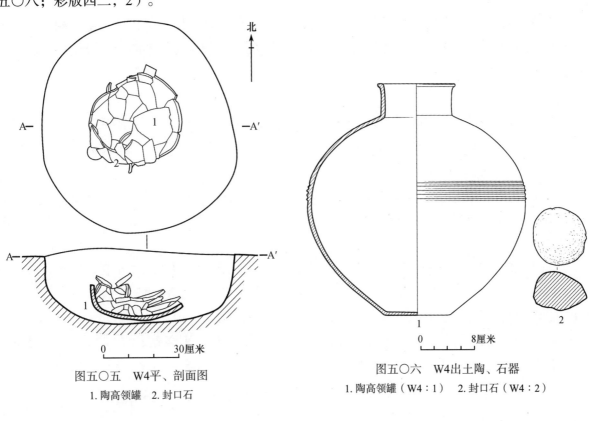

图五〇五　W4平、剖面图

1.陶高领罐　2.封口石

图五〇六　W4出土陶、石器

1.陶高领罐（W4：1）　2.封口石（W4：2）

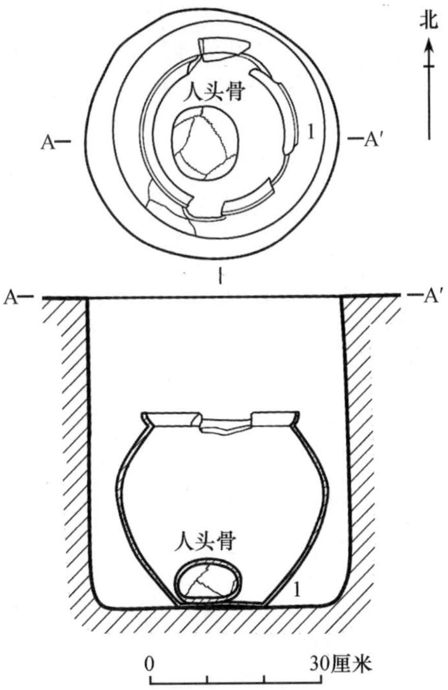

图五〇七　W6平、剖面图

1.陶折沿罐

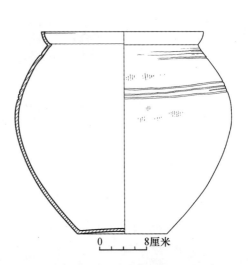

图五〇八　W6出土陶折沿罐（W6：1）

第四节　文　化　层

　　大寺遗址屈家岭文化层主要分布在西区西部，堆积较薄，仅一层，出土遗物相对较少。主要出自T0202、T0203、T0204、T0304、T0404、T0405、T0406、T0407、T0503、T0506、T0507、T0509、T0606、T0607、T0706、T0707、T0708、T0807等探方内。

　　T0202③

　　陶折沿罐　1件。T0202③：12，夹粗砂夹蚌褐胎黑衣陶。手制，口经慢轮修整、有旋痕。仰折沿，沿面内凹，平方唇，唇内缘有一道凸棱，鼓肩，以下残。素面。复原口径27、残高5.4厘米（图五〇九，1）。

　　陶敛口瓮　1件。T0202③：10，泥质灰胎内外皆施红衣陶。手制，口经慢轮修整，器表磨光。敛口，叠唇，唇面较宽，圆肩，以下残。素面。复原口径27、残高3.4厘米（图五〇九，2）。

　　陶红顶碗　2件。泥质黑陶，口外施一周红彩宽带，形成红顶黑腹。轮制，器表磨光。敞口，斜直腹内收，以下残。T0202③：8，圆唇。复原口径23、残高4.8厘米（图五〇九，3）。T0202③：11，斜方唇。复原口径21、残高4.7厘米（图五〇九，4）。

　　陶纺轮　3件。手制。圆饼形，两面平坦，中心有一圆形小穿孔。T0202③：5，泥质黑陶。弧边。直径4.5、孔径0.6、厚0.7厘米（图五〇九，10；图版一〇四，2）。T0202③：4，

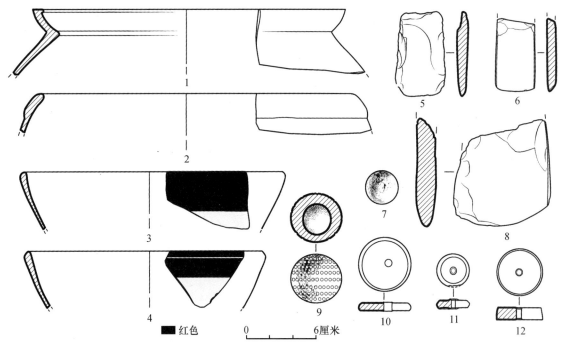

图五〇九　T0202③出土陶、石器

1.陶折沿罐（T0202③：12）　2.陶敛口瓮（T0202③：10）　3、4.陶红顶碗（T0202③：8、T0202③：11）

5、8.石斧（T0202③：1、T0202③：2）　6.石凿（T0202③：17）　7.石弹（T0202③：3）　9.陶铃（T0202③：14）

10～12.陶纺轮（T0202③：5、T0202③：4、T0202③：6）

夹细砂夹云母褐陶。斜直边。直径4、孔径0.4、厚0.9厘米（图五〇九，11；图版一〇四，1）。T0202③：6，泥质褐陶。两面周缘稍高并形成低棱，孔缘微凸起，折边。直径2.8、厚0.8厘米（图五〇九，12）。

陶铃　1件。T0202③：14，夹细砂褐陶。手制。圆球形，空心。外表密布浅圆窝。直径4.4厘米（图五〇九，9；图版一〇四，3）。

石斧　2件。青灰色。琢、磨兼制。T0202③：1，长方形，平顶，直边，双面斜刃，刃端平直，两角稍残。长6.7、宽4.3、厚0.9厘米（图五〇九，5；图版一〇四，5）。T0202③：2，近梯形，斜顶，两边斜直，双面弧刃，刃端呈外弧形。残长9、宽10.4厘米（图五〇九，8）。

石凿　1件。T0202③：17，硅质岩，黑色。磨制。长方形，顶残，直边，单面斜刃，刃端平直。残长7.3、宽2.4、厚0.7厘米（图五〇九，6；图版一〇四，6）。

石弹　1件。T0202③：3，砾岩，灰色。圆球形，表面打磨得较光滑。直径2.8厘米（图五〇九，7；图版一〇四，4）。

T0203③

陶高领罐　2件。手制，口经慢轮修整。圆唇，高领，领以下残。素面。T0203③：2，泥质灰陶。敞口，窄折沿。复原口径17、残高3.8厘米（图五一〇，2）。T0203③：1，泥质褐陶。直口，领部较直。复原口径16、残高6.5厘米（图五一〇，1）。

陶杯底　1件。T0203③：3，泥质褐陶。轮制，外底有偏心涡纹。较残。下腹斜直内收，平底，周缘微外凸。素面。底径3.6、残高2.5厘米（图五一〇，3）。

石吊坠　1件。T0203③：4，蛇纹岩，青黑色。磨制。小石斧形，器体极小，平顶，顶下端有一圆形穿孔，斜直边，钝刃，刃端呈外弧形。长4.5、宽1.9、厚0.2厘米（图五一〇，4）。

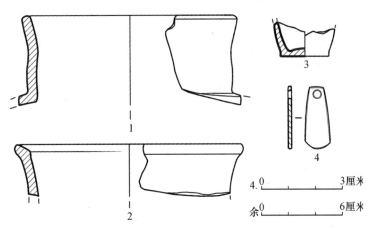

图五一〇　T0203③出土陶、石器

1、2.陶高领罐（T0203③：1、T0203③：2）　3.陶杯底（T0203③：3）　4.石吊坠（T0203③：4）

T0204③

陶折沿罐　1件。T0204③：3，夹粗砂夹蚌灰黑陶。手制，口经慢轮修整。仰折沿，平方唇，唇面微凹，唇内缘起一道凸棱，溜肩，以下残。素面。复原口径31、残高5.3厘米（图五一一，1）。

陶高领罐　1件。T0204③：6，泥质灰陶。手制，后经轮修，器表磨光。直口微侈，圆唇，高直领，以下残。素面。复原口径13、残高4.4厘米（图五一一，5）。

陶红顶碗　3件。泥质灰陶，口外施一周红彩带，形成红顶灰腹。轮制，器表打磨光滑。斜方唇，敞口，斜直腹内收，以下残。T0204③：4，上腹有一个由外向内单面钻的小圆孔。复原口径21、残高3.8厘米（图五一一，2）。T0204③：9，上腹有一个由外向内单面钻的小圆孔。复原口径24、残高5厘米（图五一一，3）。T0204③：8，复原口径22、残高5.5厘米（图五一一，4）。

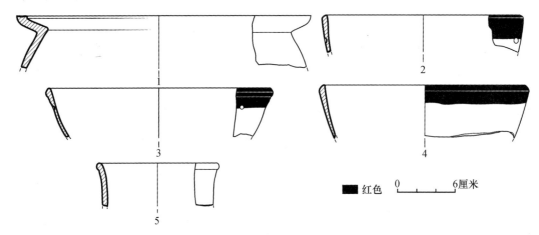

图五一一　T0204③出土陶器

1.折沿罐（T0204③：3）　2~4.红顶碗（T0204③：4、T0204③：9、T0204③：8）　5.高领罐（T0204③：6）

T0304③

陶敛口瓮　1件。T0304③：17，夹细砂夹蚌灰陶。手制，口经慢轮修整。敛口，圆唇，口外起一道凸棱，鼓肩，肩以下残。素面。复原口径32、残高3.6厘米（图五一二，1）。

陶高领罐　1件。T0304③：16，夹细砂夹蚌灰陶。手制，经慢轮修整。侈口，卷沿，圆唇，高领，领以下残。素面。复原口径12、残高5.3厘米（图五一二，5）。

陶红顶碗　3件。泥质灰陶，口外施一周红彩带，形成红顶灰腹。轮制，内壁满见细密旋痕，器表磨光。敞口，腹以下残。T0304③：4，斜方唇，斜直腹内收。复原口径21、残高5.1厘米（图五一二，2）。T0304③：9，尖圆唇，弧腹内收。复原口径15、残高4.5厘米（图五一二，3）。T0304③：10，尖圆唇，内唇缘稍加厚，弧腹内收。复原口径17、残高3.8厘米（图五一二，4）。

陶高柄杯　1件。T0304③：14，夹细砂夹蚌红陶。手制。沿面残，直口，直腹，平底，以下圈足残。素面。腹径5.3、残高5.6厘米（图五一二，6）。

陶鼎足　1件。T0304③：20，夹粗砂红陶。手制。倒梯形凹面足，足尖残。宽9.3、残高5.5厘米（图五一二，7）。

陶器盖　1件。T0304③：21，夹粗砂夹蚌灰黑陶。手制。覆碗状，弧顶近平，花边形圈足捉手，顶以下残。纽径6、残高3.7厘米（图五一二，8）。

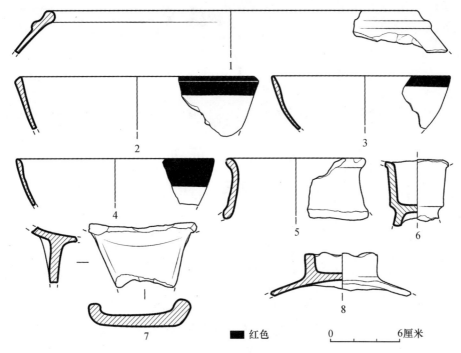

图五一二　T0304③出土陶器

1. 敛口瓮（T0304③：17）　2~4. 红顶碗（T0304③：4、T0304③：9、T0304③：10）　5. 高领罐（T0304③：16）

6. 高柄杯（T0304③：14）　7. 鼎足（T0304③：20）　8. 器盖（T0304③：21）

T0404③

陶高领罐　1件。T0404③：3，泥质橙红陶。手制，经慢轮修整，器表磨光。圆唇，侈口，高领微收束，以下残。素面。复原口径13、残高6厘米（图五一三，2）。

陶红顶碗　1件。T0404③：4，泥质黑陶，口外施一周红彩带，形成红顶黑腹。轮制，器表磨光。圆唇，敞口，斜直腹内收，以下残。复原口径22、残高8.4厘米（图五一三，1）。

陶纺轮　1件。T0404③：8，泥质红褐陶。手制，表面磨光。圆形，两面皆平坦，边中间有一道凸棱，中心钻有一圆形穿孔。直径3.8、厚0.9厘米（图五一三，4）。

陶鼎足　1件。T0404③：6，夹细砂夹蚌褐陶，腹、底呈黑灰色。手制。宽扁足，呈鸭嘴形，足外侧面内凹。足根处有一个小指窝纹。残高7.4、宽5.2厘米（图五一三，3）。

石凿　1件。T0404③：7，硅质岩，表面黑灰色。通体磨光。长三角形，平顶，两边上端较直，下端弧内收，聚成三角形尖锋。长9.6、宽3.4、厚1厘米（图五一三，6；图版一〇五，2）。

骨镞　1件。T0404③：1，骨头磨制而成。细长柳叶形，细锥形铤有削痕，前端聚成尖锋，亦较细长。长9.8厘米（图五一三，5；图版一〇五，1）。

T0405③

陶纺轮　3件。手制，表面磨光。两面皆较平坦，中心钻有一圆形穿孔。T0405③：3，夹细砂夹云母灰褐陶。椭圆形。素面。直径3、孔径0.6、厚1厘米（图五一四，1）。T0405③：1，泥质灰陶。圆形，残存一半，直边。一面外围刻划一周浅圆圈纹。直径4、厚0.6厘米（图

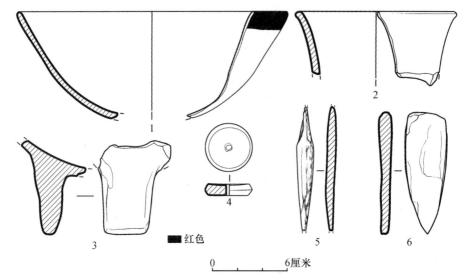

图五一三　T0404③出土陶、石、骨器

1. 陶红顶碗（T0404③：4）　2. 陶高领罐（T0404③：3）　3. 陶鼎足（T0404③：6）　4. 陶纺轮（T0404③：8）

5. 骨镞（T0404③：1）　6. 石凿（T0404③：7）

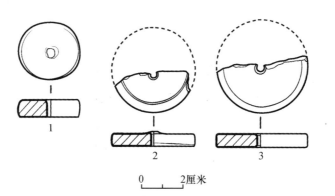

图五一四　T0405③出土陶纺轮

1. T0405③：3　2. T0405③：1　3. T0405③：2

五一四，2）。T0405③：2，泥质红褐陶。圆形，残存一半。素面。直径4.5、孔径0.5、厚0.6厘米（图五一四，3）。

T0406③

陶折沿罐　1件。T0406③：5，夹粗砂夹蚌灰胎黑衣陶。手制，经慢轮修整，口部有旋痕。仰折沿，沿面微内凹，方唇，溜肩，以下残。素面。复原口径28、残高4.4厘米（图五一五，2）。

陶高领罐　1件。T0406③：6，泥质灰胎红衣陶。手制。直口，圆唇，高直领，领以下残。素面。复原口径12、残高6.9厘米（图五一五，6）。

陶叠唇盆　1件。T0406③：3，夹细砂黑陶。手制。直口，叠唇，弧腹内收，以下残。素面。复原口径30、残高5.1厘米（图五一五，3）。

陶带流盆　1件。T0406③：15，泥质灰胎黑衣陶。手制，口经慢轮修整、有旋痕。敞口，

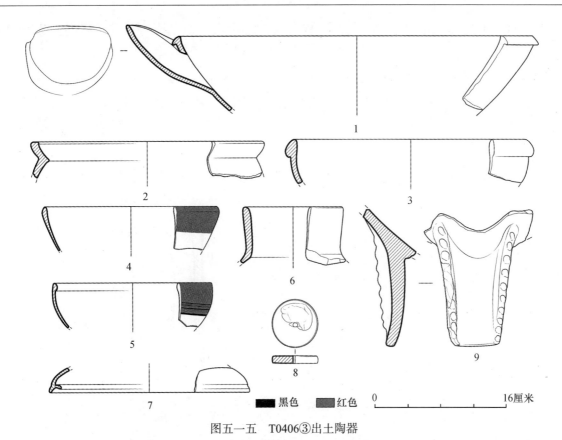

图五一五 T0406③出土陶器

1. 带流盆（T0406③：15） 2. 折沿罐（T0406③：5） 3. 叠唇盆（T0406③：3） 4、5. 红顶碗（T0406③：12、T0406③：10）
6. 高领罐（T0406③：6） 7. 器盖（T0406③：4） 8. 纺轮（T0406③：1） 9. 鼎足（T0406③：9）

斜方唇，斜直腹内收，上腹捏制有一个流口，流口呈舌形上翘，腹以下残。素面。复原口径44、残高10厘米（图五一五，1）。

陶红顶碗 2件。泥质灰陶，口外施一周红彩带，形成红顶灰腹。轮制，器表磨光。T0406③：12，敞口，斜方唇，斜直腹内收，以下残。复原口径21、残高5.1厘米（图五一五，4）。T0406③：10，微敛口，圆唇，唇内缘加厚，弧腹内收，以下残。复原口径19、残高5.2厘米（图五一五，5）。

陶器盖 1件。T0406③：4，泥质灰胎黑衣陶。手制，经慢轮修整，内外壁密布旋痕。敞口，口外有一道凹槽，口内有一周较宽凸棱，圆唇，弧壁，顶残。素面。复原口径24、残高2.9厘米（图五一五，7）。

陶纺轮 1件。T0406③：1，泥质黑陶。手制。圆形饼状，直边，表面破损因而凹凸不平，中心钻有一圆形穿孔。素面。直径5.6、厚0.8厘米（图五一五，8；图版一〇五，3）。

陶鼎足 1件。T0406③：9，夹粗砂夹蚌红褐陶。手制。倒梯形，卷边凹弧形足。两侧边缘饰按窝纹，呈花边状。残高16厘米（图五一五，9）。

T0407③

陶折沿罐 2件。夹粗砂夹蚌灰陶。手制，口、肩经慢轮修整、有旋痕。仰折沿，沿面内凹，沿面上端起一道凸棱，尖唇，鼓肩，以下残。T0407③：4，肩饰三道凹弦纹。复原口径20、残高4.5厘米（图五一六，2）。T0407③：3，素面。复原口径18、残高3.4厘米（图五一六，3）。

陶折沿盆　1件。T0407③：2，夹粗砂夹蚌灰陶。手制，口经慢轮修整，沿面有旋痕。敞口，圆唇，仰折沿，沿面上端较平，下端有一道宽深凹槽，弧腹内收，腹以下残。素面。复原口径28、残高7.2厘米（图五一六，1）。

石斧　1件。T0407③：1，硅质岩，黑色。打制，应为半成品。长方形，弧顶，直边，单面打出斜刃，刃端呈外弧形，未经修磨。长8.7、宽3.6、厚0.8厘米（图五一六，4；图版一〇五，5）。

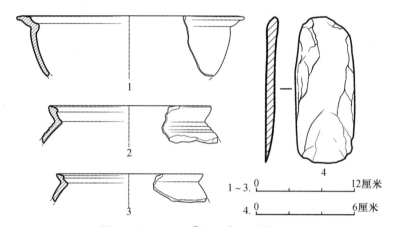

图五一六　T0407③出土陶、石器

1.陶折沿盆（T0407③：2）　2、3.陶折沿罐（T0407③：4、T0407③：3）　4.石斧（T0407③：1）

T0503③

陶鼎　1件。T0503③：10，夹粗砂夹蚌灰褐陶。手制，口、肩经慢轮修整、有旋痕。仰折沿，沿面内凹，沿面上端起一道凸棱，斜方唇，微鼓腹，以下残。素面。复原口径30、残高4.7厘米（图五一七，1）。

陶折沿罐　1件。T0503③：11，夹粗砂夹蚌灰陶。手制，口经慢轮修整、有旋痕。仰折沿，沿面内凹，圆唇，鼓肩，肩以下残。素面。复原口径22、残高5.7厘米（图五一七，2）。

陶高领罐　1件。T0503③：15，夹粗砂夹蚌灰陶。手制，口、领经慢轮修整、有旋痕。直口，圆唇，高领，以下残。素面。复原口径11、残高6厘米（图五一七，5）。

陶红顶碗　2件。薄胎。轮制，器表内外有细密旋痕。腹以下残。T0503③：6，泥质黄陶，口外施一周红彩带，形成红顶黄腹。敛口，尖圆唇，唇内缘加厚，弧腹内收。素面。复原口径19、残高2.9厘米（图五一七，3）。T0503③：5，泥质黑陶，口外施一周红彩带，形成红顶黑腹。敞口，尖唇，斜直腹内收。复原口径18、残高4.7厘米（图五一七，4）。

陶小杯　1件。T0503③：1，夹粗砂夹蚌褐陶。手制，器壁极凹凸不平。敞口，尖圆唇，斜直腹，圜底。素面。复原口径5.9、高3.6厘米（图五一七，6；图版一〇五，4）。

陶鼎足　1件。T0503③：14，夹粗砂夹蚌灰褐陶。手制。倒梯形凹面足。两侧边饰按窝，呈花边状。残高10.2、宽3.2～8.8厘米（图五一七，7）。

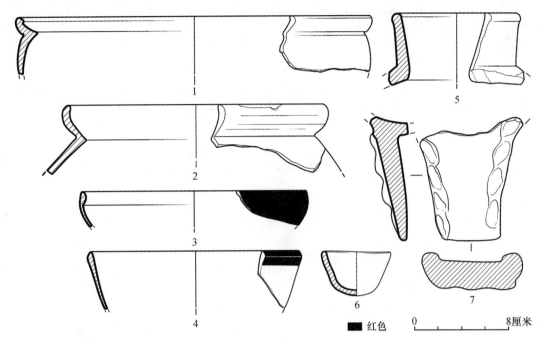

图五一七　T0503③出土陶器

1. 鼎（T0503③：10）　2. 折沿罐（T0503③：11）　3、4. 红顶碗（T0503③：6、T0503③：5）　5. 高领罐（T0503③：15）
6. 小杯（T0503③：1）　7. 鼎足（T0503③：14）

T0506③

陶器盖　1件。T0506③：1，夹粗砂夹蚌灰褐陶。手制。覆碗状，敞口，平方唇，口部内外皆有一道凹槽，弧壁，平顶，圈足花边纽。复原口径14.2、通高5.2厘米（图五一八）。

T0507③

陶折沿罐　1件。T0507③：5，夹粗砂夹蚌褐胎黑衣陶。手制，口经慢轮修整、有旋痕。宽仰折沿，沿面内凹，圆唇，鼓肩，肩以下残。素面。复原口径26、残高5厘米（图五一九，1）。

陶高领罐　1件。T0507③：4，泥质灰陶。手制。直口，圆唇，外唇缘微加厚，高领，领以下残。素面。复原口径10、残高4.2厘米（图五一九，4）。

陶红顶碗　2件。轮制，器表磨光。敞口，方唇，斜直腹内收，以下残。T0507③：2，泥质黑陶，口外施一周红彩带，形成红顶黑腹。复原口径22、残高3.2厘米（图五一九，2）。T0507③：3，泥质黄陶，口外施一周红彩带，形成红顶黄腹。复原口径20、残高2.9厘米（图五一九，3）。

陶器座　1件。T0507③：1，夹细砂红陶。手制。上下相同，直口微敞，外卷沿，圆唇，直腹，微束腰。素面。口径15.5、底径14.5、高10.9厘米（图五一九，5；彩版四二，3）。

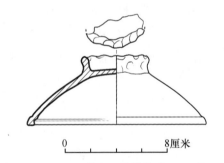

图五一八　T0506③出土陶器盖（T0506③：1）

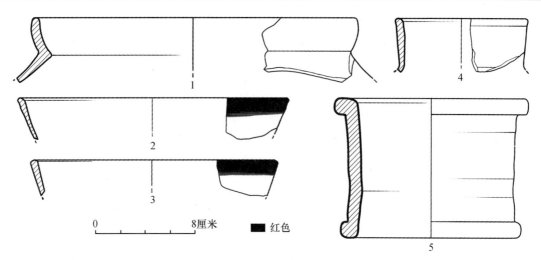

图五一九　T0507③出土陶器

1. 折沿罐（T0507③：5）　2、3. 红顶碗（T0507③：2、T0507③：3）　4. 高领罐（T0507③：4）　5. 器座（T0507③：1）

T0509③

陶敛口盆　1件。T0509③：16，夹粗砂红陶，胎壁极厚。轮制。敛口，方唇，微鼓肩，弧腹内收，以下残。素面。复原口径40、残高7厘米（图五二〇，1）。

陶钵　2件。泥质红陶。轮制，内壁满见细密旋痕，器表磨光。敛口，叠唇，弧腹内收，腹以下残。素面。T0509③：14，复原口径26、残高5.5厘米（图五二〇，2）。T0509③：15，复原口径28、残高8.7厘米（图五二〇，3）。

陶碗　1件。T0509③：17，泥质橙黄陶，胎壁极薄。手制，器表磨光。敞口，尖圆唇，弧腹内收，以下残。素面。复原口径18、残高3.2厘米（图五二〇，4）。

石斧　3件。T0509③：4，硅质岩，黑色。琢、磨兼制。表面粗糙，呈长方形，弧顶，两直边，多有凹缺口，单面弧刃，偏锋。长25.5、宽10、厚4.5厘米（图五二一，1；图版一〇五，6）。T0509③：7，砾岩。打制。呈长方形，平顶，两边均较直，刃部平直，未加修磨。长7.8、宽5.4、厚1厘米（图五二一，2）。T0509③：5，硅质岩，黑色。琢、磨兼制。表面粗糙，呈梯形，平顶、两边斜直，双面弧刃，刃端呈外弧形。长8.3、宽9.5、厚1.7厘米（图五二一，3）。

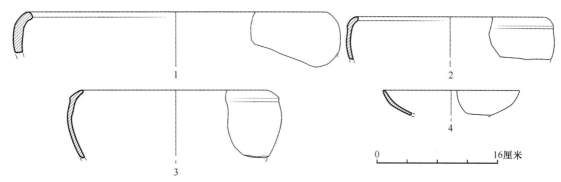

图五二〇　T0509③出土陶器

1. 敛口盆（T0509③：16）　2、3. 钵（T0509③：14、T0509③：15）　4. 碗（T0509③：17）

石刀　1件。T0509③：8，砾岩。打制。形状不规则，两边凹凸不平，顶较直，刃有较多凹缺口。长5.6、宽13.7、厚1.5厘米（图五二一，8）。

石饼　1件。T0509③：9，砾岩。打制。圆形饼状，扁平，上下两面较平，周缘断面打制而成。顶径8.4、底径9.8、厚2.7厘米（图五二一，4；图版一〇六，1）。

骨铲　1件。T0509③：18，磨制。半边已残，一边较直，刃微呈外弧形，有一排三个小圆孔，单面斜刃。残长4.2、宽7.3、厚0.3厘米（图五二一，10；图版一〇六，4）。

石弹　4件。器表有磨制痕迹。T0509③：12，圆球形。直径2.5厘米（图五二一，5；图版一〇六，3）。T0509③：11，不规则椭圆球体。直径3.6～4.3厘米（图五二〇，6）。T0509③：10，圆球形，表面局部凹凸不平。直径7.4～7.8厘米（图五二一，7）。T0509③：13，不规则椭圆球体。直径3.4～4厘米（图五二一，9；图版一〇六，2）。

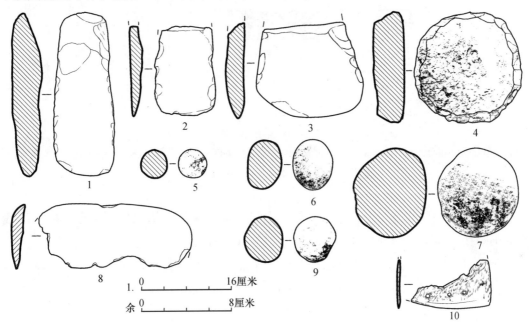

图五二一　T0509③出土石、骨器

1～3. 石斧（T0509③：4、T0509③：7、T0509③：5）　4. 石饼（T0509③：9）　5～7、9. 石弹（T0509③：12、T0509③：11、T0509③：10、T0509③：13）　8. 石刀（T0509③：8）　10. 骨铲（T0509③：18）

T0606③

陶折沿盆　2件。泥质红陶。手制，口经慢轮修整、有旋痕。器表磨光。腹以下残。素面。T0606③：4，敞口，仰折沿，沿面较宽，圆唇，斜直腹内收。复原口径34、残高4.3厘米（图五二二，1）。T0606③：3，直口，平折沿，圆唇，弧腹内收。复原口径32、残高4.8厘米（图五二二，2）。

陶红顶碗　2件。泥质灰陶，口外施一周红彩带，形成红顶灰腹。轮制，内壁满见细密旋痕，器表磨光。T0606③：7，敞口，尖唇，斜直腹内收，以下残。复原口径24、残高7.4厘米（图五二二，3）。T0606③：6，微敛口，圆唇，弧腹内收，以下残。复原口径18、残高6.2厘米（图五二二，4）。

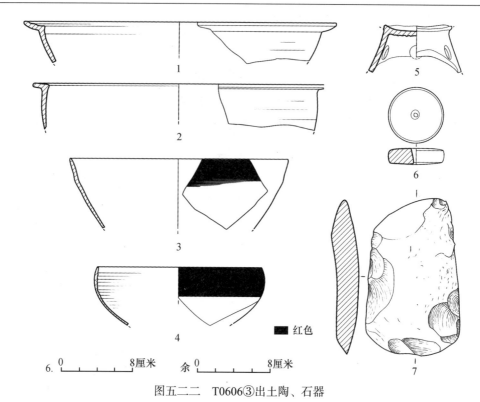

图五二二　　T0606③出土陶、石器

1、2.陶折沿盆（T0606③：4、T0606③：3）　3、4.陶红顶碗（T0606③：7、T0606③：6）　5.陶豆柄（T0606③：9）

6.陶纺轮（T0606③：1）　7.石斧（T0606③：2）

陶豆柄　1件。T0606③：9，泥质黑陶。手制。盘底深凹，粗柄呈喇叭形外撇，已残。圈足饰镂空小圆孔，残存三个，从外向内单面钻成。残高5厘米（图五二二，5）。

陶纺轮　1件。T0606③：1，夹粗砂灰陶。手制。圆形饼状，表面粗糙，中心钻有一圆形穿孔，直边。直径3、孔径0.5、厚0.6厘米（图五二二，6；图版一○七，1）。

石斧　1件。T0606③：2，硅质岩，黑色。琢、磨兼制。长方形，弧顶，两边较直，单面弧刃，极钝，刃端呈外弧形。长16.6、宽10.1、厚2.6厘米（图五二二，7；图版一○七，3）。

T0607③

陶折沿罐　1件。T0607③：2，夹细砂夹蚌深灰陶，陶色不均，局部呈褐色。手制，口、肩经慢轮修整、密布旋痕。仰折沿，沿面内凹，圆唇，鼓肩，鼓腹，以下残。素面。复原口径24、残高8.6厘米（图五二三，1）。

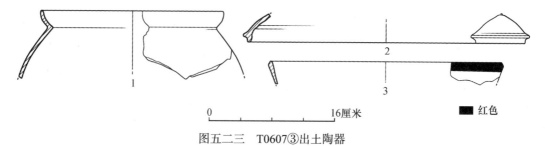

图五二三　　T0607③出土陶器

1.折沿罐（T0607③：2）　2.器盖（T0607③：3）　3.红顶碗（T0607③：6）

陶红顶碗　1件。T0607③：6，泥质灰陶，口外施一周红彩带，形成红顶灰腹。轮制。敞口，斜方唇，斜直腹内收，以下残。复原口径30、残高3厘米（图五二三，3）。

陶器盖　1件。T0607③：3，夹粗砂夹蚌灰胎黑衣陶。手制。敛口，方唇，口外有一道较宽凸棱，与唇面之间形成一道宽凹槽，弧壁，顶部残。素面。复原口径36、残高3.5厘米（图五二三，2）。

T0706③

陶钵　1件。轮制，内壁有细密旋痕。器表光滑。T0706③：3，泥质灰胎红衣陶，局部泛黑。敞口，仰折沿，尖唇，弧腹内收，平底微凹。下腹饰一周凸弦纹。复原口径21、底径6、高9厘米（图五二四，1；图版一〇八，3）。

陶红顶碗　1件。轮制，内壁有细密旋痕。器表光滑。T0706③：2，泥质灰陶，口外施一周红彩带，形成红顶灰腹。直口，圆唇，弧腹内收，腹以下残。复原口径16、残高6.5厘米（图五二四，2）。

石镰　1件。T0706③：1，硅质岩，黑色。磨制，通体磨光。弯月状，弧背，刃部呈凹弧形。残长14.5、宽5.2、厚1厘米（图五二四，3；图版一〇八，1）。

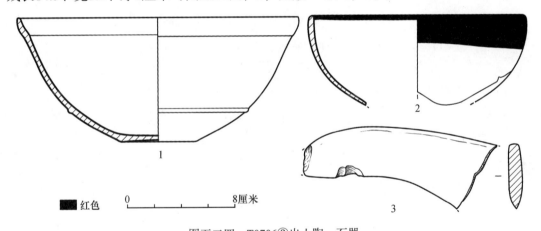

■红色　　0　　　　　　　8厘米

图五二四　T0706③出土陶、石器
1. 陶钵（T0706③：3）　2. 陶红顶碗（T0706③：2）　3. 石镰（T0706③：1）

T0707③

陶盘　1件。T0707③：1，夹细砂夹蚌红褐陶。手制。敞口，圆唇，反弧形壁，束腰，平底微凹，边缘呈饼状外凸。素面。复原口径24.4、底径17、高5.6厘米（图五二五；图版一〇八，2）。

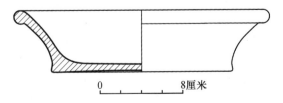

0　　　　　　　8厘米

图五二五　T0707③出土陶盘（T0707③：1）

T0708③

折沿罐　2件。夹粗砂夹蚌灰胎黑衣陶。手制，口、肩经慢轮修整、有细密旋痕。仰折沿，沿面内凹，沿面上端有一道凸棱。T0708③：1，斜方唇，鼓肩，鼓腹，下腹斜直内收，平底微凹。肩饰一周附加堆纹，间以指甲纹。复原口径15.3、腹径18.7、底径8.2、高16.6厘米（图五二六，1；图版一〇八，4）。T0708③：2，平方唇，溜肩，肩以下残。素面。复原口径26、残高6.6厘米（图五二六，2）。

陶敛口瓮　1件。素面。T0708③：3，夹粗砂灰胎黑衣陶。手制，口经慢轮修整、有旋痕。敛口，叠唇，鼓肩，肩以下残。复原口径32、残高4厘米（图五二六，4）。

陶叠唇盆　2件。手制，口经慢轮修整、有旋痕。T0708③：5，泥质灰胎红衣陶。敛口，叠唇，溜肩，肩以下残。复原口径20、残高4.5厘米（图五二五，3）。T0708③：8，夹粗砂夹蚌灰胎黑衣陶。敞口，叠唇，唇面有一道凹槽，弧腹内收，以下残。上腹饰三道凹弦纹。复原口径30.2、残高5.6厘米（图五二六，6）。

陶碗　1件。T0708③：4，泥质橙红陶，色泽不均，局部泛黑。轮制。敞口，尖圆唇，内口有两道浅凹槽，斜直腹内收，以下残。复原口径22、残高6.5厘米（图五二六，5）。

陶双腹豆　1件。T0708③：7，泥质灰胎黑皮陶。手制，器表磨光。敞口，圆唇，折壁，双腹，以下残。素面。复原口径22、残高5.2厘米（图五二六，7）。

陶鼎足　1件。T0708③：10，夹粗砂夹蚌褐陶。手制。倒梯形凹面足。两侧边缘皆捏压按窝，呈花边形。残高9厘米（图五二六，9）。

石凿　1件。T0708③：12，硅质岩，黑色。磨制。长方形窄条状，平顶，直边，单面斜刃，刃端平直。长7.8、宽2.4、厚0.8厘米（图五二六，8）。

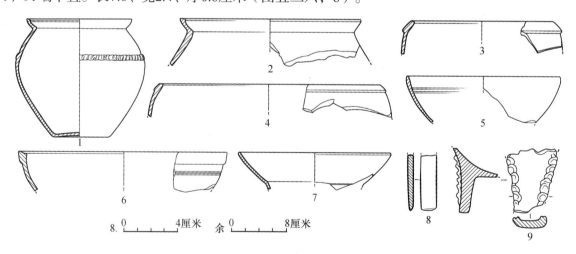

图五二六　T0708③出土陶、石器
1、2.陶折沿罐（T0708③：1、T0708③：2）　3、6.陶叠唇盆（T0708③：5、T0708③：8）　4.陶敛口瓮（T0708③：3）
5.陶碗（T0708③：4）　7.陶双腹豆（T0708③：7）　8.石凿（T0708③：12）　9.陶鼎足（T0708③：10）

T0807③

陶敛口瓮　1件。T0807③：4，泥质红陶。手制，口、肩经慢轮修整、有旋痕。直口微敛，鼓肩，微鼓腹，以下残。肩有一道凸棱。复原口径32、残高5.3厘米（图五二七，1）。

陶折沿盆　1件。T0807③：2，泥质红陶。手制，器表磨光。平折沿，沿面较宽，圆唇，弧腹内收，以下残。素面。复原口径38、残高4.2厘米（图五二七，2）。

陶碗　1件。T0807③：3，泥质灰胎红衣陶。轮制，内壁满见细密旋痕，器表磨光。直口，尖圆唇，唇内缘微加厚，弧腹内收，以下残。素面。复原口径30、残高2.2厘米（图五二七，3）。

陶纺轮　1件。T0807③：1，泥质红陶。手制，器表磨光。圆形，表面皆微凹，周缘有低棱，凸边，中间穿一小圆孔。素面。直径3.6、厚0.9厘米（图五二七，4；图版一〇七，2）。

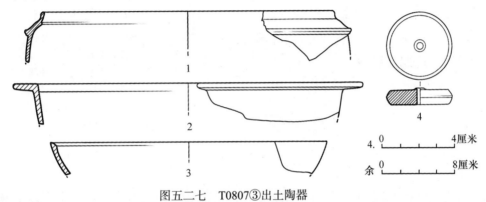

图五二七　T0807③出土陶器

1.敛口瓮（T0807③：4）　2.折沿盆（T0807③：2）　3.碗（T0807③：3）　4.纺轮（T0807③：1）

第五章　龙山文化

　　大寺遗址龙山文化遗存共发现39个遗迹单位，其中，灶坑1个、灰坑36个、墓葬2座（图五二八）。未发现文化层，只在西区西部部分探方的明清地层内，见有少量龙山时期的遗物，应系扰动而混入晚期地层中。

第一节　灶　坑

　　1个（Z1）。

　　Z1　位于T0605西南部。开口于第2层下，打破II42和第3层。保存较差，仅残存底部一圈，平面呈椭圆形，长0.8、宽0.4～0.7米。火膛在北部，为方形，底较平，深约0.14米。灶膛在南部，底呈斜坡状，四周烧土壁厚6～8厘米。烟囱等部位均已残（图五二九；图版一○九，1、2）。坑内填土为灰褐色土，夹有大量红烧土颗粒和草木灰，土质较松软。出土极少量陶片，以泥质灰陶稍多，有少量夹砂灰陶和褐陶，无可辨器形。

第二节　灰　坑

　　36座（H5～H15、H17～H19、H23、H25、H31、H35、H39、H42、H44、H45、H48、H51、H57、H62、H63、H72、H78、H86、H88、H99、H109、H158、H160、H164）。

　　H5　位于T0303西北部，延伸至T0302东北部。开口于第2层下，打破H23和第3层。坑口呈近圆形，弧壁，圜底近平。长1.72、宽1.56、深0.37米（图五三○）。坑内堆积为灰黑色土，土质松软，内含少量草木灰、动物骨头和较多石片、蚌壳。出土少量石器和较多陶片等。陶片以泥质灰陶居多，泥质黑陶和夹砂褐胎黑皮陶次之，有少量泥质褐陶和夹砂红褐陶。器形有陶釜、双耳罐、高领瓮、圈足盘、豆盘、豆柄、鼎足，石斧、锛、凿、刀，骨器、蚌坠等。

　　陶釜　2件。手制，口经慢轮修整。仰折沿，沿面内凹，圆唇，溜肩，垂腹。H5：7，夹细砂与少量云母灰陶，有褐色斑块。圜底。器表饰竖向篮纹。复原口径17.2、腹径24、高20厘米（图五三一，1；彩版四五，1）。H5：11，泥质灰胎橙黄陶。底残。素面。复原口径18、残高9.4厘米（图五三一，2）。

　　陶双耳罐　1件。H5：12，夹细砂褐陶。手制。敞口，圆唇，束颈，颈安对称桥形耳，微

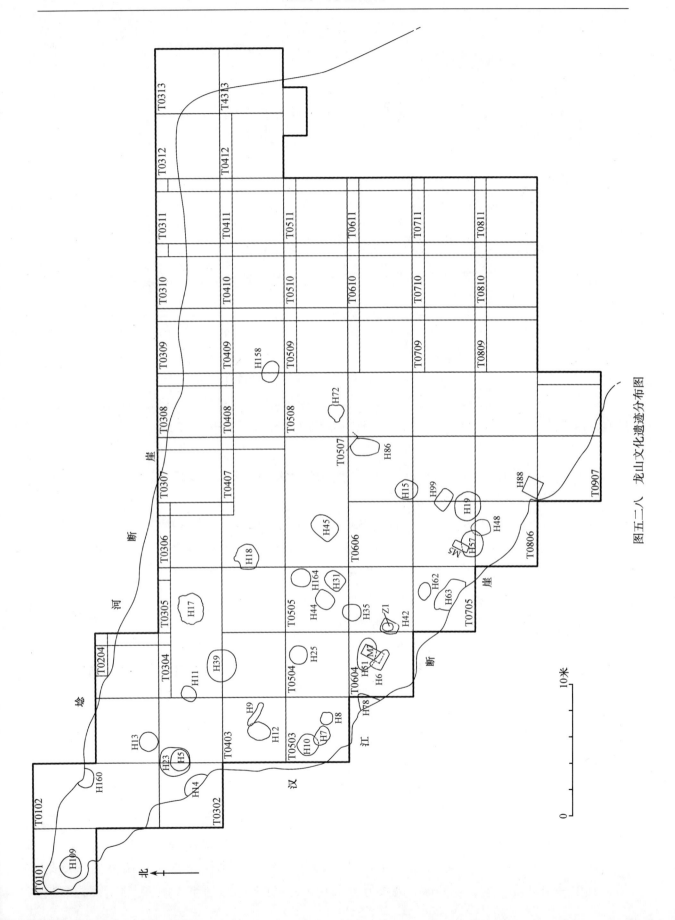

图五二八 龙山文化遗迹分布图

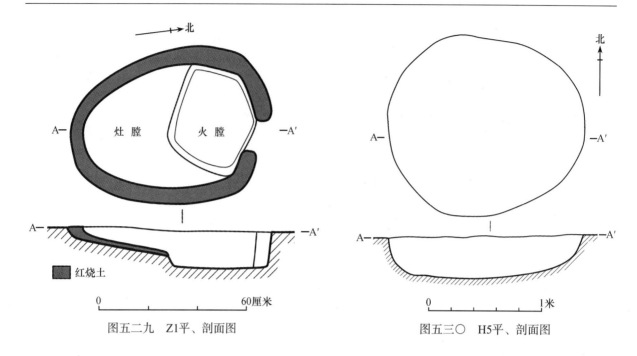

图五二九　Z1平、剖面图　　　　图五三○　H5平、剖面图

鼓腹，以下残。耳与腹饰竖向粗绳纹。复原口径14、残高10.6厘米（图五三一，4）。

陶高领瓮　1件。H5：14，泥质灰胎褐陶。手制，口经慢轮修整。侈口，圆唇，高直领，广肩，以下残。肩饰横向绳纹。复原口径18、残高6.3厘米（图五三一，5）。

陶圈足盘　1件。H5：8，泥质灰胎黑皮陶。轮制，器表磨光。敞口，圆唇，弧腹，浅盘，平底，粗高圈足，下端起折外撇。圈足饰两道凹弦纹。复原口径37.5、圈足径28、通高17.5厘米（图五三一，3；彩版四五，2）。

陶豆盘　1件。H5：9，泥质灰胎黑皮陶。轮制，器表内外有密集旋痕，器表经打磨光滑。敞口，圆唇，弧盘，浅腹，以下残。素面。复原口径24、残高5.3厘米（图五三一，6）。

陶豆柄　1件。H5：10，泥质灰胎黑皮陶。轮制，器表打磨光滑。豆盘残，直柄，下部呈喇叭形，座残。近底处起一道凸棱。残高11厘米（图五三一，7）。

陶鼎足　1件。H5：17，夹粗砂夹蚌褐陶。手制。三角形，侧安扁足。足外侧尖压印一个、根压印两个按窝纹。足高13.8厘米（图五三一，8）。

石斧　1件。磨制。H5：1，粉砂岩，青灰色。梯形，平顶，斜直边，刃残缺，偏锋。长9.4、宽5.4、厚3.3厘米（图五三二，1；图版一一七，1）。

石锛　1件。H5：5，硅质岩，青灰色。近方梯形，平顶，斜直边，单弧刃，偏锋。有使用痕迹。长7、宽6.1、厚1.7厘米（图五三二，2）。

石凿　1件。H5：4，泥粉岩，青灰色。通体磨光。长条形，平顶微弧，直边，下部残缺。残长6.7、宽2.8、厚1.4厘米（图五三二，4；图版一一七，2）。

石刀　1件。H5：6，硅质岩，黑色。磨制。残存部分刃，刀中间有一双面圆形管钻，两边圆孔错位，双面刃较钝，正锋。残长4.2、残宽7、厚1.4厘米（图五三二，3）。

骨器　1件。H5：2，暗黄色，系用动物的跖骨制成。保存完整，一端可见三道刻槽，其中一道环绕一周。未见琢、磨痕迹。长13.9、宽1.2～2.2厘米（图五三二，6；图版

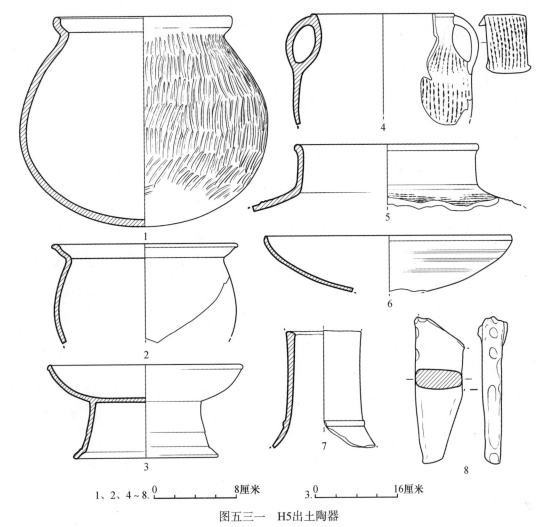

图五三一　H5出土陶器

1、2.釜（H5∶7、H5∶11）　3.圈足盘（H5∶8）　4.双耳罐（H5∶12）　5.高领瓮（H5∶14）　6.豆盘（H5∶9）

7.豆柄（H5∶10）　8.鼎足（H5∶17）

一一七，3）。

蚌坠　1件。H5∶3，白色，已石化。半边蚌，中间打击出一长条形孔，孔缘粗糙。长7.4、宽6.2厘米（图五三二，5；图版一一七，4）。

H6　位于T0604东中部。开口于第2层下，打破M7、H51和第3层。坑口呈圆角长方形，斜壁，有火烤痕迹，平底。坑口长1.65、宽0.52～0.83米，坑底长1.48、宽0.4～0.64米，深0.47米（图五三三）。坑内堆积为褐灰色白斑土，土质疏松，内含草木灰。出土少量陶片，以泥质灰陶为主，有少量泥质黑陶和夹砂红褐陶，纹饰主要有篮纹和绳纹，无可辨器形。

H7　位于T0503中部。开口于第2层下，打破H10和第3层。坑口呈不规则椭圆形，弧壁，平底。东西长1.62、南北宽1.08、深0.22米（图五三四；图版一一〇，1、2）。坑内堆积为灰褐色土，土质较松软，内含少量草木灰。出土1件石斧坯和少量夹砂灰陶和红褐陶碎片，陶片无可辨器形。

石斧坯　1件。H7∶1，硅质岩，青黑色。打制成半成品。长方形，弧顶，直边微外弧，

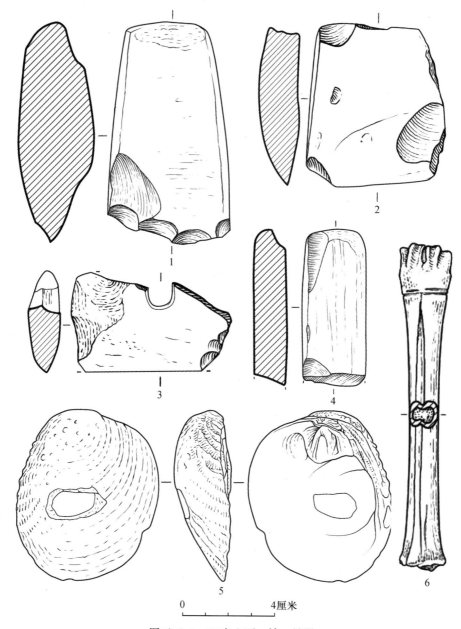

0　　　　　　　　　4厘米

图五三二　H5出土石、蚌、骨器

1.石斧（H5∶1）　2.石铸（H5∶5）　3.石刀（H5∶6）　4.石凿（H5∶4）　5.蚌坠（H5∶3）　6.骨器（H5∶2）

弧刃，无锋。长12、宽5.8、厚2.7厘米（图五三五）。

H8　位于T0503东南部。开口于第2层下，打破第3层。坑口呈近圆形，直壁，平底。直径1、深0.23米（图五三六；图版一一〇，2）。坑内堆积为灰褐色土，土质较松软，内含少量草木灰和动物骨头。出土少量陶片，有夹砂灰陶和红陶，纹饰有篮纹、绳纹和弦纹等，器形仅见陶圈足盘。

陶圈足盘　1件。H8∶1，泥质灰黑陶。轮制，器表打磨光滑。口、底皆残，弧腹，粗矮圈足，底外撇，并有一周凸棱。素面。复原圈足径12.4、残高6.8厘米（图五三七）。

H9　位于T0403东中部。开口在第2层下，打破H12和第3层。坑口呈长条形，弧壁，平底。长1.92、宽0.4～0.52、深0.15米（图五三八）。坑内堆积主要为红烧土颗粒，土质较硬，包含物很少。出土少量饰篮纹的碎陶片，无可辨器形。

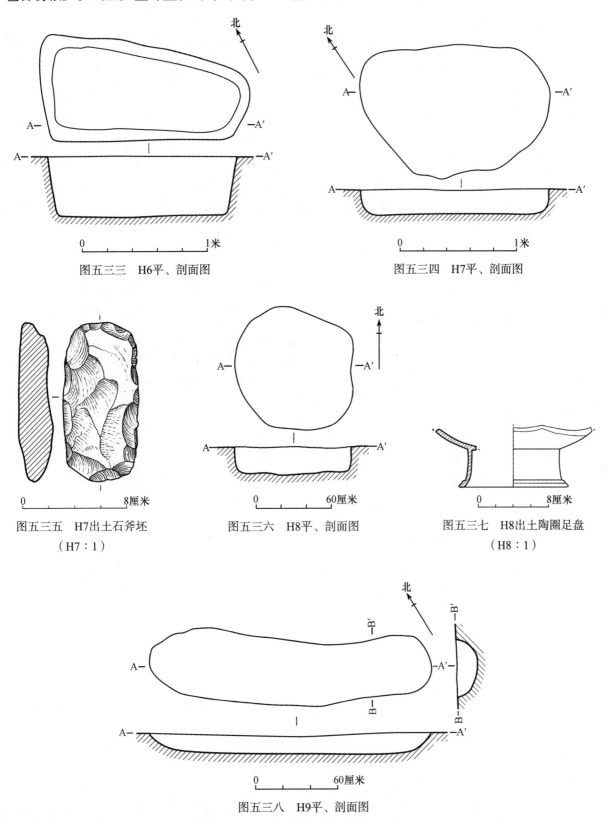

图五三三　H6平、剖面图

图五三四　H7平、剖面图

图五三五　H7出土石斧坯
（H7∶1）

图五三六　H8平、剖面图

图五三七　H8出土陶圈足盘
（H8∶1）

图五三八　H9平、剖面图

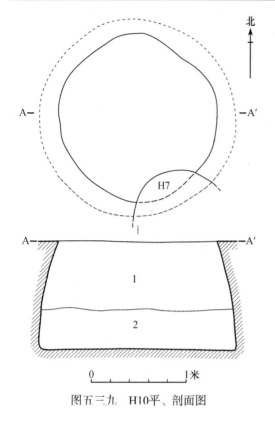

图五三九　H10平、剖面图

H10　位于T0503西北部。开口于第2层下，打破第3层，被H7打破（图版一一一，1）。平面呈近圆形，袋状坑，平底。坑口长1.7、宽1.64米，坑底长2.03、宽1.98米，深1.1米（图五三九；彩版四三，1）。坑内堆积分2层：第1层，黄褐色沙土，厚70厘米，土质松散，含有少量红烧土，出土少量骨器和陶片，陶片以夹砂灰、褐陶为主，有少量红陶，纹饰多为绳纹，篮纹和弦纹较少，无可辨器形；第2层，褐色泥沙土，厚40厘米，土质较紧密，内含少量草木灰，出土1件骨锥和少量陶片，陶片中夹砂红陶较多，器形有陶釜、豆座等。

H10①　器形仅见骨器。

骨器　1件。H10①：1，利用动物骨头磨制而成，有打磨痕迹。扁平长方形，两端皆残。残长5.7、宽1.7、厚0.8厘米（图五四〇，4）。

H10②　器形有陶釜、豆座，骨锥等。

陶釜　1件。H10②：3，夹细砂夹蚌褐陶。手制，口经慢轮修整。仰折沿，沿面内凹，尖唇，束颈，溜肩，以下残。器身饰浅细篮纹。复原口径18、残高3.4厘米（图五四〇，2）。

陶豆座　1件。H10②：2，细泥红褐陶。轮制，器表内外有旋痕。仅存喇叭形座，粗柄，敞口，方唇。素面。复原座径30、残高5.8厘米（图五四〇，1）。

骨锥　1件。H10②：1，磨制。呈弯曲形，两端皆尖。长5.3厘米（图五四〇，3）。

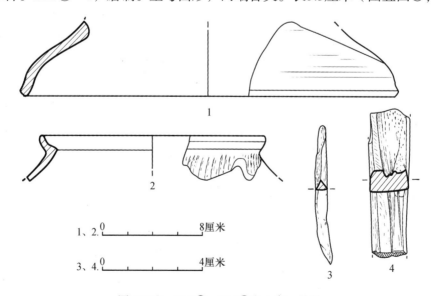

图五四〇　H10①、H10②出土陶、骨器

1.陶豆座（H10②：2）　2.陶釜（H10②：3）　3.骨锥（H10②：1）　4.骨器（H10①：1）

H11　位于T0304西北部，延伸至T0303东部。开口于第2层下，打破第3层。坑口呈椭圆形，斜壁，平底。坑口长1.3、宽1.08米，坑底长1.08、宽0.82米，深0.76米（图五四一；图版一一一，2）。坑内堆积分3层：第1层，灰黑色土，厚32厘米，土质松散，含少量草木灰，出土陶片以夹砂灰陶居多，夹砂红陶次之，泥质陶较少，纹饰有绳纹、篮纹等，器形有陶釜、豆柄等；第2层，灰白色土夹黑灰色土，厚24厘米，土质疏松，出土陶片以夹砂灰陶居多，有少量夹砂红陶和泥质黑陶，器形有陶器座、豆柄、纺轮等；第3层，黄褐土，厚20厘米，土质较紧密，含少量红烧土颗粒、骨头和较多的石块、蚌壳等，出土少量陶片，多为夹砂灰陶，纹饰有少量篮纹和绳纹等，无可辨器形。

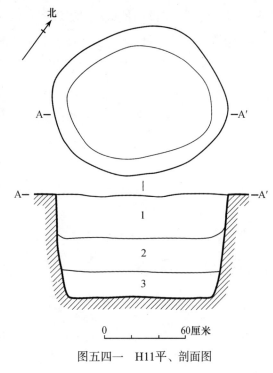

图五四一　H11平、剖面图

H11①　器形有陶釜、豆柄等。

陶釜　1件。H11①：2，夹粗砂褐陶。手制，口经慢轮修整。仰折沿，沿面微凹，方唇，溜肩，以下残。素面。复原口径18、残高3.4厘米（图五四二，1）。

陶豆柄　1件。H11①：1，泥质灰陶。轮制，器表内外有旋痕。粗柄，喇叭形底座，近底端起一道折棱。柄上饰较浅瓦棱纹。复原圈足径12、残高6.5厘米（图五四二，2）。

H11②　器形有陶豆柄、器座、纺轮等。

陶豆柄　1件。H11②：3，泥质灰胎黑皮陶。轮制，器表有旋痕。仅存盘与柄交接处，圜底，细柄，以下残。素面。残高4.1厘米（图五四二，5）。

陶器座　1件。H11②：2，泥质红胎黑皮陶。轮制，器表有旋痕。粗喇叭形，束腰，上口略小于底圈，上口与底圈外皆有一周凸棱。腹饰一周凹弦纹及对称圆形镂孔四个，镂孔由外向

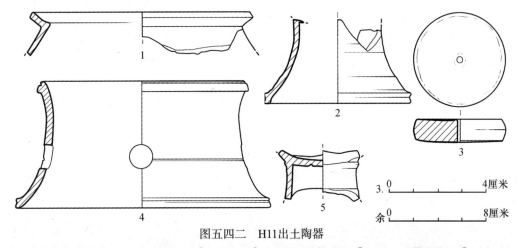

图五四二　H11出土陶器

1.釜（H11①：2）　2、5.豆柄（H11①：1、H11②：3）　3.纺轮（H11②：1）　4.器座（H11②：2）

内钻。复原口径17、底径20.7、高10厘米（图五四二，4；彩版四五，3）。

陶纺轮 1件。H11②：1，泥质黑陶。手制。圆形，鼓边，一面微凹，一面微隆，中间有一小圆孔。素面。直径3.8、厚0.9厘米（图五四二，3；图版——七，5）。

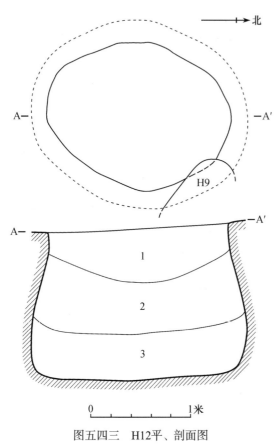

图五四三 H12平、剖面图

H12 位于T0403中部。开口于2层下，打破第3层，被H9打破。平面呈椭圆形，口小底大，呈袋状，坑壁较规整，微弧壁，坑底较平。坑口长1.9、宽1.4米，底长2.13、宽1.4米，深1.49米（图五四三；彩版四三，2；图版——二，1）。坑内堆积分3层：第1层，灰褐色土，厚20～45厘米，土质松软，夹少量红烧土和草木灰，出土1件骨镞、1件蚌坠和少量细绳纹、方格纹、篮纹陶片，陶片器形有陶鼎、釜、罐、高领瓮、盘、圈足盘、盆等（图版——八，1）；第2层，褐色土，厚45～65厘米，土质较软，夹杂大量草木灰和红烧土颗粒，出土少量绳纹和篮纹陶片，器形有陶鼎、釜等；第3层，灰黑色土，厚39厘米，土质松软，底有炭化竹子，出土1件骨镞和少量绳纹和篮纹陶片，陶片器形有陶釜、长颈罐、壶底、豆柄等。

H12① 器形有陶鼎、釜、罐、高领瓮、盘、圈足盘、盆，骨镞，蚌坠等。

陶鼎 3件。手制，口经慢轮修整。仰折沿，圆唇，微鼓肩，鼓腹。H12①：6，夹粗砂红陶。圜底，侧安三角形扁足。器表饰方格纹。口径15、腹径19.1、复原高21.5厘米（图五四四，2；彩版四六，1）。H12①：8，夹粗砂褐陶，局部有红褐色陶衣。圜底，侧安三角形扁足。器表饰右斜细篮纹。口径13.6、腹径18、通高23厘米（图五四四，1；彩版四六，2）。H12①：9，夹粗砂褐陶，局部呈橙红色。沿面微凹，腹部以下残。器表饰方格纹。复原口径16、残高10厘米（图五四四，3）。

陶釜 2件。夹粗砂夹蚌褐陶。手制，口经慢轮修整。仰折沿，圆唇，溜肩，鼓腹下垂。H12①：1，局部有红色斑块。沿面微凹，圜底。器表饰米粒状竖绳纹。口径17.7、腹径25.3、高26.5厘米（图五四五，1；彩版四六，3）。H12①：10，腹以下残。器表饰左斜宽篮纹。复原口径28、残高13.8厘米（图五四五，3）。

陶罐 1件。H12①：12，夹粗砂夹蚌灰陶。手制，口经慢轮修整、有旋痕。侈口，卷沿，方唇，束颈，溜肩，鼓腹，以下残。唇面饰戳印点纹并形成花边，腹压印杂乱绳纹。复原口径18、残高8.3厘米（图五四四，7）。

陶高领瓮 1件。H12①：15，泥质灰陶。轮制，口、肩有旋痕。侈口，卷沿，圆唇，高直领，广肩，以下残。素面。复原口径16、残高4.8厘米（图五四四，4）。

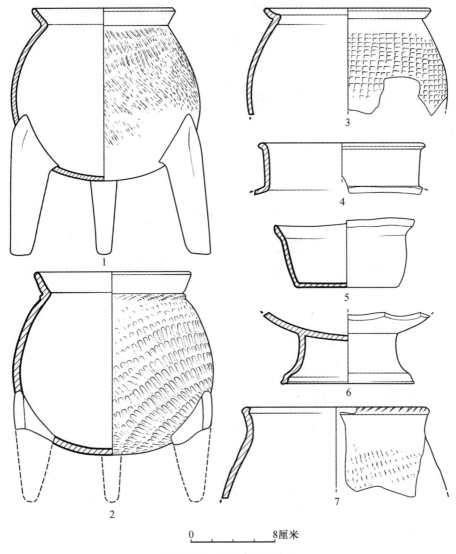

图五四四　H12①出土陶器

1~3.鼎（H12①：8、H12①：6、H12①：9）　4.高领瓮（H12①：15）　5.盘（H12①：7）　6.圈足盘（H12①：16）

7.罐（H12①：12）

　　陶盘　1件。H12①：7，泥质黑陶。手制，器表略凹凸不平。敞口，高仰折沿，尖唇，斜直腹，平底。素面。口径13.3、底径10、高6.5厘米（图五四四，5；图版一一七，6）。

　　陶圈足盘　1件。H12①：16，泥质灰胎黑皮陶。轮制，内壁有旋痕，器表经打磨较光滑。口残，弧腹，圜底，粗矮圈足呈外撇状。素面。复原圈足径12.7、残高6.6厘米（图五四四，6）。

　　陶盆　1件。H12①：13，夹细砂灰胎褐陶。手制，口经慢轮修整。敞口，方唇，唇面有一道凹槽，外沿加厚一周，斜直腹，以下残。腹饰粗绳纹。复原口径40、残高8.7厘米（图五四五，2）。

　　骨镞　1件。H12①：2，利用动物骨头磨制而成。表面光滑。锥状。长4.8厘米（图五四五，4；图版一一八，2）。

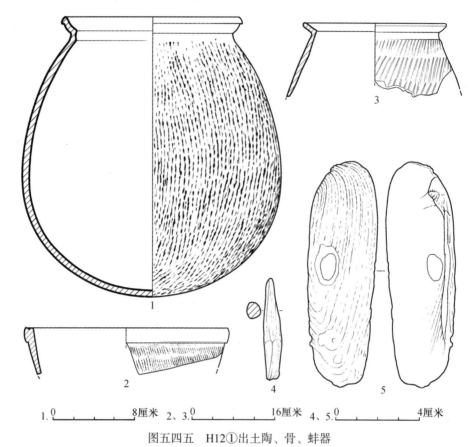

图五四五　H12①出土陶、骨、蚌器

1、3.陶釜（H12①：1、H12①：10）　2.陶盆（H12①：13）　4.骨镞（H12①：2）　5.蚌坠（H12①：3）

　　蚌坠　1件。H12①：3，利用长形蚌壳制成。细长条形，中间穿有一椭圆形孔。孔长1.2、宽0.8厘米，通长10.6、宽3.2厘米（图五四五，5；图版一一八，3）。

　　H12②　器形有陶鼎、釜等。

　　陶鼎　1件。H12②：2，夹细砂灰胎褐陶。手制。仰折沿，沿面微凹，弧腹微鼓，以下残。腹饰竖向中粗绳纹。复原口径20、残高5.2厘米（图五四六，1）。

　　陶釜　1件。H12②：1，夹粗砂夹蚌褐陶。手制，口经慢轮修整、有旋痕。仰折沿，圆唇，溜肩，鼓腹，以下残。器表饰右斜细绳纹。复原口径20、残高7.7厘米（图五四六，2）。

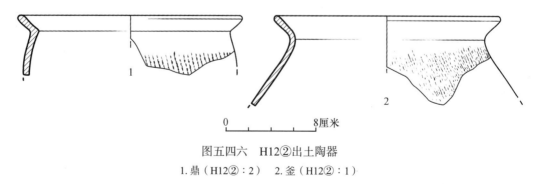

图五四六　H12②出土陶器

1.鼎（H12②：2）　2.釜（H12②：1）

　　H12③　器形有陶釜、长颈罐、壶底、豆柄，骨镞等。

陶釜　1件。H12③：4，夹粗砂灰胎黑陶。手制，口经慢轮修整。仰折沿，沿面微凹，圆唇，溜肩，鼓腹，以下残。腹饰右斜细篮纹。复原口径20、残高6厘米（图五四七，1）。

陶长颈罐　1件。H12③：2，夹粗砂红褐陶。手制，口、颈经慢轮修整。敞口，圆唇，长颈，鼓腹，以下残。腹饰竖向中粗绳纹。复原口径14.6、残高8.7厘米（图五四七，2）。

陶壶底　1件。H12③：6，泥质灰胎黑皮陶。轮制，内壁满见旋痕，器表磨光。下腹斜直，内凹底，底缘呈饼状外凸。素面。复原底径7、残高3.6厘米（图五四七，3）。

陶豆柄　1件。H12③：7，泥质灰胎黑皮陶。轮制，器表经打磨。口、底座皆残，圜底近平，喇叭形粗柄。柄中部饰一道凹弦纹。残高11.2厘米（图五四七，4）。

骨镞　1件。H12③：1，利用动物骨头制成。圆锥形，镞呈锥状，较钝，短铤，铤经刮削而成。长4.8厘米（图五四七，5）。

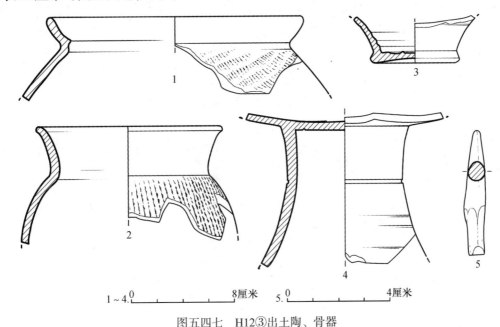

图五四七　H12③出土陶、骨器

1. 陶釜（H12③：4）　2. 陶长颈罐（H12③：2）　3. 陶壶底（H12③：6）　4. 陶豆柄（H12③：7）　5. 骨镞（H12③：1）

H13　位于T0203西南部。开口于第2层下，打破第3层。坑口呈圆形，弧壁，锅底。坑口径1.5、深0.3米（图五四八）。坑内堆积为灰色土，土质坚硬，含有少量草木灰。出土少量陶片，以夹砂灰陶和褐陶为主，泥质灰陶次之，纹饰有篮纹、绳纹等，无可辨器形。

H14　位于T0302东部的汉江断崖边，西半部已被破坏。开口于第2层下，打破第3层。残存部分呈半圆形，斜壁，平底。坑口长2.24、宽4.2米，坑底长9.6、宽3.4米，深0.84米（图五四九；图版一一二，2）。坑内堆积为灰褐色土，土质坚硬。出土少量陶片，以夹砂灰陶和褐陶为主，有少量泥质灰陶，器形有陶釜、小釜、双耳钵、鼎足等。

陶釜　3件。手制，口经慢轮修整。夹细砂夹云母褐陶。仰折沿，方唇，溜肩。H14：3，垂腹，以下残。腹饰交错细绳纹。复原口径18、残高17厘米（图五五〇，1）。H14：4，沿面微凹，束颈，肩以下残。器表饰竖向细绳纹。复原口径18、残高7厘米（图五五〇，2）。H14：5，沿面有三道凹槽，唇面亦有一道凹槽，肩以下残。腹饰右斜细绳纹。复原口径18、残

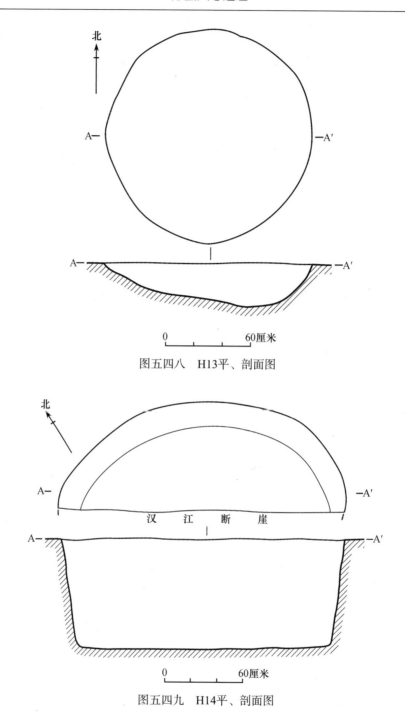

图五四八　H13平、剖面图

图五四九　H14平、剖面图

高8.2厘米（图五五〇，3）。

　　陶小釜　1件。H14：2，泥质褐陶。手制。仰折沿，沿面有凹槽，圆唇，溜肩，垂腹，圜底。器表饰竖向细浅篮纹。复原口径9.2、最大腹径11.1、复原高11.5厘米（图五五〇，4；图版一一八，5）。

　　陶双耳钵　1件。H14：1，夹细砂灰陶。手制，器表凹凸不平，口经慢轮修整。敛口，方圆唇，深弧腹内收，底残。肩安对称环形耳。素面。复原口径14.8、底径7.3、高13.2厘米（图五五〇，5；图版一一八，4）。

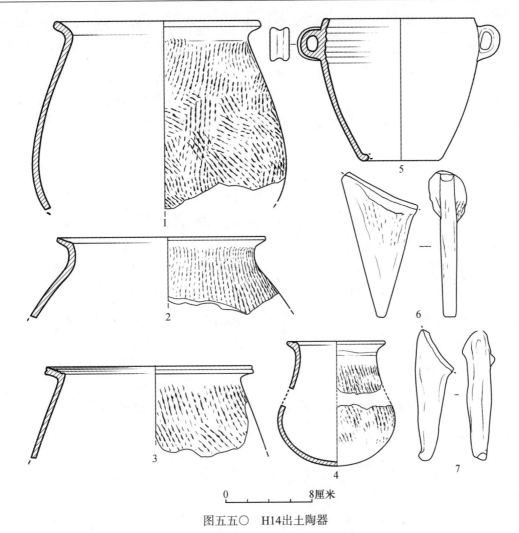

图五五〇　H14出土陶器

1～3.釜（H14：3、H14：4、H14：5）　4.小釜（H14：2）　5.双耳钵（H14：1）　6、7.鼎足（H14：6、H14：7）

陶鼎足　2件。手制。三角形侧装足。H14：6，夹细砂夹蚌红褐陶。侧面呈叠折边。侧面饰竖向细浅绳纹。残高13.2厘米（图五五〇，6）。H14：7，夹细砂夹蚌灰陶。截面呈椭圆形，足尖捏压成外撇状。素面。残高11.9厘米（图五五〇，7）。

H15　位于T0607西南部，并延伸至T0707西北部。开口于第2层下，打破第3层，被M12打破。坑口呈椭圆形，直壁，平底。长1.65、宽1.53、深0.56米（图五五一；图版一一三，1）。坑内堆积为灰黑土，土质疏松，含有少量草木灰。出土较多陶片和少量石器。陶片以夹砂灰陶和褐陶为主，有少量泥质灰陶和黑陶，纹饰以篮纹为主，有少量凹弦纹和附加堆纹。器形有陶釜、高领罐、高领瓮、缸、圈足盘、豆柄、鼎足、鬶足和石斧等。

陶高领罐　1件。H15：1，泥质褐胎黑皮陶。手制，口、领经慢轮修整。口微侈，尖圆唇，外缘叠唇，高直领，广肩，鼓腹，下腹斜直内收，平底微凹。腹饰间断右斜篮纹。口径16、腹径36、底径11.2、高32厘米（图五五二，1；彩版四七，1）。

陶高领瓮　2件。手制，口、领经慢轮修整、有旋痕。H15：2，泥质褐胎黑皮陶。直口，圆唇，外唇缘叠边加厚，高领，广肩，鼓腹，下腹弧内收，底残。上腹饰间断竖篮纹，下腹饰

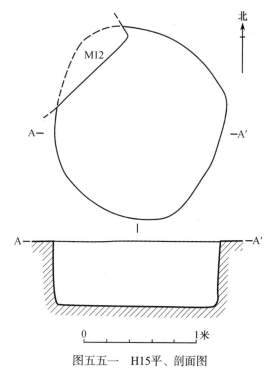

图五五一　H15平、剖面图

交错篮纹。口径18.7、腹径42.5、残高38厘米（图五五二，2；图版一一九，1）。H15：4，泥质灰胎黑皮陶。直口，圆唇，外缘叠唇，高直领，鼓腹，以下残。器表饰右斜粗篮纹。复原口径18、残高19.8厘米（图五五二，3）。

陶缸　1件。H15：3，泥质灰陶，厚胎。手制，内壁凹凸不平。器体较大。敛口，平方唇，口外加厚部分已脱落，弧腹内收，底残。腹饰竖篮纹，局部交错，中腹饰两道附加堆纹。复原口径40、残高35.8厘米（图五五二，4）。

陶圈足盘　1件。H15：10，泥质灰胎黑皮陶。轮制，器表内外满见旋痕，器表磨光。圈底，中心下凸，圈足只存上部，较直。素面。残高5.6厘米（图五五二，5）。

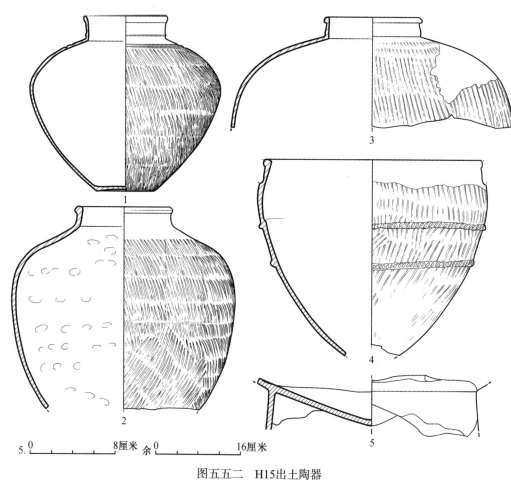

图五五二　H15出土陶器

1.高领罐（H15：1）　2、3.高领瓮（H15：2、H15：4）　4.缸（H15：3）　5.圈足盘（H15：10）

陶釜　2件。手制，沿面有经慢轮修整后的旋痕。仰折沿，沿面微凹，圆唇，溜肩，垂腹，以下残。腹饰左斜粗篮纹。H15：6，夹细砂褐陶。复原口径20、残高16.4厘米（图五五三，1）。H15：7，夹粗砂褐陶。肩饰两道凹弦纹。复原口径18、残高11.7厘米（图五五三，2）。

陶豆柄　1件。H15：11，泥质灰胎黑皮陶。轮制，器表磨光。仅存柄部，细高喇叭形柄，座残。柄上端饰三道凹弦纹。残高10.3厘米（图五五三，5）。

陶鼎足　1件。H15：13，夹细砂夹蚌红褐陶。手制，侧安三角形扁足，足尖捏成外撇状。残高8.3厘米（图五五三，3）。

陶鬲足　1件。H15：14，泥质红褐陶，薄胎。手制。尖锥状袋足，足窝较深。素面。残高3.3厘米（图五五三，4）。

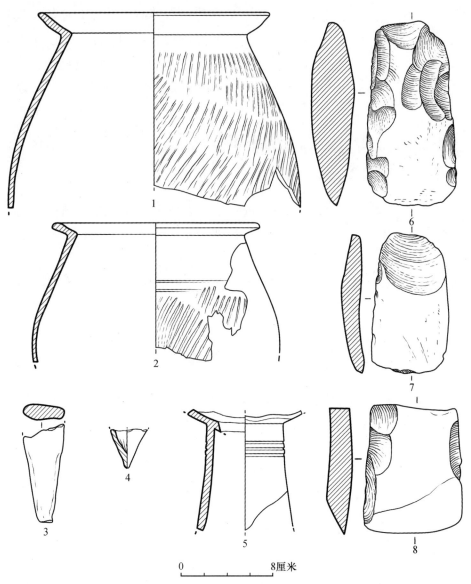

0　　　　　　　8厘米

图五五三　H15出土陶、石器

1、2.陶釜（H15：6、H15：7）　3.陶鼎足（H15：13）　4.陶鬲足（H15：14）　5.陶豆柄（H15：11）

6~8.石斧（H15：17、H15：16、H15：15）

石斧　3件。H15：15，硅质岩，青灰色。琢、磨兼制。长方形，平顶，直边，平刃微弧，单刃，偏锋。长5.4、宽4.3、厚1.2厘米（图五五三，8）。H15：16，青黑色。弧顶，斜边微弧，微弧刃，钝锋。长12、宽6.7、厚1.8厘米（图五五三，7）。H15：17，青灰色。打、磨兼制。长条形，顶微弧，斜直边，单弧刃，偏锋。长15.7、宽7.8、厚3.9厘米（图五五三，6）。

H17　位于T0305北中部。开口于第2层下，打破第3层。坑口呈不规则椭圆形，不规整弧壁，锅底。长2.52、宽2、深0.8米（图五五四）。坑内堆积为灰色土，土质较软，内含少量石头和动物骨头。出土少量石器和陶片。石器有石斧、斧坯等。陶片以夹砂褐胎黑皮陶和灰陶为主，有少量泥质灰陶，纹饰主要为篮纹，无可辨器形。

石斧　1件。H17：1，砂岩，黑褐色。打制，不见磨痕。长方形，弧顶，弧边，刃部未加工。长18.4、宽7.6、厚5.7厘米（图五五五，1）。

石斧坯　1件。H17：2，变质岩，黑色。打片状。形状呈不规则四边形，一面较光滑，一面粗糙。长14、宽10.2、厚2.4厘米（图五五五，2）。

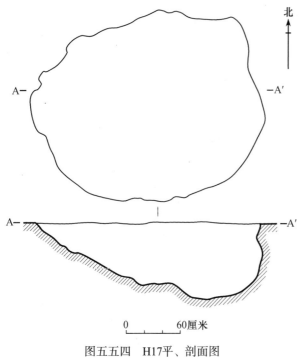

北

0　　60厘米

图五五四　H17平、剖面图

H18　位于T0406西北部和T0405东北部。坑口叠压于第2层下，打破第3层。坑口呈不规则椭圆形，斜壁，平底。坑口长2、宽1.96米，坑底长1.6、宽1.76米，深0.84米（图五五六；图版

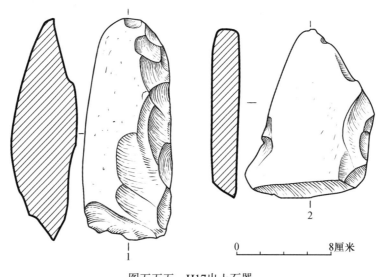

0　　8厘米

图五五五　H17出土石器

1.斧（H17：1）　2.斧坯（H17：2）

一一三，2）。坑内堆积为灰白色土，土质松软，内含红烧土颗粒。出土少量兽骨和较多陶片。陶片以夹砂褐陶和灰陶为主，泥质灰陶次之，纹饰主要为篮纹，器形有釜、敛口盆、鼎足等。

陶釜　2件。手制，口经慢轮修整。H18：2，夹粗砂夹蚌褐陶，有黑斑块。仰折沿，圆唇，束颈，鼓腹，以下残。器表饰间断竖篮纹。复原口径13、残高9.2厘米（图五五七，2）。H18：3，夹细砂夹少量云母红褐陶。仰折沿，沿面微凹，尖圆唇，溜肩，垂腹，以下残。器表饰竖向篮纹。复原口径22、残高8厘米（图五五七，1）。

陶敛口盆　1件。H18：5，泥质灰陶。手制，口经慢轮修整。敛口，圆唇，唇缘内外凸起，弧腹微鼓，以下残。器表饰竖篮纹。复原口径36、残高8.6厘米（图五五一，4）。

陶鼎足　1件。H18：6，夹细砂褐陶。手制。三角形侧安足。残高8.1厘米（图五五七，3）。

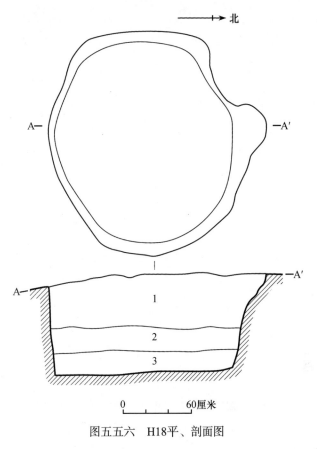

图五五六　H18平、剖面图

H19　位于T0706东南部、T0707西南部、T0806东北部和T0807西北部。开口于第2层下，打破第3层。坑口呈圆形，袋状坑，平底。坑口直径2.2、坑底直径2.4、深1.1～1.5米（图五五八）。坑内堆积为黑灰色土，土质松软，内含草木灰、较多卵石和蚌壳等。出土少量石器

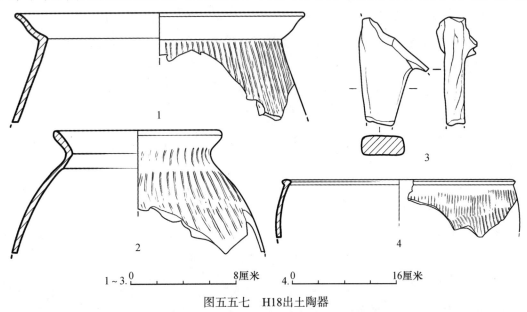

图五五七　H18出土陶器

1、2.釜（H18：3、H18：2）　3.鼎足（H18：6）　4.敛口盆（H18：5）

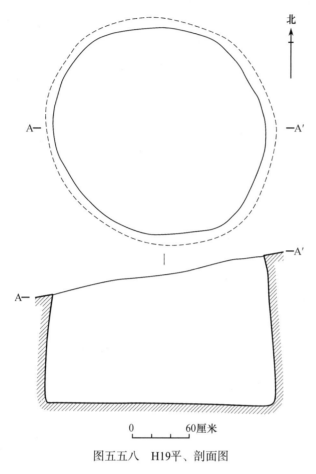

图五五八　H19平、剖面图

和较多陶片。陶片以泥质灰陶为主，有少量泥质黑陶和夹砂灰陶，纹饰以篮纹和绳纹为主，有少量凹弦纹。器形有陶釜、矮领瓮、高领瓮、瓮底、钵、豆柄、鼎足，石斧等。

陶釜　1件。H19：11，夹细砂灰陶。手制，口经慢轮修整。仰折沿，沿面较宽，圆唇，溜肩，以下残。肩饰竖向篮纹。复原口径30、残高5.2厘米（图五五九，2）。

陶矮领瓮　1件。H19：7，泥质灰陶。手制，口经慢轮修整。口微敛，尖圆唇，矮直领，圆肩，以下残。肩起一周凸棱，以下饰竖向宽篮纹，遭一周凹弦纹打断。复原口径24、残高7厘米（图五五九，1）。

陶高领瓮　1件。H19：8，泥质灰胎黑皮陶。手制，口、肩经慢轮修整。直口，尖圆唇，高直领微内斜，广肩，以下残。肩饰弦断竖篮纹，有凹弦纹一道。复原口径15.7、残高6.2厘米（图五五九，3）。

陶瓮底　1件。H19：12，泥质红褐陶。手制。下腹斜直，假圈足底内凹。底缘饰一周浅按窝纹并形成花边，腹饰竖向绳纹，底饰交错绳纹。复原底径10.2、残高3.9厘米（图五五九，8）。

陶钵　1件。H19：9，泥质灰胎黑皮陶。轮制，器表打磨光滑。敛口，内折沿，圆唇，弧腹急收，底残。下腹饰右斜细篮纹。复原口径28、残高9.3厘米（图五五九，4）。

陶豆柄　1件。H19：5，夹细砂灰胎黑皮陶。轮制，器表磨光。盘口、底座皆残，浅弧腹，圜底，细喇叭形柄。柄上端饰一周凹弦纹。残高10.9厘米（图五五九，5）。

陶鼎足　1件。H19：6，夹粗砂夹蚌褐陶。手制。三角形侧安足，足尖微外撇。足面四周有刮痕。残高4.7厘米（图五五九，6）。

石斧　2件。硅质岩，青灰色。琢、磨兼制。H19：1，长条形，弧顶，斜边微弧，单弧刃，偏锋。长26.6、宽9.9、厚4.4厘米（图五五九，9）。H19：4，长方形，顶残，弧边，尖弧刃，刃极钝。长12.5、宽7.2、厚2厘米（图五五九，7）。

H23　位于T0302东北部和T0303西北部。开口于第2层下，打破H24和第3层，被H5打破。坑口呈近圆形，袋状坑，平底。坑口长2.38、宽2.24米，坑底长2.47、宽2.49米，深1.27米（图五六〇）。坑内堆积分3层：第1层，黄褐色土，厚22~45厘米，土质松软，内含红烧土块、草木灰等，出土石斧坯1件，骨针、锥、镞各1件和较多陶片，陶片以泥质灰陶为主，有少量夹砂褐陶，纹饰主要为绳纹，素面陶较多，器形有陶高领瓮、罐、豆盘等；第2层，灰黑色土，厚40~74厘米，土质疏松，包含较多卵石，出土石斧、锛、吊坠各1件、牙锥1件、蚌刀1件和较

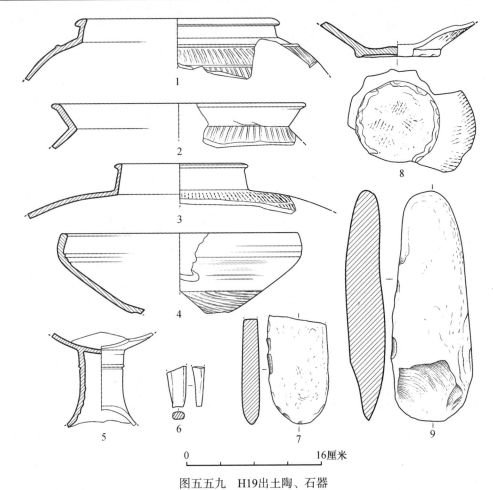

图五五九　H19出土陶、石器

1.陶矮领瓮（H19：7）　2.陶釜（H19：11）　3.陶高领瓮（H19：8）　4.陶钵（H19：9）

5.陶豆柄（H19：5）　6.陶鼎足（H19：6）　7、9.石斧（H19：4、H19：1）　8.陶瓮底（H19：12）

多陶片，陶片以夹砂褐胎黑皮陶为主，泥质灰陶次之，有少量泥质黑陶，纹饰主要为绳纹，有少量方格纹，器形有陶鼎、鼎足、釜、瓮底、三耳罐、纺轮等；第3层，灰褐色土，厚30~40厘米，土质较软，出土少量陶片，以泥质灰陶为主，有少量夹砂褐陶，较多素面陶，器形有陶鼎足、豆座、纺轮等。

H23①　器形有陶高领瓮、罐、豆盘，石斧坯，骨针、锥、镞等。

陶高领瓮　1件。H23①：6，夹细砂夹少量云母褐陶。手制，口经慢轮修整。直口，口内有一道凹槽，斜方唇，唇外缘微凸，唇面微凹，高直领，广肩，以下残。肩饰竖向绳纹和一周绳索状附加堆纹。复原口径22、残高5.6厘米（图五六一，1）。

陶罐　1件。H23①：7，夹细砂红褐陶。手制，口经慢轮修整。侈口，卷沿，尖圆唇，束颈，溜肩，鼓腹，以下残。器表饰竖向粗绳纹。复原口径10.7、残高9.2厘米（图五六一，2）。

陶豆盘　1件。H23①：8，泥质磨光灰黑陶。轮制，内壁布满细密轮旋痕。敞口，仰折沿，圆方唇，弧腹内收，以下残。素面。复原口径22、残高6.4厘米（图五六一，4）。

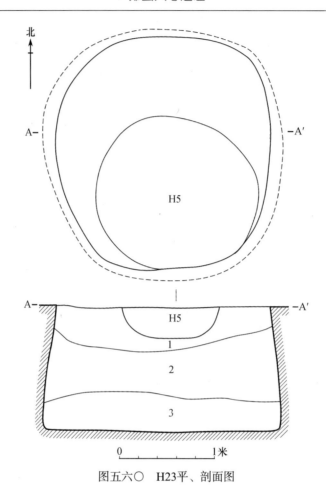

北

图五六〇　H23平、剖面图

石斧坯　1件。H23①：5，粉砂岩，青色。打制，一面留有自然卵石皮和打击疤痕，另一面为崩裂面，呈平坦状，不见进一步加工痕迹。长方形，弧顶，斜边，弧刃残缺。长11.5、宽5.6、厚2厘米（图五六一，3；图版一一九，2）。

骨针　1件。H23①：3，暗黄色，利用骨骼磨制而成。表面鲜亮光泽。细长圆柱体，针尖已残，顶磨成扁平状，有一椭圆形穿孔。残长3.6厘米（图五六一，5；图版一二〇，2）。

骨锥　1件。H23①：2，暗黄色，利用骨骼磨制而成。扁棱形，三角形锋，铤残。残长3.1、宽0.8、厚0.2厘米（图五六一，6；图版一二〇，1）。

骨镞　1件。H23①：4，暗褐色，利用骨骼磨制而成。三棱锥形，锋呈圆锥形，铤呈扁棱形。长4.8、宽1.1、厚0.5厘米（图五六一，7；图版一一九，3）。

H23②　器形有陶鼎、鼎足、釜、三耳罐、瓮底、纺轮、石斧、锛、吊坠、牙锥、蚌刀等。

陶鼎　1件。H23②：8，夹粗砂夹蚌褐陶，有黑斑块。手制，口经慢轮修整。仰折沿，圆唇，溜肩，垂腹，圜底，安三"Y"形足。腹饰方格纹。复原口径22.2、腹径21.5、通高21厘米（图五六二，1；彩版四七，2）。

陶鼎足　1件。H23②：12，夹细砂夹蚌褐陶。手制。三角形侧安扁足，足尖捏压成外撇状。足面有刮削棱痕。残高9.6厘米（图五六二，4）。

陶釜　1件。H23②：9，夹粗砂褐胎灰黑陶。手制，口、肩经慢轮修整。仰折沿，沿

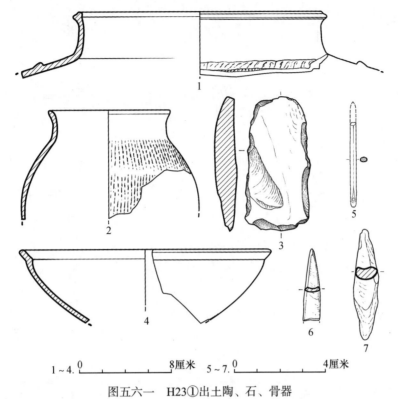

图五六一　H23①出土陶、石、骨器

1.陶高领瓮（H23①：6）　2.陶罐（H23①：7）　3.石斧坯（H23①：5）　4.陶豆盘（H23①：8）　5.骨针（H23①：3）

6.骨锥（H23①：2）　7.骨镞（H23①：4）

面微凹，圆唇，溜肩，垂腹，以下残。腹饰竖向粗绳纹。复原口径18、残高6.4厘米（图五六二，5）。

陶三耳罐　1件。H23②：6，泥质褐胎黑皮陶。手制。器表磨光。口和三耳已残，长斜颈，安三桥形耳，折肩，斜直腹，平底微凹。素面。底径5.5、残高8.1厘米（图五六二，3）。

陶瓮底　1件。H23②：11，夹细砂褐陶，有灰黑斑。手制，底为后拼贴而成。下腹斜直，底残，底缘呈饼状外凸。腹饰竖向中粗绳纹。复原底径11、残高14.5厘米（图五六二，2）。

陶纺轮　1件。H23②：4，泥质灰陶。手制。圆形，弧边，两面微凹，中间穿一小圆孔。素面。直径4.4、厚1厘米（图五六三，1）。

石斧　1件。H23②：7，硅质岩，青黑色。磨制。长方形，顶残，斜边微弧，单面弧刃，偏锋。刃端有使用疤痕。残长9.4、宽7.9、厚2.6厘米（图五六三，3）。

石锛　1件。H23②：5，泥砂岩，青灰色。磨制。长方形，平顶，直边，单刃，偏锋。长4.8、宽2.8、厚0.8厘米（图五六三，6；图版一一九，4）。

石吊坠　1件。H23②：1，蚀变岩，青色。磨制。近圆角梯形，上下两端弧形，斜边，顶有一小圆孔，单面钻。长1.6、宽1.2、厚0.2厘米（图五六三，2；图版一二〇，4）。

牙锥　1件。H23②：2，卵黄色，表面鲜亮有光泽，系用一颗动物牙齿磨制而成。圆锥状，锃已残失。残长1.9厘米（图五六三，5；图版一二〇，3）。

蚌刀　1件。H23②：3，浅褐色，利用蚌壳磨制而成。横长方形，弧顶，两端残缺，直

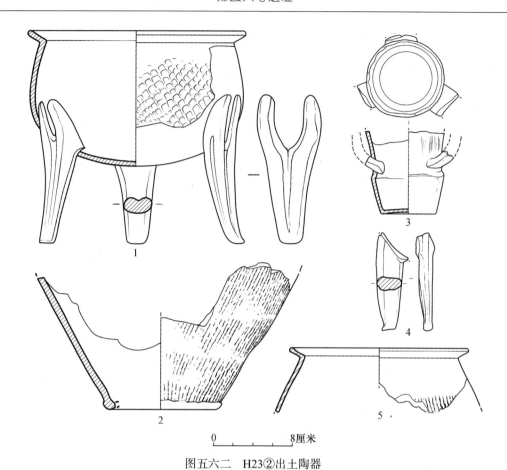

图五六二　H23②出土陶器

1. 鼎（H23②：8）　2. 瓮底（H23②：11）　3. 三耳罐（H23②：6）　4. 鼎足（H23②：12）　5. 釜（H23②：9）

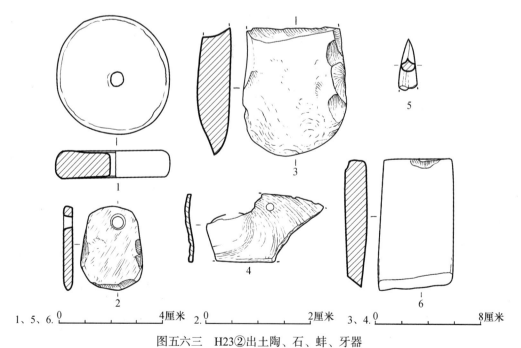

1、5、6.　0 ＿＿＿＿＿ 4厘米　2.　0 ＿＿＿＿＿ 2厘米　3、4.　0 ＿＿＿＿＿ 8厘米

图五六三　H23②出土陶、石、蚌、牙器

1. 陶纺轮（H23②：4）　2. 石吊坠（H23②：1）　3. 石斧（H23②：7）　4. 蚌刀（H23②：3）　5. 牙锥（H23②：2）

6. 石锛（H23②：5）

刃，上部有一双面钻小圆孔。残长9.1、宽5.1厘米（图五六三，4；图版一一九，5）。

H23③ 器形有陶鼎足、豆座、纺轮等。

陶鼎足 1件。H23③：6，夹粗砂夹蚌褐陶。手制。三角形侧安扁足，足尖略残。足面有刮削痕迹。高4.1厘米（图五六四，2）。

陶豆座 1件。H23③：5，泥质灰胎黑皮陶。轮制，器内壁有旋痕，器表磨光。粗柄，喇叭形座，座缘起一道凸棱。素面。复原圈足径18、残高8.9厘米（图五六四，1）。

陶纺轮 3件。手制。圆形。H23③：3，泥质褐胎灰黑陶。直边，两面皆较平。一面饰两周旋转式放射状刻划短斜线纹。复原直径4.3、厚0.9厘米（图五六三，3；图版一二一，1）。H23③：1，泥质红陶。鼓边，两面内凹，中间穿一小圆孔。素面。直径3.4、厚0.6厘米（图五六四，4；图版一二一，2）。H23③：4，泥质灰陶。折边，两面略凹，边缘起棱。素面。复原直径3.8、厚0.7厘米（图五六四，5）。

H25 位于T0504东北部。开口于第2层下，打破第3层。坑口呈圆形，袋状坑，底较平。坑口直径1.42、坑底直径1.86、深1米（图五六五；图版一一四，1）。坑内堆积分2层：第1层，灰褐色土，厚60厘米，土质松软，内含草木灰和动物骨头，出土1件石斧和较多陶片，陶片以泥质灰陶为主，有少量夹砂褐陶，纹饰主要为篮纹，素面陶较多，器形有陶鸟、釜、高领瓮、圈足盘等；第2层，黄灰色土，厚40厘米，土质疏松，出土1件石镞和少量陶片，陶片以夹砂褐胎黑皮陶为主，少量泥质灰陶，器形有陶釜、高领瓮等。

H25① 器形有陶高领瓮、釜、圈足盘、鸟，石斧等。

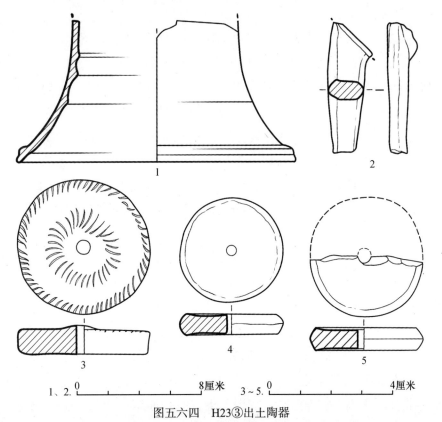

1、2. ├─0─────8厘米┤   3~5. ├─0─────4厘米┤

图五六四 H23③出土陶器
1. 豆座（H23③：5） 2. 鼎足（H23③：6） 3~5. 纺轮（H23③：3、H23③：1、H23③：4）

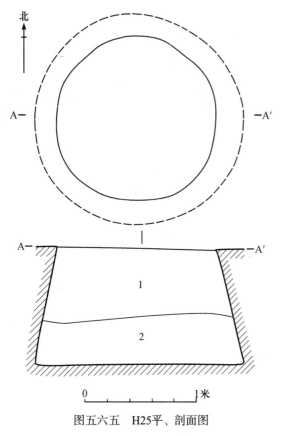

图五六五　H25平、剖面图

陶高领瓮　1件。H25①：4，泥质灰陶。轮制，内壁有旋痕，器表磨光。侈口，卷沿，圆唇，高束领，广肩，鼓腹，以下残。领下端饰一道凸弦纹，肩与上腹皆饰两组凹弦纹，每组内饰波折纹。复原口径12.9、残高16.2厘米（图五六六，1）。

陶釜　1件。H25①：6，夹粗砂夹蚌红褐陶，有黑灰斑。手制，口经慢轮修整。仰折沿，圆唇，溜肩，垂腹，以下残。腹饰竖向细篮纹。复原口径20、残高10.1厘米（图五六六，2）。

陶圈足盘　1件。H25①：3，泥质灰陶。轮制，内壁有细密旋痕，器表磨光。敞口，圆唇，浅弧盘，大平底，高圈足较直，底缘微外撇。素面。复原口径29.5、圈足径23.5、通高8厘米（图五六六，3；彩版四七，3）。

陶鸟　1件。H25①：1，泥质红陶。手制。首残，长颈伸直，双翅下垂兼作双足，形成支撑点，长尾残。残长3.8、宽3.2、高4.3厘米（图五六六，5；彩版四八，1）。

石斧　1件。H25①：2，硅质岩，青黑色。琢、磨兼制。梯形，弧顶，斜边，双弧刃，正锋，一角残缺。长13、宽7.7、厚2.8厘米（图五六六，4；图版一二一，3）。

H25②　器形有陶釜、高领瓮，石锛等。

陶釜　1件。H25②：3，夹细砂红褐胎黑皮陶。手制，口经慢轮修整。盘口，仰折沿，沿面内凹，尖圆唇，束颈，溜肩，以下残。肩饰右斜细篮纹。复原口径20、残高6厘米（图五六七，1）。

陶高领瓮　1件。H25②：2，泥质灰胎黑皮陶。手制，口经慢轮修整，器表磨光。直口，尖圆唇，高直领，广肩，以下残。肩饰压印波折纹。复原口径14、残高4.7厘米（图五六七，2）。

石锛　1件。H25②：1，粉砂岩，青灰色。磨制。长梯形，平顶，直边，单直刃，偏锋。长5.5、宽2.9、厚0.8厘米（图五六七，3；图版一二一，4）。

H31　位于T0505东南部。开口于第2层下，打破第3层。坑口呈圆角长方形，袋状坑，平底。坑口长1.56、宽1.34米，坑底长1.72、宽1.47米，深1.23米（图五六八；彩版四三，3）。坑内堆积分3层：第1层，灰褐色土，厚36厘米，夹红烧土颗粒，土质较紧密，出土1件骨铲和少量陶片，陶片可辨器形有陶鼎足、钵等；第2层，灰黄色土，厚40厘米，内含少量草木灰、小石块和蚌壳，出土陶片极少；第3层，灰黑色土，厚42厘米，土质疏松，出土少量陶片，器形仅见陶豆座。

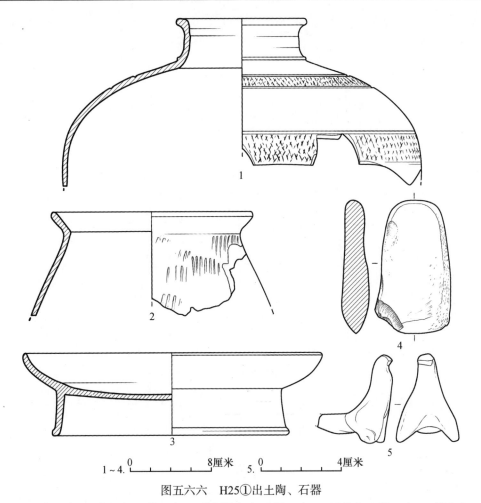

1 ~ 4. 0 _____ 8厘米   5. 0 _____ 4厘米

图五六六 H25①出土陶、石器

1. 陶高领瓮（H25①：4） 2. 陶釜（H25①：6） 3. 陶圈足盘（H25①：3） 4. 石斧（H25①：2） 5. 陶鸟（H25①：1）

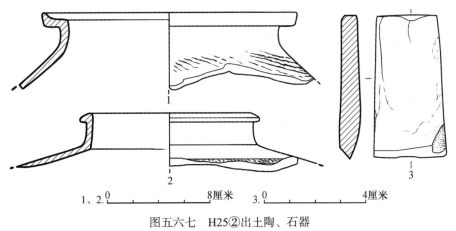

1、2. 0 _____ 8厘米   3. 0 _____ 4厘米

图五六七 H25②出土陶、石器

1. 陶釜（H25②：3） 2. 陶高领瓮（H25②：2） 3. 石锛（H25②：1）

H31①　器形有陶钵、鼎足，骨铲等。

陶钵　1件。H31①：2，泥质灰胎黑皮陶。手制。敛口，内折沿，圆唇，折肩，斜直腹，腹以下残。上腹光素，下腹饰左斜篮纹。复原口径34、残高10厘米（图五六九，1）。

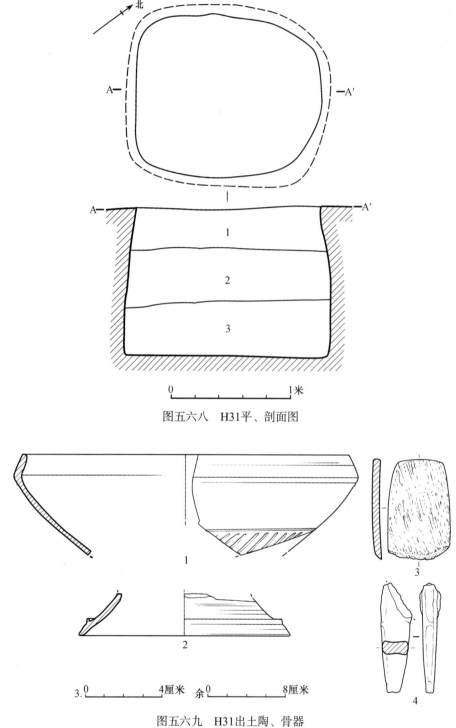

图五六八　H31平、剖面图

图五六九　H31出土陶、骨器

1.陶钵（H31①:2）　2.陶豆座（H31③:1）　3.骨铲（H31①:1）　4.陶鼎足（H31①:3）

陶鼎足　1件。H31①:3，夹粗砂夹蚌褐陶。手制。三角形侧安扁足。足尖外侧有一浅按窝纹。残高11厘米（图五六九，4）。

骨铲　1件。H31①:1，利用动物骨骼磨制而成。长方形，顶微弧，弧边，单弧刃，偏锋。长5.1、宽3.2、厚0.4厘米（图五六九，3）。

H31③ 器形仅见陶豆座。

陶豆座 1件。H31③：1，泥质灰胎黑皮陶。轮制，器表有细密旋痕。喇叭形，底座外撇并起一道凸棱。素面。复原圈足径22、残高4.2厘米（图五六九，2）。

H35 位于T0505西南部和T0605西北部。开口于第2层下，打破第3层。坑口呈椭圆形，袋状坑，平底，边壁下端和底各有一个小耳洞。坑口长1.5、宽1.3米，坑底长1.72、宽1.52米，深1.46米（图五七○；彩版四四，1）。坑内堆积分2层：第1层，黑褐色土，厚50厘米，土质疏松，包含红烧土粒、草木灰、石块和蚌壳，出土少量陶片，器形有陶釜、高领罐等；第2层，灰白色土，厚120厘米，土质较疏松，包含草木灰、烧土块、小石块、蚌壳和兽骨，出土石斧、锛各1件和较多陶片，陶片以夹砂褐陶和泥质灰陶为主，夹砂灰陶次之，纹饰以篮纹为主，素面陶次之，器形有陶鼎足、釜、豆盘、纺轮、豆座、盖纽等。

H35① 器形有陶釜、高领罐等。

陶釜 1件。H35①：1，夹细砂灰陶。手制，口经慢轮修整、有旋痕。仰折沿，沿面内凹，圆唇，鼓肩，鼓腹，以下残。腹饰右斜粗篮纹。复原口径16、残高4.7厘米（图五七一，1）。

陶高领罐 1件。H35①：2，泥质灰陶。手制，口经慢轮修整。直口微侈，方唇，唇内外边缘起棱，高直领，广肩，以下残。肩饰右斜粗篮纹。复原口径13、残高5.6厘米（图五七一，2）。

图五七○ H35平、剖面图

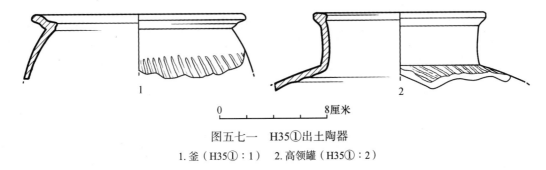

图五七一 H35①出土陶器
1. 釜（H35①：1） 2. 高领罐（H35①：2）

H35② 器形有陶釜、豆盘、豆座、鼎足、盖纽、纺轮，石斧、锛等。

陶釜 2件。夹粗砂夹蚌红褐陶。手制，口经慢轮修整。H35②：6，仰折沿，尖圆唇，溜肩，鼓腹，以下残。腹饰竖向粗篮纹。复原口径16、残高8.4厘米（图五七二，2）。H35②：

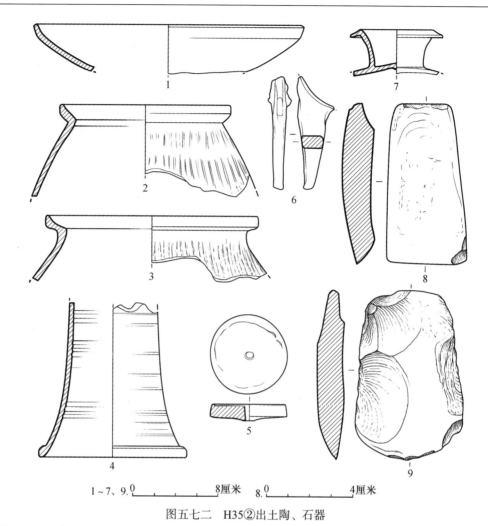

图五七二　H35②出土陶、石器

1. 陶豆盘（H35②：8）　2、3.陶釜（H35②：6、H35②：7）　4.陶豆座（H35②：9）　5.陶纺轮（H35②：1）

6. 陶鼎足（H35②：10）　7.陶盖纽（H35②：11）　8.石锛（H35②：3）　9.石斧（H35②：2）

7，盘口，仰折沿，沿面内凹，方唇，束颈，溜肩，以下残。器表饰竖向细篮纹。复原口径20、残高6厘米（图五七二，3）。

陶豆盘　1件。H35②：8，泥质灰陶。轮制，器表有旋痕。敞口，圆唇，弧腹，浅盘，以下残。素面。复原口径25.2、残高4.7厘米（图五七二，1）。

陶豆座　1件。H35②：9，泥质灰胎黑皮陶。轮制，器内壁有旋痕，器表磨光。细高柄，下端呈喇叭形外撇，底缘叠边加厚一周。素面。复原圈足径14、残高14厘米（图五七二，4）。

陶鼎足　1件。H35②：10，夹细砂夹蚌褐陶。手制。三角形侧安扁足，足尖捏压、微外撇。足根处有一浅按窝纹。残高10.3厘米（图五七二，6）。

陶盖纽　1件。H35②：11，泥质红陶。轮制，器表磨光。杯状捉手，外折沿，方唇，弧顶，以下残。素面。复原纽径8、残高4厘米（图五七二，7）。

陶纺轮　1件。H35②：1，细泥红陶。手制。圆形，斜边，一面微凹，周缘微起棱，一面隆起，中间有一小圆孔。素面。直径3.6、厚0.5~0.7厘米（图五七二，5；图版一二一，5）。

石斧　1件。H35②：2，硅质岩，青灰色。打、磨兼制。近梯形，弧顶，斜边，单弧刃，偏锋。长15.4、宽10.2、厚2.5厘米（图五七二，9）。

石锛　1件。H35②：3，硅质岩，青黑色。磨制。长方形，平顶，斜直边，单平刃，偏锋。长7.3、宽3.8、厚1.4厘米（图五七二，8）。

H39　位于T0304南部和T0404北部。开口于第2层下，打破第3层。坑口呈圆形，坑壁不规整、呈二级台阶状，底较平。坑口长2.53、宽2.32米，坑底长1.27、宽1.18米，深0.6米（图五七三）。坑内堆积分4层：第1层，黄色土，厚0～17厘米，较纯净，出土少量陶片，器形有陶鼎足、杯足等；第2层，灰黑色土，厚6～12厘米，包含少量草木灰和红烧土颗粒，出土2件石斧和少量陶片，陶片器形有陶釜、高领瓮、杯、纺轮等；第3层，黄灰色土，厚0～18厘米，土质疏松，含有红烧土颗粒，出土遗物极少；第4层，灰黑色土，厚25厘米，土质松软，较纯净，出土遗物极少。

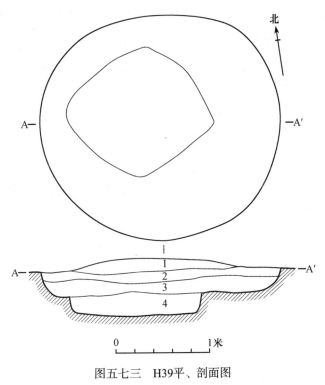

图五七三　H39平、剖面图

H39①　器形有陶杯足、鼎足等。

陶杯足　1件。H39①：6，泥质黑陶，薄胎。轮制，内壁满见细密旋痕，器表磨光。上部残，有两道凸箍，喇叭形座，底端残。素面。残高4.1厘米（图五七四，2）。

陶鼎足　1件。H39①：7，夹粗砂夹蚌灰陶。手制。三角形侧安扁足，足尖残断。足根有两个按窝纹。残高8.7厘米（图五七四，1）。

H39②　器形有陶釜、高领瓮、杯、纺轮，石斧等。

陶釜　1件。H39②：6，夹粗砂红褐陶。手制，口经轮制修整。宽仰折沿，圆唇，沿面内凹，溜肩，垂腹，以下残。器表饰左斜宽篮纹。复原口径28、残高16.7厘米（图

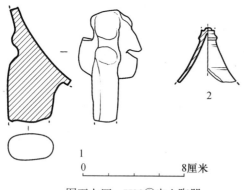

图五七四　H39①出土陶器
1. 鼎足（H39①：7）　2. 杯足（H39①：6）

五七五，1）。

陶高领瓮　1件。H39②：5，夹细砂夹蚌灰陶，局部泛黑。手制，口经慢轮修整。侈口，卷沿，圆唇，高直领，圆肩，鼓腹，以下残。肩饰竖向细篮纹，腹饰左斜粗篮纹，并刻划一双线三角形图案。复原口径12.4、腹径32、残高20.4厘米（图五七五，2）。

陶杯　1件。H39②：4，泥质黑陶。系二次利用豆柄制成，原豆盘与底座残后，将底座周缘磨平，倒转过来作为杯用，器表磨光。侈口，方唇，束腰，内凹底。近底处饰一道凸弦纹。口径7、底径7、高7.6厘米（图五七五，4）。

陶纺轮　1件。H39②：1，泥质灰陶。手制，通体磨光。圆形，直边，两面皆平，中心钻有一小圆孔。素面。直径3、厚0.7厘米（图五七五，3；图版一二一，6）。

石斧　2件。H39②：2，青黑色。琢、磨兼制。近方形，弧顶，直边，双直刃。刃有使用所致的损缺痕。长7.2、宽5.8、厚1.7厘米（图五七五，5；图版一二二，2）。H39②：3，灰色。磨制。梯形，斜直顶，斜直边，微弧刃，单面刃。长11.7、宽6、厚1.8厘米（图五七五，6；图版一二二，1）。

H42　位于T0605西南部和T0604东南部。开口于第2层下，打破第3层，被Z1打破。坑口呈圆角长方形，斜壁不规整，底不平。坑口长1.36、宽1.09米，坑底长0.76、宽0.63米，深1.21米（图五七六；图版一一四，2）。坑内堆积为黑褐色沙土，土质松散，包含少量炭渣、蚌壳、

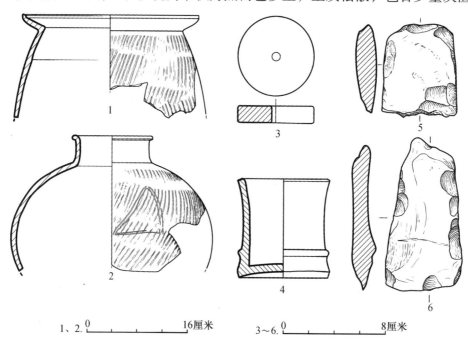

图五七五　H39②出土陶、石器
1. 陶釜（H39②：6）　2. 陶高领瓮（H39②：5）　3. 陶纺轮（H39②：1）　4. 陶杯（H39②：4）　5、6. 石斧（H39②：2、
H39②：3）

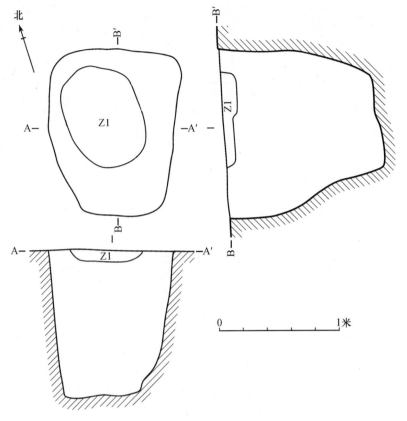

图五七六　H42平、剖面图

兽骨等。出土较多陶片，以夹砂褐胎黑皮陶为主，夹砂灰陶和泥质灰陶次之，有少量夹砂红褐陶，器表大多饰绳纹，少量素面。器形有陶鼎、釜、高领瓮、甑、豆盘、纺轮，石刀等（图版一二二，3）。

　　陶鼎　1件。H42：3，夹细砂红褐陶，有黑色斑块。手制，内壁粗糙。仰折沿，沿面内凹，方唇，溜肩，鼓腹，底残，下安三角形侧扁足，足尖残断。腹饰交错细绳纹，足根饰四个小按窝纹。复原口径14.5、腹径16、复原高19.8厘米（图五七七，1；彩版四八，2）。

　　陶釜　3件。手制。H42：5，夹细砂褐陶，有黑色斑块。口部变形，仰折沿，圆唇，束颈，鼓肩，圆鼓腹，圜底。上腹饰细绳纹，下腹饰交错绳纹。口径15.6、腹径20.7、高18.6厘米（图五七七，2；彩版四八，3）。H42：7，夹细砂灰黑陶。仰折沿，沿面微凹，方唇，溜肩，垂腹，以下残。器表饰竖向细绳纹。复原口径18、残高7.6厘米（图五七七，8）。H42：8，夹细砂夹云母褐胎黑皮陶。仰折沿，沿面内凹，方唇，束颈，溜肩，鼓腹，以下残。器表饰竖向细绳纹。复原口径18、残高8.4厘米（图五七七，10）。

　　陶高领瓮　2件。手制，口经慢轮修整。H42：6，夹细砂灰黑陶。直口，圆方唇，高领，广肩，鼓腹，以下残。腹饰竖向细绳纹。复原口径10、残高14厘米（图五七七，3）。H42：10，夹细砂褐胎黑皮陶，黑皮大多已脱落。直口，圆唇，唇外缘凸起，高领，广肩，以下残。肩饰横向篮纹。复原口径12、残高5.1厘米（图五七七，7）。

　　陶甑　1件。H42：4，夹细砂红褐陶，有灰斑块。手制，口经慢轮修整。仰折沿，沿面内

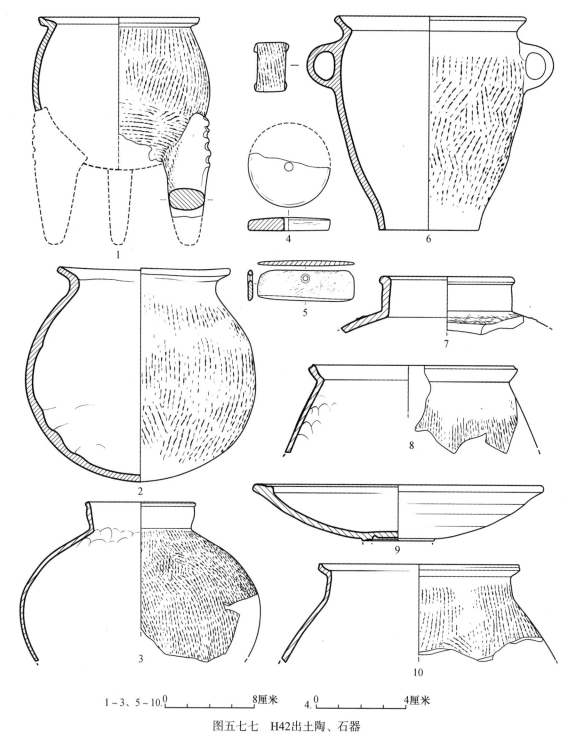

1～3、5～10.　0 ———————— 8厘米　　4. 0 ———————— 4厘米

图五七七　H42出土陶、石器

1.陶鼎（H42：3）　　2、8、10.陶釜（H42：5、H42：7、H42：8）　　3、7.陶高领瓮（H42：6、H42：10）

4.陶纺轮（H42：2）　　5.石刀（H42：1）　　6.陶甑（H42：4）　　9.陶豆盘（H42：11）

凹，方圆唇，微鼓肩，肩上安一对对称桥形耳，深弧腹，下端呈反弧形，无底。器表饰交错细绳纹。复原口径17、底径8.9、高18.6厘米（图五七七，6；彩版四九，1）。

　　陶豆盘　1件。H42：11，泥质磨光黑陶。轮制。敞口，口内起一道凸棱，圆唇，浅弧盘，平底，以下残。素面。复原口径26、残高4.9厘米（图五七七，9）。

陶纺轮　1件。H42：2，泥质灰陶。手制。圆形，微弧边，两面皆平坦，中央钻有一小圆孔。直径3.7、厚0.6厘米（图五七七，4；图版一二二，4）。

石刀　1件。H42：1，硅质岩，青灰色。磨制。横长条形，平背，近背部中央有一两面对穿小圆孔，单面直刃，偏锋。长8.6、宽2.7、厚0.4厘米（图五七七，5；彩版四九，2；图版一二二，5）。

H44　位于T0505中南部。开口于第2层下，打破第3层。坑口呈近方形，袋状坑，平底。坑口长1.6、宽1.4米，坑底长2.04、宽1.9米，深0.9米（图五七八；彩版四四，2）。坑内堆积为黑褐色土，土质疏松，内含红烧土颗粒和少量黑色草木灰。出土少量石器和大量陶片。陶片以夹砂红褐陶为主，泥质灰黑陶次之，有少量夹砂灰陶，夹砂陶大多饰篮纹，泥质陶以磨光素面居多。器形有陶釜、钵、高领罐、三耳罐、豆盘、豆柄、瓮底、鼎足，石刀等。

陶釜　6件。手制，口经慢轮修整。H44：3，夹粗砂夹蚌红褐陶，局部有黑斑。仰折沿，沿面微凹，圆唇，溜肩，鼓腹，圜底。颈抹光，腹饰竖向细篮纹。复原口径13.6、腹径15.1、高12.4厘米（图五七九，5；彩版五〇，1）。H44：4，夹细砂红褐陶，局部有黑斑。仰折沿，沿面内凹，方唇，溜

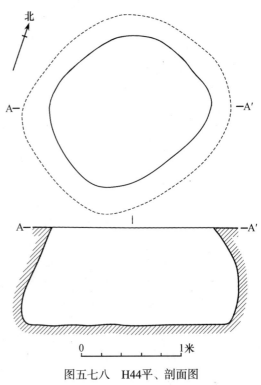

图五七八　H44平、剖面图

肩，垂腹，最大腹径偏下，底残。腹饰交错细篮纹。复原口径18、腹径26、残高19厘米（图五七九，1）。H44：6，夹粗砂夹蚌红陶，局部有黑斑。内壁有捏压指窝纹。仰折沿，沿面下凹成盘口，尖圆唇，溜肩，鼓腹，以下残。腹饰左斜粗篮纹。复原口径20、残高19.6厘米（图五七九，2）。H44：7，夹粗砂夹蚌褐陶。仰折沿，沿面微凹，圆唇，溜肩，鼓腹，以下残。肩抹光，腹饰竖向粗篮纹。复原口径18、残高16.6厘米（图五七九，3）。H44：9，夹粗砂夹蚌红褐陶，局部有黑斑。仰折沿，沿面内凹，尖圆唇，束颈，溜肩，鼓腹，以下残。腹饰细浅篮纹，较模糊。复原口径16、残高14.2厘米（图五七九，4）。H44：10，夹粗砂夹蚌红褐陶，局部有黑斑。仰折沿，沿面内凹，盘口，方唇，束颈，鼓肩，鼓腹，以下残。腹饰左斜浅篮纹，较模糊。复原口径16、残高11.8厘米（图五七九，6）。

陶钵　1件。H44：18，泥质灰陶。轮制，器表磨光。敞口，卷沿，方唇，弧腹斜内收，以下残。素面。复原圈足径22、残高7.9厘米（图五七九，7）。

陶高领罐　1件。H44：2，夹细砂夹蚌红褐陶，有黑斑。手制，口、领经慢轮修整、有旋痕。微侈口，圆唇，高领微束，广肩，鼓腹，下腹弧内收，底残。器表饰左斜粗篮纹。复原口径13.7、腹径26、底径7.9、高22.6厘米（图五八〇，1；彩版四九，3）。

陶三耳罐　1件。H44：22，泥质褐胎黑皮陶。轮制，器表磨光。大敞口，尖圆唇，斜长

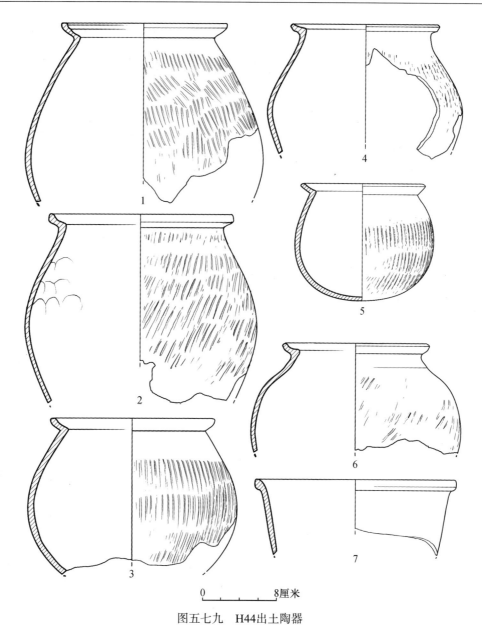

图五七九　H44出土陶器

1~6.釜（H44：4、H44：6、H44：7、H44：9、H44：3、H44：10）　7.钵（H44：18）

颈，安桥形宽耳，折腹，以下残。素面。复原口径20.5、残高5.2厘米（图五八〇，5）。

陶豆盘　1件。H44：16，泥质红褐陶，局部泛黑。轮制，器表有旋痕。敞口，方唇，浅弧腹，平底，柄残。素面。复原口径20、残高4.6厘米（图五八〇，2）。

陶豆柄　1件。H44：17，泥质红褐陶，局部有黑斑。轮制，内壁有细密旋痕，器表磨光。盘、座均残，仅存柄。柄细高，喇叭形，下端外撇。素面。残高12.9厘米（图五八〇，7）。

陶瓮底　1件。H44：14，夹粗砂夹蚌红褐陶，局部泛黑。手制。只存下腹，腹斜直内收，平底微凹。素面。复原底径12、残高5.9厘米（图五八〇，3）。

陶鼎足　1件。H44：20，夹粗砂红陶。手制。三角形侧安扁足，足尖微外撇。足根饰两个

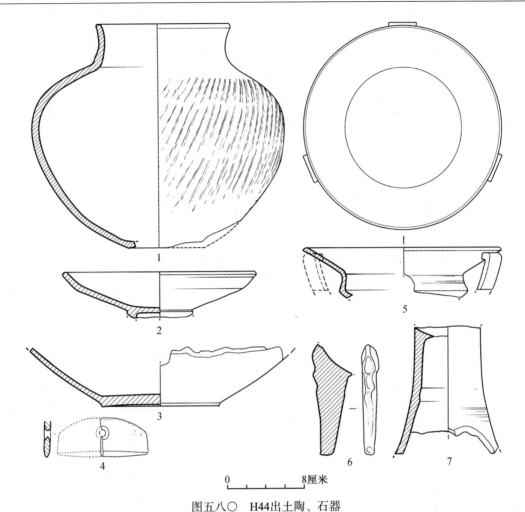

图五八〇 H44出土陶、石器

1.陶高领罐（H44：2） 2.陶豆盘（H44：16） 3.陶瓮底（H44：14） 4.石刀（H44：1） 5.陶三耳罐（H44：22）
6.陶鼎足（H44：20） 7.陶豆柄（H44：17）

按窝，足尖亦捏压有一个小按窝纹。残高11.1厘米（图五八〇，6）。

石刀 1件。H44：1，硅质岩，青黑色。磨制。仅存一半，横长方形，弧背，近背部有一双面对穿圆孔，单面直刃，偏锋。复原长9.4、宽3.9、厚0.6厘米（图五八〇，4）。

H45 位于T0506中部。开口于第2层下，打破第3层。坑口呈圆角长方形，弧壁，平底。长2.12、宽1.6、深0.76米（图五八一；图版一一五，1）。坑内堆积为灰褐色土，土质松软，夹有少量烧土颗粒、石块、蚌壳等。出土少量陶片，以夹砂灰陶为主，夹砂褐陶和泥质灰陶次之，纹饰有少量篮纹和方格纹，器形有陶釜、

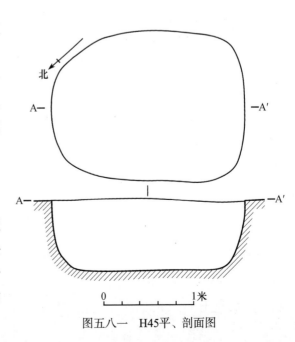

图五八一 H45平、剖面图

鼎足等。

　　陶釜　1件。H45：1，夹粗砂夹蚌褐陶，有黑斑。手制，口经慢轮修整。仰折沿，沿面内凹，圆唇，溜肩，垂腹，以下残。腹饰方格纹。复原口径22、残高7厘米（图五八二，1）。

　　陶鼎足　1件。H45：3，夹细砂夹蚌褐陶。手制。似鸡腿形，侧安，足根扁平外凸，足尖呈圆柱状，略外撇。素面。高7厘米（图五八二，2）。

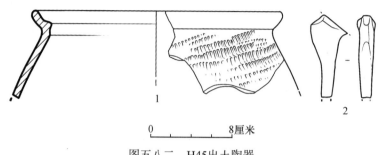

图五八二　H45出土陶器
1. 釜（H45：1）　2. 鼎足（H45：3）

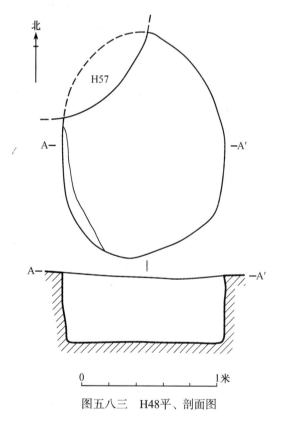

图五八三　H48平、剖面图

　　H48　位于T0806东北部和T0706南部。开口于第2层下，打破H30和第3层，被H57打破。坑口呈椭圆形，直壁、局部斜直，平底。坑口长1.62、宽1.2米，坑底宽1.12米，深0.49米（图五八三）。坑内堆积为红褐色土，土质紧密，含有少量红烧土块。出土少量陶片，以夹砂红褐陶和泥质灰陶为主，其余较少，纹饰主要有篮纹，器形有陶釜、豆盘、红陶杯等。

　　陶釜　1件。H48：1，夹细砂夹蚌红陶。手制，口经慢轮修整。宽仰折沿，沿面微凹，圆唇，斜颈，颈内有一周凹槽、外有一周凸棱，溜肩，垂腹，以下残。腹饰交错粗篮纹。复原口径24、残高16厘米（图五八四，2）。

　　陶豆盘　1件。H48：2，泥质灰陶。轮制，器表可见细密旋痕。敞口，尖圆唇，浅弧腹，以下残。素面。复原口径28、残高4.1厘米（图五八四，1）。

　　红陶杯　1件。H48：3，夹细砂红褐陶，厚胎。手制。口、腹皆残，仅存底，呈圆柱状，底面内凹。素面。底径7.5、残高4.3厘米（图五八四，3）。

　　H51　位于T0604东北部。开口于第2层下，打破第3层，被H6和M7打破。坑口呈椭圆形，袋状坑，平底。坑口长2.5、宽1.47米，坑底长2.6、宽1.6米，深0.56米（图五八五）。坑内堆积为黑灰色土，土质疏松，含有少量草木灰。出土少量陶片，以泥质灰陶为主，夹砂灰陶次

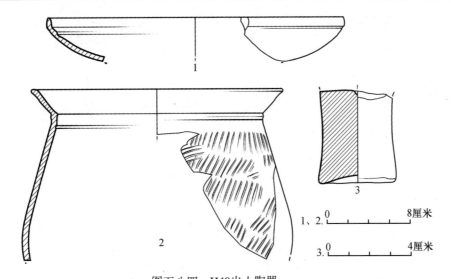

图五八四　H48出土陶器

1.豆盘（H48：2）　2.釜（H48：1）　3.红陶杯（H48：3）

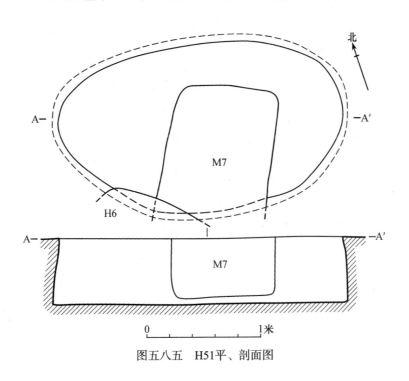

图五八五　H51平、剖面图

之，有少量夹砂红褐陶和泥质黑陶，纹饰以篮纹为主，泥质陶多磨光素面，器形有陶釜、高领瓮、豆座等。

陶釜　1件。H51：2，夹粗砂夹蚌褐胎灰陶。手制，口经慢轮修整。仰折沿，沿面较宽，方唇，鼓肩，鼓腹，以下残。腹饰方格纹。复原口径16、残高5.2厘米（图五八六，2）。

陶高领瓮　1件。H51：1，泥质褐胎黑皮陶。轮制，器表磨光。直口微敞，斜尖唇，高直领，广肩，以下残。肩饰一周左斜细浅篮纹。复原口径13、残高7.6厘米（图五八六，1）。

陶豆座　1件。H51：3，泥质褐胎黑皮陶。轮制。口残，弧腹，平底，粗矮柄，喇叭形圈足座，座缘起一道折棱。素面。复原圈足径11、残高8.9厘米（图五八六，3）。

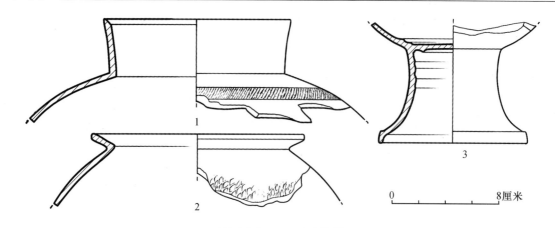

图五八六　H51出土陶器

1. 高领瓮（H51：1）　2. 釜（H51：2）　3. 豆座（H51：3）

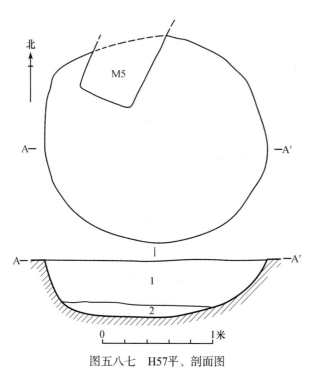

图五八七　H57平、剖面图

H57　位于T0706南部和T0806北部。开口于第2层下，打破H30、H41、H48和第3层，被M5打破。坑口呈近圆形，弧壁，底较平。长2.02、宽1.82、深0.5米（图五八七）。坑内堆积分2层：第1层，灰黑色土，厚40厘米，土质疏松，含有草木灰，出土3件石斧、1件石锄和较多陶片，陶片以泥质灰陶为主，有少量夹砂灰陶和褐胎黑皮陶，器形有陶鼎足、高领瓮、釜、瓮底、豆柄、纺轮等；第2层，浅灰土，厚10厘米，土质松软，出土1件石斧和少量陶片，陶片器形有陶盆、小杯等。

H57①　器形有陶釜、高领瓮、瓮底、豆柄、鼎足、纺轮，石斧、锄等。

陶釜　2件。手制，口经慢轮修整。H57①：11，夹细砂夹云母褐陶。侈口，卷沿，圆唇，溜肩，垂腹，以下残。腹饰竖向细绳纹。复原口径13、残高5厘米（图五八八，5）。H57①：12，夹粗砂夹蚌褐陶，有黑斑。仰折沿，沿面微内凹，溜肩，垂腹，以下残。腹饰左斜粗篮纹。复原口径24、残高10厘米（图五八八，1）。

陶高领瓮　1件。H57①：14，泥质灰胎黑皮陶。手制，口、肩经慢轮修整。直口，方唇，外唇缘微凸，高领，广肩，以下残。肩饰竖向篮纹，遭两周凹弦纹打断。复原口径15、残高5.8厘米（图五八八，2）。

陶瓮底　1件。H57①：13，泥质灰陶。手制。斜直腹内收，假圈足底微内凹。腹饰竖向细绳纹。复原底径15、残高5.6厘米（图五八八，4）。

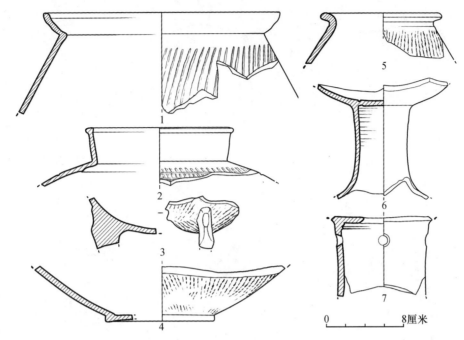

图五八八　H57①出土陶器

1、5.釜（H57①∶12、H57①∶11）　　2.高领瓮（H57①∶14）　　3.鼎足（H57①∶8）　　4.瓮底（H57①∶13）

6、7.豆柄（H57①∶9、H57①∶10）

陶豆柄　2件。泥质灰陶。轮制，内壁有旋痕，器表打磨光滑。H57①∶9，口残，浅盘，平底，细高柄，下端外撇，座残。素面。残高12厘米（图五八八，6）。H57①∶10，盘残，细高柄，座残。柄上部对称饰四个圆形镂孔。残高8厘米（图五八八，7）。

陶鼎足　1件。H57①∶8，夹细砂夹蚌褐陶。手制。三角形侧安足，足尖残。腹饰交错粗绳纹，足根饰一个按窝纹。残高5.4厘米（图五八八，3）。

陶纺轮　2件。泥质红褐陶。圆形，折边，中间穿一小孔。素面。H57①∶3，两面皆平。直径3.8、厚1厘米（图五八九，5；图版一二三，1）。H57①∶6，两面隆起。直径3.2、厚0.7厘米（图五八九，6）。

石斧　3件。H57①∶5，硅质岩，灰色。磨制。长方形，顶残，直边，双面弧刃，正锋。残长4、宽5.4、厚1.1厘米（图五八九，1）。H57①∶1，粉砂岩，青灰色。打、磨兼制。梯形，顶残，斜直边，单面刃微弧，偏锋。长7.6、宽4.3、厚0.9厘米（图五八九，3）。H57①∶4，硅质岩，青黑色。磨制。方梯形，微弧顶，斜直边，单面直刃，刃有使用痕迹。长6.4、宽6.1、厚1.4厘米（图五八九，2）。

石锄　1件。H57①∶2，砂岩，青黑色。琢、磨兼制。靴形，弧顶，宽长柄，亚腰形，单面尖弧刃，一端已残，偏锋。长19.6、宽10.3、厚2厘米（图五八九，4）。

H57②　器形有陶盆、小杯，石斧等。

陶盆　1件。H57②∶3，夹细砂褐陶。手制，口经慢轮修整。微敛口，叠唇，弧腹内收，以下残。素面。复原口径22、残高8厘米（图五九〇，1）。

陶小杯　1件。H57②∶2，夹细砂夹蚌褐陶。手制。仰折沿，尖圆唇，束颈，弧腹，平底

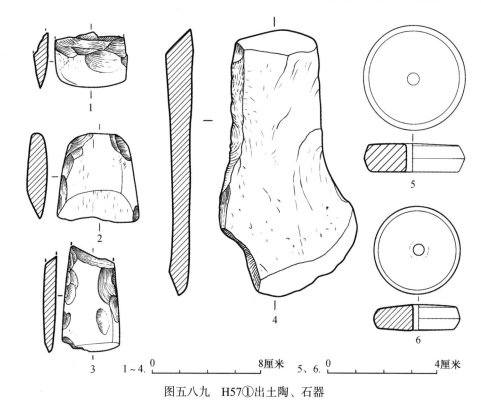

1~4. 0 _____ 8厘米　　5、6. 0 _____ 4厘米

图五八九　H57①出土陶、石器

1~3. 石斧（H57①：5、H57①：4、H57①：1）　4. 石锄（H57①：2）　5、6. 陶纺轮（H57①：3、H57①：6）

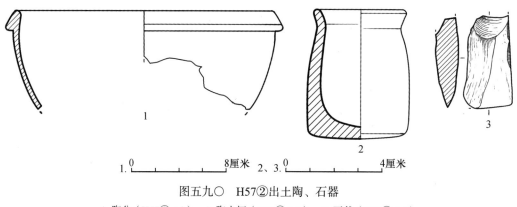

1. 0 _____ 8厘米　　2、3. 0 _____ 4厘米

图五九〇　H57②出土陶、石器

1. 陶盆（H57②：3）　2. 陶小杯（H57②：2）　3. 石斧（H57②：1）

微凸。口径3.9、底径4.1、高5.3厘米（图五九〇，2；图版一二三，2）。

　　石斧　1件。H57②：1，硅质岩，青色。打、磨兼制。长方形，顶残，仅存一角，直边，单面直刃，偏锋。残长7.6、残宽4.2、厚2厘米（图五九〇，3）。

　　H62　位于T0705东北部。开口于第2层下，打破第3层。坑口呈椭圆形，袋状坑，底较平。坑口长1.36、宽1米，坑底长1.52、宽1.17米，深0.78米（图五九一）。坑内堆积为黑灰色土，土质松软，含有较多红烧土。出土少量陶片，以夹砂褐陶居多，夹砂灰陶和泥质灰陶较少，纹饰主要为篮纹，无可辨器形。

　　H63　位于T0705南部。开口于第2层下，打破第3层，西南部被汉江冲毁。坑口呈不规则长方形，直壁，底较平。长2.38、宽1.75、深0.32米（图五九二）。坑内堆积为褐灰色土，土质松散，含有较多红烧土块、石块和蚌壳。出土少量石、骨器和陶片。陶片以泥质灰陶居多，有少量夹砂褐陶和灰陶，素面陶占多数，纹饰主要为篮纹。器形有陶瓮、圈足盘，石锛、镞，骨镞等。

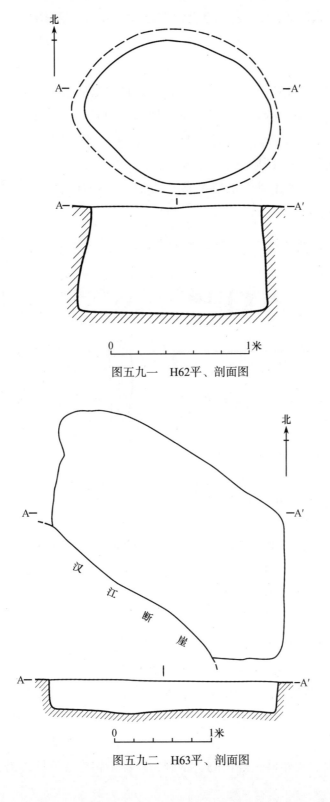

图五九一　H62平、剖面图

图五九二　H63平、剖面图

陶瓮　1件。H63：4，泥质灰陶。手制，口、肩经慢轮修整。宽仰折沿，沿面上端微外垂，圆唇，溜肩，垂腹，以下残。腹饰右斜篮纹，遭一道凹弦纹打断。复原口径26、残高6.1厘米（图五九三，1）。

陶圈足盘　2件。轮制，器表磨光。H63：5，夹细砂褐胎黑皮陶。敞口，圆唇，浅弧腹，以下残。素面。复原口径22、残高4厘米（图五九三，3）。H63：6，泥质橙黄陶。盘残，矮圈足较直，底端外折成座。圈足中部饰一周凸弦纹。复原圈足径12.4、残高6厘米（图五九三，2）。

石锛　1件。H63：2，粉砂岩，青灰色。磨制，通体打磨光滑。长方形，平顶，直边，单面刃较平直，一角已残，偏锋。长7、宽3.4、厚1.2厘米（图五九三，4；图版一二三，3）。

石镞　1件。H63：3，硅质岩，青黑色。磨制。三棱形，锋较圆钝，短铤残断。残长4、宽0.8、厚0.4厘米（图五九三，5；图版一二三，5）。

骨镞　1件。H63：1，利用骨骼磨制而成。锥形，短锋较钝，铤细长。长4.9厘米（图五九三，6；图版一二三，4）。

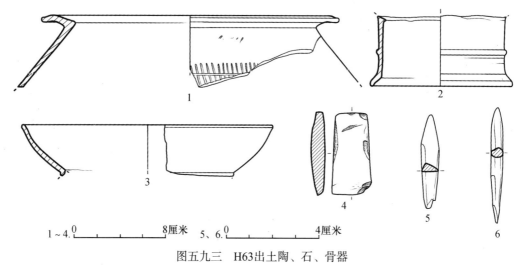

图五九三　H63出土陶、石、骨器

1.陶瓮（H63：4）　2、3.陶圈足盘（H63：6、H63：5）　4.石锛（H63：2）　5.石镞（H63：3）　6.骨镞（H63：1）

H72　位于T0508西南部。开口于第2层下，打破第3层。坑口呈不规则椭圆形，弧壁，圜底。长1.3、宽1.26、深0.26米（图五九四）。坑内堆积为灰土，土质较软。出土少量陶片，以泥质灰陶为主，泥质黑陶次之，有少量夹砂褐、灰陶，器表大多饰篮纹，绳纹次之，应为釜、高领瓮、豆类器物的残片。

H78　位于T0604西北部并伸出探方外。开口于第2层下，打破第3层，西部被汉江冲毁。坑口原应呈椭圆形，斜壁，平底。坑口残长1.26、宽1.97米，坑底残长1.1、宽1.6米，深0.8米（图五九五）。坑内填灰褐色土，土质疏松，含有少量草木灰。出土少量陶片，以夹砂褐陶为主，泥质灰陶与夹砂灰陶次之，有少量泥质黑陶，纹饰多为篮纹，素面陶较多，器形有陶釜、豆柄等。

陶釜　1件。H78：1，夹粗砂夹蚌褐陶。手制，口经慢轮修整。仰折沿，圆唇，溜肩，以下残。器表饰竖向粗篮纹。复原口径16、残高4.2厘米（图五九六，1）。

陶豆柄 1件。H78：2，泥质磨光黑陶。轮制。仅存柄部，细高柄，下端外撇。素面。残高4.7厘米（图五九六，2）。

H86 位于T0607东北部。开口于第2层下，打破第3层，被M21打破。坑口呈椭圆形，斜壁，平底。坑口长2、宽1.4米，坑底长1.73、宽1.1米，深0.5米（图五九七）。坑内堆积为褐色土，土质松软，含有少量草木灰、红烧土颗粒、兽骨和较多石块。出土少量泥质灰陶、夹砂褐陶和泥质黑陶碎陶片，无可辨器形。

H88 位于T0807西南部和T0907西北部。开口于第2层下，打破第3层，被W1打破。坑口呈方形，直壁，平底。长1.34、宽1.33、深0.57米（图五九八；彩版四四，3）。坑内堆积为灰

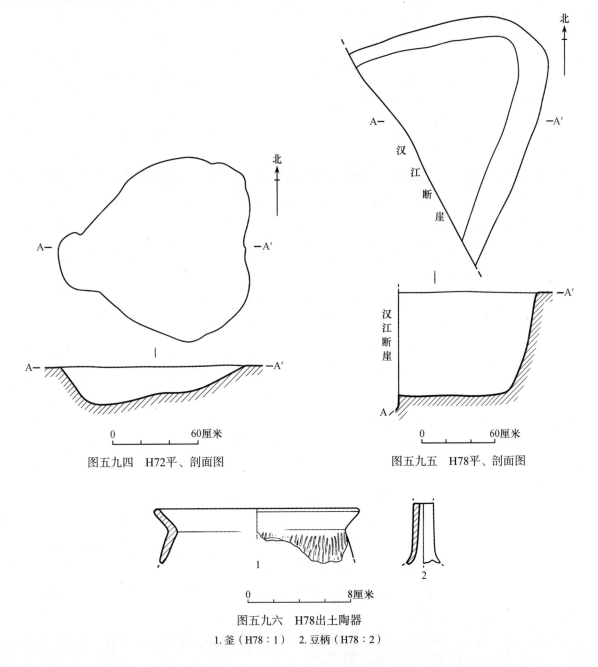

图五九四 H72平、剖面图　　　　图五九五 H78平、剖面图

图五九六 H78出土陶器

1. 釜（H78：1）　2. 豆柄（H78：2）

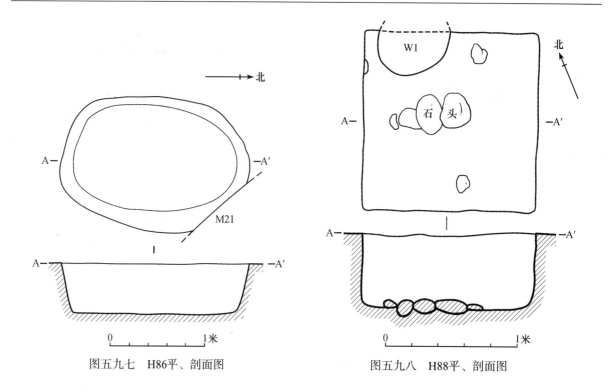

图五九七　H86平、剖面图　　　　　图五九八　H88平、剖面图

色土，土质松软，含有少量红烧土颗粒，坑底有较多大石块。出土1件石斧和少量陶片。陶片以泥质灰陶为主，有少量夹砂灰褐陶、泥质灰胎黑皮陶，纹饰以篮纹和绳纹为主，素面陶较多，器形有陶敛口盆、豆盘、鼎足等。

陶敛口盆　1件。H88：3，泥质灰陶。手制。敛口，叠唇，弧腹微鼓，以下残。腹饰交错篮纹。复原口径24、残高7.4厘米（图五九九，1）。

陶豆盘　1件。H88：4，泥质灰陶。轮制，器身满见旋痕。敞口，圆唇，弧腹，以下残。素面。复原口径28、残高5.3厘米（图五九九，2）。

陶鼎足　1件。H88：2，夹细砂褐陶，内壁呈灰黑色，有一层较厚的炭化物。手制。长方形侧安足，足尖残。残存的底饰交错绳纹。残高4.9厘米（图五九九，3）。

石斧　1件。H88：1，粉砂岩，青灰色，磨制。略呈椭圆形，弧顶，弧边，单面宽弧刃，偏锋。长12.7、宽8.6、厚2.9厘米（图五九九，4；图版一二三，6）。

H99　位于T0706东部和T0707西部。开口于第2层下，打破第3层。坑口呈圆角长方形，袋状坑，平底。坑口长1.6、宽1.1米，坑底长1.76、宽1.24米，深0.55米（图六〇〇）。坑内填土为灰黑色土，土质松软，含少量草木灰和石块。出土少量陶片，以泥质灰黑陶为主，有少量夹砂灰陶和褐胎黑皮陶，器表大多饰篮纹，器形有陶釜、圈足盘等。

陶釜　2件。手制，口经慢轮修整。H99：1，夹粗砂灰褐陶。仰折沿，沿面较宽，方唇，溜肩，垂腹，最大腹径偏下，底残。腹饰左斜宽篮纹。复原口径22、残高15.5厘米（图六〇一，1）。H99：2，泥质褐胎黑皮陶。仰折沿，沿面上端微外翻，圆唇，溜肩，垂腹，以下残。肩饰一道凹弦纹，腹饰右斜宽篮纹。复原口径24、残高6.8厘米（图六〇一，2）。

陶圈足盘　1件。H99：3，泥质灰陶。轮制。敞口，圆唇，弧腹，以下残。素面。复原口

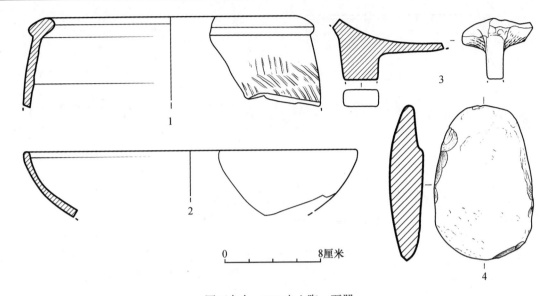

图五九九　H88出土陶、石器

1. 陶敛口盆（H88:3）　2. 陶豆盘（H88:4）　3. 陶鼎足（H88:2）　4. 石斧（H88:1）

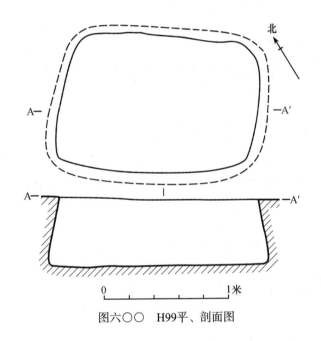

图六〇〇　H99平、剖面图

径26、残高6.1厘米（图六〇一，3）。

　　H109　位于T0101中部。开口于第2层下，打破第3层。坑口呈圆形，斜壁，平底。坑口直径1.7、坑底直径1.42、深0.5米（图六〇二；图版一一五，2）。坑内堆积为灰褐色土，土质松散，含草木灰。出土较多陶片，以泥质灰陶为主，夹砂红褐陶次之，有少量夹砂褐胎黑皮陶，大多器表饰篮纹，素面陶稍少。器形有陶釜、钵、豆柄、器盖、鼎足，骨镞等。

　　陶釜　1件。H109:5，夹粗砂褐陶。手制，口经慢轮修整、有旋痕。仰折沿，沿面微凹，沿面下端有一道较宽凸棱，圆唇，溜肩，垂腹，以下残。器表饰右斜细篮纹。复原口径17、残高7.3厘米（图六〇三，1）。

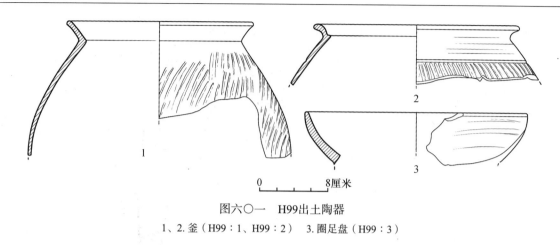

图六〇一　H99出土陶器

1、2.釜（H99：1、H99：2）　3.圈足盘（H99：3）

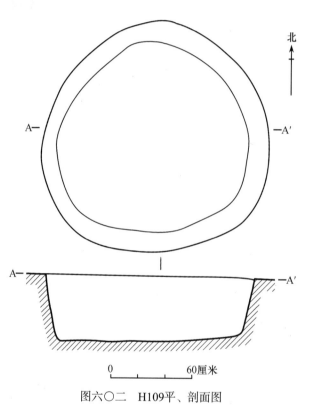

图六〇二　H109平、剖面图

陶钵　1件。H109：3，泥质灰陶。轮制，器内壁有旋痕。敞口，圆唇，斜直腹，大平底微凹。上腹饰弦断竖篮纹，有四周细浅凹弦纹，下腹光素。复原口径18、底径11.2、高6厘米（图六〇三，4；彩版五〇，2）。

陶豆柄　1件。H109：6，泥质灰陶。轮制，柄内壁有旋痕，器表磨光。盘、座均已残，圜底，细高柄。素面。残高6.9厘米（图六〇三，5）。

陶器盖　1件。H109：2，泥质黑陶。轮制，器内外壁皆有旋痕，盖顶有偏心线切痕迹。覆碗状，敞口，平唇，斜直腹，大平顶，周缘呈饼状外凸。器表饰三道凸弦纹。口径13.9、高4.6厘米（图六〇三，2；彩版五〇，3）。

陶鼎足　1件。H109：7，夹粗砂夹蚌褐陶。手制。扁三角形侧装足，足尖残断，根部微外

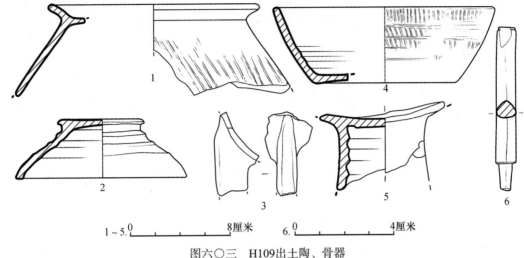

图六〇三 H109出土陶、骨器

1.陶釜（H109∶5）　2.陶器盖（H109∶2）　3.陶鼎足（H109∶7）　4.陶钵（H109∶3）　5.陶豆柄（H109∶6）

6.骨镞（H109∶1）

拱。素面。残高6.6厘米（图六〇三，3）。

骨镞　1件。H109∶1，利用骨骼磨制，打磨光滑。四棱柱体，圆头平锋，锥形短铤，铤尖残。残长6.5厘米（图六〇三，6）。

H158　位于T0408东南部和T0409西南部。开口于第2层下，打破H179和第3层。坑口呈椭圆形，袋状坑，平底。坑口长1.78、宽1.3米，坑底长1.92、宽1.5米，深0.9米（图六〇四）。坑内堆积为深褐色土，土质松软，含有少量草木灰和红烧土颗粒。出土极少量陶片，以夹砂褐陶为主，泥质灰陶次之，器表多饰篮纹，素面陶稍少，器形仅见陶釜。

陶釜　1件。H158∶1，夹粗砂灰陶。手制，口经慢轮修整。仰折沿，沿面内凹，方唇，溜肩，以下残。器表饰左斜宽篮纹。复原口径20、残高6.4厘米（图六〇五）。

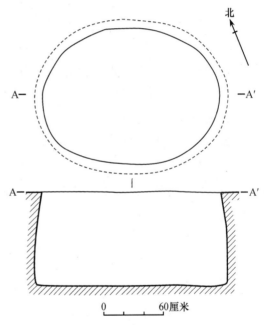

图六〇四　H158平、剖面图

H160　位于T0102东南部。开口于第2层下，打破第3层，北部被埝河冲毁。坑口原应呈圆形，斜壁，平底。坑口长1.5、残宽1.1米，坑底长1.2、残宽0.94米，深0.4米（图六〇六）。坑内堆积为浅灰色土，土质坚硬，含少量红烧土粒。出土陶片较少，以泥质灰陶为主，夹砂褐陶次之，有少量泥质黑陶，素面陶稍多，纹饰主要为篮纹，器形有陶釜、高领瓮、圈足盘、器盖、鼎足等。

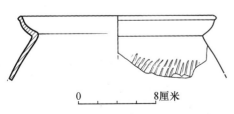

图六〇五　H158出土陶釜（H158∶1）

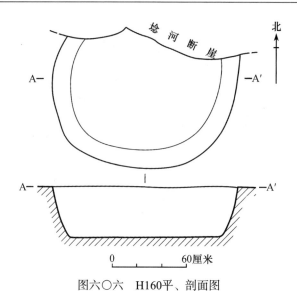

图六〇六　H160平、剖面图

陶釜　1件。H160：5，夹细砂红褐陶。手制，口经慢轮修整。宽仰折沿，沿面内凹，圆唇，溜肩，垂腹，以下残。器表饰左斜篮纹。复原口径18、残高9.7厘米（图六〇七，1）。

陶高领瓮　1件。H160：2，泥质灰褐陶。手制。直口，圆唇，高领微束，圆广肩，鼓腹，以下残。肩有一道凹弦纹，腹饰右斜篮纹。复原口径11、残高11.4厘米（图六〇七，2）。

陶圈足盘　1件。H160：4，泥质灰胎黑皮陶。轮制，器表磨光。口残，弧腹，平底，矮直圈足，底端外撇。盘腹饰一道凹弦纹。复原圈足径16、残高6.2厘米（图六〇七，4）。

陶器盖　1件。H160：3，泥质黑陶。轮制。覆盆状，敞口，平折沿，斜壁，小平顶。器表素面，内壁饰瓦棱纹。口径24.5、高7.9厘米（图六〇七，3）。

陶鼎足　1件。H160：8，泥质红褐陶。手制。侧安扁三角形足，足尖残。残留的腹饰绳纹，足根饰一个按窝纹。残高7厘米（图六〇七，5）。

H164　位于T0505东北部。开口于第2层下，打破第3层。坑口呈椭圆形，袋状坑，平底。坑口长1.58、宽1.4米，坑底长1.72、宽1.52米，深0.63米（图六〇八）。坑内堆积为黑褐色土，土质松散，含少量草木灰、红烧土颗粒、石块和蚌壳等。出土极少量陶片，以泥质灰陶为主，有少量夹砂褐陶，多素面，少量饰篮纹，器形仅见陶纺轮。

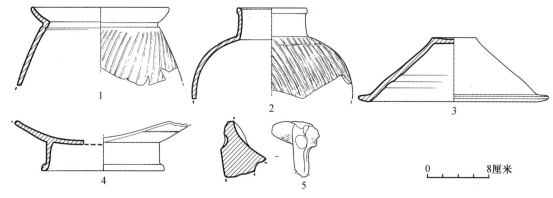

图六〇七　H160出土陶器

1.釜（H160：5）　2.高领瓮（H160：2）　3.器盖（H160：3）　4.圈足盘（H160：4）　5.鼎足（H160：8）

陶纺轮　1件。H164：1，泥质褐陶。手制。圆形，直边，两面皆平，中心有一圆形小穿孔。一面饰"十"字形相交凹弦纹。直径4.7、厚0.9厘米（图六〇九）。

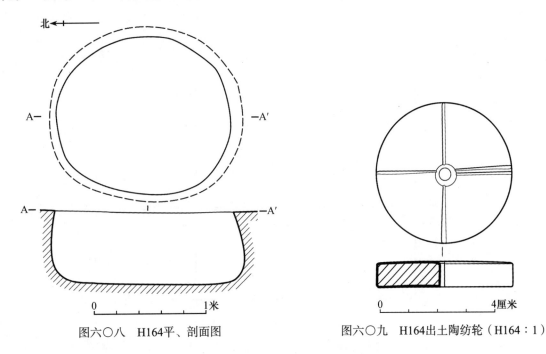

图六〇八　H164平、剖面图

图六〇九　H164出土陶纺轮（H164：1）

第三节　墓　葬

2座（M5、M7）。

M5　位于T0706西南部。方向28°。开口于第2层下，打破H57和第3层。长方形土坑竖穴，直壁，平底。长1.2、宽0.52、深0.2米。坑内填土为灰黑色土，土质疏松，含有少量草木灰。发现有人骨，但堆放散乱，应为二次迁葬，葬式不明，无葬具与随葬品（图六一〇；图版一一六，1）。

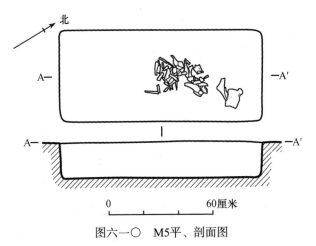

图六一〇　M5平、剖面图

M7　位于T0604东北部。方向24°。开口于第2层下，打破H51和第3层，被H6打破。长方形土坑竖穴，直壁，平底。长1.7、宽0.8、深0.51米。墓坑内填土为灰褐色土，土质较松散，含有少量龙山文化时期陶片。人骨保存较好，葬式为单人仰身直肢，无葬具与随葬品（图六一一；图版一一六，2）。

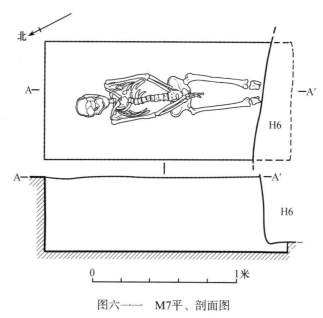

图六一一　M7平、剖面图

第四节　文　化　层

大寺遗址2006年和2009年的两次发掘中，均未发现龙山文化层。但在西区西部少量探方的明清时代文化层中（即西区西部第2层），可见到少量龙山文化时期的遗物，如T0705第2层就混杂有一定量的龙山文化遗物。其他探方第2层中混杂得较少。现将T0705第2层中的龙山文化遗物介绍如下。

T0705②

陶釜　3件。夹粗砂陶。手制，口经慢轮修整、有旋痕。仰折沿，沿面较宽，圆唇，溜肩，鼓腹下垂，最大径位于下腹，底残。通体饰竖向篮纹。T0705②：2，灰陶。复原口径26.7、残高22.5厘米（图六一二，1）。T0705②：3，夹蚌褐陶。复原口径19、残高14.3厘米（图六一二，2）。T0705②：6，黑陶。平折沿，沿面微凹，鼓腹，以下残。肩饰两道凹弦纹，腹饰竖向篮纹。复原口径15、残高4.8厘米（图六一二，4）。

陶罐　1件。T0705②：13，泥质灰陶。轮制，内外壁满见细密旋痕，器表磨光。仰折沿，圆唇，斜肩，肩以下残。器表素面。复原口径26、残高4.7厘米（图六一二，3）。

陶圈足盘　2件。泥质灰陶。轮制，外壁满见细密旋痕。T0705②：9，黑皮陶。敞口，方唇，口内有一道凹槽，浅弧腹，底残，高直粗圈足，以下残。圈足上有一道凸弦纹。复原口径24、残高8.7厘米（图六一二，5）。T0705②：8，灰衣陶。器表磨光。盘残，圜底近

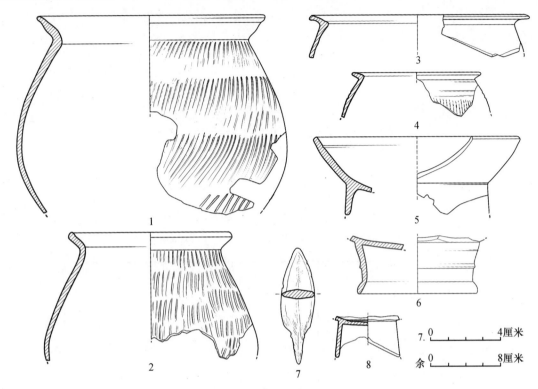

图六一二 T0705②出土陶、骨器

1、2、4.陶釜（T0705②：2、T0705②：3、T0705②：6） 3.陶罐（T0705②：13） 5、6.陶圈足盘（T0705②：9、T0705②：8）
7.骨镞（T0705②：1） 8.陶豆柄（T0705②：11）

平，高直粗圈足，底起一小台面。圈足上饰一道凸弦纹。复原圈足径14、残高6.6厘米（图六一二，6）。

陶豆柄 1件。T0705②：11，泥质灰胎黑皮陶。轮制，器表满见细密旋痕。平底，高直圈足，下端残。素面。残高4.6厘米（图六一二，8）。

骨镞 1件。T0705②：1，骨头磨制而成，表面光滑。扁平三角形，铤较尖，锋部略圆。长6.6、宽1.9、厚0.5厘米（图六一二，7）。

第六章 西周遗存

　　大寺遗址西周遗存较少，东、西区均有分布。共发现3个遗迹单位，其中，灰坑2个、灰沟1条（图六一三、图六一四）。此外，西区东部的第5层，也为西周时期的文化层。

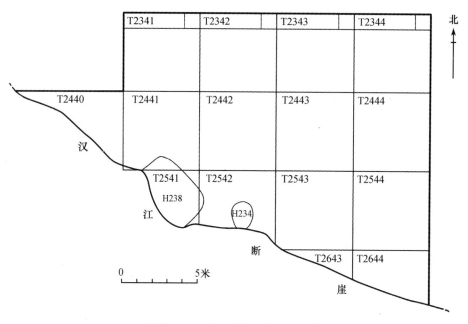

图六一三　东区西周时期遗迹分布图

第一节　灰　坑

　　2个（H234、H238）。

　　H234　位于T2542中部。开口于第3层下，打破生土，南部被汉江冲毁。坑口呈椭圆形，弧壁，平底。残长1.72、宽1.4、深0.6米（图六一五）。坑内堆积为灰褐色土，土质疏松，含有少量草木灰、红烧土颗粒、石块、蚌壳和动物骨头。出土少量陶片，以夹砂褐陶为主，有少量夹砂褐胎黑皮陶和泥质黑陶，绝大多数为饰纹陶，纹饰以绳纹为主，另有少量凹弦纹，器形有陶鬲、鬲足、长颈罐等。

　　陶鬲　1件。H234：1，夹细砂夹云母黑褐陶。手制，内壁有捏压痕迹，口经慢轮修整。侈口，卷沿，圆唇，束颈，溜肩，鼓腹，圆裆，以下残。肩饰一周右斜戳印点纹，腹饰交错细绳纹。复原口径14、残高10.2厘米（图六一六，1）。

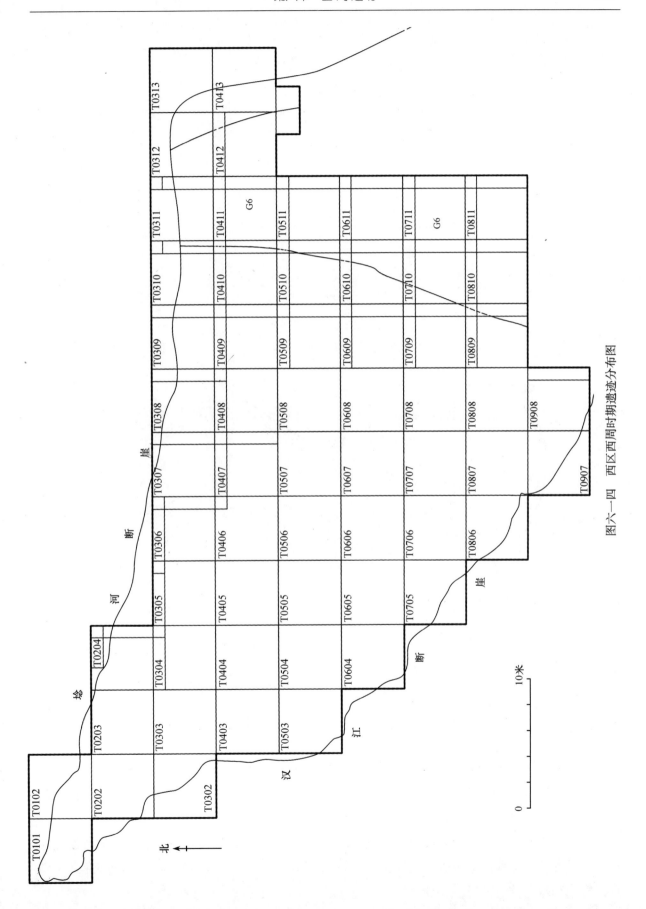

图六一四　西区西周时期遗迹分布图

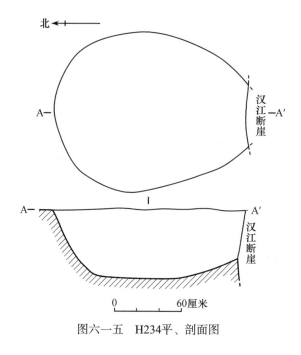

图六一五　H234平、剖面图

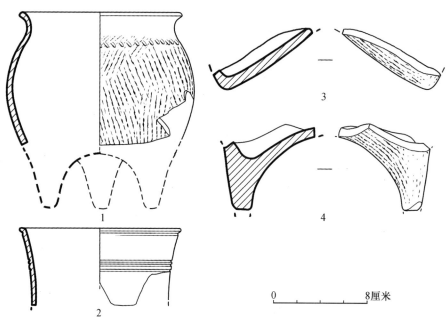

图六一六　H234出土陶器

1. 鬲（H234∶1）　　2. 长颈罐（H234∶4）　　3、4. 鬲足（H234∶3、H234∶2）

　　陶鬲足　2件。夹细砂红褐陶，足窝呈黑灰色。H234∶2，二次包制。扁柱足，截面呈长方形。饰竖向细绳纹。残高7.2厘米（图六一六，4）。H234∶3，空锥大袋足。满饰竖向细绳纹至底。残高5.1厘米（图六一六，3）。

　　陶长颈罐　1件。H234∶4，泥质灰胎黑皮陶。轮制，器表打磨光滑。敞口，窄折沿，尖圆唇，长颈，以下残。沿下饰一道凹弦纹，颈饰三道凹弦纹。复原口径14、残高6.5厘米（图六一六，2）。

H238　位于T2541东北部、T2441南部、T2542西部。开口于第3层下，被H237叠压，打破生土。坑口呈近圆角方形，斜直壁，平底。坑口长4.55、宽2.8、深1.1米（图六一七；图版一二四，1、2）。坑内填灰褐色土，土质较松软，含有少量红烧土颗粒和石块。出土较多陶片，以夹砂褐陶为主，夹砂褐胎黑皮陶与泥质黑陶次之，有少量泥质褐陶，饰纹陶占绝大多数，纹饰种类以绳纹和凹弦纹为大宗，另有少量戳印点纹、附加堆纹和乳丁纹，器形有陶鬲、高领罐、圈足杯、高柄豆等（图版一二五，1）。

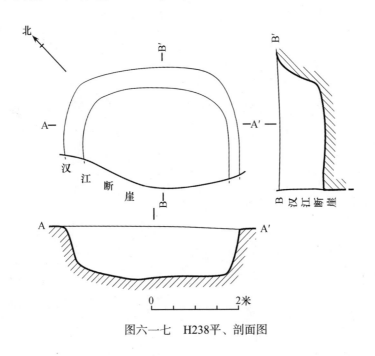

图六一七　H238平、剖面图

陶鬲　3件。手制，口经慢轮修整。侈口，卷沿，束颈，溜肩，微鼓腹，最大径在中腹。H238：1，夹细砂夹云母红褐陶。沿面微外翻，薄圆唇，高弧裆，裆较鼓，深足窝，扁柱足，横截面呈细条状长方形。器表饰交错细绳纹，颈遭抹平，肩饰一周绳索状附加堆纹。口径27.5、腹径29.6、通高33厘米（图六一八，1；彩版五一，1）。H238：2，夹粗砂红褐陶。沿下反贴一周薄泥片，尖圆唇，分裆，深足窝，细小短圆柱足。肩饰一周戳刺三角形纹，腹饰左斜向细绳纹，足所饰绳纹遭抹平。口径30.1、腹径33.4、通高35.6厘米（图六一八，2；彩版五一，2）。H238：6，夹细砂夹云母红褐陶。薄圆唇，高弧裆，裆较鼓，深足窝，扁柱足，横截面呈细条长方形。肩饰一周绳索状附加堆纹，下有对称的四个小泥钉，腹饰交错细绳纹至足尖，足内侧面抹平。复原口径26.2、腹径30、复原高30.8厘米（图六一八，3）。

陶鬲口沿　4件。手制，口经慢轮修整。侈口，卷沿，束颈，腹以下残。H238：10，夹细砂红褐陶。方圆唇，溜肩，微鼓腹。腹满饰竖向细绳纹，颈遭抹平，肩饰一周绳索状附加堆纹。复原口径26、残高8.6厘米（图六一八，4）。H238：7，夹细砂夹云母褐陶，器表有黑斑。圆唇，溜肩，鼓腹。肩饰一周左斜戳刺短条纹，腹饰交错细绳纹。复原口径19、残高12.1厘米（图六一八，5）。H238：8，夹细砂夹云母红褐陶。方唇，溜肩，微鼓腹。肩饰一周左斜戳刺短条纹，腹饰交错细绳纹。复原口径21.4、残高9.4厘米（图六一八，7）。H238：9，夹细砂褐胎黑衣陶。尖圆唇，鼓肩，鼓腹。肩饰一周乳丁纹，腹饰米粒状细绳纹。复原口径18、腹径21.3、残高6.8厘米（图六一八，8）。

陶鬲足　4件。夹细砂红褐陶。手制。足窝内有黑色炭化物。H238：19，口、腹皆残，高弧裆，内瘪较甚，深足窝，扁柱足，横截面呈窄长方形，足尖边缘略外撇。裆饰交错粗绳纹，足面绳纹遭抹平，有刮抹棱痕。残高12.9厘米（图六一八，6）。H238：12，下腹斜直，弧裆，扁柱足，横截面呈细条状长方形。器表饰左斜细绳纹。残高10.3厘米（图六一八，9）。H238：5，扁柱足，横截面呈细条状长方形。足面饰竖向细绳纹，遭抹平。残高7.4厘米（图六一八，10）。H238：18，空锥袋足。饰交错细绳纹。残高5.1厘米（图六一八，11）。

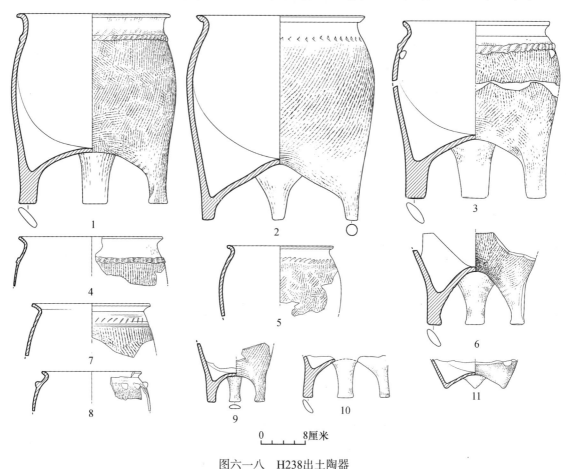

图六一八　H238出土陶器

1～3. 鬲（H238：1、H238：2、H238：6）　4、5、7、8. 鬲口沿（H238：10、H238：7、H238：8、H238：9）

6、9～11. 鬲足（H238：19、H238：12、H238：5、H238：18）

陶高领罐　2件。轮制，器表磨光。大敞口，圆唇，喇叭形长束颈，以下残。H238：17，泥质红褐胎黑皮陶。颈饰三道凹弦纹。复原口径18、残高6厘米（图六一九，4）。H238：15，泥质灰胎黑皮陶。颈饰上下两组、各两道凹弦纹。复原口径10.3、残高7.8厘米（图六一九，5）。

陶圈足杯　2件。泥质褐胎黑皮陶。轮制，器表磨光。直口，尖圆唇，深腹，平底，细喇叭形圈足，座残。H238：3，斜直腹。腹至圈足饰四组凹弦纹，每组三至四道。口径15、残高

34.6厘米（图六一九，1；图版一二五，2）。H238：4，弧腹微鼓。上腹饰凹弦纹三道、中腹一道、下腹四道。口径10、残高21.4厘米（图六一九，2）。

　陶高柄豆　1件。H238：14，泥质灰陶。手制，器表有刮痕。盘残，细高柄中空，柄上粗下渐细，小喇叭口底座。柄上饰四组凹弦纹，每组两至三道。座径7.3、残高25.3厘米（图六一九，3）。

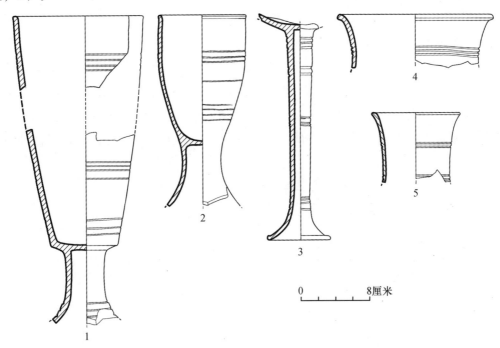

图六一九　H238出土陶器

1、2.圈足杯（H238：3、H238：4）　3.高柄豆（H238：14）　4、5.高领罐（H238：17、H238：15）

第二节　灰　　沟

　1条（G6）。

　G6　位于T0311、T0312、T0411、T0412、T0510、T0511、T0610、T0611、T0710、T0711、T0809、T0810、T0811，部分伸出发掘区外。开口于第5层（西周）下，打破生土，北部被埝河冲毁，南部被汉江冲毁。平面呈长条形，口大底小，沟壁不规整，大体为弧形内收，底高低不平。南北残长28.3、沟口东西宽9.3～10、底部宽4、最深3米（图六二○）。沟内堆积分3层：第1层，褐色土，厚18～140厘米，土质松软，包含草木灰、红烧土粒、石块及少量兽骨和蚌壳等，出土石斧、刀、拍各1件、骨镞2件、蚌饼1件和较多陶片，陶片以夹砂褐陶、夹砂褐胎黑衣陶和泥质磨光黑陶最常见，有少量夹砂灰陶和泥质灰陶，夹砂陶器表绝大多数饰细绳纹、附加堆纹和戳点纹等，泥质陶一般饰成组的凹弦纹，器形有鬲、豆、卷沿瓮、矮领瓮、高领瓮、长颈罐、纺轮等；第2层，黄褐色土，厚50～190厘米，土质松软，包含草木灰、红烧土粒、石头、兽骨和蚌壳等，出土石斧4件、石网坠1件、骨锥1件、卜骨5件和较多陶片，陶片

的陶质、陶色与纹饰情况基本同于第1层，器形除第1层所有外，扁足、锥足鬲较多，圆柱足鬲
极少；第3层，红褐色淤泥土，厚30～125厘米，土质松软黏稠，包含较多草木灰、红烧土粒、
卵石、兽骨和蚌壳等，出土石斧3件、骨镞1件、骨锥1件和较多陶片，陶片的陶质、陶色和纹
饰情况同于上述第1、2层，器形中鬲以锥足为主，不见扁足和圆柱足，除瓮、长颈罐、豆等
外，还有盆、杯、高柄杯等。

G6① 器形有陶鬲、甗腰、卷沿瓮、矮领瓮、高领瓮、长颈罐、豆盘、豆柄、盖纽、鬲
足、纺轮、石斧、刀、拍、骨镞、蚌饼等。

陶鬲 2件。手制，口经慢轮修整。侈口，卷沿，圆唇，束颈，溜肩。G6①：13，夹细砂
灰褐陶。弧腹，弧裆，足残。颈所饰绳纹被抹平，肩饰一周凹弦纹，腹饰左斜绳纹。复原口径
17.7、腹径20.3、残高18.6厘米（图六二一，2）。G6①：23，夹细砂夹云母深褐陶，器表因受
烟熏而泛黑。弧腹，以下残。通体饰竖向细绳纹，肩饰一周带状附加堆纹。复原口径28、残高

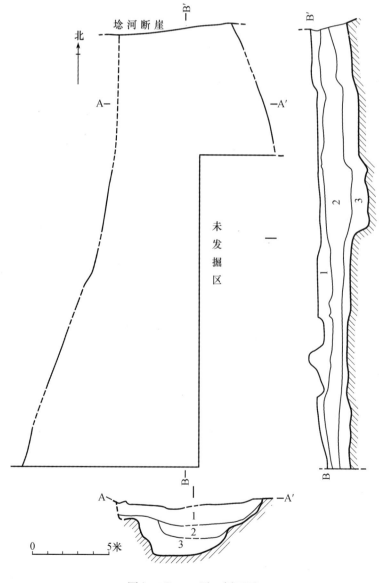

图六二〇　G6平、剖面图

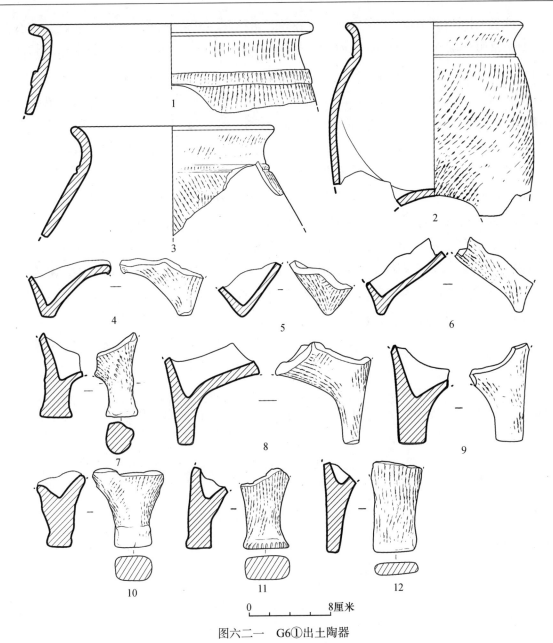

图六二一　G6①出土陶器

1、2. 鬲（G6①：23、G6①：13）　3. 卷沿瓮（G6①：9）　4～12. 鬲足（G6①：35、G6①：51、G6①：36、G6①：41、
G6①：38、G6①：39、G6①：50、G6①：42、G6①：32）

8.6厘米（图六二一，1）。

陶卷沿瓮　1件。G6①：9，夹细砂夹云母黑褐陶。手制，口经慢轮修整。侈口，卷沿，圆唇，束颈，溜肩，鼓腹，以下残。通体饰交错细绳纹，颈略被抹平，并有两周凹弦纹。复原口径20、残高10.4厘米（图六二一，3）。

陶鬲足　9件。G6①：35，夹细砂夹云母红褐陶，足窝内有黑色植物炭化残渣。手制。截锥足，深足窝，足尖横截面呈圆形。满饰竖向细绳纹，局部被抹平。残高5.5厘米（图六二一，4）。G6①：51，夹细砂夹云母红褐陶。手制。锥状袋足，不带实足跟。满饰麦粒状细绳纹。残高5.1厘米（图六二一，5）。G6①：36，夹细砂夹云母红褐陶。手制。尖锥袋状足，细尖实足跟。满饰竖向细绳纹。残高7.1厘米（图六二一，6）。G6①：41，夹细砂夹云母红褐陶，足窝内有黑色植物炭化残渣。二次包制。扁柱足，足尖截面呈长方形。满饰竖向细绳纹。残高7.6厘米（图六二一，7）。G6①：38，夹细砂夹云母红褐陶，足窝内有黑色植物炭化残渣。二次包制。扁柱足，足尖截面呈细条状长方形。满饰竖向细绳纹，局部被抹平。残高9.8厘米（图六二一，8）。G6①：32，夹细砂夹云母红褐陶，足窝内有黑色植物炭化残渣。二次包制。扁柱足，足尖截面呈细条状长方形。满饰竖细绳纹。残高8.7厘米（图六二一，12）。G6①：50，夹细砂夹云母褐陶，足窝内有黑色植物炭化残渣。二次包制。扁柱足，足尖截面呈长方形。满饰竖向细绳纹，足尖边缘有捏痕。残高7.5厘米（图六二一，10）。G6①：39，夹细砂夹云母褐陶，足窝内有黑色植物炭化残渣。二次包制。圆柱足。满饰竖向细绳纹，局部被抹平。残高9.6厘米（图六二一，9）。G6①：42，夹细砂夹云母红褐陶，足窝内有黑色植物炭化残渣。二次包制。柱足，足尖截面呈椭圆形。满饰竖向麦粒状绳纹，足尖边缘有捏痕。残高7.6厘米（图六二一，11）。

陶矮领瓮　1件。G6①：58，夹细砂夹云母红褐陶。手制，口经慢轮修整，器表经打磨。侈口，方唇，束领，广肩，腹残。肩饰两道凹弦纹。复原口径26.4、残高7.5厘米（图六二二，1）。

陶高领瓮　1件。G6①：64，泥质灰胎黑皮陶。手制，口经慢轮修整。侈口，平折沿，圆

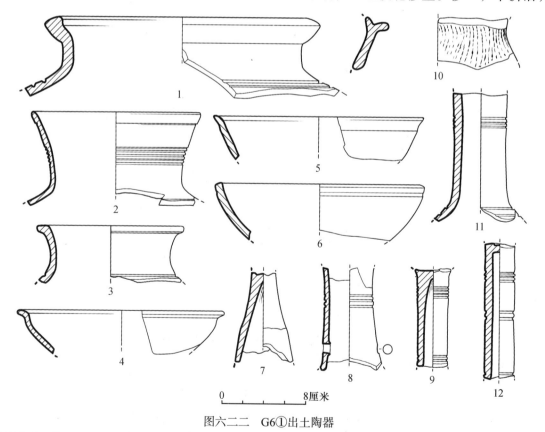

图六二二　G6①出土陶器

1.矮领瓮（G6①：58）　2.长颈罐（G6①：60）　3.高领瓮（G6①：64）　4~6.豆盘（G6①：68、G6①：66、G6①：65）

7.盖纽（G6①：71）　8、9、11、12.豆柄（G6①：79、G6①：69、G6①：75、G6①：77）　10.甗腰（G6①：83）

唇，束领，领以下残。领下端饰一道凹弦纹。复原口径14、残高5.2厘米（图六二二，3）。

陶长颈罐 1件。G6①：60，泥质褐胎黑皮陶。手制，口经慢轮修整，器表打磨光滑。敞口，圆唇，高束颈，广肩，肩以下残。颈饰五道凹弦纹。复原口径16.3、残高8.7厘米（图六二二，2）。

陶豆盘 3件。泥质灰胎黑皮陶。轮制，器表打磨光滑。G6①：68，侈口，卷沿，圆尖唇，弧腹内收，以下残。素面。复原口径20、残高4.1厘米（图六二二，4）。G6①：66，敞口，尖唇，斜弧腹内收，底残。口外有一道较宽的凹弦纹。复原口径20、残高4厘米（图六二二，5）。G6①：65，敞口，方唇，弧腹，底残。口外有一道凹弦纹。复原口径20、残高5.2厘米（图六二二，6）。

陶豆柄 4件。轮制，器表打磨光滑。中空细直柄。G6①：79，泥质灰胎黑皮陶。柄稍粗，喇叭形座。柄中部饰三道凹弦纹，下部饰左右对称圆形镂孔。残高9.6厘米（图六二二，8）。G6①：69，泥质灰胎黑皮陶。柄饰两组凹弦纹，上组四道，下组两道。残高9.2厘米（图六二二，9）。G6①：75，泥质灰胎黑皮陶。柄稍粗，喇叭形座。柄饰三道凹弦纹，底座残存两道凹弦纹。残高11.8厘米（图六二二，11）。G6①：77，泥质红褐陶。柄饰三组凹弦纹，其中，上组三道，中组两道，下组残存一道。残高12.6厘米（图六二二，12）。

陶甗腰 1件。G6①：83，夹细砂黑褐陶。手制。束腰，内壁带一周宽带状腰隔。器表饰竖向绳纹。复原腰径13.2、残高4.8厘米（图六二二，10）。

陶盖纽 1件。G6①：71，泥质灰胎黑皮陶。手制，器表经打磨。上下均残，柄较细，小喇叭形座。素面。残高8.3厘米（图六二二，7）。

陶纺轮 2件。手制。G6①：6，泥质褐陶。圆形，两面皆平坦，直边，中央穿一圆孔。侧边饰一周二方连续阴线叶脉纹。直径3、厚1.3~1.4厘米（图六二三，1；图版一二六，1）。G6①：7，夹细砂夹云母黑褐陶。圆形，斜直边，中央有一圆孔。素面。直径3.2、厚1.2厘米（图六二三，2）。

石斧 1件。G6①：5，硅质岩，黑色。琢、磨兼制。近长方形，弧顶，直边，双弧刃，正锋。长14.6、宽8.9、厚2.8厘米（图六二三，7；图版一二六，5）。

石刀 1件。G6①：91，硅质岩，黑色。磨制。横长方形，仅存半边，平背，背中部有一圆孔，直边，单面斜刃微弧。残长5.4、宽3.8、厚0.5厘米（图六二三，6；图版一二六，3）。

石拍 1件。G6①：92，硅质岩，灰色。利用自然岩石稍加打磨，表面较光滑。呈倒立菌形，顶部较平，柄横截面呈四棱形，拍面呈椭圆形。拍面径10.6~13.3、高11.8厘米（图六二三，8；图版一二六，4）。

骨镞 2件。磨制。G6①：95，浅黄色。扁棱形，三角形锋，扁棱形铤。长4.55、宽1.1厘米（图六二三，5）。G6①：94，暗褐色。圆锥状，尖锥形锋，铤残。残长4.7、最大直径0.8厘米（图六二三，4）。

蚌饼 1件。G6①：54，蚌质，白色。磨制。圆饼形，斜直边。上径3.5、下径4、厚0.8厘米（图六二三，3；图版一二六，2）。

G6② 器形有陶鬲、矮领瓮、高领瓮、长颈罐、鬲足、豆盘、豆柄，石斧、网坠，骨

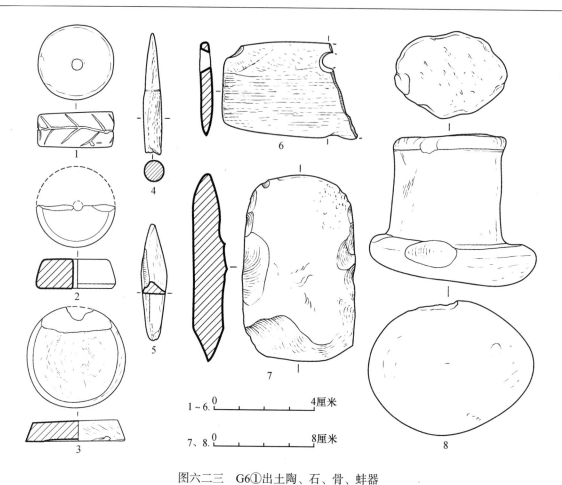

图六二三　G6①出土陶、石、骨、蚌器

1、2.陶纺轮（G6①：6、G6①：7）　3.蚌饼（G6①：54）　4、5.骨镞（G6①：94、G6①：95）　6.石刀（G6①：91）
7.石斧（G6①：5）　8.石拍（G6①：92）

锥、卜骨等。

陶鬲　6件。手制，口经慢轮修整。夹细砂夹云母褐陶，器表因长期受熏烤而泛黑。G6②：49，侈口，卷沿，圆唇，束颈，溜肩，腹残。颈所饰绳纹被抹平，肩饰戳印楔形点纹，腹饰竖向细绳纹。复原口径26、残高5.2厘米（图六二四，1）。G6②：15，侈口，卷沿，圆唇，束颈，溜肩，弧腹微鼓，腹以下残。肩饰三道凹弦纹，腹饰竖向细绳纹。复原口径20、残高5厘米（图六二四，2）。G6②：7，侈口，卷沿，圆唇，束颈，溜肩，弧腹微鼓，腹以下残。颈所饰绳纹被抹平，肩饰两道凹弦纹，腹饰竖向细绳纹。复原口径20、残高9.2厘米（图六二四，3）。G6②：20，侈口，卷沿，尖圆唇，束颈，溜肩，鼓腹，腹以下残。肩饰一周乳丁纹，通体饰竖向细绳纹。复原口径12、残高4厘米（图六二四，4）。G6②：9，侈口，卷沿，尖圆唇，束颈，溜肩，弧腹微鼓，腹以下残。腹饰竖向细绳纹。复原口径14、残高6.8厘米（图六二四，5）。G6②：16，侈口，卷沿，沿面有一道细浅凹槽，方唇，束颈，溜肩，微鼓腹，腹以下残。颈所饰绳纹被抹平，腹饰竖向细绳纹。复原口径20、残高14.2厘米（图六二四，6）。

陶鬲足　6件。G6②：33，夹细砂夹云母褐陶，足窝内有黑色炭化物。手制。分裆，

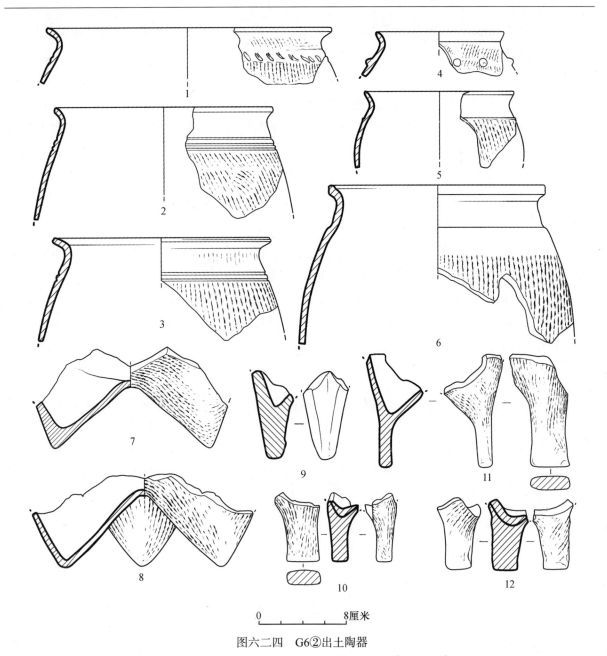

图六二四 G6②出土陶器

1~6. 鬲（G6②：49、G6②：15、G6②：7、G6②：20、G6②：9、G6②：16）

7~12. 鬲足（G6②：33、G6②：32、G6②：31、G6②：28、G6②：30、G6②：25）

锥状大袋足。饰麦粒状细绳纹。残高11厘米（图六二四，7）。G6②：32，夹细砂夹云母褐陶，足窝内有黑色炭化物。手制。分裆，锥状大袋足。饰麦粒状中粗绳纹。残高8.2厘米（图六二四，8）。G6②：31，夹细砂夹云母褐陶，足窝内有黑色炭化物。二次包制。细高柱足，足尖截面呈椭圆形。足面刮削棱痕明显。残高7.9厘米（图六二四，9）。G6②：30，夹细砂夹云母红褐陶，足窝内有黑色炭化物。二次包制。扁柱足，足尖截面呈细条状长方形。饰竖向细绳纹。残高10.1厘米（图六二四，11）。G6②：28，夹细砂夹云母红褐陶。二次包制。扁柱足，足尖截面呈细条状长方形。饰竖向细绳纹。残高6.1厘米（图六二四，10）。G6②：25，

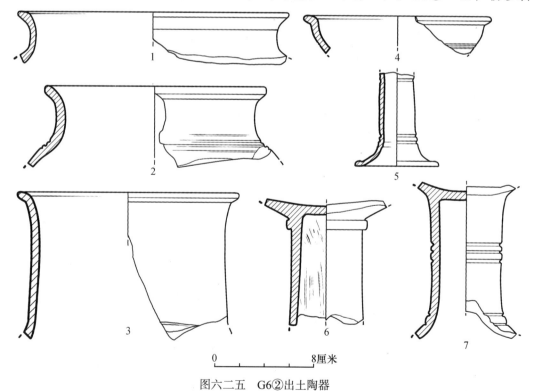

夹细砂红褐陶，足窝内有黑色炭化物。二次包制。圆柱足，足尖截面呈椭圆形并接近圆形。饰细绳纹。残高6.3厘米（图六二四，12）。

陶矮领瓮　1件。G6②：12，夹细砂褐胎黑皮陶。手制，口经慢轮修整。器表稍经打磨。侈口，卷沿，尖圆唇，矮领收束，肩残。素面。复原口径22、残高4.1厘米（图六二五，1）。

陶高领瓮　1件。G6②：41，夹细砂夹云母褐胎黑皮陶。手制，口经慢轮修整，器表打磨光滑。侈口，卷沿，圆唇，高领收束，广肩，腹残。肩饰三道凹弦纹。复原口径18、残高6.4厘米（图六二五，2）。

陶长颈罐　1件。G6②：46，泥质褐胎黑皮陶。轮制，器表经打磨。侈口，卷沿，高直颈，颈以下残。素面。复原口径18、残高10.8厘米（图六二五，3）。

陶豆盘　1件。G6②：55，泥质褐胎黑皮陶。手制，器表经打磨。侈口，卷沿，圆唇，弧腹内收，底残。腹饰两道凹弦纹。复原口径15、残高2.9厘米（图六二五，4）。

陶豆柄　3件。手制，器表打磨光滑。G6②：57，泥质褐陶。盘残，直柄中空，喇叭座。柄上下各饰两道凹弦纹。座径6.6、残高7.3厘米（图六二五，5）。G6②：53，泥质灰胎黑皮陶。盘、座皆残，直柄中空。柄上端贴塑一道泥条。素面。残高9.6厘米（图六二五，6）。G6②：52，夹细砂夹云母褐胎黑皮陶。盘、座皆残，直柄中空，喇叭形座。柄中部与底均饰三道凹弦纹。残高12厘米（图六二五，7）。

石斧　4件。G6②：5，硅质岩，黑色。磨制，残留打击片疤。椭圆形，弧顶，弧边，大弧刃。长11.2、宽8、厚2.3厘米（图六二六，1；图版一二六，6）。G6②：43，粉砂岩，褐

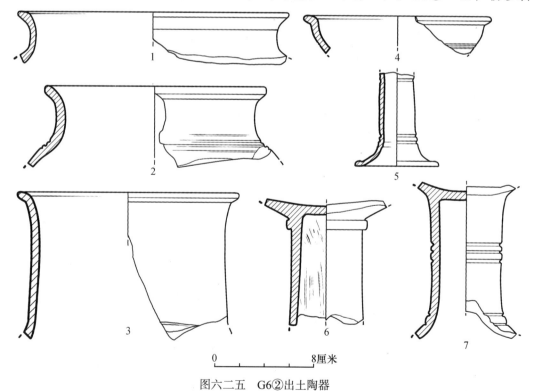

图六二五　G6②出土陶器

1.矮领瓮（G6②：12）　2.高领瓮（G6②：41）　3.长颈罐（G6②：46）　4.豆盘（G6②：55）

5～7.豆柄（G6②：57、G6②：53、G6②：52）

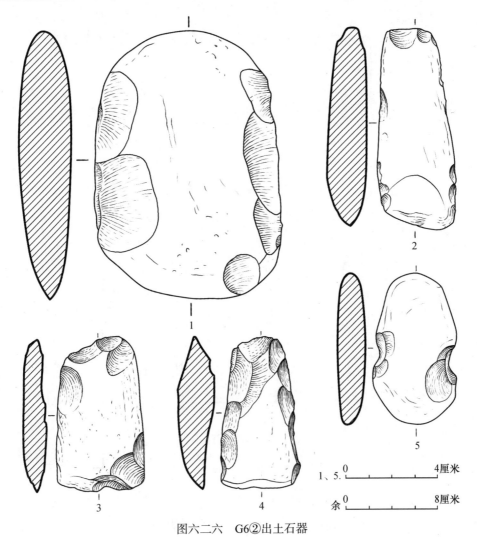

图六二六　G6②出土石器
1~4.斧（G6②：5、G6②：43、G6②：48、G6②：60）　5.网坠（G6②：3）

色。琢、磨兼制。长方形，平顶，长斜边，双弧刃，偏锋。长16.8、宽6.9、厚3.5厘米（图六二六，2）。G6②：48，粉砂岩，灰黑色。打、磨兼制，残留有打击疤痕。梯形，弧顶，斜直边，弧刃，有使用所致的残缺痕迹。长12.9、宽7.6、厚2厘米（图六二六，3；图版一二七，1）。G6②：60，细砂岩，黑色。打、磨兼制，器表留有打击疤痕。梯形，弧顶，斜直边，单刃微弧，偏锋。长12.7、宽6.9、厚3.2厘米（图六二六，4；图版一二七，2）。

石网坠　1件。G6②：3，砾岩，灰白色。打制。亚腰形，两边腰各打出一个缺口，用以捆绑绳索。长6.3、宽3.7、厚1.2厘米（图六二六，5；图版一二七，3）。

骨锥　1件。G6②：64，磨制，顶端从一角向另一边斜切割。扁条形，两边较直，锋较宽且呈三角形。长10.2、宽1.7、厚0.6厘米（图六二七，6；图版一二八，3）。

卜骨　5件。G6②：65，利用牛肩胛骨制成。形状呈不规则形，内侧面可见黑色圆点，但并未形成钻窝。残长12.2、宽6.4厘米（图六二七，1；彩版五四，2；图版一二八，1）。G6②：62，利用牛肩胛骨制成。形状呈不规则四边形，较窄一端内侧有三个圆形钻窝，皆只

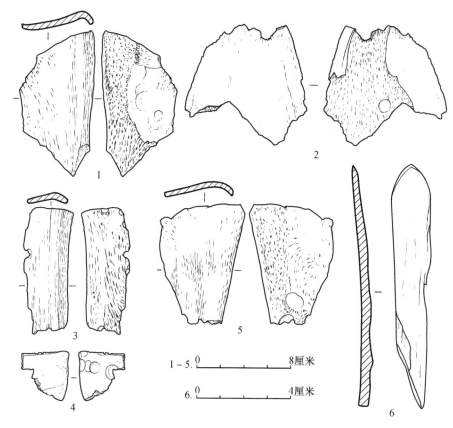

图六二七　G6②出土骨器

1～5.卜骨（G6②：65、G6②：62、G6②：66、G6②：63、G6②：61）　6.骨锥（G6②：64）

剩半边，两面皆有经灼烧后的黑斑。残长9.2、宽10厘米（图六二七，2；彩版五三，2；图版一二七，6）。G6②：66，利用动物肢骨制成。形状呈不规则长方形，两短边中间各有一个圆钻，外弧的一长边残存一排四个圆钻。所有圆钻均从同一面施钻，且未钻穿，皆已残、只剩半边。两面皆可见火烧或烟熏痕迹。残长10.6、宽3.8厘米（图六二七，3；彩版五三，3；图版一二八，2）。G6②：61，利用牛肩胛骨制成。不规则四边形，较窄一端外侧有三个等距离圆钻，靠边缘的两个已残，皆未钻穿，两面皆有经灼烧后的黑斑。残长10、宽7.2厘米（图六二七，5；彩版五四，1；图版一二七，4）。G6②：63，利用龟腹甲制成。平面呈三角形，龟腹甲内侧有四个圆形钻，未钻穿，两面皆有经灼烧痕迹。残长4、宽3.8厘米（图六二七，4；彩版五三，1；图版一二七，5）。

　　G6③　器形有陶鬲、鬲足、高领瓮、矮领瓮、长颈罐、盆、杯、高柄杯、豆盘、豆柄、瓮肩、拍，石斧，骨镞、锥等。

　　陶鬲　7件。手制，口经慢轮修整。G6③：11，夹细砂夹云母黑褐陶。侈口，卷沿，薄圆唇，束颈，溜肩，深弧腹，联裆，裆略瘪，空锥状袋足，足尖略外撇。整体器体修长。颈饰一道凹弦纹，通体满饰竖向细绳纹，局部绳纹交错，足尖抹光。复原口径16、高22.6厘米（图六二八，1；彩版五二，2）。G6③：10，夹细砂夹云母黑褐陶。侈口，卷沿，圆唇，短束颈，鼓腹，分裆，空锥状大袋足，截锥形小足尖。整体器体矮胖。通体满饰竖向细绳纹，颈所饰纹遭抹平，肩饰两道凹弦纹，其上加饰左斜条状戳印纹。复原口径16.1、腹径18.1、高13.1厘米（图六二八，2；彩版五二，1）。G6③：16，夹细砂夹云母褐陶，器表因受熏烤而泛黑。侈口，卷沿，圆唇，束颈，溜肩，腹残。颈饰两道凹弦纹，腹微左斜细绳纹。复原口径22、残高6.4厘米（图六二八，3）。G6③：21，夹细砂夹云母褐陶，器表因长期受火熏烤而泛黑。侈口，卷沿，圆唇，束颈，溜肩，深弧腹近直，腹以下残。颈所饰绳纹被抹平，肩饰一道凹弦纹，腹满饰竖向中粗绳纹。复原口径22、残高13.1厘米（图六二八，4）。G6③：20，夹细砂褐陶，器表因长期受火熏烤而泛黑。侈口，卷沿，方唇，束颈，溜肩，腹残。通体饰左斜中粗绳纹，颈遭两道凹弦纹打断。复原口径18、残高5.8厘米（图六二八，5）。G6③：18，夹细砂夹云母褐陶，器表因长期受火熏烤而泛黑。侈口，卷沿，方唇，束颈，溜肩，深弧腹，腹以下残。颈所饰绳纹被抹平，肩饰一道凹弦纹，腹饰竖向细绳纹。复原口径20、残高12.1厘米（图六二八，6）。G6③：15，夹细砂褐陶，器表因长期受火熏烤而泛黑。侈口，卷沿，圆唇，束颈，溜肩，深弧腹近直，腹以下残。颈所饰绳纹被抹平，肩饰三道凹弦纹，腹饰竖向细绳纹。

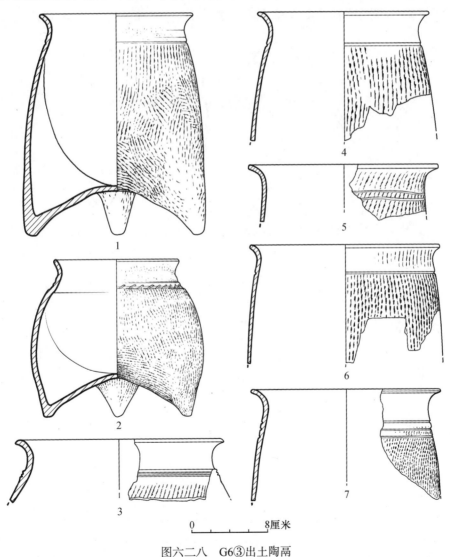

0 ____ 8厘米

图六二八 G6③出土陶鬲

1. G6③：11 2. G6③：10 3. G6③：16 4. G6③：21 5. G6③：20 6. G6③：18 7. G6③：15

复原口径20、残高11.1厘米（图六二八，7）。

陶鬲足　9件。G6③：27，夹细砂褐陶，足窝内有炭化物黑色残渣。分裆，空锥状大袋足，尖锥状实足尖。饰竖向细绳纹。残高13.2厘米（图六二九，1；图版一二八，5）。G6③：29，夹细砂夹云母褐陶，足窝内有炭化物黑色残渣。手制。分裆，空锥状袋足，尖锥状实足尖。饰竖向细绳纹。残高10厘米（图六二九，2）。G6③：31，夹细砂夹云母褐陶，足窝内有炭化物黑色残渣。手制。分裆，空锥状袋足，尖锥状实足尖。饰竖向细绳纹，局部被抹平。残高6.7厘米（图六二九，3）。G6③：33，夹细砂夹云母褐陶，足窝内有炭化物黑色残渣。手制。空锥状袋足，尖锥状实足尖。饰竖向细绳纹。残高13.5厘米（图六二九，4）。G6③：40，夹细砂夹云母褐陶。二次包制。截锥状细矮圆柱状足。饰竖向细绳纹。残高6.3厘米（图六二九，5）。G6③：38，夹细砂夹云母黑褐陶。手制。空锥状袋足，有小段尖锥状实足尖。饰麦粒状细绳纹。残高9厘米（图六二九，6）。G6③：26，夹细砂夹云母黑褐陶。手制。分裆，空锥状袋足，尖锥状实足尖。饰竖向细绳纹。残高3.7厘米（图六二九，7）。G6③：23，夹细砂夹云母褐陶，器表因长期受火熏烤而泛黑。手制。空锥状袋足，有小段尖锥状实足尖。

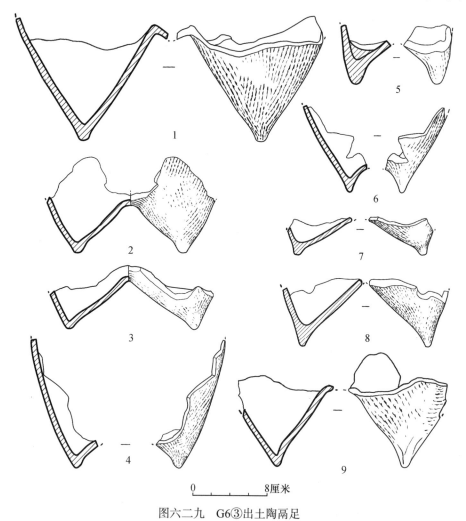

0 ⎯⎯⎯⎯ 8厘米

图六二九　G6③出土陶鬲足

1. G6③：27　2. G6③：29　3. G6③：31　4. G6③：33　5. G6③：40　6. G6③：38　7. G6③：26　8. G6③：23　9. G6③：25

饰竖向细绳纹。残高7厘米（图六二九，8）。G6③：25，夹细砂褐陶，外壁有少量黑色烟炱痕迹。手制。分档，空锥状大袋足，尖锥状实足尖。饰细绳纹，足尖有刮削棱痕。残高12.4厘米（图六二九，9）。

陶高领瓮　2件。手制，口经慢轮修整，器表经打磨。G6③：56，夹砂红胎红褐陶。侈口，仰折沿，沿面有一道凹槽，尖圆唇，高直领，领以下残。领饰两至三周凹弦纹。复原口径28、残高8.2厘米（图六三〇，1）。G6③：55，夹细砂褐胎黑皮陶。侈口，卷沿，圆唇，高束领，广肩，腹残。颈上端饰一周、肩饰四周凹弦纹。复原口径26、残高7.7厘米（图六三〇，2）。

陶矮领瓮　1件。G6③：45，夹细砂褐陶。手制。侈口，卷沿，圆唇，矮束领，广肩，腹残。肩饰四周凹弦纹。复原口径36、残高7.1厘米（图六三〇，5）。

陶长颈罐　2件。泥质灰胎黑皮陶。手制，后经慢轮修整，器表经打磨、较光滑。G6③：43，侈口，窄折沿，方唇，高直颈，肩残。颈上中下各饰两道凹弦纹。复原口径17、残高12厘米（图六三〇，3）。G6③：47，敞口，圆方唇，高斜直颈，肩残。颈上下各饰两道凹弦纹。复原足径10、残高7.7厘米（图六三〇，6）。

陶盆　1件。G6③：41，泥质褐胎黑皮陶。手制，内壁有捏压指窝痕迹，口经慢轮修整，器表打磨较光滑。侈口，卷沿，方唇，唇面有一道凹槽，束颈，溜肩，微鼓腹，腹以下残。肩饰两道凹弦纹。复原口径41、残高14.7厘米（图六三〇，4）。

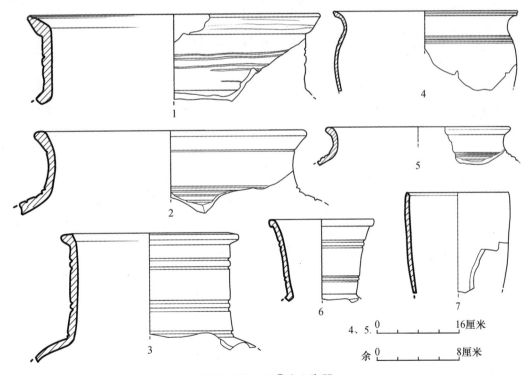

图六三〇　G6③出土陶器

1、2.高领瓮（G6③：56、G6③：55）　3、6.长颈罐（G6③：43、G6③：47）　4.盆（G6③：41）　5.矮领瓮（G6③：45）

7.杯（G6③：53）

陶杯　1件。G6③：53，泥质褐胎黑皮陶。手制，器表磨光。直口，尖唇，直腹微内收，以下残。素面。复原口径10、残高9.4厘米（图六三〇，7）。

陶高柄杯　1件。G6③：72，泥质灰陶。手制，器表打磨光滑。杯口、柄皆已残，细柄。腹起两道折棱。残高3.9厘米（图六三一，5）。

陶豆盘　3件。手制，器表磨光。盘底以下皆残。G6③：63，泥质灰胎黑皮陶。平折沿，圆唇，弧腹内收。下腹饰三道浅凹弦纹。复原口径26、残高4.6厘米（图六三一，1）。G6③：65，泥质褐胎黑皮陶。侈口，仰折沿较窄，尖唇，折腹，下腹弧内收。素面。复原口径20、残高5.7厘米（图六三一，2）。G6③：67，泥质灰胎黑皮陶。侈口，尖唇，弧腹内收。腹饰三道浅凹弦纹。复原口径20、残高5.6厘米（图六三一，3）。

陶豆柄　4件。手制，器表磨光。盘、座皆残，中空高直柄。G6③：62，泥质褐胎黑皮陶。柄略粗。盘、柄接合处贴塑泥条一周，柄饰三组凹弦纹，上组一道、中、下组各两道。残高18厘米（图六三一，6）。G6③：69，泥质灰胎黑皮陶。柄略粗。盘、柄接合处加厚形成一周箍棱。素面。残高10.4厘米（图六三一，7）。G6③：74，泥质灰陶。细柄。柄上下饰两组凹弦纹，每组两道。残高9.1厘米（图六三一，4）。G6③：73，泥质灰陶。细柄。柄饰两组凹弦纹，其中，上组两道，下组一道。残高8.6厘米（图六三一，8）。

陶瓮肩　2件。手制。口、底皆残。G6③：61，泥质褐陶。手制。折肩，肩上端斜直且较宽，鼓腹，腹以下残。肩饰四道凹弦纹，腹饰麦粒状细绳纹且在上腹遭三周凹弦纹打断。残高18.2厘米（图六三二，1）。G6③：60，夹细砂褐胎黑衣陶。圆肩，深腹微鼓。肩饰三道凹弦纹，腹满饰右斜细绳纹且在上腹遭两周凹弦纹打断。复原腹径30、残高21厘米（图六三二，3）。

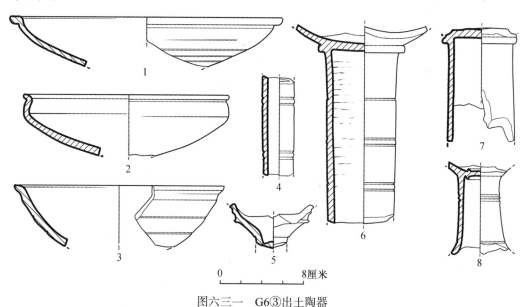

图六三一　G6③出土陶器

1~3. 豆盘（G6③：63、G6③：65、G6③：67）　　4、6~8. 豆柄（G6③：74、G6③：62、G6③：69、G6③：73）

5. 高柄杯（G6③：72）

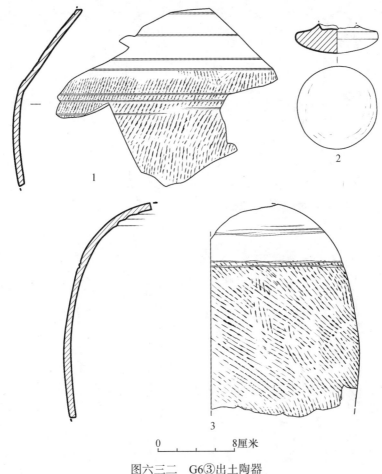

图六三二 G6③出土陶器

1、3.瓮肩（G6③：61、G6③：60） 2.拍（G6③：9）

陶拍 1件。G6③：9，泥质褐陶。拍面打磨光滑。把手残，拍圆形、凸弧面。面直径8.5、残高3厘米（图六三二，2；图版一二八，6）。

石斧 3件。G6③：3，硅质岩，青灰色。琢、磨兼制，器表打磨光滑。梯形，弧顶，斜直边，刃残缺。长15.8、宽7.7、厚3.6厘米（图六三三，1；图版一二八，4）。G6③：50，细砂岩，青色。器表稍经修磨、较光滑。长方形，平顶，直边微弧，单弧刃，锋略偏。长14.4、宽7.7、厚3.5厘米（图六三三，2；图版一二九，4）。G6③：4，硅质岩，青灰色。琢、磨兼制，留有打击疤痕。近长方形，弧顶，斜直边，双面弧刃，正锋。长16.7、宽7.1、厚3.9厘米（图六三三，3；图版一二九，3）。

骨镞 1件。G6③：1，磨制。圆锥体，横截面呈圆形，前端聚成尖锥形锋，细锥形铤。长7.3厘米（图六三三，4；图版一二九，2）。

骨锥 1件。G6③：2，磨制。长条形，横截面呈圆形，一端残断，一端磨出单面斜刃，刃面极光滑。残长8.3、宽1、厚0.8厘米（图六三三，5；图版一二九，1）。

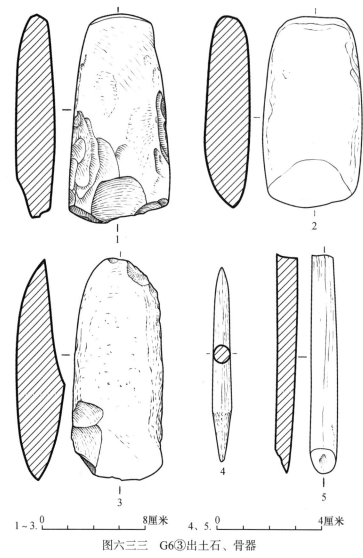

图六三三　G6③出土石、骨器

1～3. 石斧（G6③：3、G6③：50、G6③：4）　4. 骨镞（G6③：1）　5. 骨锥（G6③：2）

第三节　文　化　层

大寺遗址西周时期文化层仅分布在西区东部，为西区东部第5层，在各探方内厚薄不均，但出土遗物均较为丰富，主要出土自T0311、T0313、T0511、T0611、T0711、T0811等探方内。现按探方介绍如下。

T0311⑤

陶鬲　3件。手制，口经慢轮修整。T0311⑤：1，夹细砂夹云母红褐陶，局部泛黑。敞口，小平折沿，尖圆唇，束颈，肩不明显，弧腹较直，弧裆微瘪，柱足，横截面呈粗椭圆形。肩贴一周小圆饼，腹饰竖向绳纹，裆饰横向细绳纹，足面有刮削痕迹。复原口径19.4、腹径18.3、通高17厘米（图六三四，1；彩版五四，3）。T0311⑤：2，夹细砂红褐陶。侈口，卷沿，方唇，束颈，微鼓肩，微鼓腹，以下残。颈所饰绳纹遭抹平，颈、肩分界处有一道折棱，

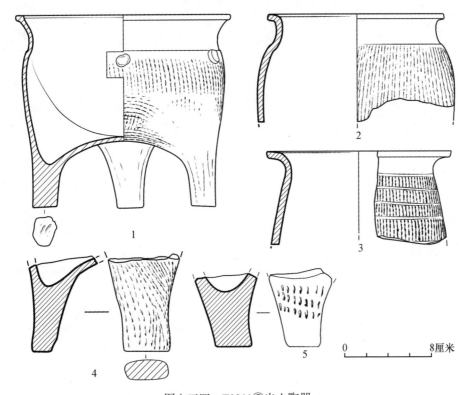

图六三四　T0311⑤出土陶器

1～3.鬲（T0311⑤：1、T0311⑤：2、T0311⑤：3）　4、5.鬲足（T0311⑤：6、T0311⑤：13）

以下饰竖向细绳纹。复原口径16、腹径18、残高9.5厘米（图六三四，2）。T0311⑤：3，夹细砂夹云母褐胎黑衣陶。侈口，卷沿，方唇，束颈，溜肩，直腹，以下残。器表饰弦断绳纹，有凹弦纹三周。复原口径17、残高8.2厘米（图六三四，3）。

陶鬲足　2件。夹细砂夹云母褐陶。二次包制。T0311⑤：6，足窝呈煤黑色。扁柱足，足尖截面呈长方形。器表饰麦粒状细绳纹。残高8.7厘米（图六三四，4）。T0311⑤：13，柱状足，足尖截面呈粗椭圆形且接近圆形。足面绳纹因遭刮抹而不规整。残高6.9厘米（图六三四，5）。

T0313⑤

陶鬲　4件。手制，口经慢轮修整。侈口，卷沿，束颈，溜肩。T0313⑤：1，夹细砂红褐陶，陶色不均，局部泛黑。薄圆唇，鼓腹，联裆，三柱形足，横截面呈椭圆形，足尖呈疙瘩状。通体满饰竖向细绳纹，局部后经抹平。复原口径15.3、腹径17.4、通高19.7厘米（图六三五，2；彩版五四，4）。T0313⑤：2，夹细砂红褐陶，陶色不均，局部泛黑。薄圆唇，微鼓腹，联裆，三圆柱形足。肩饰一周戳印楔形点纹，通体满饰竖向细绳纹，局部后经抹平。复原口径13、腹径15.8、通高19.1厘米（图六三五，1；彩版五四，5）。T0313⑤：6，夹细砂褐陶。方唇，微鼓腹，以下残。颈所饰绳纹遭抹平后有余痕，肩饰三道凹弦纹，腹饰竖向细绳纹。复原口径22、残高8.2厘米（图六三五，3）。T0313⑤：5，夹细砂夹云母褐胎黑衣陶，器表黑衣应系长期受火熏烤而成。方唇，肩以下残。肩饰一周戳刺波折纹，以下饰竖向细绳纹。复原口径17、残高6.2厘米（图六三五，4）。

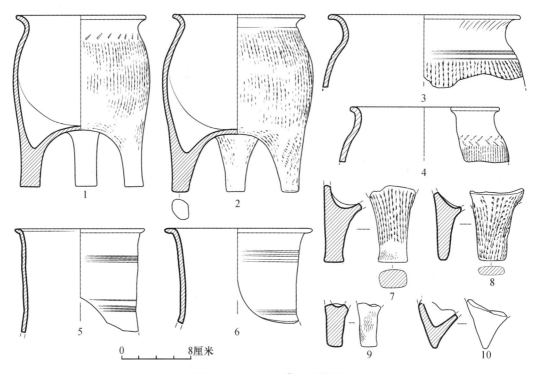

图六三五　　T0313⑤出土陶器

1～4.鬲（T0313⑤：2、T0313⑤：1、T0313⑤：6、T0313⑤：5）　　5、6.长领罐（T0313⑤：17、T0313⑤：16）

7～10.鬲足（T0313⑤：8、T0313⑤：11、T0313⑤：15、T0313⑤：12）

陶鬲足　4件。夹细砂夹云母褐陶。T0313⑤：8，二次包制。扁柱足，横截面呈长方形。足面饰竖向细绳纹。残高8.6厘米（图六三五，7）。T0313⑤：11，二次包制。扁柱足，横截面呈细条长方形。足面饰麦粒状细绳纹。残高8厘米（图六三五，8）。T0313⑤：15，足窝呈黑灰色。二次包制。细直柱状足，横截面呈抹角方形，近圆形。足面饰麦粒状细绳纹，局部遭抹平。残高4.9厘米（图六三五，9）。T0313⑤：12，足窝呈黑灰色。手制。袋足，细锥状实足尖。足尖绳纹遭抹平且有刮削棱痕。残高5.5厘米（图六三五，10）。

陶长领罐　2件。泥质灰胎黑皮陶。手制，后经慢轮修整，内壁有旋痕。器表磨光。侈口，小卷沿，尖唇，高直领，以下残。领饰上下两组凹弦纹，每组三至四道。T0313⑤：16，复原口径17、残高10.6厘米（图六三五，6）。T0313⑤：17，复原口径15、残高11.6厘米（图六三五，5）。

T0411⑤

龟卜骨　1件。T0411⑤：7，由龟背制成，覆面有较多小圆孔，其中三十一个孔未钻穿，一个孔钻穿，应为占卜留下的。小孔直径0.4～0.6、深0.1～0.2厘米，残长12.4、宽15厘米（图六三六；彩版五五，1、2；图版一三〇，1、2）。

T0511⑤

陶长领罐　1件。T0511⑤：2，泥质褐胎黑衣陶。手制，口经慢轮修整、有旋痕。侈口，卷沿，圆唇，束领，领以下残。素面。复原口径14、残高2.3厘米（图六三七，2）。

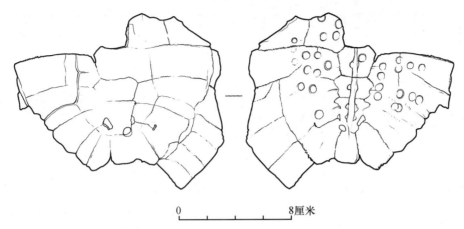

图六三六 T0411⑤出土龟卜骨（T0411⑤：7）

陶豆盘 1件。T0511⑤：1，夹云母黑陶。手制。侈口，窄折沿，圆唇，弧腹内收，以下残。内外壁皆经打磨、较光滑。素面。复原口径21、残高3.1厘米（图六三七，1）。

陶鬲足 4件。夹细砂褐陶，足窝呈黑灰色。二次包制。T0511⑤：6，扁柱足，足尖截面呈长方形。足面饰左斜绳纹。残高7厘米（图六三七，3）。T0511⑤：4，扁柱足，足尖截面呈长方形。足面绳纹遭抹平。残高6.4厘米（图六三七，4）。T0511⑤：5，高柱足，足尖截面呈近圆形。足面饰细绳纹。残高9.6厘米（图六三七，5）。T0511⑤：7，矮柱足，足尖截面呈椭圆形。足面饰麦粒状绳纹。残高3.5厘米（图六三七，6）。

石网坠 1件。T0511⑤：9，硅质岩，黑色。琢、磨兼制，通体磨光。椭圆形，两腰中部各打出一个凹缺口，用以系绳。长7.4、宽5.4、厚1厘米（图六三七，7）。

T0611⑤

陶鬲 1件。T0611⑤：2，夹细砂夹云母灰陶。手制。敞口，仰折沿，圆唇，溜肩，以下残。器表饰竖向细绳纹。残高4.3厘米（图六三八，2）。

陶鬲足 4件。夹细砂褐陶，足窝呈黑灰色。二次包制。扁柱足。足面饰麦粒状细绳纹。T0611⑤：4，器表因受熏烤而泛黑。足尖截面呈细条椭圆形。残高7厘米（图六三八，3）。T0611⑤：5，足尖截面呈近细条长方形。残高6.9厘米（图六三八，4）。T0611⑤：6，足尖截面呈近细条长方形。残高7厘米（图六三八，6）。T0611⑤：7，足尖截面呈细条椭圆形。足面下端有抹痕。残高5.7厘米（图六三八，7）。

陶长领罐 1件。T0611⑤：3，夹细砂灰胎黑衣陶。手制。敞口，口外有一道凹槽，圆唇，高束领，以下残。领饰两道凹弦纹。复原口径32、残高5.6厘米（图六三八，1）。

陶盖纽 1件。T0611⑤：8，夹细砂夹云母褐胎黑衣陶。手制，器表经打磨较光滑。实心柄，下端呈喇叭状，上下两端皆残。素面。残高10.3厘米（图六三八，5）。

石璜 1件。T0611⑤：1，白色。通体磨制光滑。两端皆残，内侧稍厚。残长4.3、厚0.7厘米（图六三八，8）。

卜骨 1件。T0611⑤：9，兽骨制作而成，形状不规则。一面平整，一面可见三个小圆窝，有火烧痕迹。残长4.4、宽2.9厘米（图六三八，9）。

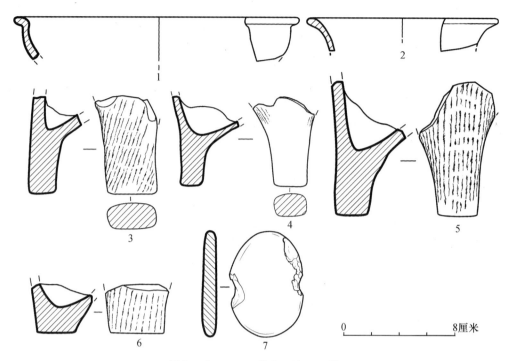

图六三七　T0511⑤出土陶、石器

1. 陶豆盘（T0511⑤：1）　　2. 陶长领罐（T0511⑤：2）　　3~6. 陶鬲足（T0511⑤：6、T0511⑤：4、T0511⑤：5、T0511⑤：7）

7. 石网坠（T0511⑤：9）

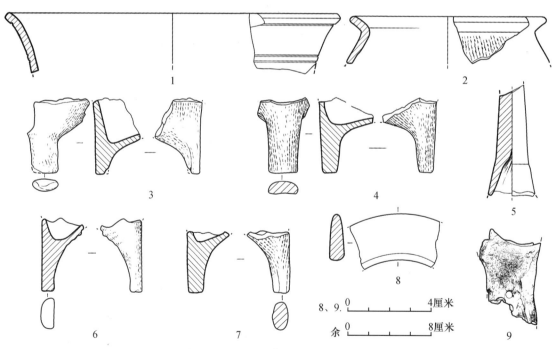

图六三八　T0611⑤出土陶、石、骨器

1. 陶长领罐（T0611⑤：3）　　2. 陶鬲（T0611⑤：2）　　3、4、6、7. 陶鬲足（T0611⑤：4、T0611⑤：5、T0611⑤：6、

T0611⑤：7）　　5. 陶盖纽（T0611⑤：8）　　8. 石璜（T0611⑤：1）　　9. 卜骨（T0611⑤：9）

T0711⑤

陶瓮　1件。T0711⑤：1，夹细砂褐胎黑衣陶。手制，口经慢轮修整、有旋痕。侈口，卷沿，方唇，矮领，广肩，肩以下残。肩饰两至三道凹弦纹。复原口径34、残高6厘米（图六三九，1）。

陶圈足　1件。T0711⑤：2，泥质灰胎黑皮陶。轮制，内外壁满见细密旋痕。喇叭口圈足。足上饰一圆形小镂孔。复原圈足径20、残高4.5厘米（图六三九，2）。

陶鬲足　1件。T0711⑤：4，夹细砂褐陶，足窝呈黑灰色。二次包制。扁足，足尖截面呈椭圆形，足尖边缘外撇。通体饰麦粒状绳纹。残高6.4厘米（图六三九，3）。

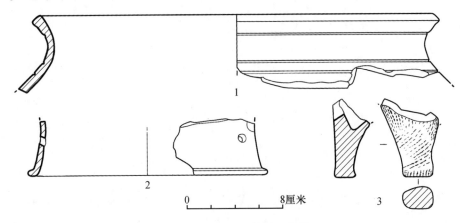

图六三九　T0711⑤出土陶器
1. 瓮（T0711⑤：1）　2. 圈足（T0711⑤：2）　3. 鬲足（T0711⑤：4）

T0811⑤

陶鬲　2件。夹细砂褐胎黑衣陶。手制，口经慢轮修整、有旋痕。敞口，仰折沿，圆唇，束颈。T0811⑤：5，溜肩，微鼓腹，以下残。肩饰一周戳刺纹，腹饰竖向细绳纹。复原口径19、残高6.4厘米（图六四〇，1）。T0811⑤：7，微鼓肩，以下残。肩饰一周附加堆纹，上有戳刺纹，以下饰左斜细绳纹。复原口径18、残高4.8厘米（图六四〇，2）。

陶鬲足　4件。夹细砂夹云母褐陶，足窝呈黑灰色。二次包制。扁柱足。足面饰麦粒状细绳纹。T0811⑤：9，足尖截面呈长方形，足尖边缘微外撇。残高9.2厘米（图六四〇，4）。T0811⑤：10，足尖截面呈长方形。足面绳纹局部遭抹平。残高7.7厘米（图六三九，5）。T0811⑤：11，足尖截面呈椭圆形。足面绳纹局部遭抹平。残高8.2厘米（图六四〇，6）。T0811⑤：8，足尖截面呈近椭圆形。足面下端绳纹遭抹平。残高7.5厘米（图六四〇，8）。

陶高柄杯　1件。T0811⑤：12，泥质褐胎黑皮陶。手制，器表磨光。口残，斜直腹，下端起一道折棱，细柄中空，以下残。腹和柄皆饰两道凹弦纹。残高10厘米（图六四〇，9）。

仿铜纹陶片　1件。T0811⑤：13，泥质褐陶。手制。器表饰青铜器上常见的波带纹。残宽6.32、高3.4厘米（图六四〇，10）。

石镞　1件。T0811⑤：1，硅质岩，黑色。磨制，通体磨光。呈三角形，两侧磨成刃部，前端聚成尖锋。残长3.8、宽2.1、厚0.3厘米（图六四〇，7）。

骨镞　1件。T0811⑤：2，由骨头磨制而成。锋呈三角形，边缘磨成刃，两翼稍宽，铤较长、呈圆锥状。残长7.1、翼宽1.4厘米（图六四〇，3）。

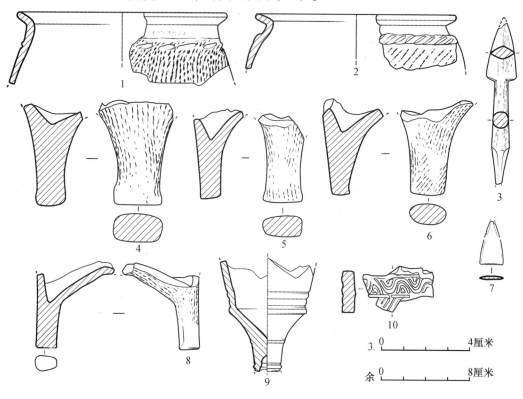

图六四〇　T0811⑤出土陶、石、骨器

1、2.陶鬲（T0811⑤：5、T0811⑤：7）　3.骨镞（T0811⑤：2）　4～6、8.陶鬲足（T0811⑤：9、T0811⑤：10、T0811⑤：11、T0811⑤：8）　7.石镞（T0811⑤：1）　9.陶高柄杯（T0811⑤：12）　10.仿铜纹陶片（T0811⑤：13）

第七章 楚 文 化

　　大寺遗址楚文化遗存发现较少，共发现18个遗迹单位，其中，灰坑5个、土坑墓12座、瓮棺1座，灰坑皆位于东区，土坑墓和瓮棺皆位于西区（图六四一、图六四二）。此外，在东区还发现有文化层，即东区各探方的第3层。现分别介绍如下。

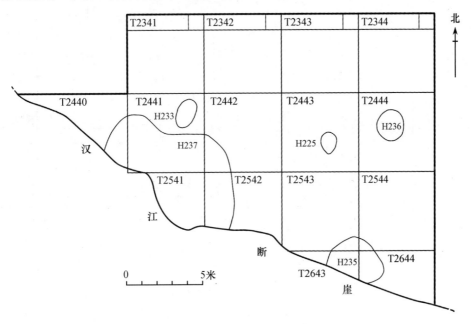

图六四一　东区楚文化遗迹分布图

第一节 灰 坑

　　5个（H225、H233、H235～H237）。

　　H225　位于T2443中南部。开口于第3层下，打破生土。坑口呈椭圆形，斜直壁，平底。坑口长1.4、宽1.04米，坑底长1.2、宽0.9米，深0.48～0.58米（图六四三）。坑内堆积为灰褐色土，土质疏松，含少量红烧土颗粒和石块。出土较多陶片，以夹砂褐陶为主，夹砂红陶次之，有少量泥质灰陶，以饰纹陶为主，纹饰主要为绳纹，另有少量凹弦纹，素面陶较少，器形有鬲、鬲足、甗、豆座等。

　　陶鬲　1件。H225：2，夹细砂灰陶。手制，口经慢轮修整。仰折沿，沿面上端内凹，斜方

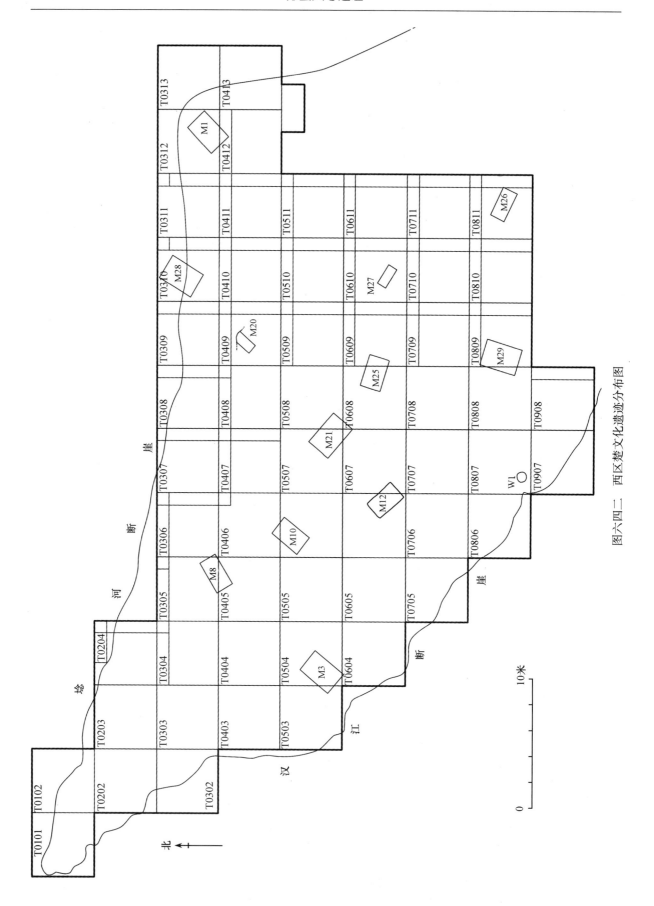

图六四二　西区楚文化遗迹分布图

唇，唇上缘尖凸、下缘垂棱微内勾，束颈，鼓肩，鼓腹，以下残。颈所饰绳纹遭轻抹，腹饰竖向粗绳纹。复原口径35、残高19.7厘米（图六四四，4）。

陶鬲足　2件。圆柱状足。饰竖向粗绳纹。H225：3，夹粗砂红陶。手制。较细高。残高11.2厘米（图六四四，5）。H225：4，夹粗砂褐陶。二次包制。较粗矮。残高9厘米（图六四四，6）。

陶甗　1件。H225：1，夹细砂红褐陶。手制，腹壁凸凹不平，腰有拼接痕迹，口经慢轮修整。仅存甑部，敞口，仰折沿，方唇，唇面中央有一道凹槽，束颈，微鼓肩，鼓腹，下腹弧内收，束腰细长，鬲残。通体饰竖向粗绳纹，腰所饰绳纹遭抹平。复原口径38、腹径38.4、残高37.5厘米（图六四四，2；图版一四五，1）。

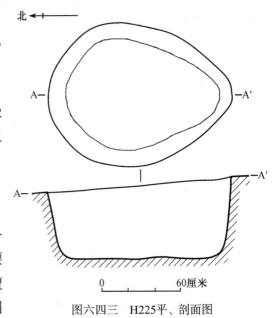

图六四三　H225平、剖面图

陶豆座　2件。手制。盘残，细柄，喇叭口座，座缘起台。素面。H225：8，夹细砂褐陶。柄实心。复原圈足径6.8、残高7.7厘米（图六四四，1）。H225：10，泥质褐陶，局部泛黑。柄上端实心、下端中空。复原圈足径8.6、残高11.1厘米（图六四四，3）。

H233　位于T2441东北部。开口于第3层下，打破生土。坑口呈椭圆形，斜直壁，平底。坑口长2、宽1.24米，坑底长1.54、宽0.74米，深0.7米（图六四五；图版一三一，1、2）。坑内堆积为灰褐色土，土质松软，含少量红烧土颗粒。出土少量陶片，多为夹砂褐陶，有少量泥质灰陶和夹砂褐胎黑皮陶，多为饰纹陶，纹饰主要为绳纹和凹弦纹，器形有罐、鬲足等。

陶罐　1件。H233：1，夹细砂灰陶。手制，口经慢轮修整，器已变形。敞口，平折沿，

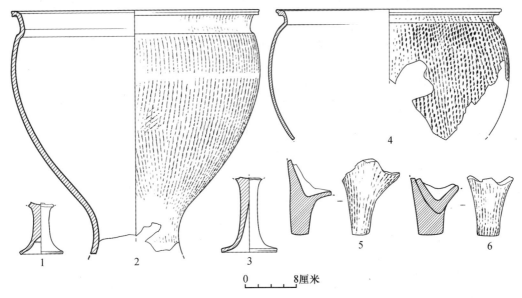

图六四四　H225出土陶器

1、3.豆座（H225：8、H225：10）　2.甗（H225：1）　4.鬲（H225：2）　5、6.鬲足（H225：3、H225：4）

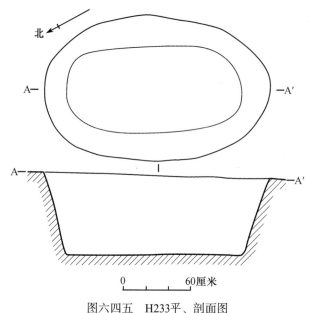

图六四五　H233平、剖面图

沿面内凹，斜方唇，唇面内凹，唇上缘呈尖状凸起、下缘垂棱内勾，束颈，鼓肩，圆鼓腹，凹底已残。颈所饰绳纹局部被抹平，肩及上腹饰弦断竖向绳纹，下腹饰交错绳纹。口径18.2、腹径28.3、底径10.7、高27.5厘米（图六四六，1；图版一四五，2）。

陶鬲足　1件。H233：5，夹粗砂灰陶。手制。细圆柱状足。满饰竖向绳纹。残高6.4厘米（图六四六，2）。

H235　位于T2543东南部、T2544西南部、T2643东北部和T2644西北部，南部被汉江冲毁。开口于第3层下，打破生土。坑口呈椭圆形，弧壁，圜底。残长3.8、宽2.56、深1.7米（图六四七；图版一三二，1、2）。坑内堆积为灰褐色土，土质松散，含少量草木灰、红烧土颗粒、石头、动物骨头和蚌壳。出土较多陶片，以夹砂褐陶居多，泥质灰陶次之，有少量夹砂褐胎黑皮陶和夹砂灰陶，大多为饰纹陶，以绳纹最多，凹弦纹次之，有少量暗纹和刻划符号。器形有陶鬲、鬲足、罐、钵、盂、豆盘、豆座、拍，骨刀、镞等。

陶鬲　1件。H235：9，夹细砂红褐陶。手制，口、肩经慢轮修整。敞口，仰折沿，沿面内凹，斜方唇，唇面有一道凹槽，唇上缘外凸成棱，唇下缘垂棱内勾，束颈，微鼓腹，以下残。颈所饰绳纹被抹平，腹饰间断绳纹。复原口径40、残高10.5厘米（图六四八，1）。

陶鬲足　1件。H235：16，夹细砂红褐陶。二次包制。圆柱足。足面饰竖向绳纹。残高6厘米（图六四八，9）。

陶罐　1件。H235：10，夹细砂灰陶。轮制。侈口，卷沿，平唇，外唇缘叠边加厚一周，

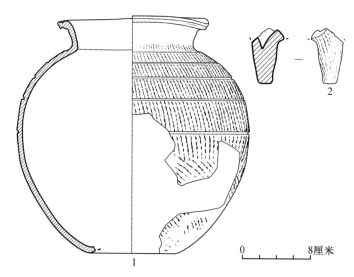

图六四六　H233出土陶器

1. 罐（H233：1）　　2. 鬲足（H233：5）

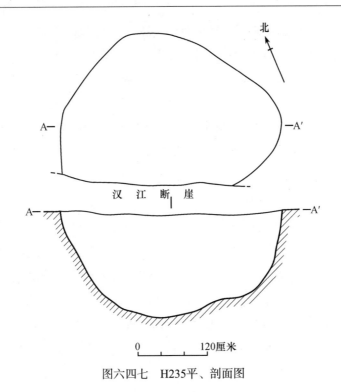

图六四七 H235平、剖面图

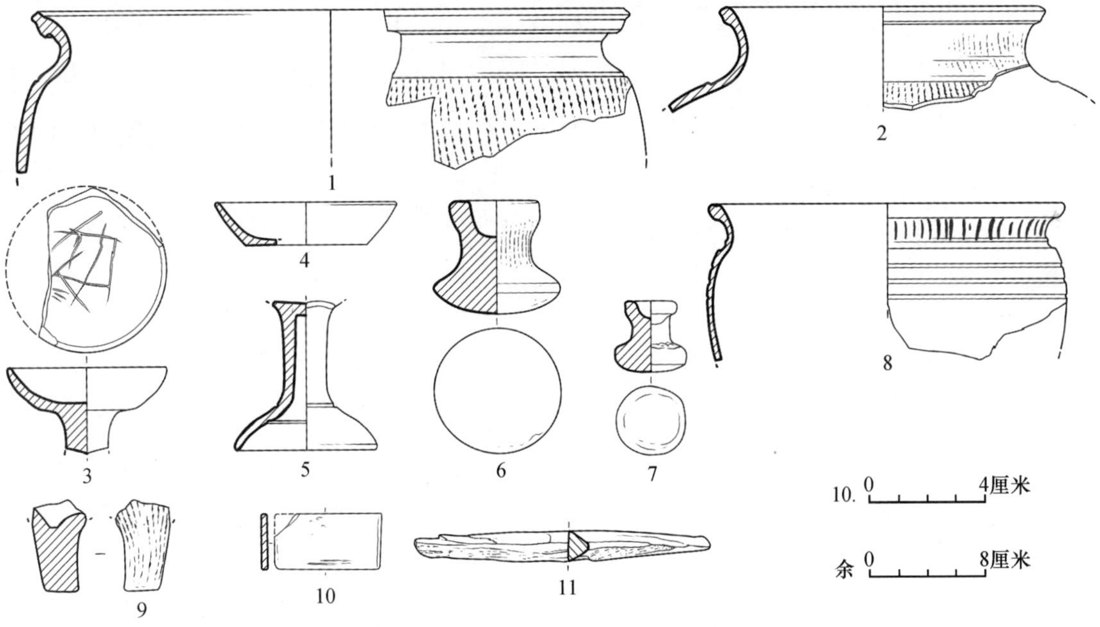

图六四八 H235出土陶、骨器

1.陶鬲（H235：9） 2.陶罐（H235：10） 3.陶豆盘（H235：1） 4.陶钵（H235：8） 5.陶豆座（H235：7）
6、7.陶拍（H235：5、H235：3） 8.陶盂（H235：6） 9.陶鬲足（H235：16） 10.骨刀（H235：2） 11.骨镞（H235：4）

束颈，广肩，以下残。颈所饰绳纹遭抹平后有余痕，肩饰竖向绳纹。复原口径22、残高6.8厘米（图六四八，2）。

陶钵　1件。H235：8，泥质灰陶。轮制，器表可见细密旋痕。敞口，尖圆唇，斜直腹，平底。素面。复原口径12、残高2.8厘米（图六四八，4）。

陶盂　1件。H235：6，泥质灰胎黑皮陶。轮制，器表磨光。侈口，卷沿，圆唇，束颈，鼓肩，弧腹内收，以下残。颈饰短竖条暗纹，肩饰三周粗凹弦纹。复原口径24、残高10.2厘米（图六四八，8）。

陶豆盘　1件。H235：1，泥质褐胎灰陶。轮制。敞口，尖圆唇，浅弧盘，平底，细实心柄，以下残。盘内底刻划多道交叉线条纹。复原口径10.9、残高5.6厘米（图六四八，3）。

陶豆座　1件。H235：7，泥质灰胎黑皮陶。轮制。盘残，细柄中空，弧拱形座。柄、座之间有一道凹弦纹。复原座径9.5、残高9.7厘米（图六四八，5）。

陶拍　2件。手制。蘑菇状，圆形拍，面隆起，柄束腰，柄上端有一凹窝。H235：3，夹细砂黑陶。素面。拍面径4.6、高4.7厘米（图六四八，7；彩版五九，1）。H235：5，夹细砂红陶。柄饰竖向细绳纹。拍面径8.5、高7.3厘米（图六四八，6；彩版五九，2）。

骨刀　1件。H235：2，系用骨骼磨制。长方形扁平薄片，有一角残缺。通体磨光，莹润有玉质感。长3.5、宽1.8、厚0.2厘米（图六四八，10；图版一四六，1）。

骨镞　1件。H235：4，系用骨骼磨制。细长条形，截面呈三棱形，锋较钝，铤不明显。长9.9厘米（图六四八，11；图版一四六，2）。

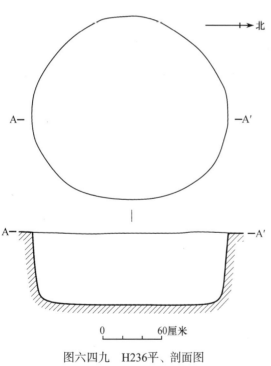

图六四九　H236平、剖面图

H236　位于T2444中部。开口于第3层下，打破生土。坑口呈圆形，直壁，平底。直径2、深0.7米（图六四九；彩版五六，1）。坑内堆积为灰黑色土，土质松散，含少量红烧土颗粒。出土大量陶片，以夹砂褐陶为主，夹砂灰陶次之，有少量夹砂褐胎黑皮陶和泥质灰陶，多数器表饰绳纹，另有较多凹弦纹，有少量暗纹，素面陶较少。可辨器形有陶鬲、甗、盂、豆盘、豆座，铜削刀等。

陶鬲　2件。手制，口经慢轮修整。斜方唇，唇面有一道凹槽，唇上缘尖凸，唇下缘垂棱内勾，束颈，鼓肩。H236：17，夹细砂红褐陶。仰折沿，沿面微凹，弧腹微鼓，以下残。腹饰弦断竖向绳纹。复原口径36、残高13.7厘米（图六五〇，1）。H236：4，夹细砂红褐陶。微仰折沿，沿面略凹，鼓腹，以下残。腹饰竖向粗绳纹。复原口径26、残高7.1厘米（图六五〇，2）。

陶甗　2件。H236：3，夹细砂灰胎黑皮陶。折沿微外垂，弧腹内收，以下残。腹饰竖向粗绳纹，肩有一周抹痕。复原口径26.1、残高13.8厘米（图六四九，4）。H236：9，夹粗砂褐陶。手制。口已残，鼓肩，斜直腹内收，矮圆柱足，弧裆近平。器表满饰粗绳纹。残高13.1厘米（图六五〇，5）。

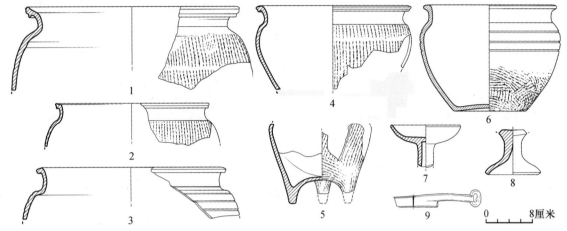

图六五〇 H236出土陶、铜器

1、2.陶鬲（H236：17、H236：4） 3、6.陶盂（H236：21、H236：2） 4、5.陶甗（H236：3、H236：9）
7.陶豆盘（H236：29） 8.陶豆座（H236：31） 9.铜削刀（H236：1）

陶盂 2件。泥质褐胎黑皮陶。轮制，器表磨光。侈口，束颈，鼓肩。肩饰三道凹弦纹。H236：2，平折沿，圆唇，弧腹内收，内凹底。腹饰交错绳纹。复原口径22.2、腹径24.1、底径12.3、高17.5厘米（图六五〇，6）。H236：21，折沿微外垂，方唇，肩以下残。复原口径32、残高8.5厘米（图六五〇，3）。

陶豆盘 1件。H236：29，泥质灰胎黄褐衣陶。手制。敞口，圆唇，浅弧盘，平底，细柄中空，座残。素面。复原口径12.1、残高7厘米（图六五〇，7）。

陶豆座 1件。H236：31，泥质褐陶，局部泛黑。手制。盘残，细短柄，上端实心，下端为喇叭形座。素面。复原圈足径9.5、残高7.4厘米（图六五〇，8）。

铜削刀 1件。H236：1，青铜铸成。刀弧背，刃平直，锋已残，长柄，末端有一椭圆环。残长14.9厘米（图六五〇，9；彩版五九，3）。

H237 位于T2440东南部、T2441南部、T2442西南部、T2541东北部和T2542西部，西部和南部被汉江冲毁。开口于第3层下，叠压H238，打破生土。坑口形状不规则，斜直壁，平底。长9.6、残宽5.68、深1.05米（图六五一；图版一三三，1）。坑内堆积为灰褐色土，土质松散，含有少量红烧土、草木灰、石块和动物骨头。出土3件骨笄和大量陶片。陶片以夹砂褐陶为主，夹砂灰陶与泥质灰陶次之，有少量夹砂红陶和褐胎黑皮陶，绝大多数器表饰绳纹，另有凹弦纹和暗纹，有少量刻划符号，素面陶较少，器形有陶鬲、甗、盂、豆、纺轮等（图版一四六，3）。

陶鬲 3件。夹细砂褐陶。手制，口经慢轮修整。仰折沿，沿面微内凹，斜方唇，唇上缘尖凸、下缘垂棱，束颈，鼓肩，斜直腹内收。器表饰粗绳纹。H237：3，平裆，圆柱足。肩有一周抹痕，裆饰横向绳纹。口径29、腹径29.9、通高29厘米（图六五二，1；彩版六〇，1）。H237：16，裆与足皆残。颈所饰绳纹遭抹平，肩有一周抹痕。口径26.7、腹径27.5、残高23.7厘米（图六五二，3）。H237：8，平裆，足残。颈所饰绳纹被抹平，肩有两周抹痕。复原口径17.1、腹径19.7、残高13.2厘米（图六五二，4）。

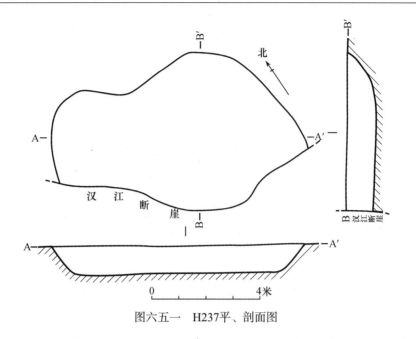

图六五一　H237平、剖面图

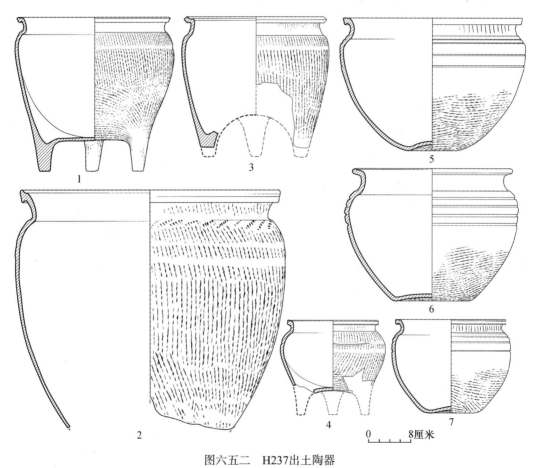

图六五二　H237出土陶器

1、3、4.鬲（H237：3、H237：16、H237：8）　2.甑（H237：17）　5～7.盂（H237：13、H237：11、H237：12）

陶甗 1件。H237：17，夹细砂褐陶。手制，口后经慢轮修整。仰折沿，沿面内凹，斜方唇，唇缘上凸下勾，束颈，鼓肩，鼓腹，下腹弧内收，以下残。器表满饰竖向粗绳纹，颈遭抹平，肩有一周左斜条状按窝纹，上腹有两周抹痕。复原口49、残高43.6厘米（图六五二，2）。

陶盂 3件。手制，口经慢轮修整、有旋痕。束颈，鼓肩，鼓腹，下腹弧内收，内凹底。肩饰多道凹弦纹，以下饰交错粗绳纹。H237：13，夹细砂褐陶。平折沿，斜方唇，唇面微凹，唇上缘尖凸、下缘垂棱。口径33.5、底径9、高24.2厘米（图六五二，5；图版一四六，4）。H237：11，夹细砂褐陶。仰折沿，沿面有一道凹槽，圆唇。口径30、底径13.8、高24.1厘米（图六五二，6；彩版六〇，2）。H237：12，夹细砂红陶。平折沿，沿面较窄，斜方唇，唇面内凹，唇下缘垂棱。口径20.9、腹径22.1、底径9、高17厘米（图六五二，7；彩版六〇，3）。

陶豆 7件。轮制，器表有细密旋痕。浅盘，细高柄，喇叭形座。H237：7，泥质黑陶。敞口，圆唇，折腹，柄中空。盘内饰旋涡状暗纹和"X"形刻划纹。口径12.8、圈足径10、高18.3厘米（图六五三，1；图版一四七，1）。H237：42，泥质褐胎磨光黑皮陶。敞口，圆方唇，弧腹，柄中空，座略残。盘内底饰多周同心圆暗纹。复原口径13、残高16.1厘米（图六五三，2）。H237：9，泥质灰陶。敞口，方唇，弧腹，柄中空。素面。口径11.3、座径7.4、高9.9厘米（图六五三，4；彩版六一，4）。H237：68，泥质灰黑陶。直口，圆唇，弧腹，柄中空，

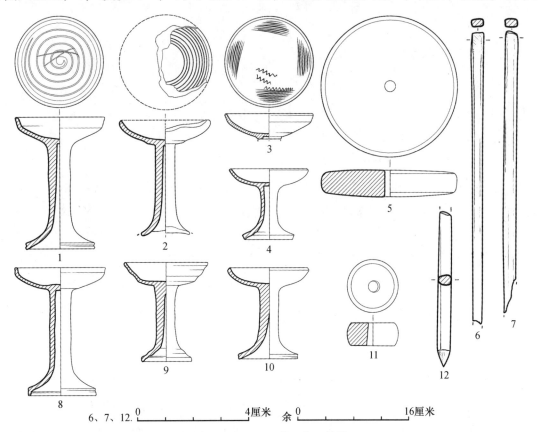

图六五三 H237出土陶、骨器

1~4、8~10.陶豆（H237：7、H237：42、H237：36、H237：9、H237：68、H237：4、H237：5）

5、11.陶纺轮（H237：2、H237：1） 6、7、12.骨笄（H237：75、H237：76、H237：77）

底座起一小台面。素面。口径13.1、圈足径9.8、高17.8厘米（图六五三，8；彩版六一，1）。H237：4，夹细砂黑陶。敞口，圆唇，斜直腹，柄上端实心、下端渐中空。素面。口径12、圈足径7.2、高13.8厘米（图六五三，9；彩版六一，3）。H237：5，夹细砂黑陶。敞口，方唇，弧腹，柄上端实心、下端渐中空。素面。口径11.1、圈足径8.5、高12.7厘米（图六五三，10；彩版六一，2）。H237：36，泥质灰陶，局部呈橙黄色。轮制，器表有细密旋痕。敞口，圆唇，折腹，浅盘，柄残。盘内饰四团条状暗划纹，中部饰三条波折形暗纹。口径12.6、残高3.5厘米（图六五三，3；图版一四七，2）。

陶纺轮　2件。手制。圆饼状，鼓边，中央有一圆穿孔。素面。H237：1，泥质褐陶。较厚，两面平坦。直径3.7、厚1.6、孔径0.8厘米（图六五三，11；图版一四七，3）。H237：2，夹细砂褐陶。两面微隆。直径9.9、厚1.8厘米（图六五三，5；图版一四七，4）。

骨笄　3件。由骨头磨制而成，通体磨光。细长条形。H237：75，尖端残断，截面呈长方形。残长10.1、宽0.5、厚0.3厘米（图六五三，6；图版一四七，6）。H237：76，尖端残断，截面呈长方形。残长9.8、宽0.5厘米（图六五三，7；图版一四七，7）。H237：77，圆锥形尖，尾端残断，截面呈圆形。残长5.4、直径0.5厘米（图六五三，12；图版一四七，5）。

第二节　墓　　葬

13座。分土坑墓与瓮棺两类。

一、土　坑　墓

12座（M1、M3、M8、M10、M12、M20、M21、M25～M29）。

M1　位于T0312南部和T0412北部。方向225°。开口于第4层（宋代）下，打破第5层（西周）直至生土。长方形土坑竖穴木椁墓，口大底小，斜直壁，平底。墓口长2.8、宽1.88米，墓底长2.6、宽1.8米，深2.96米。坑内堆积为灰褐色土，土质紧密，包含少量东周时期的灰陶片。葬具已腐朽，仅发现有木椁痕迹，呈"Ⅱ"字形。椁痕长2.12、宽1.06、残高0.09米。椁痕内东侧发现有人骨1具，保存较好，葬式为单人仰身直肢。共随葬陶器9件，置于人骨左侧和椁痕之间，其中，鼎2、敦2、壶2、豆1、盘1、匜1件（图六五四；彩版五六，2；彩版六二，1；图版一三三，2；图版一三四）。

陶鼎　2件。夹细砂褐胎黑衣陶。手制，口经慢轮修整。盖呈覆盘状，直口，平方唇，弧顶近平，顶中心有两圈凹弦纹，周缘有三个扁凸形纽，以两圈凹弦纹相连。鼎身子口，内敛以承盖，平方唇，口下出平肩，外缘尖凸成棱，上腹直壁，附对称外侈长方形穿耳，中腹有一道凹槽，下腹弧内收，圜底，三蹄形足，足面刮削棱痕明显。素面。M1：6，盖口径21.2、高5厘米，鼎身口径17.8、腹径21、腹深9.6厘米，通高21.4厘米（图六五五，1；图版一四八，1）。M1：7，盖口径21、高5.4厘米，鼎身口径18、腹径21、腹深9.6厘米，通高22.9厘米（图

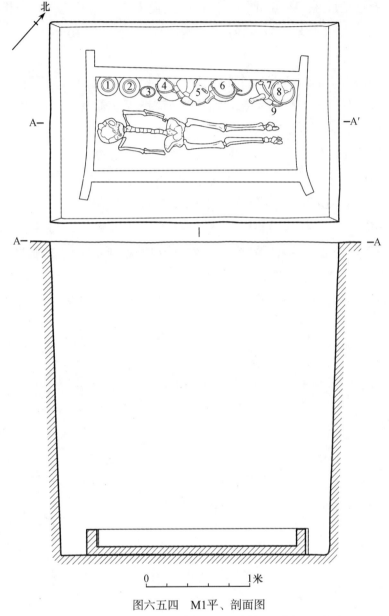

图六五四　M1平、剖面图

1、2.陶壶　3.陶豆　4、5.陶敦　6、7.陶鼎　8.陶盘　9.陶匜

六五五，2；彩版六二，2）。

陶敦　2件。泥质深灰陶。手制，内壁凹凸不平，有捏压指窝纹痕迹，口经慢轮修整。盖、身上下对称，扣合后呈扁圆球形。直口，口下有一周凹槽，平方唇，唇面微内斜，弧腹内收，圜底。盖、身皆黏结有三蝶须形纽和足。素面。M1：4，口径21.4、腹深10.4、通高24.9厘米（图六五五，3；彩版六三，1）。M1：5，口径22.2、腹深10.6、通高24.2厘米（图六五五，4；图版一四八，2）。

陶壶　2件。泥质深灰陶。手制，整器经慢轮修整，器表有旋痕。盖呈覆碟状，平方唇，弧顶，顶近平，有三个扁凸形纽。壶直口微敞，高直颈，微鼓肩，鼓腹，下腹弧内收，平底微内凹，矮直圈足。颈、肩及腹饰一至两道凹弦纹。M1：1，盖口径12.9、高3.5厘米，壶口径

12.9、腹径20.9、圈足径11.8、高26.6厘米，通高30.1厘米（图六五五，5；图版一四八，3）。M1：2，盖口径12.2、高3.6厘米，壶口径12.2、腹径19.2、圈足径10.8、高26.4厘米，通高30厘米（图六五五，6；彩版六三，2）。

　　陶豆　1件。M1：3，泥质灰陶。轮制。敞口，平方唇，弧腹，浅盘，平底，圆柱形细柄，上端实心，下端渐中空，喇叭形座，座面起一道折棱。素面。口径12.6、圈足径7.5、高13.7厘米（图六五五，7；图版一四八，4）。

　　陶盘　1件。M1：8，夹细砂褐胎黑衣陶。手制，整器经慢轮修整，器表有旋痕。侈口，平折沿，沿面上端有一道凹槽，圆唇，短束颈，肩微凸，腹斜直内收，平底内凹。口径29.1、底径9.7、高8.8厘米（图六五五，9；图版一四八，5右）。

　　陶匜　1件。M1：9，夹细砂褐胎黑衣陶。手制。勺形，敞口，圆唇，浅弧腹，底近平，尖圆形流。腹外壁近口处饰一道朱砂宽带纹，内壁饰似鱼鳞形彩绘。口长12.3、宽10.8、通高3.2厘米（图六五五，8；图版一四八，5左）。

　　M3　位于T0504西南部和T0503东南部。方向215°。墓坑开口于第2层下，打破第3层，直

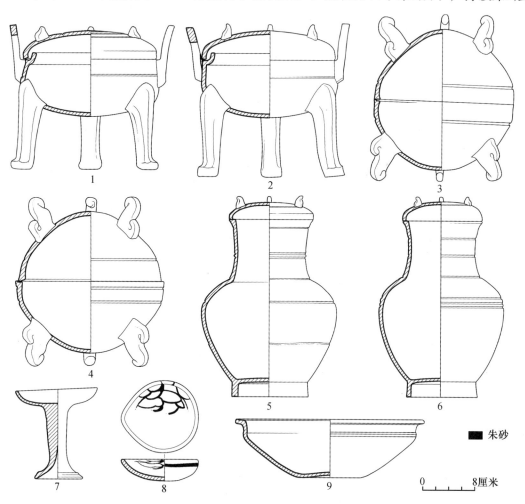

图六五五　M1出土陶器

1、2.鼎（M1：6、M1：7）　3、4.敦（M1：4、M1：5）　5、6.壶（M1：1、M1：2）　7.豆（M1：3）　8.匜（M1：9）
9.盘（M1：8）

至生土。长方形土坑竖穴木椁墓，略口大底小，斜直壁，平底。墓口长2.89、宽1.86米，墓底长2.84、宽1.66米，深1.88米。坑内填土为褐色土，土质松散，含有较多红烧土粒。棺椁已腐朽，仅发现有木椁痕迹，呈长方形。木椁下横放两根垫木。椁痕长2.7、宽1.4、残高0.5米。垫木长1.6、宽0.15米。葬式为单人仰身直肢，椁痕内西侧有人骨1具，已经腐烂。随葬品有9件，置于人骨右侧和椁痕之间，其中，陶鼎2、陶敦2、陶壶2、陶盘1、陶匜1、铜剑1件（图六五六；彩版五七，1、2；彩版六四，1；图版一三五，1~3）。

陶鼎　2件。M3：2，夹细砂灰陶。轮制，器表有旋痕。盖呈覆盘状，敞口，平方唇，弧顶，顶有三个扁凸纽，中心有两圈同心圆凹弦纹。鼎子口内敛以承盖，平方唇，口下出平肩，外缘尖凸成棱，上腹较直，附对称外侈长方形穿耳，下腹弧内收，圜底近平，三蹄形足外撇，足面刮削棱痕明显。器表用朱砂彩绘纹饰图案。盖面中央饰三个卷云纹，盖缘饰二方连续重叠式三角形波折纹，鼎上腹饰二方连续三角形波折纹，耳面饰鱼鳞纹，足面饰竖向条带状纹。盖口径20.4、高4.6厘米，鼎口径18.1、腹径19.8厘米，通高21.2厘米（图六五七，1；彩版六四，2）。M3：7，不能复原。

陶敦　2件。M3：5，泥质黑陶。轮制，内壁满见旋痕。仅存一半，半圆形，直口微敛，

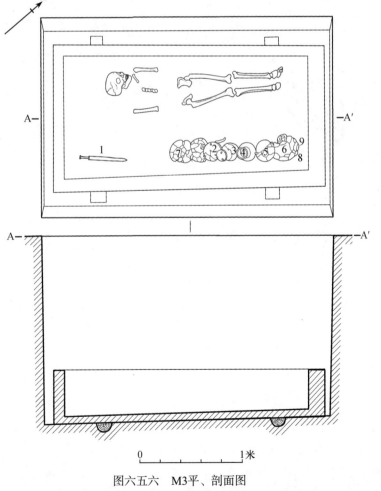

图六五六　M3平、剖面图

1.铜剑　2、7.陶鼎　3、4.陶壶　5、6.陶敦　8.陶盘　9.陶匜

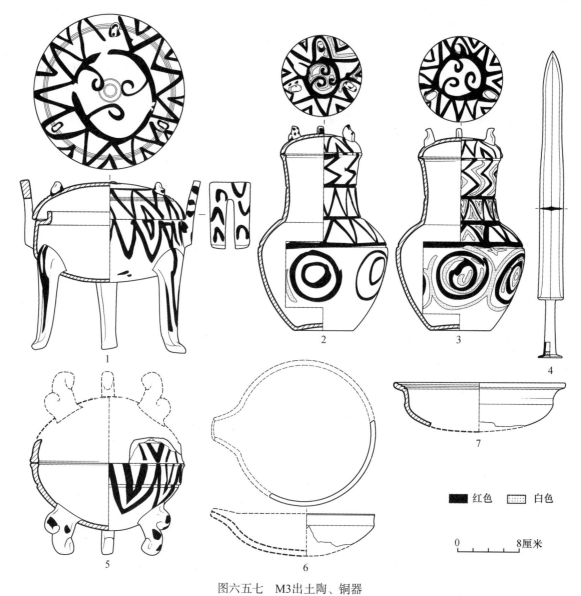

图六五七　M3出土陶、铜器

1.陶鼎（M3∶2）　2、3.陶壶（M3∶4、M3∶3）　4.铜剑（M3∶1）　5.陶敦（M3∶5）　6.陶匜（M3∶9）

7.陶盘（M3∶8）

平方唇微斜，唇外缘尖凸，弧腹内收，尖圜底，底安三个蝶须形足。上腹有一道凹槽，腹饰红彩横三角形波折纹，足面零星点缀有红彩，白粉彩基本已脱落。口径20.4、复原高23.3厘米（图六五七，5；彩版六四，3）。M3∶6，不能复原。

陶壶　2件。泥质灰陶。轮制。盖呈覆碟状，侈口，斜方唇，弧顶，顶安三个扁凸形纽。壶身侈口微敞，方唇微斜，唇面有一道凹槽，唇外缘尖凸，高直颈微束，鼓肩，微鼓腹，下腹弧内收，平底内凹。颈、肩和上腹各饰一道凹弦纹。器表用朱砂和白粉彩绘饰纹。M3∶3，盖中央绘三条卷云纹，盖缘饰二方连续重叠式三角波折纹，颈上部与肩饰二方连续竖三角形波折纹，颈下部饰二方连续横向三角形波折纹，腹饰六组同心圆圈纹，并用白粉彩描绘。口径10.8、腹径16.9、底径7.9、通高25.7厘米（图六五七，3；彩版六四，4）。M3∶4，盖面中心绘红白相间卷云纹，盖缘四周饰横向三角形波折纹，在波折纹内再用白粉彩绘小三角纹，颈上部饰竖波折纹，颈下部与肩饰横三角形波折纹，腹饰一周六组红白相间同心圆圈纹，白粉彩基本脱落殆尽。口径10.6、腹径16.9、底径7.5、通高26厘米（图六五七，2；图版一四九，3）。

陶盘 1件。M3：8，泥质褐胎黑衣陶。轮制。敞口，圆唇，仰折沿，沿面有两道凹槽，微束颈，弧腹内收，底残。素面。口径22.5、复原高6.4厘米（图六五七，7；图版一四八，6右）。

陶匜 1件。M3：9，泥质褐胎黑衣陶。轮制。敞口，斜方唇，唇面有一道凹槽，弧腹内收，以下残。复原口径18、复原高5.9厘米（图六五七，6；图版一四八，6左）。

铜剑 1件。M3：1，粉绿色，锈蚀。模制。圆首，圆茎中空，隆脊有棱线，剑身束腰，刃较锋利。茎长7.4、首径3.2、厚0.6、通长39.1厘米（图六五七，4；图版一四九，1）。

M8 位于T0305东南部、T0405东北部及T0306西南部。方向240°。开口于第2层下，打破第3层直至生土。长方形土坑竖穴木椁墓，口大底小，斜直壁，平底。墓口长2.68、宽1.43米，墓底长2.45、宽1.22米，深0.75米。墓坑内填土为黄灰色土，土质较松软，含有少量红烧土颗粒和兽骨。葬具不明，有人骨1具，保存较差，葬式为单人仰身直肢。人骨左上方随葬有5件陶器，其中，鬲1、盂1、长颈罐2、豆1件（图六五八；图版一三六，1；图版一五〇，1）。

陶鬲 1件。M8：1，泥质灰陶。手制，口经慢轮修整。侈口，圆唇，卷沿，内沿面下端有一道浅凸棱，矮束颈，鼓肩，弧腹内收，联裆平，三柱足较矮小，有刮削棱痕。肩饰三道凹弦纹。口径15.1、腹径14.8、通高12.6厘米（图六五九，1；彩版六五，1）。

陶盂 1件。M8：2，泥质灰陶。轮制，内壁满见旋痕，器表经打磨。侈口，圆唇，卷沿，沿面有一道凹槽，矮束颈，鼓肩，鼓腹，下腹弧内收，平底内凹。颈饰一周波折形暗纹，腹素面。口径18、腹径15.9、底径7.9、高15厘米（图六五九，2；彩版六五，2）。

陶豆 1件。M8：3，泥质灰陶。手制，盘与座经慢轮加工。微敞口，平方唇，弧腹，浅盘，底近平，圆柱形柄，上端实心，下端渐中空，喇叭形座。口径13.3、圈足径8、高14厘米

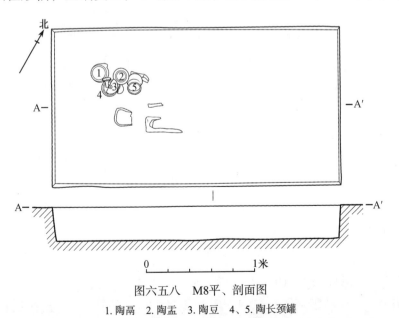

图六五八 M8平、剖面图

1.陶鬲 2.陶盂 3.陶豆 4、5.陶长颈罐

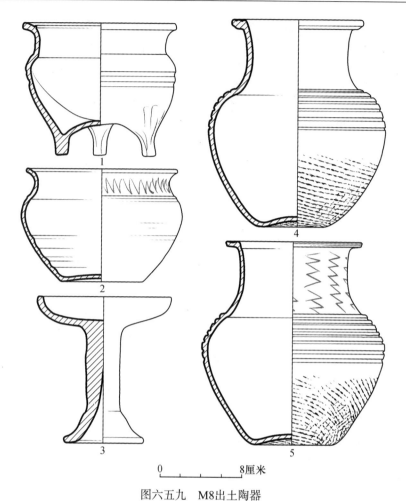

图六五九　M8出土陶器

1.鬲（M8：1）　2.盂（M8：2）　3.豆（M8：3）　4、5.长颈罐（M8：5、M8：4）

（图六五九，3）。

陶长颈罐　2件。泥质灰陶。轮制，内壁满见细密旋痕，颈、肩经打磨。侈口，圆唇，平折沿，沿面有两道凹槽，长颈微束，鼓肩，鼓腹，下腹弧内收，平底内凹。肩饰七道凹弦纹，下腹至底饰交错粗绳纹。M8：4，颈饰竖波折形暗纹。口径13.3、腹径17.8、底径7.4、高19.2厘米（图六五九，5；彩版六五，3）。M8：5，口径12.8、腹径17.2、底径6、高19.7厘米（图六五九，4；图版一四九，2）。

M10　位于T0406南部和T0506北部。方向225°。开口于第2层下，打破第3层直至生土。长方形土坑竖穴木椁墓，口大底小，底较平。墓口长2.6、宽1.6米，墓底长2.4、宽1.46米，深2.1米。北壁中部有脚窝一个，宽0.5、高0.5、深0.24米。西壁有脚窝两个，一个宽0.4、高0.15、深0.2米，另一个宽0.5~0.7、高0.2、深0.6米。墓坑内填土为灰褐色土，土质较松软，含有少量红烧土、石头和兽骨。葬具已腐朽，仅存椁痕，呈长方形。发现人骨1具，保存较差，仅存部分头骨、椎骨、盆骨和肢骨痕迹，葬式为仰身直肢。随葬器物10件（套），置于椁内东南部，其中料珠1件，铜铃1套（16件），陶器8件，分别为鼎2、敦2、壶2、盘1、匜1件（图六六〇；彩版五八，1；彩版六六，1；图版一三六，2；图版一三七，1、2；图版一三八，

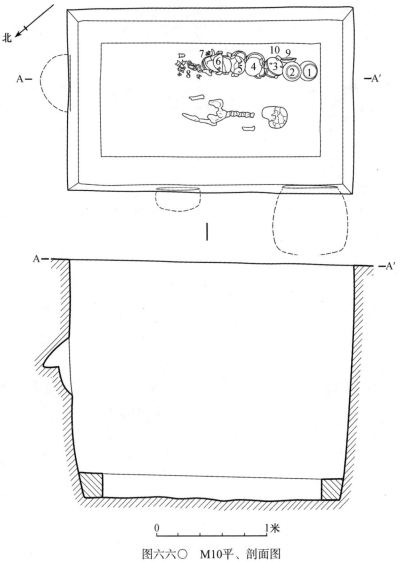

图六六〇　M10平、剖面图

1、2.陶壶　3、6.陶鼎　4、5.陶敦　7.料珠　8.铜铃　9.陶盘　10.陶匜

1、2）。

　　陶鼎　2件。夹细砂灰胎黑衣陶。手制，器形不规整，器壁有捏窝痕迹，口经慢轮修整。盖呈覆盘状，侈口，平方唇，弧顶近平，顶安三个三角形纽。鼎子口内敛以承盖，方唇，弧腹，上腹附对称长方形穿耳，圜底，下接三蹄形足，足面刮削棱痕明显。器表用朱砂彩绘纹饰图案。盖缘与鼎腹上壁饰横向波折纹，以宽带纹分隔。M10：3，口径15、腹径17.6、通高18厘米（图六六一，2；彩版六六，2）。M10：6，弧壁。口径14.4、腹径17.6、通高19.9厘米（图六六一，1；图版一五〇，2）。

　　陶敦　2件。夹细砂褐胎黑衣陶。手制，内壁有捏压指窝纹痕迹，口经慢轮修整。盖、身对称，扣合后呈椭圆球形，口微敛，平方唇，弧腹内收，圜底，盖、身底分别接三蝶须形足和纽。器表用朱砂彩绘饰纹图案。盖、身腹饰两周横向波折纹，以宽带纹分隔。M10：4，口径17.3、腹深10.4、通高25.5厘米（图六六一，4；图版一五〇，3）。M10：5，上口径17.5、下

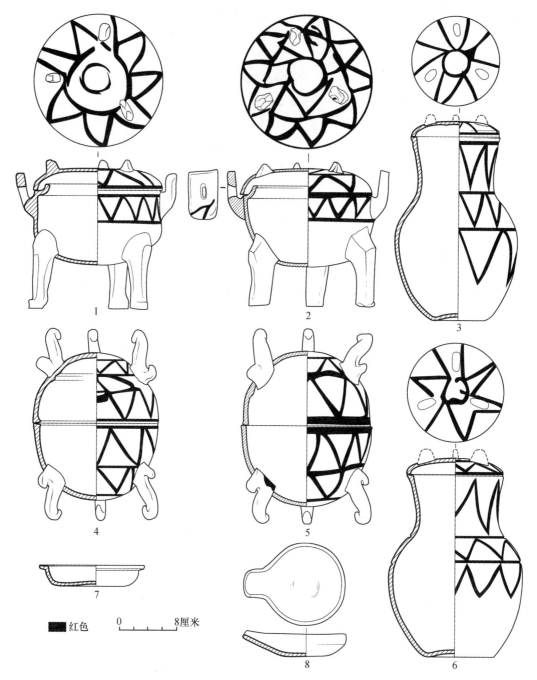

图六六一　M10出土陶器

1、2.鼎（M10：6、M10：3）　3、6.壶（M10：1、M10：2）　4、5.敦（M10：4、M10：5）　7.盘（M10：9）

8.匜（M10：10）

口径17.8、腹深10.4、通高26厘米（图六六一，5；彩版六六，3）。

　　陶壶　2件。泥质褐陶。手制，器壁不规整。盖呈覆碟状，平方唇，顶较平，三纽皆残。壶身侈口，平方唇，唇面微凹，唇外缘尖凸，高直颈，溜肩，鼓腹较深，下腹弧内收，平底内凹。盖、颈、肩和上腹皆用朱砂彩绘横向三角形波折纹，其内白粉彩已脱落，图案不清晰。M10：1，口径12.1、腹径16.8、底径7.1、通高26.6厘米（图六六一，3；图版一五一，1）。

M10:2，肩饰两道凹弦纹。口径13.2、腹径18.4、底径9.1、通高26.5厘米（图六六一，6；彩版六六，4）。

陶盘 1件。M10:9，夹细砂灰胎黑衣陶。手制。侈口，方唇，折沿微仰，沿面内凹，弧腹内收，浅盘，平底内凹。素面。口径14.6、底径9.3、高2.8厘米（图六六一，7；图版一五一，2）。

陶匜 1件。M10:10，夹细砂灰胎黑衣陶。手制。勺形，侈口，圆唇，浅弧形腹，平底，短流上翘。素面。通高3.4、口长13.9、宽11.2、底径5.6厘米（图六六一，8；图版一五一，3）。

料珠 1件。M10:7，共21颗，有大小之分，1大20小。皆为圆形，表面有天蓝色圆形凸起，下凹部分为黄色，中部有穿孔。大珠直径2.2、孔径0.9厘米，小珠直径0.8、孔径0.3厘米（图六六二，6、7；彩版六七，1）。

铜铃 1套16件（彩版六七，2）。M10:8，青铜质。皆为合瓦形，舞有半圆形纽，穿孔较小。正反两面钲两侧皆有长方形镂孔，铣呈弧形。素面。其中大号5件，铃身瘦长；中号3件，铃身宽矮；小号8件，铃身较短。其中7件残破较为严重。M10:8-1，铣宽3.2、通高5.8厘米（图六六二，1）。M10:8-2，铣宽3.5、通高5.6厘米（图六六二，2）。M10:8-3，铣

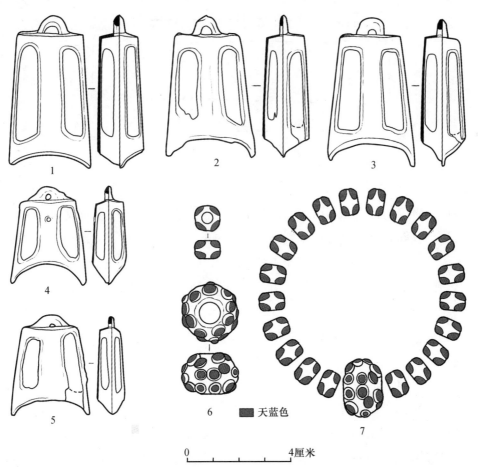

0   4厘米

图六六二　M10出土铜、料器

1~5.铜铃（M10:8-1、M10:8-2、M10:8-3、M10:8-4、M10:8-5）　6、7.料珠（M10:7）

宽3.5、通高5.4厘米（图六六二，3）。M10：8-4，铣宽3、通高3.2厘米（图六六二，4）。M10：8-5，铣宽3、通高3.7厘米（图六六二，5）。

M12　位于T0606东南部和T0607西南部。方向137°。开口于第2层下，打破H15和第3层。长方形土坑竖穴木椁墓，直壁，平底，有小二层台。墓口长2.4、宽1.6米，墓底长2.2、宽1.3米，深0.65米。二层台宽0.16～0.28、高0.1米。墓内填土为灰褐色土。葬具不明，人骨零落散乱，应为二次迁葬，葬式与头向皆不明。随葬蚌坠7件，皆置于墓底部，北部4件，南部3件，其中6件中部都有一小穿孔（图六六三；图版一三八，3；图版一五二，1）。

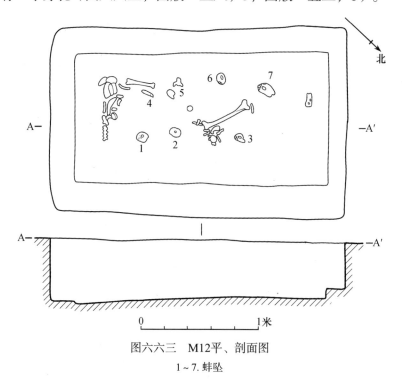

图六六三　M12平、剖面图
1～7. 蚌坠

蚌坠　7件。M12：1～7，利用天然河蚌制成，在蚌壳上打击一孔而成。其中，M12：4为长条形蚌，其余为椭圆形蚌。M12：1，直径7.3～9.3、孔径1.6～2.1厘米（图六六四，1；图版一五二，2）。M12：4，长13.3、宽3.2厘米（图六六四，2；图版一五二，5）。M12：2，直径8.5～10.7、孔径1.8～2.3厘米（图版一五二，3）。M12：3，直径8.3～10.5、孔径1.8～2.5厘米（图版一五二，4）。

M20　位于T0409北部。方向222°。开口于第4层（宋代）下，打破生土，被G5打破。长方形土坑竖穴墓，直壁，平底。残长1.7、宽0.8、深0.7米。墓坑内填土为深褐色土，夹有少量红烧土。墓底有人骨1具，仰身直肢葬，由于墓葬被打破，下肢骨已无存，其余骨头保存较好。未发现葬具和随葬品（图六六五；图版一三九，1、2）。

M21　位于T0507东南部、T0508西南部、T0607东北部和T0608西北部。方向310°。开口于第2层下，打破第3层直至生土。长方形土坑竖穴木椁墓，口大底小，斜直壁，平底。墓口长3、宽2米，墓底长2.3、宽1.3米，深2米。有生土小二层台，宽0.18、高0.1米。墓坑内填土为黄褐色花土，土质松软，夹有少量红烧土颗粒。葬具腐朽无存，清理人骨1具，葬式为单人仰身

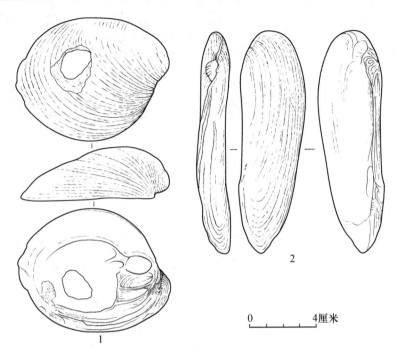

图六六四　M12出土蚌坠
1. M12∶1　2. M12∶4

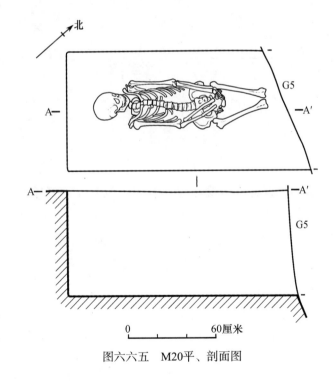

图六六五　M20平、剖面图

直肢，人骨保存较好。在人骨左侧随葬陶器6件，其中，鼎1、敦1、壶1、豆3件（图六六六；彩版五八，2；图版一四〇，1、2；图版一四一，1；图版一五三，1）。

　　陶鼎　1件。M21∶1，夹细砂灰陶。轮制，器表可见旋痕，上腹经打磨。盖呈覆盘状，顶较平，安三个半弧形纽。鼎子口内敛以承盖，平方唇，口下出平肩，外缘尖凸成棱，上腹较

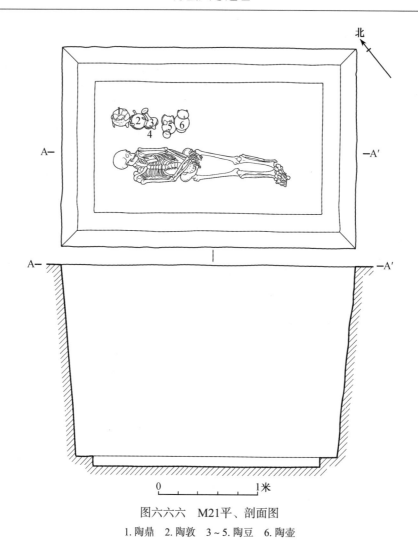

图六六六　M21平、剖面图

1.陶鼎　2.陶敦　3~5.陶豆　6.陶壶

直，附对称长方形穿耳，扁弧腹，圜底，下接三外撇蹄形足，刮削棱痕明显。盖顶饰两道同心圆圈凹弦纹，上腹素面，下腹至底饰交错粗绳纹。口径15.7、腹径17.5、通高18.9厘米（图六六七，1；图版一五三，2）。

陶敦　1件。M21：2，泥质深灰陶。轮制，内壁有旋痕，器表稍经打磨。盖、身皆为半球形，整体呈椭圆球形。直口微敛，平方唇，椭圆形球腹，盖、底各安有三个蝶须形纽和足。器表绳纹被抹平。口径15.1、通高22.6厘米（图六六七，4；图版一五三，3）。

陶壶　1件。M21：6，泥质褐胎黑皮陶。轮制，外底有偏心涡纹，器表有旋痕。盖呈覆碟状，盖顶近平，安三个纽，子母口与壶身扣合。壶侈口，平唇，高束颈，鼓腹，下腹弧内收，平底，喇叭形高圈足外斜。颈饰竖线条暗纹，肩饰四道凹弦纹，下腹素面。口径11.3、腹径15.5、圈足径9.5、通高25.1厘米（图六六七，3；图版一五三，4）。

陶豆　3件。泥质灰陶。轮制，器表有旋痕。直口，圆唇，折腹，浅盘内凹，圆柱形柄，上端实心，下端渐中空，喇叭形座，座缘斜上翘，中间有一道凹槽。M21：3，盘内饰一周圈线暗纹，内填三组弧线暗纹，较密集，每组线条不等。口径13.2、圈足径7.8、高16.8厘米（图六六七，6；图版一五三，5）。M21：4，素面。口径13.8、圈足径8.2、高15.4厘米（图

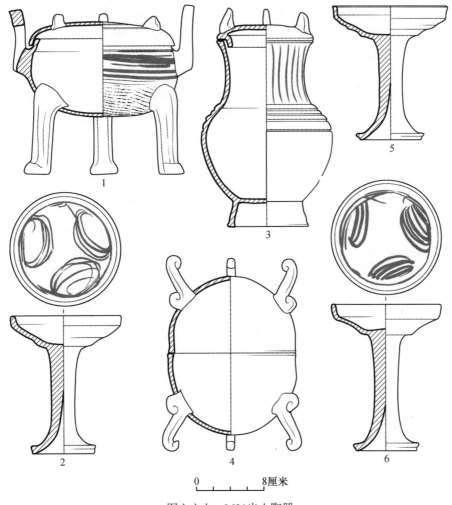

图六六七 M21出土陶器

1. 鼎（M21：1） 2、5、6. 豆（M21：5、M21：4、M21：3） 3. 壶（M21：6） 4. 敦（M21：2）

六六七，5）。M21：5，盘内饰一周圈线暗纹，内填三组弧线形暗纹，每组线条不等。口径13.1、圈足径7.7、高15.9厘米（图六六七，2；图版一五四，1）。

　　M25 位于T0608东部和T0609西部。方向110°。开口于第2层下，打破第3层直至生土。长方形土坑竖穴木椁墓，口大底小，斜直壁，平底。墓口长2.5、宽1.6米，墓底长2.3、宽1.4米，深1.9米。墓坑内填土为灰黑色土，土质较松散，包含较多动物骨骼、石块和红烧土粒等。葬具已腐朽，仅发现木椁痕迹，呈长方形。椁痕长1.83、宽1.01、残高0.2米。椁痕内发现人骨1具，保存较好，葬式为单人仰身直肢。未发现随葬品（图六六八；图版一四一，2）。

　　M26 位于T0811东部。方向114°。开口于第4层（宋代）下，打破第5层（西周）。长方形竖穴木椁墓，口底等大，直壁，平底。长2.4、宽1.2、深1.62米。墓坑内填土为灰褐色土，包含少量陶片。未发现棺椁痕迹。墓底有人骨1具，保存较差，葬式为单人仰身直肢。在骨架左侧随葬1件陶罐（图六六九）。

　　陶罐 1件。M26：1，泥质褐胎黑衣陶。轮制，底有偏心涡纹，器内外壁有细密旋痕，器表经打磨。侈口，尖圆唇，折沿上翘，沿面内凹，短束颈，鼓肩，鼓腹，下腹斜直内收，平底。

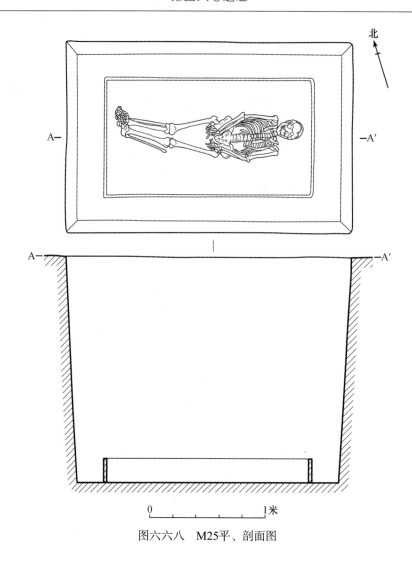

图六六八　M25平、剖面图

肩饰竖线暗纹。口径13.6、腹径15.9、底径8.6、高11.2厘米（图六七〇；图版一五四，2）。

M27　位于T0610中部。方向123°。开口于第4层（宋代）下，打破第5层（西周）。墓坑呈长方形，长1.69、宽0.74、深0.58米。墓坑内填土为灰色土，土质较软。墓底有人骨1具，保存极差，仅头骨保存较好，另见部分上肢骨和脊椎骨的腐朽痕迹，推测葬式为单人仰身直肢。未发现葬具和随葬品（图六七一）。

M28　位于T0310北部。方向210°。开口于第4层（宋代）下，打破第5层（西周），北部部分遭埝河冲毁。长方形土坑竖穴木椁墓，口大底小，斜直壁，平底。墓口长3、宽2.04米，墓底长2.88、宽1.93、深2.04米。墓坑内填土为深褐色土，土质较松散，包含少量碎陶片。葬具已腐朽，仅发现有木椁痕迹，呈长方形。椁痕长2.26、宽1.16米。椁痕内发现人骨1具，已经严重腐烂，仅存牙齿和部分颅骨，葬式不明。人骨左侧椁内，随葬有陶器9件，其中，鼎2、敦2、壶2、盘1、匜1、豆1件（图六七二；彩版六七，3；图版一四二，1、2；图版一四三，1）。

陶鼎　2件。夹细砂褐胎灰陶。手制，口经慢轮修整。盖呈覆盘状，直口，平方唇，顶近

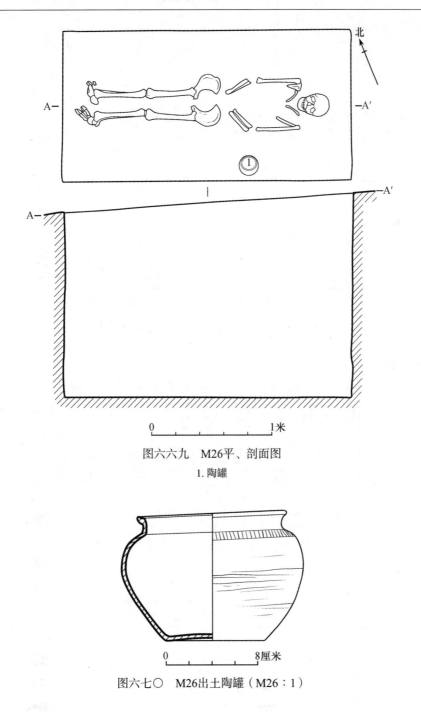

图六六九 M26平、剖面图
1. 陶罐

图六七〇 M26出土陶罐（M26：1）

平，安三个纽，正中心附一衔环纽。鼎子口内敛以承盖，圆唇，直腹，上腹壁附对称长方形穿耳，圜底，下接三蹄形足，足面经刮削，棱痕明显。器表用朱砂彩绘纹饰图案。盖顶中央的两道凹弦纹内饰卷云纹，周边饰两周三角形波折纹，之间用宽带纹间隔，鼎腹饰横向三角形波折纹，耳面饰鱼鳞纹，足面饰竖向条纹。M28：3，鼎身上腹饰连续勾连卷云纹。口径17.8、腹径21.3、通高22.4厘米（图六七三，2；图版一五四，3）。M28：4，口径18.1、腹径21.2、通高22.8厘米（图六七三，1；彩版六八，1）。

陶敦 2件。泥质深灰陶。手制，内壁凹凸不平，口经慢轮修整。盖、身对称，上下扣合

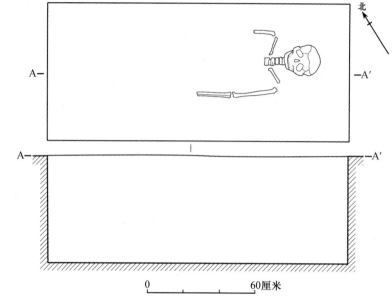

图六七一　M27平、剖面图

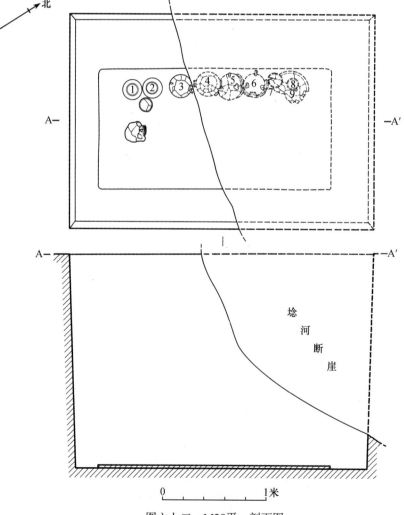

图六七二　M28平、剖面图

1、2.陶壶　3、4.陶鼎　5、6.陶敦　7.陶豆　8.陶盘　9.陶匜

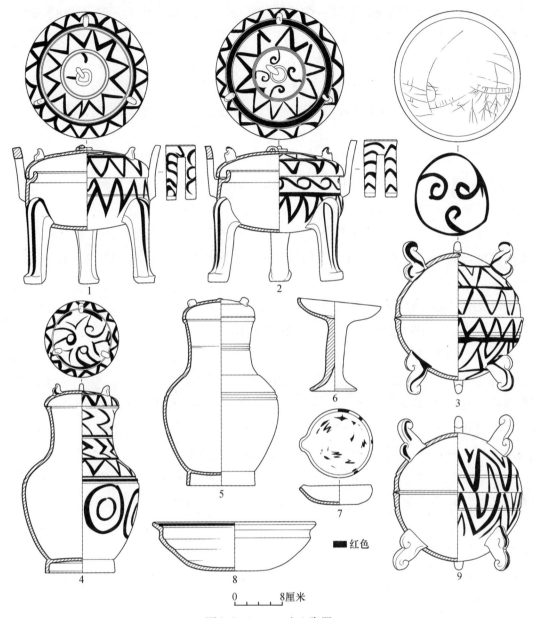

图六七三　M28出土陶器

1、2.鼎（M28：4、M28：3）　3、9.敦（M28：6、M28：5）　4、5.壶（M28：1、M28：2）　6.豆（M28：7）

7.匜（M28：9）　8.盘（M28：8）

后呈圆球形。直口微敛，平方唇，弧腹内收，圜底。盖、身皆安三个蝶须形纽或足。腹上部饰一道凹弦纹。器表用朱砂彩绘纹饰图案，可见已脱落的白粉彩痕迹。腹饰横向三角形波折纹，纽和足饰条纹。M28：5，口径22、通高25.4厘米（图六七三，9；彩版六八，2）。M28：6，顶和底饰三个卷云纹。敦盖内壁刻划一幅山水风景画，场景内有山、道路、树木和草，由于刻划线条较浅，许多景物无法辨认。口径24.9、通高22厘米（图六七三，3；图版一五四，4）。

　陶壶　2件。泥质灰陶。轮制，器表有细密旋痕。盖呈覆碟状，直口，平方唇，顶较平，上安三扁凸状纽。壶侈口，高颈微束，鼓肩，鼓腹，下腹弧内收，平底内凹，矮圈足。颈饰两道凹弦纹，肩饰一组两道凹弦纹。M28：1，器表用朱砂彩绘纹饰图案，盖顶一周凹弦纹内饰勾连卷云纹，盖缘与肩饰横向波折纹，颈饰竖波折纹，腹饰同心圆纹。口径12.3、腹径19.8、圈足径11.8、通高31厘米（图六七三，4；彩版六八，3）。M28：2，未见朱砂彩绘纹饰图案。口径12.2、腹径19.4、圈足径11.5、通高30.7厘米（图六七三，5；图版一五四，5）。

陶豆　1件。M28：7，泥质灰陶。轮制，器表有细密旋痕，器歪斜不正。直口，平方唇，弧腹，浅盘，底内凹，圆柱形细柄，柄上端实心，下端渐中空，喇叭形座。素面。口径14.1、圈足径8、高15.3厘米（图六七三，6；图版一五五，1）。

陶盘　1件。M28：8，泥质灰陶。手制，器壁凹凸不平，有捏压指窝纹，口经慢轮修整。直口，圆唇，仰折沿，沿面有一道凹槽，矮束颈，肩凸起，弧腹内收，平底。口沿上朱砂绘一周条带纹。口径27.3、底径8.2、高8.1厘米（图六七三，8；图版一五五，2右）。

陶匜　1件。M28：9，泥质灰黑陶。手制。勺形，口微敛，圆唇，浅弧腹，圜底，短流。底内壁用朱砂饰波折纹，多已脱落，纹样模糊不清。口径11.3、通高3.3厘米（图六七三，7；图版一五五，2左）。

M29　位于T0809西部和T0808东部。方向200°。开口于第4层（宋代）下，打破第5层（西周）直至生土，被G4和G5打破。长方形土坑竖穴木椁墓，口大底小，斜直壁，平底。墓口长2.94、宽2.1米，墓底长2.72、宽1.8米，深1.82米。墓坑内填土为黄灰色沙土，土质松散，包含少量红烧土颗粒。葬具已腐朽，仅发现木椁痕迹，呈长方形。椁痕长2.4、宽1.6、残高0.48米。椁痕内发现人骨1具，保存较差，腐烂严重，葬式为单人仰身直肢。人骨右侧椁内，随葬有陶器3件，其中，鬲、盂、罐各1件（图六七四；图版一四三，2）。

陶鬲　1件。M29：2，夹细砂褐胎黑衣陶，足呈红褐色。手制，口经慢轮修整。侈口，方唇，平折沿，沿面微凹，矮斜颈，溜肩，鼓腹，下腹斜直内收，平裆，截锥状柱足。肩饰两道凹弦纹，足面有刮削棱痕。口径11.9、腹径12.7、通高11.5厘米（图六七五，1；图版一五五，3）。

陶盂　1件。M29：3，泥质灰陶。手制，口经慢轮修整。侈口，斜方唇，唇面有一道凹槽，仰折沿，沿面内凹，短束颈，鼓肩，鼓腹，下腹斜直内收，平底内凹。肩饰四道凹弦纹。口径16.6、腹径17.5、底径7.2、高10.9厘米（图六七五，2；图版一五五，4）。

陶罐　1件。M29：1，泥质褐陶。轮制，器内壁有旋痕，器表稍加打磨。直口，平方沿，沿面内凹，唇外缘尖凸，束颈略高，颈安对称穿孔双耳，鼓肩，弧腹，下腹斜直内收，平底内凹。素面。口径10.3、腹径13.9、底径8.9、高15.1厘米（图六七五，3；图版一五四，6）。

二、瓮　棺

1座（W1）。

W1　位于T0807西南部。开口于第2层下，打破H88和第3层。坑口呈近圆形，弧壁，平底。坑口直径0.75、深0.2米。坑内填土为黄褐色土，土质松散。以1件残陶瓮为葬具，在大片陶瓮残片下有一堆婴儿骨骼，旁边有一完整的内凹瓮底（图六七六；图版一四四，1、2）。

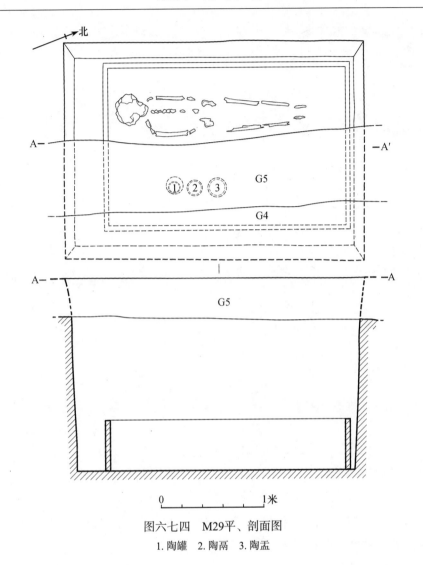

图六七四 M29平、剖面图
1. 陶罐 2. 陶鬲 3. 陶盂

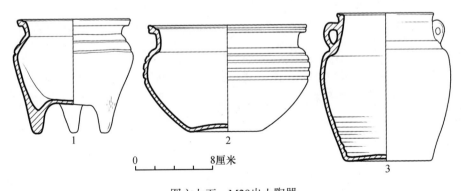

图六七五 M29出土陶器
1. 鬲（M29：2） 2. 盂（M29：3） 3. 罐（M29：1）

陶瓮 1件。W1：1，夹细砂灰褐陶。手制，内壁凹凸不平，留有捏压指窝纹痕迹。口残，深腹弧内收，底内凹。中腹饰一道凹弦纹，腹和底饰麦粒状绳纹。底径21.8、残高22.2厘米（图六七七）。

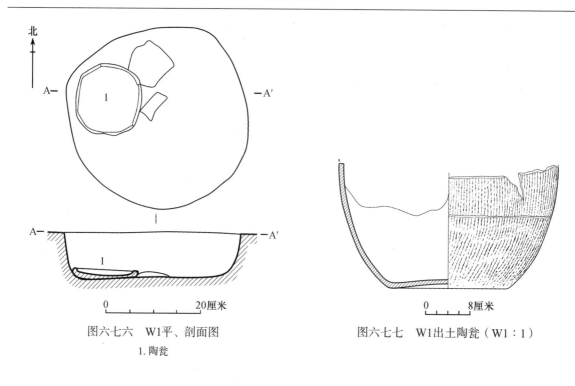

图六七六　W1平、剖面图

1. 陶瓮

图六七七　W1出土陶瓮（W1：1）

第三节　文　化　层

楚文化层仅分布在东区，为东区的第3层，大体呈水平分布。出土遗物较少，主要出自T2342、T2441、T2541、T2544等探方内。现按探方介绍如下。

T2342③

陶鬲　2件。手制，沿面经慢轮修整、有旋痕。仰折沿，沿面有一道宽深凹槽，斜方唇，唇上缘凸起与沿面上端起棱之间形成一小方唇面，唇下缘垂棱内勾，束颈，肩以下残。颈所饰绳纹遭抹平，肩饰竖向粗绳纹。T2342③：2，夹细砂夹云母黄褐陶。微鼓肩。复原口径35、残高5.4厘米（图六七八，1）。T2342③：7，夹细砂黄褐陶。微折肩。复原口径28、残高7厘米（图六七七，2）。

陶鬲足　2件。手制。圆柱状足，浅足窝。器表饰竖向粗绳纹。T2342③：21，夹粗砂灰陶。平裆。残高12.5厘米（图六七八，11）。T2342③：22，夹细砂褐陶。残高6.2厘米（图六七八，12）。

陶盂　1件。T2342③：5，夹细砂灰胎黑衣陶。手制。平折沿，斜方唇，唇下缘垂棱内勾，束颈，鼓肩，以下残。肩饰三道凹弦纹。复原口径34、腹径35.6、残高10.6厘米（图六七八，3）。

陶罐　1件。T2342③：9，夹细砂灰陶。手制。直口，平方唇，喇叭形长颈，以下残。颈上端饰四道凹弦纹，中间饰竖向戳刺点纹。复原口径12、残高6厘米（图六七八，4）。

陶甗腰　1件。T2342③：8，夹细砂红陶。手制。束腰，上下皆残。腰上端绳纹遭抹平，下端饰粗绳纹。残高4.5、宽9.8厘米（图六七八，5）。

陶豆盘 3件。手制。圆唇，敞口，弧腹内收，浅盘，以下残。T2342③：10，夹细砂灰胎黑衣陶。盘内饰波折形与“八”字形暗纹。复原口径16、残高3.8厘米（图六七八，6）。T2342③：11，夹细砂灰胎黑衣陶。盘外壁饰波折形暗纹与一道弧形刻划痕迹。复原口径15、残高3.4厘米（图六七八，7）。T2342③：13，夹细砂夹云母灰陶。素面。复原口径14、残高3.8厘米（图六七八，8）。

陶豆座 2件。手制。细矮柄，中空较小，喇叭形底座。素面。T2342③：16，夹细砂褐陶。圈足径5.8、残高5.5厘米（图六七八，9）。T2342③：14，泥质褐陶。圈足径8.3、残高7厘米（图六七八，13）。

陶盖纽 1件。T2342③：17，泥质灰胎黑皮陶，厚胎。手制。中空细柄捉手，捉手上端已残，下端器盖亦已残。器表饰三道凹弦纹。残高8.6厘米（图六七八，10）。

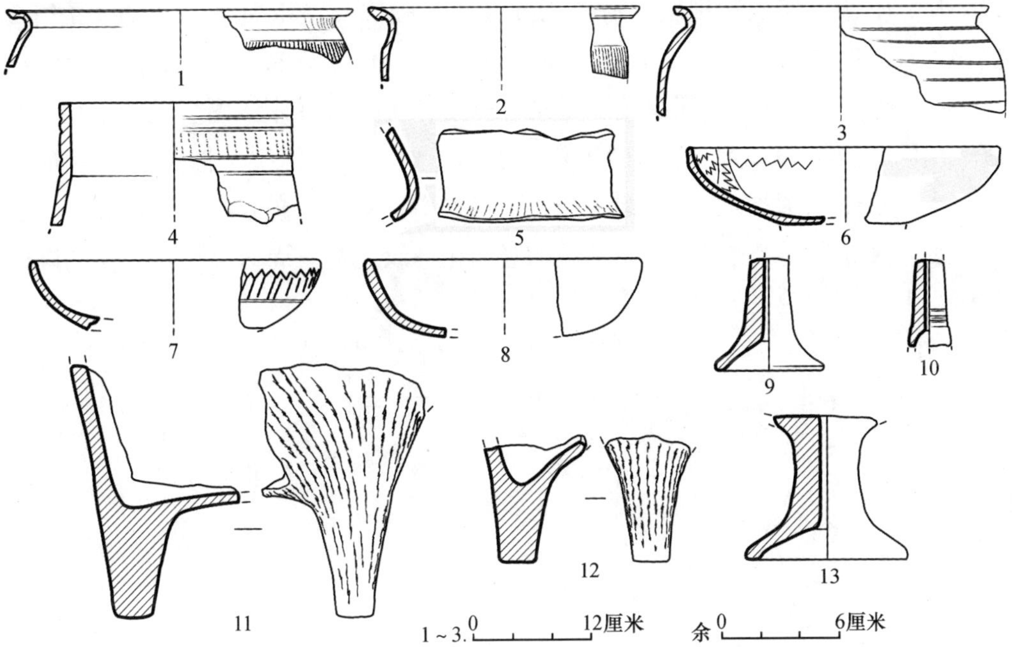

图六七八 T2342③出土陶器

1、2. 鬲（T2342③：2、T2342③：7） 3. 盂（T2342③：5） 4. 罐（T2342③：9） 5. 甗腰（T2342③：8）
6～8. 豆盘（T2342③：10、T2342③：11、T2342③：13） 9、13. 豆座（T2342③：16、T2342③：14）
10. 盖纽（T2342③：17） 11、12. 鬲足（T2342③：21、T2342③：22）

T2441③

陶鬲 3件。手制，口经慢轮修整。仰折沿，沿面有一道凹槽，斜方唇，唇面亦有一道凹槽，唇上缘凸起与沿面上端起棱之间形成一小方唇面，唇下缘垂棱内勾，束颈。T2441③：3，夹粗砂褐陶。微鼓肩，上腹较鼓，下腹斜直内收，平裆，浅足窝，圆柱形足。颈所饰绳纹遭轻抹后有余痕，肩饰一周压印有绳纹的指窝纹，腹至足底满饰右斜粗绳纹，上腹有两周抹痕，裆饰横向粗绳纹。复原口径42、最大腹径40、通高37厘米（图六七九，1；彩版六九，1）。T2441③：7，夹粗砂褐陶。微鼓肩，肩有一道折棱，鼓腹，以下残。颈所饰绳纹遭抹平，肩饰竖向粗绳纹，遭两周抹痕打断。复原口径30、残高7.9厘米（图六七九，4）。T2441③：8，夹细砂灰黑陶。溜肩，微鼓腹，以下残。颈所饰绳纹遭抹平，以下饰竖向粗绳纹，肩有一周抹痕。复原口径30、残高9.6厘米（图六七九，5）。

陶盂　2件。手制，口经慢轮修整、有旋痕。平折沿，方唇，唇面有一道凹槽，矮束颈，鼓肩，上腹微鼓，下腹内收，底内凹。肩饰三道凹弦纹，下腹至底饰交错粗绳纹。T2441③：38，夹细砂夹云母灰黑陶。腹所饰绳纹局部遭轻抹。复原口径26.6、腹径28、底径11、高19.5厘米（图六七九，3；彩版六九，2）。T2441③：39，夹细砂夹蚌红褐陶。复原口径21.2、腹径23、底径10.9、高16.7厘米（图六七九，6；彩版六九，3）。

陶罐　2件。手制，口经慢轮修整。微仰折沿，斜方唇，唇面微凹，束颈，鼓肩。T2441③：25，夹细砂红褐陶，局部泛黑。肩耸立两个桥形耳，鼓腹，底内凹。颈所饰绳纹遭抹平后有余痕，上腹饰竖向粗绳纹，有三周抹痕，下腹饰交错粗绳纹。复原口径17.2、腹径17.2、底径12、高29.2厘米（图六七九，2；图版一五六，1）。T2441③：26，夹粗砂褐胎黑衣陶。广肩，以下残。肩部饰竖向粗绳纹。复原口径32、残高8.6厘米（图六七九，7）。

陶瓹　1件。T2441③：4，夹粗砂褐陶。手制，口经慢轮修整。仰折沿，沿面有一道凹槽，斜方唇，唇面有一道凹槽，唇上缘尖凸，下缘加厚，束颈，微鼓肩，上腹较鼓，下腹斜直内收，以下残。颈所饰绳纹遭抹平，以下满饰竖向粗绳纹，遭三周抹痕打断。复原口径26、残高18.1厘米（图六七九，9）。

陶盆　1件。T2441③：45，夹细砂黄褐陶。手制，经慢轮修整，内壁有旋痕。直口，平折

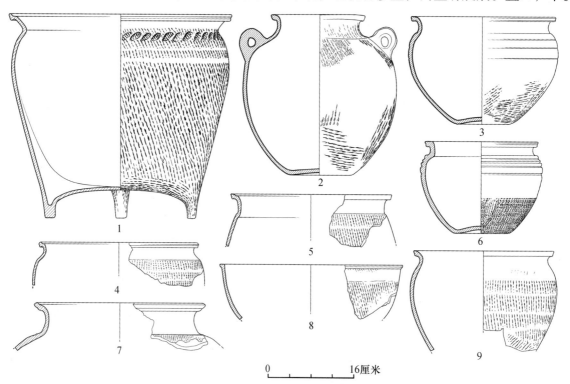

图六七九　T2441③出土陶器

1、4、5.鬲（T2441③：3、T2441③：7、T2441③：8）　2、7.罐（T2441③：25、T2441③：26）

3、6.盂（T2441③：38、T2441③：39）　8.盆（T2441③：45）　9.瓹（T2441③：4）

沿，沿面极窄，圆唇，上腹较直，下腹弧内收，以下残。口外所饰绳纹遭抹平后有余痕，腹饰竖向粗绳纹。复原口径34、残高9.8厘米（图六七九，8）。

陶鬲足 3件。手制。器表满饰竖向粗绳纹。T2441③：18，夹粗砂夹云母褐陶。浅足窝，圆柱状足，较粗大。残高12.3厘米（图六八〇，11）。T2441③：22，夹粗砂褐陶。浅足窝，圆柱状足，较粗矮。残高9.1厘米（图六八〇，12）。T2441③：24，夹细砂灰胎黑衣陶。袋状足，乳头形实足尖，裆近平。残高8.1厘米（图六八〇，10）。

陶豆 3件。盘轮制，柄手制。器表磨光。直口，圆唇，弧腹，浅盘，平底，细直高柄，中空，喇叭口座。T2441③：1，泥质灰陶。盘内底刻划一五边形图案（图版一五六，2）。器表素面。口径13.3、圈足径9.8、高19.1厘米（图六八〇，1；图版一五五，5）。T2441③：2，泥质黑陶。座上有呈"小"字形的三道刻划符号（图版一五六，3）。口径12.5、圈足径9.4、高16.9厘米（图六八〇，2；图版一五五，6）。T2441③：46，夹细砂褐陶。素面。复原口径16.7、圈足径8.2、高15.1厘米（图六八〇，3）。

陶豆盘 3件。弧腹，浅盘，平底，柄残。素面。T2441③：49，夹细砂灰褐陶，柄胎极厚。手制。直口，圆唇；柄残存上端，较细，中空。复原口径14、残高5.1厘米（图六八〇，4）。T2441③：50，夹细砂夹云母褐胎黑衣陶。手制。敞口，圆唇。复原口径13、残高2.9厘米（图六八〇，5）。T2441③：53，泥质灰胎黑衣陶。轮制。敞口，斜方唇。复原口径12、残

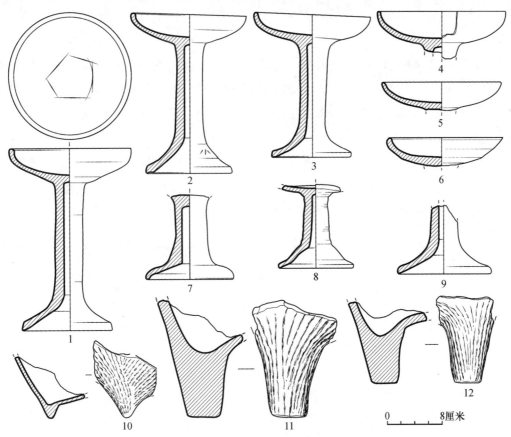

图六八〇 T2441③出土陶器

1～3.豆（T2441③：1、T2441③：2、T2441③：46） 4～6.豆盘（T2441③：49、T2441③：50、T2441③：53）

7～9.豆座（T2441③：54、T2441③：57、T2441③：56） 10～12.鬲足（T2441③：24、T2441③：18、T2441③：22）

高3厘米（图六八〇，6）。

陶豆座 3件。手制。细直柄，中空，喇叭口座。素面。T2441③：54，夹细砂灰陶。复原圈足径9.5、残高8.8厘米（图六八〇，7）。T2441③：56，泥质黄褐陶。复原圈足径10、残高7.1厘米（图六八〇，9）。T2441③：57，泥质灰胎黑衣陶。复原圈足径8、残高8.8厘米（图六八〇，8）。

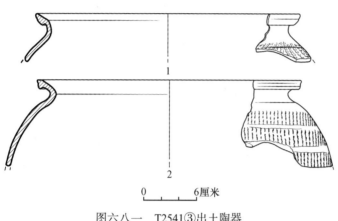

图六八一 T2541③出土陶器
1.鬲（T2541③：1） 2.罐（T2541③：3）

T2541③

陶鬲 1件。T2541③：1，夹细砂夹云母褐陶。手制。仰折沿，斜方唇，唇下缘垂棱内勾，束颈，微鼓肩，肩以下残。颈所饰绳纹遭抹平，以下饰竖向粗绳纹。复原口径30、腹径27.2、残高5.3厘米（图六八一，1）。

陶罐 1件。T2541③：3，夹细砂褐陶。手制。器表绳纹遭两周抹痕打断。仰折沿，斜方唇，唇下缘垂棱内勾，束颈，鼓肩，肩以下残。颈所饰绳纹遭抹平，以下饰竖向粗绳纹。复原口径30、残高9.5厘米（图六八一，2）。

T2544③

陶鬲 1件。T2544③：1，夹细砂夹云母褐陶，器表有黑色烟炱痕迹。手制，口经慢轮修整、有旋痕。仰折沿，沿面有一道凹槽，斜方唇，唇上缘凸起与沿面上端起棱之间形成一小方唇面，束颈，鼓肩，以下残。颈所饰绳纹遭抹平后有余痕，肩饰竖向粗绳纹。复原口径32、残高7.8厘米（图六八二，1）。

陶鬲足 2件。夹粗砂褐陶。二次包制。浅足窝，圆柱状足。器表饰竖向粗绳纹。T2544③：3，残高8.1厘米（图六八二，2）。T2544③：4，残高6.4厘米（图六八二，3）。

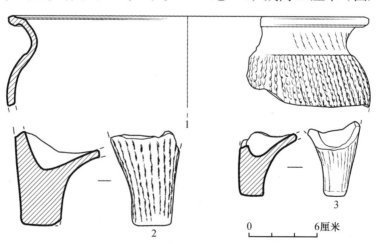

图六八二 T2544③出土陶器
1.鬲（T2544③：1） 2、3.鬲足（T2544③：3、T2544③：4）

第八章　秦　文　化

　　大寺遗址秦文化遗存仅见土坑墓，共6座，未见其他遗迹和文化层（图六八三）。现将6座（M2、M6、M9、M11、M22、M24）秦文化墓葬介绍如下。

　　M2　位于T0707南部和T0807北部。方向19°。开口于第2层下，打破第3层直至生土。长方形土坑竖穴木椁墓，口大底小，斜直壁，平底。墓口长2.86、宽2.12米，墓底长2.7、宽1.94米，深1.82米。坑内填土为灰褐色黄斑土，土质松散，含有较多仰韶文化时期的残陶片。葬具已腐朽，仅发现有木椁痕迹，呈长方形。椁痕长2.3、宽1.4、残高0.95米。椁痕内东侧发现人骨1具，保存较好，葬式为单人仰身直肢，头向北，面向上。随葬器物7件，置于人骨右侧和椁痕之间，其中，陶器6件，盆1、盂1、单耳罐1、双耳釜1、单耳釜1、瓮1件（图六八四；彩版七〇，1；彩版七一，1；图版一五七，1、2），另有动物骨骼1件（图版一五七，3）。

　　陶盆　1件。M2：1，泥质灰陶。手制，后整器经慢轮修整、内外壁有旋痕。直口，折沿下垂，沿面微凹，尖圆唇，高直颈，肩有一道折棱，斜直腹内收，平底微凹。颈所饰绳纹遭轻抹，绳纹余痕上满布细密轮旋痕，上腹饰竖向粗绳纹，下腹素面。口径28.3、腹径29.9、底径12、高13.2厘米（图六八五，5；彩版七二，1）。

　　陶盂　1件。M2：7，泥质灰陶。手制，口经慢轮修整。侈口，平折沿，沿面下端有一道凹槽，方唇，唇面有一道凹槽，短束颈，鼓肩，弧腹内收，平底内凹。肩饰五道凹弦纹，腹至底饰交错粗绳纹。器身钻有三组六个小圆孔，两个一组，肩所饰的两组皆左右对称，腹所饰的一组上下对称。口径25.6、腹径26、底径8.4、高16厘米（图六八五，4；彩版七二，2）。

　　陶单耳罐　1件。M2：4，夹细砂灰陶。手制，口经慢轮修整、有旋痕。罐体变形，向有耳一侧倾斜。侈口，方唇，高束颈，广肩，鼓腹较扁，下腹弧内收，平底内凹。肩安一单牛鼻形耳。颈所饰绳纹遭抹平后有余痕，肩及上腹饰间断绳纹，有五周抹痕，下腹至底饰交错绳纹。口径12.5、腹径22.6、底径6.7、高21.8厘米（图六八五，3；彩版七一，3）。

　　陶双耳釜　1件。M2：2，夹细砂灰陶。手制，口经慢轮修整。侈口，卷沿，外斜方唇，唇面有一周凹槽，束颈短粗，溜肩，扁腹，下腹弧内收，圜底。口与肩安对称桥形耳。颈所饰绳纹经抹平后有余痕，腹满饰竖向粗绳纹，底饰交错粗绳纹。口径20.3、腹径24.4、高17.4厘米（图六八五，1；彩版七一，2）。

　　陶单耳釜　1件。M2：5，夹细砂灰陶。手制，口经慢轮修整、有旋痕。尖唇，仰折沿，沿面内凹，束颈短粗，鼓肩，颈、肩相接处有一道折棱，鼓腹，圜底。颈安一单桥形耳。颈、肩、耳面与上腹满饰竖向粗绳纹，下腹及底饰交错粗绳纹。口径12.8、腹径16.7、高13.3厘米

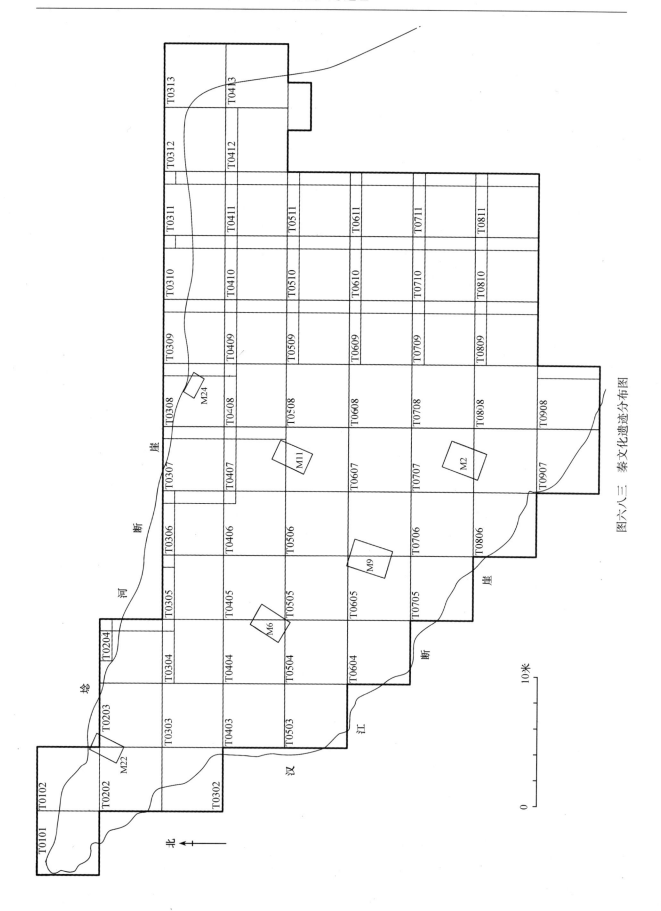

图六八三 秦文化遗迹分布图

图六八四　M2平、剖面图

1. 陶盆　2. 陶双耳釜　3. 陶瓮　4. 陶单耳罐　5. 陶单耳釜　6. 动物骨骼　7. 陶盂

（图六八五，2；彩版七一，4）。

　　陶瓮　1件。M2：3，泥质灰陶。轮制，内外壁及外底满见旋痕。侈口，外斜方唇，唇外缘尖凸，矮领，广肩，上腹较直，下腹斜直内收，大平底微凹。素面。口径19.3、腹径34.2、底径17.4、高23.5厘米（图六八五，6；彩版七一，5）。

　　M6　位于T0404东南部、T0405西南部、T0504东北部和T0505西北部。方向35°。墓坑开口于第2层下，打破第3层直至生土。长方形土坑竖穴木椁墓，斜壁，平底。墓口长2.8、宽1.7米，墓底长2.7、宽1.6米，深1.3米。墓坑内填土为灰褐色土，上部土质较硬，下部松软，包含少量仰韶文化和龙山文化时期的碎陶片。棺椁已腐朽，清理人骨1具，保存一般，葬式为仰身屈肢。随葬品5件，其中，陶瓮1、双耳罐1、铜銮1，动物骨骼2件（图六八六；图版一五八，1～3；图版一五九，1）。

　　陶双耳罐　1件。M6：2，泥质灰陶。手制，口经慢轮修整。圆唇，侈口，卷沿，高束颈，溜肩，鼓腹，下腹弧内收，平底内凹。肩安对称牛鼻形双耳。颈所饰绳纹遭抹平后有模糊

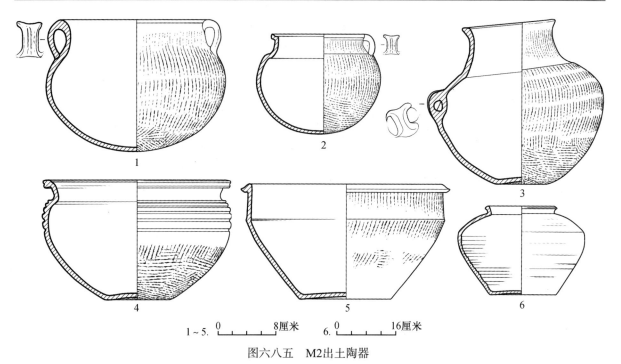

图六八五　M2出土陶器

1. 双耳釜（M2：2）　2. 单耳釜（M2：5）　3. 单耳罐（M2：4）　4. 盂（M2：7）　5. 盆（M2：1）　6. 瓮（M2：3）

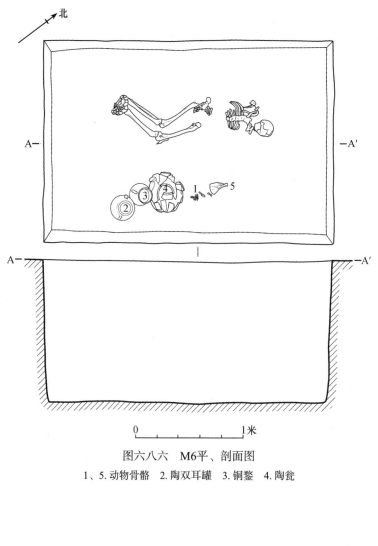

图六八六　M6平、剖面图

1、5. 动物骨骼　2. 陶双耳罐　3. 铜鍪　4. 陶瓮

余痕，肩和腹饰间断粗绳纹，有四周抹痕，下腹至底饰交错粗绳纹。口径13、腹径21.3、底径6.8、高21.9厘米（图六八七，3；彩版七二，3）。

陶瓮 1件。M6：4，泥质灰陶。轮制，内外壁有细密旋痕。口微敛，尖唇，窄平折沿微外垂，沿面有一道凹槽，矮领，广肩，鼓腹，下腹斜直内收，平底微内凹。颈所饰绳纹遭轻抹后有余痕，腹饰间隔竖绳纹，有六周抹痕，下腹素面。口径17.6、腹径30.4、底径13.2、高21.1厘米（图六八七，1；彩版七二，4）。

铜鍪 1件。M6：3，青绿色。口、肩和腹都已被压至变形，腐蚀严重，器表内外布满铜锈。侈口，卷沿，尖唇，束颈略长，溜肩，扁鼓腹，圜底。肩饰一道凸棱，其上安对称的一大一小环形双耳。出土时鍪内有数根动物肋骨，而底有长期火烤的烟炱痕迹，说明此器为实用器。口径11.8、腹径17.1、高15厘米（图六八七，2；彩版七二，5）。

M9 位于T0605东北部和T0606西北部。方向345°。墓坑开口于第2层下，打破3层直至生土。长方形土坑竖穴木椁墓，口大底小，斜直壁，平底。墓口长3.2、宽2.2米，墓底长3、宽2米，深1.8米。墓坑内填土为黄灰色土，土质松散，夹有卵石和红烧土。葬具为一椁一棺，已经腐朽，仅见棺椁痕迹，皆呈长方形。椁痕长2.6、宽1.46、残高0.2米，棺痕长2.04、宽0.48、残高0.1米。发现人骨1具，已经腐烂，保存一般，葬式为仰身直肢。墓室东南部的棺椁之间有随葬品6件（图六八八；彩版七〇，2；图版一五九，2；图版一六〇，1~5），其中，陶单耳釜2、甑1、瓮1，铁釜1，动物骨骼1件（彩版七三，1）。

陶单耳釜 2件。夹细砂灰陶。手制，内壁凹凸不平、有捏压指窝纹痕迹，口经慢轮修整。M9：4，侈口，卷沿，斜尖唇，矮束颈，颈安一桥形单耳，鼓肩，扁鼓腹，圜底。颈所饰绳纹有抹平痕迹，耳面与上腹饰竖向粗绳纹，下腹饰交错粗绳纹。口径11、腹径13.7、高9.9厘

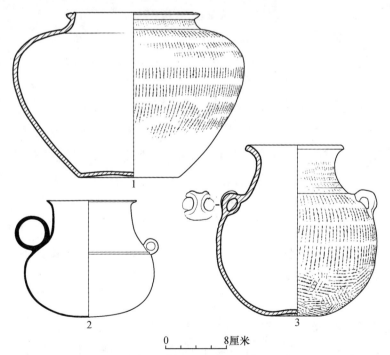

0   8厘米

图六八七 M6出土陶、铜器
1.陶瓮（M6：4） 2.铜鍪（M6：3） 3.陶双耳罐（M6：2）

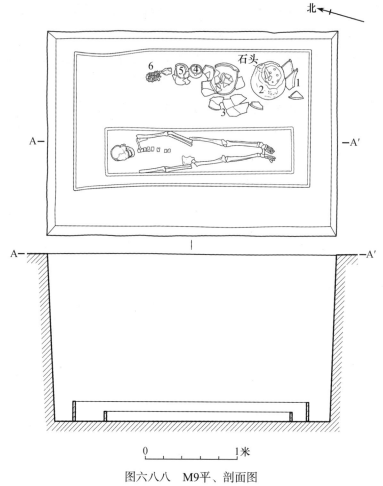

图六八八　M9平、剖面图

1. 陶甑　2. 铁釜　3. 陶瓮　4、5. 陶单耳釜　6. 动物骨骼

米（图六八九，3；彩版七三，2）。M9：5，敞口，仰折沿，沿面极窄，尖唇，短束颈，颈安一桥形单耳，肩起两道折棱，鼓腹，圜底。器表内外有熏烤的黑色烟炱痕迹。颈所饰绳纹遭轻抹。口径12、腹径16、高12.6厘米（图六八九，4；彩版七三，3）。

　　铁釜陶甑　1套2件。M9：1、M9：2，上陶甑、下铁釜相组合。陶甑，M9：1，泥质灰陶。手制，内壁有捏压指窝纹，外底不见偏心涡纹，整器后经慢轮修整，内外壁皆可见细密旋痕。侈口，方唇，平折沿，唇面有一道凹槽，短直颈，折肩，腹斜直内收，平底，底有呈梅花状分布的六个小圆孔。上腹饰左斜粗绳纹，下腹及底出土时置于铁釜口上，沾满铁锈。口径32.3、底径11、高16.8厘米（彩版七四，1）。铁釜，M9：2，铁质，锈蚀严重，器表内外壁布满黄色块状锈斑，凹凸不平。直口，方唇，高直领，溜肩，鼓腹，下腹弧内收，圜底。口径25.3、腹径32.3、高28.1厘米（彩版七四，2）。釜甑通高37.6厘米（图六八九，1；图版一六三，1）。

　　陶瓮　1件。M9：3，泥质灰陶。轮制，内外腹壁满见细密旋痕，外底有偏心涡纹。侈口，外斜方唇，矮领，广肩，鼓腹，下腹斜直内收，大平底略凹。腹饰间断绳纹，有四周抹痕。口径21、腹径33、底径16.8、高24.6厘米（图六八九，2；彩版七三，4）。

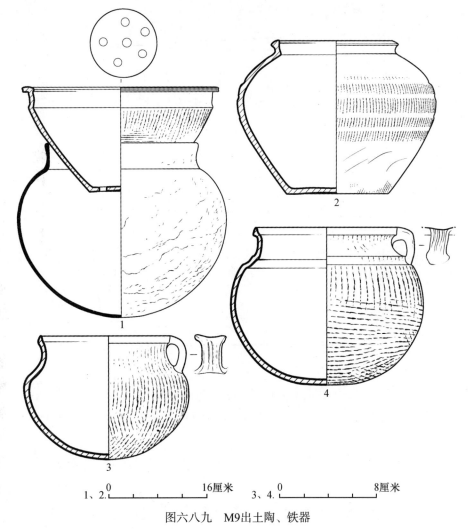

图六八九　M9出土陶、铁器

1.陶甑、铁釜（M9：1、M9：2）　2.陶瓮（M9：3）　3、4.陶单耳釜（M9：4、M9：5）

　　M11　位于T0407东南部和T0507北部。方向20°。墓坑开口于第2层下，打破3层直至生土。长方形土坑竖穴木椁墓，口大底小，斜直壁，平底。墓口长2.64、宽1.4～1.6米，墓底长2.43、宽1.2～1.4米，深1米。坑内填土为灰色土，土质松软，包含红烧土颗粒。未发现葬具与人骨，皆已腐朽无存，葬式不详。墓室东边随葬陶器2件，分别为双耳罐和双耳釜（图六九〇；图版一六一，1、2）。

　　陶双耳罐　1件。M11：1，泥质灰陶。手制，口经慢轮修整。侈口，斜方唇，卷沿，长束颈，圆鼓肩，扁鼓腹，下腹弧内收，平底内凹。肩有对称牛鼻形双耳。颈所饰绳纹遭抹平后留有模糊余痕，平底内凹。颈饰竖绳纹，中部饰两道凹弦纹，肩至上腹饰间隔粗绳纹，有四周抹痕，下腹至底饰交错粗绳纹。口径14.6、腹径24.3、底径8.1、高22.2厘米（图六九一，1；彩版七五，1）。

　　陶双耳釜　1件。M11：2，夹粗砂灰陶。手制，器壁凹凸不平，肩有一周捏压指窝纹痕迹。侈口，方唇，卷沿外翻，矮束颈，圆球腹，圜底。颈安对称牛鼻形双耳。器表饰交错粗绳

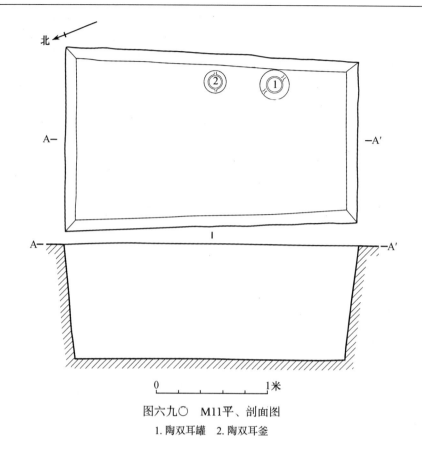

图六九〇　M11平、剖面图
1.陶双耳罐　2.陶双耳釜

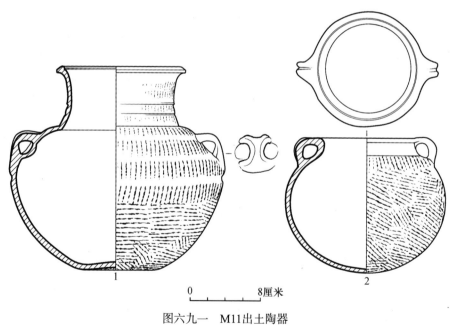

图六九一　M11出土陶器
1.双耳罐（M11∶1）　2.双耳釜（M11∶2）

纹。口径12.6、腹径17.8、高14.6厘米（图六九一，2；彩版七五，3）。

　　M22　位于T0102东南部、T0202东北部和T0203西北部及方外。方向27°。墓坑开口于第2层下，打破第3层。长方形土坑竖穴墓，口大底小，斜直壁，平底。墓口长2.42、宽1.4米，墓底长2.2米，宽1.21米，深0.75米。墓坑内填土为灰色土，土质松软，包含少量红烧土颗粒。葬具和人骨皆腐烂无存，葬具、葬式不明。墓底西北部偏中随葬2件陶器，分别为双耳釜和瓮（图六九二；图版一六二，1；图版一六三，2）。

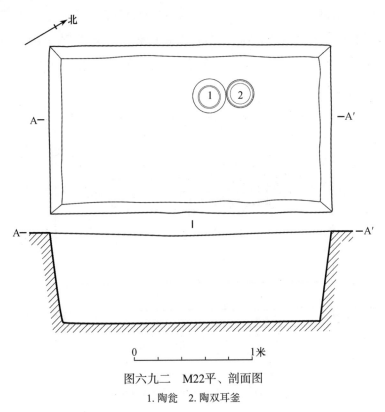

图六九二　M22平、剖面图
1.陶瓮　2.陶双耳釜

　　陶双耳釜　1件。M22∶2，夹细砂灰陶。手制，内壁中腹有一周捏压指窝纹痕迹，口经轮修、有细密旋痕。侈口，外斜方唇，卷沿，短束颈，颈安对称牛鼻形耳，溜肩，扁鼓腹，圜底。耳面及腹饰竖向粗绳纹，底饰交错粗绳纹。口径15.5、腹径20.6、高15.1厘米（图六九三，1；彩版七五，4）。

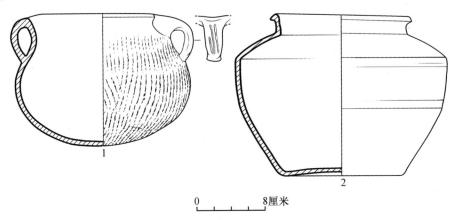

图六九三　M22出土陶器
1.双耳釜（M22∶2）　2.瓮（M22∶1）

陶瓮　1件。M22：1，泥质灰陶。轮制，内外腹壁有细密轮旋痕，外底有偏心涡纹。侈口，外斜方唇，唇外缘尖凸，短直领，折肩，鼓腹，上腹较直，下腹斜直内收，平底内凹。素面。口径16.7、腹径25.1、底径13.8、高18.7厘米（图六九三，2；彩版七五，2）。

M24　位于T0308东部。方向295°。开口于第3层（明清）下，被G5叠压，打破生土。长方形土坑竖穴墓，直壁，平底。长1.74、宽1、深0.12米。墓坑内填土为褐色土，较纯净，出有少量秦代碎陶片。清理人骨1具，保存一般，葬式为仰身直肢。未发现葬具和随葬品（图六九四；图版一六二，2）。

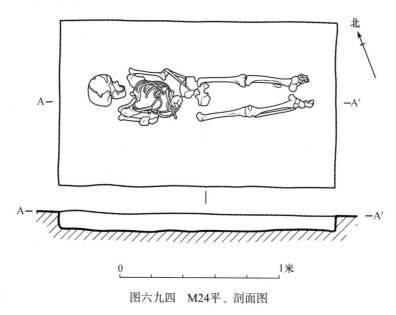

图六九四　M24平、剖面图

第九章 宋 文 化

大寺遗址宋文化遗存仅包括在西区台地东部发现的7个遗迹单位，其中，窑址1座、灰坑3个、灰沟3条（图六九五）。

第一节 窑 址

1座（Y2）。

Y2 位于T0808东部。开口于第3层（明清）下，打破第3层（屈家岭文化），被G3打破。遭破坏严重，仅剩下长方形火塘，南北向，斜壁，平底。口长2.57、宽1.09米，底长2.29、宽0.74米，深0.46米。四周有烧土壁，厚3~4厘米。烧土壁上留有明显的加工时留下的痕迹。窑壁上半部为烧土壁，下半部没有烧土壁。北端底有一段宽约0.16米的烧土面（图六九六；图版一六四，1、2；图版一六五，1）。窑内填土中含有大量石灰石，底夹有较多的炭屑。出土极少量灰色碎陶片。

第二节 灰 坑

3座（H178、H187、H213）。

H178 位于T0510东部。坑口叠压于第3层（明清）下，打破H187和第4层（宋代）。坑口呈椭圆形，斜壁，平底。坑口长2.05、宽1.14米，坑底长1.3、宽0.78米，深0.76米（图六九七）。坑内堆积为黑灰色土，土质较松软，含有少量草木灰和较多卵石、蚌壳。出土少量陶片、瓦片、砖块和青瓷片。陶片以泥质灰陶为主，器形有陶盆和敛口罐等。

陶盆 1件。H178：1，泥质灰陶。轮制。微仰折沿，方唇，束颈，斜直腹内收，以下残。素面。复原口径32、残高7.8厘米（图六九八，1）。

陶敛口罐 1件。H178：2，泥质灰陶。轮制。敛口，叠唇，微鼓肩，肩安牛鼻形耳，鼓腹，以下残。素面。残高10.8厘米（图六九八，2）。

H187 位于T0510中北部。坑口叠压于第3层（明清）下，被H178打破，打破G5和第4层（宋代）。坑口呈不规则椭圆形，斜壁，平底。坑口长3.7、宽2米，坑底长2.1、宽1.02米，深1.88米（图六九九）。坑内堆积为黑灰色土，土质松软，含草木灰、兽骨和蚌壳。出土少量绳

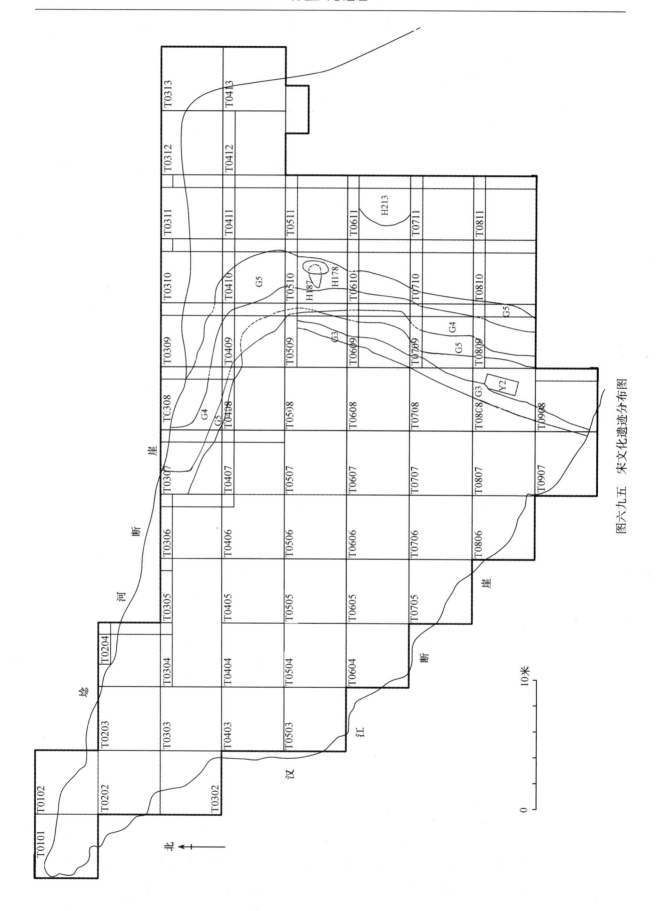

图六九五　宋文化遗迹分布图

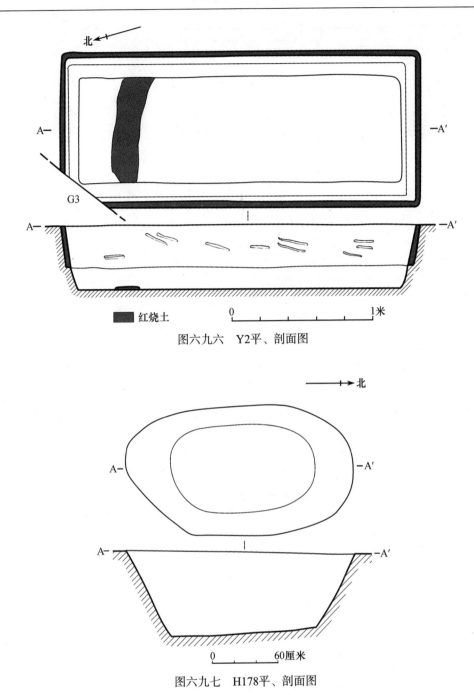

图六九六　Y2平、剖面图

图六九七　H178平、剖面图

纹砖、青瓷片和泥质灰陶片，器形仅见陶敛口瓮。

　　陶敛口瓮　2件。H187：2，泥质灰陶。轮制。敛口，叠唇，圆肩，鼓腹，以下残。素面。复原口径26、残高8.9厘米（图七〇〇，1）。H187：4，泥质褐胎灰衣陶，灰衣大部分已脱落。轮制。敛口，叠唇，鼓肩，肩安牛鼻形耳，鼓腹，以下残。素面。复原口径20、残高9.6厘米（图七〇〇，2）。

　　H213　位于T0611东部。开口于第3层（明清）下，打破第4层（宋代），东、南、北部分压于隔梁下未清理。坑口原应呈椭圆形，斜壁，平底。已发掘坑口长4、宽2.9米，坑底长

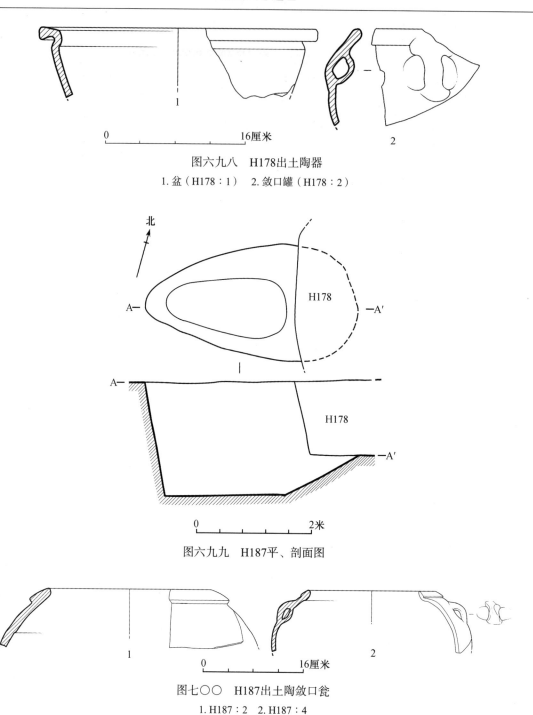

图六九八　H178出土陶器

1. 盆（H178∶1）　2. 敛口罐（H178∶2）

图六九九　H187平、剖面图

图七〇〇　H187出土陶敛口瓮

1. H187∶2　2. H187∶4

3、宽2.44米，深0.94～1.12米（图七〇一）。坑内堆积为黄灰色土，土质松软，含有较多草木灰、兽骨、蚌壳和石块。出土瓷片、陶片和砖块等，其中，青瓷片和釉陶片较多。陶片都为泥质灰陶，大多为素面，有少量饰花瓣形乳丁纹。器形有雕花青瓷碗、滴釉瓷碗、滴釉瓷盏、黑边瓷碗、瓷器盖，陶盆、缸、盏、釉陶罐，石网坠等（彩版七六，1；图版一六五，2；图版一六六，1）。

雕花青瓷碗　3件。敞口，尖圆唇，斜直腹。H213∶9，褐胎，绿釉，圈足底素胎，釉面

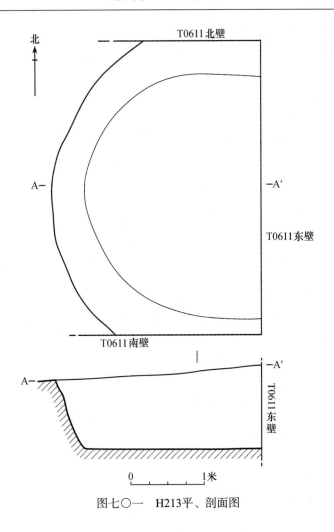

图七〇一 H213平、剖面图

光洁，有冰裂纹。圜底，矮圈足。内壁饰竖条形纹。复原口径18、圈足径5.6、高7.4厘米（图七〇二，1；彩版七六，2、3）。H213∶3，灰褐胎，青釉，釉色莹润光洁，圈足底素胎。平底，矮圈足。内壁雕刻浪花纹，外壁饰竖条形纹。复原口径12.3、圈足径3.7、高5.4厘米（图七〇二，2；彩版七七，1、2）。H213∶15，灰胎，青釉。底残。内壁雕刻团花纹。复原口径12、残高3.8厘米（图七〇二，10）。

雕花青瓷碗底　1件。H213∶18，青灰釉，灰胎，圈足内素胎。腹斜直内收，平底，圈足矮直。内壁雕刻团花纹。复原圈足径6、残高3厘米（图七〇二，8）。

滴釉瓷碗　1件。H213∶12，灰白胎，油滴状黑釉，釉面有褐斑点。敞口，尖圆唇，斜直腹内收，以下残。复原口径14、残高4厘米（图七〇二，6）。

滴釉瓷盏　1件。H213∶7，灰胎，油滴状黑釉，釉面有褐斑点，足底素胎。敞口，尖唇，斜弧腹，平底，矮圈足。复原口径13.5、圈足径3.8、高3.7厘米（图七〇二，3；图版一六七，1）。

黑边瓷碗　2件。灰胎，白釉，口部内外施黑釉一周。敞口，尖唇，弧腹内收，平底，矮圈足。H213∶5，复原口径13.2、圈足径5.7、高4.6厘米（图七〇二，5；彩版七七，3）。H213∶8，复原口径11.8、圈足径4.9、高4.4厘米（图七〇二，4；彩版七八，1）。

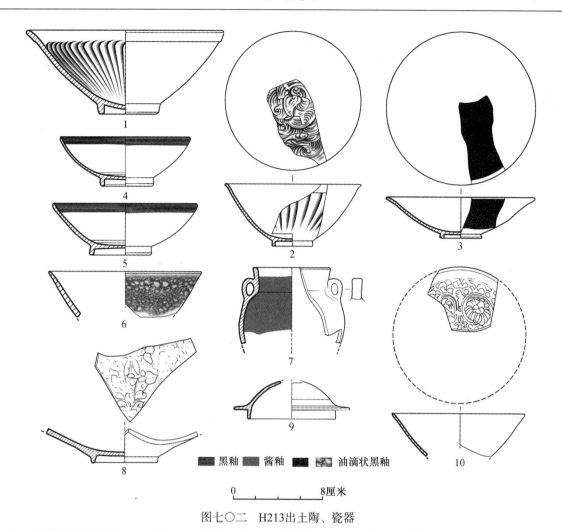

图七〇二　H213出土陶、瓷器

1、2、10.雕花青瓷碗（H213：9、H213：3、H213：15）　3.滴釉瓷盏（H213：7）　4、5.黑边瓷碗（H213：8、H213：5）
6.滴釉瓷碗（H213：12）　7.釉陶罐（H213：10）　8.雕花青瓷碗底（H213：18）　9.瓷器盖（H213：17）

　　釉陶罐　1件。H213：10，灰胎，外壁及内唇缘皆施白釉，内壁施酱釉。直口，圆唇，矮直领，颈、肩交界处安一对桥形耳，鼓腹，以下残。素面。复原口径7、腹径9.6、残高6.6厘米（图七〇二，7）。

　　瓷器盖　1件。H213：17，灰胎，青釉。穹隆形，近口部平折外伸较宽一周，形成子口，弧壁，顶残。素面。复原口径8、残高3.4厘米（图七〇二，9）。

　　陶盆　2件。泥质灰陶。轮制。折沿外垂，圆唇，弧腹内收，平底。H213：23，直口。器表有不明显的瓦棱纹。口径26.4、底径14.5、高10.2厘米（图七〇三，1）。H213：22，敞口，底微凹。内底部黏附一层黄白色沉淀物。素面。口径26.3、底径14.4、高9.1厘米（图七〇三，2；图版一六七，2）。

　　陶缸　1件。H213：31，泥质灰胎黑皮陶。轮制，外壁满见细密旋痕。直口，宽平折沿，方唇，直腹外斜，以下残。腹饰瓦棱纹。复原口径28、残高16.4厘米（图七〇三，3）。

　　陶盏　1件。H213：4，泥质灰陶。手制。敞口，圆唇，浅斜直腹，内凹底。素面。复原口径9.5、底径5、高2.8厘米（图七〇三，4；图版一六七，3）。

石网坠 1件。H213：1，硅质岩，灰色。打制。亚腰形，两侧各打击一个凹缺口。长9.6、宽5.8、厚1.6厘米（图七〇三，5；图版一六七，5）。

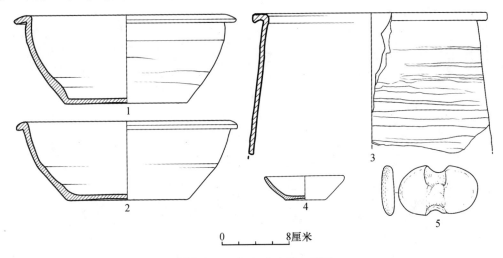

图七〇三 H213出土陶、石器

1、2.陶盆（H213：23、H213：22） 3.陶缸（H213：31） 4.陶盏（H213：4） 5.石网坠（H213：1）

第三节 灰 沟

3条（G3～G5）。

G3 位于T0509东部、T0609西部、T0708东部、T0709西部、T0808东部及T0908西部，未发掘完。开口于第3层（明清）下，打破第3层（屈家岭文化）直至生土。呈长条形，口大底小，斜壁，底较平。总长26、口宽1.1、底部宽0.7、深1.3米（图七〇四）。填土为黄灰色土，土质松软，夹杂较多草木灰。出土较多陶片和瓷片。陶片主要为泥质灰陶，有少量泥质黑陶和夹砂红陶，器表多为素面。瓷片主要有黄褐釉、黑釉等。器形有滴釉瓷碗，釉陶盏，陶卷沿瓮、叠唇盆、筒瓦等。

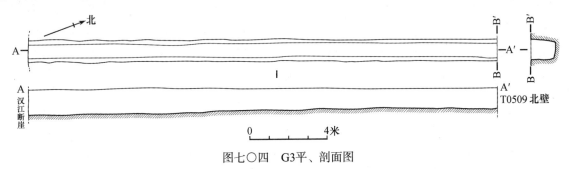

图七〇四 G3平、剖面图

滴釉瓷碗 1件。G3：2，灰白胎，黑釉，釉面光洁且泛银光，滴釉。敞口，尖唇，斜弧腹，底残。复原口径14、残高4.1厘米（图七〇五，4）。

釉陶盏 1件。G3：1，灰胎，内外皆施白陶衣，再施米黄釉，下腹及底未施釉。敞口，圆唇，浅弧腹，矮圈足。口径7、圈足径4.1、高1.7厘米（图七〇五，3；图版一六七，4）。

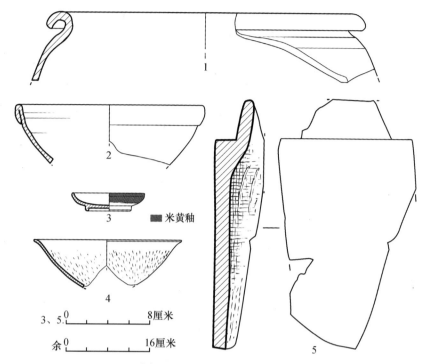

图七〇五 G3出土陶、瓷器

1. 陶卷沿瓮（G3：9） 2. 陶叠唇盆（G3：5） 3. 釉陶盏（G3：1） 4. 滴釉瓷碗（G3：2） 5. 筒瓦（G3：11）

　　陶卷沿瓮　1件。G3：9，泥质灰陶。轮制，器表满布细密旋痕。敛口，卷沿外翻下垂，尖圆唇，束颈，鼓腹，以下残。素面。复原口径60、残高12.6厘米（图七〇五，1）。

　　陶叠唇盆　1件。G3：5，泥质灰陶。轮制，器内壁满见细密旋痕，器表打磨光滑。敞口，叠唇，弧腹内收，底残。复原口径36、残高11.1厘米（图七〇五，2）。

　　筒瓦　1件。G3：11，泥质灰陶。模制。瓦舌较长，直口，瓦身截面呈弓形。正面为素面，内面饰布纹。残长22.8、宽12.7厘米（图七〇五，5）。

　　G4　位于T0307、T0308、T0309、T0409、T0410、T0509、T0510、T0609、T0610、T0709和T0809等多个探方中，并伸出发掘区外，未发掘完。开口于第3层（明清）下，打破G5和第4层（宋代），北部遭埝河破坏。平面呈曲尺形，弧壁，底较平。北部东西残长约16.8、南部南北残长约20、宽1.9～2.8米（图七〇六）。坑内堆积可分为2层：第1层，浅褐色土，厚0～0.5米，土质较硬，出土砖块、瓦片和白瓷片等，瓷器器形有碗、小罐等；第2层，灰褐色土，厚0～0.2米，土质较紧密，含有较多石块和骨头，出土少量灰陶片和白瓷片，无可辨器形。

　　G4①　器形有瓷碗、小罐，石网坠等。

　　瓷碗　1件。G4①：1，灰白胎，乳黄釉，厚薄不均且有脱落，底部素胎。敞口，尖圆唇，弧腹较深，假圈足底。口径14.7、圈足径5.8、高7.2厘米（图七〇七，1；彩版七八，2）。

　　瓷小罐　1件。G4①：2，白胎，白釉，釉面光洁，底素胎。直口，尖圆唇，矮直领，鼓肩，鼓腹，下腹弧内收，矮圈足。口径4.5、腹径7.3、圈足径3.9、高5.9厘米（图七〇七，2；彩版七八，3）。

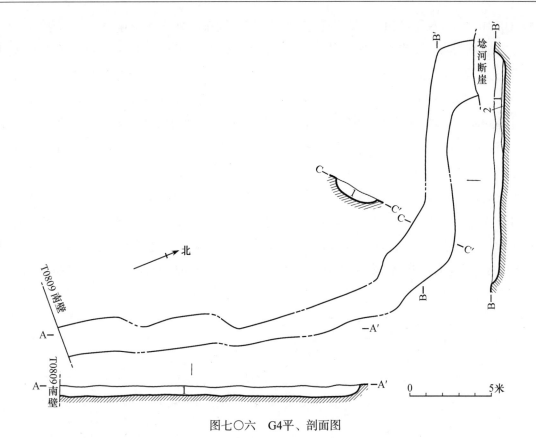

图七〇六　G4平、剖面图

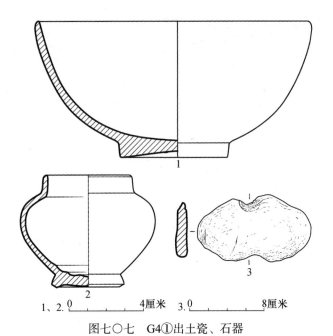

1、2 0　　　4厘米　3 0　　　8厘米

图七〇七　G4①出土瓷、石器

1.瓷碗（G4①：1）　2.瓷小罐（G4①：2）　3.石网坠（G4①：4）

石网坠　1件。G4①：4，云母岩，灰绿色。琢制。亚腰形，长轴两端内凹，呈束腰状。长12.4、宽7、厚1.1厘米（图七〇七，3；图版一六七，6）。

G5　位于T0307、T0308、T0309、T0409、T0410、T0509、T0510、T0609、T0610、

T0709、T0710、T0809和T0810等多个探方中，并伸出发掘区外，未发掘完。开口于第3层（明清）下，打破第4层（宋代）直至生土，北部遭捻河破坏。平面形状呈曲尺形，口大底小，弧壁局部不规整，底亦不规整，北部较南部深。北部东西长约21、南部南北长约22米，宽3.5～4.5米，北部最深约2.4、南部最深约2米（图七〇八；图版一六六，2、3）。沟内堆积分6层，每层厚39厘米：第1层，灰褐色土，土质松软，夹杂少量红烧土颗粒，出土泥质灰陶片、花纹灰砖等；第2层，黄灰色土，土质较疏松，包含少量草木灰和红烧土颗粒，出土"五铢"铜钱、泥质灰陶瓮、花纹灰砖等；第3层，浅灰色土，土质松软，包含少量草木灰、石块和兽骨，出土灰陶盆、花纹灰砖和筒瓦等；第4层，黄灰色土，土质疏松，包含少量草木灰、红烧土颗粒和石块，出土灰陶甑、花纹灰砖和铁刀等；第5层，灰褐色淤泥土，土质松软黏稠，包含较多草木灰、红烧土颗粒、河卵石和动物骨头，出土灰陶盆和花纹灰砖等；第6层，黑色淤泥土，土质松软黏稠，包含较多草木灰、红烧土颗粒、卵石和动物骨头，出土极少泥质灰陶片和花纹灰砖等。

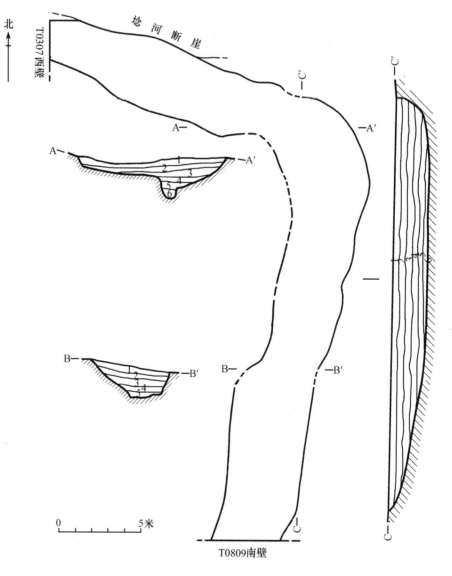

图七〇八　G5平、剖面图

G5① 器形有陶矮领瓮、筒瓦等。

陶矮领瓮 1件。G5①：4，泥质灰陶。轮制。直口，立沿，斜方唇，矮直领，鼓肩，以下残。肩压印波折纹。复原口径20、残高6厘米（图七〇九，1）。

筒瓦 1件。G5①：7，夹砂灰陶。模制。半筒形，瓦舌残。背面饰竖向粗绳纹，内面饰布纹。残长13.7、宽10.2、厚0.8厘米（图七〇九，6）。

G5② 器形有陶矮领瓮等。

陶矮领瓮 1件。G5②：6，泥质灰陶。轮制，器表打磨光滑。直口，立沿，内沿面有一周较宽凹槽，圆方唇，矮直领，广肩，肩以下残。领有数道磨光黑皮条纹带。复原口径28、残高4.2厘米（图七〇九，2）。

G5③ 器形有陶盆、筒瓦等。

陶盆 1件。G5③：1，泥质灰陶。轮制，器表有旋痕。敞口，平折沿，沿面较宽，圆唇，上腹斜直，下腹残。腹饰竖向刻划纹。复原口径36、残高3.8厘米（图七〇九，4）。

筒瓦 1件。G5③：3，夹细砂灰陶。模制。半筒形，瓦舌残。背面饰竖向粗绳纹，内面饰布纹。残长9.4、残宽5.6、厚1厘米（图七〇九，7）。

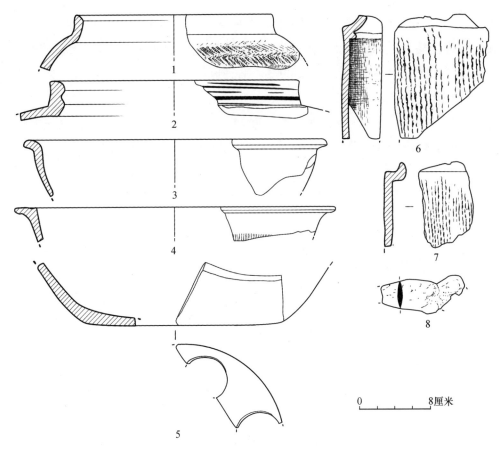

图七〇九　G5出土陶、铁器

1、2.陶矮领瓮（G5①：4、G5②：6）　3、4.陶盆（G5⑤：1、G5③：1）　5.陶甑（G5④：2）

6、7.筒瓦（G5①：7、G5③：3）　8.铁刀（G5④：1）

G5④　器形有陶甑和铁削刀等。

陶甑　1件。G5④：2，泥质灰陶。轮制。只存下腹及底，斜直腹，平底，底部残存有两个大圆孔。复原底径22、残高6.8厘米（图七〇九，5）。

铁刀　1件。G5④：1，锈蚀严重。柄与刀身呈曲折状，援已残，柄末端呈圆球状。残长9.6、宽3厘米（图七〇九，8）。

G5⑤　器形有陶盆等。

陶盆　1件。G5⑤：1，泥质灰陶。轮制，器表有旋痕。侈口，卷沿，圆唇，弧腹内收，下腹残。素面。复原口径34、残高6.1厘米（图七〇九，3）。

第四节　文　化　层

宋代文化层仅分布在大寺遗址西区的东部，包含遗物较少，在更晚的明清文化地层中也有少量发现，主要出自T0509、T0611、T0710、T0711等探方内。

T0509②

陶盆　2件。泥质灰陶。轮制，内外壁满见细密旋痕，外底有偏心涡纹痕迹。直口，平折沿微外倾。腹饰瓦棱纹。T0509②：2，方唇，斜直腹内收，大平底微凹。复原口径33、底径21.2、高11.1厘米（图七一〇，1）。T0509②：3，圆唇，微束颈，弧腹内收，以下残。复原口径28、残高8.5厘米（图七一〇，2）。

瓷碗　1件。T0509②：1，灰白胎，胎体较薄，白釉。敞口，尖唇，斜直腹内收，平底，矮圈足。内壁釉下有花瓣纹与草叶纹。口径18、圈足径5.5、高7.5厘米（图七一〇，3）。

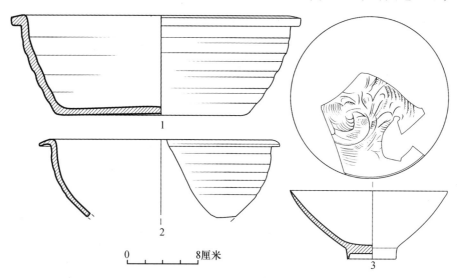

0　　　　　　8厘米

图七一〇　T0509②出土陶、瓷器

1、2.陶盆（T0509②：2、T0509②：3）　3.瓷碗（T0509②：1）

T0611④

陶瓮 1件。T0611④：2，泥质灰陶。轮制，内外壁皆有细密旋痕。敛口，卷沿外翻下垂，尖圆唇，束颈，微鼓肩，鼓腹，以下残。腹饰右斜宽篮纹。复原口径40、残高11.9厘米（图七一一，1）。

陶纺轮 1件。T0611④：1，夹细砂灰陶。手制。圆柱形，表面粗糙，上下两面稍平，弧边微外鼓，中有一圆形小穿孔。直径9、孔径1.8、厚5.3厘米（图七一一，2；图版一六七，7）。

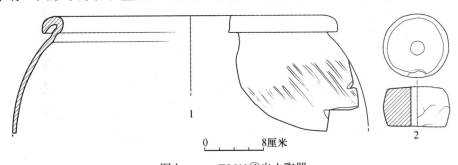

图七一一 T0611④出土陶器
1.瓮（T0611④：2） 2.纺轮（T0611④：1）

T0710③

瓷碗 2件。敞口，斜直腹内收，腹以下残。T0710③：3，灰胎，内外壁皆施灰釉。尖圆唇。内外器表皆有冰裂纹。复原口径11、残高4.1厘米（图七一二，3）。T0710③：5，灰胎，酱釉。圆唇。素面。复原口径22、残高5.1厘米（图七一二，2）。

酱釉瓷碗 1件。T0710③：1，黄褐胎，上腹内外皆施酱釉，以下素胎。敞口，尖圆唇，斜直腹内收，平底，矮圈足。复原口径20.4、圈足径6.2、高7.6厘米（图七一二，1）。

蓝釉瓷盏 1件。T0710③：2，灰白胎，外壁施蓝釉，内壁施泛青白釉，釉色皆莹润有光泽。侈口，尖圆唇，斜直腹内收，平底，矮直圈足。复原口径13、圈足径5、复原高7.4厘米（图七一二，4）。

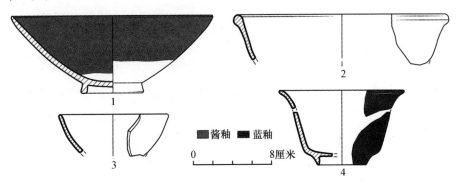

图七一二 T0710③出土瓷器
1.酱釉瓷碗（T0710③：1） 2、3.瓷碗（T0710③：5、T0710③：3） 4.蓝釉瓷盏（T0710③：2）

T0711④

瓷盘　1件。T0711④:3，灰白胎，青釉，釉色纯净莹润。圆唇，敞口，弧腹内收，浅盘，平底，矮圈足。外底心有一蓝黑色内填短线条与似"道"字的方形款识。复原口径18.7、圈足径11、高3.3厘米（图七一三；图版一六七，8）。

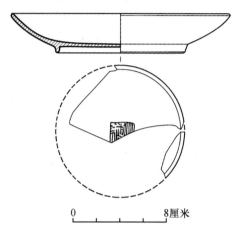

图七一三　T0711④出土瓷盘（T0711④:3）

第十章 明清文化

大寺遗址明清文化遗存共发现遗迹单位14个，其中，房址3座、窖穴2座、灰坑8个、墓葬1座（图七一四）。此外，还发现较丰富的文化层，主要为西区西部的第2层和西区东部的第2、3层。现将明清文化遗存介绍如下。

第一节 房　址

3座（F1、F2、F14）。

F1　位于T0405东部和T0406西部。开口于第1层下，打破第2层。平面呈不规则方形，南北最大长7.5、东西最大宽5、深0.17～0.47米，面积约30平方米。房基东部石头下埋有1件陶盆，西部石头下埋有1件残甚的釉陶缸（图七一五；图版一六八，1～3）。房基内填土多为砖瓦、石块和瓷片等，含有各种杂质，土质较松软。出土明清青花瓷片和灰陶盆等。

陶盆　1件。F1：1，泥质灰胎黑皮陶。轮制，器内外有旋痕。直口，折沿外垂，圆唇，弧腹微鼓，大平底略凹。腹安不对称的鸡冠形鋬手。素面。口径34.5、底径21、高10.7厘米（图七一六；图版一七五，1）。

F2　位于T0506东部、T0507西南部和T0607北部。开口于第1层下，打破第2层。全部采用大小不一的毛石材料建筑而成，由大房基（地槽较宽）、小房基（地槽较窄）和小块房基（面积较小）三部分组成。大房基由较大的毛石双排组合并砌而成，长约5.6、宽0.6～0.7、厚约0.3米，基槽较宽，呈西北—东南走向。小房基由较小毛石单排组合直砌而成，长约2.2、宽约0.25、厚约0.2米，呈东北—西南走向，方向50°。小块房基由较大毛石单排组合直砌而成，周围有散落的小毛石，长约1.5、宽约0.6、厚约0.3米，呈东北—西南走向。大房基与小房基呈交叉状，小块房基单独位于东北部，在小房基的延伸线上，两者原应为同一道房基（图七一七；图版一六九，1）。

F14　主体部分位于T0507中部、T0407南部、T0506北部、T0508西部。开口于第1层下，打破H139和第2层。平面呈不规则长方形，砖石结构建造，仅存门厅和天井两部分。通长4.76、宽4.54米。门厅，均为青砖建造，残长约2.6、内空宽约1.2米。西壁与天井相连，东壁残高约0.18米，底用砖铺地面。天井，由砖、条石和卵石材料建造，内空长约2.76、中部内空宽约1.8、东西两端内空宽约2米。墙壁均采用青砖平铺，单砖错缝直砌。南、北两边壁已变形，

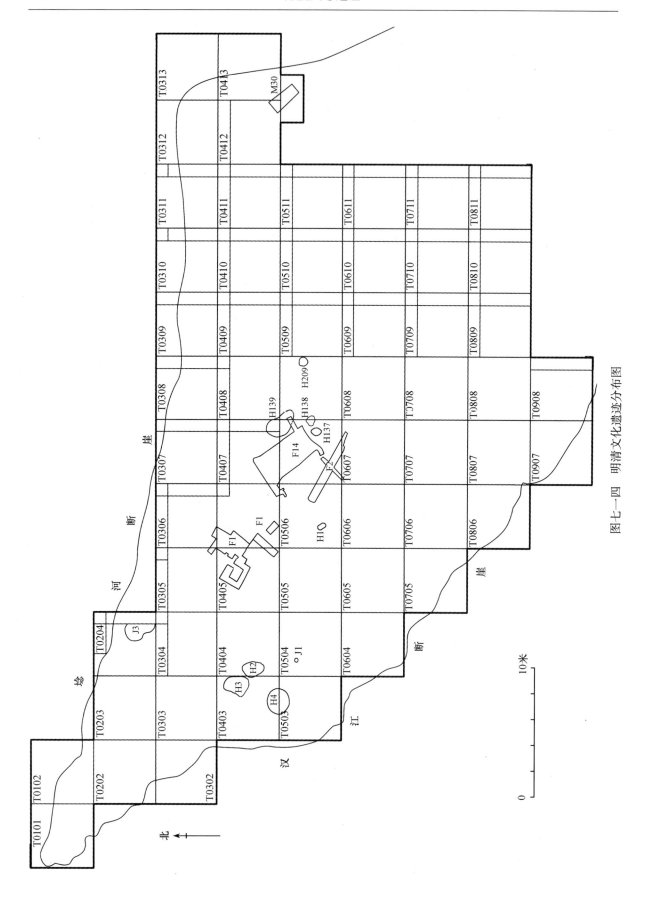

图七一四　明清文化遗迹分布图

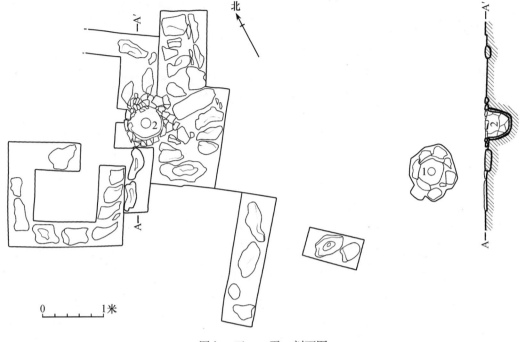

图七一五　F1平、剖面图

1. 陶盆　2. 釉陶缸

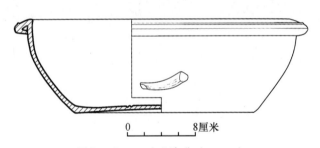

图七一六　F1出土陶盆（F1∶1）

呈内弧形。南壁残高约0.32米，北壁残高约0.37米，西壁残高约0.22米。天井紧贴东壁的地面铺有2块大条石，一长方形条石，一方形条石，并排平铺。长方形条石长1.26、宽0.28、厚0.1米，方形条石长0.5、宽0.42、厚0.12米。条石下砌有卧砖3层，高约0.1米。天井地面采用砖和小卵石材料铺成，中部略高，两侧略低，呈鱼背形。中间铺一道青砖，直接卧砌。砖两侧地面均用小卵石铺成（部分已毁坏）。在天井南北两壁内侧各设有一条小排水沟（部分残沟底砖尚存）。北侧一条以暗沟形式通向门厅西北角，再北折向外出水，其出水口宽约0.1、高约0.13米（图七一八；图版一六九，2；图版一七〇；图版一七一，1、2）。

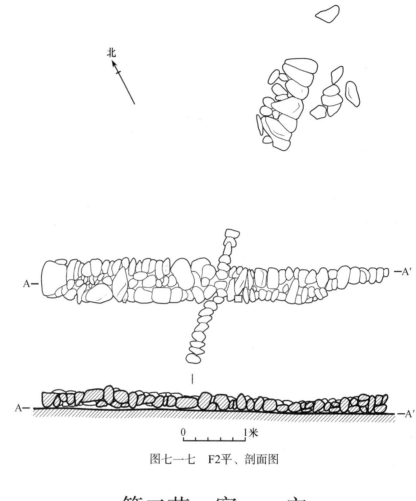

图七一七　F2平、剖面图

第二节　窖　穴

2座（J1、J3）。

J1　位于T0504西北部。开口于第2层下，打破第3层直至生土。坑口呈圆形，竖井式窖穴，1窖3穴。在下挖至1.2米时，在东、西两边各挖一窖穴，分别为1穴和2穴。在2穴的东壁上再挖一小窖穴，为3穴。口部直径0.6、全深3.2米。1穴较大，底面积为7.6平方米；2穴次之，底面积为4.5平方米；3穴较小，底面积为0.35平方米。1穴与2穴空间为球形，3穴空间为梯形（图七一九；图版一七二，1）。窖穴内填土为灰色淤土，夹有大量明清时期残砖瓦、杂土和砂石等，为明清时期窖穴。

J3　位于T0204东南部。开口于第1层下，打破第2层直至生土。由两个椭圆形坑组成，两坑近底处中间有一道隔梁。南坑大部分被压在东隔梁下，斜直壁，平底。已发掘部分口部长1、宽0.72米，底部长0.86、宽0.6米，深1.34米。北坑也有小部分被压于东隔梁下，袋状，平底。已发掘部分口部长1.56、宽1.04米，底部长1.76、宽1.2米，深0.75米。两坑中间隔梁宽

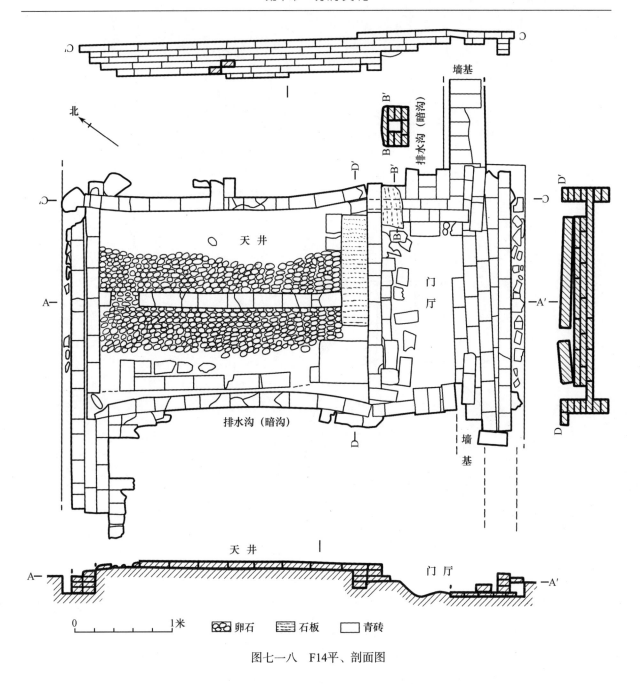

図七一八　F14平、剖面図

0.4～0.44米。两坑内堆积一致，分3层，均由南向北斜下至坑底：第1层，灰色土，厚0.1～0.2米，较松散，出土泥质小砖块、布纹瓦碎片和青花瓷片等；第2层，灰黑色土，厚0.2～0.55米，多为大石头、灰砖等；第3层，灰褐色土，厚0.2～0.96米，较硬，包含物有较多灰砖、少量陶片和青花瓷片（图七二〇）。出土陶瓷片中，可辨器类有卷沿灰陶罐、青花瓷碗和青花瓷碟等。

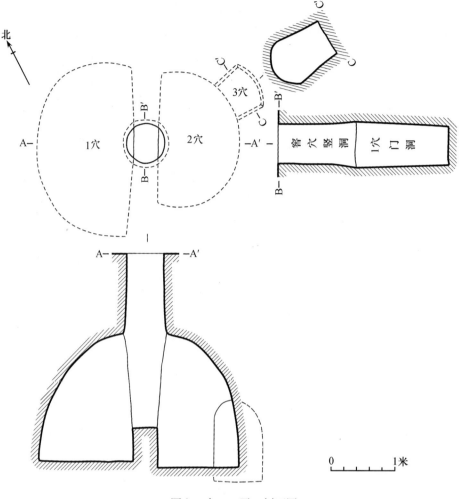

图七一九　J1平、剖面图

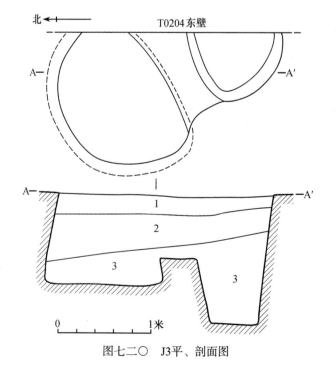

图七二〇　J3平、剖面图

第三节　灰　　坑

8个（H1~H4、H137~H139、H209）。

H1　位于T0506西南部。开口于第1层下，打破第2层。坑口呈圆角长方形，弧壁，坑底起伏不平。长0.66、宽0.38、最大深0.14米（图七二一；图版一七二，2）。坑内堆积为灰褐色沙土，土质松散，夹杂碎砖块、小石块等。坑底中部出土铜钱1枚。

铜钱　1枚。H1：1，锈蚀严重。圆形，体小，肉薄，有郭，中间穿一方形小孔，正面四字"康熙通宝"，对读，背面满文，均较模糊。直径2、孔径0.5厘米（图七二二）。

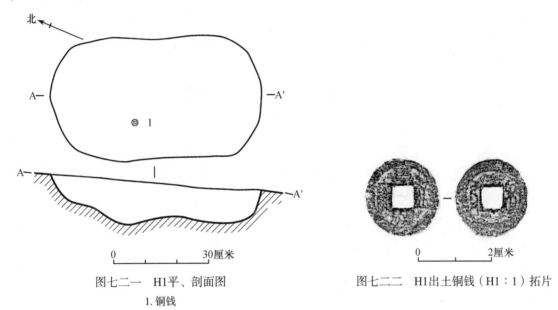

图七二一　H1平、剖面图
1.铜钱

图七二二　H1出土铜钱（H1：1）拓片

H2　位于T0404西部，部分伸入到T0403方内。开口于第1层下，打破第2层。坑口呈近椭圆形，弧壁，不太规整，圜底。长1.8、宽1.26、深2.2米（图七二三）。坑内堆积为灰黑色土，土质松软，内含少量红烧土和草木灰。出土遗物有陶盆、器耳等。

陶盆　1件。H2：1，泥质灰陶。轮制。侈口，卷沿，圆唇，弧腹，以下残。素面。复原口径34、残高5.5厘米（图七二四，1）。

陶器耳　1件。H2：2，夹细砂灰陶，内壁施黑釉。桥形耳。耳面饰三道凹弦纹。残高8.2厘米（图七二四，2）。

H3　位于T0403东北部。开口于第1层下，打破第2层。坑口呈近椭圆形，弧壁，圜底。长2.2、宽1.6、深2.5米（图七二五）。坑内堆积为灰黑色土，土质松软，内含少量红烧土和草木灰。出土遗物有少量瓷器和陶器碎片。

H4　位于T0403南部、T0503北部。开口于第1层下，打破第2层。坑口呈圆形，弧壁，圜底。长2.03、宽1.76、深1.8米（图七二六）。坑内堆积为灰褐色土，土质松软，内含少量红烧土颗粒和草木灰。出土遗物有青花瓷、青砖、布纹瓦等碎片。

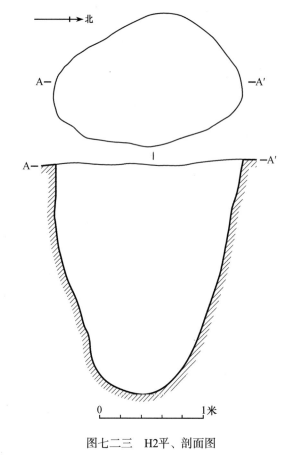

图七二三 H2平、剖面图

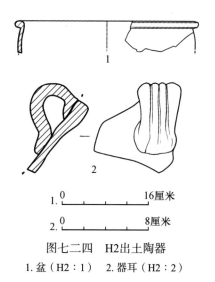

图七二四 H2出土陶器
1. 盆（H2：1） 2. 器耳（H2：2）

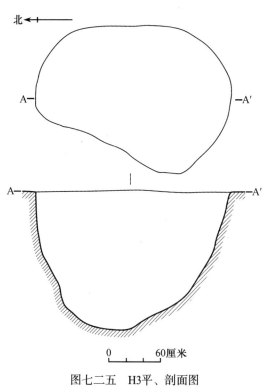

图七二五 H3平、剖面图

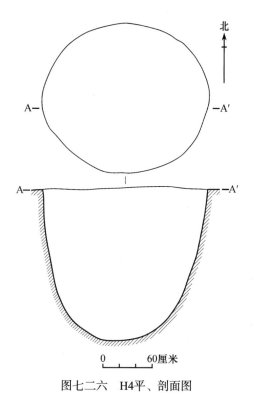

图七二六 H4平、剖面图

H137 位于T0507东部。开口于第1层下，打破第2层。坑口呈椭圆形，袋状坑，平底。坑口长0.8、宽0.6米，坑底长1.06、宽0.86米，深1.36米（图七二七）。坑内堆积为灰色沙土，土质较软，含较多石块。出土少量青砖和青花瓷碗类碎片。

H138 位于T0508西部和T0507东部。开口于第1层下，打破第2层。坑口呈不规则椭圆形，弧壁不规整，底较平。坑口长1、宽0.88米，坑底长0.4、宽0.38米，深1米（图七二八）。坑内堆积为灰色沙土，土质松软，含较多石块。出土少量青砖和青花瓷碗、盏之类碎片。

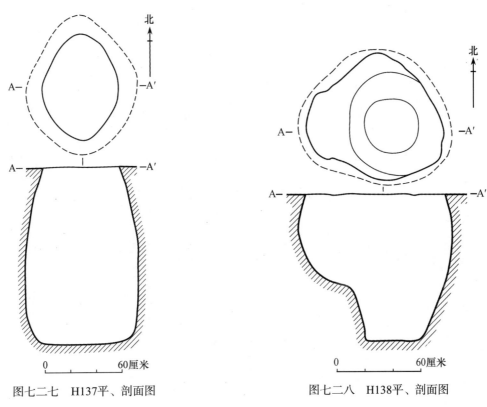

图七二七 H137平、剖面图　　　　　图七二八 H138平、剖面图

H139 位于T0507东北部、T0508西北部、T0407东南部和T0408西南部。开口于第1层下，打破第2层，被F14打破。坑口呈不规则椭圆形，弧壁不规整，底凹凸不平，呈三级台阶状，最深处形成一椭圆形小坑。坑口长1.8、宽1.2、深0.4～0.64米；底部小坑长0.72、宽0.66、深0.18米（图七二九）。坑内填土为灰色沙土，土质较软，含较多石块。出土少量青砖和青花瓷碎片，青花瓷器类有碗、盏等。

H209 位于T0508东部。开口于第1层下，打破第2层。坑口呈圆形，斜直壁，平底。坑口直径0.7、坑底直径0.54、深0.52米（图七三〇；图版一七三，1）。坑内堆积为灰褐色土，土质较软，出土少量大石块和青砖。

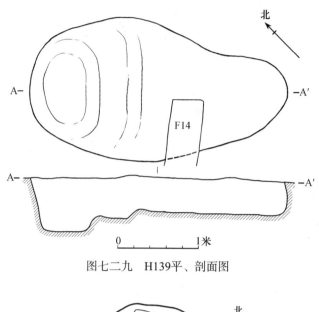

图七二九　H139平、剖面图

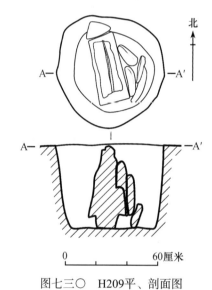

图七三〇　H209平、剖面图

第四节　墓　　葬

1座（M30）。

M30　位于T0412东南部、T0413西南部及方外。方向320°。开口于第2层下，打破第3层（明）直至生土。长方形土坑竖穴墓，口底等大，直壁，平底。长2.34、宽0.88～1.08、深1.86米。墓坑北端距墓底0.42～0.78米处有一头龛，龛偏于西侧，距西北角0.18米。龛平面呈近似椭圆形，宽0.5、进深0.34、高0.32米。龛内放置2件青花瓷碗和1件釉陶罐（图七三一；彩版七九，1；图版一七三，2；图版一七四，1、2）。墓坑内填土为浅灰色土，土质松软，出土砖瓦片。葬具已腐朽，仅存棺痕，棺痕内发现人骨1具，头下枕有板瓦，葬式为单人仰身直肢。在棺内出土铜钱4枚，分别置于墓主人左右两侧的胸部和胯部。

青花瓷碗　2件。灰白胎，青白釉，足底露胎，釉质较粗糙，胎体变形，口不规则。敞

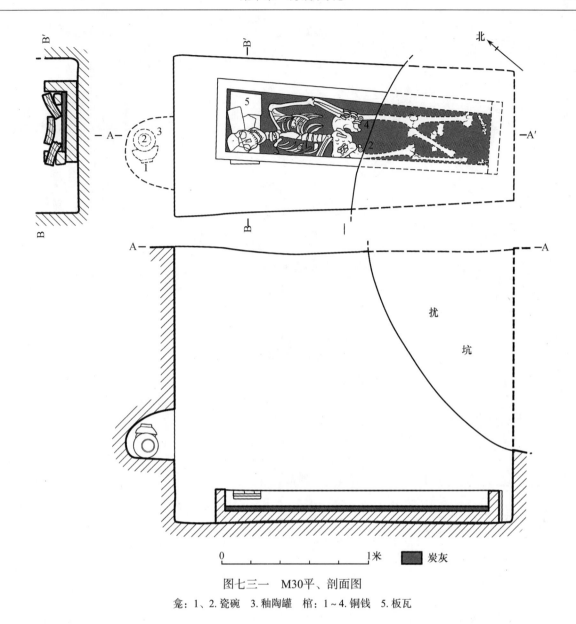

图七三一 M30平、剖面图
龛：1、2.瓷碗 3.釉陶罐 棺：1~4.铜钱 5.板瓦

口，尖唇，折沿，斜弧腹内收，圜底，矮圈足内敛。沿面、内底外缘和圈足外壁皆饰两周蓝色同心圆圈线，内底心绘团状芭蕉叶纹，外腹上壁绘二方连续两朵并蒂缠枝牡丹纹，下壁绘一周祥云纹。M30龛：1，口径16.1~15.2、圈足径6.2、高6.2厘米（图七三二，1；彩版七九，2）。M30龛：2，口径15.9、圈足径6、高6.6厘米（图七三二，2；彩版七九，3）。

釉陶罐 1件。M30龛：3，灰褐胎，黄绿釉，下腹至底露胎，内外壁满布瓦棱痕。敛口，圆唇，折颈，溜肩，微鼓腹，下腹斜直内收，假圈足。肩安对称桥形耳，耳上有三道竖向凸泥条。口径10.6、腹径16.3、底径10.3、高20.8厘米（图七三二，3；彩版八〇，1）。

铜钱 4枚。2枚保存较好，圆形，方孔，轮廓清晰。M30棺：3，阳面四字篆书"绍圣元宝"，旋读。直径2.4、孔径0.7厘米（图七三二，5；图版一七五，3）。M30棺：4，阳面四字篆书"熙宁元宝"，旋读。直径2.4、孔径0.7厘米（图七三二，6；图版一七五，4）。M30棺：1、M30棺：2，破碎严重，无法辨识。

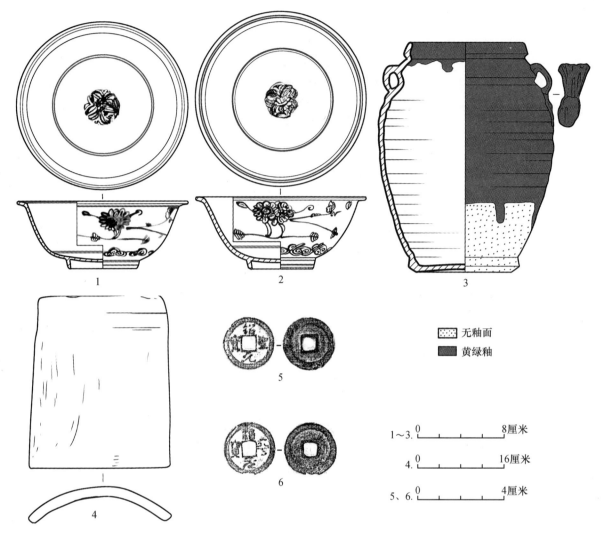

图七三二　M30出土陶、瓷、铜器

1、2.青花瓷碗（M30龛：1、M30龛：2）　3.釉陶罐（M30龛：3）　4.板瓦（M30棺：5）　5、6.铜钱（M30棺：3、M30棺：4）

　　板瓦　1件。M30棺：5，泥质灰陶。模制。瓦身横截面呈弧形，一头略宽，一头稍窄。器表素面，内壁饰布纹。长31.5、宽23.4～26.4厘米（图七三二，4；图版一七五，2）。

第五节　文　化　层

　　明清时期文化层主要分布在大寺遗址的西区台地上，西薄东厚，主要包括西区西部的第2层和西区东部的第2、3层，出土遗物较丰富，主要出自T0406、T0503、T0506、T0507、T0511、T0606、T0611、T0709、T0710等探方内。

　　T0406②

　　陶灯台　1件。T0406②：2，泥质褐陶。轮制，器表满见细密旋痕。顶呈浅盘状，高实心柄，柄呈三节状，有两周腰檐，斜直边高圈足座，有一周平台面，底缘平折，外加厚一周。口径7.5、底径10.5、通高18.8厘米（图七三三，1；图版一七六，1）。

　　石砚　1件。T0406②：1，细砂岩，青灰色。磨制。长方形，砚堂残，砚面微凹，除残断面以外的边缘均极齐整。长10.5、宽7.4、厚1.3厘米（图七三三，2；图版一七六，2）。

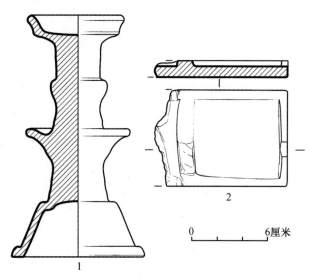

图七三三　T0406②出土陶、石器

1.陶灯台（T0406②：2）　2.石砚（T0406②：1）

T0503②

　　陶盆　2件。泥质黑陶。轮制，内外壁满见细密旋痕。T0503②：3，敛口，卷沿，圆唇，唇内中空，弧腹微鼓，以下残。肩饰多道凹弦纹，腹饰一周凸棱。复原口径64、残高24.2厘米（图七三四，1）。T0503②：2，外底有偏心涡纹。敞口，平折沿，方唇，束颈，斜直腹内收，平底。素面。复原口径28.2、底径14、高11.4厘米（图七三四，2；图版一七七，1）。

　　陶钵　1件。T0503②：1，泥质灰胎黑皮陶，器表黑衣多有脱落。轮制，器身内外皆有细密旋痕，外底有偏心涡纹。直口，圆唇，口外下端加厚起一道凸棱，弧腹内收，平底。复原口径23.3、底径13.5、高8.4厘米（图七三四，3）。

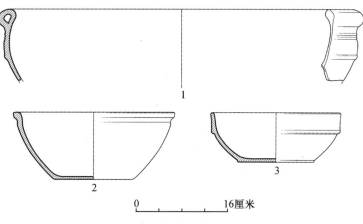

图七三四　T0503②出土陶器

1、2.盆（T0503②：3、T0503②：2）　3.钵（T0503②：1）

T0506②

青花瓷碗　5件。灰白胎，白釉泛青，足底素胎。敞口，尖圆唇，斜直腹内收，矮圈足。T0506②：4，青花呈蓝黑色。口内饰一周蓝色宽带，内底饰团花纹，外腹亦饰团花纹，外底饰两周宽带纹。复原口径14.2、圈足径6.5、高7.3厘米（图七三五，1；彩版八〇，2）。T0506②：5，青花呈深蓝色。口内与内底外围皆饰一周粗圈线，内底饰一株花草纹，外腹壁饰山峦纹与草叶纹，中部有一道粗圈线。复原口径14.5、圈足径7.3、高5.8厘米（图七三五，2；彩版八〇，3）。T0506②：10，青花呈深蓝色。内底外围与外腹中部各饰一周圈线纹，圈足饰两道圈线纹，外腹壁绘山峦与草叶纹。复原口径15.4、圈足径7、高5.9厘米（图七三五，3；图版一七七，2）。T0506②：6，青花呈蓝黑色。内腹下端、外腹中部与圈足皆饰一周粗圈线纹，口外绘草叶纹。内外器表皆有冰裂纹。复原口径13.9、圈足径7.4、高5厘米（图七三五，5；彩版八一，1）。T0506②：9，青花呈深蓝色。内口、内底外围与外腹中部各饰一周、圈足饰两道圈线纹，内底绘"X"形纹，外腹壁绘山峦与草叶纹。复原口径14.8、圈足径6.6、高5.8厘米（图七三五，6；图版一七七，3）。

白瓷碗　2件。敞口，尖圆唇，斜直腹内收，矮圈足。T0506②：7，灰胎，青灰釉，圈足素胎。素面。复原口径14.4、圈足径5.8、高7.5厘米（图七三五，8；图版一七八，3）。T0506②：8，灰白胎，灰釉泛青，圈足素胎。复原口径14、圈足径5.7、高8.3厘米（图七三五，9；图版一七八，4）。

酱釉瓷碗　1件。T0506②：13，灰胎，内壁施青灰色釉，釉料不纯净、含有较多杂质，外壁施酱红色釉。外底饰两道蓝黑色圈线，内填短斜线。复原口径9.9、圈足径4.5、高5.8厘米（图七三五，10；图版一七八，2）。

青花瓷盘　1件。T0506②：12，灰白胎，白釉泛青。敞口，圆唇，弧腹内收，浅盘，平底，矮圈足。青花呈蓝黑色，内底外围与口内外皆饰两道圈线纹，内底纹饰已残不可辨，外腹壁饰缠枝状并蒂花卉纹。复原口径14.7、圈足径8.9、高3.1厘米（图七三五，7；图版一七七，4）。

白瓷盘　1件。T0506②：11，灰白胎，白釉，釉料纯净，莹润洁白。敞口，圆唇，弧腹内收，浅盘，大平底，矮圈足。素面。复原口径20、圈足径11.5、高4厘米（图七三五，4；图版一七八，1）。

陶盆　2件。轮制，内外壁密布旋痕。敞口，弧腹内收。素面。T0506②：22，泥质砖红胎灰衣陶。外底有偏心涡纹。平折沿，圆唇，平底微内凹。外腹有对称鸡冠状双錾手。复原口径40、底径23.6、高13.2厘米（图七三六，1；图版一七八，5）。T0506②：23，泥质灰陶。卷沿，圆唇，唇内中空，底残。复原口径50、残高11.8厘米（图七三六，2）。

T0507②

青花瓷碗　2件。灰白胎，白釉泛青。弧腹内收，平底，矮圈足。T0507②：3，侈口，圆唇，仰折沿。青花呈蓝黑色，内底外围饰两周圈线纹，底心饰团花纹，外腹壁饰数组草叶纹。复原口径15、圈足径10.2、高6.1厘米（图七三七，1；图版一七九，1）。T0507②：4，敞口，圆唇。青花呈蓝色，内底与外腹壁皆绘密集的缠枝花草纹。复原口径14.6、圈足径4.6、高5.4

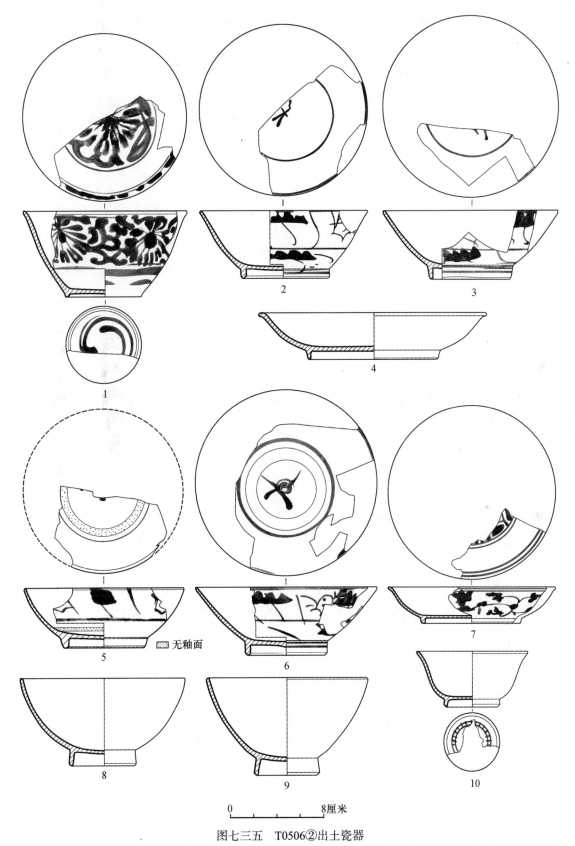

图七三五　T0506②出土瓷器

1~3、5、6. 青花瓷碗（T0506②：4、T0506②：5、T0506②：10、T0506②：6、T0506②：9）　4. 白瓷盘（T0506②：11）

7. 青花瓷盘（T0506②：12）　8、9. 白瓷碗（T0506②：7、T0506②：8）　10. 酱釉瓷碗（T0506②：13）

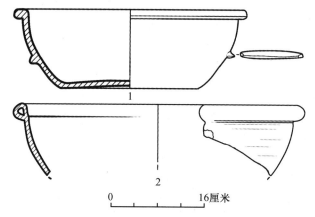

图七三六　T0506②出土陶盆

1. T0506②：22　2. T0506②：23

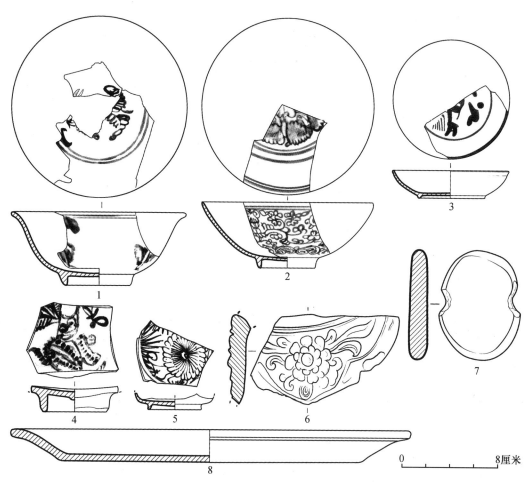

图七三七　T0507②出土陶、瓷、石器

1、2.青花瓷碗（T0507②：3、T0507②：4）　3.青花瓷碟（T0507②：5）　4、5.青花瓷碗底（T0507②：8、T0507②：7）

6.陶瓦滴水（T0507②：11）　7.石网坠（T0507②：2）　8.陶盘（T0507②：9）

厘米（图七三七，2；图版一七九，2）。

青花瓷碗底　2件。灰白胎，灰釉泛青，足底素胎。平底，矮直圈足。T0507②：7，内底心饰一朵蓝色团花，周边衬以草叶纹。复原圈足径4.6、残高1.3厘米（图七三七，5）。T0507②：8，内底饰墨色缠枝花草纹，但难辨认形似何种花草。圈足径5.5、残高2.1厘米（图七三七，4）。

青花瓷碟　1件。T0507②：5，灰白胎，白釉泛青，圈足素胎。敞口，圆唇，斜直腹内收，平底，矮圈足。青花呈蓝黑色，内口与内底外围皆饰一道圈线纹，内底饰花草纹。复原口径9.9、圈足径5.6、高2.3厘米（图七三七，3）。

陶盘　1件。T0507②：9，泥质灰陶。轮制，内外壁满见细密旋痕。敞口，圆唇，斜直腹内收，浅盘，大平底。素面。口径34.4、底径20.5、高2.8厘米（图七三七，8）。

陶瓦滴水　1件。T0507②：11，泥质灰陶。圆形当，当面饰团花状浮雕，周边配以绿叶作衬托。残长12.6、宽7.4厘米（图七三七，6）。

石网坠　1件。T0507②：2，黑色。磨制。椭圆形，两长边中部各有一个凹口用以系绳。长9.1、宽6.9、厚1.6厘米（图七三七，7）。

T0511②

青花瓷碗　3件。敞口，圆唇，斜直腹内收，平底，矮圈足。T0511②：16，白胎，泛青白釉，有砂眼，足底素胎。平折沿。青花呈蓝黑色。外腹与内底饰花草纹。复原口径15、圈足径5.5、高6.2厘米（图七三八，1；彩版八一，2、3）。T0511②：17，灰胎，灰釉微泛黄。墨色花纹，外腹壁与内底皆饰灵芝纹。复原口径14、圈足径5.7、高6.5厘米（图七三八，2；彩版八二，1、2）。T0511②：18，白胎，白釉泛青，釉色莹润，极富玉质感。内外口皆饰一周宽带，内底外围有两道圈线，内底心与外腹壁皆饰花卉纹。纹饰皆呈淡红色，内外壁皆有冰裂纹。复原口径12.7、圈足径5、高5.2厘米（图七三八，3）。

青花瓷杯　2件。器体较小。敞口，尖唇，斜直腹内收，平底，矮圈足。T0511②：3，灰白胎，白釉泛青，足窝素胎。青花呈蓝黑色。内腹壁饰两道圈线纹，外腹壁满饰并蒂花草纹。复原口径6、圈足径2、高3厘米（图七三八，6；图版一八〇，1）。T0511②：2，灰胎，灰釉，圈足素胎。内口饰一周黑色宽带纹，外腹壁饰墨色花草纹。复原口径5.9、圈足径2.1、高3厘米（图七三八，7；图版一八〇，2）。

白釉瓷杯　1件。器体较小。敞口，尖圆唇，斜直腹内收，平底，矮直圈足。T0511②：1，灰白胎，白釉，釉色莹润有光泽，富有玉质感。素面。复原口径6.8、圈足径4、高3.8厘米（图七三八，5；图版一八〇，4）。

酱釉瓷杯　1件。T0511②：15，灰胎，内壁施灰釉，外壁满施红釉，有金属光泽。内壁有冰裂纹。复原口径7、圈足径3、高3.8厘米（图七三八，4；图版一八〇，3）。

青花瓷盘　3件。灰白胎，白釉泛青。敞口，圆唇，弧腹内收，平底，矮圈足。T0511②：7，微仰折沿。蓝色青花。内外口皆有一道蓝色宽带，内底绘花草纹，外腹壁饰并蒂牡丹花纹。复原足径15.2、圈足径8、高3.2厘米（图七三九，1；图版一八〇，5）。T0511②：8，青花呈蓝黑色。内腹壁饰三周短竖线纹，内底似为一字，残不可辨，外口与圈足根皆饰一周圈

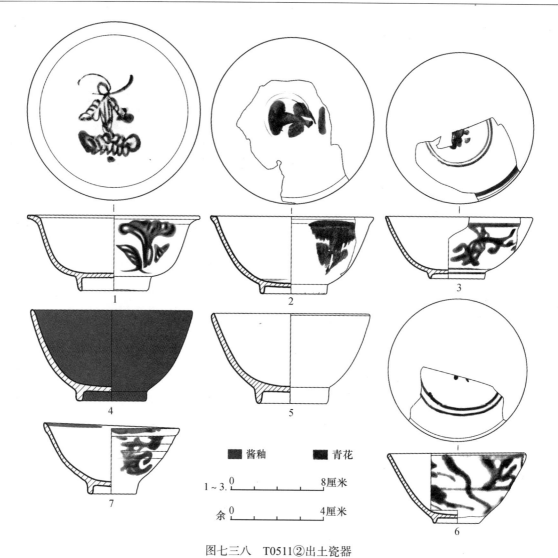

图七三八　T0511②出土瓷器

1~3.青花瓷碗（T0511②：16、T0511②：17、T0511②：18）　4.酱釉瓷杯（T0511②：15）　5.白釉瓷杯（T0511②：1）
6、7.青花瓷杯（T0511②：3、T0511②：2）

线，外底外围有两道圈线，底心有一已残方形款识。复原口径19、圈足径11.2、高4厘米（图七三九，2；图版一八一，1）。T0511②：10，蓝色青花。内口与内底外围皆饰两道圈线，内底心饰花叶纹，外腹饰并蒂牡丹花纹。复原口径14.4、圈足径7.5、高3厘米（图七三九，3；图版一八〇，6）。

白釉瓷碟　4件。灰白胎，白釉泛青，釉色莹润有光泽，足底素胎。敞口，圆唇，浅盘，平底，矮圈足。素面。T0511②：9，弧腹内收。复原口径18、圈足径10.5、高3.5厘米（图七三九，4；图版一八一，2）。T0511②：11，反弧形腹。复原口径15.7、圈足径7.6、高3厘米（图七三九，5；图版一八一，3）。T0511②：12，弧腹内收。复原口径13、圈足径6.5、高3.5厘米（图七三九，6；图版一八一，4）。T0511②：13，弧腹内收。复原口径13.8、圈足径6.8、高3厘米（图七三九，7）。

瓷罐　1件。T0511②：75，灰胎，白釉。敛口，叠唇，唇中空，微鼓肩，以下残。素面。

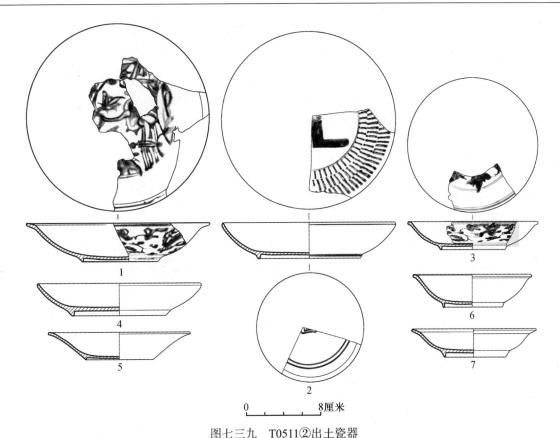

图七三九　T0511②出土瓷器

1～3.青花瓷盘（T0511②：7、T0511②：8、T0511②：10）

4～7.白釉瓷碟（T0511②：9、T0511②：11、T0511②：12、T0511②：13）

复原口径15、残高4.8厘米（图七四〇，1）。

　　陶盏　1件。T0511②：14，泥质褐陶。轮制，器表有细密旋痕，外底有偏心涡纹。敞口，尖唇，弧腹内收，平底。素面。复原口径6.8、底径5、高2.3厘米（图七四〇，2；图版一八一，5）。

　　陶滴水　1件。T0511②：103，泥质灰陶。三角形当。当面绘高浮雕花瓣纹，两边呈波浪形。长16、宽16、高12厘米（图七四〇，5）。

　　陶瓦当　1件。T0511②：104，夹细砂褐陶。只存当部，圆形，当面外缘有两道凸弦纹，中央所绘高浮雕图案已残不可辨。复原直径12.7、残长10.1、宽4.2厘米（图七四〇，3）。

　　雕花陶砖　1件。T0511②：19，泥质灰陶。模制。拱形，中空，两端封闭，有半圆形当面，两长边下端呈长方形。拱面饰花草、圆点与波浪纹等浅浮雕图案。长15、宽6.6、高4.7厘米（图七四〇，4；图版一八一，6）。

　　T0606②

　　青花瓷碗　2件。灰白胎，泛青白釉，足底素胎。敞口，尖唇，斜直腹，圈足矮直。T0606②：4，青花呈深蓝色。内口绘一周圆圈纹，内底两道圈线内绘一只展翅飞翔的凤鸟，外腹绘山水、花草等纹饰，形似一幅水墨画，外底心有一内填短线条的长方形款识。复原口径16.6、圈足径6.2、高6.4厘米（图七四一，1；彩版八三，1、2）。T0606②：3，青花呈深蓝

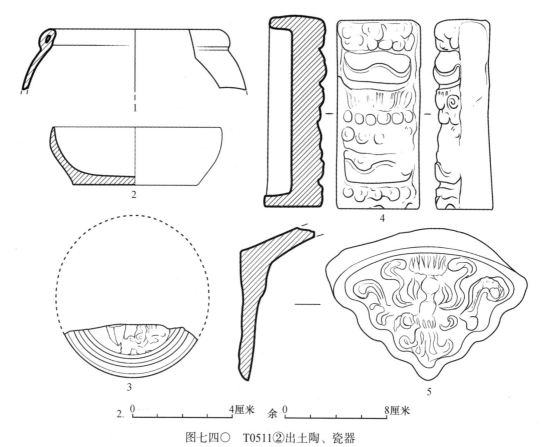

图七四〇　T0511②出土陶、瓷器

1. 瓷罐（T0511②：75）　　2. 陶盏（T0511②：14）　　3. 陶瓦当（T0511②：104）　　4. 雕花陶砖（T0511②：19）

5. 陶滴水（T0511②：103）

色。口涂抹一周蓝彩带，内壁下端饰两道圈线，外腹中部亦有一道圈线，内底心饰一株花草纹，旁边刻一"火"字，外腹壁饰蔓枝花草纹，外底饰一周粗圈线，内有一填"祥"字的方格款识。复原口径13.4、圈足径5.9、高6.2厘米（图七四一，2；图版一八二，1）。

青花瓷盘　2件。灰白胎，泛青白釉。敞口，圆唇，浅弧腹，平底，矮圈足。T0606②：1，盘内腹和底勾画蓝色植物纹和动物纹，已残不可辨，外腹有一朵祥云纹。复原口径22、圈足径14、高4.2厘米（图七四一，3；图版一八二，2）。T0606②：2，青花呈深蓝色。内腹绘蔓枝花草纹，内底饰一周羽状纹，底心饰一株花草纹，外腹亦绘花草纹，圈足与外底皆饰两道圈线纹。复原口径18.4、圈足径10.5、高3.5厘米（图七四一，4；彩版八四，1、2）。

T0611②

陶盏　1件。T0611②：4，泥质灰胎黑衣陶。轮制，内外壁满见细密旋痕，外底有偏心涡纹。微敛口，圆唇，斜直腹内收，浅盘，假圈足。素面。复原口径9.6、圈足径4.8、高3.2厘米（图七四二，5；图版一八二，3）。

陶器盖　1件。T0611②：5，夹细砂褐陶。轮制，内壁有细密旋痕。覆碗状，敞口，平折沿，圆唇，内口起一道凸棱，形成子母口，弧壁，平顶，矮圈足纽。素面。复原口径21、纽径7.6、高5.9厘米（图七四二，1；图版一八二，4）。

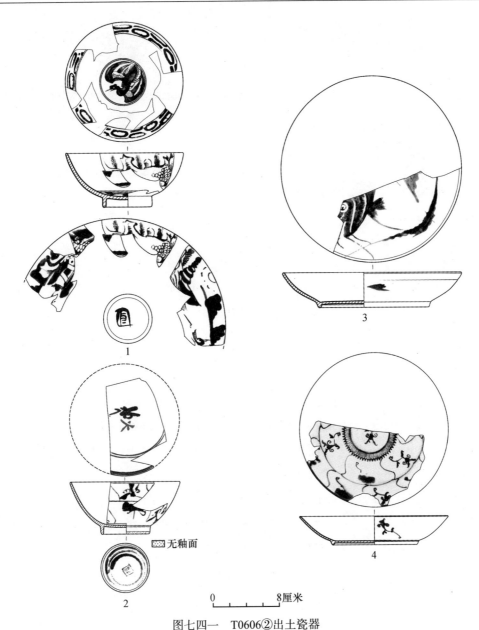

图七四一　T0606②出土瓷器

1、2.青花瓷碗（T0606②：4、T0606②：3）　3、4.青花瓷盘（T0606②：1、T0606②：2）

釉陶盖　3件。外口与内壁施酱釉，外腹及底素胎。轮制，外壁有细密旋痕，内壁残存覆烧时留下的四个支钉痕。覆碗状，顶呈圈足状，斜直腹内收，口微敛，尖唇。T0611②：2，砖红胎。复原口径16、顶径7.6、高6.4厘米（图七四二，2）。T0611②：1，深灰胎。复原口径15.8、顶径7.8、高5.9厘米（图七四二，3）。T0611②：3，黄褐胎，口内外施黄绿釉，以上部位素胎。轮制，外顶部有偏心涡纹。平顶微凹，反弧形腹内收，敞口，圆唇。复原口径7.4、顶径3.9、高2厘米（图七四二，4）。

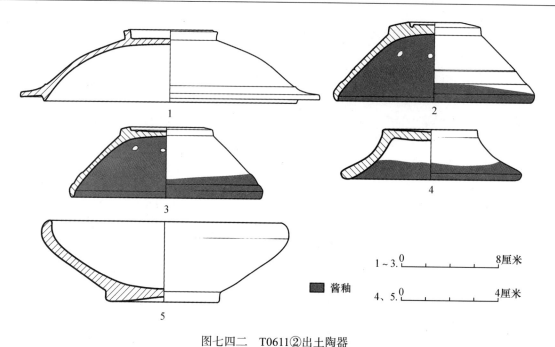

图七四二　T0611②出土陶器

1.陶器盖（T0611②：5）　2～4.釉陶盖（T0611②：2、T0611②：1、T0611②：3）　5.陶盏（T0611②：4）

T0709②

陶瓮　1件。T0709②：5，泥质灰陶。轮制，器身内外满见细密旋痕。敛口，卷沿外翻下垂并内勾，尖圆唇，束颈，溜肩，肩以下残。素面。复原口径70、残高11厘米（图七四三，1）。

青花瓷碗底　2件。平底，矮直圈足。T0709②：3，灰白胎，泛青白釉，足底素胎。内底外围一圈素胎，底心饰一株兰草纹，圈足上饰一周蓝色圈线。复原圈足径6.6、残高2.2厘米（图七四三，2）。T0709②：4，灰胎，天青釉，足底素胎。内底外围饰一周淡墨色圈线，内底心与外腹壁皆饰墨色仙草和灵芝纹。复原圈足径4、残高2.7厘米（图七四三，3）。

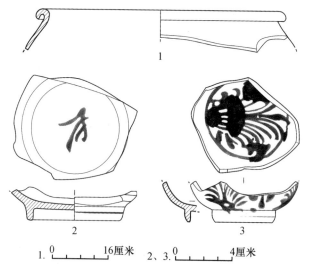

图七四三　T0709②出土陶、瓷器

1.陶瓮（T0709②：5）　2、3.青花瓷碗底（T0709②：3、T0709②：4）

T0710②

青花瓷碗　1件。T0710②：2，灰白胎，青釉泛灰。侈口，圆唇，斜直腹，腹部以下残。外腹饰淡墨色团状花草纹。复原口径15、残高4厘米（图七四四，2）。

白瓷碗　1件。T0710②：4，灰白胎，天青釉，釉色莹润有光泽。侈口，圆方唇，斜直腹，腹以下残。复原口径15、残高3.3厘米（图七四四，3）。

白瓷碟　2件。敞口，圆唇，弧腹内收。T0710②：5，灰白胎，白釉，釉料不纯净，含有较多杂质。浅盘，平底，矮圈足。圈足内有一淡墨色方形款识，已残不可辨。复原口径14、圈足径8、高3.2厘米（图七四四，4；图版一八二，5）。T0710②：6，灰胎，灰白色釉。平底，底内凹呈圈足。内外腹壁皆饰两道圈线纹，内底与外腹壁皆饰花草纹。纹饰皆呈淡墨色。复原口径12.4、圈足径3.4、高3.4厘米（图七四四，5；图版一八二，6）。

酱釉瓷碗　1件。T0710②：1，褐胎，内壁与外口皆施灰白釉，外腹施酱釉，流釉现象明显，下腹及圈足素胎。敞口，圆唇，弧腹内收，平底，矮圈足。复原口径13、圈足径5.4、高4.9厘米（图七四四，1；图版一七九，3）。

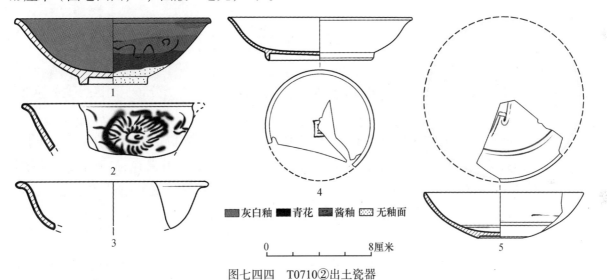

■灰白釉　■青花　▨酱釉　▨无釉面

0　　　　　　　8厘米

图七四四　T0710②出土瓷器

1.酱釉瓷碗（T0710②：1）　2.青花瓷碗（T0710②：2）　3.白瓷碗（T0710②：4）　4、5.白瓷碟（T0710②：5、T0710②：6）

第十一章 结 语

　　大寺遗址是豫西南鄂西北地区一处包含多个不同时期历史文化遗存的遗址，文化堆积十分丰富。2006年以来的大规模发掘，我们收获了一批仰韶文化、屈家岭文化、龙山文化、西周遗存、楚文化、秦文化、宋文化及明清文化遗存，其中尤以属于新石器时代的前三者最为丰富，而西周遗存在20世纪对大寺遗址的考古发掘中并未发现，属于本次发掘的新发现。以下，我们将对各不同时期的文化遗存逐一进行简要概括与分析。

第一节 仰 韶 文 化

　　大寺遗址出土最早和最丰富的遗存，属仰韶文化。这批遗存广泛分布于西区台地的西部，包含西区台地西部众多探方的第4层及只存在于部分探方的第5、6层，还有大量遗迹单位。西区台地的东部只有少量的仰韶文化遗存分布，即台地东北部的第6层，从出土遗物看，可相当于台地西部的第6层，遗迹只发现1个灰坑。台地西、东部的仰韶文化共包含169个不同类型遗迹，其中，灰坑140个、房址11座、土坑墓6座、瓮棺9座、窖穴1座、窑址1座和灰沟1条。灰坑作为发现最多的一类遗迹，其形制多种多样，平面以圆形和近圆形为主，剖面直壁、斜壁、弧壁、袋状皆有。房址大多保存不好，平面多呈近圆形，均为地面建筑，其建筑过程推测应都是先铺垫好多层垫土，挖基槽于垫土中，基槽内再挖柱洞以立柱，有的柱洞底部有柱础石，立好柱后再砌木骨泥墙。6座土坑墓中有5座保存人骨，均为二次葬，其中3座单人二次葬，2座多人二次合葬。墓葬大多无随葬品，只有2座单人墓中分别出土1件陶小盆和小杯。瓮棺葬一般以1件红陶钵和大陶瓮作为葬具，有的瓮内尚保存有婴孩骨骼。窖穴、窑址与灰沟均只发现1个，后两者均出土了较多遗物。

　　大寺遗址的仰韶文化层和遗迹中，出土了大量的陶器。其面貌以夹砂陶为主，泥质陶稍少。夹砂陶大量掺杂有白色蚌粉，少量器表有黑皮并掺杂有云母。夹砂陶的陶色以褐、红褐、红为主，灰陶极少。泥质陶以红陶为主，灰陶少量。纹饰以斜向绳纹最多，彩陶较常见，另有凹弦纹、线纹、附加堆纹、指甲纹等。器形以小口尖底瓶、鼎、深腹罐、瓮、盆、钵、锉、器座、器盖等为主。

　　陶器是进行考古学文化分期最丰富与敏感的材料。丹江口库区仰韶文化早、中、晚三大阶段分别以淅川下王岗遗址的早一、早二、早三期为代表[①]，大寺遗址仰韶文化遗存与下王岗遗

---

① 河南省文物研究所、长江流域规划办公室考古队河南分队：《淅川下王岗》，文物出版社，1989年。

址的早二期文化面貌一致，属于丹江口库区仰韶文化中期阶段遗存。在以往的研究中，淅川下王岗报告、余西云[1]与何强[2]都曾正确排比出此类遗存中鼎与深腹罐等器类存在着总体由矮胖向瘦高发展的演变规律。大寺遗址仰韶文化遗存叠压打破关系丰富，层位关系清楚（附表一～附表五）。因此，结合以往的研究、大寺遗址1958～1964年的发掘资料[3]及本次发掘所获资料和大量层位关系，我们拟对大寺遗址仰韶文化遗存中几种最主要的陶器进行如下简要的类型学分析。

鼎　主要有圜底罐形、平底罐形与釜形三种。

A型　圜底罐形。依据腹部形态的变化，可以分为三式。

Ⅰ式　腹部较浅。标本H140：1（图七四五，1）、H98：7（图七四五，2）、H98：6。

Ⅱ式　腹部变深。标本H85①：3（图七四五，3）、H96：2（图七四五，4）、H175②：4、H175②：15。

Ⅲ式　深腹。标本H125：2（图七四五，5）、H100：5（图七四五，6）、T0203④：7。

B型　平底罐形。依据腹部形态的变化，可以分为三式。

Ⅰ式　腹部较浅。标本H185：3（图七四五，7）、H185：7、T0304⑤：1。

Ⅱ式　腹部变深。标本H96：3（图七四五，8）。

Ⅲ式　深腹。标本H100：6（图七四五，9）。

C型　釜形。依据腹部形态的变化，可以分为三式。

Ⅰ式　腹部较浅。标本58T5④：74（图七四五，10）。

Ⅱ式　腹部变深。标本H29②：8（图七四五，11）、H54②：6（图七四五，12）。

Ⅲ式　深腹。标本H117：2（图七四五，13）、H136：1（图七四五，14）。

深腹罐　依据腹部和整体形态的演变，可以分为三式。

Ⅰ式　鼓腹，器体较矮胖。标本H59③：3（图七四五，15）、H185：2（图七四五，16）、H40①：3、H180：1。

Ⅱ式　弧腹，中腹一般饰一组凹弦纹，器体变瘦高。标本H94④：1（图七四五，17）、H121：1（图七四五，18）、H54③：4。

Ⅲ式　腹部微弧，器体瘦高。标本T0503④：1（图七四五，19）。

尖底瓶　依据口部的不同，可以分为葫芦形口、杯形口、重唇口三型。

A型　葫芦形口。依据口中部鼓起程度的变化，可以分为三式。

Ⅰ式　口中部明显外鼓。标本H32②：1（图七四六，1）。

Ⅱ式　口中部外鼓。标本H85②：4（图七四六，2）、H188：1。

Ⅲ式　口中部微外鼓。标本H194：20（图七四六，3）、T0509④：18（图七四六，4）。

B型　杯形口。依据口中下部鼓起程度及整体形态的变化，可以分为三式。

① 余西云：《西阴文化：中国文明的滥觞》，科学出版社，2006年，第56～64页。

② 何强：《汉水中游新石器文化编年序列及其与邻近地区的互动关系》，吉林大学博士学位论文，2015年。

③ 长办文物考古队直属工作队：《一九五八年至一九六一年湖北郧县和均县发掘简报》，《考古》1961年第10期；中国社会科学院考古研究所：《青龙泉与大寺》，科学出版社，1991年。

Ⅰ式　口中下部明显外鼓，较矮胖。标本T0807⑤：5（图七四六，5）。

Ⅱ式　口中下部外鼓，稍变高。标本H94④：4（图七四六，6）。

Ⅲ式　口中下部微外鼓，较瘦高。标本H100：9（图七四六，7）。

C型　重唇口。只发现1件标本，H16②：14。

瓮　依据口部、腹部、纹饰和整体形态的不同，可以分为五型。

A型　卷沿，饰绳纹，整体较矮胖。依据最大径部位的不同及整体形态的变化，可以分为三式。

Ⅰ式　最大径位于肩部，器体较矮胖。标本W9：1（图七四六，8）、H174①：9。

Ⅱ式　最大径下移至上腹部，器体更显矮胖。标本H182：4（图七四六，9）。

Ⅲ式　最大径下移至中腹部，器体明显矮胖。标本H16①：3（图七四六，10）、H176：3。

B型　卷沿，饰绳纹，整体较瘦高。依据最大腹径部位的不同及整体形态的变化，可以分为三式。

Ⅰ式　最大径位于肩部。标本H222：4（图七四六，11）、H185：5、H59③：4。

Ⅱ式　最大径下移至中腹偏上部。标本W11：2（图七四六，12）。

Ⅲ式　最大径下移至中腹部。标本W10：1（图七四六，13）、W2：2、H100：10。

C型　折沿，多饰绳纹，少量未饰。依据最大腹径部位的不同及整体形态的变化，可以分为三式。

Ⅰ式　最大径位于肩部。标本H98：9（图七四六，14）。

Ⅱ式　最大径下移至中腹偏上。标本H85①：1（图七四六，15）、H85①：2、H181：2。

Ⅲ式　最大径下移至中腹。标本H16③：2（图七四六，16）、H16①：5。

D型　叠唇，素面。依据最大腹径部位的不同及整体形态的变化，可以分为三式。

Ⅰ式　最大径位于肩部，器体较瘦高。标本W8：2（图七四六，17）、W7：1、H206①：2。

Ⅱ式　最大径下移至中腹偏上，器体变矮胖。标本H85③：1（图七四六，18）、H201：5。

Ⅲ式　最大径下移至中腹，器体明显矮胖。标本T0608④：25（图七四六，19）。

E型　卷沿，素面。依据最大腹径部位的不同及整体形态的变化，可以分为三式。

Ⅰ式　最大径位于肩部，器体较瘦高。标本H185：6（图七四六，20）、H59③：1、H220：1、H220：2。

Ⅱ式　最大径下移至中腹偏上，器体变矮胖。标本H54③：2（图七四六，21）。

Ⅲ式　最大径下移至中腹，器体明显矮胖。标本58T6②：21（图七四六，22）。

根据以上典型陶器的形态特征、层位关系与共存关系，我们将大寺遗址的仰韶文化遗存分为早、中、晚三段，并制成分期图（图七四五、图七四六）。

早段，包括开口于第6层下的H122、W8，第6层，开口于第5层下的F4、H115、H119、H127～H130、H132、H146、H193、H203、H206、H219、H220、H227、H230～H232、M16，第5层，以及部分开口于第4层下的单位，有F12、F13、G1、H32、H40、H50、H59、

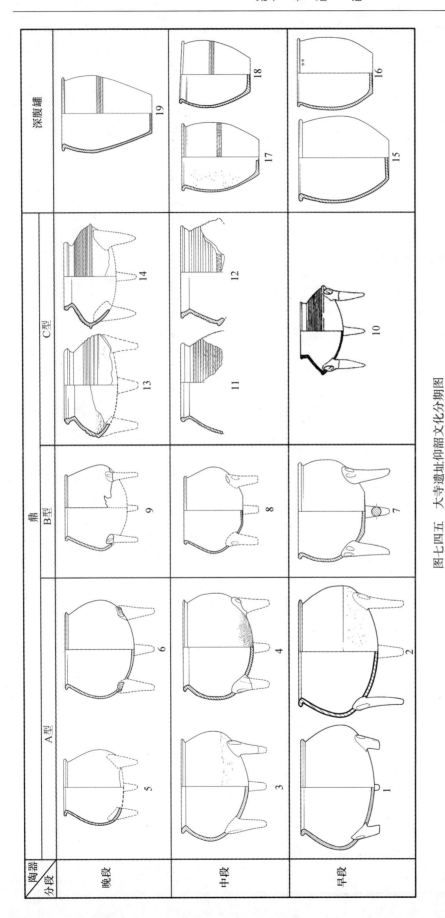

图七四五　大寺遗址仰韶文化分期图

1、2. A型Ⅰ式鼎（H140：1、H98：7）　3、4. A型Ⅱ式鼎（H85①：3、H96：2）　5、6. A型Ⅲ式鼎（H125：2、H100：5）　7. B型Ⅰ式鼎（H185：3）　8. B型Ⅱ式鼎（H96：3）
9. B型Ⅲ式鼎（H100：6）　10. C型Ⅰ式鼎（58T5④：74）　11、12. C型Ⅱ式鼎（H29②：8、H54②：6）　13、14. C型Ⅲ式鼎（H117：2、H136：1）
15、16. Ⅰ式深腹罐（H59③：3、H185：2）　17、18. Ⅱ式深腹罐（H94④：1、H121：1）　19. Ⅲ式深腹罐（T0503④：1）

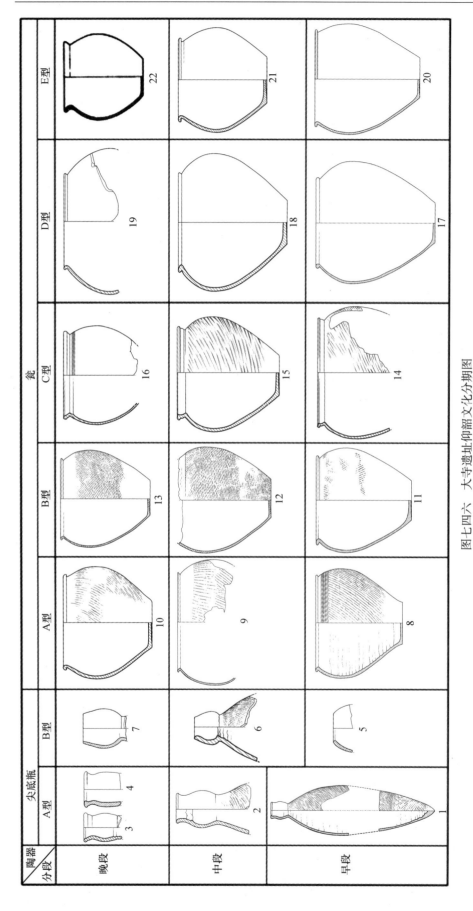

图七四六　大寺遗址仰韶文化分期图

1. A型I式尖底瓶（H32②：1）　2. A型II式尖底瓶（H85②：4）　3、4. A型III式尖底瓶（H194：20，T0509④：18）　5. B型I式尖底瓶（T0807⑤：5）　6. B型II式尖底瓶（H94④：4）
7. B型III式尖底瓶（H100：9）　8. A型I式瓮（W9：1）　9. A型II式瓮（H182：4）　10. A型III式瓮（H16①：3）　11. B型I式瓮（H222：4）　12. B型II式瓮（W11：2）
13. B型III式瓮（H85①：2）　14. C型I式瓮（H98：9）　15. C型II式瓮（H85①：1）　16. C型III式瓮（H16③：2）　17. D型I式瓮（W8：2）　18. D型II式瓮（H85③：1）
19. D型III式瓮（T0608④：25）　20. E型I式瓮（H185：6）　21. E型II式瓮（H54③：2）　22. E型III式瓮（58T6②：21）

H66、H89、H95、H98、H102、H140、H145、H156、H172、H174、H180、H185、H186、H198、H199、H205、H214、H222、W7、W9、Y1，还有开口于第5层（西周）下的H144。也即文化层有第6层和第5层，遗迹单位共有50个。在以上单位中，H59、H95、H98、H140、H185、W7～W9等因出土遗物丰富或复原有完整器，可作为早段的典型单位。早段的鼎腹部均较浅，深腹罐较矮胖，腹部一般素面，尖底瓶口的中下部也较外鼓，而瓮则普遍较瘦高，最大径偏上，一般位于肩部，器体也较大。

中段，除去出土器物可明确归入早段的其他所有开口于第4层下的遗迹单位，有F5、F6、F8、F10、F11、H21、H29、H33、H34、H36、H38、H49、H54、H56、H64、H68、H69、H73、H74、H85、H87、H90、H92、H93、H94、H96、H105、H106、H108、H110、H112、H114、H121、H131、H133、H135、H142、H147、H148、H149、H162、H163、H166、H169、H173、H175、H181、H182、H184、H188、H190、H200、H201、H202、H207、H210、H211、H212、H216、H217、H221、H228、H229、M23、W5、W11，总共66个。在这些单位中，H54、H85、H96、H121、H175、H182、H201、W11等因出土遗物丰富或复原有完整器，可作为中段的典型单位。中段鼎的腹部加深，深腹罐也明显变瘦高，且流行在中腹饰一组多道凹弦纹，尖底瓶的口部略变高，中下部的外鼓程度稍不及早段，瓮较之早段则明显变矮胖，最大径的位置也下移至中腹偏上位置。

晚段，包括第4层，以及部分开口于第3层下的单位，有F3、F7、F9、H16、H43、H47、H53、H58、H75、H80、H83、H84、H97、H100、H104、H107、H116、H117、H118、H120、H123、H124、H125、H126、H136、H141、H143、H150、H151、H153、H161、H165、H167、H168、H170、H176、H177、H183、H191、H194、H195、H197、H204、H223、J2、M15、M17、M18、M19、W2、W3、W10、W12。也即文化层有第4层，遗迹单位有53个。在以上单位中，H16、H100、H117、H125、H136、W3、W10、T0503④等因出土遗物丰富或复原有完整器，可作为晚段的典型单位。晚段的鼎腹部明显较深，深腹罐极显瘦高，尖底瓶口也较瘦高，中下部几近不外鼓，瓮则普遍较为矮胖，最大径的位置一般位于中腹。

大寺遗址仰韶文化的早、中、晚三段各类器物的延续性均较强，是连续发展的三段，分别与淅川下王岗遗址[①]仰韶文化二期墓葬所分的早、中、晚三段相当。

与关中和陕晋豫邻近地区相比，大寺遗址早段H32②所出的葫芦口尖底瓶、变形拉长鱼纹彩陶盆、H98所出的半月形纹彩陶钵与T0807⑤所出的内敛杯形口尖底瓶，皆是仰韶文化半坡类型史家期的标准器物。其中，葫芦口尖底瓶H32②：1与陕西陇县原子头遗址[②]仰韶文化第三期的H65：5、F18：1相似，也与甘肃秦安大地湾遗址[③]第二期Ⅲ段的F2：14相似。变形拉长鱼纹彩陶盆H32②：3与原子头遗址第三期的H55：1、大地湾遗址第二期Ⅲ段的F1：2、F707：15相似。半月形纹彩陶钵H98：4与大地湾遗址第二期Ⅲ段的F333：6相似。内敛杯形口

①　河南省文物研究所、长江流域规划办公室考古队河南分队：《淅川下王岗》，文物出版社，1989年。

②　宝鸡市考古工作队、陕西省考古研究所：《陇县原子头》，文物出版社，2005年。

③　甘肃省文物考古研究所：《秦安大地湾——新石器时代遗址发掘报告》，文物出版社，2006年。

T0807⑤：5与山西芮城东庄村遗址①的H113①：7相似。原子头遗址仰韶文化第三期、大地湾遗址第二期Ⅲ段、东庄村遗址仰韶文化，其年代皆相当于仰韶文化半坡类型晚期偏晚阶段②。因此，大寺遗址仰韶文化的早段也应相当于仰韶文化半坡类型的晚期偏晚阶段。

大寺遗址仰韶文化中段突然出现了一批来自陕晋豫邻近地区仰韶文化庙底沟类型的器物，如弧边勾叶纹彩陶钵H85②：3的纹饰与陕西华县泉护村遗址③庙底沟文化第一期的H28：29、H66：3纹饰相似，弧边三角纹彩陶钵H29②：4、H182：1分别与泉护村遗址庙底沟文化第一期的H108：28、河南陕县庙底沟遗址④的T328：06相似，陶灶H69①：9与泉护村遗址庙底沟文化第一期的H121：1相似。因此，大寺遗址仰韶文化的中段应相当于仰韶文化庙底沟类型的第一期。

大寺遗址仰韶文化晚段所出的重唇口尖底瓶H16②：14与泉护村遗址的H41：6、河南西峡老坟岗遗址⑤第一期的T11⑥：118、第二期的T4④：41均相似，釜形鼎H117：2、H136：1与老坟岗遗址第一期的T12⑤：53、第二期的T12④：32均相似，深腹罐T0503④：1与老坟岗遗址第一期的H3：1、第二期的T7③：8、M1：3、F7：20均较瘦高而相似。关于老坟岗遗址第一、二期的年代，原报告认为"当在庙底沟类型早期"，这一判断有误。何强认为老坟岗遗址"两期陶器的整体特征与庙底沟文化中晚期接近"⑥，这一认识较原报告进步，但也并不完全准确。实际上老坟岗遗址两期的年代都应相当于庙底沟类型中期，不会晚至庙底沟类型晚期。泉护村遗址H41的年代也属于庙底沟类型中期。因此，大寺遗址仰韶文化的晚段应相当于仰韶文化庙底沟类型的第二期。晚于大寺遗址仰韶文化晚段的淅川下王岗遗址仰韶文化三期，其所出的曲腹盆F39：7、尖底瓶F39：1分别与泉护村遗址庙底沟文化第三期的H141：9、H141：25相似，因此，下王岗遗址仰韶文化三期的年代应相当于庙底沟类型的晚期。这也说明，陶器风格更早的大寺遗址仰韶文化晚段的年代应相当于庙底沟类型的第二期。

以上讨论说明，大寺遗址仰韶文化早、中、晚三段的年代应分别相当于关中和陕晋豫邻近地区的仰韶文化半坡类型晚期晚段、庙底沟类型早期、庙底沟类型中期。出自陕西宝鸡北首岭遗址仰韶文化半坡类型晚期单位的两个^{14}C测年数据的树轮校正年代在公元前4300～公元前4000年⑦，考虑到大寺遗址仰韶文化早段只相当于半坡类型晚期的晚段，因此可以将这个年代上限下调100年左右，即大寺遗址仰韶文化早段的年代在公元前4200～公元前4000年。以往的

① 中国科学院考古研究所山西工作队：《山西芮城东庄村和西王村遗址的发掘》，《考古学报》1973年第1期。

② 赵宾福：《半坡文化研究》，《华夏考古》1992年第2期。

③ 陕西省考古研究院：《华县泉护村——1997年考古发掘报告》，文物出版社，2014年。

④ 中国科学院考古研究所：《庙底沟与三里桥》，科学出版社，1959年。

⑤ 河南省文物考古研究所、南阳市文物考古研究所：《河南西峡老坟岗仰韶文化遗址发掘报告》，《考古学报》2012年第2期。

⑥ 何强：《汉水中游新石器文化编年序列及其与邻近地区的互动关系》，吉林大学博士学位论文，2015年，第190页。

⑦ ZK-0498和ZK-0499，中国社会科学院考古研究所：《中国考古学中碳十四年代数据集（1965—1991）》，文物出版社，1992年，第251页。

研究一般认为庙底沟类型的年代为公元前4000～公元前3500年，考虑到大寺遗址仰韶文化晚段只相当于庙底沟类型的中期，因此可以将这个年代下限上调100年左右，即大寺遗址仰韶文化中、晚段的年代约在公元前4000～公元前3600年。综上，大寺遗址仰韶文化的绝对年代应在公元前4200～公元前3600年。

大寺遗址仰韶文化遗存，其性质当属于仰韶文化下王岗二期类型。但这一文化类型中，无疑也包含了来自其他不同文化类型的因素。我们试分为以下几组。

A组，源自本地先在的仰韶文化下王岗一期类型的传统因素。这组文化因素主要有罐形鼎、深腹罐、锉、亚腰形器座等。相比于仰韶文化早期的下王岗一期类型，这组器物只是在形态上有了一定的发展演变而已。本组因素发现数量最多。

B组，来自豫中地区以大河村第一、二期为代表的仰韶文化大河村类型的折腹釜形鼎、长颈鼓腹鼎、凿形足壶形鼎等。本组因素发现数量较多。

C组，来自关中东部及晋南地区仰韶文化半坡类型晚期的杯形口尖底瓶、黑彩宽带纹浅腹圈底钵、对顶直边三角形和豆荚纹彩陶钵、多人二次合葬墓的葬式等。多人二次合葬墓主要发现于关中东部及晋南地区的仰韶文化半坡类型晚期，如陕西临潼姜寨遗址二期[①]、渭南史家遗址[②]、山西翼城北橄遗址[③]、芮城东庄村遗址等，而关中西部的秦安大地湾遗址、王家阴洼遗址[④]等属于半坡类型晚期的墓葬，流行的则是单人葬，不见多人二次合葬。因此，多人二次合葬的葬式应来源于关中东部与晋南地区。本组因素发现数量较多。

D组，来自关中西部地区仰韶文化半坡类型晚期的葫芦形口尖底瓶、变形拉长鱼纹彩陶盆和钵等。另外，C组中的黑彩宽带纹浅腹圈底钵、对顶直边三角形和豆荚纹彩陶钵，在关中西部地区也大量流行。因此，这些器物也可能有部分来源于关中西部地区。本组因素发现数量较多。

E组，来自豫西地区仰韶文化庙底沟类型的重唇口尖底瓶，圆点弧边勾叶纹、弧边三角形纹彩陶钵和灶等。本组因素发现数量较少。

F组，来自鄂西地区大溪文化的圈足碗、厚胎喇叭形器座等。本组因素发现数量最少。

从以上分析可看出，大寺遗址地处豫西南鄂西北地区，其仰韶文化遗存虽有自己的特色，但也不乏较多的外来文化因素。在大寺遗址仰韶文化的早段，主要是来自关中东部与晋南地区的C组、关中西部的D组两组半坡类型晚期的文化因素与部分来自豫中地区仰韶文化大河村类型的因素，这两个文化类型的合力作用，才促使丹江口库区仰韶文化下王岗一期类型在保留自身用鼎传统的情况下，开始并完成了向大寺遗址仰韶文化的转变。这一文化变迁，也改变了丹江口库区下王岗仰韶一期以单人葬为主的埋葬方式，多人二次合葬墓开始出现并流行。而新葬俗的出现，也说明不只是文化因素层面的交流，此时的丹江口库区应还伴随有较多的关中、晋

① 半坡博物馆、陕西省考古研究所、临潼县博物馆：《姜寨——新石器时代遗址发掘报告》，文物出版社，1988年。

② 西安半坡博物馆、渭南县文化馆：《陕西渭南史家新石器时代遗址》，《考古》1978年第1期。

③ 山西省考古研究所：《山西翼城北橄遗址发掘报告》，《文物季刊》1993年第4期。

④ 甘肃省博物馆大地湾发掘小组：《甘肃秦安王家阴洼仰韶文化遗址的发掘》，《考古与文物》1984年第2期。

南甚至豫中地区人群的南下。至大寺遗址仰韶文化中晚段时，早段的文化因素继续稳定地延续下来并且一直居于主导地位。而特别值得注意的是，早段中一些源自半坡类型的文化因素，如葫芦口与杯形口尖底瓶、变形鱼纹与半月形纹彩陶纹饰、多人二次合葬墓等，都延续了很长时间，至大寺遗址仰韶文化晚段，这些文化因素都仍顽强地存在着，而同期的关中和陕晋豫邻近地区，仰韶文化早已经由半坡类型发展至庙底沟类型了。在保持自身主要文化因素的前提下，大寺遗址仰韶文化在中、晚段，也继续吸收周边地区多个文化类型的因素，这些文化类型包括仰韶文化庙底沟类型、仰韶文化大河村类型、大溪文化等，但并未引发文化性质的改变。总之，大寺遗址仰韶文化遗存从早到晚是连续发展的三段，始终可以作为仰韶文化的一个地域类型，即仰韶文化下王岗二期类型。

第二节　屈家岭文化

大寺遗址屈家岭文化遗存也很丰富，皆分布于西区台地。西区台地的东部只有1个灰坑，开口于第3层（明清）下；其余遗存均分布于西区台地的西部，包括台地西部众多探方的第3层和49个遗迹。整个西区屈家岭文化遗迹共有50个，其中灰坑44个、灰沟1条、土坑墓3座和瓮棺2座。灰坑以圆形为主，剖面形态直壁、斜壁、弧壁、袋状皆有。墓葬发现极少，以单人仰身直肢葬为主，很少有出土随葬品，但从层位关系可确认属于屈家岭文化。发现2座瓮棺，分别以折沿鼓腹罐和小口高领罐为葬具，罐内皆有婴孩骨骼。

出土遗物以陶器为主。陶质以夹砂夹蚌陶最多，一般为灰陶或灰胎黑皮陶，红陶极少。泥质陶相对较少，陶色有红、灰、黑，红陶最多，黑陶最少。纹饰方面，以素面为主，纹饰种类较少，凸弦纹最多见，一般饰于各类罐的肩、腹部，其余有少量附加堆纹、划纹、镂孔等。器类主要有折沿鼓腹罐、小口高领罐、花边扁足盆形鼎、红顶灰腹碗、叠唇盆、带流盆、双腹豆、高柄杯、斜腹杯、花边纽器盖、纺轮等。

参照青龙泉遗址的分期[1]，再依据自身层位关系（附表六、附表七），我们将大寺遗址屈家岭文化分为早晚两期（图七四七）。

早期，为开口于第3层下的部分单位，以H27、H196、G2和W6为代表，还包括H26、H52、H65、H70、H71、H82、H101、H134、H171，总共13个单位。这些单位少见或不见双腹豆、斜腹杯、高柄杯等器类，较多见的几种主要器类中，折沿罐的腹部均较矮胖，高领罐的肩部明显外鼓，钵大多口部内敛、内口部因加厚一周而呈内勾状、弧腹较深，叠唇盆与折腹盆也主要见于早期。本期器物具体形态多与青龙泉遗址屈家岭文化早期F6所出同类器相似。孟华平认为青龙泉F6的年代相当于其汉东地区总分期的第7段，也即屈家岭文化的早期[2]，这一意见可从。这也说明，本期的年代大体相当于江汉地区典型屈家岭文化的早期。

晚期，包括其他部分开口于第3层下的单位、第3层及部分开口于第2层下的单位。开口于

---

① 中国社会科学院考古研究所：《青龙泉与大寺》，科学出版社，1991年。

② 孟华平：《长江中游史前文化结构》，长江文艺出版社，1997年。

第3层下的单位有H22、H28、H37、H46、H81、H103、H154、H155、H157、H159、H192、H226及W4这13个单位，开口于第2层下的有H20、H24、H30、H41、H60、H91、H111、H113、H179、H208、H215、H224及M13这13个单位，总共26个单位。在这些单位中，H60、H91、H103、H157、H224与W4等因出土遗物丰富或复原有完整器，可作为晚期的典型单位。相比于早期，这些单位有的出土较多双腹豆、彩陶壶、盂形器、斜腹杯、高柄杯等器类，而延续自早期的几种主要器类形态也发生了一定程度的变化，折沿罐的腹部稍变瘦高，高领罐的肩部较斜溜，钵大多口部外侈、尖唇、斜弧腹。本期器物的具体形态与青龙泉遗址屈家岭文化晚期H11所出同类器多有可比之处，年代相当。孟华平认为青龙泉遗址H11的年代相当于其汉东地区总分期的第8段，也即屈家岭文化的晚期，这一意见可从。这也说明，本期的年代大体相当于江汉地区典型屈家岭文化的晚期。

另外，开口于第3层下的H55、H61、H67、H76、H77、H79、H152、H189、H218及M4、M14这11个单位因为填土中的陶片过碎，未采选标本，所以难以具体归入早期或晚期。

孟华平认为江汉地区屈家岭文化的起始年代为公元前3100年，略偏晚，可适当上调100年左右，为公元前3200年；而其认为屈家岭文化的年代下限为公元前2500年，则明显偏晚。陕晋豫地区庙底沟遗址二期文化的年代一般被估定在公元前2900～公元前2600年[1]，垣曲古城东关遗址[2]的庙底沟二期文化早期遗存中出土有来自屈家岭文化最晚阶段的双腹豆（ⅠH266：4）和斜腹杯（ⅢH11：6），说明屈家岭文化最晚阶段应相当于庙底沟二期文化的早期，因此可将屈家岭文化晚期的结束年代估定在公元前2800年左右。综上，屈家岭文化的绝对年代应为公元前3200～公元前2800年。

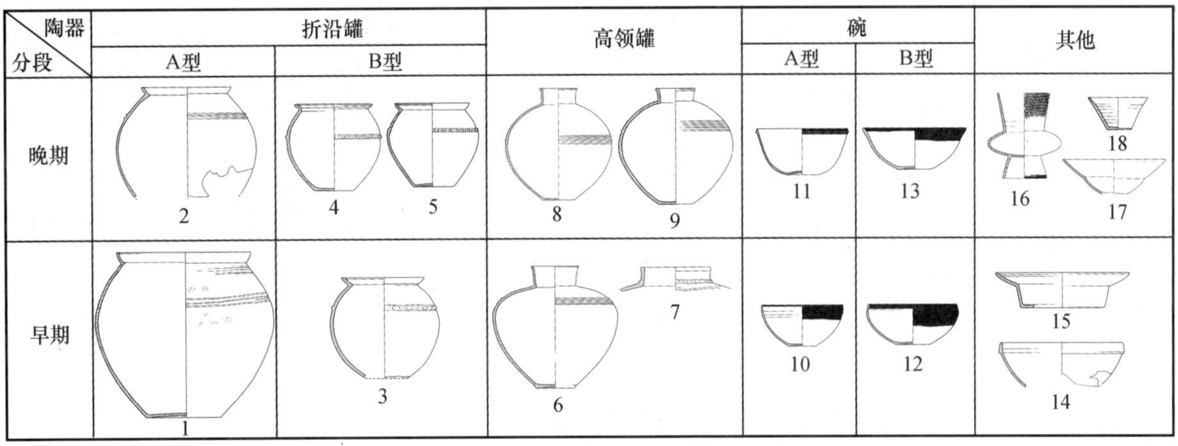

陶器 分段	折沿罐		高领罐		碗		其他
	A型	B型			A型	B型	
晚期	2	4 5	8 9		11	13	16 18 17
早期	1	3	6 7		10	12	15 14

图七四七　大寺遗址屈家岭文化分期图

早期　1.W6：1　3.H27③：3　6.H27③：1　7.H27②：10　10.H27③：2　12.H26②：6　14.H26②：5　15.H196：18
晚期　2.H224：3　4.H91①：5　5.T0708③：1　8.W4：1　9.H103②：13　11.H154：1　13.H224：2　16.H103②：7
17.H103②：19　18.H81：6

[1] 中国社会科学院考古研究所：《中国考古学》（新石器时代卷），中国社会科学出版社，2010年，第517～519页。

[2] 中国历史博物馆考古部、山西省考古研究所、垣曲县博物馆：《垣曲古城东关》，科学出版社，2001年。

丹江口库区早于屈家岭文化的遗存是以下王岗遗址仰韶文化三期和青龙泉遗址早期为代表的仰韶文化朱家台类型①。在屈家岭文化早期，江汉地区的屈家岭文化遗存不断北上，并深入丹江口库区，与丹江口库区先在的仰韶文化朱家台类型文化因素相互融合，改变了丹江口库区的文化进程，将丹江口库区一带纳入屈家岭文化的范畴。但与此同时也保留了较多的仰韶文化朱家台类型的传统因素，主要包括折沿鼓腹罐、小口高领罐、花边足盆形鼎、红顶灰腹碗、叠唇盆、带流盆、花边纽器盖等。此外，来自关中地区仰韶文化半坡四期类型的文化因素，也参与了丹江口库区屈家岭文化的形成。如H71：15、H196：18折腹盆（盘），既不见于丹江口库区仰韶文化朱家台类型，也不见于江汉地区的屈家岭文化，而是广泛见于关中地区的仰韶文化半坡四期类型中，如陕西宝鸡福临堡遗址三期②H117：4、扶风案板遗址二期③GNZH38：41、商县紫荆遗址④H22：2等，大寺遗址的折腹盆与之均相似，其文化来源应在此。至屈家岭文化晚期，江汉平原的屈家岭文化北上的势头更为强劲，不仅丹江口库区一带的遗存中可大量见到双腹豆、彩陶壶、盂形器、斜腹杯、高柄杯等典型的屈家岭文化因素，就连其西北向的陕西商县紫荆遗址第四期⑤（H124：54、H124：55）和其北的河南洛阳王湾遗址二期⑥（H416：1、H474：1）、山西垣曲古城东关遗址庙底沟二期文化早期（ⅠH266：4、ⅢH11：6）中也均可见到少量的类似屈家岭文化的器物。在丹江口库区，此时典型的屈家岭文化因素无疑已占主要位置。但源自仰韶文化朱家台类型的传统因素，历经屈家岭文化早期之后，虽进一步减弱了，但仍在延续。而这一组本地传统文化因素的延续，也使得丹江口库区的屈家岭文化遗存相比于江汉平原始终存在一定的地方特色，有鉴于此，笔者赞成称之为"屈家岭文化青龙泉二期类型"⑦。

第三节　龙山文化

大寺遗址龙山文化遗存不甚丰富，皆位于西区台地的西部，台地东部未发现。这批遗存以遗迹为主，共39个，其中，灰坑36个、灶坑1个、土坑墓2座。未发现文化层，只在台地西部部分探方的第2层即明清文化层中可见到这一时期的少量遗物，应系后期人类活动扰动所混入。

出土遗物主要为陶器。陶质分夹砂和泥质两大类，两者数量略相当。陶色有红、褐、灰、

---

① 沈强华：《试论朱家台文化》，《江汉考古》1992年第2期。

② 宝鸡市考古工作队、陕西省考古研究所宝鸡工作站：《宝鸡福临堡——新石器时代遗址发掘报告》，文物出版社，1993年。

③ 西北大学文博学院考古专业：《扶风案板遗址发掘报告》，科学出版社，2000年。

④ 王世和、张宏彦：《1982年商县紫荆新石器时代遗址的发掘》，《文博》1987年第3期。

⑤ 商县图书馆、西安半坡博物馆、商洛地区图书馆：《陕西商县紫荆遗址发掘简报》，《考古与文物》1981年第3期。

⑥ 北京大学考古文博学院：《洛阳王湾——考古发掘报告》，北京大学出版社，2002年。

⑦ 樊力：《论屈家岭文化青龙泉二期类型》，《考古》1998年第11期；樊力：《豫西南地区新石器文化的发展序列及其与邻近地区的关系》，《考古学报》2000年第2期。

黑等，以夹砂红、灰陶和泥质灰、黑陶最多，其余则较少。夹砂陶中一般也掺有蚌粉。器表一般饰纹，素面陶较少，纹饰以篮纹最为常见，方格纹、附加堆纹、弦纹、按窝纹、绳纹、镂孔等较少。器形主要有侧装高足鼎、釜、小口高领瓮、矮领瓮、圈足盘、细柄豆、盉、器座等。

大寺遗址的龙山文化遗迹之间虽然存在几组打破关系（附表八），但这些打破关系组中，有的发生关系的单位中只一个单位的出土陶片可采选标本，因而无法比较，而均出有标本的单位，观察其器物也多相近似，不足以分期。因此，我们在参考淅川下王岗与郧县辽瓦店子遗址[①]所区分的"龙山文化"或"乱石滩文化"与"二里头一期"之间的差异后，结合大寺遗址自身的陶器特征，将大寺遗址龙山文化遗存分为早、晚两期。

早期，以H5、H12、H15、H23、H25、H44为代表，还包括H8、H10、H11、H13、H18、H19、H31、H35、H39、H45、H48、H51、H57、H63、H78、H88、H99、H109、H158、H160，总共26个单位。这些单位中所出器物最突出的特征是普遍饰篮纹，少见细绳纹。在具体器物组合与形态方面，本期的小口高领瓮多为广肩微鼓，鼎折沿上仰较高，釜颈部较斜直、垂腹，多见圈足盘，不见无底甑与双耳深腹钵。早期器物与下王岗遗址龙山文化多有可比之处，也与嵩山南麓地区以汝州煤山遗址[②]一、二期为代表的煤山类型龙山文化同类器物较为相近，如鼎H12①：8与煤山一期T25③B：15、二期T13③B：13均较相似，侧装高鼎足也与煤山一、二期的同类鼎足近似，H23②：8的"Y"形鼎足与煤山二期T19③：8相似，小口高领罐H15：1与煤山一期T19④：4、二期H59：4相似。综上，早期的年代应相当于下王岗遗址龙山文化与中原地区以煤山一、二期为代表的龙山文化晚期偏早阶段。

晚期，以H14、H42为代表，另外还包括打破H42的Z1，共3个单位。晚期器物最显著的特征是普遍饰细绳纹，篮纹已较少见。晚期小口高领瓮的肩部多为溜肩，鼎折沿微上仰，釜明显束颈、腹部胖鼓，少见圈足盘，新出现了无底甑、双耳深腹钵、瘦长形小釜等器类。本期器物与下王岗和辽瓦店子遗址的"二里头一期"遗存十分相似。中原地区的龙山文化晚期偏晚阶段，是以新砦二期为代表的新砦期遗存[③]，本期器物与之也多有相似之处，如鼎H42：3与新砦2000T6⑧：779相似，三角形鼎足H14：6与新砦2000T11⑥：14足相似，高领瓮H42：6与新砦2000T6⑧：307相似。综上，大寺遗址龙山文化晚期与下王岗遗址所谓二里头一期的年代皆应与中原地区的新砦期相当，即龙山文化晚期偏晚阶段。

另外，H6、H7、H9、H17、H62、H72、H86、H164与M5、M7这10个单位因填土中的陶片过碎，未采选标本，也不能从打破关系上确认相对年代，所以难以具体归入早期或晚期。

大寺遗址龙山文化时期遗存主要有三组文化因素来源。A组，属本地石家河文化传统因素，以釜为代表。本组因素所占比重较大。B组，来自中原嵩山南麓地区的煤山类型龙山文化因素，主要有侧装三角形高足鼎、小口高领瓮、矮领瓮、圈足盘、细柄豆等。本组因素所占比

① 湖北省文物考古研究所：《郧县辽瓦店子遗址2007年度发掘简报》，《湖北南水北调工程考古报告集》（第四卷），科学出版社，2014年。

② 中国社会科学院考古研究所河南二队：《河南临汝煤山遗址发掘报告》，《考古学报》1982年第4期。

③ 北京大学震旦古代文明研究中心、郑州市文物考古研究院：《新密新砦——1999～2000年田野考古发掘报告》，文物出版社，2008年。

重最大，居于最主要位置。C组，来自关中地区的客省庄文化因素，通过客省庄文化传播而来的齐家文化因素，我们也算入此组，主要有单耳、双耳、三耳罐等。本组因素所占比重较小。

相当于煤山一期时，嵩山南麓地区的煤山类型龙山文化曾大举南下，并深入江汉腹地，导致了石家河文化的终结，后者只有以釜为代表的部分文化因素得以延续。这一文化变迁过程也大体与史籍所载尧舜禹伐三苗相吻合。大寺遗址的龙山文化遗存正是在这一文化背景下形成的，并且来自关中地区的客省庄文化因素也参与了丹江口库区龙山文化的形成。至晚期，无论中原地区的新砦期遗存其性质当归属于龙山文化类型抑或二里头文化，甚或独立为一个新的文化遗存[1]，丹江口库区的龙山文化早晚两期遗存都是一脉相承的，晚期的文化性质并未改变。大寺遗址龙山文化晚期遗存，与中原地区的新砦期遗存和二里头文化一期遗存相比，都显示了极大的差异，显然大寺遗址龙山文化晚期遗存不可归入以上二者任何之一中。因此，我们赞成将丹江口库区的早晚两期龙山文化遗存作为中原地区嵩山南麓的煤山类型龙山文化南下所形成的一个新的地域类型，即龙山文化乱石滩类型，而其所经历的年代则在公元前2300～公元前1900年[2]。

第四节　西周遗存

西周遗存发现较少，分别分布于西区台地东部和东区平地。文化层仅见西区台地东部的第5层，另有1条大灰沟，即G6；东区没有西周文化层，只发现H234和H238这2个灰坑。西周遗存出土陶器不多。陶质以夹砂陶为主，多数掺有云母，有少量泥质陶。陶色分褐、黑、灰三种，以前两者居多。有的夹砂夹云母褐陶的表面有一层黑衣，多数鬲足的足窝内部也有一层黑衣，皆应系使用中长期受火熏烤而成。器形主要有锥足鬲、扁足鬲、甗、高领罐、长颈罐、细柄豆、高柄杯、盆等。另外，还出土少量卜骨。

西周遗存最主要的一组层位关系是，G6开口于西区东部大部分探方的第5层下，并且G6自身堆积可以分为3层（附表九）。据此，我们将大寺遗址西周遗存分为早晚两期，其中早期可进一步细分为两段。

早期早段，G6③。本段所见鬲足均为锥足，鬲身多为纵长体，矮胖体少见。其中，G6③：10鬲口部卷沿与饰戳刺点纹的特征完全同于共出的其他鬲，但鼓腹、分裆、大袋足、整体矮胖的特征则具有浓厚的商式遗风，说明这件鬲可早至西周初年。G6③：11鬲与淅川下王岗遗址M24：5、M24：11、T4①：45等鬲皆十分近似，也与沣西张家坡[3]早期居址H301、T174：4A鬲接近。此外，G6③：72高柄杯也与下王岗遗址M24：10细高柄杯相似。下王岗遗址M24的年代，报告定在西周早期，张家坡早期居址属西周初年。因此，我们认为大寺遗

---

① 庞小霞、高江涛：《关于新砦期遗存研究的几个问题》，《华夏考古》2008年第1期。

② 白云：《关于"石家河文化"的几个问题》，《江汉考古》1993年第4期。

③ 中国科学院考古研究所：《沣西发掘报告》，文物出版社，1963年。

址G6③与下王岗遗址M24的年代都可以推定在西周早期早段，十堰大东湾遗址①H40也属于本段。

早期晚段，包括G6②、G6①和H234、H238。本段所见鬲腹部大多较之前稍外鼓，不及早段纵长；此外，鬲足锥足有减少的趋势，而新见大量的扁柱足，横截面多呈细窄长方形甚至细条状，圆柱足也有少量存在。从本段仍存在较多的锥状鬲足来看，其年代应仍不出西周早期的范畴。而H238所出的扁、圆柱足鬲也与陕西商南过风楼遗址的同类鬲十分相似，后者一般被认为属西周早期晚段②。综上，本段的年代应为西周早期晚段。

晚期，西区台地东部探方的第5层，T0311和T0313两个探方的第5层出土陶器较多。本期虽然仍延续了一些早期的文化面貌，如扁柱足横截面仍存在呈细窄长方形的、细高柄杯、长颈罐看不出与早期的差异等，但也发生了较大的变化。如本期的鬲锥足已极少见，多见横截面呈较宽粗长方形或椭圆形的扁柱足，圆柱足也多有所见；鬲身颈部明显收束，腹部外鼓，腹深也不及早期。本期的鬲T0313⑤：1、T0313⑤：2与襄樊真武山遗址③H36和房县孙家坪遗址④H6鬲形态接近，T0311⑤：1鬲与钟祥六合遗址⑤T33②B：1、T32②：2和荆州荆南寺遗址⑥G2：1等鬲形态近似，以上所比较诸单位的年代，学界一般认为属西周中期。此外，T0811⑤：13陶片表面的纹饰，也与《西周青铜器分期断代研究》一书中所定西周中期铜壶上所流行的波浪纹风格接近⑦。因此，本期的年代应属西周中期。

陕豫鄂交界地带的西周早、中期遗存，包括商南过风楼、淅川下王岗、郧县大寺、辽瓦店子⑧、十堰大东湾、丹江口观音坪⑨、房县孙家坪遗址等，均含有相同的一套以锥足鬲、扁柱足鬲、圆柱足鬲、甗、瓮、高领罐、盆、豆、杯等为主要器类的组合，其文化性质应相同，可视为同一文化类型。这类遗存中含有较多的关中地区周文化因素，但以扁柱足鬲、细柄豆、杯等为代表的地方性因素也极为浓厚，明显与周文化有别，有鉴于此，我们同意暂将此类遗存称为"过风楼类型"⑩，但至于是否可以单独作为一个考古学文化，还有待更多资料的积累。

西周初年，周文化开始进入陕西商南及豫鄂丹江口库区一带，典型的周式联裆锥足鬲随

① 湖北省文物局：《湖北省南水北调工程重要考古发现Ⅰ》（张湾区大东湾遗址），文物出版社，2007年，第195～197页。

② 何晓琳：《汉水中游流域西周到春秋早期考古学文化谱系研究——楚文化的起源地及其早期发展》，北京大学博士学位论文，2011年，第42～49页。

③ 湖北省文物考古研究所、襄樊市博物馆：《湖北襄樊真武山周代遗址》，《考古学集刊》（第9集），科学出版社，1995年。

④ 湖北省文物考古研究所：《湖北房县孙家坪遗址发掘简报》，《江汉考古》2012年第3期。

⑤ 荆州地区博物馆、钟祥县博物馆：《钟祥六合遗址》，《江汉考古》1987年第2期。

⑥ 荆州博物馆：《荆州荆南寺》，文物出版社，2009年。

⑦ 王世民、陈公柔、张长寿：《西周青铜器分期断代研究》，文物出版社，1999年，第131～136页。

⑧ 傅玥：《长江中游地区西周时期考古学文化研究》，武汉大学博士学位论文，2010年，第28～37页。

⑨ 湖北省文物考古研究所、十堰市博物馆：《2008年湖北省丹江口市观音坪遗址发掘报告》，《江汉考古》2010年第2期。

⑩ 何晓琳、高崇文：《试论"过风楼类型"考古学文化》，《江汉考古》2011年第1期。

之在汉水中游流域普遍出现，相伴出的瓶、盆、瓮等器类也与关中地区周文化的同类器相似，同属于周文化因素，体现了周人灭商后对汉水中游地区的控制。因本地尚未发现明确相当于殷墟晚期的遗存，因此，西周早期可见的少量商文化因素，如少量离存在的分裆风格，可能也应是由周文化携带而来，而非本地先在文化因素的延续。除去周文化因素之外，丹江口库区的西周初年遗存如大东湾遗址H40、下王岗遗址M24、辽瓦店子遗址H120等单位中也还存在一批以扁足离、细高柄豆、杯、长颈罐等为代表的地域特色鲜明的器类，明显有别于周文化，而是属于地方性文化因素。西周早期晚段，周文化因素开始有所减弱，以扁足离为代表的地方性文化因素明显增强。"昭王南征而不复"之后，周人对南方地区的控制力显然受到极大削弱。这一政治事件也对丹江口库区西周遗存的发展有所影响，体现在西周中期，周文化的因素进一步减弱，如锥足多截去足尖从而呈矮柱状，而地方性文化因素则大行其道，如扁、圆柱足进一步增多并且扁柱足逐渐向圆柱足发展。而无论截锥状矮柱足还是高圆柱足，都呈现出后世楚文化离的特点。这也表明，以宜城郭家岗遗址第二组[①]、肖家岭遗址第一期[②]为代表的可明确为春秋早期的楚文化，与陕西商南及豫鄂丹江口库区一带的西周遗存，至迟是西周中期遗存之间，存在着较强的继承与发展关系。

第五节　楚　文　化

大寺遗址所见楚文化遗存，文化层与5个灰坑皆分布于东区，文化层为东区各探方的第3层，西区台地只有12座土坑墓与1座瓮棺（附表一〇），不见其他遗迹。这些遗存中所出土的离、瓶、盂、盆、豆、罐与鼎、敦、壶、盘、匜等器物，均与江陵地区楚国遗址、墓葬所出土的同类器存在着高度的一致性，因此，这批遗存属于楚文化无疑。

东区第3层与5个灰坑所出土的离、瓶、盂、盆、豆、罐等器物，口沿多为仰折沿或平折沿，沿面下凹，方唇，唇上缘尖凸、下缘垂棱，与宜城郭家岗遗址[③]第六组的同类器较为接近，年代应大致在战国中期。

墓葬大体可以分为三类。第一类以随葬日用陶器为主，其组合主要为离、盂、罐，包括M8、M26、M29这3座墓。第二类以随葬陶礼器为主，其组合主要为鼎、敦、壶、豆、盘、匜，包括M1、M3、M10、M21、M28这5座墓。第三类，没有发现随葬陶器，但据层位关系和填土中出土楚文化碎陶片可判断，也应属于楚文化墓葬，包括M12、M20、M25、M27这4座墓。第一类墓中的离、盂、罐的口沿特征也与郭家岗遗址第六组的同类器相似，年代也应在战国中期前后。第二类墓中的鼎、敦、壶等多与丹江口牛场墓群报告[④]所分陶礼器墓第二期的同

① 武汉大学历史系考古教研室、湖北省宜城市博物馆：《湖北宜城郭家岗遗址发掘》，《考古学报》1997年第4期。

② 湖北省文物考古研究所、宜城县博物馆：《湖北宜城县肖家岭遗址的发掘》，《文物》1999年第1期。

③ 武汉大学历史系考古教研室、湖北省宜城市博物馆：《湖北宜城郭家岗遗址发掘》，《考古学报》1997年第4期。

④ 湖北省文物局、湖北省移民局、南水北调中线水源有限责任公司：《丹江口牛场墓群》，科学出版社，2013年。

类器接近，属于战国中期。至于第三类墓，因无随葬陶器，难以确定具体年代。

W1陶瓮下腹部与H233、T2441③所出陶罐下腹部较为相近，年代也应大致相当。

综上，除第三类墓难以确定具体年代以外，大寺遗址的楚文化遗存年代皆应在战国中期前后，反映了此时丹江口库区楚文化的强盛。

第六节　秦　文　化

秦文化遗存均为土坑墓，共6座（附表一一），皆分布于西区台地，其中5座位于西部，皆随葬有陶器，1座位于东部，未随葬器物。随葬陶器墓的主要器类组合包括陶双耳釜、单耳釜、双耳罐、折肩盆、瓮、铜鍪等，与丹江口莲花池①和老河口九里山②秦墓中所出土的日用陶器组合较为一致，而未随葬器物的墓葬填土中也出有类似的陶釜耳部碎片，说明大寺遗址的这6座墓皆应属于秦墓，稍有不同的只是大寺遗址出土的釜口部有双耳或单耳，但并不影响其文化性质。既然这6座墓属于秦墓，则其年代自然也相当于秦代前后，即战国晚期晚段至秦代。

《史记·楚世家》载楚顷襄王"十九年（公元前280年），秦伐楚，楚军败，割上庸、汉北地予秦"，秦人自此占领了今丹江口库区一带。以釜、单耳鍪、尖唇折肩盆、尖唇鼓肩瓮等为代表的大批秦文化因素也随之出现于丹江口库区的墓葬中，从而与本地此前的楚墓明显相区别。但这类墓葬中仍有部分楚文化因素在延续，如双耳罐和只见于M2中的盂。这也表明了丹江口库区在秦人占领后以秦文化为主导的秦、楚文化因素的融合。

第七节　宋　文　化

宋代遗存只分布于西区台地东部，包含东部的第4层及7个遗迹单位，其中，灰沟3条、灰坑3个、窑址1座（附表一二）。出土遗物主要有瓷碗、盏、盘、小罐等和陶瓮、盆、罐、筒瓦等。其中，有的瓷碗和灰陶盆与郧县杨溪铺③M23所出同类器较为接近，年代也应大体一致，属于北宋时期。

---

① 北京市文物研究所、湖北省文物局南水北调办公室：《湖北丹江口市莲花池墓地战国秦汉墓》，《考古》2011年第4期；武汉大学历史学院考古系、湖北省文物局、丹江口市文体局：《湖北丹江口市莲花池墓地2009年的发掘》，《考古》2017年第5期。

② 襄樊市文物考古研究所、武安铁路复线九里山考古队：《老河口九里山秦汉墓》，文物出版社，2009年。

③ 南京大学历史系考古学及博物馆学专业：《郧县杨溪铺遗址发掘简报》，《湖北南水北调工程考古报告集》（第四卷），科学出版社，2014年。

第八节　明清文化

明清时期文化遗存皆分布于西区台地上。文化层主要为跨西部和东部相连的第2层、东部的第3层。遗迹共有14个，其中，灰坑8个、窖穴2座、房址3座、土坑墓1座（附表一三）。除墓葬分布于台地东部外，其余皆位于台地西部。以上文化层和遗迹中出土了大量明清时期的青花瓷片，对研究丹江口库区明清时期民窑瓷器的生产与文化艺术具有重要意义。而发现的唯一一座墓葬，于竖穴土坑墓头部一侧的坑壁上设龛，龛内随葬2件青花瓷碗和1件釉陶罐，也是丹江口库区明代墓葬的典型葬式和随葬器物。

第九节　总　结

大寺遗址时间跨度长，遗存堆积丰富，包含的遗存有仰韶文化下王岗二期类型、屈家岭文化、龙山文化、西周遗存、楚文化、秦文化、宋文化及明清文化。同时，大寺遗址所处的陕豫鄂交界地带处于连接中原、关中与江汉地区的交通枢纽的位置，史前和历史不同时期，来自北、西、南三个方向的文化均交汇于此。因此，大寺遗址各时期的文化遗存中均有来自中原、关中、江汉平原的多种文化因素。大寺遗址出土的各时期遗存，无疑为研究丹江口库区史前和历史时期不同时期的文化谱系及北、西、南三地的文化交流与融合提供了重要的资料。

附 表

附表一 大寺遗址仰韶文化房址、窖穴、窑、灰沟登记表

编号	探方位置	形状	层位关系	出土遗物	分段
F3	T0908中部	长方形	③→F3→④	陶罐形鼎，卷沿瓮，钵，鼎足	晚段
F7	T0606中部	长方形	③→F7→④	陶卷沿瓮，卷沿盆，钵，石斧	晚段
F9	T0504，T0505，T0506，T0605等	圆角长方形	③→F9→④	陶卷沿瓮，卷沿盆，器盖	晚段
F5	T0404西北部	残	④→F5→生土	陶片过碎，未采标本	中段
F6	T0707与T0807	残	④→F6→H105，H106→生土	陶片过碎，未采标本	中段
F8	T0503南部	残	④→F8→生土	陶片过碎，未采标本	中段
F10	T0606南部与T0706北部	长方形	④→F10→⑤	陶片过碎，未采标本	中段
F11	T0506等	圆角方形	④→F11→⑤	陶片过碎，未采标本	中段
F12	T0808等	残	④→H211→F12→F13→⑤	陶折沿瓮	早段
F13	T0607，T0608，T0707，T0708	圆角方形	⑤→F12→F13→⑤	陶片过碎，未采标本	早段
F4	T0304北部	残	⑤→F4→⑥	陶罐形鼎，卷沿瓮，钵，彩陶钵，器盖，石斧，蚌刀	早段
J2	T0708西南部	圆形	③→J2→④	陶片过碎，未采标本；石斧	晚段
Y1	T0608东南部	不规则"L"形	④→H198→Y1→生土	陶卷沿瓮，红顶钵，钵，器盖，锉，石斧，刀	早段
G1	T0306与T0305	不规则长条形	④→H32→H59，H140→G1→生土	陶卷沿瓮，彩陶盆，红顶钵，彩陶钵，器盖，饼，骨镞	早段

注：表中单位均位于西区西部。

附表二　大寺遗址仰韶文化第3层下开口灰坑登记表

编号	探方位置	形状	层位关系	出土遗物	分段
H16	T0405中部	近圆形	③→H16→④	陶釜形鼎、罐形鼎、深腹罐、矮领瓮、卷沿瓮、尖底瓶、彩陶盆、钵、彩陶钵、器座、彩陶饼、卷沿盆、黑顶钵、锉、彩陶罐、鼎足、折沿瓮、红顶钵、石杵、铃、饼、石斧、锄	晚段
H43	T0908	长圆形	③→H43→④		晚段
H47	T0507西南部	近圆形	③→H46、H134→H47→④	陶卷沿瓮、卷沿盆	晚段
H53	T0706北部	圆形	③→H52→H53→④	陶卷沿瓮、彩陶钵、器盖、石斧	晚段
H58	T0507西北角	圆形	③→H58→H117→④	陶矮领瓮、深腹罐、卷沿瓮、卷沿盆、钵、器盖、锉、鼎足、石斧	晚段
H75	T0202西北部	椭圆形	③→H125→H197→H194→H75→④	陶罐形鼎、卷沿瓮、深腹罐、尖底瓶、钵、黑顶钵、石斧、凿	晚段
H80	T0604西南部及南壁	椭圆形	③→G2→H80→④	陶矮领瓮、彩陶盆、器盖	晚段
H83	T0405西南部	圆形	③→H83→④	陶片过碎、未采标本	晚段
H84	T0202与T0302	近圆形	③→H84→④	陶片过碎、未采标本	晚段
H97	T0506西北部	椭圆形	③→H97→H104→④	陶片过碎、未采标本	晚段
H100	T0504与T0505	不规则椭圆形	③→H100→F9→④	陶罐形鼎、卷沿瓮、深腹罐、尖底瓶罐口、钵、石斧、斧坯、凿、饼	晚段
H104	T0506北部	椭圆形	③→H97→H104→④	陶折沿盆	晚段
H107	T0605等	圆形	③→H107→④	陶卷沿瓮、钵、器盖、饼	晚段
H116	T0101南部	圆形	③→H116→H120→④	陶卷沿瓮、深腹罐、红顶钵、锉、饼、骨镞	晚段
H117	T0406、T0407、T0506、T0507	椭圆形	③→H58→H117→H118→H168→④	陶釜形鼎、矮领瓮、卷沿盆、彩陶钵、红顶钵、器盖、饼、印戳、锉、石刀、凿	晚段
H118	T0406与T0407	椭圆形	③→H117→H118→④	陶矮领瓮、深腹罐、红顶钵、彩陶钵、鼎足	晚段
H120	T0101东南部	椭圆形	③→H116→H120→H125→④	陶深腹罐、鼎足、锉	晚段
H123	T0608东部	椭圆形	③→H167→H123→H177→④	陶卷沿瓮、矮领瓮、深腹罐、彩陶盆、钵、黑顶钵、锉、饼、石斧、凿、饼、钻芯、镞、骨锥	晚段
H124	T0708与T0608	椭圆形	③→H124→④	陶卷沿瓮、卷沿盆、红顶钵、石锄、凿坯	晚段
H125	T0101等	圆形	③→H120、H197→H125→H75→H194→④	陶罐形鼎、卷沿瓮、深腹罐、黑顶钵、红顶钵、石锄	晚段
H126	T0101西部	圆形	③→H126→H150→④	陶罐形鼎、卷沿瓮、尖底瓶腹耳、器座、石斧、凿	晚段

续表

编号	探方位置	形状	层位关系	出土遗物	分段
H136	T0608西北部	椭圆形	③→H136→H177→④	陶釜形鼎、卷沿瓮、矮领瓮、钵、彩陶钵	晚段
H141	T0508西南部	圆形	③→H143→M21→H141→④	陶矮领瓮、卷沿罐、深腹罐、彩陶盆、钵、彩陶钵	晚段
H143	T0508中部	圆形	③→H143→H141→④	陶钵	晚段
H150	T0101西南部	椭圆形	③→H126→H150→④	陶矮领瓮、器盖	晚段
H151	T0101西北部	圆形	③→H151→④	陶卷沿瓮、深腹罐、钵、器盖	晚段
H153	T0407与T0507	近圆形	③→H153→④	陶卷沿瓮、彩陶钵、骨镞	晚段
H161	T0102与T0202	圆形	③→H161→④	陶罐形鼎、钵、石斧	晚段
H165	T0102中部	圆形	③→H165→④	陶卷沿瓮、矮领瓮、钵、器座、锉	晚段
H167	T0508与T0608	椭圆形	③→H167→H123→H177→④	陶矮领瓮、尖底瓶口、彩陶盆、钵、器座	晚段
H168	T0406与T0407	圆形	③→H118→H168→④	陶卷沿瓮	晚段
H170	T0102东南部	椭圆形（残）	③→H204→H170→④	陶釜形鼎、卷沿瓮、高领罐、尖底瓶底、彩陶盆、红顶钵、彩陶钵、鼎足	晚段
H176	T0509与T0609	圆形	③→H176→H177→④	陶釜形鼎、卷沿瓮、彩陶盆、钵、红顶钵、杯	晚段
H177	T0508、T0509、T0608、T0609	椭圆形	③→H136、H123、H167、H176→H177→④	陶矮领瓮、曲沿罐、尖底瓶口、钵、彩陶钵、器盖、饼、骨刻刀	晚段
H183	T0508东北部	椭圆形	③→H183→H184	陶卷沿瓮、钵、鼎足	晚段
H191	T0307与T0407	椭圆形	③（屈）→H171→H191→④	陶罐形鼎、卷沿瓮、折沿瓮、尖底瓶耳、卷沿盆、钵、红顶钵、彩陶钵、器盖、石斧	晚段
H194	T0101、T0102、T0202	圆形	③→H196→H125→H197→H194→④	陶卷沿瓮、矮领瓮、深腹罐、尖底瓶口、钵、彩陶钵、盖纽、器座	晚段
H195	T0102、T0202、T0203	椭圆形	③→H55→H195→H204→④	陶矮领瓮、折沿瓮、叠唇瓮、彩陶盆、深腹罐、钵、红顶钵、锉	晚段
H197	T0102	椭圆形	③→H196→H125→H197→H194→④	陶釜形鼎、卷沿瓮、矮领瓮、彩陶盆、钵、锉	晚段
H204	T0102与T0202	圆形	③→H55→H195→H204→H170→④	陶罐形鼎、矮领瓮、深腹罐、彩陶盆、彩陶钵、锉、石斧、凿	晚段
H223	T0307西部与T0306东部	圆形	③（宋）→H223→④	陶卷沿瓮、鼎足、石斧	晚段

注：表中单位均位于西区西部。

附表三　大寺遗址仰韶文化第4层下开口灰坑登记表

编号	探方位置	形状	层位关系	出土遗物	分段
H21	T0405东北部	近圆形	④→H21→生土	陶叠唇瓮、彩陶盆、钵	中段
H29	T0405东中部	不规则椭圆形	④→H38→H29→H40→H50→生土	陶釜形鼎、卷沿瓮、深腹罐、彩陶钵、石斧、璧形器	中段
H32	T0304、T0305、T0404、T0405	圆角长方形	④→H34→H32→H66、H59、H230→生土	陶矮领瓮、尖底瓶、彩陶盆、器盖、石斧、网坠	早段
H33	T0403西南部	半椭圆形	④→H33→生土	陶片过碎、未采标本	中段
H34	T0304与T0305	椭圆形	④→H34→H32→生土	陶深腹罐、彩陶片	中段
H36	T0406中部	椭圆形	④→H36→H217→生土	陶卷沿瓮、深腹罐、头底瓶腹耳、器盖、石斧、矛、网坠	中段
H38	T0405东南部	圆形	④→H38→H29→H40→H50→生土	石斧、凿	中段
H40	T0405	椭圆形	④→H38→H29→H40→H50→生土	陶卷沿瓮、深腹罐、石凿	早段
H49	T0203等	近圆形	④→H49→⑤	陶片过碎、未采标本	中段
H50	T0405中部	椭圆形	④→H38→H29→H40→H50→生土	陶罐形鼎、深腹罐、深腹钵	早段
H54	T0303南部	近圆形	④→H54→⑤	陶罐形鼎、卷沿瓮、曲沿瓮、深腹罐、折沿盆、卷沿盆、圈足碗、红顶钵、彩陶钵、器盖、锉、石斧、骨锥	中段
H56	T0202中部	长方形	④→H56→H87→H90→⑤	陶片过碎、未采标本	中段
H59	T0305与T0405	椭圆形	④→H32→H59→G1→生土	陶罐形鼎、卷沿瓮、深腹罐、尖底瓶底、红顶钵、卷沿盆、器盖、锉、饼	早段
H64	T0503与T0504	椭圆形	④→H64→H68→生土	陶罐形鼎、卷沿瓮、卷沿盆、红顶钵、锉	中段
H66	T0404中部	不规则椭圆形	④→H32→H66→生土	陶彩陶盆、钵、锉	早段
H68	T0503等	椭圆形	④→H64→H68→生土	陶片过碎、未采标本	中段
H69	T0503与T0504	不规则椭圆形	④→H69→生土	陶罐形鼎、卷沿瓮、矮领瓮、深腹罐、尖底瓶底、彩陶盆、卷沿盆、钵、红顶钵、小杯、灶、鼎足、石斧、饼、骨锥	中段
H73	T0705中部	椭圆形	④→H73→H74→生土	陶卷沿瓮、器盖、锉	中段
H74	T0705西北部	圆形	④→H73→H74→H142→生土	陶卷沿瓮、钵、锉	中段
H85	T0406、T0407、T0506、T0507	椭圆形	④→H201→H212→H85→H207→H98→⑤	陶罐形鼎、釜形鼎、卷沿瓮、曲沿盆、矮领瓮、鼓腹罐、尖底瓶口、卷沿盆、口盆、钵、红顶钵、彩陶钵、器盖等、石斧、饼、骨锥	中段
H87	T0203与T0202	椭圆形	④→H56→H87→H90→H148→H149→⑤	陶矮领瓮、器盖、石环	中段
H89	T0404东北部	圆形	④→H32→H89→生土	陶锉	早段

续表

编号	探方位置	形状	层位关系	出土遗物	分段
H90	T0202北部	椭圆形	④→H56→H87→H90→H148→H149→⑤	陶片过碎，未采标本	中段
H92	T0507与T0506	椭圆形	④→H207→H92→F11→H94→⑤	陶卷沿瓮、罐、骨镞	中段
H93	T0507西部	椭圆形	④→H93→H94→生土	陶卷沿瓮、矮领瓮、彩陶钵、器盖、石斧	中段
H94	T0507西北部	椭圆形	④→H93→H94→生土	陶罐形鼎、卷沿瓮、深腹罐、尖底瓶口、卷沿盆、钵、红顶钵、锉、鼎足、石斧、斧坯、骨铲	中段
H95	T0407与T0406	椭圆形	④→H85→H214→H95→H172→生土	陶卷沿瓮、深腹罐、锉	早段
H96	T0203东南部	椭圆形	④→H96→生土	陶罐形鼎、石凿	中段
H98	T0506东北部	圆形	④→H201→H212→H85→H207→H98→生土	陶罐形鼎、卷沿瓮、矮领瓮、钵、彩陶钵、器盖、锉、饼、石斧、锉、麂角、龟甲	早段
H102	T0404北部	椭圆形	④→H102→生土	陶卷沿瓮、深腹罐、钵	早段
H105	T0707西南部	圆角长方形	④→F6→H105→⑤	陶罐形鼎、卷沿瓮、钵、器盖、器座、石斧、锄、球	中段
H106	T0807西北部	圆形	④→F6→H106→⑤	陶器盖	中段
H108	T0303东北部	椭圆形	④→H108→H112→生土	陶卷沿瓮、器盖、鼎足	中段
H110	T0506西南部	条形	④→H110→⑤	陶卷沿瓮、红顶钵、器盖、锉、石斧	中段
H112	T0203与T0303	椭圆形	④→H108→H112→生土	陶片过碎，未采标本	中段
H114	T0907东中部	椭圆形	④→H114→⑤	陶卷沿瓮、尖底瓶腹耳、卷沿罐、彩陶钵	中段
H121	T0204西部	椭圆形	④→H121→H162→⑤	陶深腹罐、卷沿盆	中段
H131	T0203西部	椭圆形	④→H56→H87→H131→H149→⑤	卷沿瓮、尖底瓶、钵之类碎陶片、未采标本	中段
H133	T0304与T0305	椭圆形	④→H133→⑤	尖底瓶、瓮、钵之类陶器残片、未采标本	中段
H135	T0506与T0507	椭圆形	④→H135→H190→F11→生土	陶卷沿瓮	中段
H140	T0305、T0306、T0405、T0406	椭圆形	④→H140→G1→生土	陶罐形鼎、矮领瓮、深腹罐、钵、器盖、锉	早段
H142	T0604、T0605、T0705	不规则椭圆形	④→H142→生土	瓮、钵之类陶器碎片、未采标本	中段
H145	T0608西北部	不规则椭圆形	④→H180→H145→⑤	陶卷沿瓮、陶矮领瓮、彩陶盆、深腹罐、钵、红顶钵、器盖、锉	早段
H147	T0303与T0304	椭圆形	④→H147→⑤	陶卷沿瓮、矮领瓮、卷沿盆	中段

续表

编号	探方位置	形状	层位关系	出土遗物	分段
H148	T0202东北部	圆形	④→H87→H90→H148→H149→⑤	陶片过碎，未采标本	中段
H149	T0202与T0203	近圆形	④→H148, H131→H149→⑤	陶片过碎，未采标本	中段
H156	T0807与T0806	椭圆形	④→F6→H156→生土	陶卷沿瓮、深腹罐、尖底瓶口、折沿盆	早段
H162	T0204南部	椭圆形	④→H121, H228→H162→⑤	瓮、钵等陶器碎片，未采标本	中段
H163	T0505西南部	圆形	④→H163→⑤	陶卷沿瓮、折沿罐、彩陶钵、石斧、斧坯、当	中段
H166	T0407东南部	椭圆形	④→M23→H166→生土	锉	中段
H169	T0407西部	圆形（残）	④→H169→H221	陶深腹罐	中段
H172	T0407中部	椭圆形	④→H95→H172→⑤	陶罐形鼎、红顶钵	早段
H173	T0406与T0407	椭圆形（残）	④→H173→H175→H174→生土	陶卷沿瓮、钵、石斧	中段
H174	T0407西北部	椭圆形	④→H173→H175→H174→生土	陶罐形鼎、折沿盆、钵、红顶钵、器盖、鼎足、锉、石斧	早段
H175	T0406与T0407	椭圆形	④→H217, H173→H175→H174→生土	陶罐形鼎、卷沿瓮、钵、器盖、锉、鼎足、骨刮削器、针、镞	中段
H180	T0508与T0608	椭圆形	④→H180→H145→⑤	陶卷沿瓮、深腹罐、钵、饼	早段
H181	T0508与T0509	椭圆形	④→H181→H182→H200→生土	陶卷沿瓮、矮领瓮、彩陶盆、彩陶钵、石刀	中段
H182	T0508与T0509	椭圆形	④→H181→H182→H200→生土	陶卷沿瓮、卷沿盆、钵、彩陶钵、饼、石斧	中段
H184	T0508东部	椭圆形	④→H181→H182→H200→H184→生土	陶卷沿瓮、彩陶盆、卷沿罐、锉、石斧、骨镞	中段
H185	T0508西部	圆形	④→H185→生土	陶罐形鼎、卷沿盆、深腹罐、红顶钵、器盖、饼、骨铲	早段
H186	T0407与T0507	椭圆形	④→H85→H95→H172→H186→生土	陶卷沿瓮、深腹罐、器盖、锉	早段
H188	T0608北隔梁	椭圆形	④→H181→H188→H200→生土	陶卷沿瓮、尖底瓶口、钵、饼、石斧	中段
H190	T0506东南部	圆形	④→H135→H190→H210→F11→⑤	陶卷沿瓮、钵	中段
H198	T0608, T0708、T0709	椭圆形	④→H198→F13→H199→⑤	陶卷沿瓮、深腹罐、卷沿盆、器盖、盖纽、饼、骨镞	早段
H199	T0608, T0708	椭圆形	④→H198→F13→H199→⑤	陶罐形鼎、卷沿瓮、钵、红顶钵、锉、甑底、杯底、鼎足、石斧	早段
H200	T0508与T0509	椭圆形	④→H181→H182, H188→H200→H184→生土	陶深腹罐、彩陶盆、骨铲、锥	中段
H201	T0406与T0506	椭圆形	④→H201→H212→H85→生土	陶卷沿瓮、矮领瓮、叠唇瓮、鼓腹罐、彩陶罐、钵、器盖、锉	中段

附　表　　　　　　　　　　　　　　　　　　　　　　　　·521·

续表

编号	探方位置	形状	层位关系	出土遗物	分段
H202	T0406西南部	椭圆形	④→H202→⑤	陶片过碎，未采标本；骨笄	中段
H205	T0708西北部	椭圆形	④→F13→H205→⑤	陶片过碎，未采标本	早段
H207	T0506、T0507	椭圆形	④→H85→H207→H98→生土	陶卷沿瓮、鼎足	中段
H210	T0607与T0606	椭圆形	④→H190→H210→F11→⑤	陶罐形鼎、折沿瓮、矮领罐、鼎足	中段
H211	T0808与T0908	近圆形	④→H211→F12→⑤	陶深腹罐、钵、彩陶钵、小杯	中段
H212	T0406东南部与T0506东北部	椭圆形	④→H201→H212→H85→H214→生土	陶饼	中段
H214	T0406东南部与T0407西南部	椭圆形	④→H221、H222、H201、H212、H85→H214→H95→生土	陶卷沿瓮	早段
H216	T0406北部	椭圆形	④→H216→H217→生土	陶卷沿瓮、叠唇瓮、锉、饼	中段
H217	T0406东北部	椭圆形	④→H36、H216→H217→H175→生土	陶卷沿瓮、石璧	中段
H221	T0406与T0407	近圆形	④→H169、H175→H221→H222	陶罐形鼎	中段
H222	T0406东部	椭圆形	④→W11、H175、H221→H222→生土	陶卷沿瓮、锉、饼、骨铲、针、镞	早段
H228	T0204东南部	长方形	④→H228→H162→⑤	陶片过碎，未采标本	中段
H229	T0608东南部	椭圆形	④→H123→H229→⑤	陶罐形鼎、盖纽	中段

注：表中单位均位于西区西部。

附表四　大寺遗址仰韶文化第5、6层下开口灰坑登记表

编号	探方位置	形状	层位关系	出土遗物	分段
H115	T0303北部	椭圆形	⑤→H115→⑥	陶卷沿瓮、钵	早段
H119	T0303西南部	椭圆形	⑤→H119→生土	陶卷沿瓮、鼎足	早段
H122	T0303西部	长方形	⑥→H122→生土	陶片过碎，未采标本	早段
H127	T0304东北部	近圆角长方形	⑤→H127→H132→H128→⑥	陶卷沿瓮、饼	早段
H128	T0304与T0305	椭圆形	⑤→H127→H132→H128→H129→⑥	陶卷沿瓮、尖底瓶底、器盖	早段
H129	T0304与T0305	近椭圆形	⑤→H128→H129→H130→⑥	陶片过碎，未采标本	早段
H130	T0304与T0305	椭圆形	⑤→H129、H230→H130→⑥	陶卷沿瓮	早段

续表

编号	探方位置	形状	层位关系	出土遗物	分段
H132	T0304与T0305	椭圆形	⑤→H127→H132→H128→⑥	陶钵	早段
H144	T0710与T0810	不规则则椭圆形	⑤（西周）→G6→H144→生土，西区东部	陶罐形鼎、壶形鼎、卷沿瓮、彩陶盆、钵、红顶钵、锉	早段
H146	T0506东南部	近圆形	⑤→H146→生土	陶卷沿瓮、高领罐、深腹罐、饼、鼎足等	早段
H193	T0509东北部	圆形	⑤→H193→⑥	陶罐形鼎、卷沿瓮、深腹罐、尖底瓶腹耳	早段
H203	T0907东北部	椭圆形	⑤→H203→生土	陶片过碎、未采标本	早段
H206	T0505、T0506	椭圆形	⑤→H206→生土	陶卷沿瓮、矮领瓮、叠唇瓮、尖底瓶底、卷沿罐、红顶钵、彩陶钵	早段
H219	T0606与T0607	椭圆形	⑤→H219→生土	陶卷沿瓮、矮领瓮、彩陶盆、钵、红顶钵、器盖	早段
H220	T0609中部	椭圆形	⑤→H220→H227→生土	陶罐形鼎、卷沿瓮、深腹罐、卷沿盆、钵、饼、鼎足	早段
H227	T0609中部	椭圆形	⑤→H220→H227→生土	陶卷沿瓮、叠唇瓮、钵	早段
H230	T0304、T0305、T0404、T0405	近圆形	⑤→H32→H34→H230→H130→⑥	陶卷沿瓮、矮领瓮、深腹罐、卷沿盆、器盖、器鏊、饼	早段
H231	T0608与T0609	圆角长方形	⑤→H231→生土	陶卷沿瓮、钵、彩陶钵、铃、器座、锉、石斧	早段
H232	T0708东北角	椭圆形	⑤→H232→生土	陶卷沿瓮、钵、石斧坯	早段

注：表中层位关系一项未注明西区东部者均位于西区西部。

附表五　大寺遗址仰韶文化土坑墓、瓮棺登记表

编号	探方位置	形状	层位关系	出土遗物	分段
M15	T0707西北部	长方形	③→M15→④	陶卷沿盆	晚段
M18	T0705东南部	长方形	③→M19→M18→④	无遗物	晚段
M19	T0705东南部	长方形	③→M19→M18→④	无遗物	晚段
W2	T0203西南部	圆形	③→W2→④	陶卷沿瓮、红顶钵	晚段
W3	T0203中南部	圆形	③→W3→④	陶卷沿瓮	晚段
W10	T0203与T0204	圆形	③→W10→④	陶卷沿瓮	晚段
W12	T0202南部	圆形	③→W12→④	陶尖底瓶	晚段
M17	T0606与T0607	长方形	④→M17→F10→⑤	无遗物	晚段
M23	T0407东部	长方形	④→M23→生土	无遗物	中段

续表

编号	探方位置	形状	层位关系	出土遗物	分段
W5	T0404南部	圆形	④→W5→生土	陶折沿瓮	中段
W7	T0304东部	圆形	④→W7→⑤	陶叠唇罐	早段
W9	T0102南部	圆形	④→W9→⑤	陶卷沿瓮	早段
W11	T0406东部	圆形	④→W11→H222→生土	陶卷沿瓮、红顶钵	中段
M16	T0304中部	长方形	⑤→M16→⑥	陶小杯	早段
W8	T0304中部	圆形	⑥→W8→生土	陶叠唇瓮、钵	早段

注：表中单位均位于西区西部。

附表六 大寺遗址屈家岭文化第2层下开口遗迹登记表

编号	探方位置	形状	层位关系	出土遗物	分期
H20	T0706西北部	椭圆形	②→H20→③	陶折沿罐、敛口瓮	晚期
H24	T0303中部	椭圆形	②→H23→H24→③	陶红顶碗、骨锥	晚期
H30	T0806西北部	椭圆形	②→H57→H48→H30→③	陶折沿罐、高领罐、叠唇盆、带流盆、器盖、石斧、斧坯、骨锥、镞	晚期
H41	T0705与T0706	不规则长方形	②→H57→H41→③	陶折沿罐、折沿盆、红顶碗、鼎足	晚期
H60	T0806东部	圆形	②→H60→③	陶折沿罐、折沿盆、带流盆流、碗、红顶碗、鼎足	晚期
H91	T0606西部	圆形	②→M9→H91→③	陶折沿罐、红顶碗、骨镞	晚期
H111	T0707与T0708	椭圆形	②→H111→M13→③	陶折沿罐、折沿盆、红顶碗、石斧、骨镞	晚期
H113	T0407西南部	椭圆形	②→H113→③	陶高领罐、敛口盆、红顶碗	晚期
H179	T0408东南部	椭圆形	②→H158→H179→H224→③	陶红顶碗	晚期
H208	T0203、T0204、T0303、T0304	圆形	②→H208→③	陶片过碎，未采标本；石锄	晚期
H224	T0408与T0508	椭圆形	②→H179→H224→③	陶折沿罐、红顶碗、石锄	晚期
M13	T0607与T0707	长方形	②→H111→M13→③	填土陶片过碎，未采标本；无随葬品	晚期

注：表中单位均位于西区西部。

附表七　大寺遗址屈家岭文化第3层下开口遗迹登记表

编号	探方位置	形状	层位关系	出土遗物	分期
H22	T0405、T0406、T0505、T0506	不规则圆形	③→H37→H22→④	陶碗、红顶碗、纺轮、石斧	晚期
H26	T0504中部	椭圆形	③→H26→④	陶折沿罐、叠唇盆、碗、红顶碗、石斧、铲	早期
H27	T0303、T0304、T0403、T0404	近圆形	③→H27→④	陶折沿瓮、敛口瓮、折沿罐、高领罐、碗、红顶碗、折沿盆、豆柄、方形杯、器盖、石斧、刀、璜、骨镞	早期
H28	T0404与T0504	圆形	③→H28→H70→④	陶折沿罐、叠唇盆、红顶碗、器盖、鼎足、纺轮、石斧、环	晚期
H37	T0405东南部	不规则三角形	③→H37→H22→④	陶折沿罐、碗、器盖	晚期
H46	T0507西部	近圆形	③→H46→H47→④	陶碗、器盖	晚期
H52	T0706西北部	圆形	③→H52→H53、H65→④	陶鼎、折沿盆、红顶碗	早期
H55	T0102、T0202、T0203	椭圆形	③→H55→H189→④	陶片过碎，未采标本	
H61	T0203东北部	圆形	③→H61→H218→④	陶片过碎，未采标本；石凿	
H65	T0705与T0706	椭圆形	③→H52→H65→④	陶豆盘	早期
H67	T0503东南部	椭圆形	③→H67→④	陶纺轮、石斧、骨针、骨器	
H70	T0404西部	椭圆形	③→H28→H70→④	陶红顶碗、器盖、石斧、钻芯、骨锥	早期
H71	T0408西南部	椭圆形	③→H71→④	陶鼎、折沿罐、高领罐、碗、红顶碗、盆底、鼎足、石斧、凿	早期
H76	T0807东部	椭圆形	③→H76→H77→H101→④	陶片过碎，未采标本	
H77	T0807北部	不规则圆形	③→H76→H77→H101→④	折沿罐、红顶钵之类碎陶片、未采标本	
H79	T0807东南部	圆形	③→H79→④	折沿罐、红顶碗之类碎陶片、未采标本	
H81	T0607与T0707	近圆形	③→H81→④	陶折沿盆、敛口瓮、斜腹杯、鼎足、石斧	晚期
H82	T0405与T0404	椭圆形	③→H82→④	陶高领罐、碗、石饼	早期
H101	T0807北部	椭圆形	③→H76→H77→H101→④	陶折沿罐、红顶碗	早期
H103	T0907东北部	圆形	③→H103→④	陶鼎、高领罐、折沿罐、尊、敛口瓮、壶形器、盂形器、双腹豆、高圈足杯、斜腹杯、小罐、器盖、红顶碗、石锄	晚期
H134	T0506与T0507	椭圆形	③→H134→H47→④	陶折沿罐、碗、红顶碗、器盖	早期
H152	T0204西北角	近圆形	③→H152→④	陶片过碎，未采标本	早期

续表

编号	探方位置	形状	层位关系	出土遗物	分期
H154	T0607、T0608、T0707	椭圆形	③→H154→④	陶红顶碗、壶	晚期
H155	T0407东南部	椭圆形	③→H155→④	陶碗、红顶碗	晚期
H157	T0808与T0708	近圆形	③→H157→④	陶折沿罐、高领罐、碗、红顶碗、器盖、鹿角	晚期
H159	T0607东北部	椭圆形	③→H159→H192→④	陶折沿罐、鼎足	晚期
H171	T0307与T0407	近长方形	③→H171→H191→④	陶敛口瓮	早期
H189	T0203北部并伸出方外	圆形	③→H55→H189→④	陶片过碎，未采标本	
H192	T0607、T0608	椭圆形	③→H159→H192→④	陶折沿罐、折沿盆、红顶碗、器盖	晚期
H196	T0101、T0102	椭圆形	③→H196→H125→H197→H194→④	陶折沿罐、折沿盆、碗、红顶碗、曲腹碗、盘、石环、骨锥	早期
H215	T0808与T0908	椭圆形	③（明清）→G3→H215→③（届），西区东部	陶片过碎，未采标本	晚期
H218	T0203东北部	椭圆形	③→H61→H218→④	折沿罐、红顶碗之类的碎陶片，未采标本	
H226	T0408与T0508	圆形	③→H226→H183→④	陶红顶碗、石斧、铧	晚期
G2	T0604南部及方外	不规则长条形	③→G2→④	陶折沿罐、高领罐、钵、器盖、石斧、环、弹	早期
M4	T0806北部	长方形	③→M4→④	陶片过碎，未采标本；无随葬品	
M14	T0707西南部	长方形	③→M14→④	陶片过碎，未采标本；鹿下颌骨	
W4	T0304东部	椭圆形	③→W4→④	陶高领罐、封口石	晚期
W6	T0503东北部	圆形	③→W6→④	陶折沿罐	早期

注：1. 分期一项空白表示该单位无法参与分期。
2. 表中层位关系一项未注明西区东部者均位于西区西部。

附表八　大寺遗址龙山文化遗迹登记表

编号	探方位置	形状	层位关系	出土遗物	分期
H5	T0302与T0303	近圆形	②→H5→H23→H24→③	陶釜、双耳罐、高领瓮、圈足盘、豆盘、豆柄、鼎足、石斧、铧、凿、刀、骨器、蚌器，未采标本	早期
H6	T0604东中部	圆角长方形	②→H6→M7→H51→③	陶片过碎，未采标本	
H7	T0503中部	椭圆形	②→H7→H10→③	陶片过碎，未采标本；石斧坯	

续表

编号	探方位置	形状	层位关系	出土遗物	分期
H8	T0503东南部	近圆形	②→H8→③	陶圈足盘	早期
H9	T0403中部	长条形	②→H9→H12→③	陶片过碎，未采标本	
H10	T0503西北部	近圆形	②→H7→H10→③	陶釜、豆座、骨锥、骨器	早期
H11	T0303与T0304	椭圆形	②→H11→③	陶釜、豆座、器座、纺轮	早期
H12	T0403中部	椭圆形	②→H9→H12→③	陶鼎、釜、罐、长颈罐、高领瓮、盘、圈足盆、壶底、豆柄、骨镞、蚌坠	早期
H13	T0203西南部	圆形	②→H13→③	陶片过碎，未采标本	早期
H14	T0302东南部	圆形	②→H14→③	陶釜、小盆、双耳钵、鼎足	晚期
H15	T0607与T0707	椭圆形	②→M12→H15→③	陶釜、高领瓮、高领罐、缸、圈足盘、豆柄、鼎足、鬶足、石斧	早期
H17	T0305北中部	椭圆形	②→H17→③	陶片过碎，未采标本；石斧、斧坯	
H18	T0406与T0405	不规则椭圆形	②→H18→③	陶釜、敛口盆、鼎足	早期
H19	T0706、T0707、T0806、T0807	圆形	②→H19→③	陶鼎、釜、瓮底、高领瓮、三耳罐、罐、豆、纺轮、钵、豆柄、鼎足、石斧、斧坯、锛、坠、骨针、锥、镞、牙锥、蚌刀	早期
H23	T0302与T0303	近圆形	②→H5→H23→H24→③	陶釜、高领瓮、矮领瓮、圈足盘、勺、石斧、锛	早期
H25	T0504东北部	圆形	②→H25→③	陶钵、豆座、鼎足、骨铲	早期
H31	T0505东南部	圆角长方形	②→H31→③	陶釜、豆座、鼎足、盖纽、纺轮、石斧、锛	早期
H35	T0505西南部与T0605西北部	椭圆形	②→H35→③	陶釜、高领瓮、豆盘、杯、杯足、鼎足、纺轮、石斧	早期
H39	T0304与T0404	圆形	②→H39→③	陶鼎、釜、高领瓮、甑、豆盘、纺轮、石刀	晚期
H42	T0605与T0604	圆角长方形	②→Z1→H42→③	陶釜、高领瓮、高领罐、三耳罐、豆柄、豆盘、瓮底、鼎足、石刀	晚期
H44	T0505中南部	近方形	②→H44→③	陶釜、豆盘、高领瓮、鼎足	早期
H45	T0506中部	圆角长方形	②→H45→③	陶釜、豆盘、红陶杯	早期
H48	T0806东北部与T0706南部	椭圆形	②→H57→H48→H30→③	陶釜、高颈瓮、豆座	早期
H51	T0604东北部	椭圆形	②→H6→M7→H51→③	陶釜、高领瓮、盆、豆柄、鼎足、纺轮、石斧、锄	早期
H57	T0706与T0806	近圆形	②→M5→H57→H48→H30→③	陶片过碎，未采标本	
H62	T0705东北部	椭圆形	②→H62→③		

续表

编号	探方位置	形状	层位关系	出土遗物	分期
H63	T0705南部	不规则长方形	②→H63→③	陶瓮、圈足盘、石锛、镞、骨镞	早期
H72	T0508西南部	不规则椭圆形	②→H72→③	釜、高领瓮、豆之类陶器碎片、未采标本	早期
H78	T0604西北部及方外	椭圆形	②→H78→③	陶釜、豆柄	早期
H86	T0607东北部	椭圆形	②→M21→H86→③	陶片过碎、未采标本	早期
H88	T0807与T0907之间	方形	②→W1→H88→③	陶敛口盆、豆盘、鼎足、石斧	早期
H99	T0706与T0707	圆角长方形	②→H99→③	陶釜、圈足盘	早期
H109	T0101中部	圆形	②→H109→③	陶釜、钵、豆柄、器盖、鼎足、骨镞	早期
H158	T0408与T0409	椭圆形	②→H158→H179→③	陶釜	早期
H160	T0102东南部	圆形	②→H160→③	陶釜、高领瓮、圈足盘、器盖、鼎足	早期
H164	T0505东北部	椭圆形	②→H164→③	陶纺轮	
M5	T0706西南部	长方形	②→M5→H57→③	填土陶片过碎、未采标本；无随葬品	
M7	T0604东北部	长方形	②→H6→M7→H51→③	无随葬品	
Z1	T0605西南部	椭圆形	②→Z1→H42→③	陶片过碎、未采标本	晚期

注：1. 分期一项空白表示该单位无法参与分期。
2. 表中单位均位于西区西部。

附表九　大寺遗址西周遗迹登记表

编号	探方位置	形状	层位关系	出土遗物	年代
H234	T2542中部	椭圆形	③→H234→生土，东区	陶瓮、高足、长颈罐	早期晚段
H238	T2541、T2441、T2542	近圆角方形	③→H237→H238→生土，东区	陶瓮、高领瓮、圈足杯、高柄豆	早期晚段
G6	T0311、T0312、T0411、T0412、T0510、T0511、T0610、T0611、T0710、T0711、T0809、T0810、T0811	长条形	⑤（西周）→G6→生土，西区东部	G6①：陶瓮、瓶腰、卷沿盆、矮领瓮、高领瓮、长颈罐、豆盘、豆柄、盖钮、高足、骨镞	早期晚段
				G6②：陶瓮、矮领瓮、高领瓮、长颈罐、豆盘、豆柄、石斧、网坠、骨锥、卜骨	早期晚段
				G6③：陶瓮、高足、高领瓮、矮领瓮、长颈罐、盆、杯、高柄杯、豆盘、豆柄、拍、瓮肩、石斧、骨锥、镞	早期早段

附表一〇　大寺遗址楚文化遗迹登记表

编号	探方位置	形状	层位关系	出土遗物	年代
M3	T0504与T0503	长方形	②→M3→③→生土	陶鼎2、敦2、壶2、盘1、匜1、铜剑1	战国中期
M8	T0305、T0405、T0306	长方形	②→M8→③→生土	陶鼎1、盂1、长颈罐2、豆1	战国中期
M10	T0406与T0506	长方形	②→M10→③→生土	陶鼎2、敦2、壶2、盘1、匜1、料珠1、铜铃16	战国中期
M12	T0606与T0607	长方形	②→M12→H15→③	蚌坠7	
M21	T0507、T0508、T0607、T0608	长方形	②→M21→③→生土	陶鼎1、敦1、壶1、豆3	战国中期
M25	T0608与T0609	长方形	②→M25→③→生土	填土含碎陶片，无随葬品	
W1	T0807西南部	近圆形	②→W1→H88→③	陶瓮	战国中期
H225	T2443中部	椭圆形	③→H225→生土	陶瓮、高足、瓿、豆	战国中期
H233	T2441东北部	椭圆形	③→H233→生土	陶罐、高足	战国中期
H235	T2644、T2643、T2543、T2544	椭圆形	③→H235→生土	陶瓮、高足、罐、钵、盂、豆盘、豆座、拍、骨刀、镞	战国中期
H236	T2444中部	圆形	③→H236→生土	陶瓮、瓿、盂、豆盘、豆座、铜削刀	战国中期
H237	T2440、T2441、T2442、T2541、T2542	不规则形	③→H237→H238→生土，东区	陶瓮、瓿、盂、豆、纺轮、骨笄	战国中期
M1	T0312与T0412	长方形	④（宋）→M1→⑤（西周），西区东部	陶鼎2、敦2、壶2、豆1、盘1、匜1	战国中期
M20	T0409北部	长方形	④（宋）→M20→生土，西区东部	填土含碎陶片，无随葬品	
M26	T0811东部	长方形	④（宋）→M26→⑤（西周），西区东部	陶罐1	战国中期
M27	T0610中部	长方形	④（宋）→M27→⑤（西周），西区东部	填土含碎陶片，无随葬品	
M28	T0310北部	长方形	④（宋）→M28→⑤（西周），西区东部	陶鼎2、敦2、壶2、盘1、匜1	战国中期
M29	T0809西部和T0808东部	长方形	④（宋）→M29→⑤（西周），西区西部	陶瓮1、罐1、盂1	战国中期

注：1. 表中层位关系一项未注明西区东部与东区者均位于于西区西部。
　　2. 年代一项空白表示该单位无法确定具体年代。

附表一一　大寺遗址秦文化墓葬登记表

编号	探方位置	形状	层位关系	出土遗物	年代
M2	T0707与T0807	长方形	②→M2→③→生土	陶盆1、盂1，双耳釜1、单耳釜1，瓮1，动物骨骼1	秦代前后
M6	T0404、T0405、T0504、T0505	长方形	②→M6→③	陶双耳罐1，瓮1，铜鍪1，动物骨骼2	秦代前后
M9	T0605与T0606	长方形	②→M9→③	陶单耳釜2，瓮1，甑1，铁釜1，动物骨骼1	秦代前后
M11	T0407与T0507	长方形	②→M11→③	陶双耳罐1，双耳釜1	秦代前后
M22	T0202等	长方形	②→M22→③	陶双耳釜1，瓮1	秦代前后
M24	T0308东部	长方形	③（明清）→G4→G5→M24→生土，西区东部	填土含碎陶片，无随葬品	秦代前后

注：表中层位关系一项未注明西区东部者均位于西区西部。

附表一二　大寺遗址宋文化遗迹登记表

编号	探方位置	形状	层位关系	出土遗物	年代
G3	T0808、T0709、T0609等	长条形	③（明清）→G3→Y2→③（周）	滴釉瓷碗，釉陶盏，陶卷沿瓮，叠唇盆，筒瓦	宋代
G4	T0307、T0308、T0309、T0410、T0509、T0510、T0609、T0610、T0709、T0809	长条形	③（明清）→G4→G5→④（宋）	瓷碗，小罐，石网坠	宋代
G5	T0309、T0409、T0809等	曲尺形	③（明清）→G4→G5→④（宋）	陶敛领瓮，盆，甑，筒瓦，铁刀	宋代
H178	T0510中部	椭圆形	③（明清）→H178→H187→G5→④（宋）	陶盆，敛口罐	宋代
H187	T0510中部	椭圆形	③（明清）→H178→H187→G5→④（宋）	陶敛口罐	宋代
H213	T0611东部	椭圆形	③（明清）→H213→④（宋）	雕花青瓷碗，滴釉瓷碗，滴釉瓷盏，黑边瓷碗，瓷器盖，陶盆、缸、盏、釉陶罐，石网坠	宋代
Y2	T0808东部	长方形	③（明清）→G3→Y2→③（周）	陶片过碎，未采标本	宋代

注：表中单位均位于西区东部。

附表一三　大寺遗址明清文化遗迹登记表

编号	探方位置	形状	层位关系	出土遗物	年代
F1	T0405、T0406、T0305、T0306	不规则方形	①→F1→②	陶盆	明清
F2	T0507等	残	①→F2→②	陶片过碎，未采标本	明清
F14	T0507等	不规则长方形	①→F14→H139→②	陶片过碎，未采标本	明清
J1	T0504西北部	圆形	②→J1→③	陶片过碎，未采标本	明清
J3	T0204东南部	椭圆形	①→J3→②	陶片过碎，未采标本	明清
H1	T0506西南部	圆角长方形	①→H1→②	铜钱	明清
H2	T0404西部	近椭圆形	①→H2→②	陶盆、器耳	明清
H3	T0403东北部	近椭圆形	①→H3→②	陶片过碎，未采标本	明清
H4	T0403与T0503	圆形	①→H4→②	陶片过碎，未采标本	明清
H137	T0507东部	椭圆形	①→H137→②	陶片过碎，未采标本	明清
H138	T0508与T0507	不规则椭圆形	①→H138→②	陶片过碎，未采标本	明清
H139	T0507、T0508、T0407、T0408	不规则椭圆形	①→F14→H139→②	陶片过碎，未采标本	明清
H209	T0508东部	圆形	①→H209→②	陶片过碎，未采标本	明清
M30	T0413东南部等	长方形	②→M30→③（明），西区东部	瓷碗2，釉陶罐1，板瓦1，铜钱4	明代

注：表中层位关系一项未注明西区东部者均位于西区西部。

附　录

附录一　大寺遗址出土人骨古DNA研究

崔银秋

（吉林大学边疆考古研究中心）

　　大寺遗址位于湖北省十堰市郧县城关镇后殿村，东距郧县城区5.2千米。地处汉江左岸与埝河交汇处的二级台地上。该遗址于1958年发现，1958年12月至1964年4月，中国科学院考古研究所等单位先后对其进行了5次发掘。2006~2011年，为了配合南水北调中线文物保护工程，湖北省文物考古研究所对郧县大寺遗址进行了抢救性发掘。经初步整理，大寺遗址的文化内涵以仰韶文化和屈家岭文化为主，龙山文化遗存较少。仰韶文化的尖底瓶、折腹鼎、彩绘钵、盆等均与仰韶文化庙底沟类型和下王岗类型相似。屈家岭文化的双腹豆、壶形器、斜腹杯、圈足杯等，与湖北京山屈家岭文化早期相同。龙山文化的罐形鼎、高领罐、圈足盘、豆等，属于龙山文化的典型器物。从大寺遗址新石器时代文化的陶器特征和灰坑特点分析，该遗址既有中原文化因素又具有地方文化特色。为研究汉水中上游原始文化、中原文化及中原文化对汉水流域文化的影响提供了重要的原始材料。

　　湖北省文物考古研究所大寺遗址考古队收集了丰富的以新石器时代的仰韶文化和龙山文化遗存为主的古人类样本，其中的M18和M19为仰韶文化时期的多人二次葬墓，埋葬方式很有特色，对于我们研究仰韶文化的墓葬习俗和社会结构有重要意义。本项目拟采用自行设计的多遗传标记扩增结合新一代基因组测序方法，以克服古代样本降解、微量的特点，同时对常染色体STR、性别鉴定位点、Y染色体STR及线粒体SNP位点进行分析，得到M18和M19中的个体之间确切的亲缘关系，以此反映仰韶文化时期社会婚配形式、埋葬习俗，进而研究该地区仰韶文化时期的文化习俗等的发展变化及其与中原原始文化的演变关系。

一、材料与方法

1. 样本

由于古DNA受到高度降解，并且存在着广泛的损伤，因此在古DNA样本的采样、抽提直至最终DNA序列测序都很容易受到现代DNA的污染。在样本采集过程中，采样人严格按照古DNA防污染标准进行样本收集。所有接触样本的人员必须佩戴一次性医用无菌手套、口罩及帽子并且尽量挑选保存完整、没有任何裂痕的牙齿及骨骼样本。

对M18和M19两个墓葬的所有个体进行采样。其中M18主要采集的是牙齿或肢骨，M19采集了所有3个个体的颞骨和牙齿（表一）。

表一　大寺遗址古DNA采样列表

墓号	样本	位置
M19-2	牙齿，颞骨	左下颌骨第二、三臼齿，左侧颞骨
M19-3	牙齿，颞骨	右下颌骨第二、三臼齿，左侧颞骨
M19-4	牙齿，颞骨	右下颌骨第二、三臼齿，左侧颞骨
M18-1	牙齿	右下颌第一前臼齿
M18-2	骨	一段5厘米左右
M18-3	牙齿	左下颌第三臼齿
M18-4	牙齿，骨	左上颌第三臼齿
M18-5	牙齿	左下颌第二、三臼齿
M18-6	牙齿	左下颌第二、三臼齿
M18-7	牙齿	左下颌第三臼齿

牙齿样本的处理：选用完整牙齿样本，用15%次氯酸溶液擦洗表面，然后用浓度为5%的次氯酸溶液浸泡30分钟，用无水乙醇冲洗后每一面用紫外照射30分钟，用钻头打孔取牙齿粉末。

颞骨的处理：使用钻头在颞骨岩部打孔取内耳处的骨粉50mg。

骨骼的处理：使用手钻在长骨中间部位切取1厘米×1厘米大小的骨块，在5%的Nacl溶液中浸泡约15分钟，后用95%乙醇进行冲洗，然后将样本放在处理过的干净培养皿中，紫外照射下晾干过夜。待骨样干燥，先用钻牙机将骨片表面打磨干净，然后在骨头上钻孔以获得骨粉，若骨壁较薄可钻取多个孔。对于牙齿样本来说，先清除牙齿上的牙结石部分，然后进行钻孔取粉。骨粉分装在15ml离心管中，每管大约200mg，在-20℃冰箱中保存，以备抽提使用。

2. DNA提取

使用Purification Kit抽提试剂盒对样本进行抽提，具体过程如下。

（1）在装有约2g牙粉的EP管中加入3ml的EDTA、80μl蛋白酶K、250ul NLS，充分混合后用封口膜封好，放在50℃的恒温摇床中孵育过夜。

（2）孵育后将溶液8000rpm离心，将上清转移至超滤管中，继续7000rpm离心，直至终体积为100μl。

（3）在15ml EP管加入4ml PB、60μl乙酸钠混匀。

（4）在15ml EP管加入7ml乙醇、1.4ml PE混匀。

（5）向浓缩管中加入5倍体积的PB buffer，用枪吹打混匀，QIAquick®spin column柱12000rpm离心1分钟。

（6）换新的收集管，加入5倍体积的PE buffer，12000rpm离心1分钟。

（7）重复步骤（6），之后取新管去盖，空转离心，14000rpm，3分钟。

（8）空转离心1分钟。

（9）加入70μl EB于膜的中心，50℃温育20分钟。

（10）12000rpm离心1分钟，收集液-20℃保存。

3. DNA定量

抽提后，应用NANODROP-1000对抽提液中总的核酸含量及纯度进行检测。对于含量较低、纯度较差的样本，需再次进行抽提纯化。

4. PCR扩增

PCR采用20μl反应体系：14.2μl无菌水、2μl DNA模板、2μl 10×buffer（Fermentas）、0.2mM dNTPs（Promega）、每条引物0.2μM、1.0U Taq DNA聚合酶（Fermentas）及1μl浓度为20mg/ml的BSA（Takara, Japan）。扩增程序如下：95℃ 4min → 94℃ 30s → 56℃ 40s → 72℃ 40s → 72℃ 10min → Hold 4℃共进行35个循环。

性别鉴定：对AMG的PCR扩增，AMG基因通常在Y染色体和X染色体上长度不同，PAGE电泳后出现106bp和112bp两条谱带的为男性，只出现106bp谱带的为女性（表二）。

表二　性别鉴定引物及PCR扩增片段长度

引物	长度
F-5'CCTGGGCTCTGTAAAGAATAG3'	106bp（女）
R-5'CAGAGCTTAAACTGGGAAGCTG3'	106bp和112bp（男）

5. 琼脂糖凝胶电泳

PCR扩增产物均采用2%琼脂糖凝胶电泳进行检测，电泳缓冲溶液为1×TAE，电场强度为10V/cm，电泳后使用ImageMaster®VDS凝胶成像仪观察结果。

6. 扩增产物纯化

将需要测序的PCR产物进行纯化，去除PCR产物中过量的dNTP、酶、引物及引物二聚体等。本研究使用QIAquick Gel Extraction Kit（Qiagen, Germany）纯化PCR产物，具体步骤如下。

（1）电泳：低电压、高浓度回收胶分离目标片段与非特异片段。

（2）切胶：紫外灯下用无菌手术刀片切下目标DNA片段。

（3）吸附：加500ml Buffer QXI（体积约为凝胶的4～5倍），8μl Glassmilk，吸附凝胶中的DNA分子，50℃孵育30分钟，每隔10分钟涡旋一次，防止Glassmilk下沉。

（4）13000rpm离心1分钟，使吸附有DNA的Glassmilk全部沉淀，弃去上清。

（5）除杂质：加入500ml Buffer QXI，13000rpm离心1分钟，弃去滤液。

（6）除杂质：加入Buffer PE（PE：无水乙醇=1：4），13000rpm离心1分钟，弃去滤液，50℃孵育，烘干Glassmilk。

（7）洗脱：向烘干的Glassmilk中加入20μl去离子水，室温孵育 2小时，13000rpm离心1分钟，吸取上清液，−20℃保存；

7. DNA文库构建

1）末端修复

（1）向50.5μl DNA抽提液中加入如下试剂。

| End Prep Enzyme Mix | 3.0μl |
| End Prep Reaction Buffer | 6.5μl |

（2）用移液器轻轻吹打，点动离心。

（3）20℃放置30分钟，后快速转移至65℃金属浴中30分钟，最后在4℃下放置20分钟。

2）接头连接

向末端修复的产物中加入如下试剂。

Ligase Master Mix	15μl
Adaptor	2.5μl
Ligation Enhancer	1μl

用移液器轻轻吹打，点动离心，然后在20℃的金属加热模块上放置15分钟。

3）产物纯化

向上述接头连接产物中加入86.5μl Beads，用移液器缓慢吹打几次，室温放置10分钟，后在磁力架上放置5分钟，去上清。加入200μl 80%的无水乙醇，待磁珠完全被磁力架吸附后，取上清，开盖直至磁珠干燥。然后向磁珠中加入26μl无菌水洗脱。

4）文库扩增

PCR反应体系为：PCR Master Mix 25μl、Index Primer 1μl、纯化产物 23μl、Universal PCR Primer 1μl。扩增程序如下：98℃，30s→98℃，10s→65℃，30s→72℃，30s→72℃，5min→Hold 4℃ 共进行35个循环。

5）建库后样本检验

用3%的琼脂糖凝胶电泳检测目标片段，用Qubit2.0进行DNA定量。为了达到足够的覆盖度，我们紧接着进行线粒体DNA捕获，捕获和测序都使用MyGenostics Human Mitochondria Capture Kit（北京迈基诺公司）进行。

8. Illumina平台进行高通量测序

对于建立好的文库，在进行高通量测序之前通常都会通过Qubit及Bioanalyzer进行样本质量的控制，然后将含有不同标签序列的样本组合到一个通道（lane）中进行测序。本研究线粒体捕获样本应用Illumina Hiseq 2000平台进行测序，全基因组测序应用Illumina Hiseq X10平台进行测序。

9. mini-STR检测

本研究中mini-STR序列重复数的测定是应用The AmpFLSTR MiniFiler$^{\mathrm{T14}}$ PCR Amplification Kit对抽提DNA模板进行PCR反应，在PCR产物中加入变性剂HI-DI^{Tm}，95℃变性3分钟，每个样本中均加入内标Size500（Applied Biosystems, USA），以便进行长度分析，使用GeneMapper 4.1进行分析，等位基因长度被记录为重复次数。

二、结果与讨论

1. 结果真实性分析

由于古DNA含量极低，很容易受到外源DNA的污染，因此古DNA实验的防污染措施至关重要。我们在整个实验过程中均严格遵守古DNA防污染操作规范以保证所得数据的真实可靠，具体措施如下。

（1）整个实验过程分为PCR前与PCR后两个部分，分别在两个相隔大于2千米的独立实验室中进行，其中完成PCR前实验部分的实验室是整个建筑中唯一的DNA实验室。实验人员只能从PCR前实验区进入PCR后实验区，不允许反向运动，最大限度地避免将PCR扩增产物带入PCR前实验区。同时，PCR前实验区均配有风淋设备，实验人员进入PCR前实验区前应进行无菌风淋，有效地清除了附着在实验人员衣物上的灰尘、头发、发屑等杂物，减少了进出实验区可能带入的污染。

（2）在整个PCR前实验部分，包括样本处理、打磨、抽提和 PCR 体系建立等实验过程中，实验人员均全程穿戴全身防护服，佩戴一次性口罩、帽子及双层的无菌手套。在打磨样本时，实验人员还需佩戴干净的套袖，打磨两个样本之间应至少将实验室通风半小时以防止样本间的交叉污染。

（3）所有可能会携带外源DNA的试剂、耗材及仪器在使用前均会进行紫外照射、次氯酸浸泡、DNA-OFF擦拭等处理以去除可能的外源DNA污染。

（4）在抽提与PCR实验中设置空白对照组以检测是否存在污染问题及发现可能出现问题的环节。

（5）对部分样本进行重复实验，包括重新打磨、抽提、PCR扩增与测序以保证结果的可靠性。

（6）将得到的古DNA序列与实验室所有人员的序列进行对比以排除样本被实验人员污染的可能。

另外，由于新一代高通量测序不同于以往的Sanger测序，能够对文库中所有的古DNA片段进行测序，同时也能对古DNA末端的损伤情况进行检测。通过MapDamage2.0软件对样本片段末端的损伤模式进行检验，我们发现5'末端的G→A和3'末端的C→T替换率均达到或者接近20%，说明了古DNA片段的真实性（图一）。

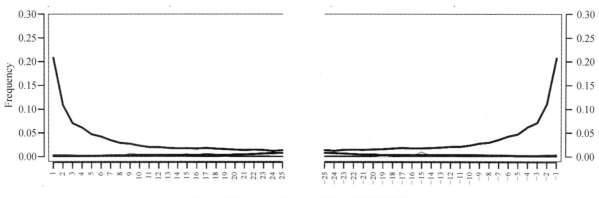

图一　样本M19-4的DNA片段末端损伤图谱

2. 高通量数据基本信息

本研究从大寺遗址M18和M19两处墓葬中共取全部10个个体，其中包括3个个体（M19）的颞骨岩部，进行基因组DNA的提取、DNA文库的构建和全基因组测序。我们通过qPCR、Qubit及NanoDrop等对文库的质量进行评估，以检测这些文库质量是否满足上机测序要求。文库的测序数据见表三。如表三所示，10个样本中，有6个在DNA文库检测显示满足上机测序要求。共获得了6个个体的基因组文库。我们将根据文库浓度比例混合，并使用Illumina HiSeq X-10平台进行Shotgun全基因组测序。最终每个文库去除读长重复后，平均基因组覆盖率在0.0003～0.0142。

得到的基因组数据显示，所有样本保存情况较差，DNA提取物种属于人类的DNA（内源性）的含量均小于1%，绝大部分外源性DNA为细菌和真菌。

表三　大寺遗址古代个体线粒体基因组数据分析

样本	匹配数据	原始数据	内源性比例（%）	基因组覆盖度
M18-2	74223	103434784	0.071758259	0.0008
M18-3	28159	42549740	0.066179018	0.0003
M18-4	64210	103434784	0.062077763	0.0014
M19-2	266328	61668056	0.431873513	0.0024
M19-3	113548	53408244	0.212603882	0.0018
M19-4	931755	119361714	0.780614628	0.0142

3. 性别鉴定结果

在以前的法医学和古DNA研究中，往往利用X和Y染色体在AMEL基因上扩增片段长短的差异鉴定性别，但是大部分样本由于保存情况的原因，常常无法得到扩增结果，同时，有一些男性在AMEL基因上存在缺失，因此会把男性错误地鉴别为女性。本课题组以得到的基因组数据为基础，通过分析其中X和Y染色体数据的比例，以文献中判断性别的Rx和Ry值为依据，来判断大寺遗址古代个体的性别。Rx和Ry值为X染色体和Y染色体reads数占性染色体总reads数的比例见表四。

表四　大寺遗址古代个体利用基因组数据鉴定性别结果

样本	Rx	Ry	性别
M18-2	0.928427	0.0085	女
M18-3	0.575008	0.0676	男
M18-4	0.990585	0.0085	女
M19-2	0.50911	0.0463	男
M19-3	0.568628	0.0443	男
M19-4	0.49903	0.0717	男

4. 线粒体基因组分析

线粒体基因组具有母系遗传、突变率高和多拷贝等特点，因此可以用来反映人群或种族的母系亲缘关系和历史，在单个细胞中多拷贝存在使之特别适合高降解的古代 DNA 的研究。尤其是不同的线粒体单倍型类群有特异的地理分布区域，为探索人类起源及迁徙历史提供了重要依据。

本研究的10个个体因为保存条件较差，只有6个个体构建了DNA文库，其中来自M19的全部3个个体得到了线粒体基因组的序列信息。从得到的序列可以看到3个个体的线粒体基因组分别属于不同的单倍型类群，未见有母系亲缘关系（表五）。

表五　大寺遗址古代个体线粒体单倍型类群分布和线粒体基因组变异位点

样本编号	单倍型归属	线粒体基因组数据
M19-2	R	73G，96T，263T，332T，501A，750G，1868A，2128A，2225A，2338C，2702A，2791T，2770T，2870A，2927T，2928T，3107T，3433G，3448T，4708A，4923T，5368T，5369T，5465C，5720T，5880G，6425C，6935T，6938T，7028T，7122T，7126T，7127T，7182T，7183T，7397T，7398T，7523G，7853A，8144C，8702T，8860G，9044C，9063G，9255T，9504A，9711A，9752T，9932A，10452C，10822G，10829C，10999T，11219G，11634A，12684T，13246G，13765T，13802T，13843A，14649A，14664T，14668T，15170A，15172A，18215C，16121A，16261T
M19-3	G3a2	73G，143A，152C，263G，489C，709A，750G，1438G，2706G，4769G，4833G，5108C，7621C，7028T，8701G，8860G，9540C，10398G，10400T，10761C，10873C，11719A，13749T，12705T，14404T，14569A，14766T，14783C，15043A，15326G，15506A，15746G，16223T

续表

样本编号	单倍型归属	线粒体基因组数据
M19-4	Z	73G，263G，489C，750G，1438G，2706G，4715G，4769G，5894G，6249A，6752G，7028T，7196A，8584A，8692T，8701G，8860G，9090C，9225A，107889G，11052G，11719A，12705T，14017A，14158T，14259A，14766T，14783C，150473A，15301A，15326G，15475G，15487T，16185T，16223T，16260T，16298C

我们针对得到的个体线粒体基因组进行了进一步的系统发育分析，探讨这些个体的母系祖先来源。M19-3属于单倍型G3a2。线粒体单倍型G主要分布在东亚地区，在鄂霍次克海周围的人群中发现的频率最高，其次在东北亚人群中如现代阿伊努人、日本、蒙古、中国西藏也有分布。在中亚、孟加拉国、斯里兰卡和尼泊尔等许多地区有较低的频率。其中亚型G2是分布最广的一种，主要在西伯利亚西部（Mansi、Khanty），在日本、伊朗和中国南方人群（广西的苗族和土家族）中有少量分布。亚型G1几乎完全分布在鄂霍次克海附近。在中国的东北部发现的主要为G1a（Daur、Hui、Kazakh、Korean、Manchu）。亚型G3相对较少。它主要是在韩国、藏族人及目前在南西伯利亚和附近的突厥人或蒙古族人群中发现的，偶尔也会出现在印度西部的布里亚特、日本、塔吉克、苗族和土家族，以及越南人。我们使用所有的已发表的亚型G3包括大寺遗址的M19-3的线粒体基因组全序列进行了系统发育树的构建，用来计算该亚型的地理分布。由系统发育树可以看出G3主要的分布地理区域在亚洲的北部区域。而本研究中的大寺遗址古代个体M19-3的基因组序列与两个来自中国山东的现代个体聚集在一个分支下，属于G3的下游亚型G3a2（图二）。

M19墓葬中的另一个体M19-4属于单倍型Z。Haplogroup Z主要在西伯利亚南部叶尼塞河下游地区的人群中分布，如阿尔泰人群（Altaian，1.4%）、图瓦人群（Tuvan，1.7%）、布里亚特人群（Buryat，4%）和雅库特人（Tofalar，10.9%）。另外，该单倍型在斯堪的纳维亚半岛北部的芬兰萨米人中也有分布。本研究中的古代个体M9-4在单倍型Z的系统发育树的根部，与北亚的雅库特个体处于一个分支上。表明该类型为单倍型Z中的古老类型，在旧石器时代早期从根部分离出来（图三）。

M19的另一个个体M19-2尽管获得了基因组的序列，但是由于测序深度不高，整个线粒体基因组的覆盖度不够，留有大量未测到的空白区，因此无法获得更精确的线粒体分型结果。但根据已有的确切位点数据依然可以判断出该个体属于主干单倍型R，而且与M19中的另外2个个体的序列不同。

5. 古代样本STR检测

mini-STR是专门针对陈旧性样本设计的对常染色体上微卫星重复序列（STR）扩增的试剂盒，特点是缩短扩增片段的长度以应对陈旧性样本中DNA大量降解的现象。对大寺遗址古代个体中DNA残余含量较多的M19中的3个个体进行了常染色体的8个mini-STR基因座D13S317、D7S820、AMEL、D2S1338、D21S11、D16S539、D18S51、CSFIPO、FGA的扩增。可能由于样本保存条件等因素的限制，导致核基因的拷贝数很低，所以我们无法获得常染色体STR基因座的信息以对他们的亲缘关系进行研究。

三、结　语

（1）获得的M19中全部3个个体的基因组序列信息显示古代个体均为男性；从3个个体的线粒体序列比较可以看出，三者之间没有母系亲缘关系，故他们不可能是亲兄弟的关系。由于保存情况较差，无法得到基因组中单拷贝的Y染色体和常染色体的短片段长度多态性的信息，无法排除三者之间是否具有父系和其他血亲关系。

（2）大寺遗址出土的古代个体线粒体单倍型均属于东亚地区较常见的单倍型类群，其中单倍型G3a2和Z均在中国北方地区分布频率最高，暗示大寺遗址古代人群的北方来源。这一结论与大寺遗址所展现的考古文化一致。

2017年7月

附录二 大寺遗址出土植物遗存分析
——兼谈鄂西北豫西南山区史前农业特点

唐丽雅[1] 黄文新[2] 郭长江[2] 瞿 磊[2]

（1. 西北大学文化遗产学院 2. 湖北省文物考古研究所）

本文所指的鄂西北豫西南山区主要包括今湖北省十堰市大部和河南省南阳市淅川县，全境属于汉水上游末段。汉水和丹江流经该处，为受侵蚀的中低山地貌，西接汉中盆地，东面南襄盆地。"史前"是指5000BC～2000BC，主要包括仰韶、屈家岭和龙山文化时期（包括石家河文化、后石家河文化等）。

大寺遗址位于湖北省西北部十堰市郧县城关镇，地处汉江与堵河交汇处的二级台地上，地理坐标为北纬32°51′8.8″，东经110°45′26.3″，海拔146.66米[1]。此前，大寺遗址曾先后共经过五次发掘（1958年12月至1964年4月），发掘资料见《青龙泉与大寺》[2]一书。2006～2011年，为配合南水北调工程，湖北省文物考古研究所对丹江口水库淹没区的大寺遗址再次进行抢救性发掘[3]。该遗址史前文化内涵主要包括仰韶文化、屈家岭文化和龙山文化等。伴随此次发掘采集了浮选土样，获取了一批珍贵的炭化植物遗存。

此前该地区已经进行过浮选的史前遗址主要有郧县青龙泉遗址[4]和淅川沟湾遗址[5]。上述遗址的浮选成果深入地讨论了各遗址的农业生产情况，但未对此地区的史前农业生产格局进行综合研究。由于鄂西北豫西南山区一带不仅连接了汉水上、中游，也是当今陕西、河南、湖北三省的交汇处，更是史前南、北方文化的交汇处，那么对这一带的史前农业生产开展研究就十分重要。本文以分析大寺遗址浮选结果为契机，结合青龙泉、沟湾等史前遗址的植物考古研究成果，一并对鄂西北豫西南山区史前农业生产特点进行综合分析。

一、方法与数据

炭化植物遗存与植硅体、淀粉粒、孢粉等都是植物考古研究的对象，但是与后三者相比，

---

① 湖北省文物考古研究所、湖北省文物局南水北调办公室：《湖北郧县大寺遗址2006年发掘简报》，《考古》2008年第4期。

② 中国社会科学院考古研究所：《青龙泉与大寺》，科学出版社，1991年。

③ 见本报告。

④ 吴传仁：《湖北郧县青龙泉遗址出土植物遗存分析》，中国社会科学院研究生院硕士学位论文，2011年。

⑤ 王育茜、靳桂云、张萍等：《河南淅川沟湾遗址2007年度植物浮选结果与分析》，《四川文物》2011年第2期。

炭化植物遗存是最直观的类型，它在考古发掘中通过浮选就能获得，用低倍显微镜甚至肉眼就能进行观察，并且大多数可被鉴定到种（species）。

　　大寺、青龙泉、沟湾遗址均使用针对性采样法对土样进行采集[①]。针对性采样法是常规考古发掘中比较常用的土样采集手段，即遇到一个遗迹单位就采集一份土样。其中，大寺遗址在发掘现场共采集土样28份，浮选土量总计约为290升，平均每份样品的土样约为10升；大寺遗址的土壤样品绝大部分采自灰坑，其年代分别属于仰韶文化、屈家岭文化和龙山文化时期（表一），但龙山文化时期的样品数量少，浮选情况也不甚理想。青龙泉遗址的土壤样品年代集中于屈家岭文化、石家河文化（青龙泉三期文化）时期。沟湾遗址的土壤样品年代分别属于仰韶文化、屈家岭文化、石家河文化时期，尤其是仰韶文化时期的样品极其丰富。各遗址不同时期浮选样品数量对比见图一。

表一　大寺遗址土样采集背景

	仰韶文化	屈家岭文化	龙山文化	合计
地层			1	1
灰坑	16	6	4	26
窑址	1			1
合计	17	6	5	28

　　浮选设备使用的是水波浮选仪，收取浮出炭化物的标准筛规格是80目（筛网孔径0.2毫米）。实验室工作的详细流程和相关统计方法原理分别参见《中华人民共和国文物保护行业标准——田野考古植物遗存浮选采集及实验室操作规范》[②]和《植物考古学的实验室工作方法》[③]。以炭化植物遗存为分析对象的植物考古实验室仪器设备比较简单，主要包括体视显微镜、电子天平、标准筛及其他小工具和小配件。统计分析时，由于每份样品的土量不同及采样背景各异，出土植物遗存的情况自然会有所差异，单纯用绝对数量的"多"或"少"来衡量植物遗存的重要性未免偏颇，因此在考虑植物遗存在古人生活中是否具有普遍性时，要兼顾出土概率统计法。植物遗存的出土概率是指在遗址中发现某种植物种类的可能性，它能反映植物遗存在遗址中的分布范围。这种方法是根据该植物种类的样品在采集样品总数中所占的比例计算得出的，这种统计方法的特点是不考虑每份浮选样品中所出土的各种植物遗存的绝对数量，而是仅以"有"和"无"二分法作为计算标准，因此在客观上减弱了埋藏机制和埋藏背景造成的误差对分析结果的影响。

① 赵志军：《植物考古学的田野工作方法——浮选法》，《考古》2004年第3期。

② 中华人民共和国国家文物局：《田野考古植物遗存浮选采集及实验室操作规范》，文物出版社，2012年。

③ 赵志军：《植物考古学的实验室工作方法》，《植物考古学：理论、方法和实践》，科学出版社，2010年。

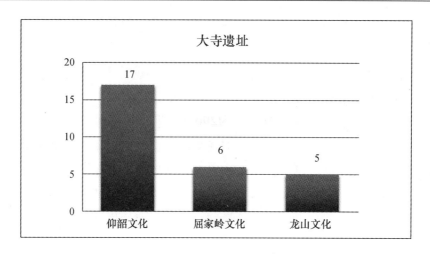

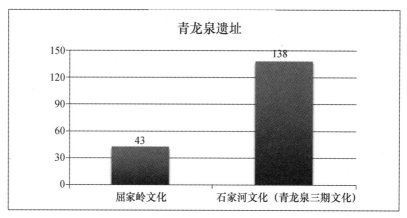

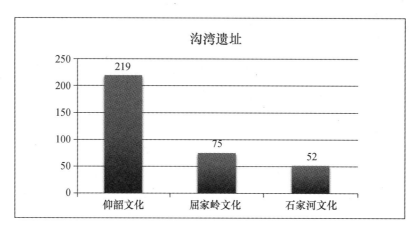

图一　各遗址不同时期浮选样品数量对比

二、大寺遗址浮选结果

　　通过显微镜观察，从大寺遗址土样中提取出来的炭化植物遗存大体可以分为炭化木（charred woods）和植物种子（seeds）两类。

　　炭化木是指经过燃烧的木头残存，其主要来源应该是未燃尽的燃料，或遭到焚烧的建筑木材及其他用途的木料等，其横切面上表现出树脂道或树胶道、管胞或导管，以及筛管、木射线等，径切面上表现出木射线的形态和排列形式等[①]。植物种子是被子植物的繁殖体，由种皮、胚和胚乳组成，后文提及的炭化稻谷基盘是重要的植物遗存，但不是植物种子。

对出土的炭化木和植物种子进行初步的量化分析，以考量浮选的总体效果。首先，对各样品出土的大于1毫米的炭化木进行称重，然后以克/10升为单位进行换算，一般来说，浮选样品炭化物质整体含量的标尺是炭化木的含量，如果炭化木含量低，样品中所包含的其他炭化植物遗存就相应少[②]。结果显示，大寺遗址浮选样品中炭化木的平均含量为0.29克/10升，平均每升土样出土植物种子数量不足1粒。已有的汉水流域至长江沿岸的浮选资料显示，大冶蟹子地遗址浮选样品中炭化木的平均含量为0.31克/10升，平均每升土样出土植物种子数量不足2粒[③]；郧县青龙泉遗址浮选样品中炭化木的平均含量为0.58克/10升，平均每升土样出土植物种子数量约为5粒[④]；孝感叶家庙遗址浮选样品中炭化木的平均含量为1.24克/10升，平均每升土样出土植物种子数量约为20粒[⑤]。以此看来，大寺遗址浮选出土植物遗存的水平是比较低的。

再者，对大寺遗址出土农作物遗存的百分含量进行考察。大寺遗址发现了248粒炭化植物种子，农作物遗存约占所有炭化植物种子数量的56.6%。已有资料显示，青龙泉遗址农作物遗存约占所有炭化植物种子数量的62.1%[⑥]；沟湾遗址农作物遗存约占所有炭化植物种子数量的16.9%[⑦]。综上，大寺遗址与其他遗址相比，虽然浮选出土植物遗存的比例不高，但农作物遗存占所有植物遗存数量的比重并不低。以下分别介绍农作物遗存和非农作物遗存。

（一）农作物

大寺遗址发现了粟（*Sataria italica*）、黍（*Panicum miliaceum*）、水稻（*Oryca sativa*）三种农作物遗存，共计141粒（包括140粒植物种子和1粒稻谷基盘。详见附表。

1. 粟

粟为禾本科狗尾草属，又称谷子，是典型的旱地作物，在北方地区史前遗址中颇为常见。大寺遗址中出土的炭化粟遗存最多，共计101粒，占出土谷物总数的72.1%。这些粟粒呈圆球状，表面较光滑，腹面较平，胚部因烧烤而爆裂呈凹口状（图二，1、2）。大寺遗址出土仰韶文化的炭化粟46粒，屈家岭文化的47粒，龙山文化的8粒。对保存较好的46粒炭化粟进行测

① 王树芝：《木炭在考古学研究中的应用》，《江汉考古》2003年第1期。
② 赵志军、方燕明：《登封王城岗遗址浮选结果及分析》，《华夏考古》2007年第2期。
③ 唐丽雅、罗运兵、陶洋等：《湖北省大冶市蟹子地遗址炭化植物遗存研究》，《第四纪研究》2014年第1期。
④ 吴传仁：《湖北郧县青龙泉遗址出土植物遗存分析》，中国社会科学院研究生院硕士学位论文，2011年。
⑤ 吴传仁、刘辉、赵志军：《从孝感叶家庙遗址浮选结果谈江汉平原史前农业》，《南方文物》2010年第4期。
⑥ 吴传仁：《湖北郧县青龙泉遗址出土植物遗存分析》，中国社会科学院研究生院硕士学位论文，2011年。
⑦ 王育茜、靳桂云、张萍等：《河南淅川沟湾遗址2007年度植物浮选结果与分析》，《四川文物》2011年第2期。

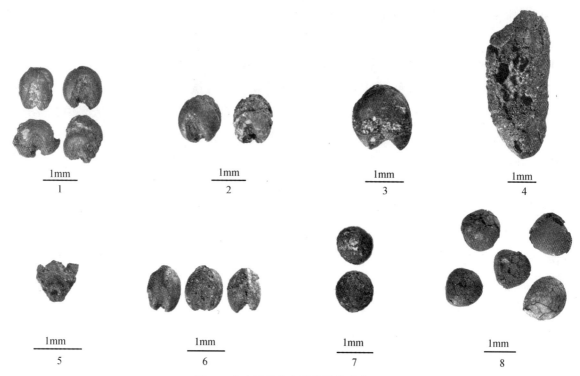

图二　大寺遗址出土炭化植物遗存

1. 粟（H27②，屈家岭文化）　2. 粟（H27③，屈家岭文化）　3. 黍（H197，仰韶文化）　4. 稻米（Y1，仰韶文化）　5. 稻谷基盘（H157①，屈家岭文化）　6. 狗尾草（H27②，屈家岭文化）　7. 紫苏（H89②，仰韶文化）　8. 紫苏（H27③，屈家岭文化）

量，其长度在0.83～1.5毫米，平均值1.17毫米；宽度在0.71～1.24毫米，平均值1.04毫米；厚度在1.33～1.42毫米，平均值0.82毫米。

2. 黍

黍为禾本科黍属，又称糜子，也是典型的旱地作物。大寺遗址中出土的炭化黍遗存共计37粒，占出土谷物总数的26.4%。这些炭化黍粒亦呈圆球状，但个体较大，腹面较弧凸，胚部因烧烤而爆裂呈"V"形（图二，3）。大寺遗址出土仰韶文化的炭化黍30粒，屈家岭文化的6粒，龙山文化的1粒。对保存较好的20粒炭化黍全部进行测量，其长度在1.11～2.63毫米，平均值1.59毫米；宽度在0.89～1.90毫米，平均值1.37毫米；厚度在0.66～1.5毫米，平均值1.12毫米。

3. 水稻

水稻为禾本科稻属。大寺遗址中出土的炭化水稻遗存极少，仰韶文化和屈家岭文化的炭化稻米各1粒，另外还发现1粒屈家岭文化的稻谷基盘。炭化稻米呈长圆形，表面起棱，1粒成熟（图二，4），1粒未成熟。通过测量，成熟稻米长度、宽度、厚度分别为5.03、2.28、1.80毫米，未成熟稻米长度、宽度、厚度分别为2.64、1.59和0.99毫米。

稻谷基盘（rice spikelet base），是稻谷与稻秆小枝梗的连接处用来承托稻谷的部分[①]，呈

---

① 刘长江、靳桂云、孔昭宸：《植物考古：种子和果实研究》，科学出版社，2008年，第43、212页。

三角形，其间有凹陷下去的小孔，因此被形象地称为"基盘"（图二，5）。稻谷基盘直径小于1毫米，个体非常小，需要在显微镜下高倍率放大才能被发现，它是古代人类进行稻谷加工的重要证据，但由于数量太少，后文不再讨论。

（二）非农作物

大寺遗址还出土了一些狗尾草（*Setaria viridis*）、紫苏（*Perilla frutescens*）、藜（*Chenopodium album*）、野大豆（*Glycine soja*）、酸模叶蓼（*Polygonum lapathifolium*）、堇菜（*Viola verecunda*）及猕猴桃属（*Actinidia* sp.）、接骨木属（*Sambucus* sp.）的植物种子，共计65粒。其余还包括43粒已经失去鉴定特征的碎种子（详见附表）。

1. 狗尾草

狗尾草为禾本科狗尾草属，可生于海拔4000米以下的荒野、道旁，为旱地作物常见的一种杂草，分布于全国各地，花果期5～10月[1]。大寺遗址中发现了11粒炭化狗尾草种子，呈梭形，背部微凸，腹部较平，胚体呈椭圆形（图二，6）。测量7粒保存较好的狗尾草种子，其长度在1.06～1.36毫米，平均值1.24毫米；宽度在0.75～1.02毫米，平均值0.9毫米；厚度在0.48～0.78毫米，平均值0.63毫米。

2. 紫苏

紫苏为唇形科紫苏属，小坚果，一年生直立草本，生于山地路旁、村边荒地，花期8～11月，果期8～12月；该植物在我国栽培极广，其用途颇多，比如茎叶和籽实可供药用，叶可煮食，种子可榨油[2]。大寺遗址共发现了32粒紫苏遗存，仅次于农作物黍。大寺遗址紫苏遗存多为紫苏种子，不带小坚果壳，近球形（图二，7、8）。测量了14粒保存较好的紫苏遗存，直径在0.99～1.69毫米，平均值1.35毫米。

3. 藜

藜为藜科藜属，小坚果，一年生草本，又名灰菜，我国各地均产，生于路旁、荒地及田间，花果期5～10月[3]。藜的幼苗可作蔬菜用，茎叶可喂家畜。大寺遗址出土了12粒炭化藜种子，呈圆形，两面微凸，边缘胚根端与子叶之间有浅凹，胚根端略凸出，表面光滑（图三，1）。测量了7粒保存较好的炭化藜种子，其直径在0.85～1.07毫米，平均值0.98毫米。

① 中国科学院《中国植物志》编辑委员会：《中国植物志》[10卷（1）]，科学出版社，1990年，第348页。
② 中国科学院《中国植物志》编辑委员会：《中国植物志》（66卷），科学出版社，1977年，第282页。
③ 中国科学院《中国植物志》编辑委员会：《中国植物志》[25卷（2）]，科学出版社，1979年。

图三　大寺遗址出土炭化植物遗存

1. 藜（H175②，仰韶文化）　2. 野大豆（H27③，屈家岭文化）　3. 酸模叶蓼（H27③，屈家岭文化）

4. 堇菜（H27③，屈家岭文化）　5. 猕猴桃属植物种子（H192，屈家岭文化）　6. 接骨木属植物种子（H192，屈家岭文化）

4. 野大豆

　　野大豆为豆科大豆属，一年生草本，除新疆、青海和海南外，几乎遍布全国。常见于田间、路旁、沼泽、草甸、沿海和岛屿向阳的矮灌木或芦苇丛中，花期7～8月，果期8～10月[①]。大寺遗址中发现了3粒野大豆，呈椭圆形，背部圆鼓，腹部微凹，可清晰地见到种皮犹存（图三，2）。2粒比较完整的野大豆的长度分别为2.32毫米和2.09毫米、宽度分别为1.32毫米和1.23毫米、厚度分别为0.98毫米和1.12毫米，1粒残碎了的野大豆只能测量其长度和宽度，分别为2.47毫米和1.61毫米。

5. 酸模叶蓼

　　酸模叶蓼为蓼科蓼属，一年生草本，广布于全国，生于田边、路旁、水边、荒地或沟边湿地，海拔30～3900米，花期6～8月，果期7～9月，嫩茎、叶可做蔬菜或饲料[②]。大寺遗址出土了4粒炭化的酸模叶蓼种子，呈宽椭圆形，扁圆状，顶端小突尖（图三，3）。4粒炭化酸模叶蓼种子全部测量，其长度在1.20～1.55毫米，平均值0.38毫米，宽度在0.97～1.32毫米，平均值1.15毫米。

---

① 中国科学院《中国植物志》编辑委员会：《中国植物志》（41卷），科学出版社，1995年，第98、236页。

② 中国科学院《中国植物志》编辑委员会：《中国植物志》[25卷（1）]，科学出版社，1998年，第23页。

6. 堇菜

堇菜为堇菜科堇菜属，多年生草本，产于全国大部，生于湿草地、山坡草丛、灌丛、杂木林林缘、田野、宅旁等处，花果期5～10月[①]。大寺遗址中仅发现了1粒堇菜种子，椭圆形，基部尖（图三，4）。经测量，该粒种子长度、宽度分别为1.54、0.98毫米。

7. 猕猴桃属

大寺遗址出土的猕猴桃科植物种子未鉴定到种，应为猕猴桃属植物。该属植物的果为浆果，秃净，少数被毛，球形、卵形至柱状长圆形，有斑点（皮孔显著）或无斑点（皮孔几不可见），可生于山林地带，当前经济价值极大。该属植物全属54种以上，产于亚洲，我国是优势主产区，有52种以上集中产地是秦岭以南和横断山脉以东地区[②]。大寺遗址仅出土了1粒猕猴桃属植物种子，呈扁椭圆形，两面呈双凸状，表面布满多边形网纹状凹穴（图三，5）。经测量，该粒种子长度、宽度、厚度分别为3.39、1.68和1.39毫米。

8. 接骨木属

大寺遗址发现的忍冬科植物种子未鉴定到种，应为接骨木属植物。该属植物20余种，分布极广，我国有4～5种，可生于林下、灌丛、沟边、路旁、宅边等处[③]。大寺遗址中仅出土了1粒接骨木属植物种子，椭圆形，略扁，基部尖，顶端圆钝，边缘稍锐，背部稍拱凸，腹面中间有一条矮纵脊，表面布满由圆钝的短棱或凸起形成的横波状纹（图三，6）。经测量，该粒种子长度、宽度、厚度分别为1.64、1.20和0.89毫米。

三、讨论和分析

（一）农作物的问题

长江与黄河流域分别是南方稻作农业、北方粟作农业起源与发展的舞台，而鄂西北豫西南地区则是史前南北方考古学文化交汇的重要地带。大约在2800BC～2500BC，屈家岭文化十分强势地扩张到了鄂西北豫西南，农业是否因此受到影响呢？

通过研究，5000BC～2000BC的鄂西北豫西南山区，旱地作物与当时人类的生活关系最为密切，其中，粟在当时人类的食谱中占据重要地位。例如，炭化粟占了大寺、青龙泉遗址出土农作物遗存的大宗，这2个遗址发现的粟粒遗存不仅绝对数量最多，且出土概率也最高（表二、表三）。黍也是重要的粮食作物。在沟湾遗址，黍粒遗存的绝对数量和出土概率均显示出

① 中国科学院《中国植物志》编辑委员会：《中国植物志》（51卷），科学出版社，1991年，第106页。

② 中国科学院《中国植物志》编辑委员会：《中国植物志》［49卷（2）］，科学出版社，1984年，第196页。

③ 中国科学院《中国植物志》编辑委员会：《中国植物志》（72卷），科学出版社，1988年，第4页。

了绝对的优势（图四）。此外，青龙泉遗址屈家岭文化早期炭化黍的出土概率高达93%，与粟
持平（表三）。

水稻在鄂西北豫西南山区史前先民生活中表现为辅助性的粮食作物。在大寺、青龙泉遗
址，稻谷遗存的出土概率依次低于粟、黍[①]（表二、表三）；在沟湾遗址，稻谷遗存的出土概
率虽然不低于粟，却始终未超过黍[②]（图四）。尽管水稻在农作物中处于从属地位，但随着屈
家岭文化的挺进，水稻呈现出增长的趋势。以青龙泉遗址为例，屈家岭文化晚期稻谷的出土概
率达到了峰值，相反地，粟的出土概率则降到了谷值（表三）。

表二　大寺遗址出土农作物遗存百分含量和出土概率

	仰韶文化		屈家岭文化		龙山文化	
	17份		6份		5份	
	绝对数量百分比	出土概率	绝对数量百分比	出土概率	绝对数量百分比	出土概率
粟	60%	59%	85%	83%	89%	60%
黍	39%	35%	11%	50%	11%	20%
稻谷（含基盘）	1%	6%	4%	33%		

表三　青龙泉遗址出土农作物遗存百分含量和出土概率

	屈家岭早期		屈家岭晚期		青龙泉三期早段		青龙泉三期晚段	
	14份		29份		41份		97份	
	绝对数量百分比	出土概率	绝对数量百分比	出土概率	绝对数量百分比	出土概率	绝对数量百分比	出土概率
粟	57%	93%	63%	86%	60%	90%	54%	75%
黍	13%	93%	23%	76%	21%	68%	23%	25%
稻谷	30%	65%	14%	69%	18%	59%	22%	49%
小麦					1%	5%	1%	1%

青龙泉遗址发现了2粒石家河文化的小麦遗存。学术界基本认可小麦起源于西亚，目前国
内考古遗址中唯一有明确测年、也是年代最早的炭化小麦遗存出自山东胶州赵家庄遗址龙山时
代的灰坑，树轮校正后年代为2500BC～2270BC[③]，相当于石家河文化早中期。在江汉流域石
家河文化时期的遗址中发现炭化小麦还属首次，但由于数量太少，小麦对该地区农业生产格局
的影响似乎不大，其在该区域的传播与发展过程仍有待研究。

综上，旱作是鄂西北豫西南山区史前农业的主要形式，粟和黍两种小米是重要的粮食作
物，稻作应该处于从属地位。伴随屈家岭文化向北挺进，可能该地区稻作规模有所扩张，粟作

---

① 吴传仁：《湖北郧县青龙泉遗址出土植物遗存分析》，中国社会科学院研究生院硕士学位论文，2011年，第
　　30～32页。

② 王育茜、靳桂云、张萍等：《河南淅川沟湾遗址2007年度植物浮选结果与分析》，《四川文物》2011年第2期。

③ 靳桂云、燕生东、刘长江：《山东胶州赵家庄遗址发现龙山文化小麦遗存》，《中国文物报》2008年2月22日
　　第7版。

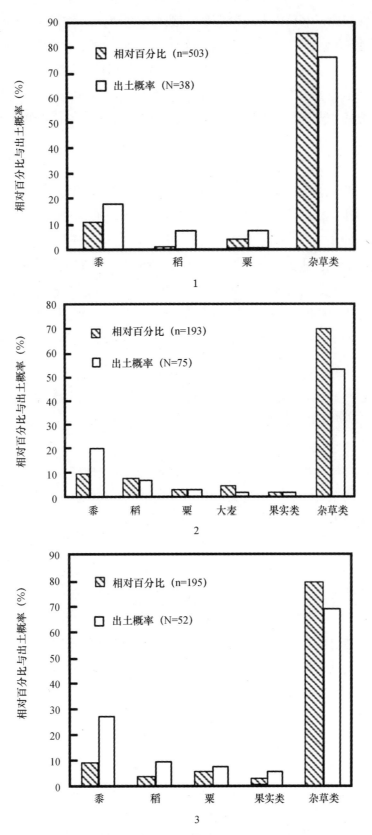

图四　沟湾遗址各类植物遗存百分含量和出土概率

1. 仰韶文化四期　　2. 屈家岭文化　　3. 石家河文化

规模有所收缩，尽管如此，水稻仍未成为主要的粮食作物。

该地区以粟、黍两种小米为主的农业生产特点应与此地的自然生态环境紧密相关。该区域虽然位于淮河以南，降水量偏多，气温偏高，但此地属于中低山地貌，发展稻作的地貌条件不够充分，但粟、黍在这种山区却能够发挥优势。事实上，20世纪七八十年代，鄂西北豫西南地区一直是全国粟谷主产区，产量在50～150千克/亩，仅近年来玉米和小麦才成为当地的主要粮食作物。小麦经济价值高，又能利用冬季生长；玉米的生长条件与粟相似，但产量要高得多[①]。

需要注意的是，沟湾遗址黍粒遗存的绝对数量和出土概率均显示出了绝对的优势。根据粟、黍的生长发育特性，二者虽然都是抗旱耐贫瘠的旱地作物，但是黍的耐盐能力高于粟，能在含盐量0.3%的盐碱地上生长[②]；而粟对土壤的含盐量则相对敏感，土壤含盐量为0.2%时，幼苗的存活率为84%，土壤含盐量上升到0.3%时，幼苗的存活率就下降为56%[③]。沟湾遗址以黍为主的农业生产格局，一方面可能受生活习俗的影响，即沟湾先民偏爱种植和食用黍，另一方面极有可能是因为当时沟湾遗址及其附近土壤的含盐量偏高，周边居民种植粟的时候，沟湾先民的最佳选择则是种植黍，当然，沟湾先民的选择也不排除是受到了上述两个因素的共同影响。

（二）非农作物的问题

大寺遗址出土了11粒炭化狗尾草种子。狗尾草是常见的旱地杂草，因此它一直是出土粟、黍籽粒的遗址中常见的杂草种类，青龙泉、沟湾等遗址均不例外。也就是说，狗尾草很有可能是收割粟、黍时一起带入到遗址中的。

大寺遗址出土了32粒炭化紫苏，其总量只稍逊于炭化黍粒（37粒）。有意思的是，青龙泉遗址发现的紫苏也占了非农作物遗存的大宗，共计441粒。除此之外，目前已发表的考古材料中，河南禹州瓦店遗址也是出土紫苏籽粒比较多的遗址，在一座龙山文化时期的灰坑中竟发现了500多粒紫苏籽粒[④]。尽管并非所有的史前遗址都能够发现如此可观的紫苏遗存，但至少上述遗址的先民很可能已经对紫苏有了比较深刻的认识，他们不仅能够利用紫苏的茎、叶，还对紫苏的种子有了一定的了解，所以其籽粒才会在遗址中有比较多的出土数量和比较高的出土概率[⑤]。诚然，这种植物在当时是食用抑或药用，以及具体的使用方法，目前尚无法进一步考证。紫苏这种植物能够为古人所认知，大概是因为它的两个特点：一方面，紫苏为大叶紫草；

---

① 山西省农业科学院：《中国谷子栽培学》，中国农业出版社，1987年，第113～116页。

② 柴岩：《糜子》，中国农业出版社，1999年，第49页。

③ 山西省农业科学院：《中国谷子栽培学》，中国农业出版社，1987年，第107页。

④ 刘昶、方燕明：《河南禹州瓦店遗址出土植物遗存分析》，《南方文物》2010年第4期。

⑤ 吴传仁：《湖北郧县青龙泉遗址出土植物遗存分析》，中国社会科学研究生院硕士学位论文，2011年，第61～63页。

另一方面，紫苏具芳香气息。这两个因素使得紫苏在诸多绿叶植物中引人注目，更易被人所利用。

大寺遗址还出土了12粒炭化藜种子、1粒猕猴桃属植物种子。藜是我国史前遗址经常出土的植物遗存，俗称灰菜，至今仍是时常食用的蔬菜；猕猴桃属植物是可口的浆果。上述情况反映出大寺遗址的先民们在农业生产之外可能从事少量采集工作。采集活动的证据也见于其他遗址，比如青龙泉遗址不仅出土了紫苏籽粒、猕猴桃属植物种子，还出土了柿树属、葡萄属植物种子，沟湾遗址也见有葡萄属植物种子。

大寺遗址的其他非农作物遗存，如野大豆、酸模叶蓼、堇菜及接骨木属植物在当时可生于遗址及其周边的环境中，比如田间、荒地、路旁、水边、沼泽、沟边湿地、林间、林下、灌木丛及宅旁等。这些非农作物遗存的数量极少，不再进行深入讨论。

四、结　语

大寺遗址位于鄂西北豫西南山区，该遗址的浮选结果显示出当时农业生产基本以旱作农业生产为主，这与同区域的青龙泉和沟湾遗址的农业生产特点比较相似。但可能因为沟湾遗址周边史前土壤含盐量较高或沟湾先民独特的种植习俗，黍在沟湾遗址处于优势地位，这与大寺、青龙泉遗址以粟为主的情况不同。屈家岭文化时期，稻作可能随着屈家岭文化在该地区的扩张而呈现增长趋势。小麦已经传入该地区，但在农业生产格局中的作用甚微。除此之外，史前该地区的先民们还从事少量的采集工作，紫苏可能被认知并有了某种程度的利用。鄂西北豫西南山区西接汉水上游的汉中盆地，东面汉水中游的南襄盆地，该区域史前人类的植物利用研究为日后分析整个汉水流域的农业特点、植物种类和植物分布状况提供了研究基础。

附记：湖北省文物考古研究所提供了大寺遗址的植物遗存样品，中国社会科学院考古研究所赵志军研究员和杨金刚先生在植物种属鉴定方面给予了莫大的帮助，谨在此并致谢忱！

本文原载《西部考古》（第11辑）（科学出版社，2016年）。根据大寺遗址最新的综合研究，本文对一些数据进行了修订，其中大寺遗址后石家河文化统一修改为龙山文化，个别遗迹的年代也相应进行了调整。综上，大寺遗址的浮选数据以本文为准。尽管如此，本文的分析结果与原文基本一致。

附表　大寺遗址出土炭化植物遗存一览表

遗迹单位	时代	土样量（升）	炭化木（克）	禾本科					唇形科	其他种、属	碎种子	合计
				粟	黍	稻米	稻谷基盘	狗尾草	紫苏			
H175②	仰韶文化	16.5	1.742	13						藜12	4	29
H32②	仰韶文化	7	0.1	3	4				4		7	18
H32③	仰韶文化	10.5	0.413	7				1	2	野大豆1	2	13
H87	仰韶文化	11.5	0.249	6	21			1			4	32
H89①	仰韶文化	13	0.105									0
H89②	仰韶文化	13.5	0.092	5	1				2			8
H90	仰韶文化	5.5	0.07									0
H94	仰韶文化	4	0.041		1							1
H94④	仰韶文化	13.5	0.1									0
H180②	仰韶文化	8	0.269	3								3
H185	仰韶文化	12.5	0.212		2						1	3
H190	仰韶文化	14	0.311	4					7		3	14
H197	仰韶文化	9.5	0.223	3	1				2			6
H206②	仰韶文化	14.5	0.901	1					2			3
H231	仰韶文化	8	0.077	1					1		1	3
H232	仰韶文化	7	0.159									0
Y1	仰韶文化	7	0.051			1						1
H22	屈家岭文化	9.5	0.458									0
H28②	屈家岭文化	14.5	0.401	8	3						5	16
H27②	屈家岭文化	10	0.432	19				4		酸模叶蓼1	8	32
H27③	屈家岭文化	10	0.586	14	2	1		3	9	野大豆2、酸模叶蓼2、堇菜1	6	40
H157①	屈家岭文化	10.5	0.103	4	1		1		2		2	10

续表

遗迹单位	时代	土样量（升）	炭化木（克）	禾本科					唇形科	其他种，属	碎种子	合计
				粟	黍	稻米	稻谷基盘	狗尾草	紫苏			
H192	屈家岭文化	12.5	0.137	2				1		猕猴桃属1，接骨木属1		5
T0101②	龙山文化	5	0.022	3	1							4
H123③	龙山文化	6.5	0.492	4								4
H23①	龙山文化	10	0.048									0
H23②	龙山文化	13	0.041									0
H23③	龙山文化	13	0.549	1				1	1	酸模叶蓼1		4
合计		290	8.384	101	37	2	1	11	32	22	43	249

附录三　大寺遗址出土孢粉分析报告

杨振京

（中国地质科学院水文地质环境地质研究所）

　　大寺遗址共分析孢粉样品11个，样品在实验室里经过酸、碱等化学处理，换水清洗到中性后，用比重为2.1以上的重液在离心机上进行离心浮选，再经冰乙酸水稀释、集中，纯净水清洗至中性后制到试管，最后制活动玻片在生物显微镜下进行观察、鉴定、统计。共统计陆生植物花粉1262粒，平均每个样品115粒，孢粉总浓度平均每个样品为243粒/克，共发现并鉴定了22个科属的植物花粉。其中包括11个科属的木本植物花粉：松属（*Pinus*）、漆树属（*Toxicodendron*）、胡桃属（*Juglans*）、榆属（*Ulmus*）、落叶栎属（*Quercus*）、鹅耳枥属（*Carpinus*）、桦属（*Betula*）、臭椿属（*Ailanthus*）、金缕梅科（Hamamelidaceae）、沙棘属（*Hippophae L*）、麻黄属（*Ephedra*）；9个科属的草本植物花粉：禾本科（Gramineae）、藜科（Chenopodiaceae）、菊科（Compositae）、蒿属（*Artemisia*）、蒲公英属（*Taraxacum*）、毛茛科（Ranunculaceae）、十字花科（Cruciferae）、川续断科（Dipsacaceae）、石竹科（Caryophyllaceae）；2个科属的蕨类孢子：中华卷柏（*S. Sinensis*）、铁线蕨属（*Adiantum*）。

　　根据镜下孢粉鉴定统计分析结果，将各个样品孢粉组合特征及其所反映的植被类型和气候描述如下。

　　T0304⑤样品：榆属-藜科-蒿属-禾本科孢粉组合。

　　本样品孢粉总浓度为62粒/克，在孢粉组合中草本植物花粉（71.43%）占据优势，其次是木本植物花粉（28.57%）。草本植物花粉中主要有藜科（47.62%）、蒿属（20.63%）、禾本科（3.17%）；木本植物花粉中主要有松属（19.05%）、榆属（9.52%）。孢粉组合反映当时的植被类型为藜-蒿草原，附近生长着榆属等阔叶树，气候温和干旱（图一）。

　　T0304⑥样品：榆属-藜科-蒿属-毛茛科孢粉组合。

　　本样品孢粉总浓度为54粒/克，在孢粉组合中草本植物花粉（73.00%）占据优势，其次是木本植物花粉（27.00%）。草本植物花粉中主要有藜科（45.00%）、蒿属（13.00%）、毛茛科（7.00%）、禾本科（6.00%）、菊科、石竹科；木本植物花粉中主要有松属（21.00%）、榆属（5.00%）。孢粉组合反映当时的植被类型为藜-蒿草原，附近生长着榆属等阔叶树，气候温和干旱（图二）。

　　T0503④样品：榆属-藜科-蒿属-毛茛科孢粉组合。

　　本样品孢粉总浓度为78粒/克，在孢粉组合中草本植物花粉（58.51%）含量较高，其次是木本植物花粉（41.49%）。草本植物花粉中主要有藜科（19.15%）、毛茛科（18.09%）、蒿属（17.55%）、菊科（2.66%）、禾本科（1.06%）；木本植物花粉中主要有榆属（21.28%）、松属（17.02%）、麻黄属（1.06%）、落叶栎属、漆树属、鹅耳枥属、桦属。孢

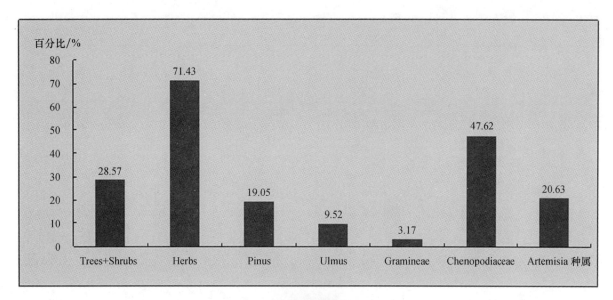

蒿属（Artemisia）

图一　T0304⑤孢粉图

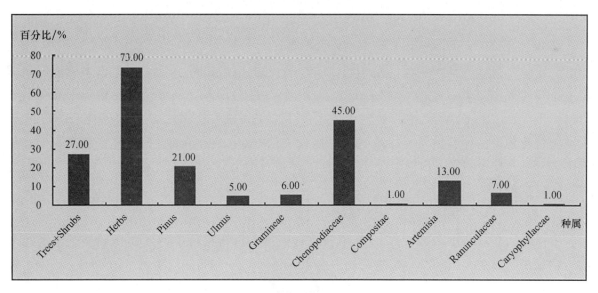

石竹科（Caryophyllaceae）

图二　T0304⑥孢粉图

粉组合反映植被类型为落叶阔叶林-草原，气候温和干旱（图三）。

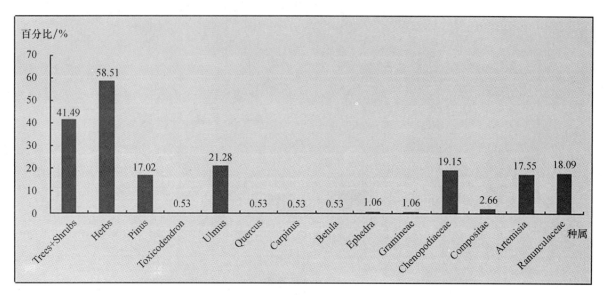

鹅耳枥属（*Carpinus*）　　　　　　　漆树属（*Toxicodendron*）

图三　T0503④孢粉图

　　T0407④样品：榆属-藜科-蒿属-禾本科孢粉组合。

　　本样品孢粉总浓度为66粒/克，在孢粉组合中草本植物花粉（72.28%）占据优势，其次是木本植物花粉（25.74%），蕨类孢子（1.98%）含量较低。草本植物花粉中主要有藜科（44.55%）、蒿属（11.88%）、禾本科（8.91%）、毛茛科（3.96%）、蒲公英属（2.97%）；木本植物花粉中主要有松属（19.80%）、榆属（3.96%）、麻黄属、沙棘属；蕨类孢子中可见中华卷柏、铁线蕨属。孢粉组合反映当时的植被类型为藜-蒿草原，附近生长着榆属等阔叶树，气候温和干旱（图四）。

　　H177样品：榆属-胡桃属-藜科-蒿属孢粉组合。

　　本样品孢粉总浓度为61粒/克，在孢粉组合中草本植物花粉（74.47%）居多，其次是木本植物花粉（25.53%）。草本植物花粉中主要有藜科（55.32%）、蒿属（10.64%）、禾本科（4.26%）、毛茛科（3.19%）、菊科（1.06%）；木本植物花粉中主要有松属（18.09%）、榆属（4.26%）、胡桃属（2.13%）、麻黄属（1.06%）。孢粉组合反映当时的植被类型为藜-蒿草原，附近有榆属、胡桃属等阔叶树生长，气候温和干旱（图五）。

　　H68样品：松属-榆属-藜科-蒿属孢粉组合。

　　本样品孢粉总浓度为166粒/克，在孢粉组合中木本植物花粉（68.00%）占据优势，其次是草本植物花粉（32.00%）。木本植物花粉中主要有松属（59.00%）、榆属（8.00%）、胡桃

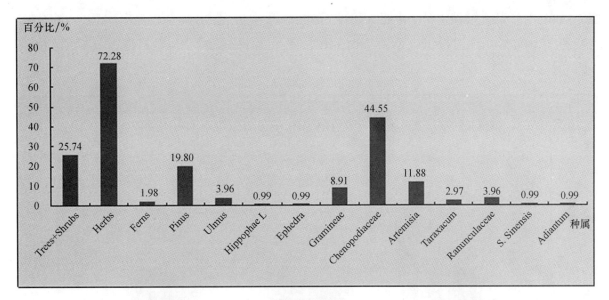

蒿属（*Artemisia*）　　　　禾本科（Gramineae）　　　　藜科（Chenopodiaceae）

图四　T0407④孢粉图

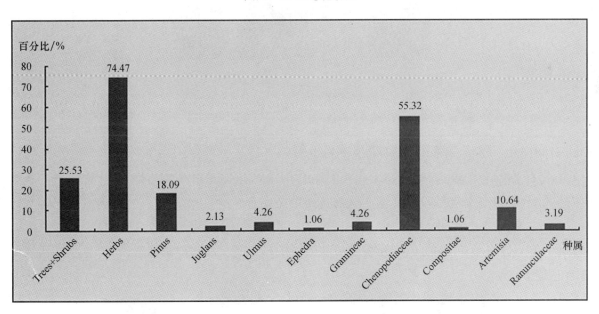

禾本科（Gramineae）　　　　　　　　　松属（*Pinus*）

图五　H177孢粉图

属（1.00%）；草本植物花粉中主要有藜科（20.00%）、蒿属（6.00%）、禾本科（3.00%）、毛茛科（3.00%）。孢粉组合反映当时的植被类型为针阔叶混交林-草原，气候温和略干（图六）。

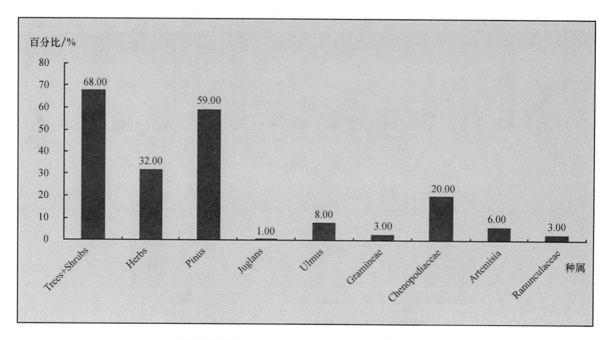

禾本科（Gramineae）　　　　　　松属（Pinus）

图六　H68孢粉图

H188样品：松属-胡桃属-藜科-蒿属孢粉组合。

本样品孢粉总浓度为36粒/克，在孢粉组合中草本植物花粉（52.94%）含量较高，木本植物花粉（47.06%）含量较低。草本植物花粉中主要有藜科（31.37%）、蒿属（15.69%）、禾本科（3.92%）、毛茛科（1.96%）；木本植物花粉中主要有松属（39.22%）、胡桃属（5.88%）、榆属（1.96%）。孢粉组合反映当时的植被类型为针阔叶混交林-草原，气候温和略干（图七）。

F11样品：松属-榆属-胡桃属-藜科-蒿属孢粉组合。

本样品孢粉总浓度为97粒/克，在孢粉组合中草本植物花粉（51.40%）含量较高，其次是木本植物花粉（48.60%）。草本植物花粉中主要有藜科（18.69%）、蒿属（22.43%）、毛茛科（9.35%）、十字花科；木本植物花粉中主要有松属（37.38%）、榆属（5.61%）、胡桃属（2.80%）、落叶栎属、臭椿属、沙棘属。孢粉组合反映当时的植被类型为针阔混交林-草原，气候温和略干（图八）。

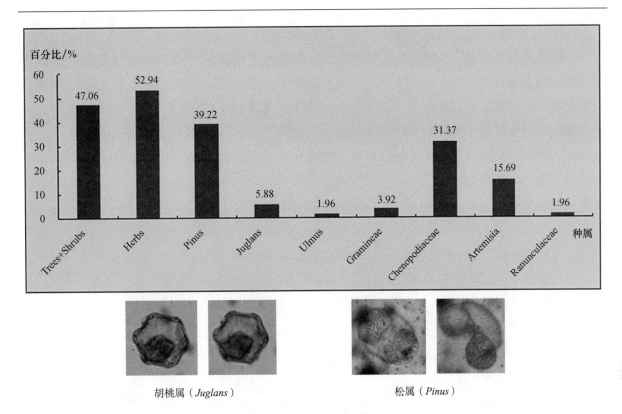

胡桃属（*Juglans*）　　　　　　松属（*Pinus*）

图七　H188孢粉图

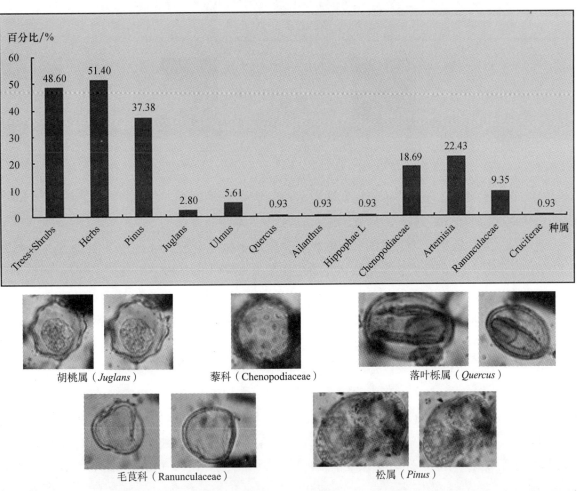

胡桃属（*Juglans*）　　蔾科（Chenopodiaceae）　　落叶栎属（*Quercus*）

毛茛科（Ranunculaceae）　　松属（*Pinus*）

图八　F11孢粉图

T0503⑤样品：松属-榆属-藜科-毛茛科-蒿属孢粉组合。

本样品孢粉总浓度为38粒/克，在孢粉组合中草本植物花粉（53.17%）含量较高，其次是木本植物花粉（46.03%），蕨类孢子（0.79%）含量较低。草本植物花粉中主要有藜科（24.60%）、毛茛科（13.49%）、蒿属（11.90%）、禾本科（1.59%）、菊科、川续断科；木本植物花粉中主要有松属（35.71%）、榆属（7.91%）、落叶栎属（1.59%）、沙棘属、漆树属、鹅耳枥属、桦属；蕨类孢子中仅可见中华卷柏。孢粉组合反映植被类型为针阔叶混交林-草原，气候温和略干（图九）。

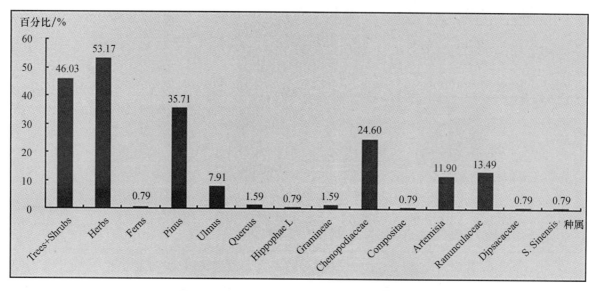

蒿属（*Artemisia*）

松属（*Pinus*）

图九　T0503⑤孢粉图

T0503③样品：松属-榆属-藜科-毛茛科-蒿属孢粉组合。

本样品孢粉总浓度为102粒/克，在孢粉组合中草本植物花粉（66.35%）含量较高，其次是木本植物花粉（33.65%）。草本植物花粉中主要有藜科（32.69%）、毛茛科（11.54%）、蒿属（20.19%）、菊科（1.92%）、川续断科；木本植物花粉中主要有松属（26.92%）、榆属（5.77%）、落叶栎属。孢粉组合反映植被类型为针阔叶混交林-草原，气候温和略干（图一〇）。

T0304③样品：金缕梅科-榆属-藜科-禾本科孢粉组合。

本样品孢粉总浓度为404粒/克，在孢粉组合中草本植物花粉（75.44%）占据优势，其次是木本植物花粉（24.56%）。草本植物花粉中主要有藜科（50.00%）、禾本科（21.49%）、蒿属（1.32%）、蒲公英属（1.32%）、毛茛科、菊科；木本植物花粉中主要有金缕梅科（11.84%）、松属（10.96%）、榆属（1.32%）、落叶栎属。孢粉组合反映当时的植被类型为以藜禾本科等为主的草原，附近生长着金缕梅科、榆属等阔叶树，气候温和略干（图一一）。

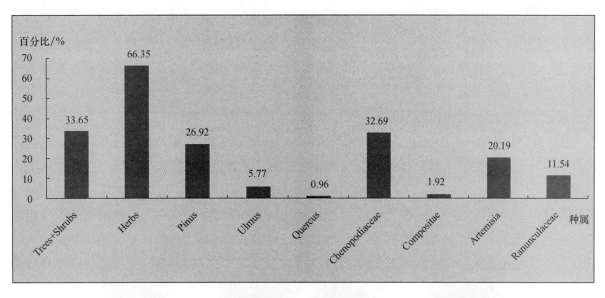

藜科（Chenopodiaceae）　　　　　　蒿属（Artemisia）　　　　　　菊科（Compositae）

图一〇　T0503③孢粉图

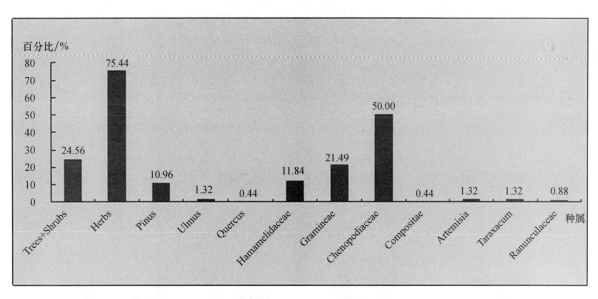

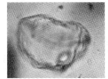

禾本科（Gramineae）　　　　　藜科（Chenopodiaceae）　　　蒲公英属（Taraxacum）

图一一　T0304③孢粉图

　　仰韶文化和屈家岭文化处于全新世温暖湿润期，总体上气候适宜，是有利于农业文明发展的全新世暖湿期，但因大寺遗址地处汉江边缘，常年受汉水的冲刷，无论是地带性花粉还是区域性花粉都易被流水冲积，不利于花粉的保存，导致地层剖面中孢粉成分存在差异；人类毁林开荒，进行农耕活动也会导致孢粉成分发生改变，乔木花粉大量减少，栽培作物和杂草类花粉明显增加。故遗址地层中孢粉不能完全反映当时的植被和气候环境特征。

　　H177、T0407④、T0304⑤、T0304⑥、T0503④孢粉样品木本植物含量较低，草本植物以藜科、蒿属、禾本科、毛茛科等为主，孢粉组合反映植被类型为以藜科、蒿属等为主的草原，气候温和干旱；H68、H188、F11、T0503⑤孢粉样品木本植物含量较高，榆属、胡桃属等阔叶树含量增多，草本植物以藜科、蒿属、毛茛科为主，孢粉组合反映由针叶树松属和阔叶树榆属、胡桃属等组成的针阔叶混交林-草原，气候温和略干；T0503③孢粉样品草本植物花粉含量较高，反映的植被类型为针阔叶混交林-草原，气候温和略干；T0304③孢粉样品反映的植被类型为草原，气候温和略干。

附录四 大寺遗址出土人骨鉴定报告

周 蜜 黄玉洪

（湖北省文物考古研究所）

本文所鉴定的人骨标本采自湖北省十堰市郧县大寺遗址，为配合南水北调中线文物保护工程，2006～2011年湖北省文物考古研究所对该遗址进行了田野考古发掘。发掘者研究认为，大寺遗址的文化内涵以新石器时代的仰韶、屈家岭和龙山文化遗存为主，此外还发现了历史时期的西周、楚、秦、宋代及明清时期遗存[1]。2014年夏，笔者应邀前往郧县考古文物整理基地对该遗址出土的人骨材料进行了详细的观察和鉴定。

一、材料与方法

大寺遗址出土可供观察和鉴定的人骨标本共计43例，据发掘者判断，这批标本的时代包括新石器时代、东周和明清。由于埋藏环境对人骨标本的影响及因埋藏日久而挤压变形，该遗址各墓葬出土的人骨标本总体保存情况并不理想，多数标本残损严重。因此，我们仅能从提取到的颅骨碎片、牙齿和骨骼残段等材料入手，对其进行详细的形态学观察，从而对该批人骨材料提出有关性别、年龄及某些病理现象的鉴定意见。

本文对该批人骨标本的观察、测量及性别与年龄鉴定主要依据邵象清[2]和席焕久等[3]提出的相关标准。

二、性别与年龄

本文所鉴定的古代人骨标本共计43例，其中包括男性（倾向于男性）个体19例，女性（倾向于女性）个体6例和性别不详的个体18例。现将对上述标本的观察和鉴定结果以墓葬、瓮棺、灰坑、地层为单位依次叙述如下。

1. M2

东周秦墓。墓内采集到颅骨残片、下颌骨残段及两侧股骨中段，以及下颌左侧第二前白

---

① 本报告正文。

② 邵象清：《人体测量手册》，上海辞书出版社，1985年。

③ 席焕久、陈昭：《人体测量方法》（第二版），科学出版社，2010年。

齿、第一臼齿和第二臼齿。颅骨骨壁较薄，乳突较小，枕外隆突稍显，髋臼较小。下颌左侧第一臼齿咬合面磨耗较重，齿质全部暴露，齿冠周边釉质环完整，属于Ⅴ级磨耗。下颌左侧第二前臼齿齿冠龋蚀殆尽，仅余齿根，齿髓腔完全暴露。下颌左侧第二臼齿近中齿颈处有一个椭圆形龋齿病灶。下颌左侧第一臼齿唇侧可见明显的瘘道，患齿槽脓肿所致。下颌左侧第一臼齿和第二臼齿齿根均暴露于齿槽外1/2以上，齿槽萎缩严重。由此判断，该例个体倾向为女性，年龄为45~50岁，生前患有龋齿、牙周病和齿槽脓肿。

2. M4

新石器时代墓葬。墓中保存肋骨、胸骨、椎骨、髋骨残段、右侧锁骨和两侧跟骨、距骨及趾骨。未见颅骨、下颌骨及牙齿保存。该例个体耻骨弓呈"Ⅴ"形，夹角较小，坐骨大切迹窄而深。耻骨联合面呈波形起伏，高低不平，背侧缘明显向后扩张，联合面呈卵圆形。由此推测，该个体年龄在40~44岁，男性。第五腰椎关节面可见骨质增生。

3. M5

新石器时代墓葬。墓内人骨保存差，仅采集到两侧足骨，未见其他骨骼及牙齿保存。根据骨骼生长发育情况及骨骺愈合程度判断，该例个体已经成年，性别及具体死亡年龄不详。

4. M6

东周秦墓。墓内仅采集到脑颅骨残片、下颌骨残段、两侧股骨、两侧胫骨和两侧腓骨残段，以及左、右侧跟骨、距骨和舟骨，未见牙齿保存。脑颅整体较大，面部骨骼缺失。颅骨骨壁较厚，乳突大，枕外隆突稍显，上项线较粗壮，方形颏部。股骨、胫骨均较粗壮，肌肉附丽线发育显著。根据下肢骨两端骨骺愈合程度判断，该例个体已经成年，性别倾向属于男性。

5. M7

新石器时代墓葬。该个体脑颅骨残片、右侧肩胛骨残段、左侧髋骨、两侧肱骨、股骨和腓骨残段得以采集，未见下颌骨及牙齿保存。该例标本颅骨整体较大，骨壁厚度中等，乳突较小。股骨粗壮，髋臼大而深，坐骨大切迹较窄而深。推测墓主人为男性，已成年。

6. M9

东周秦墓。墓内人骨保存不佳，仅存两侧股骨、胫骨中段及跟骨、距骨、跖骨和部分趾骨。采集到恒齿6颗（上颌右侧中门齿、侧门齿、犬齿、第一前臼齿、第二前臼齿和第二臼齿），均为散牙。下肢股骨较为纤细，肌肉附丽线发育不甚显著。上颌右侧第二臼齿咬合面齿质点刚刚暴露，属于Ⅲ级磨耗。由此判断，该个体年龄为35~40岁，性别不详。该个体上颌右侧第一前臼齿、第二前臼齿颊面龋，第二臼齿远中邻面龋。

7. M12

东周楚墓。墓中采集到脑颅骨残片、腰椎、髋骨及四肢骨骼残段，未见下颌骨及牙齿保存。该例个体颅骨骨壁较厚，乳突较大，坐骨大切迹较窄而深，髋臼较大而深，股骨粗壮。颅骨基底缝及股骨两端骨骺已完全愈合，推测墓主人为成年男性，具体死亡年龄不详。第四和第五腰椎椎体上、下关节面周缘均有较明显的骨刺生成，由此可知，墓主人生前患有骨性关节炎。

8. M13

新石器时代墓葬采集到颅骨残片、下颌右侧中段、第五腰椎、骶椎、髋骨、股骨残段及比较完整的右侧肱骨和桡骨。该例标本颅骨骨壁较厚，眉弓发育较为显著，眶上缘钝厚。坐骨大切迹窄而深，耳状关节面大而较直，髋臼较深。骶骨长而窄，曲度明显而匀称，骶骨岬显著，骶骨底部的第一骶椎上关节面约占骶骨底部的2/5。四肢骨骼较为粗壮。下颌右侧第一臼齿咬合面齿质暴露区已融合，属于Ⅳ级磨耗。由此判断，墓主人年龄为45～50岁，男性。该个体下颌右侧第二前臼齿至第二臼齿齿根均暴露在齿槽外1/2以上，齿槽萎缩。第五腰椎椎体及骶骨底部的第一骶椎上关节面上均可见到骨赘生成。

9. M14

新石器时代墓葬。墓中人骨保存较差，采集到左侧顶骨残片、左侧下颌骨残段、右侧股骨、左侧髂骨及下颌左侧第二臼齿。该例个体颅骨骨壁较厚，下颌支较宽，下颌角区外翻明显。髂翼较厚，耳状关节面大而陡直，股骨较为粗壮，肌肉附丽线发育明显。下颌左侧第二臼齿咬合面已有多个齿质点暴露，但尚未连接成片，属于Ⅲ级磨耗。下颌左侧第二臼齿齿颈部可见一处较浅的龋齿病灶，该牙齿根暴露于齿槽外1/2左右，齿槽萎缩。综合以上观察结果判断，墓主人年龄为35～40岁，男性，生前患有龋齿和牙周病。

10. M16

新石器时代墓葬。墓内人骨腐蚀严重，仅采集到肋骨残片、腰椎及两侧髋骨残段，未见颅骨、下颌骨及牙齿保存。该例标本坐骨大切迹较窄而深，耳状关节面大而较直。第四和第五腰椎椎体关节面周缘均可见到明显的骨质增生现象。推测墓主人为男性，已成年，生前患有骨性关节炎。

11. M18

多人合葬，二次葬，新石器时代墓葬。

M18-右1。颅骨腐蚀严重，面部缺失，脑颅部分仅存少量残片，下颌骨骼保存较完整。下颌整体较大，下颌联合较高，下颌支宽阔，下颌角较小且角区外翻，髁突较大，圆形颏部，四肢骨骼中等粗壮，判断为男性。牙齿保存较少，大多于生前脱落。该个体下颌两侧中门齿和侧门齿齿冠龋蚀殆尽，齿槽萎缩。下颌右侧第二臼齿咬合面齿质点刚刚开始连接成片，判断其年龄为40岁左右，生前患有比较严重的龋齿和牙周疾病。

M18-右2。颅骨破损且变形严重，颅壁较厚，眉弓发育中等，眶上缘钝厚，颧弓粗壮。下颌支较宽，下颌角较大，角区平直，圆形颏部，肢骨较为粗壮。该个体上颌左、右侧第一臼齿咬合面齿质点均未连接成片，下颌左侧第一臼齿咬合面有3个齿质点暴露，下颌右侧第一臼齿咬合面齿质已呈小片状暴露但尚未连接成片。该个体下颌左侧第一前臼齿和第二前臼齿错颌畸形。判断其年龄为35岁左右，性别不详。

M18-右3。颅骨面部腐蚀殆尽，脑颅骨骼挤压变形，破损严重，下颌基本保存完整。颅骨骨壁较厚，乳突较大。下颌骨整体较大，下颌支宽阔，下颌角较小且角区外翻明显，下颌联合较高，圆形颏部。肢骨较粗壮。下颌左侧第一臼齿咬合面已有3个较大面积的齿质暴露区，下颌右侧第一臼齿齿质点刚刚开始连接成片，属于Ⅲ级磨耗。判断该例标本年龄约为35岁，男性。臼齿齿根暴露程度显示其生前患有比较严重的牙周病。

M18-右4。颅骨骨壁较薄，眉弓稍显，眶上缘锐薄，额部稍前倾，乳突中等，尖形颏部，四肢骨骼略显纤细，判断其倾向为女性。根据颅骨骨缝及肢骨骨骺愈合程度判断此人已成年。该个体下颌左侧第一前臼齿至第二臼齿已于生前脱落，齿孔闭合，齿槽骨萎缩，残存牙齿根暴露多超过1/2以上，由此推测其生前患有严重的牙周病。

M18-左1。该例标本脑颅部分腐蚀殆尽，仅剩余残破的上颌骨及牙齿，下颌骨保存相对较好。下颌粗壮，下颌角较小且下颌角区外翻。下肢骨骼粗壮。下颌右侧第一臼齿咬合面可见较大面积的齿质暴露区且已经连接成片，牙齿磨耗已经达到Ⅳ级，判断年龄为40岁左右，倾向于男性。下颌臼齿齿根暴露严重，达1/2以上，齿槽萎缩，推测为生前患牙周病所致。

M18-左2。墓主人颅骨破碎严重，面部骨骼腐蚀无存。颅骨骨壁较厚，眉弓发育显著。下颌骨整体较大而厚重，下颌体较高，下颌支宽阔，下颌角较小，髁突较大。两侧肢骨的粗壮程度较为接近，均较粗壮。推测其为男性个体。下颌左右侧第一臼齿和第二臼齿均于生前脱落，未见上颌牙齿保存。残存的下颌牙齿齿根暴露于齿槽外约1/3以上，齿槽萎缩，有明显的牙周疾病。根据体骨判断该个体已经成年。

M18-左3。墓内颅骨因挤压日久变形严重，上颌骨骼已腐蚀。该个体颅骨骨壁较厚，眉弓发育显著，眶上缘钝厚。下颌角较小且角区外翻，圆形颏部。肢骨粗壮，判断为男性。下颌左侧第一臼齿齿质完全暴露，已达Ⅴ级磨耗，判断年龄为45～50岁。下颌左侧第二臼齿生前脱落，齿槽闭合。下颌两侧犬齿齿根均暴露于齿槽外1/2以上，推测其生前患有比较严重的牙周病。

12. M19

多人合葬，二次葬，新石器时代墓葬。

M19-1。标本仅保存上肢肱骨和下肢胫骨残段，余者皆无。据鉴定其已成年，性别不详。

M19-2。颅骨破碎严重，无法拼对，肢骨残断，未见骨盆保留。该个体颅骨骨壁较厚，枕外隆突发育明显，乳突较大。下颌支较宽，下颌角较小，角区较平直，方形颏部。四肢骨骼残段均较粗壮，肌肉附丽线发育明显，判断为男性。牙齿磨耗较重，上颌两侧第一臼齿咬合面齿质暴露区均已连接成片，下颌两侧第一臼齿咬合面齿质点刚刚开始连接成片，均已达到Ⅳ级磨耗，判断年龄为35～40岁。上颌左侧第一臼齿患邻面龋，下颌右侧第二臼齿生前脱落，齿槽闭合，上、下颌残留在颌牙齿齿根多暴露于齿槽外1/2以上。由此可知，该个体生前患有严重的龋齿和牙周病。

M19-3。颅骨破碎，肢骨多残段，仅左侧桡骨与右侧股骨较为完整。颅骨骨壁较厚，眉弓、眉间发育中等，颧弓较粗壮，乳突较大，枕外隆突发育明显。下颌支较宽，髁突较大，下颌角较小且角区外翻。四肢骨骼较为粗壮，综合判断其为男性。该个体牙齿磨耗较轻，上、下颌左右侧第一臼齿咬合面齿质点均刚刚暴露，磨耗等级均属于Ⅲ级，判断年龄为25～30岁。该例标本下颌右侧第一臼齿和第二臼齿颊侧各有一处针尖大小的龋齿病灶。

M19-4。颅骨粉碎为小块，肢骨仅存中间段，下颌骨较为完整。该个体颅骨骨壁较厚，乳突较大，枕外隆突显著，下颌支宽阔，髁突较大，下颌角较小且角区外翻明显，方形颏部，肢骨均较粗壮，判断其为男性。下颌左右侧第一臼齿咬合面齿质暴露区刚刚连接成片，第二臼齿咬合面齿质点相对独立。磨耗等级为Ⅳ级，判断年龄为35岁左右。该例标本下颌左侧第二臼齿远中邻面可见一个大而深的龋齿病灶；下颌左侧侧门齿至第二臼齿及右侧第二前臼齿至第三臼齿处齿根均暴露约1/2以上，齿槽萎缩；左侧第三臼齿阻生。由观察可知，该个体生前患有龋齿、牙周病和第三臼齿阻生等口腔疾病。

13. M20

东周楚墓。墓内人骨标本保存相对较好，颅骨比较完整，右侧下颌支残，左侧肱骨和两侧股骨均较完整。该例标本颅骨较小、较轻，额鳞下部较陡直，上部向后上弯曲，肌线和肌嵴较弱。额结节和顶结节显著，面部较宽而短。眉弓发育较弱，眉间突度不显，鼻根点凹陷较浅。眼眶较圆，眶上缘较锐薄。颧弓较细弱而平直，乳突小，枕外隆突不发达，上项线不明显。下颌骨整体较小，下颌体与下颌联合较低，下颌支较窄，髁突较小，下颌角较大，下颌角区细致而平直，尖形颏部（图一）。髋臼较小，坐骨大切迹较宽而浅。髂骨较低，上部略向外张开，髂翼较薄。耳状关节面小而倾斜，耳前沟发育良好。骶骨短而宽，上部曲度较小、较平直，下部明显向前弯曲。骶骨岬不显著，骶骨底部的第一骶椎上关节面约占骶骨底部的1/3。四肢骨骼均较纤细，肌肉附丽线发育较弱。上颌左侧第一臼齿及下颌左、右侧第一臼齿咬合面齿质暴露区已经连接成片，均达到Ⅳ级磨耗。

上、下颌左、右侧中门齿至犬齿齿冠牙釉质发育不全，齿冠表面附着褐色点、坑及白垩线。上颌左侧中门齿至第三臼齿，右侧中门齿至第二前臼齿，下颌左侧中门齿至第三臼齿、右侧中门齿至第二臼齿处齿根均暴露于齿槽外1/2以上，齿槽萎缩。上颌右侧第二臼齿齿槽脓肿。下颌左、右侧中门齿至侧门齿错颌畸形。下颌左侧第一前臼齿颊侧近齿颈处可见龋齿病灶。上颌右侧第一臼齿齿冠龋蚀殆尽，仅残存齿根。

综上所述，墓主人年龄约为40岁，女性，生前患有龋齿、牙周病、齿槽脓肿、错颌畸形及牙釉质发育不全等多种口腔疾病。

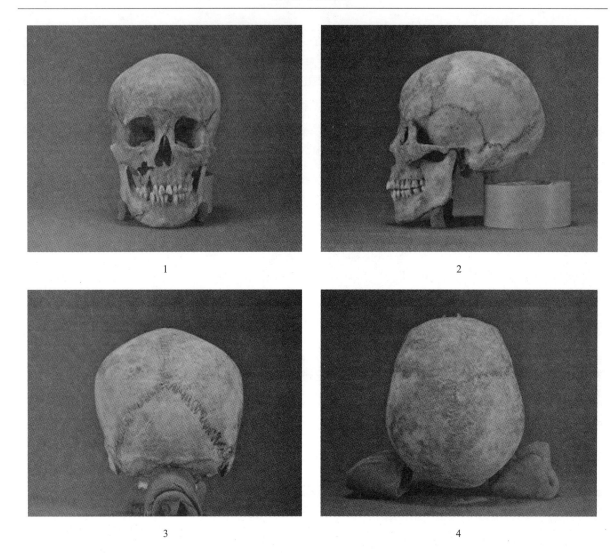

图一　M20

1. 正面观　2. 侧面观　3. 后面观　4. 底面观

14. M21

东周楚墓。采集到较为完整的颅骨一个，右侧下颌支残。骨盆较完整，两侧肢骨多残损。该例标本颅骨较大，额部后倾，肌线和肌嵴较显著。额结节和顶结节不显著，眉弓中等，眉间突度较显著。鼻根点凹陷较深，眶上缘较钝厚，颧弓较粗而外凸。乳突较大，枕外隆突粗大。下颌骨整体较大，下颌体与下颌联合较高，下颌支较宽，髁突中等。下颌角较小，下颌角区粗糙且外翻，圆形颏部，髁突中等（图二）。骨盆整体粗壮、较重，肌嵴明显，骨盆入口纵径大于横径，呈心脏形，盆腔高而窄，呈漏斗形，耻骨弓夹角较小，呈"V"形，坐骨耻骨支外翻不明显，闭孔大，较近卵圆形，内角较钝，髋臼较大，坐骨大切迹较窄而深，髂骨高而陡直，额翼较厚，耳状关节面大而直。骶骨长而窄，曲度明显而匀称，骶骨岬显著，骶骨底部的第一骶椎上关节面约占骶骨底部的2/5。四肢骨骼较为粗壮。上颌右侧和下颌左、右侧第一臼齿均达Ⅴ级磨耗。两侧耻骨联合面呈波形起伏，高低不平。背侧缘明显向后扩张，联合面呈卵圆形，属于第9期。

下颌右侧第二臼齿颊侧可见较浅的圆形龋齿病灶。上、下颌左、右侧中门齿至犬齿齿冠牙釉质发育不全。下颌左侧中门齿至第三臼齿，右侧中门齿至第二臼齿齿根暴露于齿槽外1/2以上，齿颈附着坚硬的结石。上颌左侧第一臼齿及两侧第二臼齿、下颌右侧第三臼齿均于生前脱落，齿槽闭合。右侧髌骨骨质增生。下颌右侧颏孔前方可见绿豆大的骨瘤。推测墓主人为年龄40～44岁的男性，生前患有龋齿、牙周病、牙釉质发育不全、骨瘤和骨性关节炎等疾病。

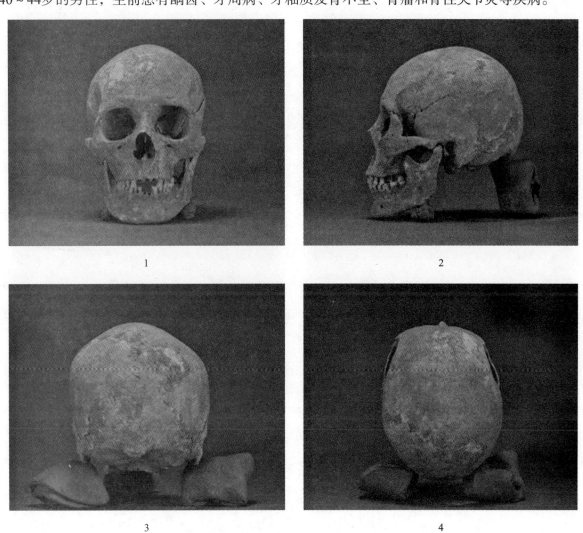

图二　M21

1. 正面观　2. 侧面观　3. 后面观　4. 底面观

15. M25

东周楚墓。墓内骨骼保存较差，采集到颅骨的脑颅部分，基本完整的下颌骨及髋骨、骶椎和四肢骨骼残段。该个体颅骨整体较大，眶上缘钝厚，额结节与顶结节不明显。乳突大，枕外隆突显著，上项线发达。下颌支中等宽阔，下颌角较小且角区外翻，圆形颏部。髋臼较大而深，耳状关节面大而较直，坐骨大切迹较窄而深。骶骨长而窄，曲度明显而匀称，骶骨岬显著，骶骨底部的第一骶椎上关节面约占骶骨底部的2/5。四肢骨骼较为粗壮。上、下颌左、右侧第一臼齿齿质呈中度到广泛分布，但整个牙齿仍然被釉质包绕，属于Ⅴ级磨耗。下颌右侧第二前臼齿、第一臼齿和第二臼齿颊侧龋齿，上颌左侧犬齿至第二臼齿，右侧侧门齿至第一臼齿，下颌左侧第一前臼齿至第三臼齿，右侧第二前臼齿至第三臼齿齿根均暴露于齿槽外1/2以上，齿颈均附着坚硬的结石。鉴定该例标本为年龄在50岁左右的男性，生前患有龋齿和牙周病。

16. M26

东周楚墓。墓中人体骨骼腐蚀、破损严重，仅采集到脑颅及部分面颅残片，无法拼对，下颌骨仅存残段。该个体眉弓发育显著，眶上缘钝厚，乳突较大。下颌体与下颌联合较高，圆形颏部。坐骨大切迹窄而深，髋臼大，四肢骨骼粗壮，肌肉附丽线发育显著。上、下颌左、右侧第一臼齿咬合面均有多个小点状齿质暴露，已经达到Ⅲ级磨耗。上颌右侧中门齿唇面龋，第二臼齿颌面龋。上颌左、右侧第一前臼齿至第二臼齿，下颌左、右侧中门齿至第二臼齿处齿根均暴露于齿槽外1/3以上。对颌第二臼齿磨耗异常。推测墓主人年龄为25～30岁，男性，生前患有比较严重的龋齿和牙周病等口腔疾病。

17. M27

东周楚墓。采集到残颅1个，下颌骨残段两段及恒齿9颗。该个体颅骨骨壁较厚，眶上缘锐薄，眉弓弱，鼻根点凹陷较浅，额结节和顶结节显著，乳突中等，枕外隆突及上项线均为中等发育。下颌支较窄，下颌角较大且角区内翻，尖形颏部。下颌左右侧第一臼齿齿冠部分磨去，齿质全部暴露，属于Ⅴ级磨耗。下颌右侧犬齿齿冠龋蚀殆尽，仅余齿根；下颌右侧第一臼齿远中邻面可见一个圆形的龋齿病灶；第二臼齿颊侧龋。下颌左侧犬齿、第二前臼齿、第一臼齿，以及下颌右侧犬齿、第一臼齿和第二臼齿齿根均暴露于齿槽外1/2左右，齿槽萎缩。下颌右侧第二前臼齿生前脱落，齿槽闭合。综合判断，该例标本倾向属于女性，年龄为50岁左右，生前患有比较严重的龋齿和牙周病。

18. M30

明清时期。墓内人骨标本保存欠佳。采集到破损的两侧颞骨、上颌骨、肩胛骨、肋骨、椎骨、骶骨、下颌骨及四肢骨骼残段。该例个体颅骨骨壁薄，乳突小，下颌支窄，下颌角较大，下颌角区平直，髁突小，圆形颏部。坐骨大切迹宽而浅，耳状关节面小而倾斜，四肢骨骼均较为纤细。骶骨短而宽，上部曲度较小、较平直，下部明显向前弯曲。骶骨岬不显著。骶骨底部第一骶椎上关节面较小，约占骶骨底部的1/3。上、下颌左、右侧第一臼齿咬合面齿质全部暴露，磨耗已达Ⅴ级。上颌左侧第一前臼齿至第二臼齿，右侧犬齿至第二臼齿，下颌左侧侧门齿至第三臼齿，右侧中门齿至第二臼齿齿根均暴露于齿槽外1/2左右，齿槽萎缩，齿颈多附着坚硬结石。下颌右侧第三臼齿水平阻生。鉴定该例标本为女性，年龄为55岁左右，生前患有严重的牙周病和第三臼齿阻生。

19. W2

新石器时代瓮棺。该个体下颌两侧乳中门齿和乳侧门齿尚在齿槽内，未萌出。鉴定意见为婴儿，性别不详。

20. W3

新石器时代瓮棺。仅见颅骨及肋骨碎片少许，未见牙齿保存。根据骨骼发育情况判断，该个体为一例婴儿，性别不详。

21. W6

新石器时代瓮棺。采集到颅骨残片、下颌骨残段、乳齿及四肢骨骼。上、下颌乳齿已经全部萌出，下颌第一臼齿尚深埋于颌骨内。根据骨化点及乳齿萌出情况判断，该例个体年龄为2~3岁，幼儿，性别不详。

22. W10

新石器时代瓮棺。仅见细碎的颅骨小片、长约7厘米的股骨及1元硬币大小的髋骨，未见下颌骨及乳齿。鉴定该例个体为婴儿，性别不详。

23. H2

明清时期灰坑。该个体仅保留右侧手骨中指远节指骨整段，该段指骨的二次化骨核已经完全融合。判断其已经成年，性别不详。

24. H17

新石器时代灰坑。灰坑内采集到右侧手骨小拇指上半段，根据化骨核融合程度判断该个体已经成年，性别不详。

25. H23②

新石器时代灰坑。采集到左侧肱骨上段及右侧股骨下段，股骨较为纤细，骨骺已经愈合。判断墓主人已成年，性别不详。

26. H41

新石器时代灰坑。灰坑内保留了左侧股骨一段，残损严重。该例标本股骨头大，骨干粗壮，骨壁粗糙，肌肉附丽线发育明显，推测该个体已经成年，性别不详。

27. H61

新石器时代灰坑。采集到保存完好的左侧足骨第一跖骨，化骨核融合程度显示该个体已经成年，性别不详。

28. H63

新石器时代灰坑。灰坑内清理出右侧尺骨残段两块，尺骨头与鹰嘴均较完整且骨骺已经完全愈合，推测为成年个体，性别不详。

29. H71②

新石器时代灰坑。灰坑内保存有残损的左侧腓骨下段及右侧足骨第一跖骨，结合长骨骨骺愈合及跖骨化骨核融合情况判断，该例个体已经成年，性别不详。

30. H87③

新石器时代灰坑。仅采集到两侧顶骨残片，通过颅骨矢状缝内外缝愈合情况判断，该例个体已经成年，性别及具体死亡年龄不详。

31. H93④

新石器时代灰坑。灰坑内仅保留腐蚀较严重的右侧胫骨中段，骨骼粗壮，判断其为一例成年个体，性别不详。

32. H122

新石器时代灰坑。墓内人骨腐蚀殆尽，仅采集到右侧股骨中段，较纤细，骨面细致平滑。推测该个体已成年，性别不详。

33. T0203④

新石器时代地层。地层内采集到残破的右侧髋骨一块，未见牙齿保存。该例标本坐骨大切迹窄而深，髋臼较大，耳状关节面大而较直，判断该个体为成年男性。

34. T0710⑤

新石器时代地层。地层内清理出颅骨残片5片，判断属同一个体。骨壁较薄，眉弓弱，眉间突度不显著，眶上缘锐薄，由此推测该个体倾向于女性，已成年。

三、身 高 推 测

身高的推算是体质人类学研究中的一项重要内容，身高的变化不仅体现了居民们体质特征的变化，而且还蕴含了关于人类的食物结构、疾病状况及功能压力等多方面的信息，对于全面研究古代人群具有重要作用。在体质人类学研究中，我们通常采用的方法是依据四肢长骨的测量值来推算死者的身高，将长骨的相关测量值代入相应的公式从而得出身高的近似值。

本文依据人骨标本肢骨最大长的测量结果（测量数据详见附表二），采用黄种人身高推算公式①对大寺遗址新石器时代、东周及明清时期墓葬出土人骨标本的身高进行了估测。经计算，M13、M14、M25和M26出土男性身高分别为174.51、157.62、166.89和172.26厘米。M20和M30出土女性身高分别为165.79厘米和162.86厘米。

四、病理现象

古病理学的研究内容主要包括古代人类的疾病、创伤和发育畸形等，其研究目的是通过了解各种病理现象在历史上各人群中的发生、发展和分布情况，从而探索各种时空概念上的人类群体的健康状况及各种疾病发生、发展的历史及其原因。

本文对大寺遗址出土的39例成年人骨标本进行了细致的观察，并对常见骨骼疾病和口腔疾病的患病原因及发病情况进行了统计分析。文中对骨骼病理现象和口腔疾病的确认及描述参考朱泓②、胥少汀等③、张君④、岳松龄⑤、曹采方⑥、樊明文⑦、傅民魁⑧、刘武等⑨和夏洛特·罗伯茨等⑩提出的标准。

（一）骨骼疾病

1. 骨瘤

骨瘤的全称为成骨性骨肿瘤，多为良性，好发部位为颅骨、面骨或下颌骨，颅骨表面最为常见。一般呈扁圆形骨质隆起，质地坚硬。本文标本中仅发现1例患骨瘤个体，编号为M21，男性，东周时期，患处位于下颌右侧颏孔前方（图三，1）。

2. 骨性关节炎

骨性关节炎又称增生性、肥大性或退行性关节炎，是古代人骨遗存中最为常见的关节疾病，多发生在髋、膝、踝、颈椎或腰椎等关节上，是一种非炎症反应性疾病。本文标本中患

① 朱泓、魏东、李法军等：《体质人类学》，高等教育出版社，2004年。

② 朱泓：《古病理学讲义》，研究生课程讲义（未刊）。

③ 胥少汀、葛宝丰、徐印坎：《实用骨科学》，人民军医出版社，2012年。

④ 张君：《从筛状眶和多孔骨肥厚考察中国古代人骨上的贫血现象》，《考古》2009年第10期。

⑤ 岳松龄：《岳松龄现代龋病学》，科学技术文献出版社，2009年。

⑥ 曹采方：《牙周病学》（第2版），人民卫生出版社，2000年。

⑦ 樊明文：《牙体牙髓病学》（第4版），人民卫生出版社，2012年。

⑧ 傅民魁：《口腔正畸学》（第6版），人民卫生出版社，2013年。

⑨ 刘武、曾祥龙：《第三臼齿退化及其在人类演化上的意义》，《人类学学报》1996年第3期。

⑩ 〔英〕夏洛特·罗伯茨、基思·曼彻斯特：《疾病考古学》，山东画报出版社，2010年。

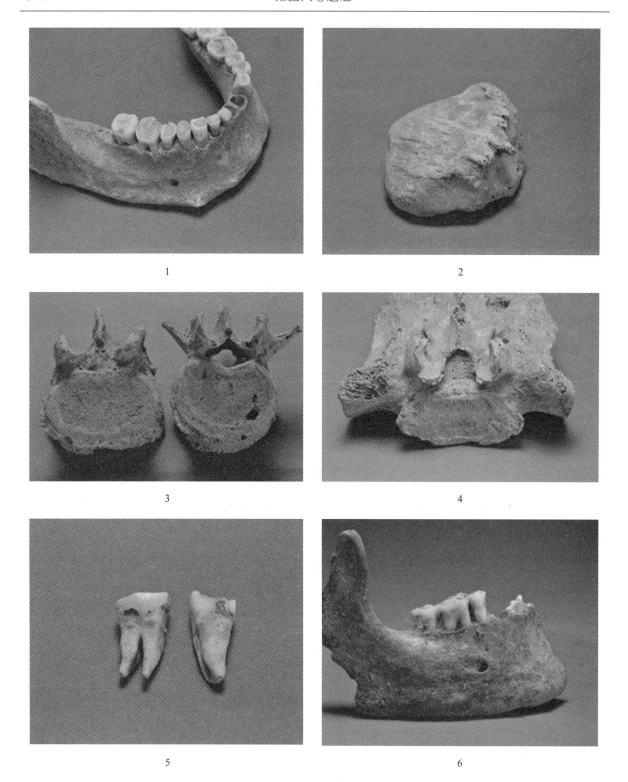

图三　骨骼疾病与口腔疾病

1.骨瘤　2.髌骨骨性关节炎　3.腰椎骨性关节炎　4.骶骨骨性关节炎　5.龋齿　6.牙周病

有骨性关节炎的共计5例个体，均为男性，编号分别为M4和M16（新石器时代）；M12和M21（东周时期）；M13（新石器时代）。患病处多位于腰椎椎体周缘及髌骨关节面上，表现为明显的骨质增生（图三，2~4）。

3. 多孔骨肥厚

多孔骨肥厚是一种贫血性疾病，表现为在颅骨骨壁上呈现出密集的孔状，这是骨髓腔扩大和皮层体积减小的结果，一般认为与缺铁性贫血关系密切。本文居民中仅发现一例多孔骨肥厚个体，编号为M19-3，男性，新石器时代，患处位于两侧顶骨下部和枕骨上部，不伴有眶上筛孔样病变。

（二）口腔疾病

1. 龋齿

龋齿是在口腔内细菌的作用下牙釉质、牙本质或者牙骨质发生进行性破坏的一种疾病。当口腔内的致龋菌使牙釉质脱落继而破坏牙组织时，牙齿上便出现了龋洞。

本文所研究的标本中患有龋齿的个体共计12例（男性8例、女性3例、性别不明1例），编号分别为M14、M18-右1、M19-2、M19-3和M19-4（新石器时代）；M9、M20、M21、M25、M26和M27（东周时期）；M2（东周时期）。患牙的分布以白齿为多，前臼齿和犬齿次之（图三，5）。

2. 牙周病

牙周病是指发生于牙齿支持组织的各种疾病，是牙周炎持续发展的结果。牙周病是人类最古老的口腔疾病之一，也是在古代居民中出现率较高的齿科疾病。

本文所研究的标本中牙周病的患病个体共计17例（男性12例、女性5例），编号分别为M14、M18-左1、M18-左2、M18-左3、M18-右4、M18-右3、M18-右1、M19-2和M19-4（新石器时代）；M20、M21、M25、M26和M27（东周时期）；M2（东周时期）；M13（新石器时代）；M30（明清时期）（图三，6）。

3. 齿槽脓肿/根尖脓肿

根尖脓肿是根管内部感染引起根尖牙周组织发生炎症，齿槽脓肿是由根尖脓肿发展所致。龋齿、牙周病及牙结石等病症都是根尖/齿槽脓肿的诱发因素。大寺遗址出土人骨中有2例标本被诊断为患齿槽脓肿，编号为M2（东周时期）和M30（明清时期），均为女性（图四，1）。

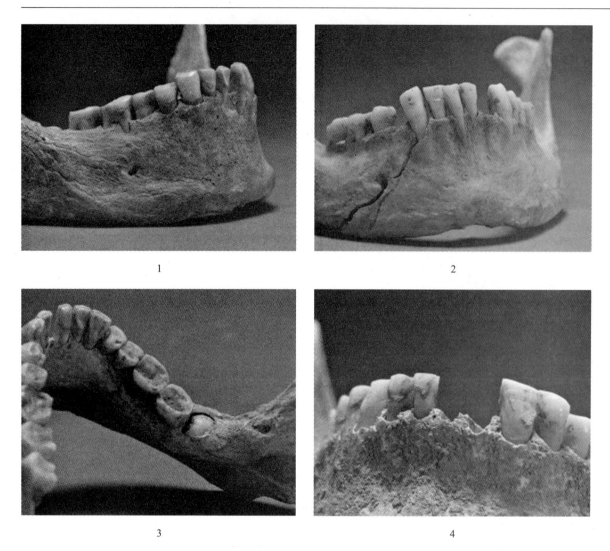

图四　口腔疾病

1. 根尖脓肿　2. 错颌畸形　3. 第三臼齿阻生　4. 牙釉质发育不全

4. 错颌畸形

错颌畸形也称牙颌畸形，是指在生长发育过程中由遗传因素或者环境因素所造成的牙颌面结构的异常，表现为牙齿在牙弓上排列拥挤、排列不齐或错位扭转等现象。本文标本中错颌畸形患者合计2例（女性1例、性别不详1例），编号分别为M20（东周时期）和M18-右2（新石器时代）（图四，2）。

5. 第三臼齿阻生

第三臼齿（智齿）阻生主要表现为第三臼齿牙胚在颌骨内形成后不能萌出或萌出后位置不正常。有学者研究认为，第三臼齿阻生是人类牙齿退化的一种表现形式。本文标本中观察到下颌第三臼齿阻生者2例（男性1例、女性1例），编号分别为M19-4（新石器时代）和M30（明清时期）（图四，3）。

6. 牙釉质发育不全

牙釉质发育不全是指在牙齿的发育过程中由于釉质厚度缺乏造成齿冠表面呈现出坑、线或沟状的现象，多见于中门齿、侧门齿和犬齿的唇侧等部位。一般认为牙釉质发育不全是多种原因造成的生理应激反应，通常是由营养不良或者一些感染性疾病所引起。本文标本中只有1例女性个体患有牙釉质发育不全，编号为M20（东周时期）（图四，4）。

五、结 语

本文通过对大寺遗址墓葬、瓮棺、灰坑和地层中出土的新石器时代、东周及明清时期人骨标本进行观察、鉴定和初步研究，得出以下几点结论。

（1）大寺遗址新石器时代、东周及明清时期居民成年个体多死于中年期（35～55岁），新石器时代瓮棺内所葬未成年个体多死于婴儿期（0～3岁）。

（2）大寺遗址古代居民男、女两性人骨标本颅、面部均呈现出结构较简单的颅顶缝、欠发达的犬齿窝、鼻根较为低矮等体质特征，且铲形门齿出现率较高。

（3）该地区古代居民中骨骼疾病以骨性关节炎居多，牙齿疾病中以牙周病最多，龋齿次之。

附记：本课题研究得到湖北省文物局南水北调工程丹江口库区文物保护科研课题资助。本文所鉴定的古人骨标本由湖北省文物考古研究所黄文新研究员提供，在此一并表示感谢。

附表一　大寺遗址出土人骨性别、年龄鉴定表

序号	编号	年代	性别	年龄（岁）
01	M2	东周秦墓	女？	45～50
02	M4	新石器时代	男	40～44
03	M5	新石器时代	不详	成年
04	M6	东周秦墓	男？	成年
05	M7	新石器时代	男	成年
06	M9	东周秦墓	不详	35～40
07	M12	东周楚墓	男？	成年
08	M13	新石器时代	男	45～50
09	M14	新石器时代	男	35～40
10	M16	新石器时代	男	成年
11	M18-右1	新石器时代	男	40±
12	M18-右2	新石器时代	不详	35±
13	M18-右3	新石器时代	男	35±

序号	编号	年代	性别	年龄（岁）
14	M18-右4	新石器时代	女？	成年
15	M18-左1	新石器时代	男？	40±
16	M18-左2	新石器时代	男？	成年
17	M18-左3	新石器时代	男	45~50
18	M19-1	新石器时代	不详	成年
19	M19-2	新石器时代	男	35~40
20	M19-3	新石器时代	男	25~30
21	M19-4	新石器时代	男	35±
22	M20	东周楚墓	女	40±
23	M21	东周楚墓	男	40~44
24	M25	东周楚墓	男	50±
25	M26	东周楚墓	男	25~30
26	M27	东周楚墓	女？	50±
27	M30	明清时期	女	55±
28	W2	新石器时代	不详	婴儿
29	W3	新石器时代	不详	婴儿
30	W6	新石器时代	不详	2~3
31	W10	新石器时代	不详	婴儿
32	H2	明清时期	不详	成年
33	H17	新石器时代	不详	成年
34	H23②	新石器时代	不详	成年
35	H41	新石器时代	不详	成年
36	H61	新石器时代	不详	成年
37	H63	新石器时代	不详	成年
38	H71②	新石器时代	不详	成年
39	H87③	新石器时代	不详	成年
40	H93	新石器时代	不详	成年
41	H122	新石器时代	不详	成年
42	T0203④	新石器时代	男	成年
43	T0710⑤	新石器时代	女？	成年

附表二　大寺遗址出土人骨四肢骨最大长测量表　　（♂：男性。♀：女性。长度：厘米）

编号、性别↓ 项目→	股骨		胫骨		腓骨		肱骨		尺骨		桡骨	
	L	R	L	R	L	R	L	R	L	R	L	R
M13 ♂								32.7				25.3
M14 ♂		41.7										
M20 ♀	42.8	42.9					31.5					

编号、性别↓	股骨		胫骨		腓骨		肱骨		尺骨		桡骨	
项目→	L	R	L	R	L	R	L	R	L	R	L	R
M25 ♂	43.8	44.1					32.4					
M26 ♂		45.7										
M30 ♀		43.7	34.3	33.9	33.8	34.2	29.4	30.3				

附录五　大寺遗址出土动物骨骼研究报告

刘一婷[1]　陶　洋[2]

（1. 武汉大学历史学院　2. 湖北省文物考古研究所）

大寺遗址采用手选的方式对动物骨骼进行收集，并按单位存放，为动物考古学研究提供了较好的资料基础。该遗址时间跨度大，包含仰韶文化、屈家岭文化、龙山文化、西周遗存、楚文化、秦文化、宋文化、明清文化，各时期均有动物骨骼出土。出土动物骨骼的遗迹类型包含房址、灰坑、地层、墓葬等（详见附表）。

动物骨骼的鉴定主要依据伊丽莎白·施密德的《动物骨骼图谱》和中国社会科学院考古研究所考古科技中心编的《考古遗址出土动物骨骼图谱》，哺乳动物的测量以安格拉·冯登德里施所著的《考古遗址出土动物骨骼测量指南》为准[1]。本研究按整理顺序，对整个遗址的动物骨骼进行了独立的连续编号，编号方式为"DD：编号"。经整理，该遗址各时期总共出土动物骨骼6211件，其中可鉴定部位和种属的哺乳动物骨骼1970件、非哺乳动物骨骼580件。下文将从出土动物的种属、数量及比例、测量数据、年龄、性别、骨骼发现率、骨表痕迹及病理等方面进行介绍和讨论。

一、种　属

大寺遗址出土动物骨骼种属多样，包括以下类别。

无脊椎动物　Invertebrate

　瓣腮纲　Lamellibranchia

　　真瓣腮目　Eulamellibranchia

　　　蚌科　Unionidae

　　　　丽蚌属　*Lamprotula*

　　　　　背瘤丽蚌　*Lamprotula leai*

　　　　　多瘤丽蚌　*Lamprotula polysticta*

　　　　　白河丽蚌　*Lamprotula (Parunio) paihoensis*

　　　　楔蚌属　*Cuneopsis*

　　　　珠蚌属　*Unio*

　　　　　圆顶珠蚌　*Unio douglasiae*

　　　帘蛤目　Veneroida

---

① 对于长骨的近、远端，除了宽度Bp、Bd的测量，还增加了厚度的测量，以便更加准确地把握骨骼形态。

　　　　帘蛤科　Veneridae

　　　　　　青蛤属　*Cyclina*

　　　　　　　青蛤　*Cyclina sinensis*

　　腹足纲　Gastropoda

　　前鳃亚纲　Prosobranchia

　　　中腹足目　Mesogastropoda

　　　　田螺科　Viviparidae

　　　　　圆田螺属　*Cipangopaludina*

　　　　　　中华圆田螺　*Cipangopaludina cathayensis*

脊椎动物　Vertebrate

　　硬骨鱼纲　Osteichthyes

　　　鲤形目　Cypriniformes

　　　　鲤科　Cyprinidae

　　　　　鲤属　*Cyprinus*

　　　　　　鲤鱼　*Cyprinus Carpio*

　　　　　草鱼属　*Ctenopharyngodon*

　　　　　　草鱼　*Ctenopharyngodon idellus*

　　　　　青鱼属　*Mylopharyngodon*

　　　　　　青鱼　*Mylopharyngodon piceus*

　　　鲶形目　Siluriformes

　　　　鲿科　Bagridae

　　　　　黄颡鱼属　*Pelteobagrus*

　　　　　　黄颡鱼　*Pelteobagrus fulvidraco*

　　爬行纲　Reptile

　　　龟鳖目　Testudines

　　　　龟科　Emididae

　　　　鳖科　Trionychidae

　　鸟纲　Aves

　　　鸡形目　Galliformes

　　　　雉科　Phasianidae

　　　　　原鸡属　*Gallus*

　　　　　雉属　*Phasianus*

　　哺乳纲　Mammalia

　　　啮齿目　Rodentia

　　　　竹鼠科　Rhizomyidae

　　　　　竹鼠属　*Rhizomys*

河狸科　Castoridae

　河狸属　*Castor*

　　河狸　*Castor fiber*

兔形目　Lagomorpha

　兔科　Leporidae

　　兔属　*Lepus*

　　　兔　*Lepus* sp.

食肉目　Carnivora

　犬科　Canidae

　　犬属　*Canis*

　　　狗　*Canis familiaris*

　　貉属　*Nyctereutes*

　　　貉　*Nyctereutes procyonoides*

　熊科　Ursidae

　猫科　Felidae

　　豹属　*Panthera*

　　　虎　*P. tigris*

　鼬科　Mustelidae

　　猪獾属　*Arctonyx*

　　　猪獾　*Arctonyx collaris*

偶蹄目　Aritiodactyla

　猪科　Suidae

　　猪属　*Sus*

　　　家猪　*Susscrofa domestica*

　　　野猪　*Sus scrofa*

　牛科　Bovidae

　　牛属　*Bos*

　　　牛（未定种）　*Bos* sp.

　　　黄牛　*Bos taurus*

　　水牛属　*Bubalus*

　鹿科　Cervidae

　　鹿属　*Cervus*

　　　梅花鹿　*Cervus Nippon*

　　　水鹿　*C. unicolor*

　　　马鹿　*C. elaphus*

　　麂属　*Muntiacus*

　　　　小麂　*Muntiacus reevesi*

　奇蹄目　Perissodactyla

　　犀科　Rhinocerotidae

　　　　犀　*Rhinoceros* sp.

　长鼻目　Proboscidea

　　象科　Elephantidae

　　　象属　*Elephas*

　灵长目　Primates

　　猴科　Cercopithecidae

　　　猕猴属　*Macaca*

　　可鉴定到种属的无脊椎动物有背瘤丽蚌、多瘤丽蚌、白河丽蚌（图版一八三，1）、楔蚌、圆顶珠蚌、青蛤、中华圆田螺，鱼类有鲤鱼（图版一八三，2）、草鱼、青鱼（图版一八三，3）、黄颡鱼，爬行类有龟（图版一八三，4）、鳖（图版一八三，5；图版一八四，1），鸟类有雉（图版一八四，2）、鸡（图版一八四，3），哺乳动物有竹鼠（图版一八四，4）、河狸、兔（图版一八四，5）、狗（图版一八四，6）、貉、猪獾（图版一八五，1）、熊（图版一八五，2、3）、小型猫科（图版一八五，4）、虎、家猪（图版一八五，5）、野猪、黄牛（图版一八五，6）、水牛、马鹿、水鹿（图版一八六，1）、梅花鹿（图版一八六，2）、小麂（图版一八七，1）、犀牛（图版一八六，3、4）、象（图版一八七，3）、猕猴（图版一八七，2）。

二、各时期出土动物骨骼种属与数量统计

　　大寺遗址从仰韶文化一直延续至明清时期，在各个时期均有动物遗存的发现，但是在种属与数量、比例上有所差异。

1. 仰韶文化时期

　　仰韶文化时期，哺乳动物种属有猪、狗、牛（未定种）、水牛、梅花鹿、小麂、熊、貉、猫、河狸、兔、竹鼠、猕猴、犀牛，可鉴定标本数共有1119件，最小个体数为70。无论是可鉴定标本数还是最小个体数，鹿科动物的数量和所占比例都是最高的，在全部哺乳动物中所占比例超过50%，其中又以小型鹿科为最多。其次是猪，可鉴定标本数所占比例约23%，最小个体数所占比例在19%左右。再次为牛，可鉴定标本数和最小个体数所占比例均不超过8%，可鉴定为水牛的仅有2件，包括1件桡骨和1件胫骨。狗的数量较少。食肉类的熊、猫、貉，啮齿类的兔、竹鼠，奇蹄目的犀牛，灵长类的猕猴的数量极少，总共占比不超过3%。

　　鸟类有鸡和雉，鸡有4件，雉有10件。爬行动物类包括鳖的头骨、腹甲、肢骨等仅60件，其中H16出土了1件完整的大型鳖的头骨，可能为黄斑巨鳖（鼋）。鱼类骨骼包括黄颡鱼5件、

草鱼21件、鲤鱼7件、青鱼11件，部位为咽齿、鳃盖骨、脊椎等。软体动物类包括多瘤丽蚌22件、白河丽蚌1件、丽蚌2件、楔蚌3件、青蛤1件、中华圆田螺53件、不可鉴定蚌类13件。

2. 屈家岭文化时期

屈家岭文化时期，哺乳动物种属有猪、狗、牛（未定种）、麂、梅花鹿、水鹿、马鹿、熊、虎、兔等，总共可鉴定标本数253件，最小个体数为23。无论是可鉴定标本数还是最小个体数，鹿科动物的数量和占比都是最高的，在全部哺乳动物中所占比例接近50%，但是较之仰韶文化时期，所占比例稍微有所下降，其中以中型鹿科为最多。其次为猪，可鉴定标本数占比约为38%，最小个体数占比为26%。再次是牛，两种数量统计的占比均不超过8%。狗的数量也很少，不超过10%。其他种属则更少，可鉴定标本数总共所占比例不足5%。

鸟类有鸡，鸡的骨骼有7件，不可鉴别的鸟类骨骼也有7件。爬行类包括龟的腹甲3件，鳖的腹甲、肢骨15件。鱼类有3种，包括鲤鱼1件、青鱼2件、黄颡鱼3件、不可鉴定鱼类骨骼34件。软体动物类有圆顶珠蚌1件、多瘤丽蚌11件、珍珠丽蚌1件、丽蚌1件、楔蚌2件、扭蚌1件、中华圆田螺202件、不可鉴定蚌类15件。

3. 龙山文化时期

龙山文化时期，哺乳动物种属包括猪、狗、牛（未定种）、小型鹿科、中型鹿科、大型鹿科、熊科、啮齿类动物骨骼，还发现疑似为大象的牙齿1件，总共的可鉴定标本数为182件，最小个体数为18，详见表一。其中鹿科动物的数量依旧是最多的，不过占比却比之前低，猪的数量与鹿科动物接近，占比较之前提高。大型牛科动物及狗的数量依旧较少。熊科、啮齿类仍然极少发现。

鸟类有鸡和雉，鸡有1件，雉有1件。爬行动物包括鳖的骨骼2件、龟的骨骼1件。软体动物包括多瘤丽蚌22件、白河丽蚌2件、楔蚌1件、中华圆田螺50件、不可鉴定的蚌类9件。鱼类包括草鱼骨骼1件。软体动物和鱼类的种属有所减少，但很可能是与这一时期样本量较少有关。

表一　新石器时代哺乳动物可鉴定标本数、最小个体数及占比

种属	仰韶文化				屈家岭文化				龙山文化			
	NISP	NISP%	MNI	MNI%	NISP	NISP%	MNI	MNI%	NISP	NISP%	MNI	MNI%
猪	253	22.61%	13	18.57%	95	37.55%	6	26.09%	71	39.01%	5	27.78%
狗	36	3.22%	3	4.29%	5	1.98%	2	8.70%	3	1.65%	1	5.56%
牛	87	7.77%	3	4.29%	18	7.11%	1	4.35%	18	9.89%	2	11.11%
小鹿	301	26.90%	17	24.29%	41	16.21%	3	13.04%	28	15.38%	2	11.11%
中鹿	271	24.22%	11	15.71%	62	24.51%	3	13.04%	35	19.23%	3	16.67%
大鹿	128	11.44%	7	10.00%	17	6.72%	4	17.39%	14	7.69%	1	5.56%
鹿角	14	1.25%	–	–	7	2.77%	0	0.00%	6	3.30%	–	–
熊?	3	0.27%	1	1.43%	1	0.40%	1	4.35%	1	0.55%	1	5.56%
貉?	3	0.27%	2	2.86%	–	–	–	–	–	–	–	–
猫	1	0.09%	1	1.43%	–	–	–	–	–	–	–	–

续表

种属	仰韶文化				屈家岭文化				龙山文化			
	NISP	NISP%	MNI	MNI%	NISP	NISP%	MNI	MNI%	NISP	NISP%	MNI	MNI%
虎	–	–	–	–	1	0.40%	1	4.35%	–	–	–	–
犀牛	1	0.09%	1	–	–	–	–	–	–	–	–	–
象?	0	0.00%	–	–	–	–	–	–	1	0.55%	1	5.56%
河狸	13	1.16%	6	8.57%	–	–	–	–	–	–	–	–
兔	6	0.54%	3	4.29%	4	1.58%	1	4.35%	–	–	–	–
竹鼠	1	0.09%	1	1.43%	–	–	–	–	–	–	–	–
啮齿类	–	–	–	–	2	0.79%	1	4.35%	5	2.75%	2	11.11%
灵长类	1	0.09%	1	1.43%	–	–	–	–	–	–	–	–
总数	1119	100%	70	100%	253	100%	23	100%	182	100%	18	100%

4. 西周时期

西周时期，哺乳动物种属有猪、狗、牛、小型鹿科、中型鹿科、大型鹿科、猪獾、猫，总共的可鉴定标本数为176件，最小个体数为21。在这一时期，猪和鹿的数量最多。猪的可鉴定标本数占比超过50%，鹿的占比为34%左右，在最小个体数上，猪的占比也高于鹿，猪的占比约为48%，鹿的占比约为33%。在所有鹿科动物中，中型鹿科占比最高。小型猫科、猪獾仅见有个别骨骼。

鸟类骨骼仅发现1件，爬行动物类仅有鳖的骨骼3件。鱼类仅鉴定有青鱼9件、不可鉴定鱼类4件。软体动物骨骼包括多瘤丽蚌3件、楔蚌1件、中华圆田螺23件、不可鉴定蚌类1件。

5. 楚文化时期

在属于楚文化的2个灰坑H235和H237内，出土的哺乳动物有猪、狗、牛、小型鹿科、中型鹿科、大型鹿科，总共可鉴定标本数为131件，最小个体数为12。猪和鹿的数量较多，在可鉴定标本数方面，猪的数量远高于其他种属，占比约为72%，其次为鹿科动物，占比约为25%。在最小个体数上，猪的占比也稍高于鹿。狗和牛的数量极少（表二）。

这一期灰坑内还出土有非哺乳动物鳖和草鱼的骨骼各1件。

表二　历史时期哺乳动物可鉴定标本数、最小个体数及占比

种属	西周时期				楚文化时期			
	NISP	NISP%	MNI	MNI%	NISP	NISP%	MNI	MNI%
猪	92	52.27%	10	47.62%	94	71.76%	5	41.67%
狗	3	1.70%	1	4.76%	2	1.53%	1	8.33%
牛	18	10.23%	1	4.76%	2	1.53%	1	8.33%
小鹿	17	9.66%	2	9.52%	7	5.34%	1	8.33%
中鹿	30	17.05%	3	14.29%	11	8.40%	2	16.67%
大鹿	13	7.39%	2	9.52%	15	11.45%	2	16.67%

种属	西周时期				楚文化时期			
	NISP	NISP%	MNI	MNI%	NISP	NISP%	MNI	MNI%
鹿角	1	0.57%	–	–	–	–	–	–
猫	1	0.57%	1	4.76%	–	–	–	–
猪獾	1	0.57%	1	4.76%	–	–	–	–
总计	176	100%	21	100%	131	100%	12	100%

6. 秦文化时期

在属于秦文化的3座墓葬内出土有猪、鸡、小鹿的肢骨。

M2：6标本包含猪的右侧肩胛、肱骨、桡骨、尺骨，为一条去蹄的右侧前肢，骨骺均未愈合，年龄小于1岁；还有左右侧乌喙骨、肱骨、胫跗骨、左侧尺骨各1件，属于同一个个体的部分左右肢，保存完整。

M6：1标本为猪、小鹿、鸡的骨骼，具体为猪的头骨、上颌、胫骨，以及一条从肩胛到跖骨的完整左前肢，年龄很小，应该是乳猪；小鹿的左侧肩胛、右侧后小腿骨、趾骨；鸡的左侧股骨、右侧胫跗骨。在3号铜鉴内有中型哺乳动物的肋骨。M6：5标本为猪的右侧肩胛、肱骨等，年龄很小，为乳猪，部分骨骼被染成铜绿色。

M9：6标本包含猪的右侧肩胛，肩胛近端未愈合；鸡的右侧乌喙骨、肱骨、桡骨、尺骨、胫跗骨。

这3座墓葬均有猪和鸡，猪均为前肢，鸡则前后肢均有。仅M6见有鹿的部分前后肢骨，且该墓出土铜器，等级较高，可能鹿只为等级较高的墓葬所使用。

7. 宋代、明清时期

在宋代、明清时期也有发现猪、狗、牛、鹿等动物的骨骼，出土数量非常少。宋代，猪的可鉴定标本数为16件，最小个体数为2；狗、牛、大型鹿科、中型鹿科、小型鹿科的可鉴定标本数不超过5件，最小个体数均为1。明清时期，猪、鹿的可鉴定标本数为1件，另有哺乳动物骨骼7件。

三、骨骼形态观察与测量

哺乳动物猪、鹿、牛、狗的牙齿及肢骨详细测量数据见附表。尽管测量数据不多，但是猪的测量数据方面仍有一些有趣的现象，在牙齿和肢骨的测量数据上显现出聚集两群的现象。以M1为例，在仰韶文化时期，无论是长和前宽比，还是长和后宽比，M1的尺寸都明显聚集成两群。而且这种聚集成两群的现象与性别无关，可鉴定性别的有3个个体，1个为雌性，落在尺寸较小的群组内，2个为雄性，也均不在较大群组内，属于游离在外的个体，而且也与年龄无关①。那么这种现象很可能与存在不同的种群有关系②，或许暗示了当时同时存在个体稍小的家猪与个体较大的野猪，今后可通过几何形态学进一步确认。

四、动物年龄与性别

猪和鹿的数量较多，对于统计年龄分布具有一定的意义。不过，由于目前对各种鹿类的年龄判断还未有较为准确的方法，因此，关于鹿的年龄本文不做讨论，下文仅对猪的年龄结构试作分析。猪的年龄根据牙齿萌出及磨蚀来判定，主要依据Grant的研究③，具体判断方法参照了李志鹏的研究④。另外，根据犬齿的形状和大小，对猪的性别进行了判定。

1. 仰韶文化时期

以左侧下颌为例，共13件下颌有牙齿，12件能判断年龄。年龄为0～4个月的有2件，4～6个月的有4件，6～12个月的有1件，12～18个月的有2件，18～24个月的有1件，24～36个月的有2件。1岁以下的死亡率高达58.33%，1～2岁的死亡率为25%，2～3岁的死亡率为16.67%。

右侧下颌有10件可以判断年龄。年龄为0～4个月的有1件，4～6个月的有3件，6～12个月的有1件，12～18个月的有2件，12～24个月的有1件，18～24个月的有1件，24～36个月的有1件。1岁以下的死亡率为50%，1～2岁的死亡率为40%，2～3岁的死亡率为10%。

如果将左右侧合并起来统计，则1岁以下的死亡率为54.54%，1～2岁的死亡率为31.81%，2～3岁的死亡率为13.63%。由此可以看出，1岁以下的死亡率非常高，超过半数，而存活到2～3岁的个体非常少，没有个体存活到3岁以上（图一）。

可判断性别的下颌共5件：雄性有3件，年龄分别为6～12个月、18～24个月、24～36个月；雌性有2件，其中1件年龄为4～6个月。

2. 屈家岭文化时期

共有6件左侧下颌可以判断年龄，年龄为4～6个月的有4件，年龄为6～12个月的有1件，12～18个月的有1件。1岁以下的死亡率为83.33%，1～2岁的死亡率不到17%。共有3件右侧下颌可以判断年龄，其中，4～6个月的有2件，24～36个月的有1件。1岁以下的死亡率为66.66%，2～3岁的死亡率为33.34%。如果将左右侧合并起来统计，那么，1岁以下的死亡率为77.78%，1～2岁的死亡率为11.11%，2～3岁的死亡率为11.11%（图二）。

---

① 牙齿长度随着年龄增长会缩小，但是宽度几乎不会，统计同时包含了长度和宽度。

② 尽管大部分数据的变化系数都小于8，可能还是属于同一种群，但是由于样本量较小，无法确定与种群完全无关。

③ Grant A. The use of tooth wear as a guide to the domestic animals//Wilson B, Grigson C, Payne S. Ageing and sexing animal bones from archaeological sites. Oxford: British archaeological reports, British series 109, 1982, pp.91-108.

④ 李志鹏：《殷墟动物遗存研究》，中国社会科学院研究生院博士学位论文，2009年，第52、53页。

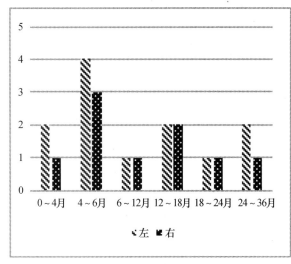

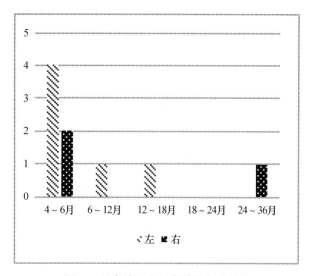

图一 仰韶文化时期猪的年龄结构   图二 屈家岭文化时期猪的年龄结构

这一时期，1岁以下的死亡率依旧非常高，超过70%，很少个体能存活到1岁以上。没有个体活到3岁以上。

可判断性别的有2件，均为4~6个月大的雄性。

3. 龙山文化时期

共3件左侧下颌可以判断年龄，全部为4~6个月。2件右侧下颌可判断年龄，其中，1件为4~6个月，1件为18~24个月。将左右侧合并起来统计，1岁以下的死亡率高达80%，这与之前是一致的，仅20%的个体存活到了2岁以上。

可判断性别的仅1件下颌，为18~24个月的雌性。

4. 西周时期

共10件左侧下颌可以判断年龄，其中，年龄为0~4个月的有1件，4~6个月的有4件，12~18个月的有2件，18~24个月的有2件，24~36个月的有1件。1岁以下的死亡率为50%，1~2岁的死亡率为40%，2~3岁的死亡率为10%，没有个体活到3岁以上。共4件右侧下颌可以判断年龄，年龄为4~6个月的有2件，12~18个月的有1件，18~24个月的有1件。1岁以下的死亡率为50%，1~2岁的死亡率为50%（图三）。

将左右侧合并起来统计，1岁以下死亡率为50%，1~2岁的死亡率为35.71%，2~3岁的死亡率为14.29%。这一时期死亡率产生一些变化，1岁以下的死亡率下降，而1~2岁的死亡率上升。

5件下颌可以判断性别，其中，3件为雄性个体，2件可判断年龄，分别为4~6个月和12~18个月；2件为雌性个体，年龄为4~6个月和18~24个月。

5. 楚文化时期

共4件左侧下颌可以判断年龄，年龄为0～4个月的有1件，12～18个月的有1件，18～24个月的有1件，24～36个月的有1件。4件右侧下颌可以判断年龄，年龄为6～12个月的有1件，18～24个月的有2件，24～36个月的有1件。将左右侧合并起来统计，1岁以下死亡率为25%，1～2岁的死亡率为50%，2～3岁的死亡率为25%，没有个体活到3岁以上（图四）。

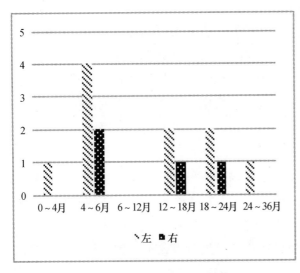

图三　西周时期猪的年龄结构

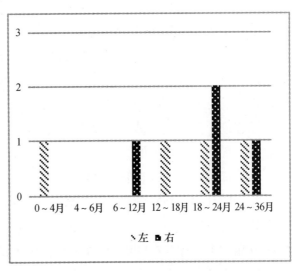

图四　楚文化时期猪的年龄结构

这一时期的死亡率发生了较大的变化，1岁以下的死亡率大大下降，1～2岁的死亡率增加，2～3岁个体占比也增加。

3个个体可以判断性别，均为雌性，年龄分别为12～18个月、18～24个月、24～36个月。

6. 小结

在新石器时代，1岁以下的个体，特别是0～6个月的死亡率非常高，雄性和雌性在年龄上也未有明显规律。有不少研究以大量幼年个体作为家养动物出现的标志之一，但是有些学者指出大量幼仔并不代表家养行为的出现，也可能是"狩猎维持"策略，年龄结构只能作为辅助证据[①]。根据数量、所占比例及测量数据的分析，我们可以认为在新石器时代饲养家猪和捕获野猪可能同时存在。猪在没有人为干涉的情况下，是在春季的3～5月产仔，大量个体在4～6个月大的时候死亡，表明这些猪是在秋冬季节被宰杀的，如果这些猪是野猪，那么很可能存在季节性的狩猎行为。

进入历史时期，特别是楚文化时期，1岁以下的死亡率略大幅度下降，而1～2岁的死亡率

---

① 〔英〕皮特·罗利-康威、阿姆伯特·艾伯瑞拉、基思·多博尼：《家猪和野猪：鉴别的方法和途径》，《动物考古》（第1辑），文物出版社，2010年。

大大增加，而1～2岁是家猪最优屠宰年龄，即能够以较少的投入获得最多的肉量[1]。结合猪的数量、所占比例超过半数，以及测量数据均较小，年龄结构又发生变化，表明古人对猪的控制大大加强，家猪饲养得到大的发展。

五、骨骼部位发现率

骨骼部位发现率受到骨骼大小、采集方式的影响，同时，古人的行为也是影响发现率的重要因素。因此计算骨骼发现率可以帮助我们认识古人获取、处理不同动物的差异[2]。

影响骨骼部位发现率的人为因素主要有两个。一个是搬运效应，如果动物不在遗址内或者附近被宰杀分割，那么很可能导致某些部位不被带入遗址，特别是含肉量较低的部位。一个是被破坏程度。如果肢骨被用来提取骨髓，容易导致骨骼严重损坏，可鉴定程度降低，这意味着骨骼的发现率也随之降低[3]。

骨骼部位发现率或骨骼出现率（Recovery Rate），可以有多种方法获得。本文的方法具体如下：先统计每一独立骨骼的最小数量，得到MNE[4]，实际上它与确定最小个体数是直接相关的，分清左右后，一般以最多的那个MNE值作为最小个体数。之后再用最小个体数乘以每类骨骼部位在一个个体存在的数量，得到该类骨骼部位的期望值。最后以该类骨骼的最小数量除以期望值，得到发现率。统计时，分清左右和近远端。

1. 猪和中型鹿科的骨骼部位发现率

猪和鹿是大寺遗址主要的哺乳动物种属，但是这两类动物在骨骼发现率上存在明显差异。笔者选取了猪和中型鹿科进行比较。因为这两种动物在体型上较为接近，可以排除由于骨骼大小影响发现率的这一外部因素。仰韶文化时期猪和中型鹿科的出土数量较多，且可鉴定标本数分别为253件和271件，非常接近，可确保对比研究不会受到样本量差异的影响。因此下文将以仰韶文化时期为例进行分析（图五）。

仰韶文化时期，猪和中型鹿科均以下颌骨的发现率最高，这与下颌骨容易保存有关。其次为肩胛的发现率，肩胛为扁形骨骼，几乎没有骨髓，很可能遭受到的人为破坏少。

---

① 罗运兵：《中国古代猪类驯化、饲养与仪式性使用》，科学出版社，2012年，第34页。

② 〔美〕伊丽莎白·瑞兹、伊丽莎白·维恩著，中国社会科学院考古研究所译：《动物考古学》（第2版），科学出版社，2013年，第174～191页。

③ 马萧林：《灵宝西坡遗址的肉食消费模式——骨骼部位发现率、表面痕迹及破碎度》，《华夏考古》2008年第4期。

④ MNE是一种骨骼在所在的动物遗存组合中的最小数量，如猪的肱骨有件47近端，那么肱骨近端的MNE就是47，本文还区分了左右，未能分清左右的也并入合计数量内。

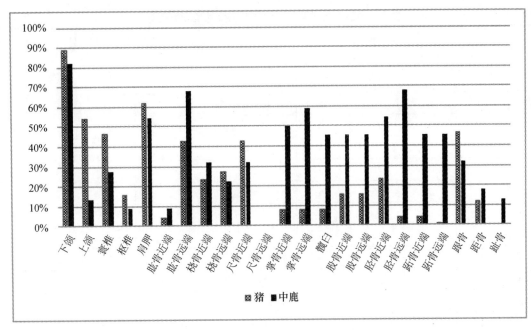

图五　仰韶文化时期猪和中型鹿科骨骼发现率对比图

　　猪除了趾骨外，其他骨骼均有发现。趾骨缺失现象是因为猪是野外捕获，在遗址外被宰杀，导致趾骨并未被带回遗址内？还是因为猪的趾骨遭受了更多的人为破坏，导致趾骨无法被鉴别？笔者更倾向于后者。因为即使进入到了西周时期和楚文化时期，猪已经是家养，趾骨同样未被发现。这种从新石器时代以来延续的现象，表明猪这一类动物的趾骨一直被严重破坏、高度消费。食用猪的蹄部骨骼可能是该遗址的一个传统风俗，猪的掌跖骨发现率也较低，或许也与此有关。

　　相比之下，中型鹿科的各个骨骼部位均被普遍发现，尽管趾骨发现率较低，但仍有发现，显示出它们很可能是在遗址附近被捕获，之后被完整地运回遗址。趾骨这类骨骼其实并没有多少肉量，被带回遗址又未被消费，可能与想要获取完整的鹿皮有关[①]。

　　在长骨的发现率方面，中型鹿科动物的长骨明显高于猪，特别是后肢的股骨、胫骨等。鹿的掌骨、跖骨发现率远高于猪，这与鹿的这两种骨骼个体较大且骨密度大故容易保存有关。鹿的各类长骨都有较高的发现率表明，这些骨骼在屠宰和烹煮时并未被严重处理。而猪则不同，大部分长骨都遭到了比较严重的破坏，导致可鉴定数量变少。

　　猪和中型鹿科骨骼发现率的差异，显示尽管猪和鹿都是当时主要的肉食对象，但是在具体的消费上有不同，对于猪的肢体进行了深度消费，可能存在较多的敲骨取髓的现象，而对于中型鹿科动物，则仅消费了其肉，并未取髓（表三）。

① 　马萧林：《灵宝西坡遗址的肉食消费模式——骨骼部位发现率、表面痕迹及破碎度》，《华夏考古》2008年第4期。

表三　仰韶文化时期猪和中型鹿科骨骼发现率统计表

	猪MNI=13					中型鹿科MNI=11				
	MNE			期望值	RR%	MNE			期望值	RR%
	左	右	合计			左	右	合计		
下颌	13	10	23	26	88.46%	7	11	18	22	81.82%
上颌	8	6	14	26	53.85%	2	1	3	22	13.64%
寰椎			6	13	46.15%			3	11	27.27%
枢椎			2	13	15.38%			1	11	9.09%
肩胛	9	7	16	26	61.54%	4	8	12	22	54.55%
肱骨近端	1	0	1	26	3.85%	1	1	2	22	9.09%
肱骨远端	5	6	11	26	42.31%	7	8	15	22	68.18%
桡骨近端	2	4	6	26	23.08%	3	4	7	22	31.82%
桡骨远端	1	6	7	26	26.92%	2	3	5	22	22.73%
尺骨近端	7	4	11	26	42.31%	4	3	7	22	31.82%
尺骨远端	0	0	0	26	0.00%	0	0	0	22	0.00%
掌骨近端	5	3	8	104	7.69%	6	5	11	22	50.00%
掌骨远端	3	1	4	104	7.69%	2	11	13	22	59.09%
髋臼	1	1	2	26	7.69%	6	4	10	22	45.45%
股骨近端	3	1	4	26	15.38%	6	4	10	22	45.45%
股骨远端	1	3	4	26	15.38%	8	2	10	22	45.45%
胫骨近端	5	1	6	26	23.08%	6	6	12	22	54.55%
胫骨远端	1	0	1	26	3.85%	5	10	15	22	68.18%
跖骨近端	2	2	4	104	3.85%	3	7	10	22	45.45%
跖骨远端	0	1	1	104	0.96%	3	7	10	22	45.45%
跟骨	7	5	12	26	46.15%	5	2	7	22	31.82%
距骨	1	2	3	26	11.54%	1	3	4	22	18.18%
趾骨	0	0	0	624	0.00%			34	264	12.88%

2. 小型和大型鹿科的骨骼部位发现率

仰韶文化时期小型和大型鹿科动物的长骨发现率比较高，可能表明其遭受的破坏不如猪严重。不过小型鹿科动物和大型鹿科动物在骨骼发现率上有所差异，特别是在下颌、髋臼等部位上。二者样本量有一定差异，不过二者可鉴定标本总数均在100件以上，这种差异造成的影响可能并不是太大。大鹿的下颌发现特别少，不同于中、小鹿及猪下颌的高发现率。这可能表明大型鹿科不是在遗址内宰杀，且没有将全部头骨带回，头骨肉量少，因此，为节省体力，只是偶尔将其带回。大型鹿科的髋臼发现率为0，而小型鹿科的发现率则非常高，与中型鹿科保持一致，盆骨位置肉量多。为何大型鹿科不见髋臼，原因不清楚（表四）。

表四　仰韶文化时期大型和小型鹿科骨骼发现率统计表

| | 大型鹿科MNI=7 | | | | | 小型鹿科MNI=17 | | | | |
| | MNE | | | 期望值 | RR% | MNE | | | 期望值 | RR% |
	左	右	合计			左	右	合计		
下颌	1	2	3	14	21.42%	14	17	31	34	91.18%
上颌	0	0	0	14	0.00	1	0	1	34	2.94%
寰椎			3	7	42.86%			5	17	29.41%
枢椎			3	7	42.86%	0	0	0	17	0.00
肩胛	7	2	9	14	64.29%	9	11	20	34	58.82%
肱骨近端	1	1	2	14	14.29%	1	0	1	34	2.94%
肱骨远端	4	4	8	14	57.14%	9	8	17	34	50.00%
桡骨近端	2	0	2	14	14.29%	9	2	11	34	32.35%
桡骨远端	2	3	5	14	35.71%	10	2	12	34	35.29%
尺骨近端	5	1	6	14	42.86%	4	1	5	34	14.71%
尺骨远端	0	0	0	14	0.00	0	0	0	34	0.00
掌骨近端	1	3	4	14	28.57%	13	8	21	34	61.76%
掌骨远端	1	1	3	14	21.43%	12	8	34	34	100%
髋臼	0	0	0	14	0.00	11	10	21	34	61.76%
股骨近端	1	1	2	14	14.29%	6	2	8	34	23.53%
股骨远端	1	1	2	14	14.29%	2	4	6	34	17.65%
胫骨近端	6	4	10	14	71.43%	5	2	7	34	20.59%
胫骨远端	2	3	5	14	35.71%	2	9	11	34	32.35%
跖骨近端	2	1	3	14	21.43%	3	3	6	34	17.65%
跖骨远端	4	5	9	14	64.29%	2	1	3	34	8.82%
跟骨	1	0	1	14	7.14%	9	11	20	34	58.82%
距骨	0	1	1	14	7.14%	6	4	13	34	38.24%
趾骨			20	168	11.9%			4	408	0.98%

　　小型鹿科的掌骨发现率特别高，而跖骨发现率则明显低，跟骨、距骨发现率高，趾骨的低发现率应该与骨骼较小，难以保存、采集有关。相比之下，大型鹿科的掌骨、跟骨、距骨发现率都不高，可能因为附着肉量较少，这些骨骼部分被遗落在屠宰地点，并未全部被带回遗址内。大型鹿科的胫骨、跖骨发现率高，而股骨的发现率低，表明股骨遭受的破坏更为严重（图六）。

　　尽管都属于鹿科动物，但是大、中、小型鹿科动物在处理方式上存在差异，大型鹿科被捕获后，就近宰杀，仅将部分肉量较多的肢体带回住地，而体量更小的中型和小型鹿科动物，则被全部带回遗址内，可能为获得完整的鹿皮。

　　其他时期及其他种属的数量太少，统计发现率不具有代表性，因此不纳入讨论。

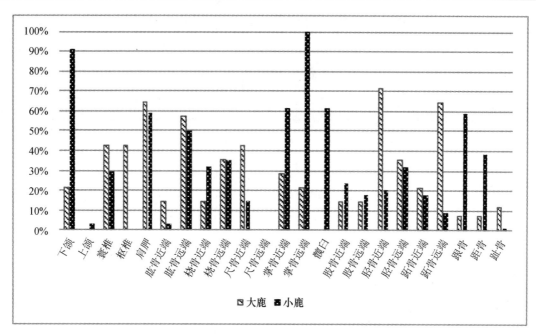

图六　仰韶文化时期大型和小型鹿科骨骼发现率对比图

六、骨骼表面痕迹与病理

这批动物遗存上的骨表痕迹种类包括烧痕、加工打磨痕迹、啮齿啃咬痕迹，前两者属于人工痕迹，不过有痕迹的骨骼数量不多。另外还见有骨刺生长、线性牙釉质发育不全（LEH）、枣核状病变等病例现象。

1. 烧痕

超过20件骨骼有被火烧的痕迹，包括猪的肱骨、桡骨、距骨各1件，鹿的角、下颌、肩胛、肱骨、桡骨、距骨共10件，牛的肩胛、股骨各1件，鸡的乌喙骨1件，中型哺乳动物的趾骨5件等。年代集中在仰韶文化时期和屈家岭文化时期。如水鹿鹿角DD：2596，出自屈家岭文化时期灰坑中（标本号H157①：11），在眉枝和第二枝有烧黑现象（图版一八六，1）；熊跟骨DD：273，出自仰韶文化时期的H54④，骨表烧黑（图版一八五，2）。

2. 加工痕迹

加工痕迹见有切割、砍、削、磨、钻孔等，为分割肉食、制作工具及装饰品所遗留。

（1）切割痕

鹿跖骨DD：2597，出自龙山文化时期灰坑中（标本号H5：2），保存完好，沿着中部进行纵向切割但未切开，在远端关节上方又有3道1～2厘米的较深切割痕迹，为一件半加工未完成的骨料。根据痕迹的特征，推测采用的可能为石质工具（图版一八七，4）。

（2）砍削痕

鹿角DD：1072，出自仰韶文化时期灰坑中（标本号H161：2），主枝被砍，有砍痕（图版一八七，5）。哺乳动物肋骨DD：2599，出自龙山文化时期灰坑中（标本号H23：7），骨表有三道砍砸痕迹（图版一八七，6）。哺乳动物肢骨DD：2598，出自屈家岭文化时期灰坑中（标本号H67③：1），骨表有砍削痕迹（图版一八八，1）。

（3）磨痕

哺乳动物长骨DD：2600，出自仰韶文化时期灰坑中（标本号H185：1），一端有明显磨痕（图版一八八，2）。仰韶文化时期的T0506④中有一件猪的门齿见有磨光痕迹，可能用于制作装饰品。还有通体磨光的标本，如仰韶文化时期的H175①：1骨镞，利用动物长骨制作而成，通体磨光，侧面刻有一道凹槽，前锋与铤末端均磨成尖锥状（图版一八八，3）。

（4）钻孔

屈家岭文化时期的T0509③：18骨铲，种属和部位较难认定，刃部经过打磨，中部有3个钻孔，直径均在3毫米左右（图版一八八，4）。

3. 啮齿啃咬

仅屈家岭文化时期的2件股骨上见有啮齿啃咬的痕迹，分别为鹿的肩胛和猪的跖骨。

4. 病理现象

4件骨骼见有病变。仰韶文化的大型鹿科盆骨见有骨刺生长，屈家岭文化时期的鱼鳃盖骨见有枣核状病变，猪的1件下颌dp4、1件上颌dp4～M2有线性牙釉质发育不全（LEH）现象。

七、动物遗存所反映的古环境

大寺遗址所在的汉水中游地区，按照现在的气候区划分，属于北温带向北亚热带过渡的气候类型，一年四季分明，光照充足，受季风气候影响，降水集中于夏季，呈现出显著的季节性变化。古气候的研究显示，距今8000～3000年为全新世大暖期[1]，大寺遗址的情况符合这一研究结果。根据鹿角形态，大寺遗址在新石器时代有马鹿、水鹿、梅花鹿、小鹿，其中水鹿现今绝大部分分布在长江以南地区[2]，这表明大寺遗址当时的古环境比现今更加温暖湿润。这一时期还出土了猕猴、犀牛、大象、黄斑巨鳖等动物的遗存，这些动物喜暖喜湿，现今的分布区域比大寺遗址纬度更低，这也同样证明了大寺遗址古环境的暖湿特征。

通过大寺遗址的动物群组成可以推测，在新石器时代，当地的水热条件比较优越，气候适宜，野生动物资源丰富，为该遗址的先民提供了极为充裕的自然资源。历史时期的野生动物资源大大减少，可能在一定程度上反映了环境的变化。

---

① 施雅风、孔昭宸：《中国全新世大暖期气候与环境》，海洋出版社，1992年，第1～19页。
② 盛和林等：《中国鹿类动物》，华东师范大学出版社，1992年，第176页。

八、结　　语

　　根据数量统计、测量数据、年龄结构、骨骼发现率等方面的现象，我们可以推测，在新石器时代，大寺遗址很可能存在家猪饲养，但是家养经济比重较低。鹿科动物是从野外捕获，占据了肉食资源的主体，其他野生资源也丰富多样。西周时期和楚文化时期，猪的比例过半，同时，野生动物资源大大减少，不仅仅是鹿类资源减少了，古人还放弃了对野猪的捕获。这一时期，家养经济占据了主体。这种转变发生的真实原因还需要其他方面的证据。

　　另外，大型牛科动物和狗在大寺遗址的各个时期都存在，但是数量较少，NISP比例维持在10%以下，而且测量数据过少，很难对其家养还是野生做出过多的推测。狗早在10000年以前就被驯化，在大寺遗址应该为家养，用于辅助狩猎、看家护院，肉食并不是其主要用途。牛的比例一直未得到提升，可能在很长时间内都是野生的。

　　中原地区和长江沿线的生业模式有着巨大差异，大寺遗址地处南北交界地带，中原地区和南方地区文化对这一遗址都产生过重要影响，但是就动物资源获取模式而言，大寺遗址与长江流域的模式更为接近，可能与当地的自然资源较为丰富有一定关系。不过，大寺遗址的植物遗存却显示其史前农业与中原地区更为相似，以粟、黍等旱作农业为主，研究者推测与当地的中低山地貌不适合稻作农业有关[①]。

　　附记：武汉大学考古系本科生吴怡、研究生谢紫晨参与了数据的录入工作，在此表示感谢。

---

① 唐丽雅、黄文新、郭长江等：《湖北郧县大寺遗址出土植物遗存分析——兼谈鄂西北豫西南山区史前农业特点》，《西部考古》（第11辑），科学出版社，2016年，第73～85页。

附表一　仰韶文化时期猪下颌保存状况及测量数据

（单位：毫米）

单位	层位	左右	牙齿保存	dp4长	dp4宽	M1长	M1前宽	M1后宽	M2长	M2前宽	M2后宽	M3长	M3宽	M1前	M3后	下颌9a	下颌16b	下颌16c	下颌18	M1磨蚀	M2磨蚀	M3磨蚀
H21		左	dp4~M1		9.45															0.5~u		
H220		左	M2、M1孔						20.32	13.39	13.12										c	c
H36	③	右	M2						17.98	9.21	9.98										a	V
H54	①	左	M2残、M3微残									36.71	15.4								f	d
H59	①	右	dp3~M1	19.76	8.83	17.47	10.17	11.18						26.65						a	V	
H59	②	右	P4、M1、M2残、P2、P3断																	e		
H59	③	右	M1、M2、P4孔			17	10.08	10.84	20.53	13.55	13.5										c	V
H59	③	左	M1、M2、P3、P4孔			17.44	10.29	10.79	20.87	13.61	13.41									d	a	c
H69	⑤	左	dp4、M1	20.5	10.33	18.77	11.44	13						32.49						c	V	
H69	⑤	右	dp4、M1	20.37	10.21	18.06	11.97	12.9						32.09					32.49	c		
H93	④	左	dp4~M3、dp2、dp3残	20.75	9.47	18.41		11.76												c	0.5~u	c
H175		右	M2~M3，其中M2孔									40.27	17.6		49.39							C
H176		左	I1、I2、C、dp2~dp4、I3残	20.95	9.49															V		
H185		左	dp4、M1	19.14	9.05	17.09	10.28	11.03												b	V	
H193		右	dp4、M1	20.73	9.95															0.5		
H206	②	右	dp4、M1、M1残	18.4	9.03															u		
J2		左右	左：dp2~M2，右：dp2~M2	18.35	8.5															0.5~u	C	
T0508	④	右	dp2~dp4	21.19	9.48															V		
T0508	④	左	dp3~dp4、M1孔	17.64	8.83															孔		

续表

单位	层位	左右	牙齿保存	dp4长	dp4宽	M1长	M1前宽	M1后宽	M2长	M2前宽	M2后宽	M3长	M3宽	M1前	M3后	下颌9a	下颌16b	下颌16c	下颌18	M1磨蚀	M2磨蚀	M3磨蚀
T0203	④	左右	左：I1~M3，P1齿孔愈合，I3断。右：C孔，M3残。I1~M3，I3，C，P1齿孔，I1，I2，P3残			14.71	11.35	12.45	21.41	15.71	16.08					40.03	55.72	59.34		f	e	
T0313	⑥	左	dp4~M1	18.9	8.83															V		
T0606	④	左	M1~M2			17.83	10.49	11.07	20.56	12.79	13.3									d	c	
			最大值	21.19	10.33	18.77	11.97	13	21.41	15.71	16.08	40.27	17.6	32.49	49.39	40.03	55.72	59.34	32.49			
			最小值	17.64	8.5	14.71	10.08	10.79	17.98	9.21	9.98	36.71	15.4	26.65	49.39	40.03	55.72	59.34	32.49			
			平均值	19.85	9.34	17.42	10.76	11.67	20.28	13.04	13.23	38.49	16.50	30.41	49.39	40.03	55.72	59.34	32.49			
			数量	11	13	9	8	9	6	6	6	2	2	3	1	1	1	1	1			
			标准差	1.115	0.544	1.106	0.672	0.841	1.085	1.939	1.770	1.780	1.100	2.664	0.000	0.000	0.000	0.000	0.000			

附表二　屈家岭文化时期猪下颌保存状况及测量数据

（单位：毫米）

单位	层位	左右	牙齿保存	dp4长	dp4宽	M1长	M1前宽	M1后宽	M2长	M2前宽	M3长	M3宽	M1前	M3后	M1~M3	下颌16b	M1磨蚀	M2磨蚀	M3磨蚀
T0202	③	左	dp3~M1	19.65	9.5											24.82	0.5~u	C	
T0507	③		左右dp4~M1，dp3残，余皆齿孔	19.23	9.27	19.34	11.27	12.26									b	v	
T0507	③	左右	dp4~M2	19.46	9.8	18.61	11.16	12.09									c	v	
H26		左	dp4、M1	15.53	8.02	15.53	9.33	9.97									c		
H26		左	dp4、M1	16.4	8.02	15.16	9.48	9.98									b	g	
H60	②	右	P2~M3						18.83	12.98	35.13	14.5	39.41	47.8	65.09				d
H70		左	M1、dp4孔			19.7	10.84	12.48					31.2				c	c	
			最大值	19.65	9.8	19.7	11.27	12.48	18.83	12.98	35.13	14.5	39.41	47.8	65.09	24.82			

续表

单位	层位	左右	牙齿保存	dp4长	dp4宽	M1长	M1前宽	M1后宽	M2长	M2前宽	M3长	M3宽	M1前	M3后	M1~M3	下颌16b	M1磨蚀	M2磨蚀	M3磨蚀
			最小值	16.4	8.02	15.16	9.33	9.97	18.83	12.98	35.13	14.5	24.82	47.8	65.09	24.82			
			平均值	18.69	8.92	17.67	10.42	11.36	18.83	12.98	35.13	14.50	30.06	47.80	65.09	24.82			
			数量	4	5	5	5	5	1	1	1	1	4	1	1	1			
			标准差	1.328	0.755	1.933	0.839	1.134	0.000	0.000	0.000	0.000	5.992	0.000	0.000	0.000			

附表三　龙山文化时期猪下颌保存状况及测量数据

（单位：毫米）

单位	层位	左右	牙齿保存	dp4长	dp4宽	M1长	M1前宽	M1后宽	M2长	M2后宽	M3长	M3宽	M1前	M1磨蚀	M2磨蚀	M3磨蚀
H5		左	dp4	18.79	8.98									c	v	
H14		左	M1, dp4孔			17.87	11.6	11.35						0.5		
H23	①	右	dp3、dp4	18.31									22.03			
H23	①	右	M2、M3						20.07	13.62	29.3	13.5			e	u
H25	①	左	dp4、M1	18.87	9.92								23.22	0.5~u		
H25		左	dp4、M1	18.55	9.41									u	c	
			最大值	18.87	9.92	17.87	11.6	11.35	20.07	13.62	29.3	13.5	23.22			
			最小值	18.31	8.98	17.87	11.6	11.35	20.07	13.62	29.3	13.5	22.03			
			平均值	18.63	9.44	17.87	11.50	11.35	20.07	13.62	29.30	13.50	22.63			
			数量	4	3	1	1	1	1	1	1	1	2			
			标准差	0.219	0.384	0.000	0.000	0.000	0.000	0.000	0.000	0.000	0.595			

附表四　西周时期猪下颌保存状况及测量数据

（单位：毫米）

单位	层位	左右	牙齿保存	dp4长	dp4宽	M1长	M1前	M2前宽	M2长	M2后宽	M3长	M3宽	M1前	M1~M3	P4磨蚀	M1磨蚀	M2磨蚀	M3磨蚀
T0811	⑤	左	M1~M3					13.28	19.08	13.35	34.71	15.05		69.93			d	b
T0810	⑤	左	M3								33.49	14.12						d

续表

（单位：毫米）

单位	层位	左右	牙齿保存	dp4长	dp4宽	M1长	M1前宽	M1后宽	M2长	M2前宽	M2后宽	M3长	M3宽	M1前	M1~M3	P4磨蚀	M1磨蚀	M2磨蚀	M3磨蚀
T0811	⑤	左	M1~M3						20.17	13.16	13.32	33.85	15.5					d	b
G6	①	右	P3~M3、M1残						18.35	12.29	12.85			39.66				d	0.5~u
G6	①	左	dp3~M2			12.62	9.25	9.94	17.4	11.74	11.55						d	a	c
G6	①	右	M1~M2、M1孔															V	
G6	②	左	dp4~M2		9.3	16.01	10.03	11						23.91			b	C	
G6	②	左	dp4~M2	19.4	9.22	16.55	10.08	11.03									d	V	
G6	②	左	C、dp4~M2、余皆齿孔	17.27	8.1	15.73	9.5	10.11										C	
G6	②	右	dp3~M2、余皆齿孔	17.83	8.43	14.68	9.61	9.54						24			a	V	
G6	②	左	dp3~M1	19.94	8.75												0.5		
G6	②	左	dp1~M2、dp3、dp4孔			18.14	10.56	10.9						31.51			b	V	
G6	②	左右	左：I1~M2，I1~I3，P2，P4齿孔。右：P3~M3，余皆齿孔			16.51	10.26	11.15	19.7	12.72	12.55			31.04	69.93	0.5~u			V
			最大值	19.94	9.3	18.14	10.56	11.15	20.17	13.28	13.35	34.71	15.5	39.66	69.93				
			最小值	17.27	8.1	12.62	9.25	9.54	17.4	11.74	11.55	33.49	14.12	23.91	69.93				
			平均值	18.61	8.76	15.75	9.90	10.52	18.94	12.64	12.72	34.02	14.89	30.02	69.93				
			计数	4	5	7	7	7	5	5	5	3	3	5	1				
			标准差	1.095	0.458	1.601	0.428	0.597	0.983	0.569	0.659	0.512	0.575	5.827	0.000				

附表五　楚文化时期猪下颌保存状况及测量数据

（单位：毫米）

单位	层位	左右	牙齿保存	dp4长	dp4宽	M1长	M1前宽	M1后宽	M2长	M2前宽	M2后宽	M3长	M3宽	M1磨蚀	M2磨蚀	M3磨蚀
H235		右	M1~M3、P3~P4孔			11.15	20.02	13.06	13.31	11.15	20.02			f	d	u
H235		左右	左：I1、I2、C、P2、P3、左I3、P1孔、右 I1~I3、C、P1~M2，M3无				20.57	12.81	13.85		20.57			k	f	
H237		右	M2、M3												0.5~u	V

续表

单位	层位	左右	牙齿保存	dp4长	dp4宽	M1长	M1前宽	M1后宽	M2长	M2前宽	M2后宽	M3长	M3宽	M1磨蚀	M2磨蚀	M3磨蚀
H237		左	M1、M2			10.63	21.47	12.88	12.95	10.63	21.47			d	c	
H237		左	左P4~M3、M1、M3残				19.52	13.66	13.52		19.52			g	e	
H237		左	dp4、M1	17.07	7.78									V		
			最大值	17.07	7.78		21.47	11.15	21.47	13.66	13.85					
			最小值	17.07	7.78		19.52	10.63	19.52	12.81	12.95					
			平均值	17.07	7.78		19.52	10.89	20.40	13.10	13.41					
			计数	1	1			2	4	4	4					
			标准差	0.000	0.000			0.260	0.723	0.335	0.327					

附表六　仰韶文化时期猪上颌保存状况及测量数据

（单位：毫米）

单位	层位	左右	牙齿保存	M1长	M1前宽	M1后宽	M2长	M2前宽	M2后宽	M3长	M3宽	M1~M3	P4磨蚀	M1磨蚀	M2磨蚀	M3磨蚀
H230		左	dp3~M1、dp3残		12.33	12.23								u		
H59	③	左	M1、M2	17.98	12.97	13.97	22.48	16.69	16.44					c	a	
H59	③	右	M1、M2	17.78	12.8	13.46	21.93	16.18	16.34				E	d	b	b
H75	③	左	M1~M2		13.37		21.79	17.07	17.07	33.87	18.87	70.66		f	e	b
H83	②	右	P4残、M1、M2	17.59		15.29	22.94	19.31	19.09					d	b	
H83	②	右	dp4~M2	13.41	11.48	12.06	18.26	12.86	13.48					h	d	
H83	②	左	dp4~M2	14.11	11.24	12.24	18.43	12.79	13.63					h	d	c
H93	④	左	dp4、M1	13.19	11.1	11.43								c		
T0508	④	右	M1、M2残、M3							30.6	17.55					b
T0203	④	左	M1~M3、M1微残、P4孔				20.39	16.84	17.11	30.25	19.07	67.95		h	f	c
T0313	⑥	左	P4~M2	15.82	12.41	12.92		14.68	15.47					e	d	
T0508	④	右	M1~M3、M1、M2残							30.45	17.05	70.66				b
			最大值	17.98	13.37	15.29	22.94	19.31	19.09	33.87	19.07	70.66				
			最小值	13.19	11.1	11.43	18.26	12.79	13.48	30.25	17.05	67.95				

续表

单位	层位	左右	牙齿保存	M1长	M1前宽	M1后宽	M2长	M2前宽	M2后宽	M3长	M3宽	M1～M3	P4磨蚀	M1磨蚀	M2磨蚀	M3磨蚀
			平均值	15.70	12.21	12.95	20.89	15.62	16.08	31.29	18.14	69.31				
			计数	7	8	8	7	7	8	4	4	2				
			标准差	1.971	0.793	1.167	1.766	2.174	1.748	1.493	0.856	1.355				

附表七 屈家岭文化时期猪上颌保存状况及测量数据

（单位：毫米）

单位	层位	左右	牙齿保存	M1长	M1前宽	M1后宽	M2长	M2前宽	M2后宽	M3长	M3前宽	M3后宽	P4磨蚀	M1磨蚀	M2磨蚀	M3磨蚀
T0507	③	左	M1、M2、P4、M3孔		13.74	13.53	21.01	16.74	16.27					c	b	
T0509	③		P3～M2	17.39	15.18	14.99	23.23	18.92	17.74					e	d	
T0509	③	右	P4～M2				19.67	14.81	14.71	23.13	17.56	15.81	E	a	c	C
T0507	③	左	P4～M2			13.5	19.92	16.76	15.85					d		
			最大值	17.39	15.18	14.99	23.23	18.92	17.74	23.13	17.56	15.81				
			最小值	17.39	13.74	13.5	19.67	14.81	14.71	23.13	17.56	15.81				
			平均值	17.39	14.46	14.01	20.96	16.81	16.14	23.13	17.56	15.81				
			计数	1	2	3	4	4	4	1	1	1				
			标准差	0.000	0.720	0.695	1.405	1.454	1.085	0.000	0.000	0.000				

附表八 龙山文化时期猪上颌保存状况及测量数据

（单位：毫米）

单位	层位	左右	牙齿保存	M1长	M1前宽	M1后宽	M2长	M2前宽	M2后宽	M1磨蚀	M2磨蚀	M3磨蚀
H5		右	dp4～M1、M2残		11.68	11.08				d		
H12	③	右	M1、M2	15.97	12.63	12.74	20.15	15.01	15.16	c	a	
H12	③	左	dp3～M2、dp2孔				17.2	12.36	12.41	k	b	v
H23	②	左	dp4～M2		9.98		17.39		13.34	d	b	
H23	③	右	M1、M2	18.84	15.15	14.29	22.79	15.18	18.19	c	a	v
H31	③	左	M2				15.8	12.05	12.3		b	V
			最大值	18.84	15.15	14.29	22.79	15.18	18.19			

续表

单位	层位	左右	牙齿保存	M1长	M1前宽	M1后宽	M2长	M2前宽	M2后宽	M1磨蚀	M2磨蚀	M3磨蚀
H234			最小值	15.97	9.98	11.08	15.8	12.05	12.3			
			平均值	17.41	12.36	12.70	18.67	13.65	14.28			
			计数	2	4	3	5	4	5			
			标准差	1.435	1.870	1.311	2.498	1.450	2.207			

附表九　西周时期猪上颌保存状况及测量数据

（单位：毫米）

单位	层位	左右	牙齿保存	M1长	M1前宽	M1后宽	M2长	M2前宽	M2后宽	M3长	M3前宽	M1~M3	M1磨蚀	M2磨蚀	M3磨蚀
G6		右	P3~M2	16.29	13.42	13.88	20.67	16.02	16.06				d	b	
G6	②	右	M1~M3、M3孔	11.45	9.05	10.02	14.78	11.08	11.49				j	d	
G6	②	左	P3~M3、P2孔、P4替换中	12.83	10.59	10.95	18.03	12.86	18.16				e	c	0.5~u
G6	②	左右	P3~M3	14.87		16.27	19.24	17.08	17.62	26.43	18.03	59.72	a	j	e
			最大值	16.29	13.42	16.27	20.67	17.08	18.16	26.43	18.03	59.72			
			最小值	11.45	9.05	10.02	14.78	11.08	11.49	26.43	18.03	59.72			
			平均值	13.86	11.02	12.78	18.18	14.26	15.83	26.43	18.03	59.72			
			数量	4	3	4	4	4	4	1	1	1			
			标准差	1.857	1.810	2.468	2.174	2.404	2.623	0.000	0.000	0.000			

附表一〇　楚文化时期猪上颌保存状况及测量数据

（单位：毫米）

单位	左右	牙齿保存	M1长	M1前宽	M1后宽	M2长	M2前宽	M2后宽	M3长	M3宽	M1磨蚀	M2磨蚀	M3磨蚀
H235	右	P3~M3、M1残		17.5		19.77	16.66	15.73				d	u
H237	左	M2、M3			16.48				21.87	17.5		c	0.5~u
H237	左	P4~M2、M1残	21.87			19.62	15.86	14.96			g	d	
H237	左	M3											0.5~u
H237	左	P3~M3	15.41	12.71	13.51	18.05	14.76	14.47	15.41	12.71	d	b	0.5
		最大值	21.87	17.5	16.48	19.77	16.66	15.73	21.87	17.5			

续表

单位	左右	牙齿保存	M1长	M1前宽	M1后宽	M2长	M2前宽	M2后宽	M3长	M3宽	M1磨蚀	M2磨蚀	M3磨蚀
		最小值	15.41	12.71	13.51	18.05	14.76	14.47	15.41	12.71			
		平均值	18.64	15.11	15.00	19.15	15.76	15.05	18.64	15.11			
		数量	2	2	2	3	3	3	2	2			
		标准差	3.230	2.395	1.485	0.778	0.779	0.519	3.230	2.395			

附表一一　仰韶文化时期中型鹿科下颌测量数据

（单位：毫米）

单位	层位	左右	牙齿保存	dp4长	dp4宽	M1长	M1前宽	M2长	M2前宽	M3长	M3前宽	下颌7	下颌15a	下颌9	下颌15b	下颌15c	下颌8	下颌18	下颌19	M1~M3
H59	③	左	M2、M3					14.1	10.03	20.73	7.52									
H231		右	M2残、M3							28.37	14.95									
H230		右	M3							17.25	8.85									
H222		左	dp2~M1	24.11	11.58	20.73	12.04													
H145	②	右	P4~M3、P2、P3孔			15.93	10.04	18.18	10.13	21.02	9.95				26.85		56.65			
H143		左	dp2~M2	14.94	7.39	13.59	7.63									15.66				
H144		右	P3~M3、P2孔			14.98	10.13						20.9		19.97	14.68	40.15			
H144		右	P3~M2、P2孔					17.8	10.55						22.9					
H172		右	M1、M2			12.45	7.46	13.39	7.98											
H172		左	M1~M3、P2~P4孔										38.53				58			
H123		左	M2、M3、M1残					18.47	11.34	20.42	10.52									
H123		右	P3~M3														54.34			
H175		左右	左、右皆存P2~M3									89.84	32.57	35.88		23	15.13			
H94	④	右	M1~M3										34.98		25.88					
H94	④	右	M1~M3、P2~P4孔															26.03	30.6	55.22
H174		左	P3~M3、P2孔										24.81		18.46	16.21	40.69			
T0905	⑥	左	M1~M3			15.55	8.82	17.56	8.54											53.97

续表

单位	层位	左右	牙齿保存	dp4长	dp4宽	M1长	M1前宽	M2长	M2前宽	M3长	M3前宽	下颌7	下颌15a	下颌9	下颌15b	下颌15c	下颌8	下颌18	下颌19	M1~M3
			最大值	24.11	11.58	20.73	12.04	18.47	11.34	28.37	14.95	89.84	38.53	35.88	26.85	23	58	26.03	30.6	55.22
			最小值	14.94	7.39	12.45	7.46	13.39	7.98	17.25	7.52	89.84	20.9	35.88	18.46	14.68	15.13	26.03	30.6	53.97
			平均值	19.53	9.49	15.54	9.35	16.58	9.76	21.56	10.36	89.84	29.51	35.88	22.81	17.39	44.50	26.03	30.6	54.60
			数量	2	2	6	6	6	6	5	5	1	6	1	5	4	7	1	1	2
			标准差	4.585	2.095	2.606	1.588	2.037	1.154	3.667	2.514	0.000	6.255	0.000	3.248	3.286	13.768	0.000	0.000	0.625

附表一二　屈家岭文化时期中型鹿科下颌测量数据

（单位：毫米）

单位	层位	左右	牙齿保存	M1长	M1宽	M2长	M2宽	M3长	M3宽	下颌6	下颌6a	下颌7	下颌8	下颌9	下颌15a	下颌15b	下颌15c
T0202	③	左	P2~M3			17.1	9.71			88.4	86.95	53.93	34.11	35.19	35.07	25.34	21.39
M14		右	P2~M3	13.62	9.26	17.05	11.71	24.13	11.41			90.67	56.55				
			最大值	13.62	9.26	17.1	11.71	24.13	11.41	88.4	86.95	90.67	56.55	35.19	35.07	25.34	21.39
			最小值	13.62	9.26	17.05	9.71	24.13	11.41	88.4	86.95	53.93	34.11	35.19	35.07	25.34	21.39
			平均值	13.62	9.26	17.08	10.71	24.13	11.41	88.40	86.95	72.30	45.33	35.19	35.07	25.34	21.39
			数量	1	1	2	2	1	1	1	1	2	2	1	1	1	1
			标准差	0.000	0.000	0.025	1.000	0.000	0.000	0.000	0.000	18.370	11.220	0.000	0.000	0.000	0.000

附表一三　仰韶文化时期小型鹿科下颌测量数据

（单位：毫米）

单位	层位	左右	牙齿保存	M1长	M1宽	M2长	M2宽	M3长	M3前	M3后	下颌7	下颌15a	下颌9	下颌15b	下颌15c	下颌8	下颌14	下颌22a	P2~P4	M1~M3
H54	④	右	M3					13.98	6.55											
H54	①	左	P2~M1		16.02															
H54	①	左	M3					14.27		7.71							13.7			
H54	③	左	P3~M3，P24孔									19.97	20.48	16.31		33.47				
H199		右	P2~M3	7.96	5.45	9.85	6.41	14.26	7.29		52.75	20.93	20.48	16.87	14.34	32.47		21.42		

续表

单位	层位	左右	牙齿保存	M1长	M1宽	M2长	M2宽	M3长	M3宽	M1前	M3后	下颌7	下颌15a	下颌9	下颌15b	下颌15c	下颌8	下颌14	下颌22a	P2~P4	M1~M3
H129	①	左	dp2~M2, M3孔											21.95		15.48					
H125		右	M3					15.62	7.3												
T0506	④	左	M1, M2	10.27	5.85	11.8	6.48														
H94	④	右	P2~M3									65.34		26.94	15.34	14.07	37.94				
H94	④	左	P2~M2											28.39	17.58						
H94	④	左	P4~M3, P2~P3孔										22.81		18.83		36.07				
H174		左	P4, M2, M3, p2, p3, M1孔										19.89								
H174		左	M2, M3, P4孔, M1残										24.41								
T0304	④	右	M1~M3										19.07				36.41				
H128		右	P2~M3										23.68				40				
T0303	⑤	左		9.69	6.14	11.29	6.93	15.1	7.85	15.64	18.5										34.86
T0304	④	右	M1~M3	10.12	6.53	12.28	7.02	13.91	6.81		18.77										35.95
T0202	④	左	M1~M3	8.96	6.9	10.31	7.06	13.86	6.94		33.93								19.85		
T0303	⑤	右	P3~M3	9.63	6.49	10.31	7.41	14.39	7.03			23.35							19.11		
T0203	④	右	P3~M2, 其中P2, M3齿孔	9.69	2.23	9.71	7.57								14.49	12.18					
T0905	⑥	左	M1~M3	9.28	6.02						19										32.72
T0506	④	左	dp2~M2, dp2~dp4孔	10.25	5.53	11.75	6.21														
T0508	④	右	P3~M3, P3, P4残	8.59	6.56	9.68	7.32	14.04	7.35												33.26
Y1		右	dp3~M2, dp3与P3替换中							14.5											
最大值				10.27	16.02	12.28	7.57	15.62	7.85	15.64	19	65.34	24.41	28.39	18.83	15.48	40	13.7	19.85	21.42	35.95

续表

牙齿保存	M1长	M1宽	M2长	M2宽	M3长	M3宽	M1前	M3后	下颌7	下颌15a	下颌9	下颌15b	下颌15c	下颌8	下颌14	下颌22a	P2~P4	M1~M3
最小值	7.96	2.23	9.68	6.21	13.86	6.55	14.5	18.58	23.35	19.07	20.48	14.49	12.18	32.47	13.7	19.11	21.42	32.72
平均值	9.44	6.70	10.78	6.93	14.38	7.20	15.07	18.78	43.84	21.54	24.44	16.57	14.02	36.06	13.70	19.48	21.42	34.20
数量	10	11	9	9	9	9	2	3	4	7	4	6	4	6	1	2	1	4
标准差	0.717	3.182	0.951	0.448	0.563	0.394	0.570	0.172	16.276	7.348	3.307	1.422	1.186	2.542	0.000	0.370	0.000	1.282

附表一四　屈家岭文化时期小型鹿科下颌测量数据

（单位：毫米）

单位	层位	左右	牙齿保存	dp4长	dp4宽	M1长	M1宽	M2长	M2宽	M3长	M3宽	M1前	M3后	P2~P4
T0509	③	左	P2~P4					10.5	7.01			18.02	20.02	21.61
T0509	③	左	dp3~M1	10.79	5.31	9.61	5.99					14.13		
T0305	③	左	dp2~M2	14.41	6.82	9.99	7.04	12.23	7.29	13.56	7.53	18.47	20.02	21.61
最大值				14.41	6.82	9.99	7.04	12.23	7.29	13.56	7.53	18.47	20.02	21.61
最小值				10.79	5.31	9.61	5.99	10.5	7.01	13.56	7.53	14.13	20.02	21.61
平均值				12.60	6.07	9.80	6.52	11.37	7.15	13.56	7.53	16.83	20.02	21.61
数量				2	2	2	2	2	2	1	1	3	1	1
标准差				1.810	0.755	0.190	0.525	0.865	0.140	0.000	0.000	1.949	0.000	0.000

附表一五　仰韶文化、龙山文化、西周时期各型鹿科下颌零散测量数据

（单位：毫米）

年代	单位	层位	鹿	左右	牙齿保存	M1长	M1宽	M2长	M2宽	M3长	M3宽	M1前	下颌15b	下颌15c	下颌8	M1磨蚀	M2磨蚀	M3磨蚀
仰韶	H174	①	大鹿	右	P3~M3，P2孔								28.37	23.28	57.14			
仰韶	F3	①	大鹿	右	M2~M3				11.19		14.13							V
龙山	H23	①	大鹿	左	M1~M3，M1残			20.93		31.46								
龙山	H5		中鹿	右	dp3~M1，dp2孔	15.57	8.64	23.96	14.55									
西周	G6	①	中鹿	右	P2~M1，P2孔							23.24						
西周	G6	①	小鹿	左	dp4~M1，余齿孔	11.6	6.77					19.54						

附表一六　狗下颌测量数据

（单位：毫米）

年代	单位	层位	左右	牙齿保存	M1长	M1前宽	下颌7	下颌9	下颌10	下颌11	下颌12	下颌13	下颌14	下颌18	下颌19	下颌20
仰韶	H54	③	左	P1, P2、M1, P4残	23.73	9.3							20.98	53.6	24.73	
仰韶	H54	③	右	P4、M1, 皆残	23.15	9.29			28.39			18.02	22.21	56.9	25.04	
仰韶	T0407	④	左	I2~M3。I1, P1齿孔			61.1	53.73			26.12		16.95		16.56	
西周	G6	②	左右	左：I2~I3, P3~M2, 余皆齿孔。右：I2~I3, P1~M1, 余皆齿孔。						31.21	26.98	18.16	17.94		18.5	15.74

附表一七　牛下颌及牙齿测量数据

（单位：毫米）

年代	单位	层位	左右	上下	牙齿保存	M1长	M1宽	M3长	M3宽
仰韶	H94	④	左	下	M3			40.47	16.77
仰韶	H94	④	右	下	P4、M1, M2残	24.67	16.11		
仰韶	H94	④	左	下	M3, M2残			40.14	16.14
仰韶	H174	①	右	下	P3、P4、M1, P2残	26.65	18.57		
西周	G6	①	左	下	游离M3			40.85	15.28
仰韶	H69	④	左	上	P3~M1	27.31	24.34		

附表一八　狗下颌及牙齿测量数据

（单位：毫米）

年代	单位	层位	左右	牙齿保存	M1长	M1前宽	下颌7	下颌9	下颌10	下颌11	下颌12	下颌13	下颌14	下颌18	下颌19	下颌20
仰韶	H54	③	左	P1, P2、M1, P4残	23.73	9.3							20.98	53.6	24.73	
仰韶	H54	③	右	P4、M1, 皆残	23.15	9.29			28.39			18.02	22.21	56.9	25.04	
仰韶	T0407	④	左	I2~M3。I1, P1齿孔			61.1	53.73			26.12		16.95		16.56	
西周	G6	②	右	左：I2~I3, P3~M2, 余皆齿孔。右：I2~I3, P1~M1, 余皆齿孔。						31.21	26.98	18.16	17.94		18.5	15.74

附表一九　仰韶文化时期猪肢骨测量数据

（单位：毫米）

猪	寰椎		肩胛		肱骨				桡骨			股骨		胫骨	跟骨		距骨	
	长	宽	远端宽	远端厚	远端厚	远端宽	近端宽	最大长	近端宽	最大长	最大宽	最大长	最大宽	近端厚	远端宽	远端厚	近端宽	近端厚
最大值	46.83	32.82	40.11	29.09	33.19	57.31	69.24	92.25	29.87	51.59	31.46	74.95	44.35	29.12	54.95	51.03	32.55	23.86
最小值	28.21	26.56	36.27	24.58	33.19	57.31	69.24	92.25	25.7	49.37	28.58	74.95	44.35	29.12	39.78	39.41	26.85	17.67
平均值	37.76	29.15	38.19	26.84	33.19	57.31	69.24	92.25	27.79	50.26	29.85	74.95	44.35	29.12	47.17	44.31	29.99	20.17
数量	5	5	2	2	1	1	1	1	2	3	3	1	1	1	5	4	4	3
标准差	7.080	2.771	1.920	2.255	0.000	0.000	0.000	0.000	2.085	0.958	1.199	0.000	0.000	0.000	5.082	4.208	2.592	2.663

附表二〇　屈家岭文化时期猪肢骨测量数据

（单位：毫米）

猪	肱骨		桡骨				胫骨	距骨	
	远端宽	远端厚	近端厚	近端宽	远端宽	近端宽	远端厚	最大长	最大宽
最大值	60.26	53.85	29.7	21.02	30.98	39.62	36.88	46.45	26.65
最小值	42.33	39.27	29.7	21.02	30.98	39.62	36.88	40.01	23.36
平均值	49.58	46.56	29.70	21.02	30.98	39.62	36.88	43.23	25.01
数量	3	2	1	1	1	1	1	2	2
标准差	7.711	7.290	0.000	0.000	0.000	0.000	0.000	3.220	1.645

附表二一　龙山文化时期猪肢骨测量数据

（单位：毫米）

猪	肱骨		桡骨			
	远端宽	远端厚	近端宽	近端厚	远端宽	远端厚
最大值	43.71	40.91	27.61	20.51	26.79	24.15
最小值	40.95	40.91	26.04	17.24	26.79	24.15
平均值	42.33	40.91	26.83	18.88	26.79	24.15
数量	2	1	2	2	1	1
标准差	1.380	0.000	0.785	1.635	0.000	0.000

附表二二　西周时期猪肢骨测量数据

（单位：毫米）

猪	肩胛		肱骨		桡骨		股骨	胫骨	
	远端宽	远端厚	远端宽	远端厚	近端宽	近端厚	远端厚	远端宽	远端厚
最大值	34.18	25.6	36.49	41.1	26.11	18.74	57.8	30.43	28.57
最小值	24.3	22.1	36.49	35.77	25.19	18.48	57.8	28.78	27.11
平均值	29.24	23.85	36.49	38.44	25.65	18.61	57.80	29.61	27.84
数量	2	2	1	2	2	2	1	2	2
标准差	4.940	1.750	0.000	2.665	0.460	0.130	0.000	0.825	0.730

附表二三　楚文化时期猪肢骨测量数据

（单位：毫米）

猪	肩胛		肱骨		桡骨		股骨	胫骨	
	远端宽	远端厚	远端宽	远端厚	近端宽	近端厚	远端厚	远端宽	最大长
最大值	29.13	21.02	33.93	35.83	26.71	18.92	28.34	24.71	125.82
最小值	29.13	21.02	32.92	34.3	24.13	16.29	25.25	21.95	116.33
平均值	29.13	21.02	33.54	35.02	25.29	17.54	27.08	23.01	121.08
数量	1	1	3	3	6	6	3	3	2
标准差	0.000	0.000	0.445	0.628	0.843	0.971	1.324	1.214	4.745

附表二四　仰韶文化时期大型鹿科肢骨测量数据

（单位：毫米）

大鹿	肩胛		肱骨		桡骨				掌骨				股骨			
	远端宽	远端厚	远端宽	远端厚	近端宽	近端厚	远端宽	远端厚	近端宽	近端厚	远端宽	远端厚	近端宽	近端厚	远端宽	远端厚
最大值	64.02	48	67.28	60	56.94	29.72	51.55	38.53	79.41	45.9	44.81	29.51	97.69	52.74	75.12	99.38
最小值	59.3	36.41	67.28	20.08	56.94	29.72	47.7	33.37	44.32	28.97	42.91	26.76	65.53	32.4	74.22	91.42
平均值	62.63	43.57	67.28	47.86	56.94	29.72	49.28	35.78	53.78	34.59	43.86	28.14	81.61	42.57	72.67	95.40
数量	5	6	1	5	1	1	4	4	4	4	2	2	2	2	2	2
标准差	1.764	3.998	0.000	15.088	0.000	0.000	1.545	2.041	14.829	6.629	0.950	1.375	16.080	10.170	0.450	3.980

附表二五 仰韶文化时期大型鹿科肢骨测量数据

（单位：毫米）

大鹿	胫骨				跟骨		距骨		跗骨			2趾	
	近端宽	近端厚	远端宽	远端厚	最大长	最大宽	最大长	最大宽	近端宽	近端厚	远端宽	远端厚	最大长
最大值	63.96	52.22	57.02	40.61	122.97	34.07	65.69	40.22	42.18	42.36	46.32	36.15	56.01
最小值	57.18	50.43	41.7	31.29	122.97	34.07	56.45	36.53	42.18	42.36	46.32	36.15	56.01
平均值	60.44	51.42	52.03	38.25	122.97	34.07	61.89	38.42	42.18	42.36	46.32	36.15	56.01
数量	4	3	5	5	1	1	6	6	1	1	1	1	1
标准差	2.634	0.742	5.438	3.562	0.000	0.000	3.424	1.128	0.000	0.000	0.000	0.000	0.000

附表二六 屈家岭文化时期大型鹿科肢骨测量数据

（单位：毫米）

大鹿	肩胛		肱骨		桡骨		掌骨		股骨		距骨	
	远端宽	远端厚	远端宽	远端厚	远端宽	远端厚	远端宽	远端厚	远端宽	远端厚	最大长	最大宽
最大值	69.58	44.94	116.03	42.17	104.41	68.46	87.15	47.57	80.17	92.4	62.85	41.58
最小值	64.11	44.94	43.46	42.17	104.41	68.46	87.15	47.57	80.17	92.4	57.66	36.46
平均值	66.85	44.94	79.75	42.17	104.41	68.46	87.15	47.57	80.17	92.40	60.33	38.78
数量	2	1	2	1	1	1	1	1	1	1	4	4
标准差	2.735	0.000	36.290	0.000	0.000	0.000	0.000	0.000	0.000	0.000	1.916	1.900

附表二七 龙山文化时期大型鹿科肢骨测量数据

（单位：毫米）

大鹿	肩胛	肱骨		桡骨		
	远端宽	远端宽	远端厚	近端宽	远端宽	近端厚
最大值	61.47	63.56	40.65	98.73	56.17	53.25
最小值	61.47	63.56	40.65	98.73	56.17	53.25
平均值	61.47	63.56	40.65	98.73	56.17	53.25
数量	1	1	1	1	1	1
标准差	0.000	0.000	0.000	0.000	0.000	0.000

附表二八　西周时期大型鹿科肢骨测量数据 （单位：毫米）

大鹿	肱骨	桡骨		胫骨		距骨	
	远端宽	远端宽	远端厚	远端宽	远端厚	最大长	最大宽
最大值	68.7	37.1	26.83	68.29	49.82	57.23	36.65
最小值	68.7	37.1	26.83	41.58	28.58	57.23	36.65
平均值	68.70	37.10	26.83	54.94	39.20	57.23	36.65
数量	1	1	1	2	2	1	1
标准差	0.000	0.000	0.000	13.360	10.620	0.000	0.000

附表二九　楚文化时期大型鹿科肢骨测量数据 （单位：毫米）

大鹿	肩胛		桡骨		胫骨		距骨	
	远端宽	远端厚	近端宽	远端厚	近端宽	远端厚	最大长	最大宽
最大值	72.11	52.48	62.64	35.85	56.8	41.22	70.64	40.6
最小值	61.24	40.8	62.64	35.85	56.8	41.22	70.64	40.6
平均值	66.68	46.64	62.64	35.85	56.80	41.22	70.64	40.60
数量	2	2	1	1	1	1	1	1
标准差	5.435	5.840	0.000	0.000	0.000	0.000	0.000	0.000

附表三○　仰韶文化时期中型鹿科肢骨测量数据 （单位：毫米）

中鹿	肩胛		肱骨				桡骨				掌骨				股骨			
	远端宽	远端厚	近端宽	近端厚	远端宽	远端厚	近端宽	近端厚	远端宽	远端厚	近端宽	近端厚	远端宽	远端厚	近端宽	近端厚	远端宽	远端厚
最大值	45.31	33.62	36.85	25.66	51.74	42.89	62.35	36.25	40.61	29.61	44.94	33.18	44.41	28.85	65.28	30.99	102.7	66.91
最小值	30.82	20.65	34.09	25.59	30.26	28.14	37.72	21.07	24.33	16.56	28.07	21.07	23.75	14.27	55.06	23.84	35.6	41.6
平均值	41.14	29.28	35.47	25.63	40.44	37.20	43.16	24.90	30.92	22.30	35.19	25.52	30.76	20.76	58.10	27.94	54.29	52.24
数量	8	7	2	2	13	13	7	7	5	5	9	9	13	14	7	7	6	5
标准差	4.399	4.047	1.380	0.035	5.916	4.465	7.914	4.959	5.764	4.931	6.435	3.746	5.116	3.555	3.316	2.345	22.460	10.070

附表三一　仰韶文化时期中型鹿科肢骨测量数据

（单位：毫米）

中鹿	胫骨				跟骨		距骨		跖骨				1趾	2趾
	近端宽	近端厚	远端宽	远端厚	最大长	最大宽	最大长	最大宽	近端宽	近端厚	远端宽	远端厚	最大长	最大长
最大值	46.7	42.5	37.26	31.9	97.88	27.79	56.06	35.55	44.92	45.87	43.81	30.54	52.29	53.25
最小值	31.76	33.53	24.01	18.22	88.67	26.13	38.77	24.6	28.53	30.73	29.15	21.14	43.8	35.23
平均值	38.11	36.77	31.25	24.42	93.28	26.96	45.28	28.60	36.73	38.30	32.30	22.56	48.05	41.79
数量	8	7	12	12	2	2	4	4	2	2	9	10	2	3
标准差	4.446	3.011	5.468	4.612	4.605	0.830	6.726	4.339	8.195	7.570	4.397	2.759	4.245	8.132

附表三二　屈家岭文化时期中型鹿科肢骨测量数据

（单位：毫米）

中鹿	肩胛		肱骨		桡骨		掌骨				股骨		胫骨		跟骨		距骨	
	远端宽	远端厚	远端宽	远端厚	远端宽	远端厚	近端宽	近端厚	远端宽	远端厚	远端宽	远端厚	远端宽	远端厚	最大长	最大宽	最大长	最大宽
最大值	43.41	31.68	46.43	44.17	45.84	25.92	42.42	29.39	42.48	32.19	39.41	44.14	34.95	28.82	93.59	28.18	42.44	25.65
最小值	43.41	31.68	46.43	44.17	45.84	25.92	42.42	29.39	28.72	19.63	39.41	44.14	33.53	23.54	93.59	28.18	41.62	25.25
平均值	43.41	31.68	46.43	44.17	45.84	25.92	42.42	29.39	34.26	24.07	39.41	44.14	34.00	26.46	93.59	28.18	42.03	25.45
数量	1	1	1	1	1	1	1	1	4	4	1	1	3	4	1	1	2	2
标准差	0.000	0.000	0.000	0.000	0.000	0.000	0.000	0.000	5.062	4.806	0.000	0.000	0.669	2.152	0.000	0.000	0.410	0.200

附表三三　屈家岭文化时期中型鹿科肢骨测量数据

（单位：毫米）

中鹿	距骨		1趾	2趾
	远端宽	远端厚	最大长	最大长
最大值	29.18	20.92	46.04	36.19
最小值	21.12	19.28	41.53	36.19
平均值	27.65	20.02	44.03	36.19
数量	6	6	3	1
标准差	2.927	0.577	1.873	0.000

附表三四　龙山文化时期中型鹿科肢骨测量数据

（单位：毫米）

中鹿	肩胛		肱骨	桡骨				掌骨				胫骨			距骨	
	远端宽	远端厚	远端宽	近端宽	近端厚	远端宽	远端厚	近端宽	近端厚	远端宽	远端厚	近端厚	远端宽	远端厚	最大长	最大宽
最大值	45.33	33.32	49.08	41.02	20.57	30.94	25.06	43.27	32.61	41.29	25.44	32.74	37.14	29.82	67.14	36.6
最小值	39.94	27.06	49.08	38.03	20.57	30.94	25.06	43.27	32.61	29.5	21.06	32.74	33.58	28.23	67.14	36.6
平均值	42.64	30.19	49.08	39.53	20.57	30.94	25.06	43.27	32.61	35.35	23.29	32.74	35.36	29.03	67.14	36.60
数量	2	2	1	2	1	1	1	1	1	4	4	1	2	2	1	1
标准差	2.695	3.130	0.000	1.495	0.000	0.000	0.000	0.000	0.000	5.767	2.088	0.000	1.780	0.795	0.000	0.000

附表三五　西周时期中型鹿科肢骨测量数据

（单位：毫米）

中鹿	肱骨		桡骨		股骨		炮骨		胫骨				距骨			
	远端宽	远端厚	远端宽	远端厚	近端宽	近端厚	远端宽	远端厚	远端厚	近端厚	近端宽	远端宽	近端宽	近端厚	远端宽	远端厚
最大值	48.16	34.48	40.43	38.3	37.06	55.1	28.76	20.82	27.35	44.6	40.72	30.63	27.49	28.37	43.12	30.13
最小值	47.9	33.63	40.43	38.3	37.06	55.1	28.76	20.82	27.35	44.6	28.45	22.29	27.49	28.37	43.12	30.13
平均值	48.03	34.06	40.43	38.30	37.06	55.10	28.76	20.82	27.35	44.60	37.30	27.80	27.49	28.37	43.12	30.13
数量	2	2	1	1	1	1	1	1	1	1	4	4	1	1	1	1
标准差	0.130	0.425	0.000	0.000	0.000	0.000	0.000	0.000	0.000	0.000	5.134	3.253	0.000	0.000	0.000	0.000

附表三六　楚文化时期中型鹿科肢骨测量数据

（单位：毫米）

中鹿	肩胛	肱骨		距骨
	远端宽	远端宽	远端厚	远端厚
最大值	43.17	31.28	29.86	25.14
最小值	40.24	31.28	25.55	25.14
平均值	41.71	31.28	27.71	25.14
数量	2	1	2	1
标准差	1.465	0.000	2.155	0.000

附表三七　仰韶文化时期小型鹿科肢骨测量数据

（单位：毫米）

小鹿	肩胛	肱骨				桡骨					掌骨				
	近端宽	近端厚	近端宽	远端厚	远端宽	近端厚	近端宽	远端厚	远端宽	最大长	近端宽	近端厚	远端宽	远端厚	最大长
最大值	125.82	23.07	23.48	19.39	32.4	28.63	24.71	16.12	45.81	115.6	30.9	22.35	29.7	20.06	108.38
最小值	20.78	14.58	23.48	19.39	21.31	18.75	17.41	10.3	16.98	104.33	15.39	10.97	15.54	8.9	82.78
平均值	32.72	17.27	23.48	19.39	24.50	21.86	21.28	12.79	22.82	109.97	20.93	14.98	19.80	12.17	95.87
数量	14	15	1	1	14	11	12	12	11	2	19	19	27	27	9
标准差	25.940	1.888	0.000	0.000	2.513	2.735	1.999	1.690	7.781	5.635	4.780	3.682	3.837	2.902	7.941

附表三八　仰韶文化时期小型鹿科肢骨测量数据

（单位：毫米）

小鹿	股骨				胫骨						跗骨					1趾	2趾
	近端宽	近端厚	远端宽	远端厚	近端宽	近端厚	远端宽	远端厚	最大宽	最大长	近端厚	近端宽	远端宽	远端厚	最大长	最大长	最大长
最大值	43.4	23.17	34.4	43.13	41.54	37.03	33.5	25.2	22.77	34.67	35.06	25.61	27.33	16.66	115.08	44.72	36.07
最小值	30.57	17.23	29.73	37.39	18.92	17.63	19.27	14.75	17.79	28.75	14.61	14.58	16.37	10.69	114.97	27.31	36.07
平均值	34.62	19.17	32.06	40.26	32.12	30.33	23.23	17.80	20.28	31.71	19.51	18.48	20.61	13.07	115.03	36.02	36.07
数量	7	7	2	2	7	7	9	9	2	2	17	18	11	11	2	2	1
标准差	4.068	2.092	2.335	2.870	6.399	7.132	4.3?4	3.104	2.490	2.960	5.048	3.438	3.167	2.001	0.055	8.705	0.000

附表三九　屈家岭文化时期小型鹿科肢骨测量数据

（单位：毫米）

小鹿	肩胛	肱骨			桡骨			掌骨				胫骨		跗骨				
	近端宽	近端厚	远端宽	远端厚	近端宽	近端厚	远端宽	近端宽	近端厚	远端厚	远端宽	远端宽	远端厚	远端厚	远端宽	近端宽	近端宽	远端厚
最大值	27.4	18.79	32.26	30.01	20.92	12.74	21.85	16.88	16.86	12.42	29.1	22.25	20.47	16.89	22.84	21.92	17.26	11.14
最小值	27.4	18.79	28.97	23.45	19.9	11.3	21.85	16.88	16.86	12.42	16.43	20.51	9.85	16.34	22.84	21.92	17.26	11.14
平均值	27.40	18.79	30.62	26.73	20.41	12.02	21.85	16.88	16.86	12.42	22.77	21.38	15.16	16.62	22.84	21.92	17.26	11.14
数量	1	1	2	2	2	2	1	1	1	1	2	2	2	2	1	1	1	1
标准差	0.000	0.000	1.645	3.280	0.510	0.720	0.000	0.000	0.000	0.000	6.335	0.870	5.310	0.275	0.000	0.000	0.000	0.000

附表四〇　龙山文化时期小型鹿科肢骨测量数据

（单位：毫米）

小鹿	肩胛		肱骨		桡骨		掌骨				股骨		胫骨
	近端宽	近端厚	远端宽	远端厚	近端宽	近端厚	近端宽	近端厚	远端宽	远端厚	近端厚	远端厚	远端宽
最大值	30.08	20.53	26.71	22.5	22.49	12.19	19.58	13.57	22.91	14.07	17.95	35.31	22.08
最小值	24.46	16.48	26.71	22.5	22.49	12.19	19.58	13.57	20.76	12.6	17.95	35.31	22.08
平均值	26.63	18.24	26.71	22.50	22.49	12.19	19.58	13.57	21.84	13.34	17.95	35.31	22.08
数量	3	3	1	1	1	1	1	1	2	2	1	1	1
标准差	2.468	1.696	0.000	0.000	0.000	0.000	0.000	0.000	1.075	0.735	0.000	0.000	0.000

附表四一　西周时期小型鹿科肢骨测量数据

（单位：毫米）

小鹿	肩胛		桡骨		掌骨				跖骨		
	近端宽	近端厚	近端宽	远端厚	近端宽	近端厚	远端宽	远端厚	最大长	远端宽	远端厚
最大值	29.55	20.9	23.28	18.27	27.8	21.25	21.81	16.69	108.32	21.3	13
最小值	27.91	17.41	23.28	18.27	19.94	13.96	16.62	10.22	108.32	17.42	11.75
平均值	28.73	19.16	23.28	18.27	23.87	17.61	19.92	12.69	108.32	19.99	12.37
数量	2	2	1	1	2	2	4	4	1	4	4
标准差	0.820	1.745	0.000	0.000	3.930	3.645	1.967	2.414	0.000	1.466	0.489

附表四二　楚文化时期小型鹿科肢骨测量数据

（单位：毫米）

小鹿	肱骨		桡骨		掌骨				跖骨	
	远端宽	远端厚	近端宽	远端厚	近端宽	近端厚	远端宽	远端厚	近端宽	远端厚
最大值	23.95	20.35	19.42	11.69	17.14	11.69	17.14	10.48	17.96	17.66
最小值	23.95	20.35	19.42	11.69	17.14	11.69	17.14	10.48	16.42	16.43
平均值	23.95	20.35	19.42	11.69	17.14	11.69	17.14	10.48	17.19	17.05
数量	1	1	1	1	1	1	1	1	2	2
标准差	0.000	0.000	0.000	0.000	0.000	0.000	0.000	0.000	0.770	0.615

附表四三　仰韶文化时期牛肢骨测量数据

（单位：毫米）

牛	肩胛		桡骨				掌骨			胫骨		跗骨		趾骨
	远端宽	远端厚	近端宽	近端厚	远端宽	远端厚	最大长	近端宽	近端厚	近端宽	近端厚	近端宽	近端厚	最大长
最大值	86.33	68.42	96.06	59.67	89.53	46.4	190.79	126.91	89.64	71.65	54.21	76.61
最小值	86.33	68.42	92.57	23.46	81.17	42.93	190.79	126.91	89.64	71.65	54.21	61.59
平均值	86.33	68.42	94.07	41.57	84.61	44.50	190.79	126.91	89.64	71.65	54.21	69.10
数量	1	1	3	2	3	3	1	1	1	1	1	2
标准差	0.000	0.000	1.467	18.105	3.631	1.436	0.000	0.000	0.000	0.000	0.000	7.510

附表四四　仰韶文化时期水牛肢骨测量数据

（单位：毫米）

水牛	桡骨	胫骨		
	远端宽	远端厚	近端宽	近端厚
最大值	102.7	70.08	125.64	94.13
最小值	102.7	70.08	125.64	94.13
平均值	102.70	70.08	125.64	94.13
数量	1	1	1	1
标准差	0.000	0.000	0.000	0.000

附表四五　屈家岭文化时期牛肢骨测量数据

（单位：毫米）

牛	桡骨		掌骨		跗骨		趾骨
	近端宽	近端厚	远端宽	远端厚	近端宽	远端厚	最大长
最大值	90.76	49.53	82.74	45.66	78.88	44.57	58.9
最小值	90.76	49.53	82.74	45.66	78.88	44.57	79.39
平均值	90.76	49.53	82.74	45.66	78.88	44.57	69.15
数量	1	1	1	1	1	1	2
标准差	0.000	0.000	0.000	0.000	0.000	0.000	10.245

附表四六 龙山文化时期牛肢骨测量数据

（单位：毫米）

牛	桡骨			
	近端宽	近端厚	远端宽	远端厚
最大值	101.4	54.03	99.12	66.95
最小值	101.4	54.03	51.14	33.43
平均值	101.40	54.03	75.13	50.19
数量	1	1	2	2
标准差	0.000	0.000	23.990	16.760

附表四七 仰韶文化时期狗肢骨测量数据

（单位：毫米）

狗	肩胛		肱骨		桡骨		股骨				胫骨				
	远端宽	远端厚	远端宽	远端厚	近端宽	近端厚	近端宽	近端厚	远端宽	远端厚	近端宽	近端厚	远端厚	远端宽	最大长
最大值	20.95	18.71	36.62	27.18	22.63	15.52	24.02	17.2	40.1	19.52	38.35	42.11	14.62	20.63	87.19
最小值	20.95	18.71	33.91	22.73	11.77	8.92	24.02	17.2	40.1	19.52	38.35	42.11	12.81	15.51	87.19
平均值	20.95	18.71	35.27	24.96	17.89	12.32	24.02	17.20	40.10	19.52	38.35	42.11	13.78	18.32	87.19
数量	1	1	2	2	4	4	1	1	1	1	1	1	3	3	1
标准差	0.000	0.000	1.355	2.225	3.899	2.790	0.000	0.000	0.000	0.000	0.000	0.000	0.745	2.119	0.000

附表四八 各遗迹单位出土哺乳动物情况一览表

分期	单位	猪	狗	牛（未定种）	水牛	牛	大型鹿科	中型鹿科	小型鹿科	鹿	猪獾	熊	虎	猫	貉	大食	小食	犀	象	河狸	兔	竹鼠	啮齿类	灵长类	其他
仰韶	F3①						1																		
仰韶	F7							2																	6
仰韶	H100	3																							5
仰韶	H102							3	4																
仰韶	H104②	1				1																			19
仰韶	H110						2																		

续表

分期	单位	猪	狗	牛（未定种）	水牛	牛	大型鹿科	中型鹿科	小型鹿科	鹿	猪獾	熊	虎	猫	貉	大食	小食	犀	象	河狸	兔	竹鼠	啮齿类	灵长类	其他
仰韶	H117								1																
仰韶	H118	3		1			3	2																	
仰韶	H119	?																							
仰韶	H123	3					2	4	7								1									79
仰韶	H124	1						5	4																	76
仰韶	H125	4					4	6	2																	
仰韶	H126			3																					223
仰韶	H127								2																
仰韶	H128							1	3																	
仰韶	H129①						3	3	9							1										49
仰韶	H129②								3																	2
仰韶	H135					4																				3
仰韶	H140						1																			2
仰韶	H143							1																		
仰韶	H144	8		1			2	8	2																	47
仰韶	H145①							1	1																	
仰韶	H145②																									
仰韶	H16	2		1				5	3			1										1				2
仰韶	H161	1						1																		39
仰韶	H163	1																								
仰韶	H167																									
仰韶	H172						2	8	1								3									3
仰韶	H173	2		1			1	6	2								1									37
仰韶	H174	3		1			9	11	7																	13

续表

分期	单位	猪	狗	牛（未定种）	水牛	牛	大型鹿科	中型鹿科	小型鹿科	鹿	猪獾	熊	虎	猫	貉	大食	小食	犀	象	河狸	兔	竹鼠	啮齿类	灵长类	其他
仰韶	H175	1			1		5	15	11						1										
仰韶	H175①		1	2			1	2	3						1										
仰韶	H176	9					1	6																	99
仰韶	H177	4	3	1			1	2	3							1									
仰韶	H180						1	14	2							1									60
仰韶	H181			1				1	2																
仰韶	H182							4	2									1							
仰韶	H183							2	2																
仰韶	H184			1				2	1	2															
仰韶	H185	3			1		3	8	4																
仰韶	H186		1					1	3																
仰韶	H188		1	7			1	1	3																4
仰韶	H191②						1																		
仰韶	H193	1	1				4	2	4																5
仰韶	H198	3	1					3	5																2
仰韶	H199	2						2	3												1				
仰韶	H199①							8	7																5
仰韶	H200	3						1	3			1													
仰韶	H201	1				1																			
仰韶	H205							8		2															
仰韶	H206①			2			1	1																	7
仰韶	H206②	3					1	1		1															4
仰韶	H21	1																							4
仰韶	H210						1	1																	

续表

分期	单位	猪	狗	牛（未定种）	水牛	牛	大型鹿科	中型鹿科	小型鹿科	鹿	猪獾	熊	虎	猫	貉	大食	小食	犀	象	河狸	兔	竹鼠	啮齿类	灵长类	其他
仰韶	H211							1																	
仰韶	H220	4		2			1	5	3																
仰韶	H222	1		9			4	2	1																
仰韶	H223			1			2	1																	11
仰韶	H227	1						1	2																
仰韶	H229	1						2																	3
仰韶	H230	1						5																	1
仰韶	H231							6	3																15
仰韶	H232							2																	41
仰韶	H29	4					7		12																
仰韶	H32①	1							3												1				18
仰韶	H32②	5						1	1																30
仰韶	H32③	2	1				3	3															4		5
仰韶	H36①	1					1																		37
仰韶	H36③	1					1	3	1					1											4
仰韶	H49							1	3																6
仰韶	H54①	6	4			3			13	1							1								
仰韶	H54②	3	2			1		1	2																144
仰韶	H54③		13			2	2	1	3								1								109
仰韶	H54④		1				2		4			1													39
仰韶	H56					2				1															194
仰韶	H58									1															
仰韶	H59①	15				6	10	9	14	1															1
仰韶	H59②	4					7		4	1															58

续表

分期	单位	猪	狗	牛（未定种）	水牛	牛	大型鹿科	中型鹿科	小型鹿科	鹿	猪獾	熊	虎	猫	貉	大食	小食	犀	象	河狸	兔	竹鼠	啮齿类	灵长类	其他
仰韶	H59③	15				2	8	4	2	1										1					28
仰韶	H66	1	1					2	1																63
仰韶	H69						1																		16
仰韶	H69④		1			2																			
仰韶	H69⑤	2																							1
仰韶	H74	1						1	4																2
仰韶	H75③	2							2																19
仰韶	H83①	1							2																15
仰韶	H83②	6																							3
仰韶	H83③	6																							
仰韶	H85①	2				1			2																6
仰韶	H85②																								
仰韶	H85③	2				3			6																
仰韶	H87②	4						1	1																
仰韶	H89					1			3								1			1	1				7
仰韶	H92②	1																							11
仰韶	H93③						3	2	6															1	11
仰韶	H93④	7	1			3		2	1	1										1					20
仰韶	H94④	2	1	7			7	17	25								2			3					44
仰韶	H95	1					1																		
仰韶	J2						2	1									1								31
仰韶	T0303④	3		1					1																
仰韶	T0303⑤	12	1	2		2	1	6	10	1															24
仰韶	T0304④					1			5																60

续表

分期	单位	猪	狗	牛（未定种）	水牛	牛	大型鹿科	中型鹿科	小型鹿科	鹿	猪獾	熊	虎	猫	貂	大食	小食	犀	象	河狸	兔	竹鼠	啮齿类	灵长类	其他
仰韶	T0304⑤	2						4	1																6
仰韶	T0403④						1	1	4																14
仰韶	T0407④	7	1				2	4	1							1									6
仰韶	T0506④	2		1			1		3																7
仰韶	T0506⑤	2					2																		13
仰韶	T0508④	19				1		5	8							1									
仰韶	T0708④	1						2																	2
仰韶	T0709⑥						4																		1
仰韶	Y1	2					3	2	3																18
仰韶	T0202⑤						1		1																4
仰韶	T0203④	14				2		2	7												2				97
仰韶	T0313⑥	9				1																			23
仰韶	T0503④	1							1																3
仰韶	T0504④								1																
仰韶	T0604④	2							1																6
仰韶	T0605④	1							2																1
仰韶	T0606④						3		2																8
仰韶	T0607④																								2
仰韶	T0608④	2					3	3	5																39
仰韶	T0608⑤	1					1		1																2
仰韶	T0707④							1		1															23
仰韶	T0905⑥	2				1	1	8	3								1				3				52
仰韶	T0906⑤	5	1			1	1	10	11																10
屈家岭	G2							5	4																

续表

分期	单位	猪	狗	牛（未定种）	水牛	牛	大型鹿科	中型鹿科	小型鹿科	鹿	猪獾	熊	虎	猫	貉	大食	小食	犀	象	河狸	兔	竹鼠	啮齿类	灵长类	其他
屈家岭	H101③							2																	
屈家岭	H134	1						1	2																
屈家岭	H155						1																		
屈家岭	H159			1																					
屈家岭	H171	1		1				1																	4
屈家岭	H22	4					3	2																	10
屈家岭	H24							1																	4
屈家岭	H26																								3
屈家岭	H27①																								4
屈家岭	H27②																								6
屈家岭	H28																								7
屈家岭	H30①	8						4	2																
屈家岭	H41	1																							7
屈家岭	H52									1															
屈家岭	H60	1						1				1													1
屈家岭	H61	7	1			1		3	3																39
屈家岭	H65	1				1		1																	
屈家岭	H70	3							3																7
屈家岭	H71①	1																							
屈家岭	H71②	2				2		2																	16
屈家岭	H71③	2	2					1																	6
屈家岭	H77	1					2			1															13
屈家岭	H82																				1				
屈家岭	M14							1																	

续表

分期	单位	猪	狗	牛（未定种）	水牛	牛	大型鹿科	中型鹿科	小型鹿科	鹿	猪獾	熊	虎	猫	貉	大食	小食	犀	象	河狸	兔	竹鼠	啮齿类	灵长类	其他
屈家岭	T01013③	4	1					4	4	2																41
屈家岭	T0507③	8					1	1																		8
屈家岭	T0508③	2	1					1	3															1		4
屈家岭	T0605③							2																		
屈家岭	T0202③	5				4	2	6	3	1			1													74
屈家岭	T0509③	10						12	4	1						1							1		51
屈家岭	T0304③	3						2	1																	13
屈家岭	T0204③								1																	1
屈家岭	T0305③	9		1		2	3	1	6																	37
屈家岭	T0406③								1																	
屈家岭	T0503③	5				2		2													2				7
屈家岭	T0504③																									
屈家岭	T0506③					2		2																	8
屈家岭	T0606③	1																								
屈家岭	T0604③	1					1	1																		12
龙山	H11					9																				
龙山	H12③	7					2	1	4															1		30
龙山	H12②	3	1				1	1	1																	10
龙山	H14	7		1																						11
龙山	H158	1																								5
龙山	H164	1							1																	5
龙山	H17		1																							1
龙山	H18①	2					1																			5
龙山	H19					1	1	3	1			1														1

续表

分期	单位	猪	狗	牛（未定种）	水牛	牛	大型鹿科	中型鹿科	小型鹿科	鹿	猪獾	熊	虎	猫	貉	大食	小食	犀	象	河狸	兔	竹鼠	啮齿类	灵长类	其他
龙山	H23①	6				1	4	3	2														2		23
龙山	H23②	10	1					12	1	1													2		
龙山	H23③	24				1	1	4	4											1		2			62
龙山	H25	1		1			1																		
龙山	H25①	1				1	1																		6
龙山	H31①						1	1		1															8
龙山	H31②	3				1																			15
龙山	H31③	2				1			2																4
龙山	H35②																								1
龙山	H45							2																	
龙山	H48	1																							2
龙山	H5	2				1	2	8	1	3															28
龙山	H63																								3
龙山	H8									1															3
龙山	H86								1																4
龙山	H88													1											1
西周	G6①	19				5	4	8	12																169
西周	G6②	42	3			7	6	12	5	1															134
西周	G6③					6		3			1														3
西周	H234	3																							
西周	T0710⑤	2					1	2																	5
西周	T0811⑤	17					2	5																	28
西周	T0810⑤	1																							4
楚	M10																								21

续表

分期	单位	猪	狗	牛（未定种）	水牛	牛	大型鹿科	中型鹿科	小型鹿科	鹿	猪獾	熊	虎	猫	貉	大食	小食	犀	象	河狸	兔	竹鼠	啮齿类	灵长类	其他
楚	M21	8																							14
楚	M8																								
楚	H235	12	1	1				4	2																
楚	H237	83	1	1			15	7																	

附表四九　各遗迹单位出土非哺乳类动物情况一览表

分期	单位	鸡	雉	鸟	鳖	龟	多瘤丽蚌	白河丽蚌	珍珠丽蚌	丽蚌	楔蚌	圆顶珠蚌	蚌	青蛤	中华圆田螺	草鱼	青鱼	鲤鱼	黄颡鱼	鱼	扭蚌
仰韶	H100				2															13	
仰韶	H123						1														
仰韶	H125				2											2					
仰韶	H144															1					
仰韶	H145②															1				14	
仰韶	H16																				
仰韶	H172																				
仰韶	H173						1									1					
仰韶	H174						8				1										
仰韶	H175						3														
仰韶	H183																				
仰韶	H184				1														1		
仰韶	H185									2											
仰韶	H186				1											2					
仰韶	H199①				1																
仰韶	H206②															1				6	

续表

分期	单位	鸡	雉	鸟	鳖	龟	多瘤丽蚌	白河丽蚌	珍珠丽蚌	丽蚌	楔蚌	圆顶珠蚌	蚌	青蛤	中华圆田螺	草鱼	青鱼	鲤鱼	黄颡鱼	鱼	扭蚌
仰韶	H21				1																
仰韶	H216															1					
仰韶	H217															1					
仰韶	H220																1				
仰韶	H222				2											3				1	
仰韶	H223				1																
仰韶	H227				1																
仰韶	H231															1					
仰韶	H29				1																
仰韶	H32①				2																
仰韶	H32③		1		1										1			4			
仰韶	H36③				1																
仰韶	H49				1														1		
仰韶	H54①				3															8	
仰韶	H54②															1		1		10	
仰韶	H54③															1				36	
仰韶	H54④															1		1		20	
仰韶	H59①	3	9	1	11											1	2	1		4	
仰韶	H59③				3												1	1		17	
仰韶	H69④												1							2	
仰韶	H74																				
仰韶	H83①														32						
仰韶	H85②														20						
仰韶	H85③																1				

续表

分期	单位	鸡	雉	鸟	鳖	龟	多瘤丽蚌	白河丽蚌	珍珠丽蚌	丽蚌	楔蚌	圆顶珠蚌	蚌	青蛤	中华圆田螺	草鱼	青鱼	鲤鱼	黄颡鱼	鱼	扭蚌
仰韶	H87②	1			5															4	
仰韶	H89																1			2	
仰韶	H93④						1	1					3	1					1		
仰韶	H94④																1				
仰韶	H95				1											1				1	
仰韶	J2															1				1	
仰韶	T0303④				2															2	
仰韶	T0303⑤			1	13																
仰韶	T0403④				2															1	
仰韶	T0506④															1	1				
仰韶	T0508④						2				2		4								
仰韶	Y1				2												1				
仰韶	T0202⑤																				
仰韶	T0203④			4	3												1		1	2	
仰韶	T0313⑥			1																	
仰韶	T0503④																			1	
仰韶	T0604④				1																
仰韶	T0608④				2								2								
仰韶	T0608⑤																1				
仰韶	T0707④				1																
仰韶	T0905⑥			1	1		4						3							4	
仰韶	T0906⑤						2												1	6	
屈家岭	G2				2																
屈家岭	H171									1											

续表

分期	单位	鸡	雉	鸟	鳖	龟	多瘤丽蚌	白河丽蚌	珍珠丽蚌	丽蚌	楔蚌	圆顶珠蚌	蚌	青蛤	中华圆田螺	草鱼	青鱼	鲤鱼	黄颡鱼	鱼	扭蚌
屈家岭	H24				1																
屈家岭	H27②	1		1	2		1												2		
屈家岭	H28	1																			
屈家岭	H30①				1	1									4					2	
屈家岭	H52																			3	
屈家岭	H60												1								1
屈家岭	H61	1		1	2															3	
屈家岭	H70				1																
屈家岭	H71①				1		5						2		83					4	
屈家岭	H71②														42						
屈家岭	H71③						2								73						
屈家岭	H77			1																	
屈家岭	T0101③				2	2														1	
屈家岭	T0507③																				
屈家岭	T0508③	2							1	1	1										
屈家岭	T0202③			2															1		
屈家岭	T0509③	1		1	1						1		8				1				
屈家岭	T0304③				1												1				
屈家岭	T0204③			1			1														
屈家岭	T0305③	1																			
屈家岭	T0503③				1															3	
屈家岭	T0504③						1													1	
屈家岭	T0606③												1								
屈家岭	T0604③						1														

续表

分期	单位	鸡	雉	鸟	鳖	龟	多瘤丽蚌	白河丽蚌	珍珠丽蚌	丽蚌	楔蚌	圆顶珠蚌	蚌	青蛤	中华圆田螺	草鱼	青鱼	鲤鱼	黄颡鱼	鱼	扭蚌
龙山	H12③																			1	
龙山	H18①	1																			
龙山	H19												1							2	
龙山	H23①				1		1	1			1	1	4		9					3	
龙山	H23②		1			1	1	1					3		39	1				2	
龙山	H23③											2			2						
龙山	H25①																			1	
龙山	H31②																			1	
龙山	H88				1																
西周	G6①			1	2		2										2				
西周	G6②				1		1								23		6			3	
西周	G6③												1							1	
西周	T0710⑤																				
西周	T0811⑤																1				
楚	H235				1												1				

"十三五"国家重点出版物出版规划项目

南水北调中线一期工程文物保护项目
湖北省考古发掘报告
第10号

郧县大寺遗址

（下）

湖 北 省 文 物 局
湖 北 省 移 民 局
南水北调中线水源有限责任公司
编 著

科学出版社
北 京

内 容 简 介

本书是南水北调中线一期工程湖北丹江口库区文物保护项目——郧县大寺遗址的考古发掘报告。本书系统地介绍了大寺遗址2006年和2009年两次发掘所获的不同时期历史文化遗存，其中包括仰韶文化下王岗二期类型、屈家岭文化青龙泉二期类型、龙山文化乱石滩类型、西周遗存、战国时期楚文化、秦文化、宋文化及明清文化。在详细地介绍发掘资料的基础上，本书也对各不同时期遗存进行了分期与年代方面的讨论，并重点探索了大寺遗址及丹江口库区一带仰韶文化下王岗二期类型、屈家岭文化青龙泉二期类型、龙山文化乱石滩类型与西周遗存的文化谱系，以及与周边地区文化的交流与融合。

本书可供考古学、历史学研究者，以及高等院校相关专业师生和广大文物考古爱好者阅读、参考。

图书在版编目（CIP）数据

郧县大寺遗址：全2册 / 湖北省文物局，湖北省移民局，南水北调中线水源有限责任公司编著.—北京：科学出版社，2020.8

（南水北调中线一期工程文物保护项目.湖北省考古发掘报告；第10号）

"十三五"国家重点出版物出版规划项目

ISBN 978-7-03-065679-7

Ⅰ.①郧…　Ⅱ.①湖…②湖…③南…　Ⅲ.①文化遗址–考古发掘–发掘报告–郧县　Ⅳ.①K878

中国版本图书馆CIP数据核字（2020）第126313号

责任编辑：王光明 / 责任校对：王晓茜

责任印制：肖　兴 / 封面设计：陈　敬

科 学 出 版 社 出版

北京东黄城根北街16号

邮政编码：100717

http://www.sciencep.com

中国科学院印刷厂 印刷

科学出版社发行　各地新华书店经销

*

2020年8月第　一　版　　开本：889×1194　1/16

2020年8月第一次印刷　　印张：41　插页：150

字数：1 721 000

定价：768.00元（全二册）

（如有印装质量问题，我社负责调换）

"13th Five-Year Plan" National Key Publications Publishing and Planning Project

Reports on the Cultural Relics Conservation
in the South-to-North Water Diversion Project
Hubei Vol.10

The Dasi Site in Yunxian County, Hubei Province

II

Cultural Heritage Bureau of Hubei Province
Resettlement Bureau of Hubei Province
Mid-route Source of South-to-North Water Transfer Corp. Ltd

Science Press
Beijing

彩版目录

图版目录

大寺遗址与周边环境（西北—东南）

1. 大寺遗址与埝河、汉江的关系（西北—东南）

2. 大寺遗址台地与埝河及汉江的关系（西北—东南）

大寺遗址与周边环境

湖北省文物局专家组2006年检查工地

大寺遗址2006年发掘全体工作人员

1. F12全景（东南—西北）

2. F12火塘烧结面

仰韶文化F12

1. F13全景（东南—西北）

2. F13东南部挡风墙（东南—西北）

仰韶文化F13

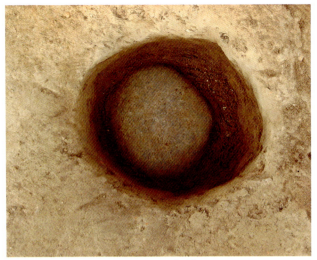

1. F9-D4全景

2. F12-D14全景

3. F9-D14与D15关系

4. F9-D15剖面

5. H89全景（西南—东北）

仰韶文化F9、F12、H89

1. H94（北—南）

2. H96（南—北）

3. H114（北—南）

仰韶文化H94、H96、H114全景

1. H143① （北—南）

2. H146全景（北—南）

3. H165全景（南—北）

仰韶文化H143、H146、H165

1. H185全景（东—西）

2. H190与H135打破关系（东—西）

3. H203全景（西南—东北）

仰韶文化H185、H190、H203

1. M18与M19打破关系（东—西）

2. M18全景（东—西）

仰韶文化M18

1. W9（西南—东北）

2. W11（西—东）

仰韶文化W9、W11全景

1.钵（F3①：1）

2.卷沿盆（H16①：4）

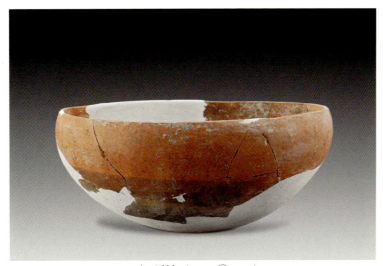

3.红顶钵（H16③：1）

仰韶文化F3、H16出土陶器

1.红顶钵（Y1：1）

2.卷沿瓮（H16①：3）

仰韶文化Y1、H16出土陶器

1. 铃（H43：7）

2. 卷沿盆（H47①：1）

3. 器盖（H53：4）

仰韶文化H43、H47、H53出土陶器

1. 罐形鼎（H54①：4）

2. 卷沿瓮（H54③：2）

3. 器盖（H59②：1）

仰韶文化H54、H59出土陶器

1. 卷沿瓮（H59③：4）

2. 深腹罐（H59③：3）

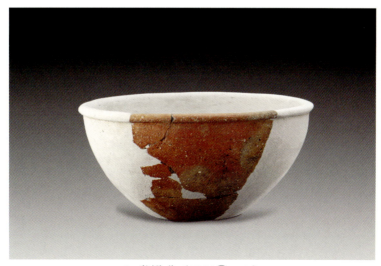

3. 卷沿盆（H64①：1）

仰韶文化H59、H64出土陶器

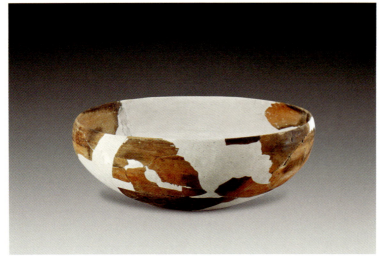

1.黑顶钵（H75①：1）

2.罐形鼎（H85①：3）

3.矮领瓮（H85①：1）

仰韶文化H75、H85出土陶器

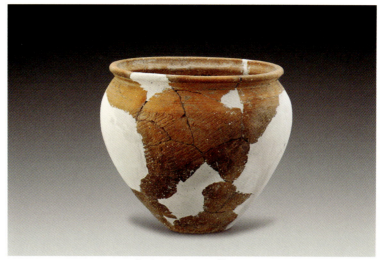

1. 矮领瓮（H85①：2）

2. 红顶钵（H85①：4）

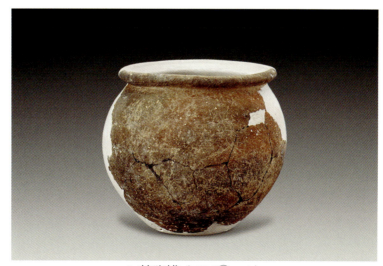

3. 鼓腹罐（H85②：1）

仰韶文化H85出土陶器

1. 钵（H85②：2）

2. 器盖（H85②：7）

3. 卷沿瓮（H85③：1）

仰韶文化H85出土陶器

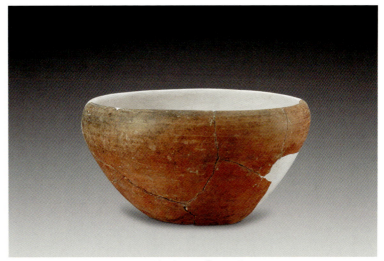

1.钵（H94④：2）

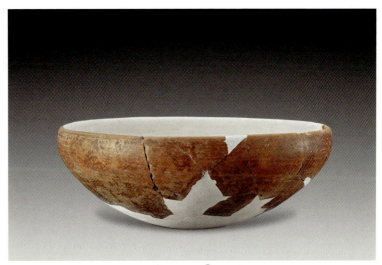

2.钵（H94④：3）

3.深腹罐（H94④：1）

仰韶文化H94出土陶器

1. 卷沿瓮（H95：1）

2. 罐形鼎（H96：2）

3. 罐形鼎（H98：7）

仰韶文化H95、H96、H98出土陶器

1. H29②：4

2. H182：1

3. H98：4

仰韶文化H29、H98、H182出土彩陶钵

1. 罐形鼎（H100：5）

2. 釜形鼎（H117：2）

3. 深腹罐（H121：1）

仰韶文化H100、H117、H121出土陶器

1. 卷沿盆（H121：2）

2. 卷沿盆（H123：9）

3. 釜形鼎（H170：1）

仰韶文化H121、H123、H170出土陶器

1. 小杯（H176：1）

2. 器盖（H177：1）

3. 罐形鼎（H185：7）

4. 深腹罐（H185：2）

仰韶文化H176、H177、H185出土陶器

1. 卷沿瓮（H185：5）

2. 卷沿瓮（H185：6）

3. 器盖（H185：4）

仰韶文化H185出土陶器

1. 锉（H59②：2）

2. 锉（H204③：3）

3. 卷沿瓮（H220：1）

仰韶文化H59、H204、H220出土陶器

1. 陶叠唇瓮（H206①：2）

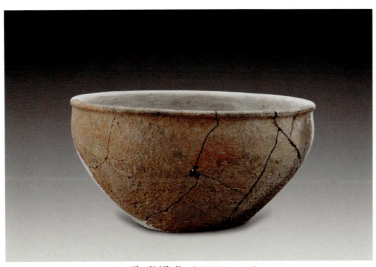

2. 陶卷沿盆（H230：1）

3. 石璧（H217：1）

4. 陶小杯（H211：5）

仰韶文化H206、H217、H211、H230出土器物

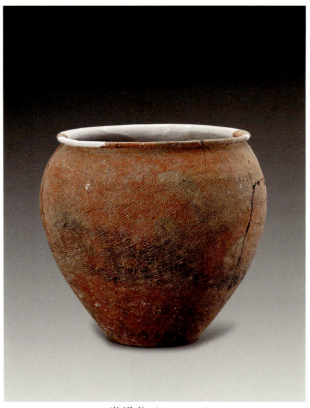

1. 卷沿瓮（W2∶2）

2. W8钵与叠唇瓮相扣情况

仰韶文化W2、W8出土陶器

1.钵（W8：1）

2.卷沿瓮（W9：1）

仰韶文化W8、W9出土陶器

1. W11红顶钵与卷沿瓮相扣情况

2. 红顶钵（W11：1）

3. 钵（T0608④：29）

仰韶文化W11、T0608④出土陶器

1. H22（西南—东北）

2. H27（北—南）

3. H60（北—南）

屈家岭文化H22、H27、H60全景

1. H91（西北—东南）

2. H157（东南—西北）

3. W6（南—北）

屈家岭文化H91、H157、W6全景

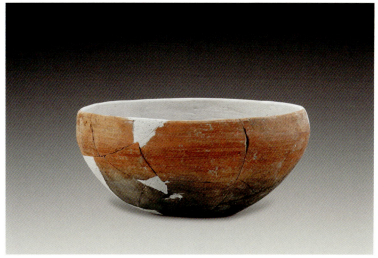

1. 红顶碗（H26②：6）

2. 折沿罐（H27③：3）

3. 高领罐（H27③：1）

屈家岭文化H26、H27出土陶器

1. 红顶碗（H27③：6）

2. 叠唇盆（H30③：1）

3. 碗（H60：1）

屈家岭文化H27、H30、H60出土陶器

1. H60：2

2. H70：5

3. H91①：2

屈家岭文化H60、H70、H91出土陶红顶碗

1. 斜腹杯（H103②：1）

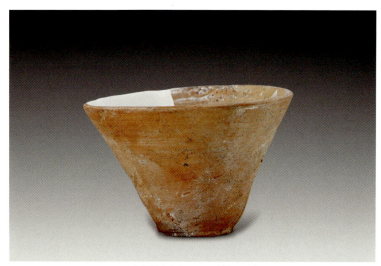

2. 斜腹杯（H103②：3）

3. 鼎（H103②：11）

屈家岭文化H103出土陶器

1. 壶形器（H103②：7）

2. 盂形器（H103②：4）

屈家岭文化H103出土陶器

1.高圈足杯（H103②：10）

2.器盖（H103②：9）

3.敛口瓮（H103②：8）

屈家岭文化H103出土陶器

1.尊（H103②：12）

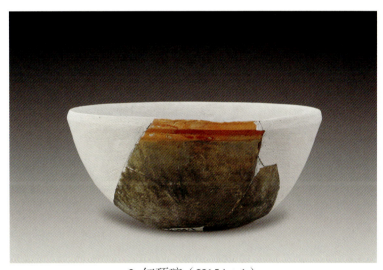

2.红顶碗（H154：1）

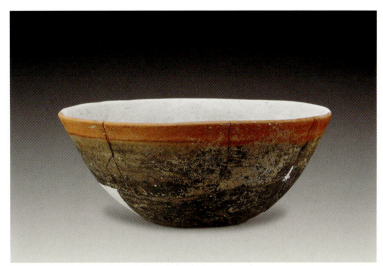

3.红顶碗（H224：2）

屈家岭文化H103、H154、H224出土陶器

1.高领罐（W4：1）

2.折沿罐（W6：1）

3.器座（T0507③：1）

屈家岭文化W4、W6、T0507③出土陶器

1. H10（南—北）

2. H12（南—北）

3. H31（西南—东北）

龙山文化H10、H12、H31全景

1. H35（西—东）

2. H44（东—西）

3. H88（东南—西北）

龙山文化H35、H44、H88全景

1. 釜（H5：7）

2. 圈足盘（H5：8）

3. 器座（H11②：2）

龙山文化H5、H11出土陶器

1. 鼎（H12①：6）

2. 鼎（H12①：8）

3. 釜（H12①：1）

龙山文化H12出土陶器

1. 高领罐（H15：1）

2. 鼎（H23②：8）

3. 圈足盘（H25①：3）

龙山文化H15、H23、H25出土陶器

1. 鸟（H25①：1）

2. 鼎（H42：3）

3. 釜（H42：5）

龙山文化H25、H42出土陶器

1. 陶甋（H42：4）

2. 石刀（H42：1）

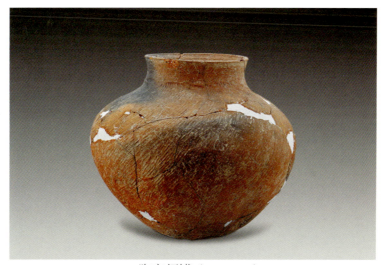

3. 陶高领罐（H44：2）

龙山文化H42、H44出土器物

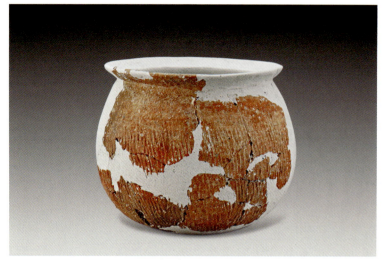

1.釜（H44：3）

2.钵（H109：3）

3.器盖（H109：2）

龙山文化H44、H109出土陶器

1. H238：1

2. H238：2

西周遗存H238出土陶鬲

1. G6③：10

2. G6③：11

西周遗存G6出土陶鬲

1. G6②：63

2. G6②：62

3. G6②：66

西周遗存G6出土卜骨

1. 卜骨（G6②：61）

2. 卜骨（G6②：65）

3. 陶鬲（T0311⑤：1）

4. 陶鬲（T0313⑤：1）

5. 陶鬲（T0313⑤：2）

西周遗存G6、T0311⑤、T0313⑤出土器物

西周遗存出土龟卜骨（T0411⑤：7）

1. H236全景（东南—西北）

2. M1椁室（东北—西南）

楚文化H236、M1

1. M3全景（东北—西南）

2. M3出土器物

楚文化M3

1. M10（东北—西南）

2. M21（东—西）

楚文化M10、M21全景

1. 陶拍（H235：3）

2. 陶拍（H235：5）

3. 铜削刀（H236：1）

楚文化H235、H236出土器物

1.鬲（H237∶3）

2.盂（H237∶11）

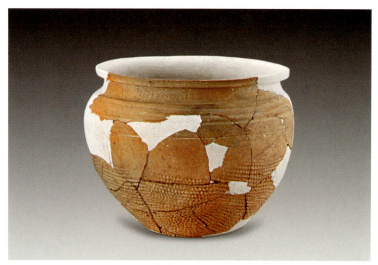

3.盂（H237∶12）

楚文化H237出土陶器

1. H237：68

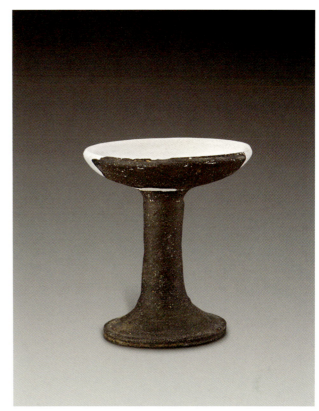

2. H237：5

3. H237：4

4. H237：9

楚文化H237出土陶豆

1. M1陶器组合

2. 鼎（M1：7）

楚文化M1出土陶器

1. 敦（M1：4）

2. 壶（M1：2）

楚文化M1出土陶器

1. M3器物组合

2. 陶鼎（M3：2）

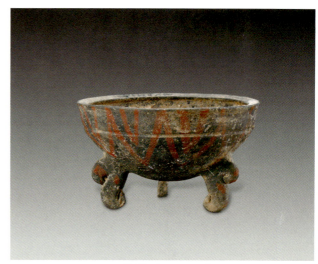

3. 陶敦（M3：5）

4. 陶壶（M3：3）

楚文化M3出土器物

1.鬲（M8：1）

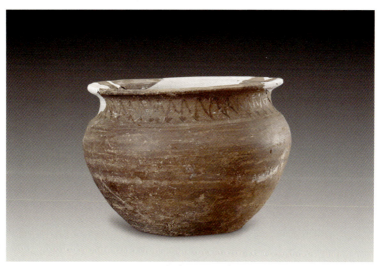

2.盂（M8：2）

3.长颈罐（M8：4）

楚文化M8出土陶器

1. M10器物组合

2. 陶鼎（M10∶3）

3. 陶敦（M10∶5）

4. 陶壶（M10∶2）

楚文化M10出土器物

1. 料珠（M10：7）

2. 铜铃（M10：8）

3. M28陶器组合

楚文化M10、M28出土器物

1.鼎（M28：4）

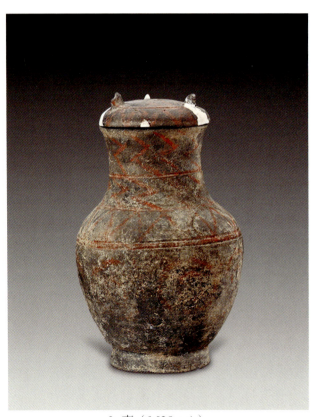

2.敦（M28：5）

3.壶（M28：1）

楚文化M28出土陶器

1. 鬲（T2441③：3）

2. 盂（T2441③：38）

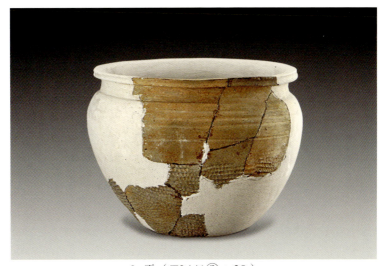

3. 盂（T2441③：39）

楚文化T2441③出土陶器

1. M2（西南—东北）

2. M9（东南—西北）

秦文化M2、M9全景

1.M2陶器组合

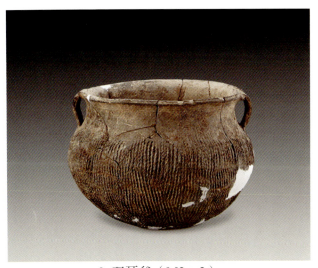

2.双耳釜（M2：2）

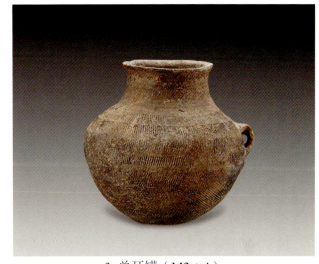

3.单耳罐（M2：4）

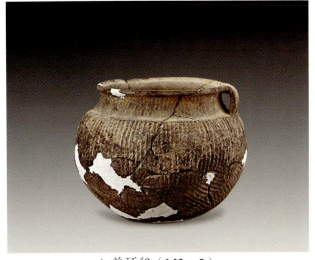

4.单耳釜（M2：5）

5.瓮（M2：3）

秦文化M2出土陶器

1.陶盆（M2：1）

2.陶盂（M2：7）

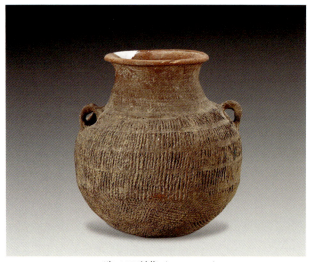

3.陶双耳罐（M6：2）

4.陶瓮（M6：4）

5.铜鍪（M6：3）

秦文化M2、M6出土器物

1.M9器物组合

2.陶单耳釜（M9：4）

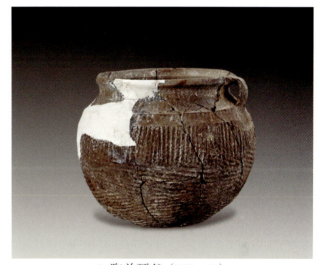

3.陶单耳釜（M9：5）

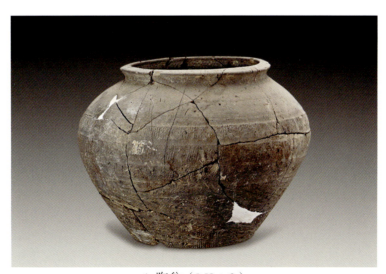

4.陶瓮（M9：3）

秦文化M9出土器物

1. 陶甑（M9：1）

2. 铁釜（M9：2）

秦文化M9出土器物

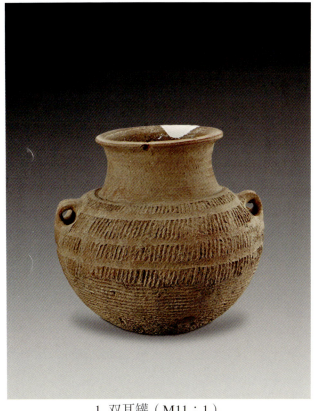

1. 双耳罐（M11：1）

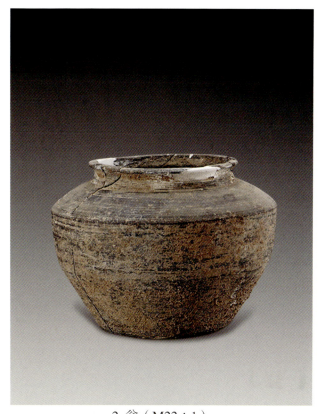

2. 瓮（M22：1）

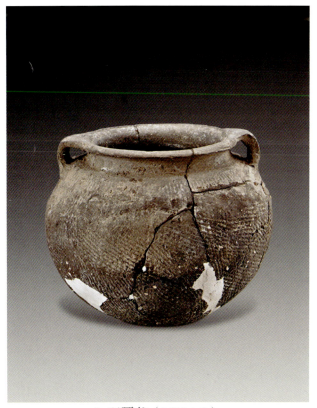

3. 双耳釜（M11：2）

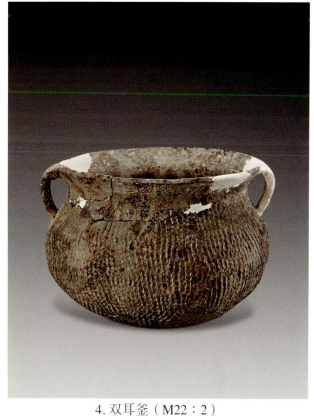

4. 双耳釜（M22：2）

秦文化M11、M22出土陶器

1. H213器物组合

2. 雕花青瓷碗（H213：9）

3. 雕花青瓷碗内视（H213：9）

宋文化H213出土器物

1.雕花青瓷碗（H213：3）

2.雕花青瓷碗内视（H213：3）

3.黑边瓷碗（H213：5）

宋文化H213出土瓷碗

1.黑边瓷碗（H213：8）

2.瓷碗（G4①：1）

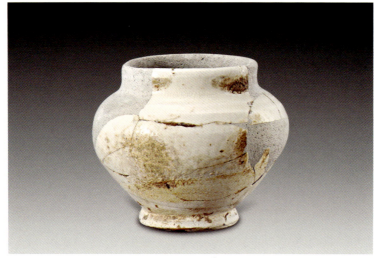

3.瓷小罐（G4①：2）

宋文化H213、G4出土瓷器

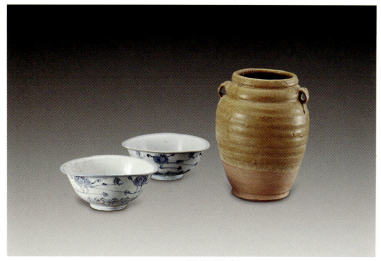

1. M30器物组合

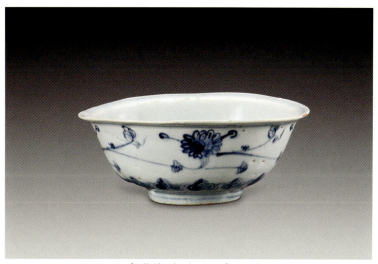

2. 青花瓷碗（M30龛：1）

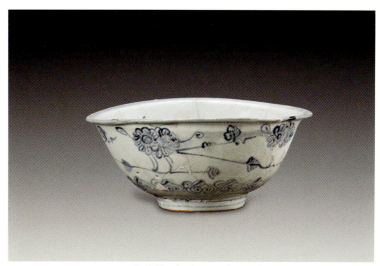

3. 青花瓷碗（M30龛：2）

明清文化M30出土器物

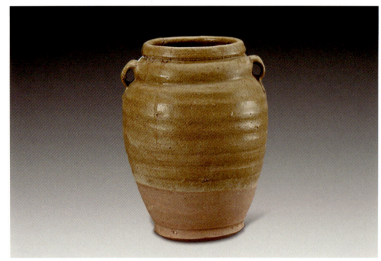

1. 釉陶罐（M30瓮：3）

2. 青花瓷碗（T0506②：4）

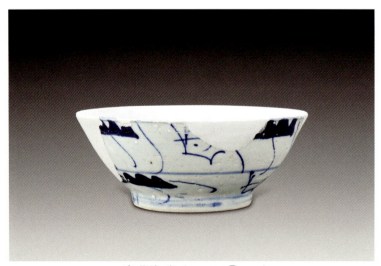

3. 青花瓷碗（T0506②：5）

明清文化M30、T0506②出土器物

1.碗（T0506②：6）

2.碗（T0511②：16）

3.碗内花纹（T0511②：16）

明清文化T0506②、T0511②出土青花瓷碗

1. 碗

2. 碗内花纹

明清文化出土青花瓷碗（T0511②：17）

1. 碗

2. 碗内花纹

明清文化出土青花瓷碗（T0606②：4）

1. 盘

2. 盘内花纹

明清文化出土青花瓷盘（T0606②：2）

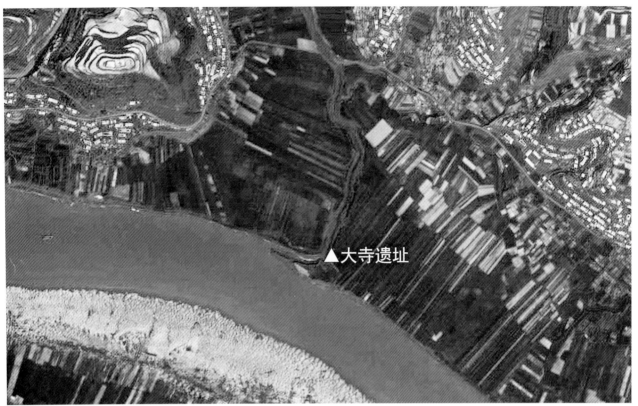

1. 大寺遗址鸟瞰

2. 大寺遗址西区台地（西北—东南）

大寺遗址

图版二

大寺遗址与周边环境（西北—东南）

1.大寺遗址台地与金岗山关系（东南—西北）

2.大寺遗址台地与埝河及汉江的关系（西北—东南）

大寺遗址与周边环境

图版四

1. 大寺遗址残存情况

2. 大寺遗址台地断壁

3. 大寺遗址与汉江

大寺遗址西区台地保存现状

1. 大寺遗址断崖遗迹

2. 大寺遗址断崖清理

3. 绘制大寺遗址断崖剖面图

大寺遗址断崖

1. 勘探

2. 勘探

3. 土样分析

大寺遗址勘探

1. 全站仪测绘地形图

2. 西区布方发掘（东南—西北）

3. 西区发掘现场（西北—东南）

大寺遗址2006年测量与西区发掘现场

1. 发掘现场

2. 发掘现场

3. 灰坑清理现场

大寺遗址西区2006年发掘现场

1. 西区土样采集

2. 发掘工作人员讨论探方地层堆积

3. 梯架摄影

大寺遗址西区2006年发掘现场

1. 整体搬迁

2. 整体搬迁

3. 整体搬迁后的效果

大寺遗址M18整体搬迁

1. 东区发掘现场

2. 东区布方情况

3. 东区发掘现场

大寺遗址东区2009年发掘现场

图版一二

1. 2009年汉江中的大寺遗址

2. 2009年汉江涨水大寺遗址被淹情况

3. 2011年大寺遗址东区探方清除淤沙情况

大寺遗址东区2009～2011年发掘过程

1.检查工地

2.检查工地文物安全

3.检查工地资料

湖北省文物局专家组2006年检查工地

图版一四

湖北省文物局专家组2009年检查工地

1. 2006年

2. 2009年

大寺遗址考古队驻地

图版一六

1. 陶器修复

2. 人骨架测量

3. 器物摄影

大寺遗址考古报告整理情况

1. T0203东壁剖面（西—东）

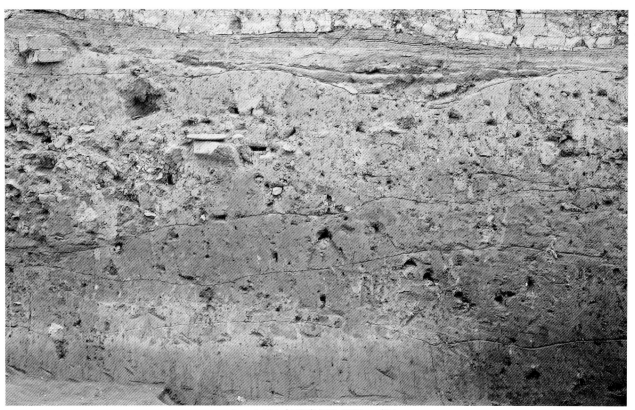

2. T0403东壁剖面（西—东）

大寺遗址西区西部地层堆积情况

1. T0407北壁剖面（南—北）

2. T0409北壁剖面（南—北）

大寺遗址西区东、西部地层堆积情况

1. 清理前残存形状（东北—西南）

2. 清理后情况（东北—西南）

3. 局部

仰韶文化F3

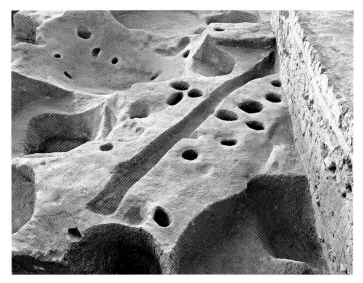

1. F4残存基槽与柱洞（东—西）

2. F5残存形状

3. F6清理

仰韶文化F4～F6

1. F6烧土面

2. F6烧土面（东北—西南）

3. F8残存情况

仰韶文化F6、F8

1. F9清理

2. F9绘图

3. F9全景（西南—东北）

4. F9-D2全景

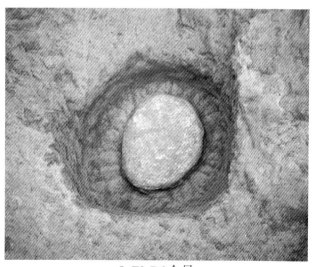

5. F9-D3全景

仰韶文化F9

1. F9-D4全景

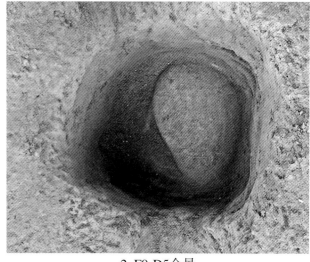

2. F9-D5全景

3. F9-D9全景

4. F9-D14与D15关系

5. F9-D15剖面

仰韶文化F9

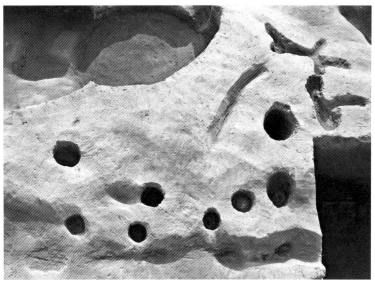

1. F10残存柱洞

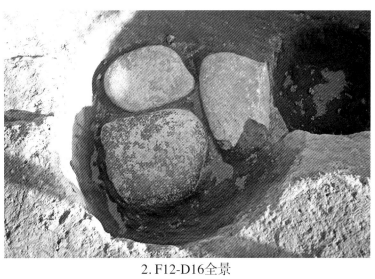

2. F12-D16全景

3. F12烧土硬面

4. F12烧土面上出土陶瓮

仰韶文化F10、F12

1. 火塘烧土面层次关系

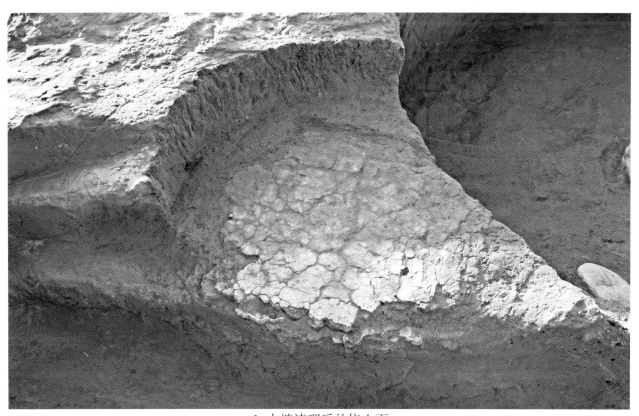

2. 火塘清理后的烧土面

仰韶文化F12火塘

1. F12绘图

2. F12全景（东南—西北）

仰韶文化F12

1. F13清理

2. F13挡风墙基槽与柱洞

仰韶文化F13

1. F13（东南—西北）

2. F13（西北—东南）

仰韶文化F13全景

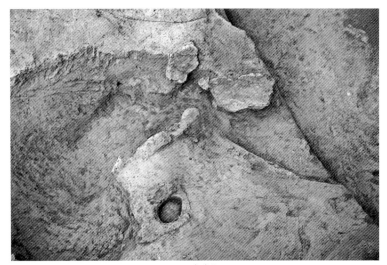

1. 火门

2. 火门

3. 窑壁加工痕迹

仰韶文化Y1结构

1. D1

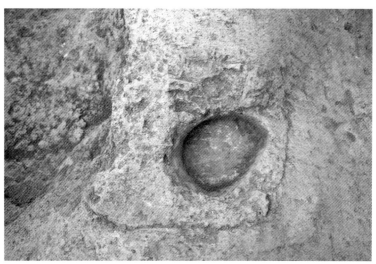

2. D1柱洞与柱础石

3. D2柱础石

仰韶文化Y1柱洞与柱础石

仰韶文化Y1全景（西—东）

1. J2（西—东）

2. H16（南—北）

仰韶文化J2、H16全景

1. H54（北—南）

2. H89（西南—东北）

仰韶文化H54、H89全景

1. H95（东—西）

2. H104（西北—东南）

仰韶文化H95、H104全景

1. H105与M2打破关系（东南—西北）

2. H106与H101打破关系（北—南）

仰韶文化H105、H106

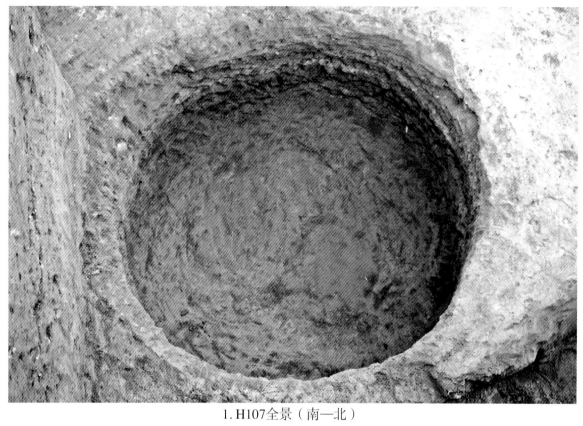

1. H107全景（南—北）

2. H108与H112打破关系（南—北）

仰韶文化H107、H108

1. H110与H45打破关系（东北—西南）

2. H112与H108打破关系（南—北）

仰韶文化H110、H112

1. H115全景（东南—西北）

2. H122残存情况

仰韶文化H115、H122

1. H127（南—北）

2. H128（北—南）

仰韶文化H127、H128全景

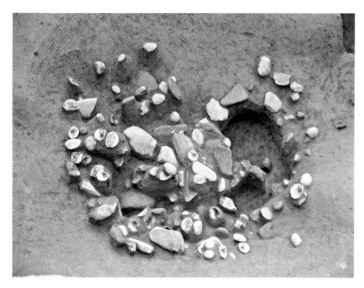

1. H143③（北—南）

2. H143④（北—南）

3. H145全景（南—北）

仰韶文化H143、H145

1. H174（北—南）

2. H177（南—北）

仰韶文化H174、H177全景

1. H180（北—南）

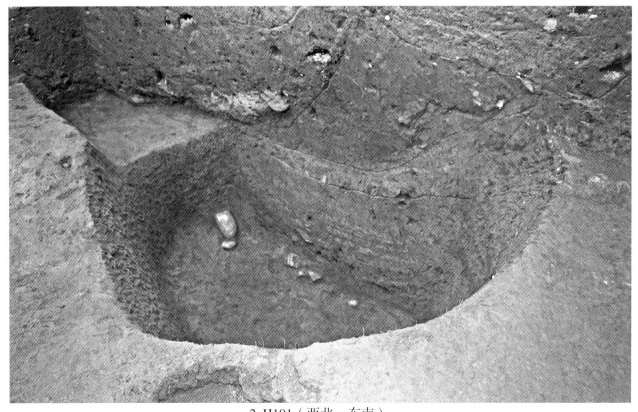

2. H191（西北—东南）

仰韶文化H180、H191全景

1. H219（西—东）

2. H231（东北—西南）

仰韶文化H219、H231全景

1. M15（西—东）

2. M16（北—南）

仰韶文化M15、M16全景

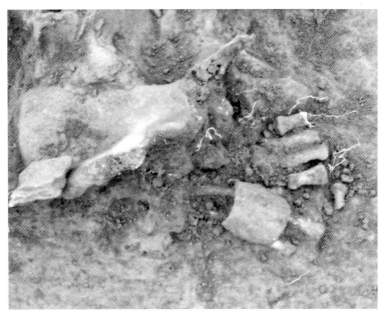

1. M16陶小杯出土情况

2. M17全景（西南—东北）

仰韶文化M16、M17

图版四六

1. M18清理

2. M18绘图

3. M19清理

仰韶文化M18、M19清理与绘图

1. M18（东—西）

2. M19（东—西）

仰韶文化M18、M19全景

1. M18与M19打破关系（东—西）

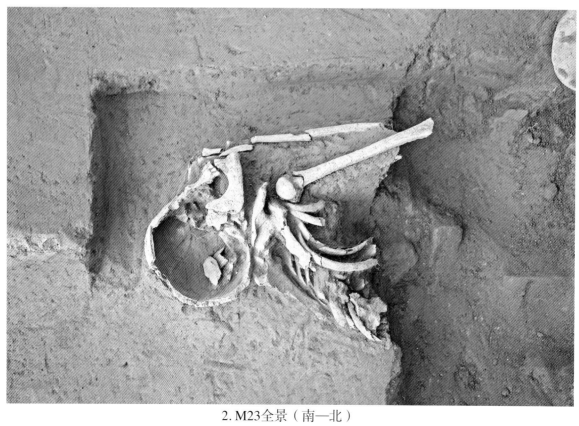

2. M23全景（南—北）

仰韶文化M18、M23

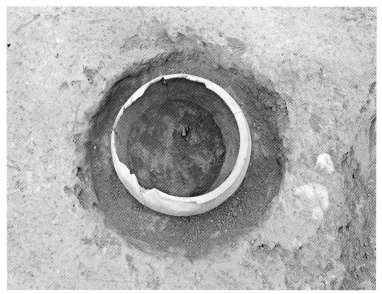

1. W2全景（上—下）

2. W2与W3关系（东北—西南）

仰韶文化W2、W3

1. W3（东南—西北）

2. W5（北—南）

3. W7（南—北）

仰韶文化W3、W5、W7全景

1. W8（上—下）

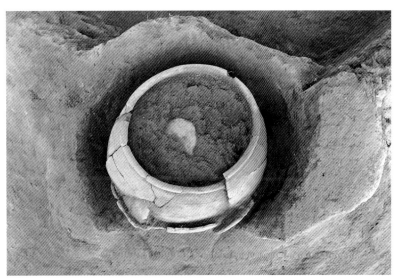

2. W9（北—南）

3. W10（西南—东北）

仰韶文化W8～W10全景

1. 石斧（F7②：1）

2. 陶锉（Y1：16）

3. 柱础石（F9-D23）

4. 石斧（Y1：2）

仰韶文化F7、F9、Y1出土器物

1. H16①陶器组合

2. 彩陶饼（H16①：1）

3. 石璧形器（H29②：2）

4. 石斧（H29②：1）

仰韶文化H16、H29出土器物

1. H32②陶器组合

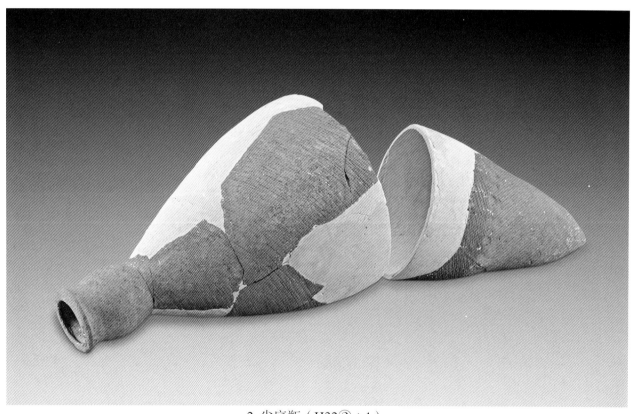

2. 尖底瓶（H32②：1）

仰韶文化H32出土陶器

1. 斧（H32③：1）

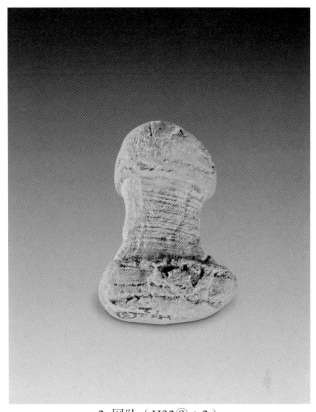

2. 网坠（H32③：2）

3. 斧（H36②：2）

4. 网坠（H36②：1）

仰韶文化H32、H36出土石器

1. 斧（H38②：2）

2. 凿（H38②：1）

3. 斧（H43：4）

仰韶文化H38、H43出土石器

1. 斧（H43：5）

2. 斧（H43：1）

3. 锄（H43：2）

仰韶文化H43出土石器

1. H54陶器组合

2. 陶圈足碗（H54②：1）

3. 石斧（H58：1）

仰韶文化H54、H58出土器物

1. H59陶器组合

2. 卷沿瓮（H59③：1）

3. 锉（H69⑤：3）

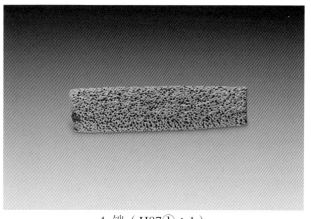

4. 锉（H87①：1）

仰韶文化H59、H69、H87出土陶器

1.H85陶器组合

2.陶折沿盆（H85②：8）

3.骨锥（H69⑤：1）

4.骨镞（H92①：1）

仰韶文化H69、H85、H92出土器物

1. H94陶器组合

2. 陶罐形鼎（H96：3）

3. 陶罐形鼎（H98：6）

4. 石斧（H98：2）

仰韶文化H94、H96、H98出土器物

1.斧（H85②：6）

2.斧坯（H100：4）

3.凿（H100：2）

4.斧（H100：3）

仰韶文化H85、H100出土石器

1. 陶折沿盆（H104③:1）

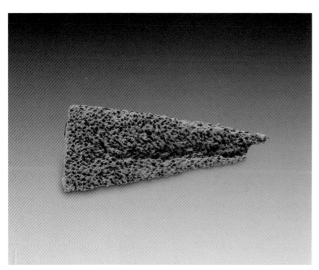

2. 陶锉（H116:2）

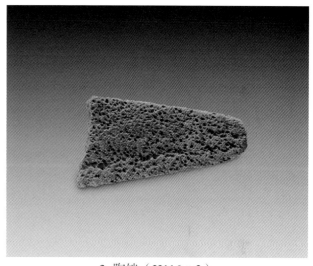

3. 陶锉（H116:3）

4. 陶饼（H116:25）

5. 骨镞（H116:1）

仰韶文化H104、H116出土器物

1. 矮领瓮（H117：7）

2. 罐形鼎（H140：1）

仰韶文化H117、H140出土陶器

1.陶锉（H123：1）

2.石钻芯（H123：5）

3.石斧（H123：2）

4.石镞（H123：4）

5.骨锥（H123：8）

6.石锄（H124：1）

仰韶文化H123、H124出土器物

1. 锄（H125：1）

2. 斧（H161：1）

3. 斧（H166：1）

4. 斧（H173：1）

仰韶文化H125、H161、H166、H173出土石器

1. 陶罐形鼎（H175②：4）

2. 陶罐形鼎（H175②：15）

3. 骨镞（H175①：1）

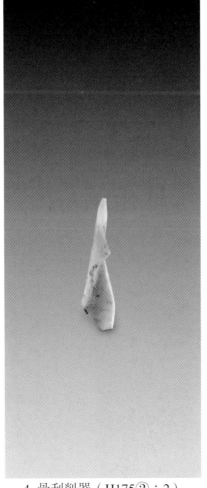

4. 骨刮削器（H175②：2）

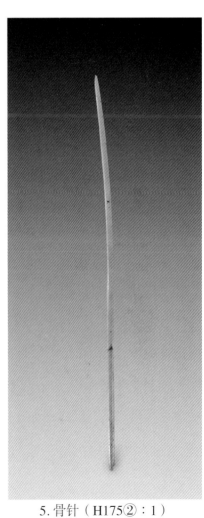

5. 骨针（H175②：1）

仰韶文化 H175 出土器物

1. H185陶器组合

2. 罐形鼎（H185：3）

3. 钵（H177：12）

仰韶文化H177、H185出土陶器

1. 骨铲（H185：1）

2. 骨镞（H198①：1）

3. 骨镞（H198①：2）

4. 陶罐形鼎（H193：1）

仰韶文化H185、H193、H198出土器物

1.石斧（H199①：1）

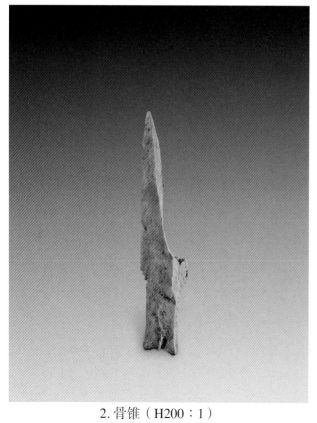

2.骨锥（H200：1）

3.骨凿（H202：1）

仰韶文化H199、H200、H202出土器物

1. 鼓腹罐（H201：1）

2. 卷沿瓮（H220：2）

仰韶文化H201、H220出土陶器

1. 石斧（H204③：1）

2. 石凿（H204③：4）

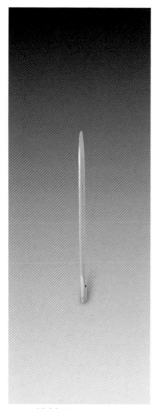

3. 骨针（H222：1）

4. 骨镞（H222：2）

5. 骨铲（H222：3）

仰韶文化H204、H222出土器物

1．陶卷沿盆（M15：1）

2．骨镞（G1：1）

3．陶小杯（M16：1）

4．陶卷沿瓮（W3：1）

5．陶折沿瓮（W5：1）

仰韶文化G1、M15、M16、W3、W5出土器物

1. 叠唇瓮（W7：1）

2. W8陶器组合

仰韶文化W7、W8出土陶器

1.叠唇瓮（W8：2）

2.卷沿瓮（W10：1）

仰韶文化W8、W10出土陶器

1. W11陶器组合

2. 卷沿瓮（W11：2）

3. 尖底瓶（W12：1）

仰韶文化W11、W12出土陶器

1. 陶钵（T0202④：21）

2. 骨镞（T0202④：1）

3. 石斧（T0202④：4）

仰韶文化T0202④出土器物

1. 陶罐形鼎（T0203④：7）

2. 石斧（T0203④：3）

3. 石斧（T0203④：1）

仰韶文化T0203④出土器物

1. 锉（T0203④：28）

2. 小罐（T0204④：1）

3. 罐形鼎（T0304⑤：1）

仰韶文化T0203④、T0204④、T0304⑤出土陶器

1. 彩陶盆（T0406④：17）

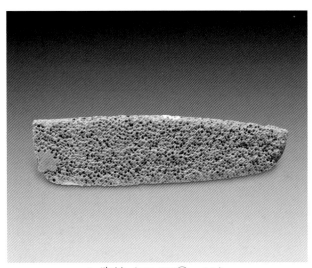

2. 陶锉（T0406④：16）

3. 陶深腹罐（T0503④：1）

4. 骨镞（T0503④：2）

5. 石斧（T0503⑤：3）

仰韶文化T0406④、T0503④、T0503⑤出土器物

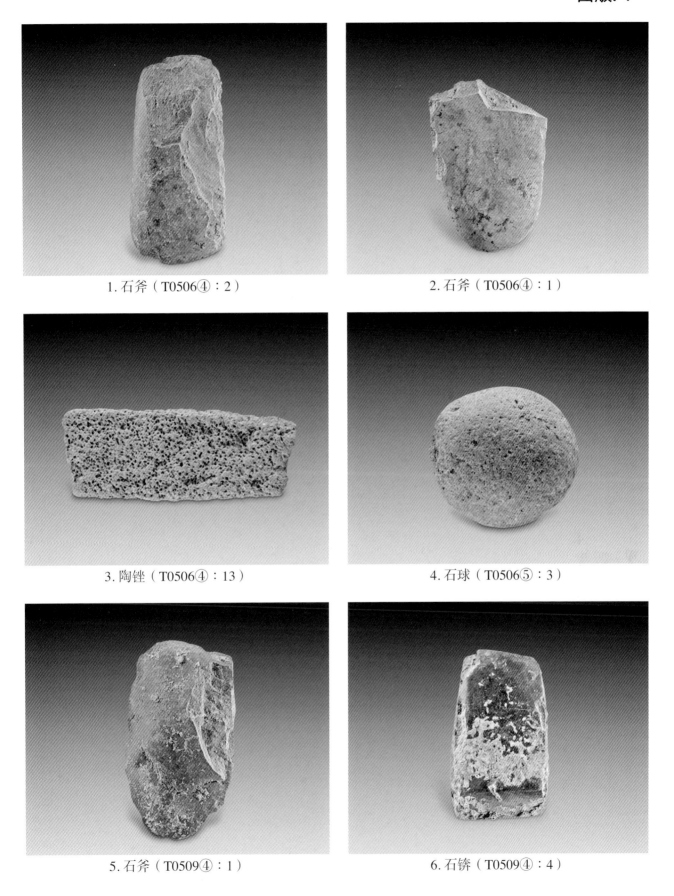

1. 石斧（T0506④：2）

2. 石斧（T0506④：1）

3. 陶锉（T0506④：13）

4. 石球（T0506⑤：3）

5. 石斧（T0509④：1）

6. 石锛（T0509④：4）

仰韶文化T0506④、T0506⑤、T0509④出土器物

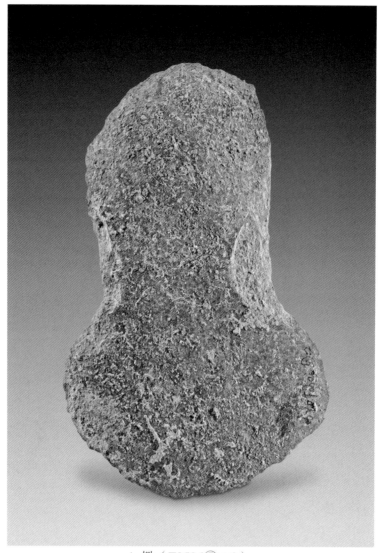

1. 锄（T0506⑤：2）

2. 饼（T0509④：2）

3. 饼（T0509⑥：1）

仰韶文化T0506⑤、T0509④、T0509⑥出土石器

1. 石斧（T0509⑥：2）

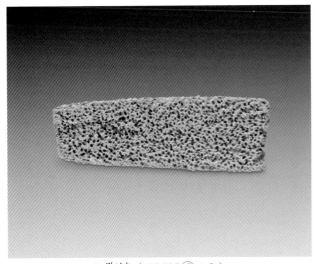

2. 陶锉（T0509⑥：8）

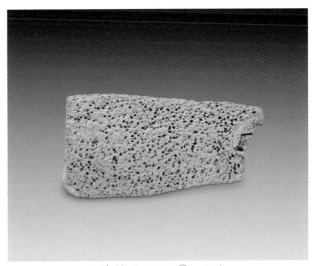

3. 陶锉（T0607④：12）

仰韶文化T0509⑥、T0607④出土器物

1. 锉（T0608④：42）

2. 饼（T0608④：1）

3. 锉（T0709⑥：4）

4. 饼（T0807④：1）

5. 小杯（T0609⑤：4）

仰韶文化T0608④、T0609⑤、T0709⑥、T0807④出土陶器

1. H24（南—北）

2. H28（东北—西南）

屈家岭文化H24、H28全景

1. H41全景（东—西）

2. H60坑底石块（北—南）

屈家岭文化H41、H60

1. H65与H62打破关系（东南—西北）

2. H67全景（南—北）

屈家岭文化H65、H67

1. H81与H15打破关系（东北—西南）

2. H101与M2打破关系（北—南）

屈家岭文化H81、H101

1．H103全景（西南—东北）

2．H157①出土鹿角

屈家岭文化H103、H157

1. H171全景（西北—东南）

2. H189与埝河断崖（东—西）

3. H196与H194打破关系（西南—东北）

屈家岭文化H171、H189、H196

1. M4清理（西北—东南）

2. M4全景（东南—西北）

3. M4骨架（北—南）

屈家岭文化M4

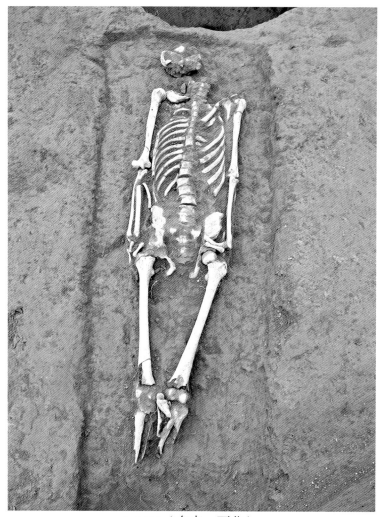

1. M13（东南—西北）

2. M14（北—南）

屈家岭文化M13、M14全景

1. W4（北—南）

2. W4（南—北）

屈家岭文化W4全景

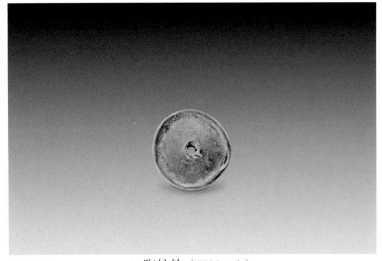

1. 陶纺轮（H22：2）

2. 石斧（H22：1）

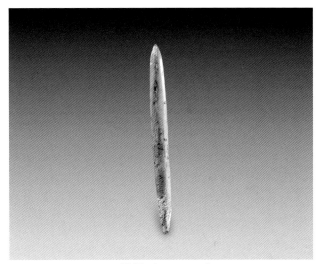

3. 骨镞（H24：1）

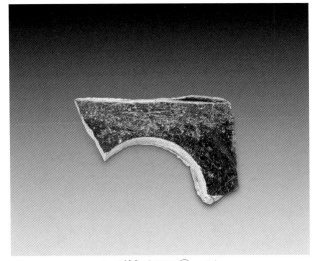

4. 石钺（H27①：2）

5. 石璜（H27①：1）

屈家岭文化H22、H24、H27出土器物

1. 石斧（H26②：1）

2. 石铲（H26②：2）

3. 骨镞（H27①：4）

4. 石斧（H27②：3）

屈家岭文化H26、H27出土器物

1. H27陶器组合

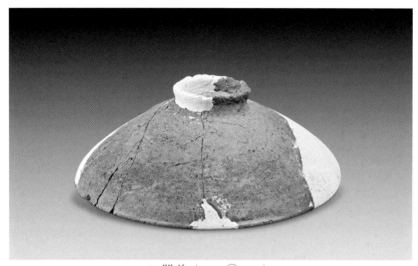

2. 器盖（H27②：9）

3. H60陶器组合

屈家岭文化H27、H60出土陶器

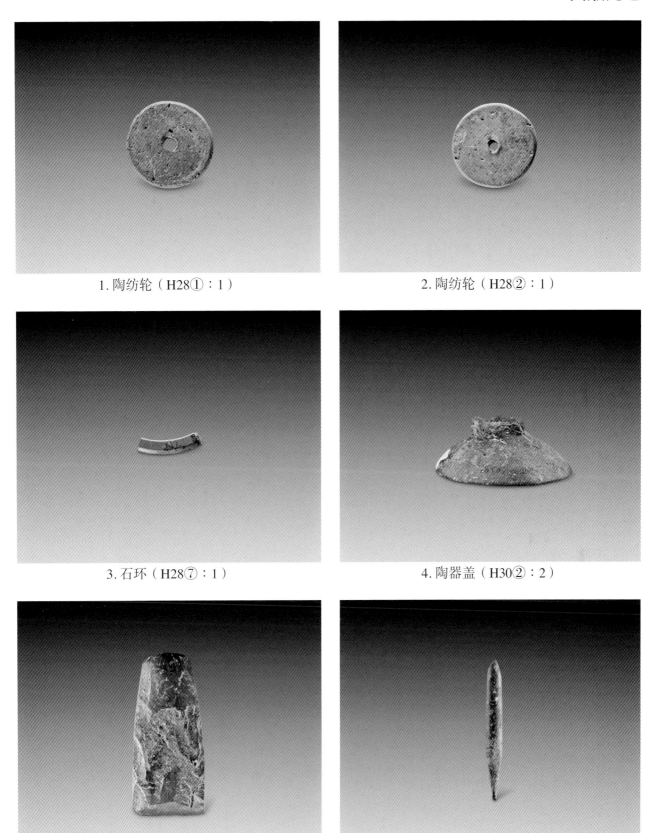

1.陶纺轮（H28①：1）

2.陶纺轮（H28②：1）

3.石环（H28⑦：1）

4.陶器盖（H30②：2）

5.石斧（H28②：2）

6.骨镞（H30②：3）

屈家岭文化H28、H30出土器物

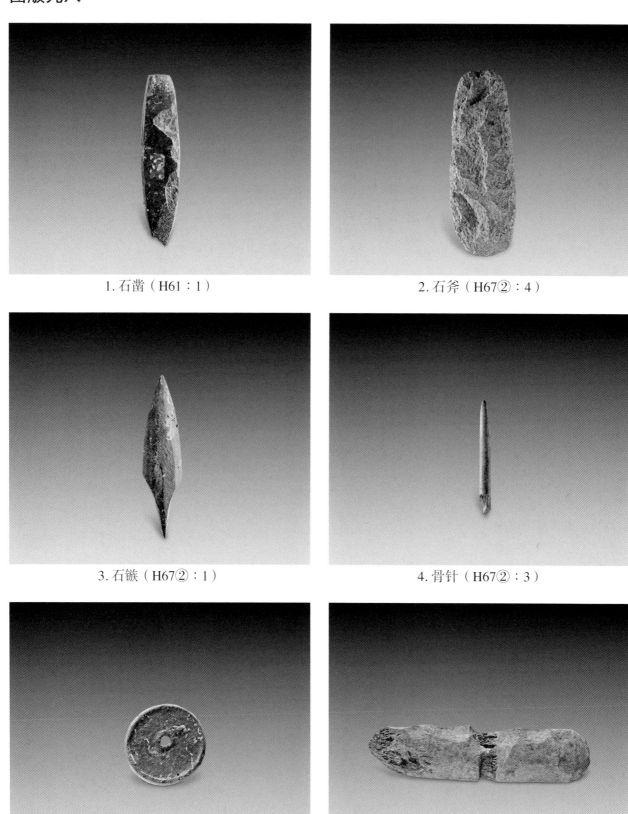

1. 石凿 （H61:1）

2. 石斧 （H67②:4）

3. 石镞 （H67②:1）

4. 骨针 （H67②:3）

5. 陶纺轮 （H67②:2）

6. 骨器 （H67③:1）

屈家岭文化H61、H67出土器物

1. 石钻芯（H70：3）

2. 石斧（H70：1）

3. 骨锥（H70：4）

4. 骨锥（H70：2）

5. 骨镞（H91①：1）

屈家岭文化H70、H91出土器物

1.折沿罐（H91①：5）

2.斜腹杯（H81：6）

3.斜腹杯（H103②：2）

屈家岭文化H81、H91、H103出土陶器

1. H103陶器组合

2. 高领罐（H103②：13）

3. 小罐（H103②：5）

屈家岭文化H103出土陶器

1. 骨镞（H111：1）　　　　　　2. 骨锥（H196：1）

3. 石锄（H208：1）　　　　　　4. 石锄（H224：1）

5. 石环（G2①：1）　　　　　　6. 石弹（G2①：2）

屈家岭文化H111、H196、H208、H224、G2出土器物

1. 石斧（G2①：3）

2. 石斧（G2②：1）

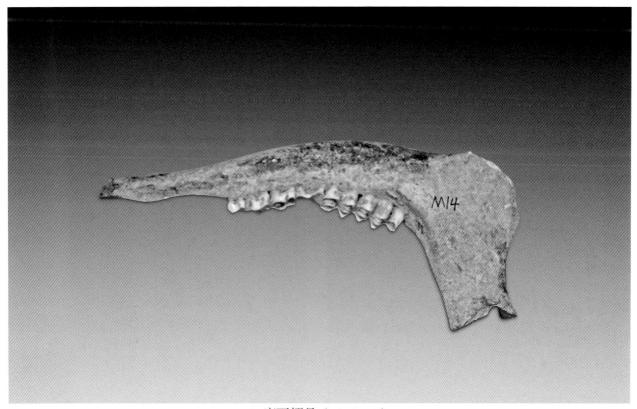

3. 鹿下颌骨（M14：1）

屈家岭文化G2、M14出土器物

1. 陶纺轮（T0202③：4）

2. 陶纺轮（T0202③：5）

3. 陶铃（T0202③：14）

4. 石弹（T0202③：3）

5. 石斧（T0202③：1）

6. 石凿（T0202③：17）

屈家岭文化T0202③出土器物

1. 骨镞（T0404③：1）

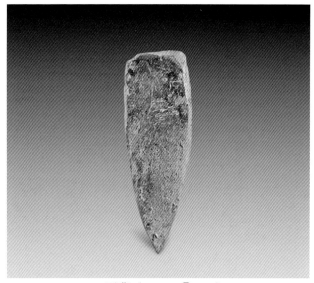

2. 石凿（T0404③：7）

3. 陶纺轮（T0406③：1）

4. 陶小杯（T0503③：1）

5. 石斧（T0407③：1）

6. 石斧（T0509③：4）

屈家岭文化T0404③、T0406③、T0407③、T0503③、T0509③出土器物

1. 石饼（T0509③：9）

2. 石弹（T0509③：13）

3. 石弹（T0509③：12）

4. 骨铲（T0509③：18）

屈家岭文化T0509③出土器物

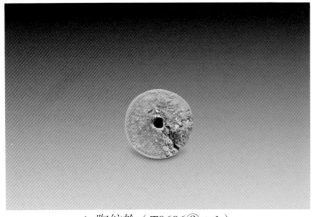

1. 陶纺轮（T0606③∶1）

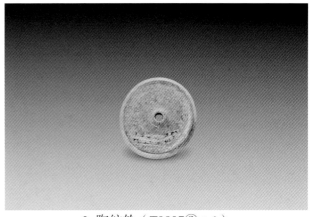

2. 陶纺轮（T0807③∶1）

3. 石斧（T0606③∶2）

屈家岭文化T0606③、T0807③出土器物

1.石镰（T0706③：1）

2.陶盘（T0707③：1）

3.陶钵（T0706③：3）

4.陶折沿罐（T0708③：1）

屈家岭文化T0706③、T0707③、T0708③出土器物

1. Z1绘图（南—北）

2. Z1全景（西—东）

龙山文化Z1

1. H7绘图（东北—西南）

2. H7与H8关系（东南—西北）

龙山文化H7、H8

1. H10与H7、H8关系（东南—西北）

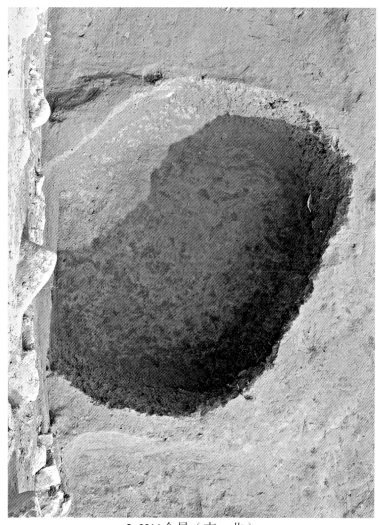

2. H11全景（南—北）

龙山文化H10、H11

1. H12筛选

2. H14（东北—西南）

龙山文化H12、H14

1. H15（北—南）

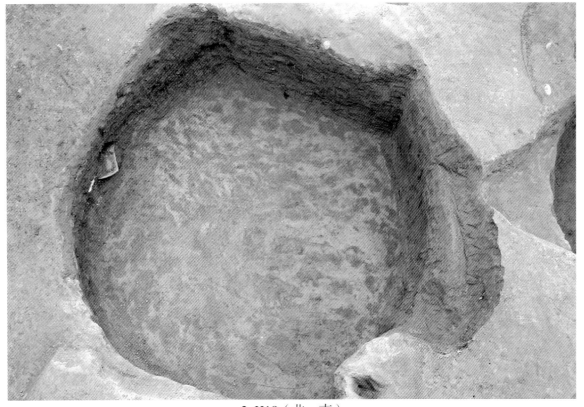

2. H18（北—南）

龙山文化H15、H18全景

1. H25（东南—西北）

2. H42（西—东）

龙山文化H25、H42全景

1. H45（西南—东北）

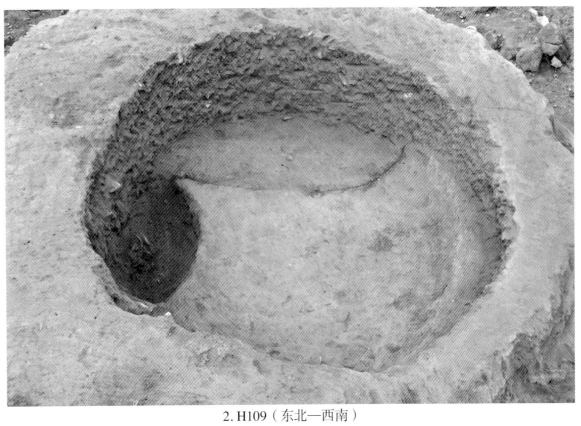

2. H109（东北—西南）

龙山文化H45、H109全景

1. M5（西南—东北）

2. M7（西南—东北）

龙山文化M5、M7全景

1. 石斧（H5：1）

2. 石凿（H5：4）

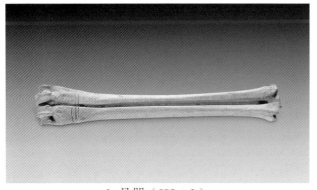

3. 骨器（H5：2）

4. 蚌坠（H5：3）

5. 陶纺轮（H11②：1）

6. 陶盘（H12①：7）

龙山文化H5、H11、H12出土器物

1. H12陶器组合

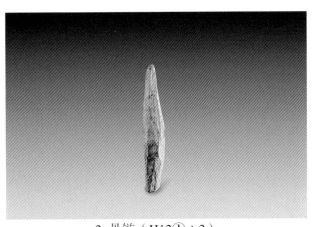

2. 骨镞（H12①：2）

3. 蚌坠（H12①：3）

4. 陶双耳钵（H14：1）

5. 陶小釜（H14：2）

龙山文化H12、H14出土器物

1. 陶高领瓮（H15：2）

2. 石斧坯（H23①：5）

3. 骨镞（H23①：4）

4. 石锛（H23②：5）

5. 蚌刀（H23②：3）

龙山文化H15、H23出土器物

1.骨锥（H23①：2）

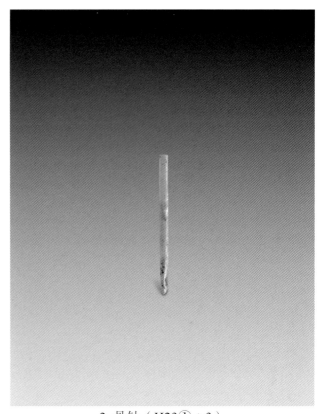

2.骨针（H23①：3）

3.牙锥（H23②：2）

4.石吊坠（H23②：1）

龙山文化H23出土器物

1. 陶纺轮（H23③：3）

2. 陶纺轮（H23③：1）

3. 石斧（H25①：2）

4. 石锛（H25②：1）

5. 陶纺轮（H35②：1）

6. 陶纺轮（H39②：1）

龙山文化H23、H25、H35、H39出土器物

1. 石斧（H39②：3）

2. 石斧（H39②：2）

3. H42陶器组合

4. 陶纺轮（H42：2）

5. 石刀（H42：1）

龙山文化H39、H42出土器物

1.陶纺轮（H57①：3）

2.陶小杯（H57②：2）

3.石锛（H63：2）

4.骨镞（H63：1）

5.石镞（H63：3）

6.石斧（H88：1）

龙山文化H57、H63、H88出土器物

1. H238清理（东南—西北）

2. H238全景（东南—西北）

西周遗存H238

1. H238陶器组合

2. 圈足杯（H238：3）

西周遗存H238出土陶器

1. 陶纺轮（G6①：6）

2. 蚌饼（G6①：54）

3. 石刀（G6①：91）

4. 石拍（G6①：92）

5. 石斧（G6①：5）

6. 石斧（G6②：5）

西周遗存G6出土器物

1. 石斧（G6②：48）

2. 石斧（G6②：60）

3. 石网坠（G6②：3）

4. 卜骨（G6②：61）

5. 卜骨（G6②：63）

6. 卜骨（G6②：62）

西周遗存G6出土器物

1. 卜骨（G6②：65）

2. 卜骨（G6②：66）

3. 骨锥（G6②：64）

4. 石斧（G6③：3）

5. 陶鬲足（G6③：27）

6. 陶拍（G6③：9）

西周遗存G6出土器物

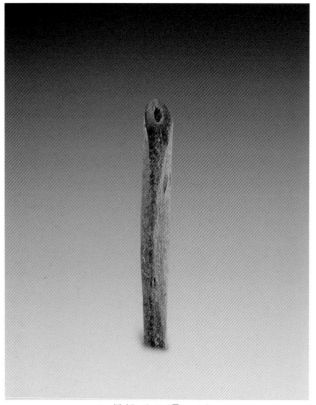

1.骨锥（G6③：2）

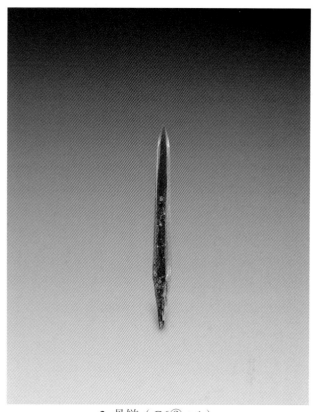

2.骨镞（G6③：1）

3.石斧（G6③：4）

4.石斧（G6③：50）

西周遗存G6出土器物

西周遗存出土龟卜骨（T0411⑤：7）

1. H233开口情况（东—西）

2. H233绘图（东—西）

楚文化H233

1. H235清理（北—南）

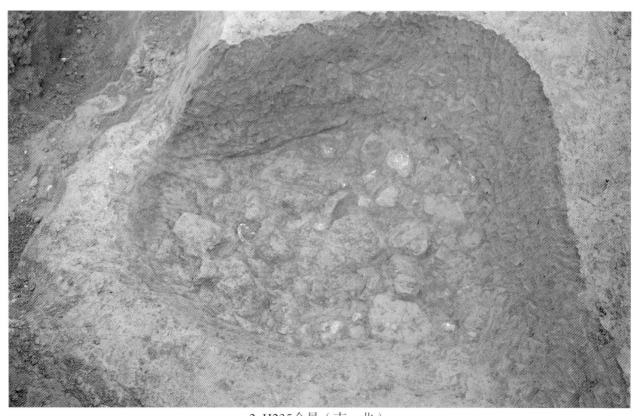

2. H235全景（南—北）

楚文化H235

1. H237全景（东南—西北）

2. M1清理（东北—西南）

楚文化H237、M1

楚文化M1全景（东北—西南）

1. M3清理（东北—西南）

2. M3出土器物

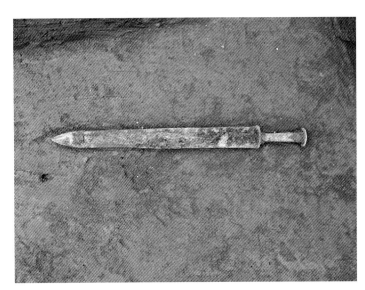

3. M3出土铜剑

楚文化M3

1. M8出土器物（西南—东北）

2. M10清理（东北—西南）

楚文化M8、M10

1. M10人骨架与出土器物（东北—西南）

2. M10出土器物

楚文化M10

1. M10铜铃出土情况

2. M10料珠出土情况

3. M12全景（西北—东南）

楚文化M10、M12

1. M20全景（东北—西南）

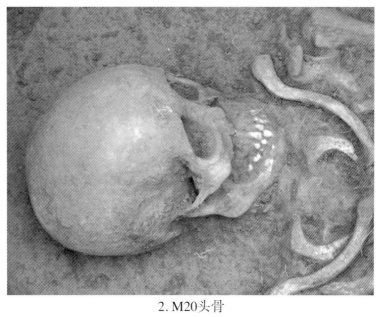

2. M20头骨

楚文化M20

1. M21清理（东北—西南）

2. M21出土器物

楚文化M21

1. M21陶豆内动物骨骼

2. M25全景（西北—东南）

楚文化M21、M25

1. M28清理（西南—东北）

2. M28全景（东北—西南）

楚文化M28

1. M28出土器物（东南—西北）

2. M29全景（东北—西南）

楚文化M28、M29

1. W1绘图（东南—西北）

2. W1全景（北—南）

楚文化W1

1.甂（H225：1）

2.罐（H233：1）

楚文化H225、H233出土陶器

1.骨刀（H235：2）

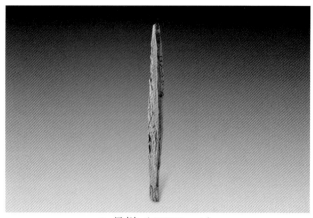

2.骨镞（H235：4）

3.H237陶器组合

4.陶盂（H237：13）

楚文化H235、H237出土器物

1. 陶豆（H237：7）

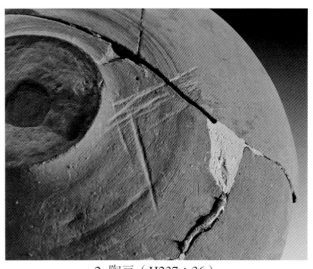

2. 陶豆（H237：36）

3. 陶纺轮（H237：1）

4. 陶纺轮（H237：2）

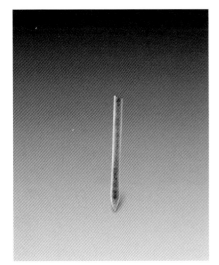

5. 骨笄（H237：77）

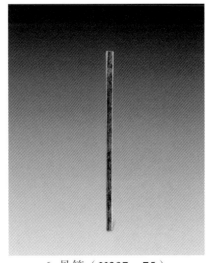

6. 骨笄（H237：75）

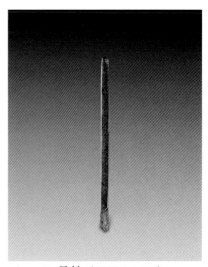

7. 骨笄（H237：76）

楚文化H237出土器物

1.鼎（M1：6）

2.敦（M1：5）

3.壶（M1：1）

4.豆（M1：3）

5.匜、盘（M1：9、M1：8）

6.匜、盘（M3：9、M3：8）

楚文化M1、M3出土陶器

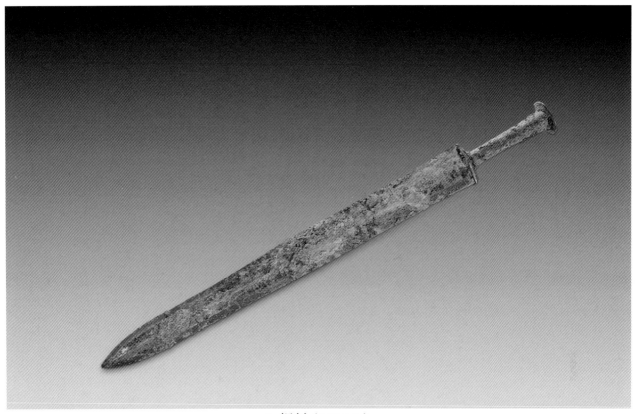

1. 铜剑（M3：1）

2. 陶长颈罐（M8：5）

3. 陶壶（M3：4）

楚文化M3、M8出土器物

1. M8陶器组合

2. 鼎（M10：6）

3. 敦（M10：4）

楚文化M8、M10出土陶器

1.壶（M10：1）

2.盘（M10：9）

3.匜（M10：10）

楚文化M10出土陶器

1. M12蚌坠组合

2. M12∶1

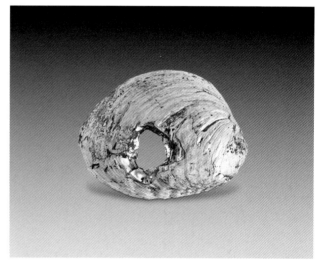

3. M12∶2

4. M12∶3

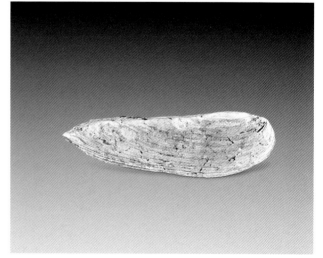

5. M12∶4

楚文化M12出土蚌坠

1. M21陶器组合

2. 鼎（M21：1）

3. 敦（M21：2）

4. 壶（M21：6）

5. 豆（M21：3）

楚文化M21出土陶器

1.豆（M21：5）

2.罐（M26：1）

3.鼎（M28：3）

4.敦（M28：6）

5.壶（M28：2）

6.罐（M29：1）

楚文化M21、M26、M28、M29出土陶器

1.豆（M28：7）

2.匜、盘（M28：9、M28：8）

3.鬲（M29：2）

4.盂（M29：3）

5.豆（T2441③：1）

6.豆（T2441③：2）

楚文化M28、M29、T2441③出土陶器

1. 罐（T2441③：25）

2. 刻划符号（T2441③：1）

3. 刻划符号（T2441③：2）

楚文化T2441③出土陶器

1. M2墓室人骨架与出土器物（西南—东北）

2. M2出土器物（东南—西北）

3. M2出土动物骨骼（南—北）

秦文化M2

1. M6全景（西南—东北）

2. M6出土动物骨骼

3. M6出土动物骨骼

秦文化M6

1. M6出土器物（西—东）

2. M9清理现场（西北—东南）

秦文化M6、M9

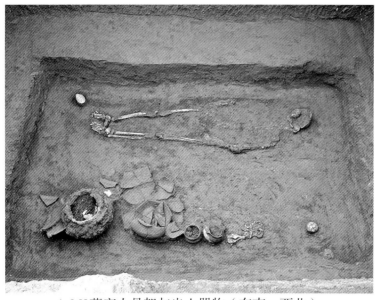

1. M9墓室人骨架与出土器物（东南—西北）

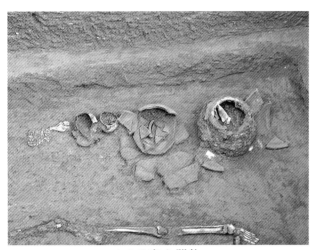

2. M9出土器物

3. M9出土器物

4. M9出土器物

5. M9出土动物骨骼

秦文化M9

1. M11全景（东北　西南）

2. M11出土器物

秦文化M11

1. M22出土器物

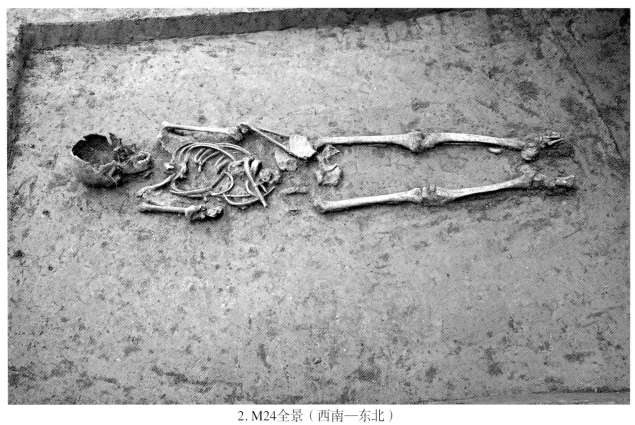

2. M24全景（西南—东北）

秦文化M22、M24

1. 陶甑与铁釜组合（M9：1、M9：2）

2. M22陶器组合

秦文化M9、M22出土器物

1. Y2内堆积

2. Y2窑壁加工痕迹

宋文化Y2结构

1. Y2（东北—西南）

2. H213（西—东）

宋文化Y2、H213全景

1. H213出土陶缸

2. G5拐角（东南—西北）

3. G5剖面（东—西）

宋文化H213、G5

1. 滴釉瓷盏（H213：7）

2. 陶盆（H213：22）

3. 陶盏（H213：4）

4. 釉陶盏（G3：1）

5. 石网坠（H213：1）

6. 石网坠（G4①：4）

7. 陶纺轮（T0611④：1）

8. 瓷盘（T0711④：3）

宋文化H213、G3、G4、T0611④、T0711④出土器物

1. F1全景（西—东）

2. F1围石与釉陶缸

3. F1围石与陶盆

明清文化F1

1.F2与F14关系（西南—东北）

2.F14绘图（南—北）

明清文化F2、F14

明清文化F14全景（西北—东南）

1. F14天井卵石铺面

2. F14天井与下水道（西北—东南）

明清文化F14结构

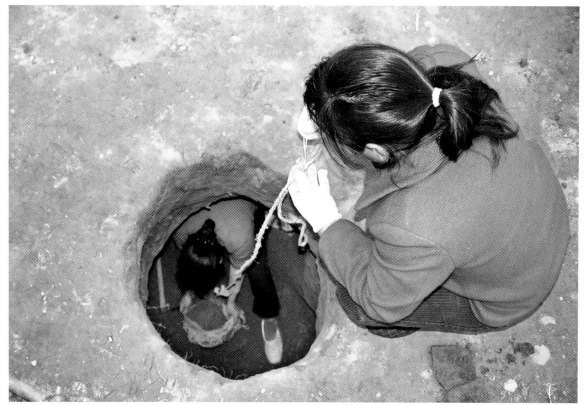

1. J1清理（东南—西北）

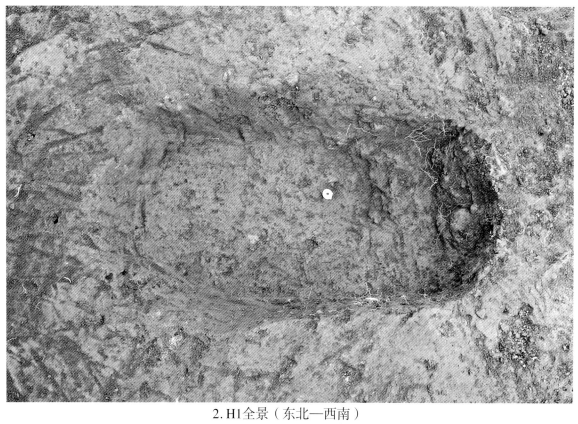

2. H1全景（东北—西南）

明清文化J1、H1

1. H209全景（东北—西南）

2. M30清理（东南—西北）

明清文化H209、M30

1. M30出土器物

2. M30全景（南—北）

明清文化M30

1. 陶盆（F1：1）

2. 板瓦（M30棺：5）

3. 铜钱"绍圣元宝"（M30棺：3）

4. 铜钱"熙宁元宝"（M30棺：4）

明清文化F1、M30出土器物

1. 陶灯台（T0406②：2）

2. 石砚（T0406②：1）

明清文化T0406②出土器物

1.陶盆（T0503②：2）

2.青花瓷碗（T0506②：10）

3.青花瓷碗（T0506②：9）

4.青花瓷盘（T0506②：12）

明清文化T0503②、T0506②出土器物

1. 白瓷盘（T0506②：11）

2. 酱釉瓷碗（T0506②：13）

3. 白瓷碗（T0506②：7）

4. 白瓷碗（T0506②：8）

5. 陶盆（T0506②：22）

明清文化T0506②出土器物

1.青花瓷碗（T0507②：3）

2.青花瓷碗（T0507②：4）

3.酱釉瓷碗（T0710②：1）

明清文化T0507②、T0710②出土瓷碗

1.青花瓷杯（T0511②：3）

2.青花瓷杯（T0511②：2）

3.酱釉瓷杯（T0511②：15）

4.白釉瓷杯（T0511②：1）

5.青花瓷盘（T0511②：7）

6.青花瓷盘（T0511②：10）

明清文化T0511②出土瓷器

1. 青花瓷盘（T0511②：8）

2. 白釉瓷碟（T0511②：9）

3. 白釉瓷碟（T0511②：11）

4. 白釉瓷碟（T0511②：12）

5. 陶盏（T0511②：14）

6. 雕花陶砖（T0511②：19）

明清文化T0511②出土器物

1. 青花瓷碗（T0606②：3）

2. 青花瓷盘（T0606②：1）

3. 陶盏（T0611②：4）

4. 陶器盖（T0611②：5）

5. 白瓷碟（T0710②：5）

6. 白瓷碟（T0710②：6）

明清文化T0606②、T0611②、T0710②出土器物

1.丽蚌（G6②，DD：2408）

2.鲤鱼（G2，DD：735）

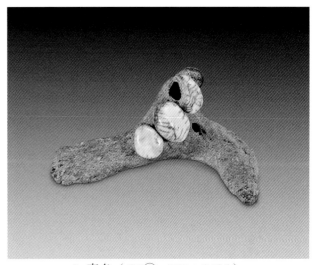

3.青鱼（G6②，DD：2406）

4.龟腹甲（G6①，DD：2360）

5.鳖头骨（H16，DD：87）

大寺遗址出土动物骨骼

1. 鳖腹甲（T0204③，DD：1959）

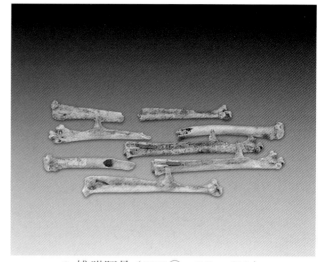

2. 雉跗跖骨（H59①，DD：632）

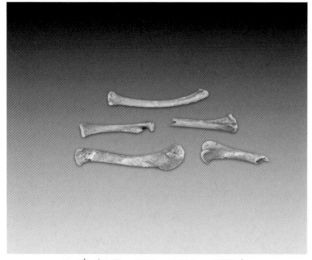

3. 鸡（M9，DD：2586～2590）

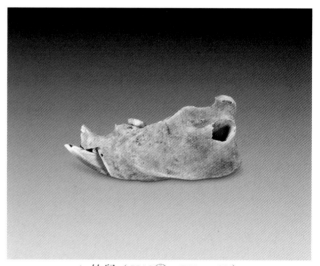

4. 竹鼠（H12③，DD：61）

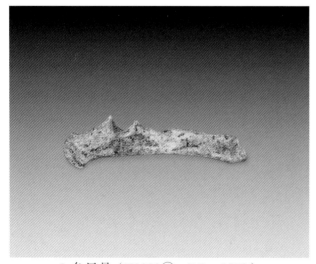

5. 兔尺骨（T0203④，DD：1872）

6. 狗下颌（G6②，DD：2407）

大寺遗址出土动物骨骼

1. 猪獾下颌（G6③，DD：2497）

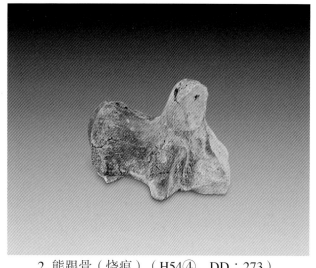

2. 熊跟骨（烧痕）（H54④，DD：273）

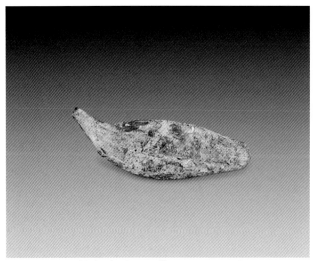

3. 熊犬齿（H71②，DD：796）

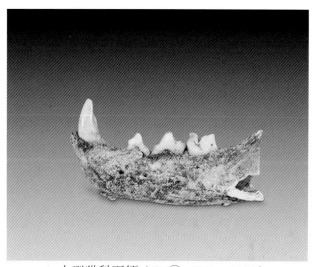

4. 小型猫科下颌（G6①，DD：2359）

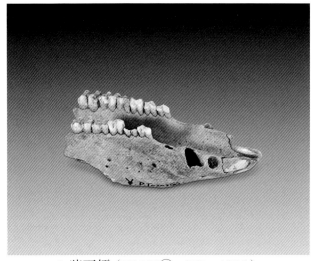

5. 猪下颌（T0203④，DD：1855）

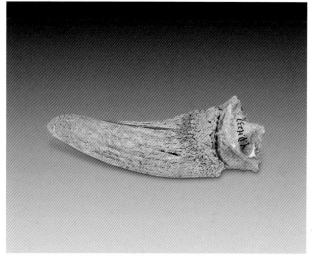

6. 黄牛角（H237，DD：1536）

大寺遗址出土动物骨骼

1. 水鹿鹿角（烧痕）（H157①：11，DD：2596）

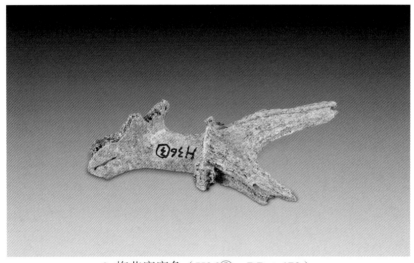

2. 梅花鹿鹿角（H36③，DD：472）

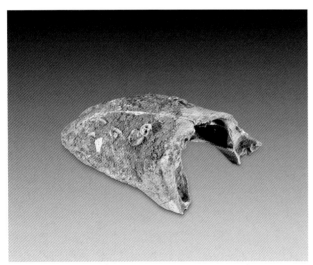

3. 犀牛鼻骨（H182，DD：2601）

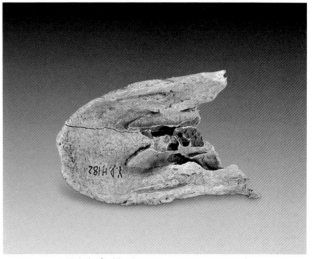

4. 犀牛鼻骨（H182，DD：2601）

大寺遗址出土动物骨骼

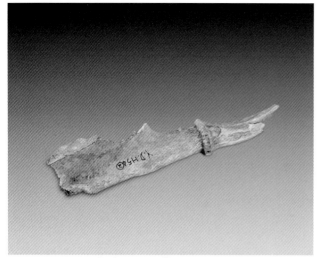

1. 小鹿角（H54②，DD：317）

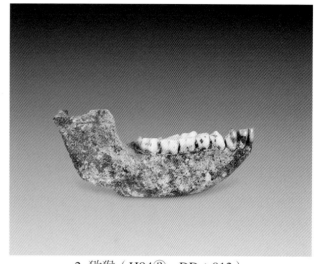

2. 猕猴（H94③，DD：912）

3. 象牙（H23③，DD：206）

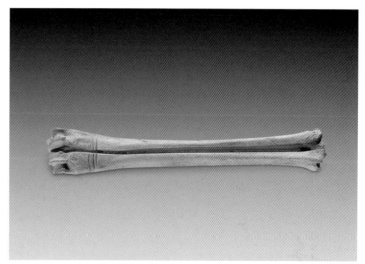

4. 切割痕（H5：2，DD：2597）

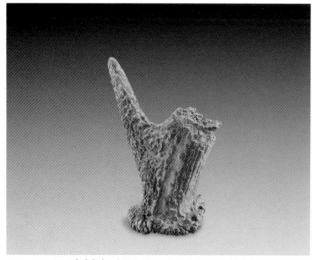

5. 砍削痕（H161：2，DD：1072）

6. 砍削痕（H23：7，DD：2599）

大寺遗址出土动物骨骼

1. 砍削痕（H67③：1，DD：2598）

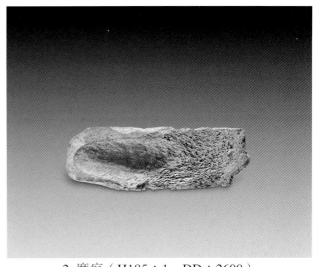

2. 磨痕（H185：1，DD：2600）

3. 磨痕（H175①：1）

4. 钻孔（T0509③：18）

大寺遗址出土动物骨骼